Diccionario universal
de ángeles, demonios, monstruos y seres sobrenaturales

FÉLIX LLAUGÉ DAUSÀ

Diccionario universal de ángeles, demonios, monstruos y seres sobrenaturales

EDICIONES OBELISCO

Si este libro le ha interesado y desea que le mantengamos informado de nuestras publicaciones, escríbanos indicándonos qué temas son de su interés (Astrología, Autoayuda, Ciencias Ocultas, Artes Marciales, Naturismo, Espiritualidad, Tradición...) y gustosamente le complaceremos.

Puede consultar nuestro catálogo en www.edicionesobelisco.com

Colección Magia y Ocultismo
DICCIONARIO UNIVERSAL DE ÁNGELES, DEMONIOS, MONSTRUOS Y SERES SOBRENATURALES
Félix Llaugé Dausà

1.ª edición: mayo de 2013

Maquetación: *Marta Rovira Pons*
Corrección: *Sara Moreno*
Diseño de cubierta: *Enrique Iborra*

© 2013, Félix Llaugé Dausà
(Reservados todos los derechos)
© 2013, Ediciones Obelisco, S. L.
(Reservados los derechos para la presente edición)

Edita: Ediciones Obelisco, S. L.
Pere IV, 78 (Edif. Pedro IV) 3.ª planta, 5.ª puerta
08005 Barcelona - España
Tel. 93 309 85 25 - Fax 93 309 85 23
E-mail: info@edicionesobelisco.com

Paracas, 59 C1275AFA Buenos Aires - Argentina
Tel. (541-14) 305 06 33 - Fax: (541-14) 304 78 20

ISBN: 978-84-9777-941-8
Depósito legal: B-391-2013

Printed in India

Prólogo

El propósito de este *Diccionario universal de ángeles, demonios, monstruos y seres sobrenaturales* ha sido reunir y relacionar, de una manera ordenada, a todas aquellas criaturas, extrañas, paranormales, míticas, teratológicas, diabólicas, angélicas y fuera de lo común que han acompañado al ser humano desde el alborear de los siglos. En parte, pueden considerarse alucinaciones de la mente, y en parte, misterios del mundo invisible y entes de otros planos.

Cada lector, de acuerdo con sus creencias, cultura y experiencias, puede darles la explicación que quiera. Pero lo cierto es que el ser humano lleva decenas de siglos acompañado por ellos, para bien y para mal. Y hoy en día, en torno nuestro hay infinidad de misterios, de incógnitas y de fenómenos que, de momento, no tienen una explicación razonable.

Es indudable que la mayoría de los seres míticos de todas las etnias y credos puede estudiarse desde el punto de vista de alegorías y simbolismos, lo que indica que, en su momento, tuvieron su razón de ser.

Hemos incluido aquí ángeles, demonios, hadas, enanos, gnomos, monstruos, seres fantásticos, vampiros, etc., con el fin de congregar en una obra única de consulta todos aquellos miles de entes o nombres que puedan llamar la atención del lector. Y también con el fin de que se pueda profundizar algo más en el conocimiento del mundo de las criaturas paranormales y sobrenaturales que, se crea o no, nos envuelven, nos rodean, nos inspiran y nos tientan. Criaturas que, de cuando en cuando, se ponen de manifiesto o se hacen visibles para pasmo del sujeto y de su mente excesivamente racionalista.

Alguien puede pensar que esta obra está destinada a lunáticos, orates, excéntricos e incultos. Pero estamos seguros de que los ignorantes y los zafios consultarán poco o nada este diccionario, y de que sus mayores lectores serán los psiquiatras, los psicólogos, los religiosos, los mitólogos, los simbólogos y todos aquellos estudiosos que saben que en los márgenes del realismo de la vida cotidiana se mueve algo más, algo que los demás no saben explicarles o que les ocultan.

El que quiera seguir penetrando en el conocimiento del mundo invisible, sea superior o inferior, y de las entidades que lo pueblan, tiene la obligación moral de pasar por este umbral a las páginas que siguen, sin miedo y con fe en sí mismo.

FÉLIX LLAUGÉ DAUSÀ

(Mago Félix)

AKBE Y DIMERET

Nombre de unos lugares en los cuales, según la tradición musulmana, el diablo se apareció a Abraham, a Agar y a Ismael, para disuadirlos del sacrificio de Isaac. Los peregrinos que van a La Meca, al pasar por dichos sitios, tiran en ellos siete piedras, maldiciendo siete veces al diablo y repitiendo siete veces: «Alá es grande».

AAMÓN *(Véase* **AMMÓN***)*

ABA

Ángel del aire que rige el viernes junto con Amahiel, Blaef y Abalidot, todos ellos a las órdenes de Sarabotas, el rey. Está sujeto al viento del oeste *(véase* el término *Abalidot).*

ABABIL (Ababilo)

Ave fabulosa, citada en el Corán, que según creen los mahometanos fue enviada por Alá en gran número para castigar a los abisinios que pretendían sitiar La Meca, en el mismo año del nacimiento de Mahoma.

ABADDÓN (Abadón, Abbadon)

Conocido también por Abbaddonna, Abadáon y Abadón. Según algunos demonólogos, es el jefe de los demonios de la séptima jerarquía y su nombre significa exterminador, que es el nombre hebreo del ángel del abismo. En griego se denomina *Apollion,* que quiere decir «corruptor, destructor». Abaddón es un término hebreo que equivale a pérdida, ruina, muerte, exterminio…, y que en los libros sagrados de Job, los Salmos y los Proverbios designa la residencia de la muerte, el Caos. En el Apocalipsis, san Juan da el nombre de Abaddón al ángel del abismo, al jefe de las langostas salidas del pozo del abismo. Algunos estudiosos han pretendido identificarlo con *Asmodeo (véase* este término), del libro de Tobías, pero sin fundamento, ya que Asmodeo, divinidad maligna de origen zendopersa (Aschma-deva), es el demonio de la impureza y Abaddón es el caudillo de los saltamontes simbólicos que salen de los pozos del abismo, como caballos preparados para el combate, con cabeza de hombre, cabellera de mujer, dientes de león, cola de escorpión, armados con corazas de hierro y coronas de oro. Abaddón y sus langostas simbolizaban, antiguamente, la herejía y los males que afligen a la humanidad, representándolos en forma de animales. En la francmasonería se pronuncia el nombre de Abaddón al hacer la seña *general* del grado 17.º del Rito Escocés Antiguo y Aceptado y del mismo grado del Rito de Menfis. También es la palabra sagrada del mismo grado en ambos Ritos y del 47.º del Rito de Misraim. Para los rabinos, Abaddón es el centro más profundo del infierno.

ABALIDOT (Abalidoth)

Uno de los ángeles del aire que rigen el viernes. Los otros son Aba, Amahiel y Blaef, todos ellos a las órdenes de Sarabotas, el rey. Está sujeto al viento del oeste (Occidente), según Barrett y Papus. Son ángeles que tienen que ver con la sexualidad humana e incitan al amor entre los sexos. Cuando se aparecen lo hacen «con un hermoso cuerpo de mediana estatura y con un rostro amable y agradable, de color blanco o verde, y con sus partes superiores de color dorado; su movimiento es el de una estrella clara».

ABBADON (*Véase* ABADDÓN)

ABDIEL

Entre los cabalistas judíos, ángel muy apreciado cuyo nombre significa «servidor de Dios». En *El paraíso perdido*, Milton lo cita como el único serafín que resiste las incitaciones a la rebelión que hace Satanás. Luego se enfrenta personalmente con él, en la lucha entre ángeles fieles y ángeles rebeldes, y lo hiere profundamente. Es el ángel que personifica la fidelidad y la obediencia. La referencia más antigua de este ángel se halla en el llamado *Libro del ángel Raziel*. Recordemos que según los cabalistas, *Raziel* (*véase* este término) fue el preceptor de Adán y le entregó el libro de los secretos de la naturaleza.

ABDIZUEL

Según Barrett, es el ángel que gobierna la duodécima mansión de la Luna, de las veintiocho existentes. Se le invoca para que proporcione situaciones afortunadas.

ABIGOR

Demonio. (*Véase* el término *Eligos*).

ABIMELEC (Abimelech)

Demonio ayudante de Satanás, que se invoca en algunos rituales mágicos de tipo satánico. Fue adorado por algunos príncipes filisteos de los tiempos bíblicos.

ABISMO

Nombre que en las Sagradas Escrituras se da al infierno, al averno y al tenebroso Caos que precedía a la Creación del mundo. En iconografía cristiana, el abismo es considerado como la mansión de los demonios y se lo representa por una gran cabeza de hombre, desnuda, horrorosa, de aspecto feroz, saliendo de la cima de un cono que figura el mundo, lo que explica la locución: *es la cara del abismo.*

ABOMSAM

Demonio o espíritu maligno que se supone que habita en algunos países de África. En cabo Castillo, Costa de Oro, existía la costumbre de expulsar cada año de la ciudad a este demonio, al que se le atribuían todo tipo de calamidades. En el día señalado, la gente disparaba los mosquetes en sus casas, sacaba todos los enseres fuera de éstas y golpeaba los rincones con estacas y otros objetos contundentes. Esta ceremonia iba acompañada de gran griterío para asustar a Abomsam. Cuando creían que ya lo habían echado a la calle, la gente salía de sus hogares tirando antorchas encendidas, gritando, aullando, golpeando palos, cacerolas vacías, etc., armando un ruido tan infernal que Abomsam no tenía más remedio que lanzarse al mar y desaparecer, al menos, por una larga temporada.

ABONDA

La primera de las hadas benéficas que, según las leyendas de la Edad Media, iban por la noche a las casas de los mortales llevando consigo toda clase de bienes. Corresponde a la diosa Abundancia de los antiguos. El hada *Abonda* (en francés, *Abonde,* y en alemán, inglés e italiano, igual que en castellano) no se presentaba nunca a los ojos de los humanos; nadie podía vanagloriarse de haberla visto; pero por la mañana, el hogar que había visitado estaba bien provisto y renacía la alegría y la esperanza en el corazón de los desesperados. Dícese de esta hada que muchas veces sólo se limitaba a prometer bienes, sin darlos de momento.

En los poemas de la Edad Media recibía el nombre de *Domina Abundia* (francés antiguo, *Dame Habonde)* e iba acompañada de su séquito, *Dominae nocturnae.* Repartía la prosperidad y abundancia, tomando manjares y bebidas que para ella se disponían en las casas, sin disminuirlos. En Francia son muy numerosas las fábulas e historias que hablan de esta hada; hasta hace poco tiempo servían para entretener a los niños del campo durante las largas noches de invierno. Los pintores la han representado, muchas veces, atravesando los aires, derramando su cuerno de la abundancia lleno de flores, de oro y de objetos diversos.

ABORYM (*véase* AIM)

ABRAHEL

Demonio súcubo que en el año 1581 se presentó a un pastor llamado Pierront, en la aldea de Dalhem, sobre el Mosa. Este pastor estaba casado y tenía un hijo de corta edad, pese a ello se enamoró locamente de una joven doncella de la localidad. Un día que se hallaba en el campo apacentando su rebaño, y su imaginación estaba viviendo un sueño de amor con la joven que adoraba, se le apareció Abrahel con la figura de la hermosa doncella. Pierront declaró su amor al súcubo y éste prometió corresponderle, pero con la condición de que se le entregaría y la obedecería en todo. Consintió Pierront, consumando su amor con aquel espectro femenino. Algún tiempo después, Abrahel le pidió en prenda de su amor que le sacrificase a su hijo único, para lo cual le dio una manzana para que la comiese el niño, quien sólo con probarla cayó muerto. El padre y la madre de la criatura, al presenciar tan desgraciado acontecimiento, cayeron en una gran desesperación. Apareciose de nuevo Abrahel al pastor, y le prometió devolver la vida al niño si el padre le pedía esta gracia tributándole el culto de adoración que sólo se debe a Dios. Lo hizo así Pierront; se arrodilló ante el súcubo adorándole y al momento revivió el niño, abriendo los ojos. Después de frotarle los miembros empezó a andar y hablar, pero no era el mismo de antes; estaba más flaco, más descolorido, los ojos sin expresión, sus movimientos más lentos y torpes y su espíritu ausente. Al cabo de un año, el demonio que animaba el cuerpo de la criatura abandonó aquella envoltura carnal con gran ruido. El jovencito cayó de espaldas, muerto, presentando su cuerpo una corrupción tal, en medio de un hedor insoportable, que los asustados padres lo arrastraron con garfios fuera de la casa paterna y lo sepultaron en el campo sin ceremonia alguna. Este demonio es citado por Nicolás Remy en su *Demonolatría* (Lyon, 1595).

ABRAXAS

Los demonólogos lo tienen por un demonio poderoso y temible. Lleva corona en la testa y se lo representa panzudo. Sus piernas terminan en serpientes y su cola también es una gruesa y larga serpiente. Porta un látigo bajo el brazo izquierdo y en su diestra muestra joyas-amuleto.

Su nombre parece significar los 365 días del año, de acuerdo con el valor numérico de las siete letras en griego. Según Carl G. Jung, Abraxas puede aparecer en sueños y visiones y dejar al durmiente con una angustia terrible, ya que al mismo tiempo Abraxas simboliza la vida y la muerte, la verdad y la mentira, lo bueno y lo diabólico, la luz y la oscuridad…

ABRINAEL (Abrunael)

Según Barrett, es el ángel que gobierna la vigesimocuarta mansión de la Luna, de las veintiocho existentes. Se le invoca para que ayude a la afirmación personal y al desarrollo del carácter.

ABUHAZA

Otro ángel del aire que rige el lunes a las órdenes de Arcán, el rey. Está sujeto o atado al viento del oeste (occidente), que es el de la Luna. Es uno más de los que proporcionan plata y adivinan el futuro y el pasado. Según Barrett *(El mago),* tanto Abuhaza como Bilet y Missabu «aparecen generalmente con una gran estatura, suave y flemática, con un color parecido al negro, entre una nube oscura de la que salen sus rostros con ojos rojos y acuosos, cabeza calva y dientes de jabalí salvaje; sus movimientos son como los de las tormentas marinas». La grafía «Abuzaha» de algunos textos es un error tipográfico.

ABUMALITH

Ángel del aire que rige el sábado, junto con Assaibi y Balidet, todos ellos a las órdenes de Maymon, el rey. Están sujetos al viento del sur (algunos textos indican del sudoeste). Se los invoca para sembrar discordias, malos pensamientos y dolencias; en casos especiales generan violencia. Cuando aparecen lo hacen «con un cuerpo alto, delgado y encorvado, con un fiero semblante de cuatro caras, una delante, una detrás y una a cada lado, todas nariguadas o con pico; también aparecen con caras en las rodillas, y de un color negro brillante; su movimiento es como el del aire, con una especie de temblor», según Barrett.

ACÉFALOS

Seres humanos fabulosos que no tienen cabeza sobre los hombros. Sin embargo, disponen de ojos, nariz y boca, pero en la parte alta del pecho o, en algunos casos, en el vientre. Herodoto situó un pueblo de ese tipo en Libia occidental. Los ewaipanoma de la Guayana, descritos por el inglés Walter Raleig, eran una tribu guerrera de esa clase. Igual que los blemmyes descritos por Plinio, quien los sitúa en el desierto de Libia. Mandavila habla de ellos en el *Libro de las maravillas del mundo*. Asimismo, están representados en *Las crónicas de Núremberg* de 1493.

I. acéfalo

ACHELIAH

Uno de los cuatro espíritus angélicos que figuran en el primer pantáculo del planeta Venus, el cual está destinado a proporcionar logros y satisfacciones en el campo de las bellas artes, la estética y todos los valores relacionados con ese planeta, de acuerdo con *The Key of Solomon the King* de Mathers y *La ciencia secreta de la magia* de Idries Shah. Los otros tres ángeles son Nogahiel (Nogahel), Socodiah (Socohiah) y Nangariel. Esos nombres están escritos en hebreo en ese talismán, en torno a los radios y caracteres místicos del planeta.

ACHIDES

Uno de los cinco ángeles cuyo nombre figura inscrito en el tercer pantáculo de Venus para atraer el amor, según *The Key of Solomon the King* y *La ciencia secreta de la magia*. Los otros cuatro son Monachiel, Ruach, Degaliel y Edalmiel. (*Véase* el término *Monachiel*).

ACTEUS (Acteo)

Uno de los demonios que generan desgracias, epidemias y hambrunas, según Cornelius Agrippa *Filosofía oculta*, libro III).

ADAR (Adar-Assur)

Nombre de Lucifer en las tradiciones persas, asirias y caldeas. Es sinónimo del *Arimán* o *Arimano* (*véase* este término) parsi y del Satanás cristiano, aunque impropiamente.

ADÉS

Sobrenombre de Plutón, dios de los infiernos, hijo de Saturno y Rea. Esta palabra es tomada muchas veces por el mismo infierno por algunos poetas de la antigüedad (*véase* el término *Hades*).

ADHAB-ALGAB

Nombre que dan los musulmanes al primer purgatorio, donde los ángeles negros Munkir y Nekir atormentan a los condenados por sus culpas.

ADIRIEL

Es el ángel que habita en el quinto palacio de la fe, según el Zohar. Es el encargado de las almas de los arrepentidos que mantuvieron su actitud penitente hasta la muerte.

ADONIEL

Ángel cuyo nombre se inscribe (junto con el de Bariel) en el cuarto pantáculo de Júpiter, según *The Key of Solomon the King* de Mathers. Es un pantáculo que está destinado a obtener riquezas, honores y prosperidad.

ADONIS

Demonio quemador que cumple algunas funciones en los incendios, según los demonógrafos. Es también el nombre de la divinidad griega que según el poeta Pomzasis (siglo v a. C.) era hijo de Mirra o Esmirna, princesa de Asiria, que por designio de Venus se enamoró de su propio padre, Theias; a éste se le reveló la monstruosidad de hacer, aunque inconscientemente, madre a su hija. Los dioses trasformaron a Mirra, a instancias de esta misma, en el árbol de la mitología fenicia y siria, en las que era llamado Thammuz. Sus orígenes parecen remontarse al panteón sumero-babilónico, donde era símbolo de la vegetación que muere y resucita y amante de la diosa Istar.

ADRAHINAEL

Según el Zohar, este ángel habita en el tercer palacio de la fe y «está encargado de las almas de aquellos que antes de morir habían tomado la determinación de abandonar su mala conducta y hacer penitencia, pero que sorprendidos por la muerte no tuvieron tiempo de llevar a cabo su propósito. Las almas de estos hombres son arrojadas al infierno e inmediatamente este ángel las recoge y las prepara para vivir en el esplendor de la gloria del Señor».

ADRAMELEC (Adramelech, Adrammélek)

Es el gran canciller de los infiernos, intendente del guardarropa del soberano de los demonios, presidente del alto consejo de los diablos. Cuando se aparece, suele hacerlo en forma de pavo real. Los antecedentes históricos indican que este espíritu maligno era especialmente adorado en Sépharvaim, ciudad de Asiria en la que se quemaban niños en un altar en loor suyo. Esta ciudad es la Sippar de la Biblia, en Samaria. Adramelec (en los textos cuneiformes *Adar-Malik* o *Adrumalku*) como ídolo y su culto fueron introducidos por Sargón, rey de Asiria, después de destruir el reino de Israel y tomar su capital. El hecho de que se ofrecieran niños en sacrificio a este espíritu hace creer que se trataba de una divinidad solar, al estilo de Baal-Moloc, de Canaán, Fenicia y Cartago, a la que también se ofrecían esta clase de sacrificios humanos. En *El paraíso perdido* de Milton, el demonio Adremeléch (Adramelech) es vencido por la espada justiciera del ángel Uriel.

ADRIEL

Según Barrett, es el ángel que gobierna la decimoséptima mansión de la Luna, de las veintiocho existentes. Se le invoca para que ayude a tener fuerza de voluntad y fortaleza de espíritu.

AEHAIAH (Akaiah)

Uno de los setenta y dos ángeles que llevan el nombre místico de Dios: Shemhamphora. Pertenece al orden de los serafines y tiene dominio sobre el planeta Mercurio y el signo zodiacal de Tauro. Comunica perseverancia para la investigación y los descubrimientos de la naturaleza. Algún cabalista cree que influye en el planeta Neptuno.

AGABERTA

Dice la leyenda que era una mujer nacida de un gigante llamado Vagnosto, habitante de los países septentrionales. Otros suponen que fue una hechicera que vivió en la Edad Media, a la que se atribuían hechos y cualidades de carácter fabuloso. Unos y otros dicen que Agaberta era hermosa y encantadora, y que la fuerza de sus encantos era tan enorme que muy raras veces se la veía en su propia configuración; a veces adoptaba la figura de una vieja decrépita de repugnante aspecto, y otras la forma de una joven hermosa y simpática. Tomaba la forma que quería con gran facilidad, como escriben los autores de «Urganda la desconoci-

da», y la gente creía que con su poder podía hacer oscurecer el Sol, la Luna y las estrellas; allanar los montes, arrancar los árboles, secar los ríos y realizar toda clase de prodigios, ya que al parecer tenía a todos los demonios sujetos a su voluntad.

AGALIARETPH

Segundo gran general del infierno (o capitán general), que tiene a sus órdenes directas a tres demonios principales: Buer, Gusión y Botis, según el grimorio *Los secretos del infierno*. Ayuda a descubrir los más impenetrables secretos de las cortes, gobernantes y gabinetes ministeriales.

AGARÉS (Agreas, Agaurés)

Gran duque de la región oriental de los infiernos. Toma a veces la apariencia de un señor benevolente montado en un cocodrilo y con un milano en el puño. Pertenecía al orden de las virtudes antes de su rebelión. Hace que los que huyen se detengan y vuelvan sobre sus pasos. Enseña todas las lenguas y palabras malsonantes en todos los idiomas. Destruye las dignidades temporales y espirituales. Puede provocar terremotos. Le obedecen treinta y una legiones de espíritus, según Crowley (*Goecia*).

AGATIÓN

Nombre que los antiguos nigrománticos daban a un demonio que sólo se dejaba ver al mediodía; se presentaba en forma de hombre o de bestia, según las ocasiones. Algunas veces se dejaba encerrar en una botella, en un anillo mágico o en otro objeto, el cual podía ser utilizado como poderoso talismán por su poseedor. Por ello se le dio el nombre griego de *agathos,* «bueno», por lo que Agatión puede considerarse un genio bondadoso.

AGATODEMÓN

Nombre que proviene del griego *agathós,* «bueno», y *daimon,* «genio». Es un buen demonio, una divinidad bienhechora en oposición a los *cacodemones,* genios maléficos. En honor a Agatodemón, los griegos bebían un poco de vino puro al final de las comidas después de la ablución de manos y antes de cantar el *peán.* La copa que servía para este uso se llamaba copa de Agatodemón. De ahí el nombre de agatodemonistas que Hesiquio da a la gente sobria. Esta divinidad era adorada por los egipcios bajo la forma de una serpiente con cabeza humana. Recibía el nombre de *Kneph* y era considerado el genio de la fecundidad. Como Agatodemón en Grecia, era el protector de las casas, de los campos, de las cosechas y aseguraba la abundancia y la prosperidad a los pueblos. En los monumentos del antiguo Egipto se lo ve representado bajo la forma de una serpiente cuya cabeza está coronada de una diadema, y el cuerpo, replegado en numerosos anillos, termina con una flor de loto o un ramo de espigas. Los dragones y serpientes aladas que los antiguos adoraban se llamaban también agatodemones. Agatodemón fue un genio que tuvo particular importancia entre la secta de los gnósticos.

AGATÓN

Genio protector de los agoreros.

AGIEL

Ángel cuyo nombre figura, en hebreo, en el primer pantáculo de Mercurio, junto con el de Yekael, según *The Key of Solomon the King.* Para Paul Christian (*The History and Practice of Magic,* libro IV), Agiel es la inteligencia de Saturno, y actúa conjuntamente con Zazel, el espíritu del planeta. Se le invoca en el exorcismo o bendición del cortaplumas, según Papus *(Tratado elemental de magia práctica).* Generalmente eran plumas de auca las que utilizaban los antiguos magos. Su número es el 45, según Barrett y Papus.

AGLA

Palabra cabalística que se compone de las primeras letras de las cuatro palabras hebreas *Atta,* «tu»; *Gibbor,* «poderoso»; *Lejolam,* «eternamente», y *Adonai,* «Señor», cuyo significado vendría a ser: *Poderoso y eterno sois, Señor.* Los rabinos atribuían a esta palabra el poder de arrojar al espíritu maligno. Los cristianos también se valían de ella para combatir a los demonios, y los musulmanes le atribuyen asimismo un poder misterioso, cuando la pronuncian con el rostro vuelto hacia Oriente, para encontrar los objetos extraviados y conocer los acontecimientos futuros, librarse de los peligros y saber lo que pasa, aun en los países más lejanos. Su uso era muy frecuente en la Edad Media, pues se ha encontrado grabada esta palabra en sortijas, campanas, amuletos, talismanes, pantáculos… Los libros de magia la citan constantemente, como el *Enchiridion* del papa León, *The Key of Solomon the King,*

La ciencia secreta de la magia, Manual de hechizos y rituales mágicos...

AGLOFOTIS

Hierba que crece entre los mármoles de Arabia y que utilizaban los magos y hechiceros para evocar a los demonios. Después empleaban la anancitida y la synochita, otras plantas que retenían a los demonios evocados todo el tiempo que quisiesen, a fin de poder pedirles los favores que ansiaban.

AGNÁN

Conocido también por Agnian. Es un demonio o genio maligno al que se atribuía, entre los primitivos moradores del Brasil, el poder de arrebatar los cadáveres cuando no se depositaban víveres junto al muerto al enterrarlo. También se dice que tomaba toda clase de formas para atormentar a sus perseguidos con apariciones y maldades.

AHINAEL

Según el Zohar, es un ángel que habita en el segundo palacio de la fe y es el «encargado de las almas de los niños que no han tenido la suerte de dedicarse al estudio de la Ley aquí abajo, siendo él quien los instruye».

AIA (Ambriane)

Hada de la clase de las *dames blanches* o damas blancas, muy popular en la región de Gaete, Nápoles, que se preocupa tanto del espíritu de las personas mayores como de los niños. El Aia es un hada bienhechora: se interesa por los mortales cuando nacen y mueren, así como en sus momentos de alegría y de penas. Procura siempre proteger a las familias más honradas, a las que ayuda en muchas ocasiones de mil diversas formas. Algunos afirman haber visto a la bella Ambriane y la describen como una dama alta, de semblante grave, vestida de blanco y tocada con un velo ondulante. Parece ser que esta tradición se remonta a los tiempos de la antigua Roma. No cabe duda de que esta hada es la misma que en Francia recibe el nombre de *Arie (véase* este término) o de *tante Arie* (tía Arie).

AIDEKO

Ente vampirizante vasco parecido al *Inguma (véase* este término). Se le atribuyen todas las dolencias cuyo origen se desconoce, como debilidad, falta de vigor, cansancio extremo...

AIHEL (Eiael)

Ángel del orden de los arcángeles. Tiene dominio sobre el planeta Júpiter y el signo zodiacal de Piscis. Es uno de los setenta y dos Shemhamphoras. Ayuda a que los cambios y nuevas situaciones sean favorables.

AIM (Aini, Any, Aym, Haborym, Haborimo)

Fuerte y poderoso duque del infierno. Se presenta en forma de cuerpo de hombre bien parecido, pero con tres cabezas: la primera de serpiente, la segunda de hombre con dos estrellas en la frente y la tercera parecida a un ternero (algunas fuentes dicen que de gato). Monta sobre una gran víbora y lleva un tizón en su mano, con el que esparce la destrucción por el fuego en ciudades, pueblos, castillos... Enseña a ser astuto y da respuestas veraces sobre temas privados si se coloca en el triángulo pintado ante el círculo protector. Le obedecen veintiséis legiones de espíritus, según Crowley *(Goecia)*. También se le conoce por Aini y Any, si bien Wierus lo llama Aym y Haborym (Haborimo). También se puede encontrar con la grafía «Aborym». *(véase* el término *Monarquía Infernal).*

AIMÓ

Nombre dado por los lapones a la morada de las almas de los muertos. Está situada en el Saiwo, monte sagrado donde habitan los Saiwo-Almac, esto es, los espíritus de las montañas, viviendo como los hombres a pesar de que su naturaleza, su estado y su destino son más elevados que los de los hombres. Poseen todas las riquezas, todas las ciencias y las artes de la magia. Los mitólogos dividen el Aimó en varias regiones y les dan nombres tomados de diferentes divinidades subterráneas. Algunas de estas denominaciones, como por ejemplo Rut-Aimó, Mubben-Aimó y Zhia-epp-Aimó, parecen tomadas en los tiempos antiguos de los dogmas del cristianismo sobre el infierno y el demonio.

AIPEROS (Ayperos) (*Véase* IPOS)

AIWAS

Ángel guardián del ocultista y mago británico Aleister Crowley, a quien le dictó *El libro de la ley (The Book of the Law).*

AKAIAH (*Véase* AEHAIAH)

AKUAN

Según las creencias persas es un gigante demonio que durante mucho tiempo luchó con Rustán y que, al fin, fue vencido y muerto por este héroe.

ALADIAH (Haladiah)

Uno de los setenta y dos ángeles que llevan el nombre místico de Dios: Shemhamphora. Pertenece al orden de los querubines y tiene dominio sobre el planeta Saturno y el signo de Tauro, si bien hay cabalistas que opinan que también influye en el planeta Urano. Confiere amor a las cosas, al trabajo y a las personas.

ALAL

Nombre con el que designaban los caldeos a una clase de demonios destructores que, para tentar a los hombres, salían del infierno y adoptaban diversas formas. La diosa infernal, cuyas órdenes obedecían los *alals,* se llamaba Alat y era esposa de Nergal, dios de la guerra, y hermana de Astarté. Los caldeos y asirios representaron a estos espíritus malignos bajo la forma de monstruos horribles como en los bajorrelieves del palacio de Asurbanipal, en Kujundjik (hoy se hallan en el Museo Británico), y también en los pequeños bronces y en las tierras cocidas, como cilindros, sellos, etc. Generalmente los alals son representados con cuerpo humano, cabeza de león, con las fauces abiertas, con orejas de perro y crines de caballo. Los pies presentan garras de aves de presa y las manos sostienen largos puñales.

ALASTOR

Demonio vengador, gran ejecutor de las sentencias del monarca infernal. Ejercía su poder contra otros genios, los hombres y los animales. En la antigua Grecia era la personificación de la deidad que perseguía el castigo y venganza de un crimen, no ya sólo en su autor, sino en toda su estirpe. Plutarco dice que Cicerón, por odio contra Augusto, había ideado matarse junto al hogar de este emperador para convertirse en su Alastor.

ALBERICO

Enano legendario de las tierras germánicas, custodio del tesoro de los *nibelungos (véase* este término). Figura en la tetralogía de Wagner, inspirada en aquella tradición, especialmente en *El oro del Rin*. El héroe Sigfrido se apoderó del tesoro, después de reducir a Alberico, a quien exigió luego un juramento de fidelidad. En la poesía normanda, el tema está tratado de otro modo; también hay un tesoro oculto, pero que pertenece al enano *Andvari (véase* este término).

ALEPTA

Es el espíritu de las grandes riquezas, según *El grimorio de Armadel*. Es el que protegió a Abraham cuando salió de Ur de Caldea y de Haran. Este espíritu se puede invocar para liberarse de las imposiciones de las personas crueles y desalmadas. Debe hacerse ante su sello secreto.

2. Sello secreto del espíritu Alepta

ALFARS (Alfes)

Especie de genios o entes elementales de la mitología escandinava –más conocidos por *elfos (véase* este término)– que en número de setenta y tres rodeaban al dios Alfadir. Cada uno presidía, sucesivamente, cinco días del año. Se dividían en *liosalfar* (genios luminosos y benéficos) y en *dockalfar* (genios tenebrosos y maléficos), enemigos unos de otros. Las hembras de los *alfars* se llamaban *discas*.

ALGOL

Nombre que los astrólogos y hechiceros árabes dieron al diablo; deriva del término *Alghisl*. También se aplicó este término a una estrella de la costelación de Perseo, una de las más malévolas del Zodíaco. Astronómicamente, Algol viene del árabe *el Gol*, que quiere decir «el ogro», y está basado en una leyenda unida a Perseo, cuya amante, Naura, que era esclava de «el Ogro», fue muerta por su dueño, que a su vez perdió la vida en feroz lucha con Perseo. También se escribe Al Ghoul, cuya contracción es *Algol*. En términos esotéricos y místicos, esa estrella recibe, como hemos dicho, el sobrenombre de «espíritu diabólico», «el Diablo», «la diabólica», «la cabeza del demonio», y la tradición grecolatina la identifica con la cabeza de las Gorgonas o Medusa. Tal estrella también se conoce como Caput Algol y Caput Medusa, y los hebreos consideran que es la Lilith bíblica, la esposa vampira y maléfica, nocturna, que tentaba a los hombres y al propio Adán. Como se desprende, no es una estrella de buena suerte y genera más calamidades y percances que fortuna.

El interés de los astrólogos y astrónomos árabes por la estrella Algol viene dado por las variaciones de su brillo. Las investigaciones modernas han demostrado que esa estrella variable es eclipsada, en períodos determinados, por otra estrella oscura que tiene como compañera o satélite.

ALIA

Según una leyenda frigia, era una jovencita que se unió a un monstruo en el bosque sagrado de la diosa Artemisa. De esta unión nació la raza de los ofiogenes, «los hijos de la serpiente», que poblaron la región de Parión, en el Helesponto.

ALICHINO

Demonio que figura en el infierno de Dante *(La divina comedia,* canto XXI), torturando a los condenados. Su nombre parece indicar «que hace inclinarse a los otros».

ALLOCES (Alocerio, Allocen, Alloien, Alocas)

Es un fuerte, poderoso y gran duque de los infiernos. Cuando se lo evoca se presenta como un soldado o guerrero montado en un gran alazán. Su cara es parecida a la de un león, muy roja y con ojos flamígeros. Habla con voz grave, rasposa y alta. Su trabajo consiste en enseñar astronomía y ciencias liberales. Otorga buenos «familiares» y le obedecen treinta y seis legiones de demonios, según Collin de Plancy *(Diccionario infernal),* Waite *(El libro de la magia negra)* y Crowley *(Goecia). (Véase* el término *Monarquía Infernal).*

ALOGES (Alojas)

Nombre con el que se designa en Cataluña a las hadas, junto con los de *goges, encantades, fades, dones d'aigua…* *(véanse* todos estos términos).

ALPIEL

Ángel que, según el Talmud, rige los árboles que dan fruto.

ALPINACH (Albinach)

Demonio de Occidente que, según los demonógrafos, preside las tempestades, los terremotos, las lluvias violentas y las grandes tormentas de granizo. También provoca los naufragios. Cuando se muestra visible lo hace bajo la forma y vestido de mujer.

ALRUNAS

Demonios súcubos o hechiceras que se suponen madres de los hunos. Tomaban toda clase de formas, pero sin cambiar de sexo. También se les ha dado el nombre de Alraun y Alrunesias (del alemán antiguo, *Alrûna,* del gótico *rûna,* «secreto»). Algunas tribus germanas llamaban Alrunas a unas estatuas o figuras de madera labradas muy toscamente que consideraban co-

3. Alloces

mo sus dioses Penates o Lares. Creían que tales estatuillas poseían grandes virtudes y que la fortuna y el destino de los hombres dependían de ellas. Las hacían de las raíces de algunas plantas, principalmente de la mandrágora, y las vestían rigurosamente, guardándolas en valiosos cofrecitos. Una vez a la semana ofrecíanles viandas escogidas, persuadidos de que si las hubiesen descuidado habrían lanzado grandes gritos, que era necesario evitar porque eran presagio de desgracias. Solían esconderlas en lugares secretísimos, de donde sólo las sacaban para consultarles el porvenir, que se supone daban a conocer por algunos movimientos de cabeza y a veces con expresiones inteligibles. Cuantos poseían una alruna se consideraban felices e inmunes contra el dolor y la miseria.

ALSEIDAS

Especie de ninfas que moraban en los bosques y valles. (*Véase* el término *ninfas*).

AL SIRAT

Según las tradiciones mahometanas, es un puente tan delgado como un cabello y afilado como una navaja de afeitar, que se halla tendido sobre el infierno. Por él han de pasar todos los fallecidos; los impíos caen al abismo y los justos lo pasan y entran en el paraíso.

ALTANGATUFUN

Espíritu que se suponía que servía de amuleto cuando se lo representaba en forma de estatuilla. Los calmucos le daban el cuerpo y cabeza de serpiente y cuatro patas de dragón;

el que lo llevaba con fe era invulnerable en los combates. Se cuenta que un kan, para probarlo, hizo colgar un ídolo de Altangatufun en un libro que puso como blanco para los más hábiles arqueros. Sus flechas no pudieron hacer mella en él, sin embargo, lo traspasaron de parte a parte cuando se separó del ídolo-amuleto.

AMABAEL

Ángel regente del invierno, según Barrett (*El mago*) y Papus (*Tratado elemental de magia práctica*).

AMABIEL (Amabel)

Uno de los ángeles del martes y del planeta Marte, junto con Samael y Satael.

AMADIEL

Príncipe angélico que reside en la mansión del viento del nordeste (Bóreas), según el abate Trithemio. Tiene bajo sus órdenes gran número de ministros y servidores. Se le invoca para que los esposos y enamorados sean fieles.

AMAHIEL

Uno de los ángeles del aire que rigen el viernes. Sus colegas son Aba, Abalidot y Blaef, todos ellos a las órdenes de Sarabotes, el rey. Está sujeto al viento del oeste, según Barrett y Papus. Es uno de los ángeles que gobiernan la sexualidad humana. (*Véase* el término *Abalidot*).

AMAIMÓN (Amoimon, Amaymon)

Uno de los cuatro grandes espíritus que los magos y ocultistas suponen encargados de presidir las cuatro partes del universo. Amaimón es el que gobierna el Oriente o Este. Para los demonólogos es uno de los cuatro reyes del infierno. Se lo evoca de las nueve a las doce del mediodía (por la mañana) y de tres a seis de la tarde. Según *El libro de la magia sagrada de Abramelín el Mago*, Amaimón, junto con Oriens, Paimón y Aritón, tiene ciento once espíritus servidores.

AMAZONAS

Míticas mujeres guerreras que se suponen oriundas del Cáucaso y que llegaron a formar un poderoso pueblo guerrero en el Ponto Euxino, a orillas del Termodón, cerca de Trebizonda, y cuya población principal era Temiscira. Aunque Estrabón lo tiene por fábula, Heródoto y otros autores creen en su existencia, hasta el punto de que aseguran que consiguieron ocupar una gran parte de Asia Menor y fueron dueñas de Efeso, Esmirna, Pafos y otras ciudades, lo que corroboran gran número de medallas antiguas. El nombre de amazonas proviene, según una de las tradiciones, del griego *mazós*, «pecho», y *a-*, prefijo privativo, porque desde niñas les quemaban o comprimían el del lado derecho para que pudieran disparar el arco con mayor facilidad. El padre Menestrier dice que el motivo de adornar con tantos pechos a la Diana de Efeso era porque las amazonas le consagraban los que se quitaban. Otra leyenda afirma, por el contrario, que significa mujeres de pechos abundantes o desarrollados, interpretación que parece corroborar el hecho de ser adoradoras de Artemisa, la gran nodriza de la naturaleza. Las amazonas no permitían que entre ellas vivieran hombres, y sólo sostenían breves relaciones sexuales con sus vecinos próximos una vez al año, en primavera, para perpetuar la raza. Si el fruto era niño se lo entregaban a su padre, y si era niña, la cuidaban y adiestraban en sus costumbres y en el arte de la guerra. Eran hermosas, altas, duras de carácter, audaces. Usaban como armas el arco, el hacha, el escudo y el amento o lanza arrojadiza. Eran diestras en el manejo del caballo, que montaban a pelo o cubierto con una gualdrapa, y sabían guerrear a pie y a caballo indistintamente. El espíritu belicoso de las amazonas les hacía estar siempre apercibidas para la lucha; y no sólo atendían a la guerra defensiva, sino que se aventuraron en varias expediciones que la leyenda ha inmortalizado. Las tradiciones hacen referencia a seis de sus reinas principales con motivo de seis grandes acontecimientos: ‖ 1.º La incursión que realizaron por Licia, tras la cual fueron rechazadas por Belerofonte. ‖ 2.º La guerra mencionada por Homero, de los príncipes frigios y de las amazonas. ‖ 3.º La expedición de Hércules contra Hipólita, reina entonces de las amazonas y que estaba en posesión del cinturón de Narte. Esta lucha constituye el noveno de los trabajos de Hércules, quien por fin logró apoderarse del cinturón y de Hipólita, después de un combate desesperado. ‖ 4.º Teseo, acompañado de Piritoos, atacó a las amazonas y robó a Antíope. Las amazonas, para vengarla, invadieron Ática, llegando hasta las puertas de la ciudad. Tan reñido fue el combate que en Megara, en Queronea y Tesalia se enseñaban las tumbas de las amazonas muertas en la lucha. || 5.º La alianza con Troya de las amazonas, en cuyo sitio fue muerta su reina, Pentesilea, por Aquiles. || 6.º La expedición contra la isla de Leuca, en el Ponto Euxino. Fueron célebres heroínas amazonas Esfiona, que fue a felicitar a Jasón, y Telespín, que visitó a Alejandro Magno. Las tradiciones antiguas también hablan de otras amazonas africanas que tenían por reina a Mirina, que llegaron a dominar a los númidas, etíopes, gorgones y atlantes y que por último fueron exterminadas por Hércules. Heródoto cuenta la siguiente historia acerca de las amazonas: «En tiempo de la guerra entre los griegos y las amazonas –a quienes los escitas llaman *Eorpata*, palabra que equivale en griego a *Anaroctonoi* («matahombres»), compuesta de *Eor* que significa «hombre», y de *pata*, «matar»–, en aquel tiempo se dice que, vencedores los griegos en la batalla del río Termodonte, se llevaban en tres navíos a cuantas amazonas habían podido coger prisioneras; pero que ellas se rebelaron en el mar e hicieron pedazos a sus guardianes. Mas como después de acabar con toda la tripulación no supieron gobernar el timón, ni servirse del juego de las velas ni bogar con los remos, se dejaron llevar a discreción del viento y de la corriente. Quiso la fortuna que aportasen a un lugar de la costa de la laguna Meotis llamado Cremnoi (actualmente Crin), que pertenece a la comarca de los escitas libres. Dejadas allí las naves, se encaminaron hacia el país habitado y se alzaron con la primera manada de caballos que casualmente hallaron, y montadas en ellos iban talando y robando el país de los escitas. No podían éstos atinar qué raza de gente y qué violencia fuese aquélla; no entendían su lengua, no conocían su traje ni sabían de qué nación eran, y se admiraban de dónde les había podido venir aquella manada de salteadores. Teníanlas, en efecto, por hombres todos de una misma edad, contra quienes habían tenido varias refriegas; pero después de apoderarse de algunas muertas en el combate, al cabo se desengañaron conociendo que eran mujeres aquellos bandidos. Habiendo con esto tomado acuerdo sobre el caso, parecioles que de ningún modo convenía matar en adelante a ningu-

4. Amazonas

na, y que mejor fuera enviar sus mancebos hacia ellas en igual número al que podían conjeturar que sería el de las mujeres, dándoles orden de que plantando su campo vecino al de las enemigas, fuesen haciendo lo mismo que las viesen hacer, y que en caso de que ellas les acometieran no admitiesen el combate, sino que huyesen, y cuando vieran que ya no los perseguían, acampasen de nuevo cerca de ellas. La mira que tenían los escitas en estas resoluciones era de poder tener en ellas una sucesión de hijos belicosos. Los jóvenes destinados a la pacífica expedición cumplían las órdenes que traían de no intentar nada. Cuando experimentaron las amazonas que aquellos enemigos venían de paz sin ánimo de hacerles hostilidad alguna, los dejaban estar en hora buena sin pensar en ellos. Los jóvenes iban acercando más y más cada día su campo al campo vecino, y no llevaban consigo cosa alguna sino sus armas y caballos, yendo tan ligeros de ropas como las mismas amazonas e imitando el modo de vivir de éstas, que era la caza y la pesca. Solían las amazonas cerca del mediodía andar vagando ya de una en una, ya por parejas, y retiradas una de otra acudían a sus necesidades mayores y menores. Los escitas, que lo habían ido observando, se dieron a ejecutar lo mismo, y hubo quien se abalanzó licenciosamente hacia una de ellas que iba sola; no lo esquivó la amazona, sino que le dejó hacer de sí lo que el mancebo quiso. Por desgracia, no podía hablarle porque no se entendían; pero con señas se ingenió y le dio a entender que al día siguiente acudiese al mismo lugar, y que lle-vase compañía y viniesen dos, pues ella traería otra consigo. Al volver el mancebo a los suyos dio cuenta a todos de lo sucedido, y al otro día no faltó a la cita llevando un compañero, y halló a la amazona que con otra ya les estaba esperando. Cerciorados los demás jóvenes de lo que pasaba, animáronse también a amansar a las demás amazonas, y llegó a tal punto, que unidos ya los reales vivían en buena compañía, teniendo cada cual por mujer propia a la que primero había conocido. Y por más que los maridos no pudiesen alcanzar a hablar la lengua de sus mujeres, pronto supieron éstas aprender la de los maridos». De esta unión de las amazonas con jóvenes escitas nacieron los sármatas, que formaron un pueblo separado de los escitas. Las mujeres de los sármatas siguieron viviendo al uso antiguo durante siglos; montaban a caballo, acompañaban a sus maridos a la caza y vestían igual que los hombres. Ordenaron los matrimonios de tal modo que ninguna doncella podía casarse si primero no mataba a algún enemigo. Si no lo hacía así, no podía conocer varón y moría virgen.

AMBRIANE (*Véase* **AIA**)

AMDUSCIAS (Amdukias)
Gran duque de los infiernos. Este demonio tiene figura de unicornio, pero cuando se lo evoca se presenta adoptando la forma de un ser humano. Da conciertos si se lo piden, pero se oye el sonido de las trompetas y otros instrumentos musicales sin verlos. Los árboles se inclinan ante el sonido de su voz. Tiene bajo sus

5. Amduscias

órdenes a veintinueve legiones de demonios. También se encuentra con la grafía «Amdusias». (*Véase* el término *Monarquía Infernal*).

AMEMTI (Amentit)

Es uno de los nombres que los antiguos egipcios daban al infierno. El término parece significar «región escondida, región oculta, región de Occidente…», adonde iban las almas de los muertos para ser juzgadas, siguiendo el rastro del sol poniente, la muerte del día. Plutarco dice –en su tratado sobre *Los misterios de Isis y Osiris*– que la región subterránea adonde van las almas después de la muerte se llama *Amenthés,* que quiere decir «aquel que recibe y da». Osiris era el dios y señor del *Amenthi* y de los muertos, que en egipcio también se denominaba el país «de la verdad de la palabra». Para cruzar el río que serpenteaba por la región del Amenti, lugar de la «vida misteriosa de donde nadie jamás ha vuelto», el alma del difunto debía estar provista y protegida por amuletos, talismanes, fórmulas mágicas, encantamientos, conjuros, palabras sagradas y esotéricas, para poder franquear los malos pasos del Amenti, en los que acechaban entes malignos y monstruos horribles.

AMFISBENA

Serpiente fabulosa a la cual le atribuían dos cabezas y dos colas. *(Véase el término Anfisbena).*

AMILAMIA

Especie de hada o náyade de índole afable y caritativa.

AMITIEL

Ángel de la verdad. Se le invoca como protección a los recién nacidos.

AMMAH

La puerta de salida de los muertos, según las creencias religiosas del Antiguo Egipto.

AMNEDIEL

Según Barrett, es el ángel que gobierna la octava mansión de la Luna, de las veintiocho existentes. Se le invoca para que insufle mayor valor y coraje para enfrentarse con los problemas de la vida cotidiana.

AMNIEL

Ángel de la cuarta hora del día; se considera que está bajo el mando de Vachmiel. Otros textos también lo mencionan como el ángel de la séptima hora de la noche, bajo las órdenes de Mendrion.

AMNIXIEL

Según Barrett, es el ángel que gobierna la vigesimoctava mansión de la Luna, de las veintiocho existentes.

Se le invoca para que ayude a desarrollar los afectos a través de los conocimientos y sabiduría adquiridos.

AMOIMON *(Véase* **AMAIMÓN***)*

AMÓN (Ammón, Aamón)

Es un marqués grande y poderoso de los infiernos, y el más severo. Aparece como un lobo con cola de serpiente, vomitando llamas de fuego por su boca. Cuando el oficiante se lo ordena, toma apariencia humana, aunque con dientes de perro. A veces, se deja ver con cabeza de un gran cuervo, pero se distinguen sus afilados dientes caninos. Revela cosas del pasado y del futuro. Reconcilia a los amigos enfadados, si así se le pide. Le obedecen cuarenta legiones de diablos, según Crowley *(Goecia).*

AMUTIEL

Según Barrett, es el ángel que rige la decimonovena mansión de la Luna, de las veintiocho existentes. Se le invoca para que ayude a salir de los problemas en que uno se halla inmerso por sus propios errores.

AMY (Avnas)

Gran presidente de los infiernos. Se presenta como un gran fuego llameante, para luego trasformarse en un hombre. Conoce perfectamente la astrología y las ciencias liberales. Otorga buenos «familiares» y puede rescatar tesoros protegidos por otros espíritus. Le obedecen treinta y seis legiones de demonios.

ANABONA

Nombre de un espíritu superior o ángel por medio del cual Dios creó el hombre y el conjunto del universo, según cuenta MacGregor Mathers en *The Key of Solomon the King*. La tradición hebrea dice que Moisés escuchó el nombre de Anabona cuando recibió la Tabla de los Diez Mandamientos en el monte Sinaí.

ANACHIEL

Uno de los cuatro ángeles cuyo nombre se inscribe en hebreo en el tercer pantáculo del planeta Saturno, según *The Key of Solomon the King*. Los otros tres son Omeliel, Arauchiah y Anazachia.

ANAEL

Uno de los siete ángeles de la Creación, jefe de los principados, príncipe de los arcángeles y gobernante del viernes y de sus ángeles. Tiene como servidores a Amabiel, Aba, Abalidoth y Flaet. Ejerce dominio sobre el planeta Venus y, por consiguiente, sobre el amor, la bondad, la dulzura, el arte y la virtud. Además, controla los reinos y reyes de la Tierra y domina la Luna y sus influjos. Anael es citado en diversos textos, a través de los siglos, como Aniyel, Anafiel, Aufiel, Haniel… En magia se le invoca en rituales para atraer a la persona amada, empleando para ello el salmo 137. Los exégetas atribuyen al ángel Anael la proclama de «Abrid las puertas, que entre el pueblo justo que se mantiene fiel» (Apocalipsis de Isaías, 26, 2). En rituales mágicos se invoca al ángel Anael durante la confección del *espejo mágico,* según Papus *(Tratado elemental de magia práctica).* Asimismo, Anael rige unas horas diarias de acuerdo con las tablas angélicas existentes, según el ritual que se desee realizar y el correspondiente ángel que sea necesario invocar. Y también está grabado en la famosa medalla-amuleto de Catalina de Médicis, reina de Francia.

ANAHEL

Príncipe angélico que rige el tercer cielo, junto con Jabniel, Rabacyel y Dalquiel. Como Anahael, es uno de los diversos ángeles guardianes de las puertas del viento del oeste.

ANAMELEC

Deidad femenina que llevó Sargón a Samaria después de la destrucción de Israel. Se la ha identificado con la Luna, haciéndola esposa del Sol *(Aa)* y del dios *Ami,* seguido del epíteto *maliku.* Era adorada de manera especial en Sefarbaim, ciudad de los asirios. A veces se la mostraba en forma de codorniz. Anamelec se confunde muchas veces con Adramelec, el Sol. En los textos cuneiformes consta con los nombres de *Anunitu-malkitu, Anumalku y Amumalik.* Es un demonio-demonia de piel oscura y portador de malas noticias. En su aspecto de *Adramelec (véase* este término) es el octavo de los diez archidemonios.

ANANEL (Hananel)

Uno de los veinte jefes de los ángeles caídos (según el *Libro de Enoch),* que se rebelaron contra el Sumo Hacedor. Descendieron sobre Ardis, la cima del monte Hermón, para unirse a las hijas de los hombres.

ANANIEL

Uno de los numerosos espíritus angélicos que gobiernan las puertas del viento sur.

ANARAIDAS

Nombre que los griegos modernos dan a ciertas deidades misteriosas y sobrenaturales, análogas a las ninfas de la mitología antigua o a las hadas y las ondinas. Habitan en las proximidades de las fuentes, los ríos, los lagos, las praderas, las grutas y las selvas. Se las representa como mujeres de belleza ideal. Cantan y bailan durante la noche, pero ejercen una influencia funesta sobre el que las encuentra o escucha su canto. Su poder se extiende hasta los niños que están todavía en el vientre de la madre. A favor de tales deidades construíanse unos nichos al lado de todas las fuentes, destinados a guardar las ofrendas que se les hacían. Nadie se atrevía a saciar su sed sin antes hacer donación de un óbolo: una flor, una piedra bonita, una ramilla olorosa… Según Hilas, las anaraidas procuraban atraer a los pastores, para seducirlos, sin que jamás volviera a saberse algo de aquellos que se hubieran rendido a sus encantos. Se supone que los sumergían en las aguas profundas.

ANARAZEL

Conocido también por Anazaret. Genio o demonio que junto con Fecor y Goziel está encargado de guardar los tesoros subterráneos y de llevarlos de un lado para otro para librarlos de la codicia de los hombres. Estos tres diablos también son los que conmueven los cimientos de los edificios, hacen soplar fuertes vientos acompañados de llamas y hacen aparecer los espectros. En ocasiones han provocado el miedo con gran ruido de campanas. Pueden reanimar los cadáveres durante algunos momentos. Estos tres demonios no pueden tener trato carnal con las mujeres.

ANAX

Gigante, hijo de Urano y de Gea (la Tierra) y padre de Asterio. Fue rey de Anactoria, ciudad que después cambió su nombre por el de Mileto, por haber sido este cretense quien la invadió.

ANAZACHIA

Uno de los cuatro ángeles cuyo nombre se inscribe en el tercer pantáculo del planeta Saturno, según *The Key of Solomon the King* de Mathers. Los otros tres son Anachiel, Omeliel y Arauchiah.

ANDRAS

Gran marqués de los infiernos. Cuando aparece, a la llamada del mago, toma la forma de cuerpo de ángel, con alas, pero con cabeza de búho. Monta en un lobo negro y lleva en la mano derecha una espada muy brillante y puntiaguda. Enseña a matar bien a los enemigos. Es el demonio que suscita las discordias, disputas y peleas. Le obedecen treinta legiones de diablos, según Crowley (*Goecia*).

ANDREALPHUS
(*Véase* **ANDRIALFO**)

ANDRIAGO

Animal fabuloso, especie de caballo o grifo alado que los romances de caballería atribuyen alguna vez a los magos y a sus héroes. También aparecen en algunos cuentos fantásticos o de hadas.

ANDRIALFO (Andrealphus, Andrealfo)

Poderoso demonio, marqués del imperio infernal. Se aparece a veces bajo la figura de un pavo o pavo real. Cuando lo hace en forma de hombre se le puede obligar a que dé clases de geometría. Asimismo conoce los secretos de la astronomía. Da a los hombres que pactan con él figura de pájaro para huir de los jueces y cárceles. Le obedecen treinta legiones de demonios.

ANDROMALIUS (Andromalio)

Un grande y poderoso conde de los infiernos. Se aparece en la forma de un hombre sosteniendo una gran serpiente en su mano. Su trabajo consiste en hacer que vuelvan los bienes robados, se castigue al ladrón y se descubran las maldades y los tratos bajo mano. También descubre los tesoros ocultos. Manda treinta y seis legiones de diablos.

ANDVARI (Andwaranant)

Según el *Edda* era un anillo mágico de oro, al que iba unido un conjuro que su primitivo poseedor, el enano Andvari o Andwari, había pronunciado sobre él. Es la misma fábula de Otr y de Fafnir y del tesoro de los nibelungos, con la figura de Alberico. De este talismán dependía que dicho tesoro no se agotase. (*Véanse* los términos *Alberico*, *Nibelungos* y *Zwerge*). Dice la tradición normanda que el enano *Andvari* podía metamorfosearse en pez y vivir en el agua. Cierto día, *Loki* (*véase* este término) consiguió capturarlo gracias a una red mágica, y se negó a soltarlo a menos que le entregase el tesoro que custodiaba. El enano no tuvo más remedio que aceptar las condiciones de su enemigo, pero procuró ocultar en el hueco de su mano un anillo prodigioso, el *Andwaranant* o *Andvari,* talismán que tenía la virtud de hacer crecer indefinidamente las riquezas. Loki se dio cuenta de lo que pretendía el enano y le exigió la entrega del anillo. Obedeció Andvari, mas lanzó una maldición sobre el oro y la joya mágica, diciendo que serían la causa de la perdición de quienes eventualmente los poseyeran. Y así fue. El gigante Fafnir se trasformó en dragón para proteger mejor el tesoro adquirido al precio del asesinato de su propio padre, pero Sigurdo le dio muerte, y éste, a su vez, no tardó en perecer.

ANEBERG

Demonio de las minas. Aparece principalmente en Alemania y es un diablo malo y terrible. Dícese que tiene la figura de un caballo con un inmenso cuello y espantosos ojos. Se cuenta que un día mató de un soplo a doce trabajadores que abrían una mina de plata, cuya protección le estaba confiada.

ANEMENTE

Uno de los cuatro Annedotos.

ANFISBENA

Serpiente fabulosa de dos cabezas, una en su lugar propio y la otra en la cola. Según Brunetto Latini, el maestro de Dante, podía morder con las dos y corría con gran ligereza; sus ojos brillaban como candelas. Podía caminar en dos direcciones, y si se la cortaba por la mitad, los dos pedazos se unían al instante. Se dice que los soldados de Catón hallaron ejemplares de la anfisbena en los desiertos de África. El nombre viene del griego *amphi,* «a ambos lados», y *bainein,* «andar». En heráldica inspiró la figura del anfíptero, serpiente alada cuya cola termina a su vez en otra cabeza de serpiente.

ANGAT

Nombre que dan al diablo en Madagascar, donde se aparece en forma de serpiente. Es un genio sanguinario y cruel.

ÁNGELES

Los judíos, a excepción de los saduceos, reconocen a los ángeles, a los que los griegos llaman *daimons* y los romanos les dieron el título de genios o lares. Los rabinos hacen datar la formación de los ángeles desde el segundo día de la Creación. Añaden, además, que habiendo sido ellos llamados al consejo de Dios cuando quería formar al hombre, sus pareceres fueron diversos, y que Dios hizo a Adán sin saberlo ellos, para evitar murmuraciones. Quejáronse, sin embargo, a Dios de haber dado demasiado poder a Adán, pero Dios sostuvo la excelencia de su obra, porque el hombre debía alabarle en la Tierra como los ángeles le alababan en el cielo. Preguntoles en seguida si sabían el nombre de todas las criaturas y contestaron que no, pero Adán apareció de repente y los confundió recitándolos todos sin titubear. Dios les predijo aún que pecarían por amor a las hijas de los hombres; los ángeles callaron, pero algunos tuvieron envidia y perdieron al hombre

				Nombre						Nombre						Nombre						Nombre
				Vehuiah					*Leuuiah*						*Aniel*						*Mebahiah*
				Ieliel					*Pahaliah*						*Haamiah*						*Poiel*
				Sitael					*Nelchael*						*Rehael*						*Nemamaih*
				Elemiah					*Ieiaiel*						*Ihiazel*						*Ieilael*
				Mahasiah					*Melahel*						*Hahahel*						*Harahel*
				Lelahel					*Hahuiah*						*Michael*						*Mizrael*
				Achaiah					*Nithhaiah*						*Vevaliah*						*Umabel*
				Cahethel					*Haaiah*						*Ielahiah*						*Iahhel*
				Haziel					*Ierathel*						*Sealiah*						*Annauel*
				Aladiah					*Seehiah*						*Ariel*						*Mehekiel*
				Lauiah					*Reiiel*						*Asaliah*						*Damabiah*
				Hahiah					*Omael*						*Mihael*						*Meniel*
				Ieiazel					*Lecabel*						*Vehuel*						*Eiael*
				Mebahel					*Vasariah*						*Daniel*						*Habuiah*
				Hariel					*Iehuiah*						*Hahaziah*						*Rochel*
				Hakamiah					*Lehahiah*						*Imamiah*						*Iibamiah*
				Leviah					*Chavakiah*						*Nanael*						*Haiaiel*
				Caliel					*Monadel*						*Nithael*						*Mumiah*

tentándole a desobedecer al Señor; por este motivo, Dios los arrojó del cielo y fueron los demonios. La Sagrada Escritura ha conservado para los demonios el nombre de ángeles, llamándolos únicamente ángeles de tinieblas. Los musulmanes creen que los ángeles y los demonios son de una talla desmesurada, pero se hacen pequeños para vivir entre los hombres. Cada uno de ellos, según dicen, tiene dos ángeles de la guarda, de los cuales el uno escribe lo bueno y el otro lo malo. Y estos ángeles son tan buenos, añaden, que cuando aquel que está bajo su guarda comete una mala acción, le dejan dormir antes de anotarla, esperando que quizás se arrepienta al despertar. Los persas dan a cada hombre cinco ángeles de la guarda que están colocados de la siguiente manera: el primero, a la derecha, para escribir sus buenas acciones; el segundo, a la izquierda para anotar las malas; el tercero, delante de él, para guiarle; el cuarto, detrás, para preservarle de los demonios, y el quinto, a la altura de su frente, para mantener su espíritu elevado hacia el profeta. Los siameses dicen que los ángeles poseen los dos sexos y los dividen en siete órdenes, encargándoles la guarda de los planetas, de las ciudades y de las personas. Los cristianos deben a la Biblia el conocimiento de los ángeles, la cual suministra sólo los nombre de tres de ellos: los de Gabriel, Miguel y Rafael. El libro apócrifo de Henoch o Enoc agrega los nombres de Raguel, Saraqael, Zutel, Rufael, Fanuel y varios más. El Apocalipsis de Esdras, los de Gabulethon, Aker, Arphugitonos, Beburos y Zebuleon. Se añadieron después los de Surjan, Urjan, Uriel, Arsjalaljur y muchos más. Sin embargo, el Concilio de Roma, de 745, y el capítulo XVI del Concilio de Aquisgrán, de 789, rehusaron todos los nombres de ángeles que no fueran los tres bíblicos. Entre los cabalistas y los gnósticos, tanto los ángeles como los demonios son alegorías o formas simbólicas; establecen números fijos de ángeles (365.000 mandados por Kokhabiel; los talmudistas hacían subir el número a 301.655.172), y multiplicaron sus nombres a tal extensión. La doctrina católica acerca de la existencia y naturaleza de los ángeles quedó definida en el IV Concilio de Letrán (1215) y en el del Vaticano. Según estas declaraciones, los ángeles tienen existencia real, fueron creados sin mancha y gozan de completa espiritualidad, o sea, subsisten efectivamente como el alma, sin necesidad de un cuerpo con el cual formen un todo específico. Se han visto frecuentemente ángeles por los aires en circunstancias importantes, como en la muerte de los santos. Cardan cuenta que un día que él estaba en Milán, esparciose de repente la voz de que había un ángel encima de la ciudad. Acudió allí y vio, en efecto, lo mismo que otras dos mil personas reunidas: un ángel tendido sobre las nubes armado de una larga espada y con las alas extendidas. Los habitantes, atemorizados, gritaban que aquél era el ángel exterminador, y la consternación se hizo general cuando un jurisconsulto les hizo reparar en que lo que veían no era más que el reflejo en las nubes de un ángel de mármol blanco colocado en lo alto del campanario de San Gotardo. Las tradiciones cabalísticas y ocultistas ponen cada mes del año bajo la protección de un ángel determinado, de acuerdo con la relación que damos a continuación: Enero es el mes de Gabriel. || Febrero es el mes de Barchiel. || Marzo es el mes de Machidiel. || Abril es el mes de Asmodel. || Mayo es el mes de Ambriel. || Junio es el mes de Muriel. || Julio es el mes de Verchiel. || Agosto es el mes de Hamaliel. || Septiembre es el mes de Uriel. || Octubre es el mes de Barbiel. || Noviembre es el mes de Adnachiel. || Diciembre es el mes de Hanael. || En la antigua literatura hebrea se atribuye un poder talismánico a los nombres de los ángeles. Una prueba de esta costumbre la constituyen

6. Portada del libro *Jerarquía de los ángeles sagrados* de Thomas Heywood.

unos vasos mágicos existentes en el Museo Británico, en los cuales hay grabadas fórmulas de hechizos en hebreo, arameo y siríaco, con los nombres de Miguel, Rafael y Gabriel. Se trata de objetos arqueológicos hallados en Hillah, lugar cercano a Babilonia. Entre los cristianos, a partir del siglo IV, y debido a la influencia de la obra *De Caelesti Hierarchia*, atribuida a Dionisio Areopagita, se empezó a enumerar nueve órdenes o coros de ángeles, a saber: *serafines, querubines, tronos, dominaciones, virtudes, potestades, principados, arcángeles y ángeles*. Estos coros se han dispuesto en tres jerarquías. En la primera y más alta están comprendidos los serafines, los querubines y los tronos admitidos a la contemplación y glorificación de la Esencia divina; en la segunda están las dominaciones (ángeles operantes), las virtudes (ángeles que obran milagros) y las potestades (ángeles que combaten a los espíritus infernales); en la tercera figuran los principados (ángeles que velan sobre las gentes), los arcángeles (ángeles mensajeros en las más importantes misiones divinas) y los ángeles (ángeles que no tienen particulares atributos). Según Ben Maimón (Maimónides), rabino del siglo XIII, hay diez grados u órdenes de ángeles, a saber: ‖ 1. los *chaios acodesh*, puros, santos; ‖ 2. los *ofamin*, rápidos; ‖ 3. los *oralim*, los fuertes; ‖ 4. los *chasmalim*, las llamas; ‖ 5. los *serafim*, chispas; ‖ 6. los *malakim*, ángeles, mensajeros, enviados; ‖ 7. los *eloim*, los dioses o jueces; ‖ 8. los *ben eloim*, hijos de los dioses; ‖ 9. los *querubim*, imágenes; y ‖ 10. los *ychim*, los que tienen alma. Por otro lado, los tratadistas en angelología consideran que existen los llamados *ángeles de la venganza*, que son los doce primeros ángeles formados por Dios durante la Creación. Sólo se conoce el nombre de siete, a saber: Zathael, Satanael, Michael (Miguel), Gabriel, Uriel, Raphael (Rafael) y Nathanael (Natanael). Son los encargados de ejecutar los castigos a los mortales por los pecados cometidos contra el Sumo Creador. Según la tradición cabalística y esotérica, los arcángeles y ángeles de los siete días de la semana son los siguientes:

Día	Arcángel	Ángel
Lunes	Gabriel	Gabriel
Martes	Khamael	Zamael
Miércoles	Michael	Raphael
Jueves	Tzaphiel	Sachiel
Viernes	Haniel	Anael
Sábado	Tzaphiel	Cassiel
Domingo	Raphael	Michael

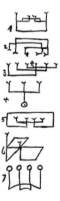

7. Sellos o caracteres de los siete ángeles de la semana: 1. Aratron; 2. Bethor; 3. Phaleg; 4. Och; 5. Hagith; 6. Ophiel; 7. Phul; según *La magia de Arbatel*, de Cornelio Agrippa y reproducido por Wallis Budge.

Los príncipes regentes de las nueve órdenes celestiales de ángeles son los siguientes: || *Serafines:* Michael, Seraphiel, Jehoel, Uriel, Kemuel (Shemuel), Metatrón, Nathanael y Satán (antes de su caída). || *Querubines:* Gabriel, Cherubiel, Ophaniel, Raphael, Uriel, Zophiel y Satán (antes de su caída). || *Tronos:* Orifiel, Zaphkiel, Zabkiel, Jophiel (Zophiel) y Raziel. || *Dominaciones:* Zadkiel Hashmal, Zacharael (Yahriel) y Muriel. || *Virtudes:* Uzziel, Gabriel, Michael, Peliel, Barbiel, Sabriel, Haniel, Hamaliel y Tarshish. || *Potestades:* Camael, Gabriel, Verchiel y Satán (antes de su caída). || *Principados:* Nisroc, Haniel, Requel, Cerviel y Amael. || *Arcángeles:* Metatrón, Raphael, Michael, Gabriel, Barbiel, Jehudiel, Barachiel y Satán (antes de su caída). || *Ángeles:* Phaleg, Adnachiel (Advachiel), Gabriel y Chayyliel. Y los ángeles gobernantes de los doce signos del Zodíaco son los que siguen:

Signo	Ángel
Aries	Machidiel (Malahidael)
Tauro	Asmodel
Géminis	Ambriel
Cáncer	Muriel
Leo	Verchiel
Virgo	Hamaliel
Libra	Uriel (Zuriel)
Escorpión	Barbiel
Sagitario	Adnachiel (Advachiel)
Capricornio	Hanael
Acuario	Gabriel (Cambiel)
Piscis	Barchiel

ANGERBODE
Mujer gigantesca que se unió al diablo escandinavo Loki y que parió tres monstruos: el lobo Fenris, la scrpicntc Formungardar y el demonio Hela, que guarda el mundo subterráneo. Conocida también como Angerboda «la maléfica», es citada en muchas historias míticas de los países nórdicos.

ANGERECTON
Ángel que se invoca en ritos mágicos, y en particular para las fumigaciones.

ANIEL (Haniel)
Uno de los setenta y dos ángeles cabalísticos que llevan el nombre místico de Dios: Shemhamphora. Pertenece al orden de las potestades y tiene dominio sobre el Sol y el signo zodiacal de Libra. Se le invoca para que revele los arcanos de la naturaleza y para superar todo tipo de dificultades y obstáculos. Es uno más de los guardianes de las puertas del viento del oeste. (*Véase también* todo lo dicho en *Haniel*).

ANITOR
Ángel superior que se invoca en determinados ritos mágicos una vez que el oficiante ya está convenientemente vestido con la túnica para iniciar la ceremonia.

ANIXIEL
Según Barrett, es el ángel que gobierna la tercera mansión de la Luna, de las veintiocho existentes. Se le invoca para que ayude a encontrar trabajo y a tener éxito con él.

ANJANA

Tipo de hada de la familia de la *Xana* (*véase* este término). Es típica de Cantabria (España). Las anjanas son bellas y bondadosas. Sus cabelleras son rubias o doradas y llevan peines de oro. Suelen vestir de blanco o ir medio desnudas. Sus túnicas y capas pueden ser azules, verdes, doradas. Algunas han sido vistas con alas, quizá porque se las quiere comparar con los ángeles. Llevan un báculo o una varita mágica con la que consiguen lo que desean y hacen cosas asombrosas o milagrosas. Viven en los bosques y se alimentan con frutos de la tierra.

ANJANUCA

Hada típica de los bosques de Cantabria. Probablemente son de más edad que las anjanas.

ANKOU

Nombre que dan los bretones al espectro de la muerte. Tiene el significado de «angustia».

ANNAHUEL (Hanuel)

Uno de los setenta y dos ángeles cabalísticos que llevan el nombre místico de Dios: Shemhamphora, según la tabla publicada por Barrett (*El mago*). Pertenece al orden de los arcángeles y tiene dominio sobre el planeta Mercurio y el signo zodiacal de Acuario. Se le invoca como protección contra los incidentes y accidentes imprevistos y favorece las relaciones con personas afines.

ANNEDOTOS

Nombre que los caldeos daban a cuatro animales fabulosos que suponían procedentes del mar Eritreo y que tenían una forma semidivina, presentándose mitad hombre y mitad pez.

ANNIGRIDES

Más correctamente, Anigrides. Ninfas de las riberas del Anigro (en Elida), en cuyas márgenes les estaba consagrada una gruta. Las personas que padecían enfermedades de la piel, bañándose en este río y haciendo sacrificios a estas ninfas quedaban libres de sus morbos. (*Véase* el término *ninfas*).

ANONIMOS

Gigante que fue muerto por Hércules, por haber atentado, junto con Pyripnoos contra la virtud de Hera.

ANPIEL

Uno dé los ángeles al que los rabinos encargan el gobierno de los pájaros.

ANQUIOS

Centauro que se aventuró, con Agrios, a entrar en la gruta de Pholus, mientras Hércules abría el tonel de vino de los centauros.

ANQUIROE

Ninfa fluvial que en la mitología egipcia personificaba varios ríos. Como madre de Aegypturo y Danao, era hija del Nilo; en otra representación era hija del Cremetes, río de Libia. En el Museo Clementino se conserva una estatua de Anquiroe, donde aparece adelantando el pie derecho y levantando el bajo de su túnica, en actitud de entrar en el agua, mientras en la mano derecha sostiene un jarro cuyo contenido va a derramar.

ANTANTAP

Infierno de los hindúes, lleno de perros rabiosos y feroces insectos; acuéstanse en él sobre ramas de espinos, y se ven continuamente acariciados por cuervos con picos de hierro. Los brahmanes dicen que los suplicios de este infierno son eternos.

ANTEO

Gigante, hijo de Neptuno (el mar) y de Gea (la tierra). Reinaba en Libia y obligaba a luchar con él a todos los extranjeros que llegaban a aquellas tierras. El combate era a muerte y Anteo salía siempre vencedor. Con las osamentas de los derrotados levantó un templo a su padre. Hércules, en su misión de terminar con los monstruos y gigantes maléficos, se encontró con el invencible Anteo al ir al Hiperbóreo en busca del tesoro de las Hespérides. El héroe luchó cuerpo a cuerpo con el monstruoso gigante; tres veces derribó al terrible adversario, pero cada vez se levantaba Anteo más fuerte y más terrible. Al tocar la tierra con su inmenso cuerpo, su divina madre le comunicaba nuevo brío y nuevas fuerzas. Por último, Hércules, haciendo un supremo esfuerzo, cogió a Anteo entre sus robustos brazos, lo levantó del suelo y lo oprimió hasta ahogarlo. Evauter y después de él Plinio cuentan que en la raza de un cierto Anteo, de Arcadia, se escogía por suerte un hombre a quien se llevaba junto a un estanque; allí se le desnudaba, colgaban sus vestidos de una encina, y después de haber pasado el agua a nado huía a un desierto donde se transformaba en lobo y conversaba con los otros lobos durante nueve años. Era menester que durante ese tiempo no viese a ningún hombre, pues de lo contrario volvía a empezar el curso de los nueve años, al fin de los cuales regresaba al mismo estanque, volvía a pasarlo a nado y entraba en su casa, reanudando su existencia normal con la misma edad que tenía cuando se trasformó en lobo, ya que el tiempo pasado bajo esta forma animal no contaba entre sus años de vida.

ANTRO

Vocablo que deriva del griego *antron*, caverna, cueva, y que tuvo un papel muy importante en las creencias religiosas de griegos y romanos. Los antros eran considerados como moradas de los seres malignos, perversos y enemigos del ser humano. En tales lugares se suponía que moraban los temibles gigantes *Caco* y *Polifemo* (*véanse* estos términos). También las sibilas acostumbraban a dar sus oráculos en los antros. Entre todos los conocidos era célebre, por el horror que inspiraba, el de Trofonio, que no por ello era el oráculo menos visitado. Varias divinidades recibían culto en los antros. Porfirio, filósofo neoplatónico griego del siglo III, en una obra titulada *El antro de las ninfas,* da a conocer las ideas de los teólogos paganos de aquellos tiempos, que consideraban los antros como matrices telúricas en las que la divinidad revelaba su potencia creadora.

ANY

Demonio. (*Véase* el término *Aim*).

APEP (*Véase* **APOFIS**)

APOFIS

Nombre griego del demonio-serpiente egipcio Apep. Representaba a las fuerzas maléficas y las tinieblas que habitaban en el más allá. Simbolizaba el caos y atacaba a Ra (el dios sol), causando los eclipses solares.

APOLLION (Apolyon)

Forma griega del demonio llamado en hebreo *Abaddón (véase* este término) y significa «el destructor», tal como lo expone claramente san Juan en el Apocalipsis o Revelación (9, 11), al hablar de las langostas y de su jefe demoníaco: «Por rey tienen sobre sí al ángel del abismo, cuyo nombre es en hebreo Abaddón y en griego tiene por nombre Apolyon». Aquí se confirma, pues, la potestad de Apollion o Abaddón sobre gran número de espíritus infernales y destructores. Sin embargo, Francis Barrett, en *El mago,* los hace distintos y pinta de distinta forma, considerando a Apollyon o Apolyon un ángel caído muy parecido a Abaddón, pero no exactamente el mismo. Todo indica que los exégetas, al traducir textos antiguos, prefirieron utilizar ambas voces como sinónimas antes que complicarse la vida buscando el verdadero origen de los entes diabólicos mencionados. En general, se considera al demonio Apollyon o Apollion como un nombre más de Satán o Satanás.

AQUELARRE

Palabra con la que en España se denominaba el *sabbat (véase* este término), que era la reunión de brujos y brujas que, bajo la presidencia del demonio, tenía por objeto el entregarse a las orgías y excesos más espantosos. Aquelarre viene del vascuence *aquer,* «cabrón», y *larre,* «prado», o sea, «prado del cabrón», esto es, del diablo, porque éste se presentaba a la fiesta bajo la forma de macho cabrío. Las brujas y brujos iban a estas reuniones, que generalmente tenían lugar en la noche del viernes al sábado, montados en machos cabríos, asnos, o simplemente en escobas, después de untarse el cuerpo con aceite o ungüento mágico. En los aquelarres de brujas, los hombres desempeñaban un papel bastante secundario, y hasta hubo asambleas a las que no asistían varones. En estas reuniones, presididas por algún sacerdote del satanismo, el macho cabrío representaba siempre a Satanás. Estos animales estaban perfectamente domesticados y llegaron a convertirse en la figura representativa de Satán. Muchas brujas se prostituían en los festivales al diabólico animal, exactamente lo mismo que entre los adoradores de Mendes en Egipto, y los de Pan en el paganismo grecorromano. La mayoría de las brujas tenían tratos sexuales con animales, tales como el mono, el gato, el perro y hasta el lobo, como una bruja alemana que habitaba en una cueva de las montañas de la Selva Negra, en Alemania, a principios del siglo XIX. Esta mujer crió un lobo que le sirvió de magnífico guardián, y además, de amante; ella no se recataba en confesar sus relaciones con la fiera, de la que decía era un demonio, el cual había tomado aquella forma por disposición de Satán. Algunos campesinos aseguraban haber visto realizar la cópula entre la mujer y el lobo, el cual, en los momentos de deleite, profería gritos de placer propios de los hombres ardientes en tan placenteros momentos. Era frecuente que a los aquelarres asistieran hechiceros y brujas disfrazados de animales, generalmente para no ser reconocidos. A la hora de entregarse a los desenfrenos eróticos de las misas diabólicas y otras orgías parecidas, los supuestos animales se unían carnalmente con hombres y mujeres en cópulas monstruosas e imposibles, tales como una mujer con un mochuelo, un toro con una mona, un murciélago con una mujer, etc. En Aragón es famosa la leyenda de las brujas que celebraban sus aquelarres en el castillo de Trasmoz (Borja). En Cataluña existe la tradición del aquelarre en el pueblo de La Roca (Granollers), en Prats, en Caldas de Estrach (Torre dels Encantats), en San Pedro de Roda, en el Pla de les Bruixes (cerca del Gorg Negre, en el camino de Gualba a Santa Fe), en la plaza de Molins de Rey y en otros muchos parajes. Los aquelarres de Zugarramurdi (entre los límites de las provincias de Navarra y Logroño) dieron lugar en el siglo XVII a un famoso proceso. Por otra parte, se ha dado el nombre de Aquelarre a una montaña de la provincia de Navarra, sita en el fragoso terreno de las inmediaciones de Zugarramurdi, pueblo fronterizo con Francia. El nombre de esta montaña tiene su origen en una leyenda, según la cual celebraban allí las brujas sus conciliábulos y en lo ocurrido en uno de ellos: dos niños, perdidos en la oscuridad de la noche, vagaban sin rumbo por la montaña.

El más pequeño, abandonado por su hermano, acurrucose, lleno de miedo, en el hueco de un árbol, desde donde, protegido por un ángel, pudo ver y oír las fechorías de las brujas. Enterose de que los maleficios de éstas tenían enferma a la hija de un príncipe italiano, la cual moriría fatalmente si alguno no mataba una alimaña del jardín de la enferma. El niño marchó a Italia, mató al maldito animal y se casó más tarde con la hija del príncipe, curada por completo. El hermano del afortunado niño, envidioso de la suerte de éste, se ocultó en el mismo árbol para sorprender otro secreto semejante de las brujas que le enriqueciera, pero el diablo, receloso por lo ocurrido, mandó registrar el prado de sus reuniones al empezar el aquelarre. El muchacho fue hallado y las brujas lo arrojaron por un barranco. Algo semejante al aquelarre de Zugarramurdi se supone fue el del monte de Gardeny (Lérida) en el mismo siglo XVII. Existe el proceso contra las supuestas brujas, existe su confesión de ejercer de medianeras entre el diablo y las tempestades, pestes y maleficios, y también el hecho de su ejecución dictada por el tribunal ordinario de Lérida. Juan Antonio Llorente, que fue secretario general de la Inquisición española, según documentos oficiales del Santo Oficio, describe los aquelarres de la siguiente manera: «Presidíalos el demonio sentado en una silla grande, unas veces dorada, otras negra como el ébano, con muchos adornos de trazo majestuoso. Tomaba la figura de un ser monstruoso, triste, iracundo, negro, horrible. Su cabeza, de asno, mostraba dos cuernos grandes, como de cabrón, en la frente, y otro menos grande en medio; de éste se desprendía una llama que iluminaba más que la luna y menos que el sol. Sus ojos eran grandes, redondos, muy abiertos, centelleantes y espantosos; la barba, como de cabra; el cuerpo y talla, parte como de hombre y parte de macho cabrío; en las espaldas le nacían inmensas alas de negrísimo plumaje; los brazos y manos, de forma humana; los pies, como de cabra; su voz era como de rebuzno, espantosa y ronca; sus palabras eran pronunciadas con tono severo y grave; su semblante, enojado y melancólico. Las sesiones se abrían a las nueve en punto y terminaban a las doce o más tarde, pero siempre antes de que cantara el gallo. Los asistentes comenzaban por acercarse al demonio a rendirle adoración, que consistía en besarle el pie izquierdo, la mano izquierda, la tetilla izquierda, el orificio anal y las partes vergonzosas, llamándole su Señor y Dios. Después, hacían un remedo infernal de la misa. Seis o más demonios inferiores aparecían y presentaban altar, cáliz, patena, vinajeras y otras cosas; preparaban un dosel con figuras del demonio; le ayudaban a poner el hábito, alba, casulla y demás ornamentos, todos negros, como los manteles y adornos del altar. Comienza su misa y predica exhortando a que no vuelvan jamás al cristianismo, pues promete a los suyos un paraíso mejor que el de los cristianos, por lo cual, cuanto más hagan en la primera vida de lo que llaman pecados los cristianos, mayor y mejor paraíso les espera en la segunda. Recibe ofertorio sentado en una silla negra; la bruja preeminente, llamada reina de las brujas, se sienta a su lado derecho, tomando un portapaz en que hay pintada la imagen del demonio; en el izquierdo, el hombre preeminente, llamado rey de los brujos, con su bacinilla. Los principales concurrentes y demás profesos, si quieren, ofrecen dinero, y las mujeres, tortas de pan. Luego besan el portapaz y de rodillas adoran al demonio y le besan en donde se ha dicho, y él despide olor fétido por el orificio anal, a cuyo fin, un brujo elegido le levanta la cola. Sigue su misa y consagra primero una cosa negra redonda, que parece suela de zapato, con la imagen del diablo, diciendo las palabras de la consagración del pan, y después, con el cáliz, lleno de un líquido asqueroso, comulga y da de comulgar a los reunidos. Acabada la misa, los brujos y las brujas celebran un banquete y luego se entregan a una furiosa bacanal, en la que se cometen toda suerte de aberraciones sexuales».Uno de los aquelarres más célebres de la península ibérica fue el del prado del Berroscoberro, en Navarra, que dio origen a uno de los procesos más sensacionales de la Inquisición española: el de la secta de Zugarramurdi, en el cual se sentó un precedente inaudito en la historia de la Inquisición, ya que el tribunal, presidido por Pedro de Valencia, consideró que si bien algunos hechos declarados en el juicio eran ciertos y reales, otros muchos· eran fruto de la imaginación y del delirio de los reos, por lo que se castigó a todos los encartados únicamente por los delitos comunes perpetrados, y de acuerdo con la justicia civil; ninguno de ellos fue condenado por el delito de brujería.

AQUELOO

Dios fluvial, personificación del agua corriente y, sobre todo, del Aqueloo (hoy Aspropótamo), el río más importante de Grecia. Fue el padre de las sirenas y adoptaba formas diversas, como la de toro, o sea, el trueno mugidor de la tempestad, y la de la serpiente, símbolo del rayo. Hércules luchó con él por el amor de Deyanira, y arrancó un cuerno al monstruo, de cuya cepa brotó el agua que fertiliza la tierra, y las ninfas lo convirtieron en el cuerno de la abundancia, llenándolo de frutas y flores. Aqueloo fue venerado en toda Grecia, en donde llegó a acuñarse una moneda con su figura, que era la de un hombre con cuernos.

AQUIMAEL

Nombre de un demonio que, según las tradiciones árabes, se entretiene junto con su hermano Sanyaab a extraviar a los viajeros que caminan por los bosques.

ARABONAS

Espíritu que se invoca en determinados ritos mágicos contenidos en el *Grimorium Verum*.

ARAEL

Uno de los espíritus angélicos que los rabinos del Talmud hacen príncipes y gobernantes del pueblo de los pájaros. A veces se le identifica con *Ariel. (Véase* este término).

ARATRÓN (Arathron)

Espíritu celeste al que los magos atribuyen el poder de cambiar al instante en piedras o metales objetos diferentes, y viceversa. Es uno de los maestros esotéricos de la alquimia, la magia y la física. Puede conceder el don de la invisibilidad y de la larga vida. Es uno de los espíritus que gobiernan al planeta Saturno y el sábado. Tiene a sus órdenes al ángel Oassiel.

ARAUCHIAH

Uno de los cuatro ángeles cuyo nombre se haya inscrito en el tercer pantáculo de Saturno, según los grabados de *The Key of Solomon the King* de Mathers y *La ciencia secreta de la magia* de Idries Shah. Es un talismán destinado a invocar de noche a los espíritus del planeta Saturno. Los otros tres ángeles son Omeliel, Anachiel y Anazachia.

ARAZIEL (Arazyal)

Uno de los ángeles caídos, que descendieron a la Tierra para unirse a las mujeres de los mortales. Araziel era uno de los gobernantes del signo de Tauro.

ARBATEL

Espíritu angélico que se invoca en determinados ritos mágicos en que se espera algún tipo de revelación. Parece ser que fue el ángel que inspiró a Cornelius Agrippa su obra *La magia de Arbatel*, publicada por primera vez en 1575, en latín, en Basilea (Suiza).

ARBORIBONZOS

Nombre de unos sacerdotes mendicantes de Japón que andan siempre errantes. Se les atribuye la facultad de conjurar a los demonios y espíritus malignos. Cubren su cabeza con un gran sombrero terminado en punta que fabrican con la corteza de ciertos árboles.

ARCÁN
Rey de los ángeles del aire, regente del lunes. Según Francis Barrett *(El mago)*, los ministros de Arcán son Bilet, Missabu y Abuhaza.

ARCÁNGELES
Ángeles (véase este término) del octavo de los nueve coros de ángeles tradicionales. El nombre de arcángel deriva del griego *Arjangellos,* de *arjós,* «jefe», y *angellos,* «angel, mensajero». Los arcángeles sólo son citados en el Nuevo Testamento: epístola de san Pablo a los Tesalonicenses 4, y en la de Judas, versículo 9. Los arcángeles que merecen culto en la Iglesia católica son tres: Miguel, Rafael y Gabriel. Según el Apocalipsis 7, hay siete ángeles principales (arcángeles) que asisten a Dios en su trono. El *Libro de Enoch* I da los nombres de siete arcángeles: Uriel, Raguel, Michael, Seraqael, Gabriel, Haniel y Raphael. Y aparte los citados en el término ángeles, en magia talismánica se aceptan los nombres de los siete arcángeles siguientes: Zaphkiel, Zadkiel, Camael, Rafael, Haniel, Miguel y Gabriel, mientras que para los gnósticos cristianos eran los siguientes: Miguel, Gabriel, Rafael, Uriel (Phanuel), Barachiel, Sealtiel y Jehudiel. Otras varias tradiciones también dan siete nombres de arcángeles, probablemente porque se los relacionaba con los siete planetas conocidos en la Antigüedad. Para los rosacruces, los arcángeles son entidades de las regiones superiores del Mundo del Deseo. Se considera que son expertos manipuladores de las fuerzas del Mundo del Deseo, las cuales son las que mueven toda la acción del mundo. Desde ese punto de vista, los arcángeles trabajan con «la humanidad industrial y políticamente, como árbitros del destino de los pueblos y naciones. Los arcángeles pueden ser llamados los espíritus raciales y nacionales, porque ellos unen a las naciones por el patriotismo y el amor al hogar y al país. Son responsables por la elevación y caída de los pueblos; dan paz o guerra, victorias o derrotas, es decir, lo que sirve mejor a los intereses del pueblo al que rigen».

ARCHER
Uno de los espíritus o genios que rigen el signo zodiacal de Acuario. El otro es Ssakmakiel, según Éliphas Lévi *(Dogma y ritual de la alta magia).*

AR-C'HOUSKEZIK
Nombre que daban los antiguos bretones a un diablo particular al que acusaban de producir el sueño a las personas que se hallaban en la iglesia, a fin de que no pudieran escuchar las santas palabras de los sacerdotes.

ARCONTES (Archontes)
Conjunto de espíritus planetarios a los que se atribuía la Creación del mundo. El nombre de arconte deriva del griego *archon,* «jefe, gobernador, jefe magistrado»... Algunas doctrinas

los identifican con los eones. Para los gnósticos el mundo estaba formado por siete cielos armónicamente relacionados y gobernados cada uno por su arconte, que también dominaban a los siete planetas conocidos. El arconte del último cielo es el dios de los judíos, Sabaoth, que creó la Tierra. Su madre es Fotines, encarnación de la Luz. Aquél, de su unión con Eva, tuvo a Caín y a Abel. Seth fue el único hijo de Adán, siempre según las creencias de los gnósticos. En el pensamiento judeo-helenístico, los arcontes eran mediadores con poderes sobrenaturales entre Dios y los hombres, tanto en lo positivo como en lo negativo, lo divino y lo demoníaco, por lo que se identificaron con los ángeles y los demonios, respectivamente. Para Gershom Scholem, el término arconte no quiere decir nada más que «ángel superior». Lo cierto es que, a través de los siglos, el nombre ha ido derivando hacia los arcángeles (o fueron sustituidos por éstos). Así, tenemos que en las primitivas creencias gnósticas, los arcontes eran los siguientes: Jaldabaoth, Jaq, Sabaoth, Adonaios, Astanphaios, Ailoaios y Oraios. En cambio, en papiros mágicos posteriores se cita a los siguientes: Uriel, Michael, Raphael, Gabriel y Shamuil.

ARDAREL

En las tradiciones ocultistas, uno de los ángeles del fuego. En la francmasonería, es la primera palabra de los Grandes Escoceses de San Andrés de Escocia, o patriarca de las cruzadas, y caballero del sol, gran maestro de la luz, grado 29 del Rito Escocés Antiguo y Aceptado.

ARDEFIEL

Según Barrett, es el ángel que gobierna la décima mansión de la Luna, de las veintiocho existentes. Se le invoca para tener más sentido racional y mayores conocimientos de la lógica.

AREHANAH

Uno de los cuatro ángeles que se inscriben en el quinto pantáculo de Saturno, el cual defiende al que invoca a los espíritus del planeta durante la noche y manda lejos a los espíritus que guardan y protegen los tesoros para que no interfieran en las peticiones del invocante. Los otros tres ángeles son Rakhaniel, Roelhaiphar y Noaphiel, según *The Key of Solomon the King* de Mathers.

AREL

Otro ángel del fuego. Se le invoca en muchos ritos mágicos y figura inscrito en el séptimo pantáculo del Sol, según *The Key of Solomon the King*.

ARFAXAT

Demonio que poseyó el cuerpo de una monja de Louviers, llamada Lut de Pinterville.

ARFIEL

Otro de los nombres que se aplica al arcángel Rafael. Para otros tratadistas, Arfiel es un ángel custodio estacionado en el segundo cielo.

ARGENK

Según los persas, gigante que construyó en las montañas de Cal (Cáucaso) una magnífica galería en la que eran admiradas las estatuas, hechas en oro, de los primeros monarcas de Oriente. Pero tales estatuas no eran de seres humanos: tenían unas cabezas de elefante, o de jabalí, o de búfalo; otras, varias cabezas, muchos brazos, muchas piernas, varios ojos en un solo rostro… Argenk, ayudado por otro gigante, mató a Siamec, hijo de Caimurat.

ARGHIEL

Otro de los ángeles que es invocado en algunos rituales mágicos en que se solicita ayuda o protección.

ARGOS

Unas tradiciones lo representan como un gigante, otras como un monstruo, dotado de cien ojos por todo el cuerpo, que sólo de dos en dos se cerraban al sueño, quedando siempre abiertos los demás; veían en todas direcciones al mismo tiempo. Argos estaba dotado de una fuerza sobrenatural, por lo que mató a un toro salvaje que devastaba Arcadia y a un sátiro que maltrataba a los habitantes del mismo territorio. Una leyenda afirma que dio muerte a la monstruosa *Equidna (véase* este término), lo que no concuerda con la *Teogonía* de Hesíodo, en donde se dice que es inmortal y eternamente joven. La diosa Juno confió a Argos la vigilancia de la ninfa Io, metamorfoseada en vaca como castigo por sus aventuras amorosas con Zeus (Júpiter). Argos fue un terrible guardián para tan singular prisionera: por la noche la ataba con las ramas del olivo que crecía en el santuario de Micenas, y de día, cuando la llevaba a pastar, no la perdía de vista ni un solo instante, ya que aun estando de espaldas, la tenía siempre delante de los ojos. Algunas tradiciones indican que de los cien ojos, cincuenta dormían, mientras que los restantes velaban. Zeus, apiadado del infortunio de Io, envió a Hermes (Mercurio) para terminar con el fiero Argos. Aquél se puso las alas, tomó la zampoña, poderosa vara que esparcía el sueño, cubrió su cabeza con el yelmo, y de los cielos se lanzó a la Tierra. A su llegada dejó el casco y las alas, y conservando sólo su varilla mágica, se presentó en la cueva de Argos haciéndose pasar por pastor. Mercurio adormeció al monstruo con sus cantos y los sonidos de su rústico instrumento (la zampoña); para hacer el sopor más profundo, pasó su varilla por encima de los ojos de Argos, quien quedó totalmente inerme. Al momento tomó Hermes su afilada cuchilla y decapitó al monstruo, recobrando Io su libertad, si bien le quedaba mucho por sufrir a causa de la ira de Hera (Juno). Gracias a esa hazaña se da a Hermes el nombre de *Argicida.* Muerto Argos, Hera distribuyó los ojos de aquél en la cola del pavo real, su ave favorita. Los episodios mitológicos de Argos están representados en esculturas, bajorrelieves, pinturas, camafeos, vasos, ánforas, piedras grabadas, etc. El principal atributo de ese monstruo está expresado por su sobrenombre: Panoptes (el que todo lo ve).

ARIAS

Según algunos demonólogos, es un espíritu maligno, un demonio, uno de los marqueses del reino infernal.

ARIE

Clase de hada bienhechora francesa muy popular entre los habitantes de las montañas del Bugey y del Jura. Recompensa a los niños que se muestran obedientes con sus padres. En las fiestas de Navidad, Año Nuevo y Epifanía, «la tía Arie» –nombre por el que también se la conoce– deposita sobre una mesa de la casa juguetes y golosinas que los pequeños encuentran al despertar. Esta hada es la misma que en Alemania recibe el nombre de *Hollé* y que en la región italiana de Toscana llaman *Befana (véase* este término). Algunos eruditos también la identifican con la *Aia (véase* este término) de la región de Nápoles y la hacen derivar de Aeria o Juno de la mitología romana.

ARIEL

Espíritu o genio del aire. Según la tradición es uno de los ángeles rebelados contra Dios. Los moabitas lo adoraban en forma de ídolo y llegó a convertirse en el ángel malo de las venganzas. Algunos autores lo identifican con el Arael del Talmud. Este personaje aparece en el *Fausto* de Goethe y en *La tempestad* de Shakespeare. Este último afirma que estuvo dominado por la bruja y hechicera Sycorax, madre de *Calibán (véase* este término), a la que servía como esclavo, pero como Ariel era un espíritu excesivamente delicado para ejecutar sus terribles y abominables órdenes, se resistió a secundar sus operaciones mágicas. Entonces ella, con la ayuda de espíritus más poderosos, y en su implacable cólera, confinó a Ariel en el hueco de un pino. Aprisionado en aquella corteza permaneció gimiendo doce años, en cuyo espacio de tiempo murió la bruja, y Ariel quedó encerrado allí, desde donde comunicaba al viento sus sollozos con la rapidez de una rueda de molino. Sus gemidos hacían aullar a los lobos y penetraban en el corazón de los enfurecidos osos, hasta que el poderoso Próspero escuchó los gemidos e hizo abrir el pino, liberó a Ariel y lo convirtió en esclavo suyo por un período de dos años, al cabo de los cuales le dio la libertad. Ariel tiene el poder de hacerse visible a voluntad y de adoptar cualquier forma o personalidad. Thomas Heywood ya habla del ángel Ariel, pero como de un espíritu terrestre y no del aire en *The Hierarchy of the Blessed Angels,* 1635. Y Pope (1688-1744), en su *Rizo robado,* hace de Ariel el jefe de los *elfos (véase* este término), cuya misión era servir a las mujeres bellas y protegerlas de los seductores. Para Barrett (*El mago*) es uno de los setenta y dos ángeles que llevan el nombre místico de Dios: Shemhamphora. Es del orden de las virtudes y tiene dominio sobre el planeta Venus y el signo de Escorpión. Según Uriel (*Las cartas de los ángeles de la cábala),* se le invoca para descubrir tesoros ocultos. Según Cornelius Agrippa, Ariel es el nombre de un ángel, también de un demonio y de una ciudad, llamada Ariopolis, en la que se veneraba una imagen de Ariel. Sin embargo, es curioso constatar que el término de Ariel significa «león del Señor» y «patria divina». Así, en la Biblia (Isaías, 29), traducción de Nacar-Colunga, se utiliza el nombre de Ariel como sinónimo de Jerusalén, cuando se vaticina su destrucción. Se dice que Ariel será destruida para convertirse en un Arial, lugar de matanza o sacrificio. En magia, Ariel es invocado en diversos rituales ancestrales. Se considera que es uno de los ángeles caídos. En *The Key of Solomon the King* de Mathers, Aries figura en el sexto pantáculo de Júpiter, que protege de los peligros terrestres. Los otros tres ángeles son Seraph (elemento fuego), Kerub (elemento aire) y Tharsis (elemento agua). Se considera que Ariel es del elemento tierra.

ARIMANO (Ahrimán)

El nombre de Ahrimán, Ahrimano o Arimano deriva del persa *agra,* «malo», y *maynius,* «espíritu», es decir, «espíritu maligno» o *Augromanyus* o *Angra Mainyu.* Es el principio y príncipe del mal, el demonio negro u oscuro, según la religión mazdea, de la antigua Persia, en oposición a Ormuz, el Dios bueno, el creador del mundo. Según Zoroastro (Zaratustra), al principio no existía el mal, sino que Augromanyus surgió de las primeras tinieblas después de hacerse la luz. Augromanyus o Ahrimán quiso competir con Dios y formó seis seres infernales opuestos a los seis arcángeles o «santos inmortales»: Alomano, espíritu malo y perverso; Andra, diablo que siembra el pesar y el delito en el mundo; Zaurón, el que tienta a los reyes sugiriéndoles la tiranía, a la vez que incita al robo y al asesinato; Naonghachya, Turo y Zairica, con funciones perversas semejantes. Ésos eran los príncipes de los *dev, devs, daevas* o demonios, espíritus malignos que tenían sexo y que se mezclaron con los hombres. Zoroastro destruyó sus cuerpos, y desde entonces toman forma de animales. Según el Zendavesta, de Ahrimán o Arimano provienen toda clase de animales dañinos, parásitos y venenosos. Y Rudolf Steiner explica que Ahrimano es el espíritu perverso o negativo que empezó a influir en la evolución espiritual del hombre en el período atlante, insuflando el poder sensual que busca con su oscuridad mental encerrar al hombre en su existencia mundana. Se opone, pues, a la vida espiritual del hombre y trata de confinarlo en los asuntos terrestres, materialistas y tecnológicos en detrimento de la iluminación espiritual y celestial.

ARIMASPES (Arimaspo)

Pueblo legendario de fieros gigantes que sólo tenían un ojo, según cuenta Heródoto en sus *Nueve libros de la Historia.* Los arimaspes estaban en guerra continua con los grifos, que les disputaban el oro de las arenas del río Arimaspio, en las costas del mar Caspio. El hecho de que sólo tuvieran un ojo parece obedecer a que al combatir se protegían la cabeza, dejando sólo un ojo al descubierto. No eran, pues, en realidad, monstruos parecidos al cíclope. Para más detalles, *véase* el término *grifo.*

ARIMOS

Es el diablo cojuelo de los cuentos árabes, que Vélez de Guevara aprovechó para protagonista de su novela. Es malicioso, travieso y burlón.

ARIOC (Oriockh)

Según la tradición hebrea, es un ángel guardián de los antepasados, la descendencia y los escritos de Enoc.

ARIOCH

Según algunos demonógrafos, es el demonio de las venganzas particulares. Se le invoca en rituales en que se pide castigo o represalia contra enemigos o personas innobles que le han traicionado a uno o a su familia. Milton, en *El paraíso perdido*, lo señala como un demonio que es derribado por el ángel Abdiel (libro VI), al rebelarse contra Dios y sus ángeles.

ARMAROS

Según el *Libro de Enoch I,* es un ángel caído, uno de los jefes de los ángeles rebeldes. Es el que enseñó a los mortales a romper los hechizos o encantamientos. Se le invoca en rituales para romper algún maleficio o malfetría.

ARMELLINA

Demonio hembra, a manera de súcubo, que excita el erotismo malsano en el hombre. Es citada por el erudito francés J. K. Huysmans, en su novela *Allá lejos o Allá abajo (La-Bas).*

ARMISAEL

Ángel que gobierna el útero, la matriz, y se le invoca cuando se pide ayuda para hacer que una mujer sea fértil y para proteger el embarazo y el nacimiento de la criatura.

AROT

Ángel que, según Mahoma, se embriagó con Marot, su compañero, en cierta ocasión en que fueron enviados a la Tierra. El hecho ocurrió al invitarlos a comer una dama joven; encontraron el vino tan delicioso que abusaron de él y se embriagaron, hasta el punto de hacer proposiciones deshonestas a su hermosa anfitriona. Como ésta era prudente y honrada, les contestó que accedería a sus deseos luego que la hubiesen enseñado las palabras mágicas que ellos utilizaban para subir al cielo. Así que se las hicieron saber, la mujer las pronunció y se elevó hasta el trono de Dios, quien la trasformó en una brillante estrella en premio a su virtud; los dos ángeles fueron condenados a permanecer hasta el día del Juicio colgados por los pies en el pozo de Babel, que es visitado aún por los peregrinos cerca de Bagdad.

ARRHINES
(Esciritas, hombres sin nariz)

Plinio hablaba ya de una raza de seres humanos que no tenían nariz. A veces, en su lugar tenían dos pequeños orificios. Pero la mayoría carecían del apéndice nasal y no podían oler. También escribieron sobre los hombres sin nariz Solino, Mandavila, Schedel, Lychosthenes…

8. Arrhines

ARROYO DEL DIABLO

Se dio el nombre de Devil's Creek («arroyo del Diablo») a una corriente de agua existente en Nuevo México (Estados Unidos), que discurría por un tortuoso paraje nada acogedor.

ASALIAH

Uno de los setenta y dos ángeles que llevan el nombre místico de Dios: Shemhamphora. Pertenece al orden de las virtudes y tiene dominio sobre el planeta Mercurio y el signo zodiacal de Escorpión. Rige el mundo judicial y lo concerniente a los medios de comunicación social.

ASARIEL (Véase AZARIEL)

ASASIEL (Asachiel)

Ángel que rige el jueves, junto con Sachiel y Castiel. Asimismo, es uno de los espíritus que gobiernan el planeta Júpiter, según Barrett y Papus.

ASCAROTH

Nombre de un demonio poco conocido que protege a los espías y delatores. Está a las órdenes del diablo *Nergal (véase* este término).

ASCIK-PACHA

Demonio que, según los turcos, favorecía las intrigas amorosas, ayudaba a las mujeres en el momento del parto y enseñaba a combatir los maleficios.

ASCOBAI

Ángel que se invoca en la ritualización de la cera.

ASCOS

Gigante griego que en unión con Licurgo, y aprovechando uno de los sueños de Baco, arrojaron al dios a un río. Júpiter tomó por su cuenta el castigo y le mató, haciendo de su piel un odre.

ASELIEL

Príncipe angélico que reside en la mansión del viento sudsudeste (antiguamente euraster), según el abad Trithemio. Aseliel tiene a sus órdenes cuarenta ministros con muchísimos servidores angélicos. Protegen a las personas enamoradas si se los invoca.

ASIMA

Demonio que ríe cuando se practica el mal. Fue adorado en Emath, en la tribu de Neftalí, antes de que los habitantes de esa ciudad fuesen llevados a Samaria. Tenía la apariencia de un macho cabrío.

ASIRIEL (Véase ASYRIEL)

ASMODEL

Ángel que tiene dominio sobre el mes de abril y el signo zodiacal de Tauro, según las prácticas mágicas. Era del orden de los querubines, pero al rebelarse se convirtió en demonio, de acuerdo con diversas tradiciones religiosas, y se trasformó en *Asmodeus* o Asmodeo. Su nombre está grabado en la conocida medalla-amuleto de Catalina de Médicis que se atribuye a Nostradamus.

ASMODEO (Asmoday, Camadai)

Demonio destructor que, según algunos demonógrafos, es en los infiernos el superintendente de las casas de juego; siembra la disipación y el error. Hablan de él el libro de Tobías y el Talmud. Es probable que su nombre proceda del hebreo *shmd,* «destruir», en persa *aeshma-deva*, y en lenguaje del Talmud, *ashmedai*. Los rabinos le llaman el príncipe de los demonios. Refiere la Biblia (Tobías 3 y 4) que habiéndose enamorado Asmodeo de Sara, la hija de Ragüel, hizo perecer a sus siete esposos el mismo día de la boda, antes de que se hubiera consumado el matrimonio. El joven Tobías, destinado a ser el octavo marido, estaba aterrorizado ante la idea de seguir la misma suerte de sus predecesores, pero el arcángel Rafael le reveló el modo de ahuyentar a Asmodeo para siempre. Después de una continencia sexual de los tres primeros días, que pasaron en oración, el joven Tobías tomó un brasero y puso encima de las brasas el hígado y el corazón del pescado que encontró varado a orillas del Tigris; esto produjo un intenso y perfumado humo que puso en fuga a Asmodeo, que no paró de huir hasta que estuvo en el Alto Egipto, donde un ángel le ató. Según los rabinos, Asmodeo nació de la unión incestuosa de Tubalcain y de su hermana Noema. Wiero, que en sus obras de demonología ha reconstruido la jerarquía social de cada diablo, dice que Asmodeo en el infierno es catedrático de Astronomía y de Matemáticas. Cuando se le exorciza conviene estar a pie firme y llamarle por su nombre. Este demonio da a los hombres anillos astrológicos y los enseña a hacerse invisibles. Conoce muchos tesoros que se le puede obligar a descubrir y le obedecen setenta y dos legiones de diablos. Según las tradiciones judías y árabes, Salomón logró apoderarse de Asmodeo, cargándole de cadenas. Entonces el demonio reveló al rey de Israel el secreto para construir su famoso templo sin necesidad de emplear ni martillo, ni hacha ni ningún otro instrumento de hierro, sirviéndose únicamente de la piedra *chamir,* que corta los metales y las piedras como el diamante corta el cristal. El arcángel Rafael aprisionó a Asmodeo en el Alto Egipto, donde Pablo Lucas dijo haberlo visto en uno de sus viajes, pero que tenía la forma de serpiente. En efecto, según una tradición egipcia, la serpiente Asmodeo, que era tenida por sagrada, se adoraba en un templo que se alzaba en una garganta del desierto, a la espalda de Ryannéh, frente de Tahhta. Su altar estaba servido por setenta sacerdotes menores de treinta años y mayores de quince. Los peregrinos acudían a adorarla en dos épocas del año: una anterior y otra posterior a la inundación del Nilo. Las principales virtudes de la serpiente Asmodeo consistían en arrojar a los demonios de los cuerpos de los maridos y hacer fecundas a las mujeres estériles, siempre que pasaran veinticuatro horas en su templo. Los demonólogos lo tienen por un rey fuerte y poderoso de los infiernos, que se presenta con tres cabezas; la central, en forma de ogro u hombre enfurecido, echando fuego o una especie de rayos por la boca; la de su derecha, es de toro; y la de su izquierda, de carnero. Tiene cola de serpiente y patas de ganso (o como un pequeño tridente palmeado). Monta un furioso dragón y porta corona. Gobierna setenta y dos legiones de diablos, según Crowley y Mathers. A veces porta lanza. Otorga el anillo de las virtudes y enseña los secretos de la aritmética, la astronomía, la geometría y todas las artes artesanales. Enseña la manera de hacerse invisible y descubre los tesoros ocultos, a menos que estén protegidos por Amaimón. Se le ha de invocar de pie y con la cabeza descubierta, dentro del círculo protector, pero procurando que él se coloque en el consabido triángulo pintado delante del círculo protector. Se le conoce por diversos nombres: *Asmodai, Asmodee, Asmodeus, Chashmedai, Azmoden...* Siguiendo el orden de la jerarquía infernal, Asmodeo está sometido al rey Amaimón e *Amaymon (véase* este término). En el célebre proceso contra Urbano Grandier (1633), Asmodeo compareció ante el obispo de Poitiers y sus exorcistas, acompañado de los diablos Belzebú, Astarot, Uriel, Gedón y otros que, por boca de las hechizadas ursulinas de Leuden, declararon en contra del reo. *(Véase* el término *demonios de Loudun).*

ASMOUG

Uno de los demonios que bajo las órdenes de Arimano siembran en Persia las disensiones, los pleitos y las querellas.

ASOORES

Nombre que los hindúes dan a ciertos malos genios que hacen caer a los viajeros en emboscadas y peligros.

ASRAFIL

Ángel terrible que, según los musulmanes, debe hacer sonar la trompeta y despertar a los muertos en el día del Juicio final.

ASSAIBI

Ángel del aire que rige el sábado, junto con Abumalith y Balidet, todos ellos a las órdenes del rey Maymon. Está sujeto al viento del sur (o del sudoeste). *(Véase* el término *Abumalith).*

ASTAROT (Astaroth)

Gran duque de los infiernos. Tiene la figura de un ángel muy feo y se muestra montado en un dragón infernal, llevando en la garra de su izquierda una víbora; en la testa porta la corona ducal. Algunos magos y brujos dicen que preside Occidente, que procura la amistad de los poderosos y grandes señores y que es menester evocarle en miércoles. Es el gran tesorero de los infiernos y da buenos consejos cuando se dictan leyes nuevas. Los sidonianos, los filisteos y algunas sectas de los judíos le adoraron en los templos, para lo que construyeron grandes ídolos. Wierio o Wierus dice que Astarot o Astaroth conoce lo pasado, lo presente y lo por venir, que responde voluntariamente a las preguntas que se le hacen sobre las cosas más concretas, y que es muy fácil hacerle hablar del tiempo de la Creación, de las faltas y del castigo y caída de los ángeles, de quienes sabe muy bien toda la historia. Astarot

9. Astarot

sostiene que fue castigado injustamente. Enseña las artes liberales y manda cuarenta legiones de diablos, según Crowley y Mathers. Aquel que le evoque debe procurar que no se le acerque demasiado a causa de su insoportable hedor, por cuyo motivo debe llevarse bajo las narices un anillo mágico de plata, que preserva contra los fétidos olores de los demonios. Astarot (Astaroth) tiene como ayudantes o colaboradores a Nebirus, Kobol y Disjin. Se los invoca y evoca en rituales satánicos o para lanzar maleficios. La tradición dice que Astarot fue uno de los siete príncipes infernales a los que el doctor Fausto solicitó ayuda. (*Véase* el término *Monarquía Infernal*).

ASTARTEA (Astarté)

Mujer del demonio Astarot, según los principales demonólogos. Posee cuernos, no deformes como los de su marido y otros demonios, sino muy elegantemente festonados y en forma de media luna. Preside los placeres del amor. Es la Astarté de los sirios y fenicios, diosa que también fue adorada por Salomón.

ASTILO

Centauro y adivino que intentó vanamente persuadir a los centauros para que no lucharan contra los lapitas en las bodas de Piritoo.

ASTOMO (hombre sin boca)

Raza de enanos que se suponía carecían de boca, dientes y lengua. Tenían un pequeño orificio en su lugar, y por allí bebían o ingerían alimento con una especie de caña. Aunque también se decía que vivían del vapor y olor que captaban por la nariz, por confundirles, seguramente, con otros seres parecidos. Iban cubiertos de pelo y no hablaban y se entendían por señas, como los mudos, según el *Libro de las maravillas del mundo* de Mandavila, al parecer copiado de la *Polyhistoria* de Solino (siglo XIV). También habla de ellos *Las crónicas de Núremberg* (1493).

ASURAS

Demonios hindúes que, auxiliados por los devas (dioses inferiores), promueven continua guerra a los hombres, y éstos tienen que luchar contra ellos auxiliados por los dioses tutelares *suras*. La palabra sánscrita *Asura* significa «el que da o posee la vida». *(Véase* el término *suras).*

ASYRIEL (Asiriel)

Príncipe angélico que tiene su residencia en la mansión del viento sudoeste (africus, áfrico, ábrego, garbino). Le obedecen veinte ministros diurnos y veinte nocturnos. Protege los proyectos profesionales del que le invoca.

ATHENIEL

Según Barrett, es el ángel que gobierna la vigesimoséptima mansión de la Luna, de las veintiocho existentes. Se le invoca para que acreciente el poder personal.

ATLANTES

Gigantes descendientes de Atlas o Atlante.

ATLIEL (Ataliel)

Según Barrett, es el ángel que gobierna la decimoquinta mansión de la Luna, de las veintiocho existentes. Se le invoca para obtener ganancias económicas o beneficios en el comercio o trabajo que uno tiene.

ATROPOS
Una de las tres Parcas, la que corta el hilo de la vida. Se la representa como una matrona de edad avanzada vestida de luto, facciones arrugadas y talante casi repelente. Acostumbra a llevar un libro en el que está escrito el destino fatal de cada uno.

AUBE (Aubin)
Nombre que daban en algunas localidades francesas a determinada clase de genios o duendes domésticos muy parecidos a los *elfos (véase* este término) de los germanos.

AULONIADAS (Auloníades)
Ninfas griegas protectoras o tutelares de los valles, lo mismo que las *valloniae* de Roma. El nombre deriva de ciertos valles llamados *auledias,* en la antigua Grecia. Vienen a ser como precursoras de las modernas hadas. *(Véase* el término *ninfas).*

AUMEL *(Véase* OMAEL)

AUSIEL (Ausiul)
Ángel que tiene poder sobre el signo de Acuario.

AUSITIFO
Demonio poco conocido que en tiempo de la posesión de las religiosas de Lomviers, en el año 1643, poseyó el cuerpo de la hermana Bárbara de San Miguel.

AVENIDAS DE SATÁN
Se da el nombre de Satan's Alleys (Avenidas de Satán) a unas montañas cerca de Tucson (Arizona). Se contaba que estaban pobladas de espíritus malignos, de enormes serpientes y de extraños lagartos que escupían veneno; se suponía que protegían grandes tesoros de la Tierra. Las Satan's Alleys eran tenidas por las montañas más peligrosas y temibles del desierto occidental de aquellas tierras. No había agua ni vegetación. Todo ello no fue obstáculo para que acabara descubriéndose oro y que los buscadores de fortuna se lanzaran en imparable avalancha humana hacia aquellos lugares tan desolados e inhóspitos. Muchos dejaron sus huesos y cenizas en aquellas tierras, en pos de una ambición que acabó destruyéndolos.

AVERNO
Sinónimo de *infierno.* Lugar donde creían los antiguos que iban las almas de los réprobos después de la muerte. Los egipcios le daban el nombre de *Ament;* los caldeoasirios, *Mat-la-tayarti;* los hebreos, *Scheol;* los griegos, *Hades;* y los romanos, *Tártaro.* Se dio el nombre de averno a un pantano consagrado al dios Plutón, cerca de Bayas. Salían de él unas exhalaciones tan infectas que se creía que era la entrada de los infiernos.

AVICI
Es una de las regiones infernales más subterráneas del infierno chino.

AVNAS *(Véase* AMY)

AWAR

Uno de los cinco demonios hijos de *Iblis (véase* este término). Awar es el demonio de la lascivia.

AYPEROS *(Véase Aiperos)*

AZAEL

Uno de los ángeles que se rebelaron contra Dios. Los rabinos dicen que está encadenado sobre piedras puntiagudas en un lugar del desierto, en espera del Juicio final.

AZARIEL (Asariel)

Ángel que, según los rabinos y el Talmud, reina sobre las aguas de la tierra. Los pescadores le invocan para obtener buena pesca, y según Barrett es el ángel que gobierna la cuarta mansión de la Luna, de las veintiocho existentes. Se le invoca para que se cumplan los deseos que uno tiene. Controla el signo de Piscis (junto con otros ángeles), el mar, los fondos marinos, los viajes marítimos…, así como todo lo relacionado con oráculos, auspicios y profecías.

AZAZEL

Demonio de segundo orden, guardia del macho cabrío. Según Milton, Azazel es el primer portaestandarte de los ejércitos infernales. En la fiesta religiosa de las Expiaciones, que los judíos celebraban anualmente cinco días antes de la de los Tabernáculos, se llevaban al gran sacerdote dos machos cabríos que se sacaban a la suerte; el uno para el Señor y el otro para Azazel. Aquél a quien tocaba la suerte ser para el Señor, era inmolado, y su sangre servía para la expiación. El gran sacerdote ponía en seguida sus dos manos sobre la cabeza del otro animal, confesaba sus pecados y los del pueblo de Israel, y cargaba con ellos el macho cabrío. Inmediatamente se conducía el animal al desierto, donde se lo abandonaba. El pueblo, después de haber dejado el macho cabrío de Azazel, llamado también «el emisario», «el cuidado y peso de sus iniquidades», se volvía a su hogar con la conciencia limpia. El sacerdote, al terminar sus ceremonias, se daba un baño, se vestía su ropa de diario y cortaba en trozos la carne de las víctimas sacrificadas. Azazel (Hazazel), según el *Libro de Enoch I,* es uno de los jefes de los doscientos ángeles caídos y el que «enseñó a los hombres a fabricar las espadas y los machetes, el escudo y la coraza para el pecho, así como les mostró los metales y el arte de trabajarlos, y elaborar los brazaletes y los aderezos e instruyó sobre el arte de pintarse los ojos con antimonio y embellecer los párpados, y las más bellas y más preciosas piedras y todos los tintes de color, y *la revolución del mundo».*

AZER

Ángel del fuego elemental, según los güebros. La doctrina de Zoroastro lo identifica con uno de los *izeds* que preside la pureza y el fuego sagrado *(Aderán),* en el *Ateschdan,* altar erigido al pie de las montañas más altas de la India. Se le invocaba como enemigo de los malos espíritus, de las enfermedades y de la muerte.

AZERUEL

Según Barrett, es el ángel que gobierna la decimosexta mansión de la Luna, de las veintiocho existentes. Se le invoca para aprender a meditar y reflexionar.

AZIBEEL

Uno de los doscientos ángeles caídos, que descendieron a la Tierra para cohabitar con las hijas de los hombres.

AZIEL

Según Barrett, es el ángel que gobierna la vigesimoquinta mansión de la Luna, de las veintiocho existentes. Se le invoca para que proteja en los cambios de trabajo o comercio.

AZKEEL

Nombre que se da a otro de los líderes de los doscientos ángeles caídos, los cuales obedecían a Semyaza, según el *Libro de Enoch*.

AZRAEL

Es el ángel de la muerte, según las tradiciones mahometanas. Figura como el encargado de recibir el último suspiro y acompañar las almas de los finados. Cuéntase que Azrael, al pasar cierto día bajo una forma visible junto a Salomón, miró fijamente a un hombre que estaba sentado a su lado. Este individuo preguntó quién era el que le había mirado de aquel modo, y habiéndole contestado el rey de Israel que era el ángel de la muerte, le pidió al poderoso Salomón: «Parece que me quiere para sí, por lo que os suplico mandéis al viento que me lleve a la India». Hízolo al momento, y el ángel dijo poco después a Salomón: «No es de admirar que haya observado a este hombre con tanta atención, puesto que tengo orden de ir a recoger su alma en la India, y me sorprendió encontrarle junto a ti en Palestina». Mahoma contaba esta historia para demostrar que nadie podía escapar a su destino. Este ángel también se conoce por los nombres de Azrail, Asrael e Israil. Azrael es el ángel que invocaban los magos para elaborar el talismán conocido por «espejo de Salomón». Dice la tradición que se ven en este espejo todas las cosas ocultas que se desean, si así es la voluntad de los espíritus superiores. En una de las invocaciones se recitaba la siguiente oración: «Ven, Azrael, en el nombre sacratísimo de Jalma; ven en mi nombre a este espejo, y con amor, alegría y paz, muéstrame las cosas que permanecen ocultas a mis ojos». La larga ceremonia debía repetirse durante cuarenta y ocho días, al fin de los cuales, o acaso antes, se decía que aparecía el ángel Azrael bajo la figura de un hermosísimo niño. Entonces se le pedía lo que se deseaba que mostrara el espejo mágico. (*Claviculas de Salomón* de Iroe el Mago, Amberes 1721).

AZIRIEL (Mahniel)

Ángel del segundo cielo que recoge las plegarias de los necesitados. Tiene el sobrenombre de Mahniel «por ser el jefe de seiscientas mil legiones de ángeles, todos ellos provistos de alas», según el Zohar. El nombre de Mahniel significa «campamento de Dios».

AZURCHER

Según los magos asiáticos, es el más importante de los ángeles, puesto que preside o rige el fuego.

AZZA (*Véase* SEMYAZA)

B

BAAL

Gran duque que domina una muy vasta extensión de los infiernos. Algunos demonógrafos le designan como a general en jefe de los ejércitos infernales. Tuvo tal influencia en la Tierra que se convirtió en dios principal de los asirios, fenicios, cartagineses y de todos los pueblos semitas del Asia Occidental. Su nombre, de origen semita, significa «señor, amo». Es mencionado en la Biblia, en los monumentos cuneiformes y en los textos griegos y latinos bajo los nombres de *Bel* (en Asiria); *Bel, Bal* y *Bol* (en Palmira); *Belos* y *Belus* (formas griega y latina), a más de *Baal*. Las fiestas en su honor eran suntuosísimas y se sacrificaban víctimas humanas. Tuvo templos famosos en Cartago, Samaria y Jerusalén. Esta deidad tenía cuatro ojos: dos en la frente, abiertos, y dos en la nuca, cerrados. Estaba dotado de cuatro alas: dos desplegadas, y plegadas las otras dos. Recibía sacrificios de niños que eran abrasados en un horno que formaba el pecho hueco de la estatua. En cierta ocasión, doscientas criaturas fueron inmoladas de esa forma en Cartago, en un momento de peligro para la nación. En muchos santuarios cuidaban de su culto sacerdotes especiales distribuidos en clases, dirigían danzas en torno del dios, le invocaban a grandes gritos y en el frenesí de la exaltación tomaban cuchillos y se infligían heridas que chorreaban sangre, en tanto que el pueblo dirigía alabanzas al ídolo, se arrodillaba ante él y lo besaba. No faltaron santuarios en los que, tomando a Baal por principio masculino de la fecundidad, se cometían toda clase de excesos sexuales.

BAALBERIT

Demonio de segundo orden, dueño y señor de la alianza. Dícese que es secretario general y conservador de los archivos del infierno. Su nombre deriva del hebreo *Ba'al Berith*, «el señor de la alianza», por lo que se le invocaba en los juramentos y al efectuar tratados y alianzas. También se le identifica con uno de los baales, adorado en Israel, sobre todo en Siquem, en tiempo de Abimelec, hijo de Gedeón.

BAALCEFON

Capitán de los guardianes del infierno. Los egipcios le adoraban, atribuyéndole el poder de impedir la fuga de sus esclavos. No obstante, mientras el faraón hacía un sacrificio a este ídolo, los hebreos pasaron el mar Rojo, lo que puede explicarse por el gran poder mágico que tenía Moisés. En el *Targum* se lee que habiendo el ángel exterminador hecho pedazos las estatuas de todos los dioses, sólo la de Baalcefon se resistió a la destrucción.

BAARDER

Giganta y hechicera célebre en las fábulas de Islandia.

BABA

Genio o verdugo del infierno egipcio, con rostro de fiera y armado de espadas. Plutarco, en su *Tratado de Isis y Osiris,* lo presenta como un compañero de Tifón y en *El libro de los muertos,* se presenta a Baba como guardián de una puerta del Amenti y jefe de una localidad. En las tradiciones eslavas, Baba-Iaga o Iaga-Baba es una especie de hechicera parecida a las brujas occidentales. Es vieja y descarnada, se remonta en los aires cabalgando en una escoba, odia a los hombres, roba los niños y bebe la sangre de las muchachas. Oculta los metales preciosos en los antros donde habita, guarda las

fuentes del agua de la vida y tiene una varita mágica que puede trasformar los hombres en piedras. Este espíritu maligno juega un gran papel en las historias populares de Rusia, Polonia y Bohemia.

BABO

Especie de ogro que sentía especial predilección por las tierras meridionales de Francia. Azotaba a los niños malos y, algunas veces, se los comía crudos.

BACHANAEL (Bachanae)

Otro más de los ángeles que rigen el lunes. Se le invoca o llama desde el Oeste (Occidente), según Barrett y Papus.

BAD

Genio de los vientos y de las tempestades entre los antiguos persas. Presidía el vigesimosegundo día de la Luna.

BADARIEL (Batarjal, Bataryal)

Uno de los doscientos ángeles caídos, que descendieron al monte Harmón para unirse a las hijas de los hombres, según el *Libro de Enoch.*

BAEL

Primer rey del infierno, regente de la parte este u oriental. Puede hacer que una persona se haga invisible. Se aparece en diversas formas; con cabeza de gato, de sapo o de hombre, si bien lo normal es que se presente con las tres a la vez; la de hombre lleva la corona real, y el conjunto se mueve con patas de araña. Habla con voz ronca, pero hace a la persona fina y astuta. Tiene a sus órdenes sesenta y seis legiones de demonios.

Hay estudiosos que opinan que es una derivación de *Baal (véase* este término y el de *Monarquía infernal).*

10. Bael

BAFOMET (Baphomet, Baffomet)

El demonio Bafomet, Baphomet o Bafometo no sólo fue adorado por los templarios, y más tarde por los paladistas, sino que parece que también recibió culto en los aquelarres y otras reuniones satánicas. Es muy popular el dibujo que representa a este demonio hecho por Éliphas Lévi *(Dogma y ritual de la alta magia).* El nombre de Bafomet parece derivar de *bafometo* o *baffometi,* que eran estatuillas gnósticas de piedra adornadas con soles, lunas, serpientes y otros signos misteriosos y cabalísticos. En realidad, *baphometus* es un término de origen griego que significa «bautismo de sabiduría», «bautismo del espíritu». En el proceso contra los templarios, se habló de una cabeza barbuda que recibía el nombre de Bafomet y la cual tenía la propiedad de hacer crecer mieses y flores. La tradición cuenta que el Bafomet de los templarios permaneció oculto desde la época de las persecuciones hasta que, en 1801, Isaac

Long lo trasladó a Estados Unidos (concretamente a Charleston) desde París, junto con el cráneo de Jacques de Molay, gran maestre de la Orden del Temple. Ambos objetos constituyeron la base del culto de la secta de los satanistas, que empezó a tener especial importancia en dicho país. En el dibujo de Éliphas Lévi, a Bafomet se le representa como un macho cabrío sentado en un trono, encima del mundo. Lleva una antorcha encendida entre los cuernos y en la frente el signo del pentagrama (la estrella de cinco puntas), que es el símbolo de las artes ocultas. Con las manos hace la señal de los ocultistas, mostrando hacia arriba la luna blanca de Chesed, y hacia abajo la luna negra de Geburah. Tiene un brazo femenino y otro masculino, como en el andrógino de Khunrath. La antorcha de la inteligencia, que arde entre los cuernos, es la luz mágica del equilibrio universal y representa el alma elevada por encima de la materia, como la llama está sujeta a la antorcha. La cabeza repugnante del cabrón expresa el horror del pecado, cuyo agente material, el único responsable, es el que ha de sufrir perpetuamente la pena de éste, ya que el alma, impasible por naturaleza, no puede sufrir sino materializándose. El caduceo que lleva en el seno y hace las veces de órgano de la generación, representa la vida eterna; el vientre, cubierto de escamas, es el agua, fuente de vida y purificación; el círculo que le rodea en la parte superior simboliza el aire, la atmósfera, un elemento vital; las alas de que está provisto representan lo volátil, y la humanidad está simbolizada por los dos pechos femeninos, mientras que los dos brazos andróginos son otro emblema de las ciencias ocultas, de lo positivo y de lo negativo, de la magia blanca y de la magia negra.

BAGANIEDDO

Duende tradicional de la comarca italiana de Apulia. Es pequeño, negro y tocado con un gorro colorado. Vive junto a las escaleras y la tradición cuenta que concede la facultad de enriquecer al que logra robarle su mágico gorro.

BAGLIS

Es el genio o espíritu de la moderación y el equilibrio, según Apolonio de Tyana (*El Nuctemerón*).

BAHAMAN

Genio que según los persas apacigua la cólera, domestica a todos los animales, esparce la abundancia y acoge a los justos a su llegada a los jardines paradisíacos. El undécimo mes de cada año y el segundo día de cada mes le están consagrados, así como el lirio blanco. A Bahaman o Bahman, que significa «el buen espíritu», se opone el demonio Akoman, el creador del hambre y de la guerra.

BALAM (Baalam, Balan)

Uno de los poderosos reyes del infierno. Se presenta con tres cabezas: una de toro, otra de hombre y la tercera de carnero. Posee cola de serpiente y sus ojos arrojan llamas. Se muestra montado en un enorme oso y lleva un milano en el puño. Manda cuarenta legiones de diablos y responde

muy bien sobre el pasado, el presente y el porvenir. También enseña el secreto de hacerse invisible. Antes de su caída, era un ángel del orden de las dominaciones. Otras veces se muestra con una sola cabeza, con corona y largos cuernos; aunque siempre montando un fiero oso y portando un milano en la muñeca derecha. (*Véase* el término *Monarquía infernal*).

11. Balam

BALAY

Espíritu angélico del lunes que reside en el primer cielo, según explica Francis Barrett en *El mago* y Papus en el *Tratado elemental de magia práctica*. Se le debe invocar con la cara hacia el Norte.

BALBERITH (*Véase* BAALBERIT)

BALDEMORA

Especie de sirena benefactora de las costas catalanas. En los días de niebla marítima densa y de desorientación, la Baldemora aparecía delante de las embarcaciones de pesca y las guiaba hasta el puerto o una playa segura. Se la invocaba y se le hacían ofrendas el 29 de junio, día de San Pedro, para que estuviera contenta y auxiliara a los pescadores cuando tuvieran dificultades por el tiempo y regresaran sanos y salvos.

BALI

Nombre de uno de los daitias (demonios gigantes), hijo de Virotcana y nieto de Prahlada, en la mitología hindú. Había conquistado el imperio de los tres mundos: celeste, terrestre y subterráneo. En sus luchas con los demonios (asuras), los dioses fueron a buscar a Visnú, suplicándole que se encarnase de nuevo y se enfrentara con el terrible Bali. Atendiendo a sus ruegos, Visnú bajó a la Tierra y tomó la forma de un brahmán enano. Y mientras Bali disponía la celebración de un sacrificio a orillas del río sagrado de la Narmada, presentose el enano a visitarlo haciéndole la siguiente petición: «Te pido sólo una porción pequeñísima de tierra, tres pies, que mediré rigurosamente paso a paso. No deseo nada más. El hombre prudente no debe pedir más de lo que en realidad necesita». Bali, tras mirar las minúsculas piernas de su interlocutor, aceptó. Y entonces tuvo lugar el prodigio: Visnú recobró de pronto su estatura divina y dando un paso franqueó el cielo, dio otro y abarcó la tierra, y al no tener ya espacio para dar el tercer paso, le dijo a Bali: «Asura, me prometiste un terreno de tres pies, y con sólo dos pasos he cubierto el espacio del universo. ¿Dónde daré el tercero? El hombre que no da a un brahmán lo que le ha prometido, corre hacia un fracaso cierto. Tú me engañaste; por tanto, debes descender a las regiones infernales». Y acto seguido le precipitó a las profundidades subterráneas. Según las tradiciones hindúes, Bali sale del abismo una vez cada año, para hacer mal a los hombres.

BALIDET

Ángel del aire que rige el sábado, junto con Abumalith y Assaibi, todos ellos a las órdenes del rey Maymon. Está sujeto al viento del sur (o del sudoeste), según Barrett. *(Véase Abumalith).*

BALIEL

Uno de los espíritus angélicos que guardan las puertas del viento sur.

BALITSAMA

El mundo subterráneo en el que reside el demonio gigante *Bali (véase* este término).

BALKIN

Según Reginald Scot *(Discoverie of Witchcraft)* y E. M. Butler *(Ritual Magic),* es un espíritu benéfico señor y rey de las montañas del norte (en particular en Irlanda). Tiene como ayudante a *Luridan (véase* este término), un espíritu doméstico.

BALTAZO

Uno de los demonios que estuvo relacionado en la posesión de Nicolasa Aubri, una aldeana francesa cuyo marido estuvo a punto de hacer un pacto diabólico para conseguir que los demonios abandonaran el cuerpo de su mujer. La historia se cuenta en el *Diccionario infernal* de Collin de Plancy.

BANECH

Uno de los ángeles de los siete planetas, que se invocan en conjuros mágicos para obtener alguna gracia, según el *Sexto y séptimo libros de Moisés.*

BANNIK

Se daba este nombre al «espíritu de los baños» en las antiguas tradiciones eslavas. Bannik deriva de *bania*, «baño». Habitaba la caseta aneja a la isba donde los campesinos tomaban su baño, a la cual sólo dejaba entrar tres tandas de bañistas; el cuarto turno se lo reservaba para él e invitaba a bañarse a los diablos, genios y espíritus de las cercanías. Si entonces se le molestaba, echaba agua hirviendo sobre los intrusos, y a veces les daba muerte. Era tal el poder del Bannik que se le podía preguntar sobre el porvenir. Para ello el interesado sólo tenía que entreabrir la puerta de la caseta de los baños y aplicar su espalda desnuda a la abertura; si el espíritu le acariciaba suavemente con la palma de la mano, era señal de que el futuro sería halagüeño, mientras que si hería la espalda con sus largas uñas indicaba un destino adverso.

BANSHEE

Nombre que dan en Escocia e Irlanda a un espíritu de la muerte o fantasma. Suele adoptar la figura de una anciana y sus lamentos bajo una ventana anuncian una muerte próxima entre los habitantes de la casa. Registros de casos de banshees en Irlanda, hacen creer que estos casos se limitaban a familias de alcurnia.

BAÑETA (Banyeta)

Nombre popular que dan en Cataluña y Baleares a un demonio de cierta importancia, protagonista de muchas fábulas, cuentos y tradiciones. Se emplea también este nombre como sinónimo de diablo.

BAOBHAN SITH

Con este nombre se designa en Escocia a una clase de súcubo muy peligroso, ya que puede convertirse en vampiro. En cierto modo, es un ente parecido a la *banshee (véase* este término). Las viejas leyendas hablan de las baobhan sith como de hermosas mujeres vestidas de verde y con largos cabellos dorados. Atacaban a los hombres en el bosque, chupándoles la sangre hasta dejarlos desangrados.

BARABORAT

Según *El mago*, de Francis Barrett, es uno de los ángeles del segundo cielo y de Oriente y tiene influjo o poder sobre el miércoles.

BARAHIEL

Uno de los cuatro espíritus angélicos que figura en el llamado talismán dominador, según las *Clavículas de Salomón* de Iroe el Mago. Los otros tres son Esiel (Eshiel), Ghiuniel y Madinniel (Madimiel).

BARAKIEL (Barachiel)

Hay diversas variantes gráficas en los libros esotéricos tradicionales, como las de Baraqiel, Baraquiel, etc. El nombre parece significar «relámpago de Dios». Hay confusión sobre su naturaleza y cometidos, toda vez que es uno de los jefes de los ángeles rebeldes que descendieron al monte Hermon y es el que instruyó a los astrólogos, según cuenta el *Libro de Enoch*. Tiene dominio sobre los relámpagos, sobre el planeta Júpiter y los signos de Escorpión y Piscis. Junto con otros espíritus angélicos se le invoca para obtener éxito en juegos de azar. Otras fuentes le consideran uno de los siete arcángeles, ángel del mes de febrero y príncipe del segundo cielo.

BARAZEL
Según el sexto y séptimo libros de Moisés es uno de los siete ángeles consagrados del trono, que ejecutan las órdenes de las potestades. Pertenece al primer cielo.

BARBARICCIA (Barbarrizada)
Uno de los demonios que Dante *(La divina comedia)* pone en el infierno. Significa «barbaerizada» más que «barbarrizada», pero este último término es el que más se usa.

BARBAS
Demonio en forma de león furioso, cuando se presenta o aparece. Es una corrupción de la grafía *«Marbas»* *(véase* este término).

BARBATOS
Grande y poderoso demonio, duque de los infiernos. Se presenta (o se le debe evocar) cuando el Sol está en el signo de Sagitario. Lo hace en forma de arquero o cazador y le acompañan cuatro nobles reyes y sus compañías de grandes tropas. Enseña el arte de la adivinación por medio del canto de las aves, el mugido de los toros, los ladridos de los perros y los gritos de va-

12. Barbatos

rios animales. Revela dónde se hallan escondidos los tesoros de los magos y encantadores. Antiguamente era del orden de las virtudes, pero después de la rebelión de los ángeles, se vio reducido a mandar treinta legiones de espíritus infernales. Pero aún tiene poder para saber cosas del pasado y del porvenir y para reconciliar amigos que se han peleado, según Crowley *(Goecia)*. (*Véase* el término *Monarquía infernal*).

BARBEGAZI
Entes semejantes a los gnomos, pero que aparecen con la nieve. Su hábitat son las altas montañas de Francia y Suiza. Tienen pelo y largas barbas, que se hielan y parecen carámbanos (de ahí, probablemente, su nombre). Sus pies son grandes y anchos, para andar y correr por las zonas heladas (son sus raquetas naturales). Se ocultan bajo la nieve ante la presencia de extraños. Llevan, además, gruesos ropajes blancos de piel. En verano, «invernan» en túneles y galerías bajo tierra, aletargados. Prefieren las grandes ventiscas y tormentas de nieve, que es cuando los humanos no suben a los altos picos en los que ellos se hallan. Su lenguaje es a base de chillidos, los cuales llegan a gran distancia.

BARBELOT

Espíritu al que los gnósticos atribuían las virtudes de la presciencia, de la incorruptibilidad y de la vida eterna. Según esos sectarios cristianos de los primeros siglos, Barbelot había engendrado la primera luz divina.

BARBIEL (Barbuel, Baruel)

Uno de los príncipes angélicos del orden de las virtudes y del orden de los arcángeles. Es el ángel del mes de octubre. Según Barrett, es el ángel que gobierna la novena mansión de la Luna, de las veintiocho que existen. Se le invoca para que ayude a solucionar los problemas que uno tenga. Parece tratarse del Barbuelis de los libros *Sexto y séptimo de Moisés*, en los que se halla el sello de coerción y obediencia.

BARBUDO

Demonio dotado de larga barba que enseña el secreto de la piedra filosofal. Era un diablo muy invocado por los alquimistas.

BARIEL

Según *The Key of Solomon the King* de MacGregor Mathers, Bariel es el ángel que debe ser invocado para la preparación del cuarto pantáculo de Júpiter, con el que se adquieren riqueza, honores y prosperidad. Su nombre se inscribe en éste junto con el del ángel Adonial.

BARMIEL

Príncipe angélico que vive en el sur y gobierna el viento austro o ábrego, el viento que sopla del sur. Le obedecen diez príncipes y sus ministros, que presiden las operaciones que se desarrollan en las horas diurnas, mientras otros tantos lo hacen con las nocturnas. Protegen a los que cambian de lugar de residencia y tienen necesidad de nuevas amistades.

BARRUFET

Demonio muy popular en Cataluña y Baleares. Se le cita en muchas fábulas y tradiciones. También se le llama Cucarell; de este diablo es muy conocida la poesía catalana que indica su época de nacimiento: El dimoni Cucarell / va néixer en temps de magranes / i sa mare tenia ganes / de pegar-li pes clatell. (El demonio Cucarell / nació en tiempo de granadas / y su madre tenía ganas / de pegarle en el cogote).

BARTYABEL

Espíritu del planeta Marte, según Paul Christian (*The History and Practice of Magic*, libro IV, cap. XI), siguiendo la doctrina de Paracelsus.

BARTZACHIAH (Barzachia)

Uno de los cuatro espíritus angélicos cuyo nombre está inscrito en el primer pantáculo del planeta Marte, según *The Key of Solomon the King* de Mathers. Los otros tres ángeles son Madimiel, Eschiel e Ithuriel. También se le puede hallar con la grafía «Bortzachiak».

BARUCHAS

Príncipe supremo angélico que reside en la mansión del viento este-noroeste (grecale, gregal, que antiguamente era conocido por vulturnus). Le obedecen varios príncipes y ministros, según el abad Trithemio. Tienen la potestad de hacer que las ideas y proyectos de uno sean aceptadas por los demás, siempre que se invoque a Baruchas con mucha fe y respeto.

BARZABEL (Barsabel)

Uno de los espíritus angélicos que rigen el planeta Marte, según Barrett. Su nombre figura en pantáculos y talismanes, lo que demuestra que tenía sus adoradores. Su número cabalístico es el 325.

BASILISCO

Nombre que los antiguos daban a un monstruo fabuloso que suponían originario de África y al que atribuían la forma de una serpiente de color amarillo, con la cabeza puntiaguda y sobre ella una mancha blanca y tres apéndices prominentes. Decían que bastaba su silbido para causar la muerte, que la ponzoña de su aliento tronchaba las hierbas y arbustos y partía las piedras, que era el rey de los animales venenosos, que huían él todas las víboras y que envenenaba el aire de las cuevas en que vivía. Su nombre deriva del griego *basiliskós* («reyezuelo»). Por las descripciones medievales que han llegado a nosotros se desprende que aquellas gentes suponían al basilisco nacido de un huevo sin yema puesto por un gallo y empollado por un sapo sobre el estiércol. Se decía de él que tenía cabeza y ocho patas de gallo, cola de serpiente trífida en la punta, ojos centelleantes y una corona en la cabeza; que vivía en los subterráneos y mataba sólo con la mirada. Aristóteles dio la idea para matar al basilisco; sólo había que colocarle un espejo delante, a fin de que su mortífera mirada, al reflejarse, provocara su autodestrucción. Se cuenta que Alejandro el Grande sitió una ciudad en Asia y que se declaró por los sitiados un basilisco, el cual, apostado en una tronera de las murallas, le mataba doscientos soldados cada día. Existen bastantes leyendas terroríficas referentes a tesoros ocultos guardados por un basilisco. No es descabellado suponer que muchas de ellas fueron originadas por la existencia en cuevas y subterráneos de gases deletéreos, a cuya acción sucumben a menudo mineros y poceros. En Oriente se atribuía a este fabuloso animal una forma mixta de gallo, serpiente y sapo; está representado así en muchos dibujos chinos. Hoy en día se da el mismo nombre a un lagarto arborícola que nada tiene que ver con el monstruo mencionado, que perdura en la tradición y la heráldica. La Biblia alude a él como a un reptil muy venenoso.

13. Basilisco

BATAREL (Batariel, Badariel)

Según las listas del *Libro de Enoch,* uno de los doscientos ángeles caídos. Se le invoca en diversos ritos mágicos y en magia talismánica.Con la grafía de «Batariel» aparece grabado en el talismán IV de la Saga de las Pirámides. Según la tradición, con este anillo uno puede descubrir los secretos más ocultos y penetrar con su videncia en cualquier lugar, como se puede ver en el *Libro de magia negra,* de Arthur Edward Waite (p. 119 de la ed. cast.).

BATNA

Uno de los sobrenombres de Lilith, el demonio hembra de los textos rabínicos. *(Véase* el término *Lilith).*

BATHOR

En magia blanca, uno de los siete espíritus del Olimpo, conocidos como Elegidos o Regidores del Cielo.

BATHIN (Bathym, Batim, Martim, Marthim)

Duque principal y poderoso de los infiernos. Conocido también como Batim, Martim… Se presenta en forma de un hombre fuerte con cola de serpiente y montando un corcel de lívida blancura que echa llamas por la boca. Enseña las virtudes de las hierbas y de las piedras preciosas. En su cabalgadura trasporta a un hombre de un país a otro, «más rápido que el huracán». Le obedecen treinta legiones de espíritus, según Crowley *(Goecia). (Véase* el término *Monarquía infernal).*

BATSCUMBASA

Genio de las tradiciones turcas que se invoca en Oriente para atraer el buen tiempo o la lluvia. Para conseguir sus favores se le ofrecen rebanadas de pan, al que es muy aficionado.

BAYARDO

Caballo al que dio celebridad la leyenda *Los cuatro hijos de Aymón,* cuya talla era común cuando llevaba a uno de ellos, pero que se alargaba cuando debía llevar a los cuatro. Cuéntanse muchas maravillas de este cuadrúpedo que se distinguía también por su rapidez.

BAYEMON

Poderoso demonio, rey del occidente infernal, citado muy a menudo en los libros de magia.

BECHAR (Bechaud)

Demonio que está a las órdenes de Syrach, duque de los infiernos. Bechaud (Bechar) tiene poder sobre tormentas, tempestades, lluvia y granizo, además de otros fenómenos meteorológicos. Se le piden tales efectos por medio de maleficios compuestos con sapos machacados, plantas y drogas exóticas. Es citado en libros antiguos de magia. En el *Gran grimorio del papa Honorio,* con la grafía «Bechard» se le identifica con el demonio del amor, el que enseña a los seres humanos el arte de los placeres amorosos, de los secretos del sexo y para obtener el amor de cualquier persona. Bechard también enseña los arcanos para que los amantes o matrimonios rompan, así como el arte de componer filtros y pócimas amorosos.

BEDALIEL

Ángel que se invoca para exorcizar a los demonios. Se le cita en los tratados de *Goecia* y en *The Key of Solomon the King* de MacGregor Mathers.

BEDRIMULAEL

Espíritu angélico, citado por Mac-Gregor Mathers, que se invoca en ritos de autorrealización y autocontrol, para alcanzar la iluminación y superación interiores.

BEFANA

Hada bienhechora muy popular en Italia, principalmente en Toscana, que regala golosinas y juguetes a los niños obedientes en la Nochebuena y víspera de Reyes, que deposita en las botas y zapatos que los chiquillos han dispuesto al efecto. Los niños traviesos no reciben ningún regalo. El hada Befana es la *Dona Bruta* de Venecia y la *Berola* de Brescia. Al acercarse la Epifanía se la pasea en procesión en varias localidades de Italia; en general, va vestida con largo ropaje negro.

BEHEMIEL (Bejemiel, Hariel)

Ángel que tiene dominio sobre los animales domésticos.

BEHEMOTH

Demonio pesado y estúpido, jefe de los demonios que rebullen la cola, según los demonógrafos. Tiene la fuerza en los riñones y sus dominios son las golosinas y los placeres del vientre. Se le hace copero mayor del infierno. El nombre de Beehemoth es la forma plural hebrea del singular *béhemâh* «bestia», «animal enorme». Como esta palabra no tiene otro significado que el de «bestias»

en general, fueron varias las interpretaciones que de ella han venido dándose. Según los Santos Padres, simboliza el demonio y el mal. Otros creen que expresa los gusanos que roían a Job, que figuraban igualmente a los demonios. En la Edad Media se creyó que el sentido literal no podía aplicarse al demonio y que significaba un animal particular. Santo Tomás y Calmet opinaron que es el elefante. Más tarde otros, como Sánchez, lo traducen por «toro»; otros, entre ellos Barzilai, admiten que es el mamut antediluviano, cuyo esqueleto había visto el autor bíblico. Hoy se sostiene, por la mayoría de los eruditos, que se alude al hipopótamo, aunque este animal no vivía en el Jordán en la época histórica. Sin embargo, se hallaba allí cerca, en el Nilo. Monumentos egipcios representan su caza desde barcas. Pese a estos estudios, los demonógrafos siguen teniéndolo por demonio y lo representan con figura de elefante que se levanta sobre dos patas de oro y se sirve de las otras dos como manos; tiene un vientre abultadísimo, símbolo de los placeres de la gula. Además, en el proceso de Urbano Grandier se ve que la hermana Juana de los Ángeles estaba poseída por Behemoth, lo que prueba que en realidad es un demonio. Wierio no admite a Behemoth en su organigrama de la monarquía infernal, pero confiesa que Behemoth o el elefante podría muy bien ser el mismo Satanás. Es cierto que por la descripción que el libro de Job, 40, hace de Behemoth, éste ha de ser el hipopótamo, pero no es menos cierto que los siguientes versículos del capítulo 41 parecen referirse a un animal infernal: «Sus estornudos son llamaradas, sus ojos son como los párpados de la aurora; se escapan centellas de fuego; sale de sus narices humo, como de olla al fuego, hirviente. Su aliento enciende los carbones, saltan llamas de su boca; en su cuello está su fuerza, y ante él tiemblan de horror». Por lo que el Behemoth-hipopótamo podría ser una representación del diablo. Los rabinos, por su parte, lo identifican con el toro o buey primitivo, príncipe de todas las cosas. Según ellos, Behemoth es tan grande que cada día consume la hierba de mil montañas que, para alimentarle, se cubren cada noche de una nueva vegetación. Cuando llegue el fin del mundo, Behemoth será comido por los fieles, en el festín que se celebrará a la llegada de su mesías.

BEHERIT (Beherito)

Demonio que poseyó a las hermanas Jeanne des Anges (Juana de los Ángeles) y Agnes (Inés) en el famoso caso de los demonios de Loudun, convento supuestamente embrujado por el padre Urbain Grandier. (*Véase* el término *demonios de Loudun*).

BEHMAN

Genio persa protector de las cosechas y de los ganados, sobre todo en el undécimo mes solar, que lleva su nombre. Cuida especialmente de aplacar la cólera, y le está consagrado el segundo día de cada mes. Los agricultores persas celebraban en su honor grandes fiestas en la época del año a él destinada.

BEIREBRA (Beyrevra, Bhairava)

Demonio hindú que gobierna o controla las almas pecadoras que vagan por el espacio invisible trasformados en demonios del aire. Beirebra lleva cuernos y largas y afiladas uñas cortantes. Las tradiciones religiosas hindúes cuentan que habiendo Brahma insultado a un dios superior, se encargó a Bhairava (Bairebra) que lo castigara y éste le cortó una cabeza con sus largas uñas. Brahma, humillado, pidió perdón por su falta, y el dios Envara lo consoló diciéndole que lo mismo sería respetado a partir de entonces con cuatro cabezas que antes con cinco.

14. Beirebra

BEL (*Véase Baal*)

BELAAM (Balaam)

Demonio que el 8 de diciembre de 1632 poseyó el cuerpo de la hermosa Juana de los Ángeles, religiosa de Loudun, junto con los diablos Isaacaron y Behemoth. (*Véase* el término *demonios de Loudun*).

BELATÉN

Nombre de Baal entre los caldeos. (*Véase* el término *Baal*).

BELBACH (Belbog) *(Véase* **BELZEBÚ***)*

BELCEBÚ *(Véase* **BELZEBÚ***)*

BEL-DAGÁN

Personificación secundaria de Bel o Belo entre los caldeos. Tenía cabeza humana y cuerpo de pez.

BELETH (Bileth)

Ángel caído que se supone manda ochenta y cinco legiones de demonios. Es uno de los reyes del infierno, cabalga un caballo pálido y se anuncia su presencia por un sonar de trompetas. En *El libro de la magia negra,* A. E. Waite advierte que cuando se le evoca «se presenta muy furioso en su primera manifestación, y debe ser introducido en un triángulo o círculo por el mago, con su vara de avellano apuntando hacia el Sudeste. Debe ser recibido cortésmente y con homenajes, llevando un anillo de plata en el dedo medio de la mano izquierda, que debe mantenerse contra la cara. Procura el amor entre hombres y mujeres, y pertenece al orden de las potencias. Espera ser restaurado en los Siete Tronos». Según Crowley *(Goecia),* el oficiante debe hacer que Beleth entre en el triángulo pintado al efecto ante el círculo protector, de lo contrario mentirá mucho y será desobediente. *(Véase* el término *Monarquía infernal).*

BELFEGOR (Beelfegor, Baalfegor)

Demonio de los descubrimientos y de las invenciones. Para seducir a los hombres toma forma de mujer joven y hermosa. Los moabitas, amonitas y medianitas le adoraban con el nombre de Baalfegor. Se le representaba como un monstruo con la boca siempre abierta, a lo que debe su nombre, pues, según Le Loyer, significa «grieta» o «hendidura», porque le adoraban en cavernas y le arrojaban ofrendas por una rendija. Selden, citado por Banier, pretende que se le ofrecían víctimas humanas, de las cuales sus sacerdotes comían la carne. Algunos rabinos dicen que se le tributaba homenaje sobre el sillico (bacín o vaso para excrementos) y se le ofrecía el asqueroso residuo de la digestión. Éste es el motivo por el que ciertos estudiosos sólo ven en Belfegor al dios pedo o *crépitus.* También se le conoce por Beelfegor. Tenía un lugar de culto en el monte Fegor.

BELI

Uno de los espíritus angélicos guardianes de las puertas del viento del norte.

BELIAL (Berial, Beliar)

Demonio que era adorado por los fenicios y que como espíritu de la sodomía también lo fue en Sodoma y Gomorra, pueblos cercanos al mar Muerto. Se dice que Belial es de apariencia hermosísima, cosa sorprendente en un demonio, ya que tiene el espíritu más abominable y bestial del infierno. Los demonógrafos sostienen que Belial es uno de los reyes del infierno y que fue creado inmediatamente después de Lucifer. Se afirma que fue quien arrastró a la mayor parte de los ángeles a la rebelión y que fue de los primeros en ser expulsados del cielo y del paraíso. Milton, en *El paraíso perdido,* le da un gran protagonismo en su lucha contra los ángeles fieles al Señor. Cuando se le invoca y evoca, se lo hace por medio de ofrendas y sacrificios, a fin de que responda con sinceridad a las preguntas que se le hacen; pero pronto cuenta mentiras si no se le conjura por el nombre de Dios a que diga siempre la verdad. Suele presentarse en la forma de un ángel muy bello, sentado en un carro de fuego (a veces lo hace en forma de un ángel doble); habla con amenidad, procura dignidades y favores, hace vivir a los amigos en buena armonía y procura excelentes espíritus «familiares». También otorga cargos políticos y es embajador del infierno en Turquía. Manda ochenta legiones (o treinta, según algunos estudiosos) y es muy ecanto en ayudar a los que se le someten. Si incurre en falta o traición es fácil castigarle con un conjuro, como hizo Salomón, que le encerró en una botella con todas sus legiones, a pesar de que formaban un ejército de 522.280 diablos. Algunos doctos cuentan que Salomón colocó la botella en que estaba Belial dentro de un profundo pozo que cerró con una enorme piedra, cerca de la ciudad de Babilonia. Posteriormente, unos babilonios bajaron el pozo en busca de tesoros y encontraron el recipiente. Al abrirlo se escaparon todos los diablos, y Belial, que temía que le cogiesen de nuevo, se metió dentro de un ídolo que encontró vacío y empezó a dar oráculos, lo que hizo que le adorasen los babilonios. Belial es citado en varios pasajes de la Biblia. En hebreo, es nombre común que significa «maldad», «extrema maldad», o un concepto similar, como el de «destrucción», «muerte», «abismo», «indigno», «sin freno», «prevaricador», «desobediencia»… La Vulgata le da el significado de «príncipe del mal o de las tinieblas», resultando sinónimo de Satanás. San Pablo dice: «¿Qué pacto puede haber entre Cristo y Belial?» (entre Cristo, personificación de la luz y la justicia, y Belial, encarnación de las tinieblas y la iniquidad). Con los nombres de Belial y Berial, este demonio figura bastante en la literatura apócrifa, en la *Ascensión de Isaías*, los *Oráculos sibilinos* y *El testamento de los doce patriarcas*.

BELICHE

Nombre que se da al diablo en Madagascar. En los sacrificios le echaban el primer pedazo de la víctima, persuadidos de que mientras tuviera comida no perseguiría a los seres humanos.

BELZEBÚ (Beelzebul)

Conocido también por los nombres de Belcebú, Belzebub, Beel-zebub. Beelzebuth, Beelzeboul, Beezeboul, Beelzeboub…, que derivan del hebreo *Baal zebub*, el «dios mosca», el «señor del estiércol», del sacrificio que se ofrecía a los ídolos. Es el príncipe de los demonios, el más malvado después de Satanás. Los demonógrafos le consideran el jefe supremo del imperio infernal. La interpretación más común de Beelzebub es la de «dios de las moscas», sea porque el Sol, que parece haberse tomado como una de las manifestaciones del dios Baal, lleva consigo las moscas, o, más probablemente, porque era invocado para ahuyentar las moscas que acudían a los sacrificios, de la misma manera que los griegos de Olimpia invocaban a Júpiter *Apomyios* (Júpiter sacamoscas). El destino de Belzebú o Belcebú era guardar a sus adoradores de las picaduras de las moscas, mosquitos y otros insectos. Al efecto, los acaronitas llevaban unos amuletos, parecidos a los escarabeos egipcios. Esta deidad daba oráculos y era muy reverenciada por los pueblos de Canaán. En el Antiguo Testamento es citada en el libro de los Reyes con el término *Beelzebub*. El rey Ocozías se hallaba postrado en la cama, efecto de una caída en su comedor, y queriendo curar, mandó consultar a Beelzebub: en castigo, Dios le anunció por medio de Elías que moriría. En el Nuevo Testamento (Mateo, Marco y Lucas) se le cita como *Beelzebul*. Los enemigos de Jesús dijeron de éste que echaba los demonios en nombre de Beelzebub «príncipe de los demonios»; Jesús, adivinando su pensamiento, les demostró la contradicción de su imputación. Casi todos los demonógrafos miran a Belzebú como al soberano del tenebroso imperio, y cada uno lo pinta según sus conocimientos. El uno le hace alto como una torre, el otro de una talla igual al ser humano, algunos lo representan bajo la forma de una serpiente y aun hay otros que le ven bajo las facciones de una hermosa mujer. Palingenes dice que tiene una talla prodigiosa y que está sentado en un trono inmenso. Añade que tiene la frente ceñida de una banda de fuego, henchido el pecho, abotagado el rostro, brillantes los ojos, levantadas las cejas y amenazador el gesto. Tiene las narices sumamente largas, dos grandes cuernos en la cabeza, es negro como el ébano, tiene pegadas a sus espaldas dos grandes alas de murciélago, sus pies son largas patas de ánade, su cola es de león y está cubierto de largos pelos desde la cabeza a los pies. Según el grimorio de las *Clavículas de Salomón*, Belzebú aparece algunas veces bajo formas monstruosas, como las de un enorme becerro, o de un macho cabrío, arrastrando una larga cola, y, sin embargo, se muestra también frecuentemente bajo la figura de una mosca sumamente grande. Cuando está encolerizado vomita llamas, aúlla como un lobo y algunas veces le acompaña Astaroth, bajo la figura de un asno. Algunos doctos han querido identificar a Belzebú con Beelbog o Belbach (dios blanco) de los eslabones, porque su imagen ensangrentada estaba siempre cubierta de moscas, como la de Belzebú en los templos asirios y cananeos. Esto no debe sorprender, pues era un hecho común a todos los ídolos que recibían sacrificios cruentos; la sangre, al secarse y corromperse, causaba cierto hedor, que los insectos percibían desde grandes distancias, por lo que acudían en masa en busca de alimento.

BELLI

Deidad de forma monstruosa que era adorada por los habitantes de Guinea. Acudían a su ídolo antes de lanzarse a la guerra o firmar la paz. El bellimo era su gran sacerdote y el único capaz de interpretar sus decisiones. En ocasiones se le ofrecían víctimas humanas, que eran abrazadas ante su imagen, mientras la tribu danzaba entorno suyo entonando cantos fúnebres y expiatorios.

BENATIR

Espíritu angélico que se invoca en magia talismánica para elaborar anillos que otorgan el don de la invisibilidad y videncia para penetrar en todos los lugares y atravesar las paredes más gruesas, según explica Waite al hablar del talismán VIII de la Saga de las Pirámides en *El libro de la magia negra*.

BENSHIÉ

Hada doméstica muy popular en Escocia, la cual anunciaba, a los miembros de la familia que protegía, cuándo se acercaba un peligro o desgracia. Su advertencia consistía en un grito de dolor, que resonaba de una manera más melancólica si se trataba de una pérdida irreparable, como cuando había de fallecer algún miembro de la familia. El hada Benshie pertenecía a la clase de «hadas independientes, que formaban un reino separado de las demás hadas, con sus propias instituciones, costumbres y jerarquías. También se la conoce como *Banshee*.

BERGELMER

Conocido también como Bergelmir. Gigante que, según la mitología escandinava, se salvó del diluvio causado por la sangre de Imir, padre de su raza, asesinado por los tres hijos de Borr, Odín, Vili y Vé. Fue tan copiosa la sangre que manó de las heridas de Imir, que colmó el entreabierto abismo, y todos los gigantes se ahogaron en él, excepto Bergelmer, que se salvó con su mujer entrando en una barrica de harina a modo de embarcación. De esta pareja nació una nueva raza de gigantes.

BERGMAENNLEIN

Clase de espíritu familiar o de enano que se suponía estaba al servicio de los hechiceros o bergers de Oberland, en el cantón suizo de Berna.

Eran análogos a los *Teus (véase* este término) de los bretones.

BERGMANNCHEN

Enanos fabulosos de las tradiciones germanas que tienen mucho renombre por su habilidad en descubrir minas y trabajar los metales.

BERGWEIBLEIN

Nombre que dan en Alemania a una clase de enanos que habitan las montañas.

BERITH (Bobasses)

Duendes familiares de los noruegos, que cuidan de los caballos, les dan comida, los limpian y peinan su cola y crines. Tambén son llamados *guillets*.

BERITO
(Berith, Berich, Beal, Bolfri...)

Es un grande y poderoso duque de los infiernos, conocido, además, como Bofri, Beale, Berithi, Beall..., lo que debe tener en cuenta todo estudioso de antecedentes históricos. Cuando se le evoca se muestra bajo la forma de un apuesto soldado vestido de encarnado de los pies a la cabeza, montando un caballo

15. Berito

del mismo color, muy engalanado, y llevando Berith una corona de oro en la testa. Responde a las preguntas que se le hacen sobre el pasado, el presente y el futuro. Se le puede mandar y dominar por medio de los anillos mágicos. Berito o Berith tiene el poder de cambiar todos los metales en oro, por lo que era uno de los demonios invocados por los alquimistas. Concede dignidades, cargos, hace clara y sonora la voz de los cantantes y tiene a sus órdenes veintiséis legiones de diablos. Era adorado por los sichemites o sichenitas, que le habían erigido un gran ídolo. (*Véase* el término *Monarquía infernal*).

BES

Divinidad egipcia de la época helenística; suele aparecer acompañada de serpientes, cocodrilos, escorpiones y malos espíritus. Adopta la forma de enano de piernas retorcidas, vientre prominente y ojos saltones. Representa el poder destructor de la naturaleza.

BESTIA DE LIORAN, LA
(*Véase* **PERKANE**)

BETEL

Espíritu que conoce los arcanos de las ciencias que Dios le reveló a Adán. Puede enseñar las virtudes de todas las criaturas y de las cosas creadas. Se le debe invocar en un bosque o en un

16. Sello secreto del espíritu Betel

jardín apartado, ya sea de día o de noche, ante su sello secreto, y el oficiante debe estar completamente solo.

BETHNAEL

Según Barrett, es un ángel que gobierna la vigesimoprimera mansión de la Luna, de las veintiocho que existen. Se le invoca para que uno se vuelva más bondadoso y generoso y viva en armonía con su entorno.

BETHOR

Espíritu celeste o genio angélico del jueves que tiene el poder de cambiar las cosas de un lugar a otro y el de trasportar a una persona en un instante a los lugares más lejanos, es decir, que proporciona la clarividencia viajera y la capacidad de hacer viajes astrales. Es el genio que también confiere protección en los viajes largos y contactos con el extranjero. Facilita los cambios de trabajo y de domicilio, enseña a comprender y estimar a los animales y ciencias y contribuye a la evolución interior. Su morada se halla en el planeta Júpiter y tiene a sus órdenes al ángel Takiel. Se le cita mucho en el grimorio *Clavículas de Salomón*. Bethor también es citado por Cornelius Agrippa y por Budge. Es uno de los 7 ángeles supremos que rigen las 196 provincias en que se divide el cielo. Bethor gobierna 42 regiones del Olimpo y manda a reyes, príncipes, duques, etc. Están bajo su gobierno todas las cosas conectadas con el planeta Júpiter.

BETULIEL

Uno de los espíritus que gobiernan el Zodíaco, según Cornelius Agrippa (*Filosofía oculta*).

BEYREVRA (*Véase* **BEIREBRA**)

BEZALIEL

Uno de los espíritus angélicos guardianes de las puertas del viento del norte.

BHAIRAVA (*Véase* **BEIREBRA**)

BIFRONS
(Bifronte, Biföus, Bifrovs)

Conde del infierno que toma la forma de un monstruo de dos cabezas, mirando cada una a un lado opuesto (de ahí el origen de su nombre). Cuando aparece en forma humana, enseña los secretos de la astrología, la geometría y otras artes y ciencias. Revela las virtudes de las hierbas, de las plantas y de las maderas. Cambia de lugar los cadáveres y enciende luces fantasmales en los sepulcros. Tiene a sus órdenes veintiséis legiones de diablos. Consúltense los libros *Goecia* de Aleister Crowley y *El libro de la magia negra* de Arthur Edward Waite. (*Véase* el término *Monarquía infernal*).

BIGORNIA

Animal fabuloso dotado de cuernos que se utilizaba para asustar a los chiquillos desobedientes en tierras de Normandía.

BILET

Ángel del aire que rige el lunes. Es uno de los tres ministros de Arcán (Archan), el rey. Está atado al viento del oeste (occidente), que es el de la Luna. Si se le invoca convenientemente proporciona plata y descubre el pasado y el futuro de cualquier persona, según Barrett y Papus. Bilet se confunde en muchos textos con los demonios *Beleth* y *Bileto*, debido a la similitud de grafía y sonido (*véanse* estos términos).

BILETO

Demonio fuerte y terrible, uno de los reyes del infierno según la *Pseudomonarchia daemonum* de Wierus. Muéstrase montado en un caballo blanco precedido de trompetas y músicas de toda clase. Manda ochenta legiones de demonios. Se le puede exorcizar, pero con mucha prudencia, pues es un ente maligno muy furioso.

BILO

Nombre que dan los malgaches al demonio, a un espíritu maligno que posee a las personas y les produce males y enfermedades de todo tipo. Se emplean largas ceremonias colectivas de exorcismo para sacar a Bilo del cuerpo del enfermo.

BILWIS

Demonio o ente maligno de las tradiciones germánicas de Baviera, Franconia, Sajonia, Silesia, etc. J. Grimm considera que su nombre deriva del anglosajón *bilvit,* cosa poco probable, toda vez que entonces tendría un carácter de espíritu benéfico, lo que no es. Cuentan las leyendas y tradiciones que Bilwis se aparece a medianoche en fechas señaladas, como en las de San Juan (23 de junio) y de Walpurgis (30 de abril). Se presenta desnudo, montando un macho cabrío negro como el carbón. Cabalga por los campos de mieses, devastando la cosecha o llevándose las espigas a sus propios graneros, cortándolas con una hoz que blande con un pie. Los campesinos, cuando llegaban las fechas temibles, dejaban ofrendas de granos y frutos a Bilwis para que éste los tomara y pasará de largo, sin asolar sus campos. También se le identifica con los nombres de Bilvvischneider Pilwizschnitter, Bilmesschitter, Pilmenchnitter y Binsenschnitter.

BINAEL

Arcángel del orden de los tronos. Los cabalistas creen que era el vigilante de Noé. Es el ángel que domina todas las creaciones materiales, el peso, la medida y las proporciones de cada cosa. Es la potencia del pensamiento concreto. Tiene dominio sobre el planeta Saturno. A sus órdenes directas están Laviah, Caliel, Lauviah, Pahaliah, Nelcael, Iiiel, Melahel y Chahuiah.

BIRTO

Birto es un espíritu –al parecer maligno– que está citado en diversos manuscritos conservados en el Museo Británico de Londres. Se le invocaba –o evocaba– con el consiguiente círculo protector y con un dragón verde pintado. Se cuenta que se aparecía en forma de hombre, en cierta manera agradable y gentil, nunca con aspecto horrible o que produjera espanto. Tampoco era dañoso. Lo había invocado Roger Bacon y hasta el rey Eduardo IV por medio de su mago. (Véase *The mysteries and secrets of Magic,* cap. XXVII, de Charles J. S. Thompson).

BISCLAVARET

Uno de los nombres que los bretones dan al hombre lobo o *loup-garou*

(*véase* este término). El nombre deriva de *bleiz-garv* («lobo malvado»).

BISCORNET

Demonio al que se atribuía la construcción de los antiguos herrajes de la catedral de Notre-Dame de París. Su nombre significa «bicornio», «dos cuernos». (*Véase* el término *herrajes del diablo*).

BITRU

Demonio que se conoce también como *Sitri* o *Sytry*. Es un gran príncipe de los infiernos, al que se representa en forma de leopardo con alas de grifo. Dicen los demonólogos que también se presenta con forma humana y con rostro de peregrina belleza. Su misión consiste en inspirar el amor sexual a los mortales. Incita a las mujeres a mostrarse desnudas y a que desprecien el pudor. Tiene a sus órdenes sesenta legiones de demonios. (*Véase* el término *Sitri*).

BLAEF

Uno de los ángeles del aire que rigen el viernes. Los otros son Aba, Amahiel y Abalidot, todos ellos a las órdenes de Sarabotas, el rey. Está sujeto al viento del oeste e influye en la sexualidad humana. (*Véase* el término *Abalidot*).

BOCA DEL DIABLO
(Boca del infierno)

Se da ese nombre a una parte muy peligrosa, con remolinos mortales y corrientes extrañas, en el río Atabasca, en el norte del Canadá. Se le llamó Devil's Mouth (Boca del diablo, Boca del infierno) debido a las muchas tragedias generadas en aquellas aguas.

BOEL (Booel, Bohel)

Ángel cuyo nombre figura inscrito en el segundo pantáculo del planeta Mercurio. Con esta especie de talismán se espera conseguir cosas extraordinarias y casi milagrosas, según *The Key of Solomon the King*. Barrett, por su parte, lo relaciona con el planeta Saturno. El Zohar lo encuadra en el orden de los tronos y lo hace residente en el primer cielo.

BOGGART

Duende típico de Escocia que actúa como un brownie degenerado y malévolo. Viene a ser como un *poltergeist* que atormenta a los habitantes de las granjas o caserones con golpes, ruidos, rotura de objetos frágiles, caída de enseres, etc. A veces son necesarios fuertes exorcismos para erradicarlo de un lugar.

BOGIES (Bogles)

Con estos nombres y los de bogeys, bugs, bug-a-boos…, se conocen en Inglaterra una amplia gama de espíritus diminutos, algo parecidos a los duendes y trasgos (hay quien opina que más bien son enanos). Los bogies son peligrosos, dañinos, maliciosos y aterradores. Se deleitan asustando y atormentando al ser humano. En Somerset, por ejemplo, dan el apelativo de «bogie» al demonio, lo que da idea de lo malignos que consideran a esos seres invisibles. Los bogies se mueven en la penumbra, en la oscuridad, en las tinieblas, por lo que prefieren cobijarse en lugares subterráneos, sótanos, graneros, grandes armarios, desvanes, trasteros, altillos, minas abandonadas, cuevas de difícil acceso, árboles huecos, almacenes de trapería, grandes archivos ministeriales y estatales, etc. En las casas, en cierta manera, actúan como los trasgos. Pero se mueven de manera muy silenciosa. Sólo de cuando en cuando, en las mansiones o casas de campo, se dejan oír crujidos, ruidos, golpes o pasos que delatan la presencia de alguien. El bogie siempre busca los lugares poco visitados, con muchos trastos viejos, muebles estropeados o arrinconados. Si uno no desea que los bogies se asienten en su hogar y que hagan trastadas, ha de procurar tenerlo limpio y bien iluminado y desprenderse de cachivaches y objetos rotos e inservibles. En los desvanes, altillos y sótanos no hay que acumular bártulos, cacharros, jugue-

17. Bogie

tes abandonados, herramientas, máquinas estropeadas, etc. En Escocia, hay quien está convencido de que los bogles son enanos.

BOIETS

Nombre que se da a unos diablillos o duendes muy diminutos en algunas localidades de la isla de Mallorca. Entran en las casas por la noche y producen mil y una travesuras: rompen platos, sueltan la cadena de la cisterna, pinchan a los perros, despluman a las gallinas; esconden el salero, alteran la hora de los relojes, se comen las viandas… Pero en ocasiones ayudan a los moradores de la casa en sus faenas. En general, son menos domésticos que los duendes de la península ibérica, especialmente que sus congéneres de Cataluña, los *follets (véase* este término).

BOLFRI *(Véase* BERITO)

BONASSES *(Véase* BERITO)

BONETE ROJO *(Véase* REDCAP)

BOTIS

Es uno de los grandes presidentes y conde de los infiernos. Según cuenta Waite en *El libro de la magia negra,* se presenta –cuando se le evoca– en forma de una horrible serpiente, «pero que adquiere la forma humana a la orden del mago u oficiante, aunque con largos dientes y cuernos. Porta una hermosa espada en la mano; discierne el pasado, el presente y el futuro, y reconcilia amigos y enemigos». Le obedecen sesenta legiones de diablos. (*Véase* el término *Monarquía infernal*).

BOUDIKS (Budiks)

Uno de los nombres que se aplica a las hadas y otros seres maravillosos en la baja Bretaña, los cuales solían ser vistos cerca de los dólmenes y ruinas antiguas.

BRIAREO

Uno de los tres *Hecatonguiros (véase* este término) de la mitología griega, gigantes de cincuenta cabezas y cien brazos. El nombre de Briareo significa «el fuerte», «el temible», pues según Virgilio, llevaba sus cien manos armadas de espadas y escudos; forma parte del grupo de las personificaciones de las fuerzas de la naturaleza, al que pertenecen los *titanes* y los *cíclopes (véanse* estos términos). Según la leyenda homérica, Neptuno, Juno y Minerva se habían propuesto encadenar a Zeus (Júpiter), pero Tetis, para defenderlo, llamó en su ayuda a Briareo, quien subió al Olimpo y se sentó junto al padre de los dioses; era tan amenazador su aspecto, que los dioses conjurados desistieron de su propósito. Entonces Júpiter en agradecimiento tomó a su servicio a Briareo y a sus dos hermanos. Según Hesíodo, teniendo Urano el poder de los tres gigantes tan monstruosos los encerró en el centro de la tierra, de donde los sacó Saturno y Júpiter los empleó en su lucha contra los titanes y los destinó después a la guarda del Tártaro, donde precipitó a sus enemigos.

BRIFOT

Demonio que entró en el cuerpo de Dionisio de la Caille, a quien se le obligó a firmar con su garra el proceso verbal de los exorcismos. Es jefe de legión.

BROWNIE

Duende doméstico de Escocia. El rey Jacobo lo tenía como un agente de Satán, pero Kirck lo hacía un buen genio. Se hizo muy popular en el país, y se convirtió en un duende familiar que habitaba bajo el umbral de las puertas. Cuando se le trataba con buenas palabras y se le ofrecían golosinas ayudaba en los quehaceres domésticos (limpiaba los muebles, ponía en orden la cocina, quitaba las moscas de los vasos de leche, barría la casa…), profetizaba lo por venir y confería el don de la segunda vista. Cuando se le trataba mal o no se le tenía en cuenta, hacía toda clase de jugarretas y picardías contra los habitantes de la casa. En las islas Arkney se le ofrecían libaciones de leche en la cavidad de una roca llamada *piedra del Brownie,* y era creencia general

18. Brownie

que con esta ceremonia el duende se volvía muy favorable y bienhechor.

BRUCOLACOS

Nombre que los griegos daban a los vampiros o espectros de los excomulgados. Los griegos y turcos creían que los cadáveres de los brucolacos comían durante la noche, se paseaban y llamaban a los mortales. Si una persona contestaba, el espectro desaparecía, pero aquélla moría al cabo de algunos días; lo mismo se cuenta de los vampiros de Bohemia y Moravia. Cuentan también que si se desentierra a estos vampiros se los encuentra con un tinte colorado, y con las venas tirantes por la cantidad de sangre que han chupado; que cuando se les abre el cuerpo salen surtidores de sangre tan fresca como la de un joven de temperamento sanguíneo. Para librarse de la funesta influencia de los brucolacos, los griegos desenterraban el cuerpo del espectro y lo quemaban después de haber recitado sobre él algunas oraciones; entonces su cuerpo, reducido a ceniza, no volvía a aparecerse. Esta tradición se mantiene en algunos países de África. (*Véase* el término *vampiro*).

BRUFOR

Según *El grimorio de Armadel,* es el demonio que enseña las características, las cualidades y la naturaleza de los espíritus de su raza, así como la diferencia que existe entre los nombres y los títulos que reciben los demonios. Puede mostrar la forma en que ellos se mantienen invisibles y, al mismo tiempo, cómo obligarlos a hacerse visibles. Todos ellos son peligrosos. Si alguno tiene la valentía de invocarlo, debe hacerlo siempre ante su sello secreto.

BRULEFER

Demonio que se invoca para inspirar amor a las mujeres; sirve fielmente al que lo tiene bajo su dominio mágico.

BUALU

Uno de los ocho ángeles de la omnipotencia que se invocan en determinados ritos mágicos.

BUBOTA (Bubotes)

Nombre que se da a los fantasmas femeninos (aunque en algunas ocasiones pueden ser masculinos o se disfrazan de hombres). Se visten con la clásica sábana blanca y son nativas de las islas Baleares, principalmente de Andratx (Mallorca). Según Baltasar Porcel *(Crónica de atolondrados navegantes)*, en Andratx habían cinco tipos de bubotes: la de cementerio, la de las afueras, la de calle, la doméstica y la de contrabando. Las bubotes que moran en los cementerios son las más populares y antiguas. Se dejan ver poco. Más bien se asoman por el muro, siseando o silbando al que se atreve a pasar por las cercanías del camposanto a horas nocturnas. Las bubotes de las afueras suelen ser altas y más bien delgadas. Aparecen en altozanos y hacen gestos o llaman al viandante, tocadas con sus níveas mortajas. Las de calle no abundan tanto y se las ve después de medianoche en calles muy oscuras. Las domésticas pueblan las casas antiguas. Suelen hacer ruidos y soltar gritos o alaridos. Se esconden en sótanos, desvanes o rincones.

En ocasiones imitan la voz de un familiar fallecido. A veces se dejan ver con las vestiduras del difunto o difunta. La bubota de contrabando era la que se veía en determinados lugares de la costa o de la montaña, cuando los contrabandistas estaban haciendo de las suyas: desembarcaban o trasportaban un alijo. Iban delante, a mucha distancia de los portadores de bultos, asustando a los posibles caminantes. Se comprende en seguida que esta bubota era de mentirijillas, pues era uno de los compinches al que le tocaba tirarse encima una sábana blanca y marchar delante, distanciado de los porteadores. Sin embargo, hay tradiciones que cuentan que más de una partida de contrabandistas soltó los bultos y tomó las de Villadiego, al aparecer una bubota de verdad.

BUCASAS (Bucafas, Buchafas)

Aunque parezcan variantes del mismo espíritu, en realidad son tres espíritus que se invocan siempre juntos para obtener revelaciones, inspiraciones y visiones del futuro o de algunos acontecimientos determinados.

BUCENTAURO

Centauro que tenía el cuerpo de buey o de toro. En algunos monumentos de la antigüedad aparece Hércules, sin armas, luchando a brazo partido con el Bucentauro.

BUCON

Diablo malvado, citado en el grimorio de las *Clavículas de Salomón*. Se le invoca para sembrar la envidia y el odio entre las personas.

BUER

Otro gran presidente de los infiernos. Cuando se le evoca, suele aparecer cuando el Sol se halla en el signo de Sagitario. Enseña filosofía (moral y natural), lógica y los secretos y virtudes de las hierbas y de las plantas. Cura enfermedades y otorga buenos «familiares» al que lo desea. Le obedecen cincuenta legiones de espíritus, según Crowley *(Goecia)*. Suele presentarse con cabeza de león y cinco patas de macho cabrío, en círculo alrededor del cuerpo, de modo que puede ponerse a caminar en cualquier dirección que desee. *(Véase* el término *Monarquía infernal).*

19. Buer

BUFFETISON

Uno de los cuatro demonios que poseyeron el cuerpo de Françoise Filatreau en el convento de Loudun; Buffetison estaba bajo el ombligo de la citada. *(Véase* el término *demonios de Loudun).*

BUNO (Bune, Buné, Bimé, Bim)

Demonio poderoso y fuerte, gran duque de los infiernos. Se presenta en forma de un dragón con tres cabezas: una de perro, otra de grifo y una tercera de hombre. Habla en voz alta y agradable y le obedecen treinta legiones de diablos. Otorga riquezas y confiere sabiduría y elocuencia. Responde a las preguntas que se le hacen con veracidad. Cambia el lugar de la muerte, habita gran parte del año en los cementerios y reúne a los demonios sobre los sepulcros. Los diablos sometidos a Buno y llamados bunios, son muy temidos por los tártaros. No obstante, los brujos del país los amansan con ritos y los utilizan para adivinar el porvenir. *(Véase* el término *Monarquía infernal).*

BUNYIPS (Wowee Ivowee)

Monstruos acuáticos de las tradiciones australianas. También los llaman Kine Pratie, Dongus, Tunatabah, Wowee Wowee… Hay diferentes especies de tamaño diferente. Son mucho mayores que el ser humano, tienen largos cuellos y picos pronunciados. Son depredadores y disponen de enormes garras. Atacan a cualquier ser vivo y habitan en los ríos, lagos y lugares donde hay agua. Existen muchas leyendas sobre las tragedias que han provocado los bunyips. Se les achaca la desaparición de seres humanos, a los que devoran.

BURAK (Buraq)

Animal sagrado de montura citado en la azora XVII del Corán, llamada «El Viaje nocturno» (AI-Asra), que relata el viaje de Mahoma a La Meca, a Jerusalén y desde allí al séptimo cielo para ver a Alá. Los comentaristas dijeron al principio que Mahoma había realizado el viaje guiado por un ángel, pero luego estimaron que lo había hecho montado en un burak, un cuadrúpedo mayor que el asno y menor que la mula, con rostro de mujer, orejas de asno, cuerpo de caballo y alas y cola de pavo real, si bien las pinturas antiguas difieren algo de esa descripción.

BURCHAT

Uno de los ángeles que rigen el domingo. Reside en el Cuarto cielo y se le invoca o llama desde el Oeste, según Barrett y Papus. Es uno de los mensajeros del Sol.

BUSAS

Sobrenombre del príncipe infernal *Pruflas (véase* este término).

BUSASEJAL

Uno de los doscientos ángeles caídos, según la relación del *Libro de Enoch* I.

BUGOSU (Busgoso, Busgosus)

Ente o genio de menor estatura que la humana y que se ha de clasificar entre los caprínidos, entre un fauno, un sátiro o un silvano y un diablo. Es típico de los bosques y montañas de Asturias (España). De cintura para abajo tiene la forma de cabra, con dos patas con pezuñas. Dispone de dos brazos y manos y en la cabeza presenta un par de cuernos y larga melena. Su cuerpo está cubierto de vello y pelo que le sirve de abrigo, pues anda desnudo, confundiéndose su color parduzco con la vegetación del bosque. Sus ojos son rojos, como el rubí. Lleva un cayado o larga rama que utiliza, a veces, para tocar a distancia a leñadores y cazadores y asustarlos para que abandonen el bosque, de este modo protegen los árboles, arbustos y animales. Es un ser solitario y melancólico, pero se le atribuye el que persiga a las mujeres que se atreven a caminar solas por el bosque. En este aspecto, es como un sátiro o un fauno lascivo. Su nombre deriva de *buscus* o *boscus,* con el sufijo «osus», es decir, propio de «buscosus», propio del bosque.

BUTATOR (Butatar)

Genio o espíritu de los cálculos y números. Le invocaban sabios y matemáticos para que inspirara en sus trabajos e investigaciones.

C

CAACRINOLAAS (Caacrinolas)

Demonio llamado también Bassimolar Glasya, gran presidente de los infiernos. Se presenta bajo la forma de un perro con dos alas de grifo. Enseña las artes liberales e incita a los homicidios. Le obedecen treinta y seis legiones de diablos. Hace invisible a quienes le dominan y predice el futuro. Más conocido como *Glasya-Labolas* (*véase* este término).

CABALLEROS DEL INFIERNO

Demonios más poderosos que los que no tienen ningún título, pero menos que los condes, marqueses y duques infernales. Se los puede invocar desde el despuntar de la aurora hasta que sale el sol, y desde que éste se pone hasta medianoche.

CABANDHA

Nombre que los hindúes dan a un monstruo del tamaño de una montaña, que carecía de piernas y cabeza, pero tenía cien tentáculos de una legua de longitud. Para vencerlo, Rama y Lakman le cortaron los brazos o tentáculos.

CABRABOC (Cabra-macho cabrío)

Ser fantástico típico de Cataluña (España), mitad hombre y mitad cabra o mitad *boc* (macho cabrío), que habitaba en las zonas boscosas y montañosas. Perseguía furiosamente al que pisaba su territorio; a los hombres los perseguía como una cabra, y a las mujeres, como un *boc*. Era tan fiero, que perseguía al intruso del bosque hasta que lo hacía

20. Cabraboc

caer por un risco o pendiente. En los siglos xvii y xviii había muchos cabrabocs en los bosques y montes de Cataluña, por lo que era muy aventurado adentrarse solo y a horas nocturnas, en particular las mujeres, pues al cabraboc también se le atribuían actos lascivos.

CACO

Según los antiguos griegos y romanos, era un gigante monstruoso que vomitaba fuego por la boca y tenía su caverna al pie del monte Aventino. Tenía medio cuerpo de hombre (cabeza y torso) y medio de cabrón. Era hijo de Vulcano y devoraba a cuantas personas pasaban por delante de su gruta; colocaba las cabezas de sus víctimas sobre el dintel de la entrada. Cuenta la leyenda que cuando Hércules llegó a las orillas del Tíber conduciendo los ganados robados a Gerión en las praderas de Eritia, Caco se aprovechó de su sueño para robarle varias terneras, que condujo a su guarida haciéndolas andar hacia atrás para que no se descubriera por las huellas su paradero, pero a la mañana siguiente los toros de la vacada comenzaron a mugir y al responder las terneras sirvieron a Hércules de guía para el rescate. Hércules corrió furioso a la caverna de Caco y después de apartar un peñasco y unas cadenas forjadas por Vulcano, que cerraban la entrada, penetró en el antro del monstruo y en lucha con éste consiguió estrangularlo, a pesar de las llamas que Caco vomitaba. Hoy se utiliza el nombre de «caco» para designar al ladrón con roba con destreza.

CACODEMO (Cacodemonio)

Genio del mal entre los antiguos griegos y romanos. Era el espíritu demoníaco que reinaba en las tinieblas y que aparecía de noche produciendo el espanto y el terror. Su nombre, *Kakodaimon,* deriva de los vocablos *Kakós,* «malo», y *daimon,* «genio», «demonio». Por oposición al genio benéfico, cada persona tiene su cacodemo, el cual le inspira los malos pensamientos y las perversas pasiones. El cacodemo o cacodemonio es uno de los espíritus que provocan las pesadillas durante el sueño. Según el grabado contenido en la obra de Gasparis Schotti, se le representa con alas, cuernos, pechos femeninos y patas y manos de ave.

CAFAEL (*Véase* CAPHAEL)

CAFMOOT

Demonio ayudante de Satanás que se invoca en algunos rituales mágicos y brujescos.

CAGNAZZO (Perrazo)

Demonio que Dante coloca en su infierno para atormentar a los malvados (*La divina comedia,* canto xxi). El nombre parece significar «perro malo».

CAHETEL (Cahethel)

Otro más de los setenta y dos ángeles cabalísticos que llevan el nombre místico de Dios: Shemhamphora. Pertenece al orden de los serafines. Tiene dominio sobre la Luna y el signo zodiacal de Tauro. Se le invoca o lleva su sello o talismán para que ayude a expulsar a los malos espíritus y exista armonía en el hogar y la familia. También influye en la agricultura y sus productos.

CAHOR

El genio de las decepciones y desengaños.

CAIM (CAYM, CAMIO, CAÏM)

Es un demonio de clase superior, gran presidente de los infiernos. Generalmente se muestra bajo la figura de un mirlo o de un pájaro negro coronado. Cuando adopta la forma de un hombre, responde a las preguntas del mago u oficiante, en medio de cenizas o carbones ardientes y llevando en la mano una afilada espada. Caym o Caim concede el don de entender el canto de todos los pájaros, el mugido de los bueyes, el ladrido de los perros y el murmullo de las aguas. También revela los secretos del porvenir. Manda treinta legiones de diablos y era del orden de los ángeles antes de su caída, según Crowley *(Goecia)*. *(Véase* el término *Monarquía infernal).*

21. Caim

CALCABRINA

Otro de los demonios que Dante *(La divina comedia,* canto XXI) pone en

el infierno para torturar a los condenados. El nombre parece significar «que pisa el rocío».

CALEGUJERS (Caleguejes)

Nombre que los hindúes dan a unos gigantes o genios malhechores. También se los conoce por el nombre de Caleguejes. Pertenecen a la cuarta tribu de los gigantes y son los más poderosos y terribles; habitan en la Patala o región infernal la mayor parte del año

CALIBÁN

Ser fantástico inmortalizado por Shakespeare en su drama *La tempestad.* Representa el espíritu del mal, monstruoso y colérico; de forma humana, pero con expresión satánica. En cierta manera, viene a ser un diablo violento, opuesto a Ariel y siempre en abierta rebelión contra el hechicero Próspero, su amo. Este ser deforme, lleno de manchas, es hijo de la hechicera y bruja Sycorax. Calibán intenta violar a Miranda, la hija de Próspero, quien le convierte en su esclavo y le somete a varios castigos. Se supone que Calibán nació en un islote desierto cercano a Argel, en donde fue abandonada su madre cuando se hallaba encinta, como castigo a sus numerosas fechorías y terribles embrujamientos.

CALIEL (Calliel)

Ángel del orden de los tronos que sirve en el segundo cielo. Se le invoca para que proporcione pronta ayuda contra la adversidad. Es otro de los setenta y dos ángeles cabalísticos que llevan el nombre místico de Dios: Shemhamphora. Tiene dominio sobre el planeta Saturno y el signo zodiacal de Géminis.

CAMADAI (*Véase* ASMODEO)

CAMAEL (Khamael, Camiel, Kemuel...)

El nombre significa «el que ve a Dios». Jefe del orden de las potestades y uno de los sefirotas sagrados. Personifica la justicia divina. Es uno de los siete ángeles que están ante Dios. Según Francis Barrett (*El mago,* Londres, 1801), Camael tiene dominio sobre el planeta Marte, el día martes y también influye en el signo de Aries. Camael o Khamael comunica fuerza, coraje, valor, decisión, combatividad... Y si se le invoca protege de los peligros de las guerras, conflictos armados, incendios, explosiones, fuego...

CAMBIONES

Se da este nombre a los que se consideran hijos de los demonios, nacidos de la unión de *íncubos* y *súcubos* (*véanse* esos dos términos). Estos diablos son mucho más pesados que los otros; lo devoran todo sin engordar nunca y gustan mucho de la leche. Lutero dice en sus coloquios que los cambiones no viven más que siete años, y que vio uno que gritaba si se le tocaba y reía cuando sucedía alguna desgracia en la casa.

CAMERON

1. Ángel de la duodécima hora del día. Está a las órdenes de Beratiel; ‖ 2. Demonio al que suele invocarse o evocarse en determinados rituales satánicos junto con Belzebú y Astaroth.

CAMINO DEL DIABLO (Sendero Del Diablo)

El Camino del diablo (Devil's Road) es una senda muy difícil, tortuosa, peligrosa y sin agua, en cuyo recorrido murieron muchos colonizadores y buscadores de oro en tiempos del oeste americano. Se halla en el estado de Arizona (Estados Unidos).

CAMIO (*Véase* CAIM)

CAMOS (Caim, Camio)

Demonio de la lisonja, miembro del consejo infernal. Fue adorado en Canaán por mohanitas y amonitas con el nombre de Kemoch. Le rindieron culto igualmente los fenicios y quizá los babilonios y los primitivos árabes. Según parece, era una deidad del Sol y del fuego. En las monedas de Ar, capital de Moab, se le representa con espada, lanza y casco sobre los hachones. Salomón introdujo el culto a Camos en Israel, y cerca de Jerusalén se le erigió un templo, que fue destruido en tiempos de Josías. (*Véase* el término *Caim).*

CAMUEL

Ángel que rige el viento euro o sudeste. Se le invoca para que proteja a los viajeros, caminantes y peregrinos.

CANATE

Montaña que se consideraba ubicada en España y que es citada por crónicas antiguas. En su base se encontraba una profunda y oscura caverna poblada por genios, espíritus malignos y extrañas alimañas, con los que se habían de enfrentarse los nobles caballeros para obtener un tesoro o conseguir un poderoso encantamiento para sus propósitos.

CANEFALLES

Según el *Libro de las maravillas del mundo,* de Juan de Mandavila, cuyo manuscrito parece datar del año 1400, había en la India una región en la que existían hombres y mujeres que tenían la cara de perro; se llamaban canefalles y eran de buen entendimiento y singular talento.

22. Canefalles

CAPABILI

Uno más de los ángeles residentes en el cuarto cielo que rigen el domingo. Se le llama o invoca desde el Oeste (Occidente), según Barrett y Papus.

CAPHAEL (Cafael)

Espíritu angélico que guió a san Juan por el desierto, según *El grimorio de Armadel.* Debe ser invocado o llamado en viernes por la mañana por aquellos que deseen perfeccionarse en cualquier arte o ciencia o humanísticamente, así como por los que quieren aprender a meditar.

CAPHRIEL (Cafriel)

Ángel fuerte y poderoso, regente principal del sábado. Se le invoca en el conjuro de ese día. También tiene influjo especial·sobre el planeta Saturno, según Barrett *(El mago).*

CAPRICORNUS

Raza de hombres con piernas y cuernos de macho cabrío. El nombre viene del latín *capra,* «cabra», y *cornu,* «cuerno». Estos seres recuerdan, en cierta manera, a Pan y a los sátiros. Hablan de los capricornus, Solino *(Polyhistoria),* del siglo III, Mandavila *(Libro de las maravillas del mundo)* y Schedel *(Las crónicas de Núremberg).*

23. Capricornus

CARABIA (Caraba)

Según la demonología, rey de una parte del infierno y marqués o conde de otra provincia considerable, en la que disfruta de gran poder. Confiere a los que le invocan el conocimiento de las hierbas y de las piedras preciosas, así como el arte de domesticar a los pájaros y de hacer que le obedezcan a uno. Se presenta bajo la forma de una estrella o de una gaviota. Manda treinta legiones de diablos. Se le tiene por el demonio de las tentaciones carnales. Se denomina, asimismo, *Decarabia (véase* este término).

CARABIEL

Príncipe angélico que reside en la mansión del viento norte-noreste (circius, cierzo). Le obedecen cuarenta espíritus principales: veinte diurnos y veinte nocturnos, según el abate Trithemio. Su misión es proteger y ayudar a los niños en su crecimiento.

CARABOSSE (Jorobeta)

Tipo de hada francesa de mal aspecto, que hasta J. K. Huysmans cita en su novela *La-Bas (Allá lejos, Allá abajo),* publicada en el siglo XIX. Debido a su giba o joroba, la traducción al castellano tendría que ser Jorobeta.

CARADRIO

Ave fabulosa, citada en la Biblia, a la que se atribuía el poder de curar la ictericia sólo con su mirada. Para esto era necesario que el enfermo y el pájaro se mirasen fijamente. Si, por el contrario, al mirar el enfermo al Caradrio éste no le miraba, era un indicio mortal.

CARBÓN DE IMPUREZA

Demonio de la orden de los ángeles, uno de los que poseyeron del cuerpo de Isabel Blanchard, en el célebre caso de Loudun. También se le conoce como Tizne de impureza. *(Véase* el término *demonios de Loudun).*

CARIBDIS

Monstruo marino mitológico que, en realidad, es un abismo terrible que existe en aguas de Sicilia y que era tenido por maldito por los navegantes de la antigüedad. Las olas penetran en él y son expelidas con horribles bramidos que parecen los aullidos de almas en pena. Pocos escapaban a ese torbellino furioso de Caribdis, que se halla frente a otro monstruo, Scila (Escila), un escollo muy peligroso. De ahí la frase «caer en Escila para evitar a Caribdis». La tradición mitológica afirma que Caribdis era una mujer hija de Neptuno y de la Tierra y que fue aniquilada por los rayos de Júpiter al haber robado unos bueyes a Hércules, y que fue trasformada en aquel abismo en el estrecho de Sicilia, de donde surgían sus espantosos bramidos. Geográficamente, Caribdis se halla en Sicilia, en tanto que el escollo Escila se encuentra en Calabria, y ambas están separadas por el estrecho de Mesina. *(Véase* el término *Escila).*

CARMARA

Rey angélico al que John Dee atribuye el gobierno y organización de la heptarquía. Se aparece como un hombre bien proporcionado, vestido elegantemente con ropas púrpuras y una triple corona en la cabeza.

CARMASIEL (Carnesiel)

Uno de los muchos espíritus que pueden invocarse en ritos para obtener ayudas y protección, según el grimorio *Lemegeton.* Carmasiel y Carnesiel pueden ser dos espíritus hermanados que trabajan juntos.

CARMAX

Ángel del aire que rige el martes a las órdenes de Samax, el rey. Al igual que sus colegas Ismoli y Paffran, está sujeto o atado al viento del este (oriente).

Como estos ángeles tienen que ver con el planeta Marte, informan sobre guerras, luchas, incendios, infortunios, accidentes, enfermedades... Según Barrett (*El mago*) cuando estos espíritus del aire se dejan ver «aparecen con cuerpos altos y coléricos, de semblante sucio y de color moreno, atezado o rojizo, con cuernos de ciervo y garras de grifo; la parte inferior de sus cuerpos es similar a la de los toros salvajes. Se mueven como una flama quemante: su señal de llegada se manifiesta con truenos y relámpagos que caen alrededor del círculo».

CARONTE

Una de las divinidades infernales de la mitología griega, hijo del Erebo y de la Noche. Era el piloto de los infiernos que conducía en su barca las almas de los muertos al otro lado de la laguna *Estigia* y del río *Aqueronte* (*véanse* estos términos). Su barca estaba formada de cortezas de árboles y sólo permitía que subieran a ella las sombras de aquellos que habían sido honrados con la sepultura. Los insepultos quedaban sujetos a vagar errantes cien años por las orillas. Cada alma, al embarcarse, debía pagar a Caronte o Carón una moneda que los parientes del muerto ponían a éste en la boca al sepultarlo. Con este carácter figura Caronte en las mitologías griega y etrusca, con posterioridad a los tiempos de Homero, quien no habla de él. Se le representaba como un viejo inflexible, regañón, con la barba larga y sucia, ojos centelleantes, túnica corta (sujeta a la cintura), cubierta la espalda de andrajos, tocado con un gorro de marinero y un remo en la mano.

En las canciones griegas aún subsiste un *Caros* o *Carontas* que la tradición conserva como genio de la muerte en forma de negro pájaro que desgarra a su víctima o de caballero alado que trasporta al infierno sus víctimas sujetas al arzón de la silla. Diodoro atribuye a Caronte origen egipcio y supone que esta palabra significa en egipcio «barquero», que era quien por orden del faraón pasaba en su barca a los que habían pagado la inhumación y los conducía a las campiñas próximas a Menfis. Los sacerdotes egipcios no permitían que cruzaran el lago los difuntos que no habían dejado saldadas sus deudas, en prueba de lo cual las momias debían llevar una moneda en la boca, demostrando de este modo que les había sobrado para pagar al barquero. Por su parte, Herodoto dice que Caronte era un sacerdote de Vulcano que usurpó la soberanía egipcia y acumuló grandes riquezas, gravando especialmente los tributos sobre los enterramientos. De esta manera pudo construir un enorme laberinto que la gente creyó era el infierno y al que los árabes dieron más tarde el nombre de Quellai Charon, residencia de Caronte, nombre que se aplica aún al lago Moeris.

CARREAU

Demonio que tenía embrujado el estómago de la hermana Seraphica (Seráfica) del convento de Loudun con una gota de agua. (*Véase* el término *demonios de Loudun*).

CASSIEL (Casiel, Casziel)

Uno de los ángeles que rige al planeta Saturno y el día sábado. También es uno de los príncipes del séptimo cielo y del orden de las potestades. Según *El mago* de Barrett, Cassiel se presenta en forma de un genio barbudo montando un dragón. En *El museo de los brujos, magos y alquimistas* de Grillot de Givry (página 110 edición española) puede verse el conjuro de Cassiel, que ha de realizarse en sábado. Es el ángel que protege a la gente anciana y rige todo lo que se halla bajo tierra: minas, yacimientos de minerales, carbón, fallas telúricas, galerías subterráneas… Influye en el signo zodiacal de Capricornio.

24. Cassiel

CASTIEL

Ángel que rige el jueves, junto con Asasiel y Sachiel. Muchas veces se confunde con Cassiel, el regente del sábado.

CATABÓLICOS

Demonios que tenían el poder de llevarse consigo a los hombres; de matarlos y de hacerlos pedazos.

CATEZ

Espíritu o genio del campo y de los bosques en las tradiciones de la antigua Yugoslavia. Tiene la cabeza y parte superior de ser humano y la inferior en forma de cabra. Presenta pequeños cuernos, según datos de quienes le han visto. Es el equivalente yugoslavo del *kornböcke (véase* este término).

CATOBLEPO (Catoblepa)

Animal fabuloso, especie de serpiente, de cuello muy largo y delgado y cabeza con cuernos y que, según la leyenda, mataba con la mirada. A causa de su cabeza muy baja, le era sumamente difícil fijar los ojos en una persona. Habitaba cerca de la fuente Nigris, en Etiopia. Eliano describió al *Catoblepo* o *Catoblepa,* que también abundaba en Egipto, con las palabras siguientes: «… es semejante al toro, pero más truculenta, y terrible en su vista, de altas y espesas cejas; los ojos, no muy grandes, tiene ensangrentados; no mira derecho, sino hacia la tierra; tiene crines semejantes a las del caballo, que desde la mollera se alargan por la frente, que si llegan hasta el rostro, la hacen más formidable; pace yerbas venenosas, y en mirando, con su vista de todo se eriza, y alza la crin hacia lo alto; y abriendo los labios, despide por el respiradero un vaho vehemente, penetrante y horrible, con que se inficiona, y se empeña el aire la cabeza». Si se acerca otro animal y respira el aire emponzoñado por su venenosa respiración, «adolecen gravemente –añade Eliano–, perdiendo el uso de la voz, caen en letales convulsiones, y si algún hombre se le acerca, padece el mismo mal». Como puede verse, el Catoblepo mataba con algo más que la mirada.

CAVAKIAH (Chavakiah)

Uno de los setenta y dos ángeles cabalísticos que llevan el nombre místico de Dios: Shemhamphora. Pertenece al orden de las potestades y tiene dominio sobre el planeta Júpiter y el signo zodiacal de Virgo. Confiere agilidad mental, rapidez en la toma de decisiones y la búsqueda del orden moral personal y colectivo.

CEB

Más conocido por Cefo y Cebus. Animal monstruoso al que los egipcios rendían especial culto en Menfis. Era, según Plinio, una especie de sátiro o cuadrumano. Diodoro de Sicilia lo describe diciendo que tenía cabeza de león, tronco de cabra y cuerpo de pantera. Se dice que Pompeyo llevó un ejemplar a Roma, único que se vio en Occidente.

CENTAUROS

Seres mitológicos habitantes de un país de Tesalia. Hijos de Ixión y de la Nube. Eran unos monstruos cuya cabeza, pescuezo, torso y brazos eran de figura humana, y el resto, de caballo. Estaban siempre armados de mazas y manejaban diestramente el arco. Otra tradición asegura que eran hijos de Apolo y de Hebe. Su nacimiento no fue presidido por las Gracias, y fueron rechazados con desdén por los hombres. Se unieron a las yeguas de Magnesia, y de esta feroz relación nacieron unos seres monstruosos. Una leyenda dice que el nombre deriva de las palabras griegas *centein*, «cazador», y *tauros*, «toro». Esto se explica diciendo que un rey de Tesalia, queriendo reunir a sus toros, dispersos por las picaduras de los tábanos, envió en su busca a varios jinetes que consiguieron juntarlos por medio de lazos. De aquí se desprende que los centauros eran pastores que empleaban para la caza de los toros el procedimiento tan en boga entre los gauchos de América del Sur. Otra tradición posterior supone a los centauros cazadores de liebres, basándose en los términos griegos *centein*, «cazador», y *auras*, «liebre». Entre los nombres de los centauros figuran algunos que denotan su índole salvaje y violenta, como son Licos, Bianor, Eurinomos, Agrios y Aretos. Como centauro de carácter apacible figura Folos, el huésped de Hércules y Quirón. El mito más interesante de los centauros es su combate con los lapitas en las bodas de Piritoo, relatada por Homero y Hesíodo. Según la versión homérica, Piritoo, rey de los lapitas, invitó a sus bodas con Hipodamia al centauro Eurito, quien después de abusar del vino se mostró poco respetuoso con la desposada. Su insolencia fue castigada por el novio y sus amigos, que le arrojaron del lugar después de cortarle la nariz y las orejas por su falta de pudor. Los demás centauros, al enterarse de lo sucedido, se presentaron para vengar a su hermano, y se entabló una lucha en la que fueron derrotados y perseguidos hasta la falda del Pindo por Piritoo y Teseo. También es muy popular el mito del rapto de Dejanira por el centauro Neso quien, para vengarse al verse moribundo por los golpes de Hércules, aconsejó a Dejanira que recogiera su sangre en una copa y con ella empapara una túnica que debía ofrecer al héroe para recobrar su amor. La sangre del centauro era venenosa y al ponerse la túnica Hércules se sintió acometido de frenética locura. Otro episodio importante de la leyenda de los centauros es la lucha que sostuvo Hércules con esos monstruos al pie del monte Folo, situado en los confines de Arcadia y de Elida, lugar poblado de jabalíes, ciervos y demás caza mayor y una de las regiones habitadas por los centauros. Hércules, que había acudido a aquella comarca a cazar el jabalí de Erimanto, se hospedó en el antro del amable centauro Folo, que para obsequiar a su huésped abrió un tonel regalado por Dionisos. Los centauros, atraídos por el aroma del vino, acudieron en tropel a reclamar su parte en las libaciones; acometieron a Hércules (Heracles) con trozos de roca, ramas de pino y antorchas encendidas. Hércules, a flechazos, los puso en fuga. En las primeras representaciones que se conocen de los centauros, éstos aparecen como gigantes de velludo cuerpo, y sólo más tarde se les dio la figura de hombres con grupa de caballo. Recibieron su configuración definitiva en la época de Fidias. Algunos autores admiten también la existencia de *centauras,* que dotadas de rara belleza, llevaban igual existencia que los selváticos y guerreros centauros. Existió un cuadro del pintor Zeuxis que mostraba una centaura dando el pecho a su hijo. Plinio habla con toda seriedad de un centauro que dice haber visto conservado en miel, cuando Claudio ocupaba el trono imperial. Y Plutarco asegura que Periandro, tirano de Corinto, había visto uno con vida.

CERASTA

Animal fabuloso que se suponía armado de cuernos. El nombre deriva del griego *Kerastes,* «cornudo». Era una especie de serpiente monstruosa. Muchas leyendas hablan de la Cerasta o Cerastes.

CERBERN (Nabero, Naberius, Cerbero)

Marqués del infierno y demonio poderoso que se muestra bajo la forma de un cuervo, según Collin de Plancy. Su voz es ronca y enseña la elocuencia, la sociabilidad y las bellas artes y obtiene para sus adoradores cargos y dignidades. Le obedecen diecinueve legiones de demonios. Se le identifica con *Naberius* (véase este término), y aunque el nombre está inspirado en el Cerbero mitológico, no hay que confundirlos.

CERBERO

Can monstruoso que guardaba los antros infernales. Tenía tres cabezas y tres fauces y sus padres eran el gigante Tifón y la ninfa Equidna. Sin embargo, según Hesíodo, era un perro de cincuenta cabezas que daba espantosos ladridos. Por su parte, Horacio y Licofrón le llaman el perro de las cien cabezas *(centiceps bellua),* seguramente a causa de la multitud de culebras con las que estaban adornadas las tres cabezas principales. Lo cierto es que prevaleció la versión de las tres cabezas, pero añadiéndose, para expresar su ferocidad, que tenía cola de dragón, el lomo erizado de serpientes y que de la boca destilaba negra ponzoña. Cerbero guardaba la puerta del Hades, región subterránea o infierno de la mitología griega, sin dejar que entrara ningún viviente ni que escapara al que allí se acercara. Entre los trabajos impuestos a Hércules por Euristeo, figura el encadenamiento de Cerbero, al que encontró en las márgenes del Aquerón, desde donde lo llevó a Trecena, y al que más tarde devolvió a los infiernos. Hay quien cree que la fábula de Cerbero tiene su origen en la costumbre egipcia de hacer guardar los sepulcros por dogos. El nombre de Cerbero, que se identifica con el término sánscrito *sarvari* («la noche»), tiene gran analogía con el de Erebo e implica como éste la idea de las tinieblas profundas; también recuerda a Or, perro que según la mitología aria guarda la entrada del cielo. Hoy en día se da el nombre de «cancerbero» al guarda severo e incorruptible.

CERCOPES

Demonios o genios malignos que tienen cierta semejanza con los duendes de la Edad Media. Heracles (Hércules) luchó victoriosamente contra ellos, que habían pretendido aprisionarle mientras dormía. Apresó a los dos capitanes, y atados de manos y pies, colgados de un palo, con la cabeza hacia abajo, los presentó a la corte de Lidia. Dice Ovidio: «Indignado el padre de los dioses al ver la mala fe, los perjurios y la perfidia de los Cercopes, trasformolos en deformes animales, muy distin-

tos del hombre a la vez que a él muy semejantes. Disminuyó su cuerpo, aplastó su nariz, surcó su semblante con las arrugas de la vejez, cubriolos de leonado pelaje y los relegó a la estéril colina en que se levanta Pithecusia (corresponde a la actual Ischia, en el golfo de Nápoles). Retiroles el don de la palabra, que sólo les servía para mentir sin temor alguno, y para que pudiesen quejarse únicamente les dejó ronco y sordo murmullo».

CERDET

Duende hogareño típico de Valencia. Conocido también como *donyet* o *doñete (véase* este término). En muchos pueblos de Alicante creían que el Cerdet se montaba a la cabeza de las caballerías agarrado fuertemente a las crines y daba aterradores aullidos. Aparecía más de noche y se le atribuían el desbocamiento de los cuadrúpedos y los accidentes de carruajes.

CERVIEL (Cervihel)

Ángel del orden de los principados. Se considera que era el ángel preceptor de David.

CHABUIAH (*Véase* HABUIAH)

CHAHMIAH (*Véase* HAAMIAH)

CHAHUIAH (*Véase* HAHUIAH)

CHALKYDRI (*Véase* FENISES)

CHAMUEL (Kamuel)

Uno de los siete arcángeles y jefe del orden de las dominaciones. Hay tradiciones cristianas que afirman que es uno de los ángeles que se aparecieron a Jesús cuando estaba orando en Getsemaní antes de que fuera prendido y comenzara su Pasión.

CHARSIEL (Charciel)

Otro ángel residente en el cuarto cielo que rige el domingo. Se le invoca desde el Sur, según De Abano, Barrett y Papus.

CHASAN

Ángel del aire que se inscribe en el séptimo pantáculo del Sol junto con otros ángeles, según el grabado contenido en *The Key of Solomon the King,* el cual está destinado a facilitar la libertad de su portador. *(Véase* el término *Phorlakh).*

CHASSI

Demonio a quien los habitantes de las islas Narianas atribuyen el poder de atormentar a los que caen en sus manos. Por ello llaman al infierno *Casa de Chassi.*

CHAVAKIAH (*Véase* CAVAKIAH)

CHEDUSITANIEL (Chedustaniel)

Ángel del tercer cielo y del viernes. Se invoca desde Oriente (Este), según Barrett, Papus y De Abano. Pero, por otro lado, es uno de los espíritus angélicos del planeta Júpiter.

CHEITÁN

Nombre que los árabes dan a Satán o Satanás.

CHEMIANOS

Genios o espíritus que los caribes suponen encargados de velar por los hombres. Por ello les ofrecen los primeros frutos; colocan los presentes en un rincón de su cabaña, en una mesa hecha de estera, donde dicen que los genios se reúnen para comer y beber.

CHEMOS (Peor)

Uno de los ángeles caídos. Milton, en *El paraíso perdido,* lo identifica con Peor. Literalmente lo relata así: «Chemos, el obsceno terror de los hijos de Moab, desde Aroer a Nebo y al desierto de Abarim, en el extremo meridional; en Hesebón y Heronaín, reino de Seón, más allá del florido retiro de Sibma, vestido de viñedos, y en Eleale hasta el lago Asfaltites. Chemos se llamaba también Peor, cuando en Sittim incitó a los israelitas en su marcha del Nilo a ofrecerle lúbricos sacrificios, que tantas desdichas les acarrearon».

CHERIOUR

Ángel terrible encargado, según los güebros (seguidores de la doctrina de Zoroastro), de perseguir y castigar a los criminales, de acuerdo con Collin de Plancy *(Diccionario infernal).*

CHERMIEL (Chemiel)

Otro ángel del tercer cielo y del viernes. Se le invoca desde el Sur, según Barrett, De Abano y Papus.

CHERUB (Querub, Kerub)

El nombre es el singular de *querubín.* Cherub es el jefe de este orden angélico y de los ángeles de aire. Su nombre figura en el séptimo pantáculo del Sol, junto con los de otros ángeles, el cual está destinado a facilitar la libertad del que lo lleva, según *The Key of Solomon the King* de Mathers.

(*Véase* el término *Phorlakh*). Se considera que es el querubín de la espada flamígera que Dios colocó en el jardín del edén y que guardaba el camino del árbol de la vida, después de la expulsión de Adán y Eva. En su forma Kerub o Kerob figura en el sexto pantáculo de Júpiter, destinado a proteger de los peligros terrestres. Los otros tres ángeles de ese amuleto son *Seraph, Ariel* y *Tharsis* (*véanse* estos términos).

CHIN
Entre los árabes, demonio, genio, espíritu infernal o maligno.

CHINDI
Espíritu maligno que se desprende de un fallecido, entre los indios navajos de Estados Unidos. Contiene todo lo perverso y malo del difunto y causa una infección espiritual permanente en el lugar del óbito. Si muere en la casa o habitáculo, éste es abandonado, de lo contrario, el chindi infecta a todos los que pasen por él. Por ello, el agonizante es llevado lejos, al exterior, antes de su último suspiro y que el chindi se despegue del cuerpo.

CHIRIDIRELLES
Demonio que socorre a los viajeros en sus necesidades y que les enseña el camino cuando se han extraviado. Dícese que se muestra, a los que le invocan, en la forma de un viajero a caballo.

CHODAR
Demonio a quien los nigrománticos llaman también *Belial* (*véase* este término); tiene por distrito Oriente y manda a los demonios de los prestigios.

CHORONZON
Según Aleister Crowley (*The magical record of the Beast 666*), Choronzon es el demonio de la dispersión, de la impotencia y de la muerte. Su número es el 333 (la mitad del de la Bestia, del anticristo).

CHUN
Según la tradición peruana, hombre que tenía un cuerpo sin huesos y carente de músculos, que se presentó en Perú procedente de la región septentrional. Allanaba las montañas, llenaba los valles y se abría camino en los lugares más intrincados e impenetrables. Creó a los primeros habitantes del país, y les enseñó a subsistir a base de frutos y yerbas; pero disgustado por el comportamiento de los habitantes de los valles, convirtió a éstos en arenales, deteniendo la lluvia. No tardó en compadecerse de los peruanos, por lo que hizo nacer las fuentes y correr los ríos para reparar el mal que había hecho.

CHUNG-KUEI
Héroe mítico chino que llevó a cabo una magna lucha para acabar con los demonios de diferentes clases que habitaban la tierra. En su tenaz empresa fue ayudado por los espíritus infernales *Fu-Chu* y *Han-Yuan* (*véanse* estos términos). Chung-Kuei es conocido como «el domador de demonios».

CÍCLOPE
Gigante monstruoso que tenía un solo ojo en medio de la frente y fabricaba rayos para Júpiter en las fraguas de Vulcano, bajo el monte Etna. Se le suponía hijo de Urano y de Gea.

Acerca de él existen cuatro tradiciones dignas de tener en consideración: 1.ª Según Homero, habitaba en la Sicilia o Trinacria y era un ser humano de talla gigantesca y repulsiva fealdad, con un solo ojo en medio de la frente. Llevaba una vida pastoril, habitaba en las cavernas y daba muerte a los extranjeros que ponían sus pies en aquella orilla. Era antropófago y desconocía el comercio y la agricultura; se alimentaba con la leche de sus rebaños. El más famoso de los cíclopes fue Polifemo, hijo de Poseidón y de la ninfa Tosa, quien encerró en su cueva a Ulises y a sus compañeros. Es muy conocida la treta de que se valieron los prisioneros para escapar; Ulises embriagó al cíclope, le vació el ojo hincándole un estaca con un extremo ardiendo, y salieron, él y sus compañeros de encierro, agarrándose al vientre velludo de los carneros que el cíclope sacaba como de costumbre a pastar. || 2.ª Los cíclopes, citados en la *Teogonía* de Hesíodo, eran titanes que fueron precipitados por su padre, Urano, en el Tártaro; fueron libertados por Zeus (Júpiter), a quien ayudaron en la lucha contra los gigantes o titanes. Murieron a manos de Apolo, quien vengó en ellos la muerte de su hijo Asclepio. Se conoce el nombre de tres de ellos: Argés, personificación del rayo; Astropeos, del relámpago, y Brontes, del trueno. || 3.ª De los anteriores mitos nació el de los cíclopes herreros de Hefestos (Vulcano), que habitaban en el Etna. Sus rasgos eran semejantes a los de los cíclopes de la *Teogonía* y de Homero. Eran «gigantes enormes, que parecían montañas; su único ojo, bajo una espesa ceja, despedía deslumbrantes y amenazadoras miradas; unos hacían soplar grandes fuelles; otros, levantando a duras penas sus pesados martillos, golpeaban alternativamente el hierro y el bronce, que sacaban al rojo vivo de la fragua» (Calímaco). || 4.ª Posteriormente aparecieron los *cíclopes constructores*. Estrabón dice que eran siete y que se les llamó *gasteroqueiros,* para indicar que vivían de su arte y que eran oriundos de la Tracia. Expulsados de su patria y refugiados en el país de los eurotas, dieron a conocer el arte de la fabricación de las armas de bronce. Otra tradición señala que enseñaron la construcción de las murallas llamadas ciclópeas, que estaban compuestas de piedras enormes, irregulares, que medían más de treinta pies de largo. Con este sistema se fortificaron ciudades como Tirinto, Micenas y Tarragona. En las diversas tradiciones, los rasgos característicos de los cíclopes son su prodigiosa fuerza y su genio industrial, personificando siempre las fuerzas y las artes primitivas. Los cíclopes tienen analogía o parentesco con los gigantes, los eurotas, los telquinos y los arimaspes. A los arimaspes también se los representa como fieros gigantes que sólo tenían un ojo, como los cíclopes, y estaban en continua guerra con los *grifos (véase* este término), que les disputaban el oro de las arenas del río Arimaspio. Durante mucho tiempo se ha supuesto que la etimología de cíclope procedía de *kyklos,* «círculo», y *ops,* «ojo», que significan «ojo circular», pero modernamente se han propuesto otras, algunas muy interesantes, entre las que figuran «el que mira alrededor», ya que los primitivos habitantes de Sicilia eran piratas que vigilaban el mar en todas direcciones para descubrir embarcaciones a las cuales capturar. Bolty cree que los cíclopes descienden de los sículos, de donde viene la palabra *siclos siclops*. Para varios mitógrafos, los cíclopes son la personificación de los mineros que buscaban minerales bajo tierra; la leyenda de un solo ojo en la frente tendría entonces su origen en la lámpara que debían llevar atada a la frente para alumbrarse en sus trabajos.

CIEGUECILLO
Pequeño demonio nacido de una chispa que voló de la fragua de Vulcano al seno de Prenesta. Se crió entre animales salvajes y se le reconoció por la particularidad de que vivía en el fuego como en su propio elemento. Sus ojos, que eran muy pequeños, estaban algo dañados por el humo. Los cabalistas lo identifican con una salamandra.

CIENLLAMAS
Demonio que sale en la novela *El diablo cojuelo* del español Luis Vélez de Guevara, y que se publicó en el siglo XVII. Cienllamas es el encargado de perseguir al diablo cojuelo para que no se desmadre en la Tierra y vuelva al redil.

CIMEJES (Cimerio, Cimeries, Cimeies, Kimaris)
Es un gran y poderoso marqués de los infiernos. Se aparece como un guerrero valiente montado en un espléndido corcel negro. Rige los espíritus de África. Enseña perfectamente gramática, lógica, retórica y descubre las cosas perdidas y ocultas, así como tesoros. Hace al hombre valiente y aguerrido. Le obedecen veinte legiones de espíritus infernales.

CINANTROPÍA (Cinántropo, Cinocéfalo)
Especie de frenesí que acomete a algunas personas que se creen convertidas en perros. Es una variedad del estado de *hombre lobo* o *loup-garou* (*véanse* estos términos), en la que el sujeto se metamorfosea en perro en vez de lobo. En la Edad Media se creía mucho en los cinántropos. En el *Libro de las maravillas del mundo* de Mandavila (siglo XIV) y en la *Crónica de Núremberg* de Shedel (1493), se reproducen grabados parecidos de un hombre con cabeza de perro, de un cinocéfalo humano.

CINOCÉFALO
Mono con cara de perro y cola larga, consagrado al dios egipcio Toth y más especialmente a Toth-Luna, en el antiguo Egipto. Como animal simbólico, con cuerpo de hombre y cabeza de perro, fue utilizado como jeroglífico. Los egipcios solían emplearlo como símbolo del Sol y de la Luna a causa de la relación que habían observado que tenía el animal con esos astros. Según la tradición egipcia, el Cinocéfalo descubrió a Isis el cuerpo de Osiris cuando la diosa lo buscaba desesperadamente, y por esto lo colocaban siempre junto a estos dioses. La imagen del Cinocéfalo figura con frecuencia en los monumentos egipcios y abisinios, sobre

todo sobre los relojes de arena, por su poner que a cada hora en punto dicho animal soltaba la orina. Servíanse de los que guardaban en los templos para conocer la conjunción del Sol y de la Luna, en la creencia de que en tal momento el Cinocéfalo perdía la vista y rechazaba todo alimento. En una estatua del Museo del Louvre, en París, que representa un funcionario de Ramsés II, se ve, sobre una embarcación, un Cinocéfalo con el disco lunar sobre la cabeza. En el mismo museo existe una figura de cinocéfalo sentado sosteniendo el ojo simbólico, emblema de la luna llena.

CIRIATTO

Un demonio más que Dante coloca en el infierno (*La divina comedia*, canto XXI) para martirizar a los perversos. Está dotado de grandes colmillos, como un jabalí.

CITERÓNIDES (Citerónidas)

Especie de ninfas profetisas que moraban en una caverna del monte Citerón. (*Véase* el término *ninfas*).

CLAUNEC (Clauneck)

Demonio que tiene poder sobre los bienes, sobre las riquezas y hace descubrir tesoros ocultos a aquél a quien sirve en virtud de un pacto. Es muy querido de Lucifer, quien le deja dueño de prodigar el dinero.

CLITERET (Clisthert)

Demonio que lo cubre todo de tinieblas en mitad del día, y de luz en mitad de la noche, según su capricho o lo que se le solicita por medio de un pacto diabólico.

CLURICAUNE (Cluracan, Cluricaum, Cluricaun, Clauricaune)

Nombre que dan en Irlanda a un duende solitario doméstico o espíritu que mora y se divierte en las bodegas de los *pubs* o de los establecimientos de bebidas. Como le gusta el vino, por la noche se trasforma en un alegre y ruidoso borrachín, debido a sus continuas libaciones. Cuando se halla en tal estado, toma como cabalgadura un barril y con un bastón o caña lo golpea como si fuera un tambor, al tiempo que entona canciones y melodías. A veces se le vislumbra paseando montado en el perro de la casa u otro animal que tengan, como un cordero, cabra, cerdo, etc. Asusta a los dependientes deshonestos del establecimiento, cuando bajan al sótano para beber vino o cerveza a hurtadillas. Lleva un gorro de dormir rojo, un mandil de cuero, largas medias de un azul pálido, un cinturón con una gran hebilla plateada y zapatos de tacón alto. Suele portar una chaqueta roja, cuando tiene frío. Algunos estudiosos del folclore opinan que el cluricaune no es una más que una faceta beoda del *leprechaun* (*véase* este término), cosa que no está demostrada.

COBOLIOS

Genios o duendes respetados por los antiguos sármatas, que habitaban la Sarmacia, región de la antigua Europa. Creían que estos espíritus habitaban los lugares más secretos de las casas y en las hendiduras de los árboles; les ofrecían los más delicados manjares para que les fueran propicios. Según Le Loyer (*Historia de los espectros*, 1605), los cobolios ya eran conocidos de los griegos, quienes los tenían por demonios dulces y pacíficos. Les llamaban «hombres buenos» o «pequeños hombres buenos» de las montañas, porque se mostraban como viejos enanos; vestían de corto, semidesnudos, con las mangas arremangadas hasta los hombros y llevando un delantal de cuero sobre los riñones (obsérvese su parecido con *los enanos, gnomos, elfos* y demás entes mágicos diminutos).

COCABIEL (Cochabiel)

Es el espíritu del planeta Mercurio, según la cábala y Cornelius Agrippa (*Filosofía oculta*).

COCITO

Uno de los cuatro ríos del infierno entre los antiguos griegos y egipcios, cuyas aguas eran las lágrimas de los condenados. Este río rodeaba el Tártaro y por sus orillas vagaban por espacio de cien años los infelices que habían sido privados de sepultura, según el mito egipcio derivado de la costumbre de no tributar honras fúnebres hasta pasado un siglo a los que morían ahogados. El Cocito daba sus aguas al Aqueronte y en sus fangosos cañaverales habitaba la furia Alecton. Según el infierno del Dante, el Cocito se dividía en varias zonas, en las que purgaban sus culpas los condenados por traición. Aquí el río estaba helado y los atrapados en el hielo, sumergidos hasta el cuello «tenían la cara vuelta hacia arriba, y con el batir de sus dientes y las lágrimas de los ojos manifestaban el frío que los atormentaba y el interno sufrimiento de sus ánimos» (canto XXXII).

COCO

Especie de hombre monstruoso de la antigüedad que perseguía a los niños malos o díscolos; su tradición se conserva aun hoy en día, en forma de fantasma. Se dice que se comía a los niños, de los que dejaba los huesos mondos y lirondos. Familiarmente se dice «hacer el coco» cuando se pretende asustar a los críos con gestos o visajes.

CODINES

En Aragón, se daba ese nombre a un tipo de duendes hogareños y traviesos.

COLLOGRUIS (Agrippini)

Se decía así de hombres de largo y grueso cuello, con la boca sobresaliendo como el pico de un ave, según las crónicas de Salino (siglo III), el *Libro de las maravillas del mundo* de Mandavila, y *Las crónicas de Núremberg* de Schedel (1493).

25. Collogruis

CONFERENTES

Según Collin de Plancy, dioses de los etruscos citados por Arnobio. En cambio, Le Loyer los consideró demonios íncubos. Se creía que uno de estos diablos tuvo trato carnal, en la casa de Tanaquila, esposa de Tarquina, con una esclava llamada Ocrisia, que engendró a Servio Tulio, que sería rey de los romanos. Los antiguos cabalistas hacían de este último el hijo de uno de sus espíritus elementales.

CORABEL (Corobael)
Ángel del lunes que reside en el primer cielo. Se le invoca desde el Oeste.

CORE
Según *El mago* de Francis Barrett, uno de los cuatro ángeles que gobiernan la primavera.

CORNANDON
Uno de los nombres que los bretones dan a los enanos que salen por la noche de sus refugios subterráneos y se ponen a danzar en torno a los monumentos druídicos.

CORRANDONNET
Dinosaurio gigantesco, extinguido hace más de un millón de años. Entre sus ojos emergía una cresta redondeada de grandes dimensiones que se proyectaba hacia atrás, en forma de cuerno. Primordialmente, estas crestas óseas de los dinosaurios de pico de pato servían de protección, pero, al mismo tiempo, estaban dotadas de unos canales que conducían a los orificios respiratorios. Seguramente debían de contribuir al almacenamiento de aire cuando el animal prolongaba sus inmersiones en el mar o en el lago.

COSMIEL
Genio que acompañó al padre jesuita Athanasius Kircher (siglo XVII) en sus «viajes astrales» o «períodos de éxtasis» por la Luna, el Sol y los planetas Mercurio, Venus, Marte, Júpiter y Saturno, como explica Paul Christian en su *The History and Practice of Magic*.

CRIPON
Ángel que se invoca en ritos mágicos, en especial en el exorcismo de las cañas.

CRISOMALÓN
Nombre que los griegos pusieron al legendario carnero del vellocino de oro que condujo a Cólquida a Frixo y su hermana Helle. Era hijo de Neptuno y de Teofania y fue regalado por Mercurio a Nefela, después de haber convertido en oro su vellocino. Tenía el don de la palabra, corría con la ligereza de un ciervo, nadaba perfectamente y podía volar, por lo que él mismo informó a Frixo del crimen que contra éste fraguaba Atenas y le condujo sobre sus lomos a través de los aires en unión de Helle, aunque otra tradición dice que fue a nado. En la travesía se rompió el cuerno de Crisomalón que servía de asidero a Hella, que cayó al mar y se ahogó. Al llegar a Cólquida él mismo mandó a Frixo que lo inmolase a los dioses, y despojándose de su vellocino se lo regaló a aquél, quien lo consagró a Marte. Una vez consumado el sacrificio, Crisomalón fue trasladado al cielo y formó el signo Aries del Zodíaco.

CROCELL (Crokel, Procel, Pucel...)
Demonio más conocido como *Pucel* (*véase* este término), el cual enseña los secretos de la geometría y de las

artes liberales. Era del orden de las potestades antes de convertirse en un ángel caído. *Véase* también lo que se dice en el término *Procel*.

CUCAFERA

Nombre que en la ciudad de Tortosa (provincia de Tarragona), aplican a una especie de dragón, bastante parecido a una tortuga gigante, al que se le hace desfilar en algunas fiestas populares. Tiene cierta analogía con la *Tarasca (véase* este término) de Tarascón (Francia). También se le conocía por *Tortuga Farratxa* y se encuentran referencias suyas desde el año 1623. Era costumbre que en la procesión de la Mare de Déu de la Cinta saliera la Cucafera con sus hijas, que eran de menor tamaño. Este animal fabuloso fue llevado a Valencia en el año 1726, para figurar en las fiestas en honor de san Vicente Ferrer.

26. Cucafera

CUCALA

Animal mítico originario del campo de Tarragona (Cataluña). Se decía que era un gran pajarraco que se dejaba ver en noches señaladas, como las de San Juan y San Silvestre. No se podía salir de noche por miedo de toparse con la Cucala, que arrojaba fuertes chorros de arena al que encontraba.

CUCARELL *(Véase Barrufet)*

CUKBIEL

Uno de los ángeles que se invocaba en antiguos ritos siríacos para hacer que «se callaran las bocas y las lenguas de la gente maligna, envidiosos, jueces malvados, emires, sátrapas, gobernadores, autoridades, mandatarios, jefes, verdugos, prefectos, extranjeros, gentiles, infieles…», tal como explica Wallis Budge en su documentada obra *Amulets and Superstitions*.

CUPAI

Espíritu demoníaco que según los floridianos es el presidente del infierno en que los malhechores expían sus crímenes después de ser condenados.

CURANIEL

Uno de los ángeles del primer cielo que rigen el lunes. Se le invoca desde el Sur, según Barrett y Papus.

CURETON

Espíritu angélico que se invoca en determinados ritos mágicos, como en el ritual para despellejar el animal del que saldrá el pergamino virgen que se necesita para determinados pactos, amuletos y talismanes, tal como explican algunos grimorios y *El libro de la magia negra* de Waite.

CURIL

Demonio pequeño o espíritu maligno, corrompido y danzante, que en ocasiones se representaba como pigmeo con pies de pato. Su intervención se suponía que era maléfica o benéfica, según las circunstancias. Al parecer tuvieron gran importancia entre los druidas, bretones e irlandeses. Dice la tradición que se los puede hallar al resplandor de la luna saltando alrededor de las piedras sagradas de los monumentos megalíticos. Existen referencias de que algunas veces atacaron el pudor de las doncellas. En realidad se trata de los *korils (véase* este término), clase de enanos muy populares en Bretaña (Francia), que pertenecen a la raza de los *korigans (véase* este término).

CYNABAL

Según Barrett, uno de los ángeles del aire que rigen en el día del Señor (el domingo); es un ministro que está a las órdenes de Varean, el rey de ese día. Esos ángeles del aire (Varean, Tus, Andas y Cynabal) rigen el viento del norte.

DABBAT

Nombre dado por los mahometanos al animal monstruoso del Apocalipsis, en el que aparecerá montado, antes del Juicio final, *Daggial,* el «Anticristo».

DAGIEL (Daghiel)

Ángel que tiene dominio sobre los peces. Según Barrett, debe ser invocado en el conjuro del viernes. Está relacionado con el planeta Venus y con los deseos amorosos.

DAGÓN

Demonio de segundo orden, gran hornero en la corte infernal. Primitivamente fue una divinidad adorada en Asiria, cuyo culto pasó más tarde a los pueblos de Canaán, y se convirtió en el dios principal de los filisteos. La palabra *Dagón,* etimológicamente viene de *dag,* raíz semítica que significa «pez», y con ella están conformes todas las representaciones de los monumentos antiguos, que, aparte pequeñas diferencias, nos muestran a esta deidad como un monstruo con la figura de hombre en su mitad superior y de pez en la inferior. El culto de Dagón se hizo célebre en Ascalón, Gaza y Azoto, ciudades principales de los filisteos. A este dios atribuyeron éstos la captura de Sansón, a quien condujeron prisionero a su templo de Gaza, donde ofrecieron un sacrificio. Sansón, empero, habiendo recobrado su fuerza prodigiosa, derribó las columnas en que se hallaba atado y se desplomó todo el edificio; quedó sepultado junto con gran número de sus enemigos. En otra ocasión, los filisteos se apoderaron del arca de la Alianza, que colocaron junto a Dagón en el templo de Azoto, pero al día siguiente encontraron a su falso dios tendido en el suelo. Colocado de nuevo en su lugar, al otro día lo encontraron de nuevo derribado, delante del arca, pero con la cabeza y manos separadas del tronco.

DAGUTÁN

Nombre con que los habitantes de Ceilán designan a una clase de genios o duendecillos domésticos.

DALÉTÉ

Es un espíritu –según *El grimorio de Armadel*– que muestra y enseña las visiones de cómo Adán fue puesto en la tierra. Dalété tiene muchísimos espíritus menores a su servicio, los cuales pueden enseñar de todo al invocante. Ayudan a realizar aquello que uno desea. Debe invocarse a Dalété ante su sello secreto.

27. Sello secreto del espíritu Dalété

DALQUIEL

Uno de los cuatro príncipes angélicos que rigen el tercer cielo. Los otros tres son Anahel, Jabniel y Rabacyel.

DAMABIAH

Uno de los setenta y dos ángeles que llevan el nombre místico de Dios: Shemhamphora. Pertenece al orden de los arcángeles y tiene dominio sobre el planeta Urano y el signo de Acuario. Hay cabalistas que opinan que también influye en el planeta Neptuno. Rige la construcción naval y los viajes por mar, pero no debe descartarse que incluso tenga poder sobre la aviación y los viajes por aire. Ayuda a los inventores, navegantes, aviadores, maestros, filósofos y docentes.

DANIEL

Uno de los setenta y dos ángeles que llevan el nombre místico de Dios: *Shemhamphora* (Shemhamfora). El nombre significa «Dios es mi juez».

Pertenece al orden de los principados y tiene dominio sobre el planeta Saturno y el signo de Sagitario. Es el ángel custodio de los nacidos entre el 28 de noviembre y el 2 de diciembre. Confiere el don de la elocuencia, de la persuasión y de la seducción. Le corresponde el versículo 8 del salmo 102.

DANJAL

Es uno de los muchos ángeles caídos citados en el *Libro de Enoch*. Algunos tratadistas opinan que es una variante de Daniel.

DANTLION (Dantalian)

Es un grande y poderoso duque del infierno. Se aparece como un hombre con muchas caras, masculinas y femeninas; sostiene un hermoso libro en su mano derecha. Enseña todas las artes y las ciencias y revela los secretos escondidos de todos los pensamientos de hombres y mujeres, y puede cambiarlos a su voluntad. Puede encender el amor y mostrar la visión de la persona que se desea, por lejos que ésta esté. Le obedecen treinta y seis legiones de espíritus, según Crowley *(Goecia)*.

DARDIEL

Según Barrett, Papus, De Abano, etc., es uno de los ángeles que rige el domingo.

DAROUDJI

Nombre que dan los persas a la tercera clase de sus genios del mal.

DASIM

Uno de los cinco hijos árabes del arcángel caído *Iblis (véase* este término). Dasim es el demonio de la discordia.

DEARG-DUE
Vampiro tradicional de Irlanda. Su nombre significa «chupador de sangre». La única manera de evitar que el *dearg-due* saliera de su tumba era la de levantar una pirámide de piedras encima de ésta una vez fuera localizada.

DEBRUNA
Nombre que los vascos dan a los espíritus de las tinieblas.

DECARABIA
Gran marqués del infierno que se presenta en la forma de la estrella que se dibuja en los pantáculos ☆, pero a las órdenes del mago adopta la imagen de un hombre. Enseña los secretos y virtudes de las hierbas y de las piedras preciosas. También confiere el poder de domesticar las aves y servirse de ellas. Le obedecen treinta legiones de espíritus, según Crowley *(Goecia).*

DEGALIEL (Delgaliel)
Uno de los cinco ángeles cuyo nombre figura inscrito en el tercer pantáculo de Venus para atraer el amor, según *The Key of Solomon the King,* de Mathers, y *La ciencia secreta de la magia,* de Idries Shah. Los otros cuatro son Monachiel, Ruach, Achides y Egalmiel. (Para otros detalles de ese talismán *véase* el término *Monachiel).*

DELFÍN
Este animal era en la mitología griega el símbolo de Apolo Délfico, que a él debía este sobrenombre, e igualmente de Poseidón (Neptuno). También suelen aparecer cabalgando en delfines Cupido, Taras y Arión, estos últimos conducidos por ellos para ganar la playa. La leyenda mítica suponía que los delfines eran cetáceos benéficos que salvaban a los navegantes de los peligros marítimos, y de ahí que simbolizara el delfín a Neptuno, dios del mar y de la navegación favorable. Durante muchos siglos este mito fue despreciado por la civilización occidental, hasta que estudios realizados en el siglo xx con este cetáceo han demostrado que es un animal dotado de extraordinaria inteligencia e inclinado a colaborar con el hombre, hacia el que se muestra pacífico y cariñoso, hasta tal punto que los hechos que hoy lleva a cabo serían tenidos por fábulas en la Grecia antigua.

DELFINA
Monstruo cuya mitad superior del cuerpo era de mujer y la inferior de serpiente. Por encargo de Tifón se dedicó a la guarda de Júpiter vencido, herido y desprovisto de los nervios que aquél le había cortado. Mercurio y Egipán robaron la piel de oso en que estaban guardados dichos nervios y los repusieron en el cuerpo de Júpiter, que recobró su fuerza y pudo libertarse del monstruo.

DELIEL
Nombre que recibe uno de los espíritus angélicos que tienen que ver con la regencia del Zodíaco, según Cornelius Agrippa *(Filosofía oculta,* libro III, cap. XXVIII).

DEMONIO

Nombre dado a cada uno de los ángeles malos que, habiéndose rebelado contra Dios, fueron condenados al infierno y se consideran enemigos del hombre. Etimológicamente, el nombre demonio deriva de la palabra griega *daimon* o *daemon,* que significa «el que sabe»; ello indica que en aquellos tiempos la palabra demonio se aplicaba ya a los hombres de singular ingenio, ya a sus dioses, fueran éstos benéficos o maléficos. El origen de los demonios es muy antiguo, pues todos los pueblos lo hacen remontar más lejos que el del mundo. Aben-Esra pretende que debe fijarse en el segundo día de la Creación. Menases-Ben-Israel, que ha seguido la misma creencia, añade que Dios, después de haber creado el infierno y a los demonios, los colocó en las nubes y les dio el encargo de atormentar a los malvados. Sin embargo, según los teólogos, el hombre no estaba creado el segundo día; no había malvados que castigar y los demonios no han salido tan malignos de la mano del Creador, pues son ángeles de luz convertidos en ángeles de las tinieblas por su caída. El demonio recibe diferentes nombres tomados de su naturaleza, de sus acciones y de sus circunstancias históricas. Así se llama Espíritu de tinieblas, para significar su naturaleza espiritual; Satán, palabra hebrea, que significa «perseguidor»; Diablo, palabra venida del griego, que significa «calumniador»; Serpiente antigua, para significar que él fue quien en forma de serpiente tentó a Eva en el paraíso, etc. Sobre el número de ángeles caídos o demonios, nada se puede asegurar con certeza, sino que fueron muchos. La Inquisición calculó un número de 7.405.926 demonios, pero este número es eminentemente mágico, ya que resulta de multiplicar el gran número pitagórico por seis: l23432l x 6. Cada uno de estos más de 7 millones de supuestos demonios responde por un nombre concreto. Algunos autores, ante la imposibilidad de hacer una relación tan larga de nombres, se hicieron una lista de las figuras principales del averno, desde Niguel Psellus hasta el cabalista Bodin, pasando por Juan Wier y Collin de Plancy. Es por ello por lo que las palabras «diablo» y «satanás», tomadas en singular, unas veces significan el príncipe de los diablos, otras el conjunto de todos ellos o el poder diabólico. Según Suárez, Lucifer pertenecía a los serafines, y entre los ángeles caídos los hay de todos los grados. Los demonólogos han perfilado y completado todas las descripciones de los demonios, hasta el punto de que Psellus los divide en las seis categorías siguientes: || l.ª Los diablos del fuego (que habitan lejos de nosotros). || 2.ª Los diablos del aire (invisibles y que son los causantes de los fenómenos atmosféricos). || 3.ª Los diablos de la tierra (que son nuestros directos tentadores). || 4.ª Los diablos del agua (que causan los naufragios y las muertes en el mar). || 5.ª Los diablos del subsuelo (responsables de los terremotos y erupciones volcánicas). || 6.ª Los diablos de las tinieblas (que no se muestran jamás a nuestra vista). || Sobre la naturaleza del demonio nada ha definido la Iglesia. Según el Concilio de Letrán, los ángeles son sustancias espirituales. Si estas sustancias espirituales tienen o no una corporeidad invisible para nosotros, no lo definió el concilio, por lo que sería temerario negar que carecen de toda materia corpórea. Por igual motivo no hay ninguna base para afirmar que el demonio haya adquirido un cuerpo de aire o de fuego o de materia muy sutil, como pretendió Cayetano, que cerró el ciclo de los que habían sostenido esa opinión. Algunos escolásticos, como el Maestro de las Sentencias, Aluse, y otros, opinaron que los diablos jamás fueron adornados de la gracia santificante; pero la opinión más común con santo Tomás sostiene lo contrario. Todos convienen en que después del pecado perdieron los ángeles caídos los dones sobrenaturales; de aquí que su entendimiento quedó oscurecido por la privación de sus dones. No obstante, las fuerzas naturales de su entendimiento quedaron íntegras. Según la mayoría de los teólogos y demonólogos, los demonios conservan la virtud locomotiva, gracias a la cual no sólo pueden trasladarse de un lugar a otro, sino trasportar los objetos materiales. Pueden, también, unirse moralmente a cuerpos, y moverlos como mueve el hombre la figura de un animal cuando la toma como disfraz. Por todo ello, el demonio puede influir en los fenómenos de la vida vegetativa, de la vida sensitiva e indirectamente de la vida moral del hombre. Aparte de otros, puede producir fenómenos sensibles que superen las fuerzas físicas, como levantar al hombre por los aires, detener las aguas del río y otros fenómenos semejantes de la magia. Estos fenómenos se llaman *preternaturales,* porque exigen en aquellas circunstancias la intervención de un ser superior que puede ser bueno o malo, y cuando se comprueban que no pueden provenir del demonio, se infiere la intervención del ángel bueno, que obra en nombre de Dios, y en este caso se llama también *milagro.* Los Santos Padres advierten que los demonios no pueden hacer nada sin el permiso de Dios. El demonio puede poner sus fuerzas malignas a disposición del hombre y pactar con él en ciertos casos, como consta por la historia antigua, por la magia de muchos pueblos y en nuestros días por algunos fenómenos del espiritismo. Se atribuye a los demonios un gran poder, que los ángeles no pueden siempre contrarrestar. Incluso pueden causar la muerte, como hizo *Asmodeo* (*véase* este término) con los siete primeros maridos de Sara, que luego casó con el joven Tobías. En cuanto al número de los demonios, Wierus dice que se dividen en 6666 legiones y que cada legión está compuesta de 6666 demonios, lo que hace que su número se eleve a la extraordinaria cifra de 44.435.556 diablos, cantidad muy superior a la calculada por la Inquisición. Además, Gregorio de Nicea pretende que los demonios se multiplican entre sí como los hombres, de suerte que su número debe aumentar de día en día. Wierus afirma que en la monarquía infernal hay 72 príncipes, duques, prelados y condes. En orden a la demonología son dignas de citar las obras siguientes: El *Libro de Adán, Libro de Enoch, Libro de los Jubileos,*

Ascensión de Isaías y *Testamentos de los doce patriarcas.* En estos libros apócrifos se describen muchos pormenores sobre el pecado de los ángeles de las tinieblas y sus relaciones con Adán y Eva y los demás hombres. Remontándonos a los tiempos primitivos, aparecen las creencias sobre los demonios o genios maléficos en varias tablillas y textos cuneiformes descubiertos por los asiriólogos modernos. Es notable una tablilla en lengua acadiense (la de los pueblos primitivos del Bajo Éufrates), en la cual se halla una fórmula de encantamiento donde se describen diversas clases de demonios: el demonio de la montaña, el *Uruku* enorme, el demonio que se apodera del hombre... Asurbanipal, rey de Asiria, que floreció unos siete siglos a. C., mandó hacer una copia de una obra mágica que ya entonces se consideraba de una antigüedad remotísima y que se conservaba en la famosa escuela sacerdotal del Ereeh, en Caldea. El título de uno de los tres libros distintos de que se componía la obra era el de *Los malos espíritus.* Los caldeos, y más tarde los asirios, utilizaron amuletos para luchar contra el demonio del *gigim* malvado, del *maskim* malvado, el demonio íncubo, el súcubo y el que produce la enfermedad. Estos demonios seguían al viajero, entraban en las casas, silbaban, murmuraban, a veces entraban en el establo y maltrataban los animales, etc. Por supuesto, podían entrar en las casas aunque éstas tuvieran puertas y ventanas herméticas; una vez instalados en los hogares provocaban violentas querellas entre los miembros de las familias. Las tra-

diciones cabalísticas y ocultistas ponen cada mes del año bajo el dominio de un demonio determinado, en oposición al ángel que lo protege *(véase* el término *ángeles),* de acuerdo con la relación que sigue: || Enero es el mes de Belial || Febrero es el mes de Leviatán || Marzo es el mes de Satán || Abril es el mes de Astarté || Mayo es el mes de Lucifer || Junio es el mes de Baalberit || Julio es el mes de Belzebú || Agosto es el mes de Astarot || Septiembre es el mes de Thamuz || Octubre es el mes de Baal Noviembre es el mes de Hécate || Diciembre es el mes de Moloch. || Los esotéricos también distribuyen a los demonios de acuerdo con los cuatro elementos conocidos. Así, se les llama diablos del fuego, diablos de la tierra; diablos del aire y diablos del agua. Y en consecuencia, los cuatro ríos principales del infierno también se corresponden con esos elementos: || *Flegetonte,* el de fuego || *Aqueronte,* el de tierra || *Cocito,* el de aire || *Estigio,* el de agua. *(Véanse* todos los términos citados).

DEMONIOS CHINOS
En el infierno chino viven muchos malos espíritus, pero no son más que espectros de gentes que han muerto violentamente: envenenadas, ahogadas, ahorcadas, apuñaladas, de hambre... Sobre estos espíritus existen otros demonios más importantes que reinan sobre ellos, Los principales son: Ching-Kuang Wang, Chu-Kiang Wang, Sung-Ti Wang, Wu-Kuang Wang, Pien-Chon Wang, Tai-Chan Wang, Tu-Che Wang, Ping-Teng Wang y Chuan-Lun Wang.

DEMONIOS DE LOUDUN

Nombre que se da al grupo de demonios que infestaron el convento de ursulinas de Loudun (Vienne, Francia) en el siglo XVII, en particular entre los años 1632-1633, dando lugar a numerosos casos de posesión diabólica y de fenómenos paranormales. El doctor Pillet de la Mesnardière, médico personal del cardenal de Richelieu, fue enviado por éste a Loudun para investigar el caso y hallar pruebas en contra del párroco del lugar, Urbain Grandier, enemigo suyo. Mesnardière estableció la siguiente lista de nombres y ubicaciones de los demonios que tomaron parte en los actos de posesión diabólica habidos en Loudun: || *Leviatán,* que ocupaba la parte central de la frente de la madre priora, Jeanne des Anges; || *Beherit,* que estaba alojado en el estómago de la anterior; || *Balaam,* ubicado bajo la segunda costilla del lado derecho de la anterior; || *Isacaaron,* situado debajo de la última costilla del lado izquierdo de la anterior; || *Eazaz,* que se hallaba debajo del corazón de la hermana Louise de Jesús; || *Caron,* ubicado en medio de la frente de la anterior; || *Asmodeo,* que estaba debajo del corazón de la hermana Agnes de la Motte-Baracé; || *Beherit,* que se hallaba en la cavidad del estómago de la anterior; || *Zabulón,* que estaba en la frente de la hermana Claire de Sazilly; || *Neftalí,* ubicado en el brazo derecho de la anterior; || *Sans Fin* (alias Grandier de la tiranía), situado debajo de la segunda costilla de la parte derecha de la anterior; || *Elymi,* ubicado en un lado del estómago de la anterior;

|| *Enemigo de la Virgen,* localizado en la garganta de la anterior; || *Verrine,* que estaba en la sien izquierda de la anterior; || *Concupiscencia* (¿de la orden de los querubines?), situado en las costillas de la parte izquierda de la anterior; *Baruch* o *Carreau,* que tenía embrujado el estómago de la hermana Seraphica con una gota de agua; || *Elymi,* que tenía una hoja mágica de agracejo en el estómago de la hermana Anne d'Escoubleau, al tiempo que dominaba el estómago de su hermana Claire; mana lega Isabeau Blanchard que, además, tenía un demonio metido en cada axila, otros debajo del ombligo, del corazón y del pecho izquierdo; || *Ginnillion,* que fue uno de los cuatro demonios que poseyeron del cuerpo de Françoise Filatreau, ocupando la parte anterior del cerebro; || *Jabel,* que se movía por todo el organismo de la anterior; || *Buffetison,* que estaba bajo el ombligo de la anterior; *Rabo de Can* (¿de la orden de los arcángeles?), ubicado en el estómago de la anterior. || Todos esos demonios actuaban sobre los humores, sistemas nerviosos y psicomotrices y los sentidos de las monjas, influenciando sus mentes, dando lugar a delirios, convulsiones y manifestaciones paranormales. Como ya dijimos en nuestra obra *Los pactos diabólicos,* el demonio no penetra ni se apodera del alma del cristiano poseído, sino que bloquea, interfiere o reprime en cierta manera el poder que el alma tiene sobre el cuerpo y toma su dominio o dirección. Recordemos que a causa de su sutileza y espiritualidad (no hay que olvidar que es un ángel caído y que, como

tal, goza de poderes extraordinarios) el demonio puede penetrar en cualquier cuerpo humano, quedarse o morar en él, perturbarlo y moverlo, y que puede producir los efectos principales siguientes: || 1.º Trasladar al poseso, en un instante, de un lugar a otro. || 2.º Producir todos los cambios corporales que se pueden originar por algunas virtudes naturales. || 3.º Dañarle con apariciones imaginarias, excitándole en la imaginación especies intencionales de cosas inexistentes o ficticias. || 4.º Atormentarle por medio de visiones corporales, apareciéndose ante los ojos del poseso en formas horribles. || 5.º Servirse de todos los sentidos del poseso, principalmente del tacto. Por lo que respecta al caso de los demonios de Loudun, hay que recordar que Urbain Grandier fue acusado de haber hechizado a las monjas y de haber provocado con su malignidad la posesión colectiva. Sin embargo, esa acusación no pudo probarse y Grandier, exultante, cometió la gran equivocación de criticar y enfrentarse al cardenal Richelieu, quien se vengó enviando a un nuevo investigador extraordinario, a Jean de Laubardemont, pariente de la madre superiora Jeanne des Anges. Se reabrió el proceso y en él intervinieron otros tres sacerdotes, Lactance, Tranquille y Surin (éste como experto exorcista). Grandier fue detenido en Angers ese mismo año y sometido a tortura, pero nunca confesó su culpabilidad, sino todo lo contrario. Al final fue condenado a morir en la hoguera, sentencia que fue ejecutada el 18 de agosto de 1634. El padre Lactance,

el fanático enemigo de Grandier, fue el encargado de prender fuego a la hoguera con una antorcha. Al ver como prendían las llamas en torno suyo, en un momento de arrebato, inspiración y odio, Grandier gritó el siguiente anatema: «Hay un Dios en el cielo que nos va a juzgar a ti y a mí. Te ordeno que comparezcas ante Él, todavía en este mes». Cosa extraordinaria. Un mes justo después de la sentencia, el 18 de septiembre de 1634, el padre Lactance moría de forma horrible, entre extrañas convulsiones, babeos y gritos (presuntamente falleció de rabia canina, una de las enfermedades más terribles). Hay que aclarar que la ejecución de Grandier no sirvió para purificar el convento de Loudun, en el que siguieron manifestándose los distintos demonios y fenómenos de las poseídas. Un médico y dos exorcistas perdieron la razón. Y un tercer exorcista, el padre jesuita Jean-Joseph Surin, pudo librarse con su fe y religiosidad de trastornos mentales transitorios y del propio demonio, pues también fue atacado y poseído por éste.

DEMONOCRACIA

Dominación del demonio o de los demonios en el reino de la naturaleza o en el de la gracia. Gobierno de los demonios, o influencia inmediata de los espíritus malignos: religión de algunas tribus americanas, africanas, asiáticas, etc., que reverencian al diablo ante todas las cosas.

DEMONOGRAFÍA

Ciencia, tratado de la naturaleza y de la influencia de los demonios.

DEMONÓGRAFO

Persona que escribe acerca de los demonios; autor de un tratado acerca de los demonios, como Delrío, Vierius, etc.

DEMONOLATRÍA

En teología, persona que adora y da culto a los demonios. En medicina, especie de alucinación durante la cual el enfermo cree adorar al demonio.

DEMONOLOGÍA

Tratado acerca de los demonios.

DEMONÓLOGO

El que se ocupa en la demonología. Demonógrafo.

DEMONOMANCIA

Facultad de adivinar el porvenir merced a las inspiraciones de un demonio interior o por medio de diablos que responden a las preguntas que se les hacen.

DEMONOMANÍA

Variedad de la enajenación mental, en la cual el enfermo está perseguido por la idea de que le posee el demonio, o en que la idea del diablo y del infierno le causan un terror llevado hasta la locura.

DEMONOMANÍACO

Que padece de demonomanía.

DEMONONÍA

Dominio, señorío del demonio.

DENIX

Deidad japonesa de la guerra, adorada principalmente por la secta de los cingopinas, una de las más antiguas del país. Se le representa con un cuerpo, tres cabezas y cuarenta manos. Las tres cabezas simbolizan el Sol, la Luna y los vientos. El cuerpo es símbolo de la materia primitiva. Y las cuarenta manos aluden a las cualidades celestes, naturales y humanas.

DERCETO

Diosa asiria, a la que se representaba mitad humana (torso, brazos y cabeza) y mitad pez (de cintura para abajo); en la espalda llevaba alas. Le estaban consagrados los peces y se le rendía culto en templos en los que había grandes estanques. Era la representación femenina de las fuerzas fecundantes de la naturaleza, así como *Dagón (véase* este término) era la masculina. Según la leyenda referida por Diodoro de Sicilia, Derceto ofendió a Venus, y entonces la diosa le inspiró una pasión ciega hacia uno de los hombres que le ofrecían sacrificios en el templo. De esta pasión nació una niña, Semíramis, y entonces, también por obra de Venus, acabó el amor que Derceto sentía, al que siguió el conocimiento de su falta y la vergüenza de haberla cometido. Derceto, llena de ira, arrojó a Semíramis de su lado e hizo matar al hombre que había amado. A continuación se arrojó al río para darse muerte, pero sobrevivió tomando la forma mitad de mujer y mitad de pez. Es muy posible que Derceto inspirara la leyenda de las *sirenas (véase* este término).

DEROVDI

Demonio persa que procura destruir las tierras privándolas del agua que necesitan para hacer crecer la vegetación.

DESFILADERO DEL DIABLO
Se halla en Arizona (Estados Unidos), cerca de la población de Leupp. Es un camino profundo, tortuoso, pedregoso, difícil y rodeado de altos muros rocosos, verticales y sesgados, que de noche adquieren tintes tenebrosos y fantasmagóricos.

DEUMO (DEUMUS)
Demonio hembra al que temían los habitantes de Calicut, en Malabar. Lleva una corona y tiene cuatro cuernos en la cabeza y cuatro dientes encorvados en la boca, que es enorme. La nariz es ganchuda y los pies son como patas de gallo. Los dedos de las manos son como garras. Se representa a esta demonia con los pies reteniendo un alma y dispuesta a devorarla.

DEUTAS
Genios benéficos de la India. Según las creencias búdicas, los deutas nacieron del primer brahmán. Pertenecen a una raza inmortal y entre ellos figuran el Sol, la Luna, las estrellas y la lluvia.

DEV (Devs, Dew)
Nombre genérico que se aplica a los genios o espíritus maléficos del mazdeísmo, religión del antiguo Irán (Persia). El término parece derivar del zendo daeva, «demonio», «diablo». Según la doctrina del Avesta, los devs o daevas (muchas veces se confunden con los devas o devatas de la India, de manera impropia) personifican la perfidia, la maligni-

dad, la crueldad, las tentaciones y la vida licenciosa. A los principales devs se los tiene por príncipes y son siete: Akumán, Achmog, Khevezo, Vazirech, Eskem o Echem, Eghech y Egetech. Eskem es el demonio de la envidia. Estos espíritus infernales o demoníacos están presididos por Zanak-Minoi o Ahrimán, espíritu de la muerte (Angrananyui en zendo).

DEVACHIAH
Uno de los cuatro ángeles cuyo nombre se inscribe en el primer pantáculo de Júpiter, según The Key of Solomon the King de Mathers, y La ciencia secreta de la magia de Idries Shah, el cual está destinado a invocar a los espíritus del planeta con el objetivo de hallar tesoros. Los nombres de los otros tres espíritus angélicos son Tzedeqiah (Sedekiak), Netoniel y Parasiel (véase ese último término).

DEVAS (Devatas)
Según la doctrina védica son los buenos espíritus, los genios amigos de los seres humanos, los entes angélicos o tutelares. Son los espíritus superiores y benéficos de muchas doctrinas hindúes, budistas y jainistas. En teosofía, los devas constituyen uno de los órdenes de espíritus que componen la jerarquía que rige el universo bajo la deidad. Se identifican, en el plano astral, tres clases inferiores de devas: Kamadevas, que influyen en el cuerpo astral; Rupadevas, que usan como vehículo el mayavirupa; y Arupadevas, que actúan en el cuerpo causal (Karanasarira). Esos devas poseen vastos conocimientos, poder y grandeza de espí-

ritu y, al igual que los ángeles, hacen de intermediarios entre la Divinidad y las necesidades humanas.

DHAMPIR

Nombre que los serbios dan al hijo del vampiro. Como el vampiro serbio es invisible para todos excepto para su hijo o hijos, el dhampir tiene la ventaja de poder ver a su progenitor –al que odia mortalmente– y luchar contra él, cosa que hace en una plaza pública, a la vista de todos, si bien la gente se mantiene a prudente distancia, ya que podría salpicarles alguna gota de sangre, lo que les haría enloquecer o caer muertos. Ornella Volta, en su obra *The Vampire (El vampiro),* explica el rito de ese enfrentamiento con todo detalle (que trascribimos del libro de Anthony Masters *(Historia natural de los vampiros):* «El dhampir empieza a silbar como un cazador, luego hace como aquel que intenta distinguir algo o a alguien a través de la niebla y empieza a jugar al escondite con variados objetos, despojándose de manera gradual de sus ropas. Ya en paños menores, mira a través de una manga de su camisa a guisa de catalejo; los espectadores inquieren qué forma ha adoptado el vampiro a lo que, invariablemente, contesta: "Tiene forma humana", o, por el contrario, "Es una serpiente" (o una gallina, etc.). Luego el dhampir entabla una lucha cuerpo a cuerpo con el invisible vampiro, golpeándolo y retorciéndolo como si lo estuviera despedazando. Al fin, emitiendo un largo y curioso silbido con el que expresa su satisfacción por haber dado muerte a su oponente, exclama: "Lo he matado"».

DIABLO

Nombre que se da a los demonios en general. Atendiendo a su origen, es de notar que la palabra «diablo» se deriva del latín *diabolus* y ésta, a su vez, de la griega *diabolos.* Lo mismo en latín que en griego esta palabra se toma siempre en mal sentido, es decir, para designar al espíritu maligno, mientras que al principio, por el contrario, la palabra *demonium* o *daimonion,* lo mismo los latinos que los griegos, la tomaban por genio bueno o malo, según las circunstancias. Sobre las distintas creencias sobre el diablo, *véase* el término *demonio.* Aún hoy día, los habitantes de las islas Maldivas hacen en honor del diablo sacrificios de pollos y gallos, y los indios de Tavali le abandonan durante tres meses sus viviendas al comenzar el año, después de llenarlas de provisiones. En el Infierno de Dante cada uno de los diablos descritos tiene un nombre significativo. Así, *Alichino* es el marrullero, pérfido y feroz; *Barbariccia,* el cruel y colérico, tiene la barba crespa y rizosa; *Cagnazzo* es pérfido, zaino y chismoso; *Calcabrina,* el que zahiere y menosprecia la divina gracia; *Ciriatto sannuto,* el montaraz jabalí de afilados colmillos; *Draghignazzo,* el emponzoñado con el veneno de un dragón; *Farello,* maligno y fanfarrón; *Grafficane,* perro cuyas dentelladas destrozan; *Libicoeco,* satírico desenfrenado; *Rubicante,* rojo de ira y colérico; *Scarmiglione,* que descuartiza, flagela y arranca los cabellos.

DIABLO COJUELO

Demonio popularizado por Luis Vélez de Guevara (1579-1644) en su novela *El diablo cojuelo*. Es éste un diablejo de pequeña estatura, vivacísimo, belicoso, maledicente y entrometido. Es cojo y se vale de dos muletas para andar; tiene el cuello torcido, la cabeza calabacina, sembrada de chichones, y las narices chatas. Su boca es grande, con sólo dos colmillos. Hace gala de erizados bigotes. Este demonio tiene cierta semejanza con los gnomos y duendes; es un personaje muy popular en el folclore español, del cual lo tomó Vélez de Guevara. Muchas de las brujas condenadas por el Santo Oficio por sus prácticas mágicas, confesaron haberle evocado en sus sortilegios, ora con colas de lagarto, ora con círculos trazados en la ceniza. Es tradición que la cojera de este diablo le viene de la famosa caída de los ángeles rebeldes. Él mismo lo explica así: «... me llamo de esta manera porque fui el primero de los que se levantaron en la rebelión celestial, y de los que cayeron y todo; y como los demás dieron sobre mí, me estropearon, y así, quedé más que todos señalado de la mano de Dios y de los pies de todos los diablos, y con este sobrenombre»... Según la tradición, el diablo cojuelo fue quien enseñó a los hombres todo cuanto el mundo contiene de alegre, de maledicencia, de embrollo, de jarana, de mentira, de engaño, de usura, de fraude, de zarabanda, de escándalo, de jácara y de bullanga. En su obra, Vélez de Guevara hace que un estudiante libere al diablo cojuelo de la redoma en la que un mago le ha encerrado, y el diablejo, agradecido, lleva a su libertador por los aires y le va enseñando uno por uno el interior de las casas, cuyos techos levanta como si se tratara de moradas de juguete, y así pueden contemplar a sus habitantes en la mayor intimidad, tal como son verdaderamente, con todos sus vicios y sus pocas virtudes.

DIABLO SUCIO

Se da este nombre a un río del estado de Utah (Estados Unidos), de aguas turbias y arenas muy traidoras.

DIABÓLICO

Perteneciente o relativo al diablo.

DIABOLISMO

Conjunto de doctrinas sobre el diablo y sus artes diabólicas.

DIABOLISTA

Sectario del diabolismo.

DIAMBLICHE

Nombre del diablo en la isla de Madagascar. Hasta hace pocos años era muy reverenciado, hasta el punto de que los hechiceros le ofrecían las primicias de todos los sacrificios. Llamado también *Diambilico*.

DIAÑO

Especie de fauno, con cuernos a manera de diablo, que se divierte asustando a la gente en Asturias (España). Se aparece de noche y puede trasformarse en varios animales, como caballo, sapo, liebre, puercoespín, vaca...

DINIEL

Espíritu angélico que se invocaba (junto con otros ángeles, como Zadikiel, Prokiel, Sahariel...) en conjuros y amuletos siríacos contra los malvados funcionarios de la época: jueces, emires, gobernadores, prefectos, sátrapas, etc., según el Códex C (sección 3) del Museo Británico, *El pequeño libro de protección*, de acuerdo con la transcripción de Wallis Budge (*Amulets and Superstitions*, Londres, 1930). Asimismo, es uno de los setenta ángeles amuleto que se invoca para proteger los partos y a los bebés, de acuerdo con el *Libro del ángel Raziel*.

DINOSAURIOS

Orden de reptiles fósiles, propios de la era mesozoica. Eran animales terrestres, de talla generalmente grande, a veces gigantesca, y de formas externas muy diversas. Tenían la cabeza relativamente pequeña, el cuello largo, al igual, que la cola (siempre muy robusta), y las extremidades posteriores a menudo más largas que las anteriores. Su cavidad craneal era extraordinariamente reducida. Estos reptiles extinguidos, aparecieron hace unos 200 millones de años y desaparecieron de la Tierra a finales del cretácico. Existían numerosas especies; algunos ejemplares tenían una longitud de 30 metros. Se extinguieron hace unos 70 millones de años. Entre los más conocidos se hallan los siguientes: Brontosaurus, brachiosaurus, diplodocus, tricerátops, trachodon, tyrannosaurus, stegosaurus, scolosaurus, gigantosaurus, naosaurus, iguanodon y plateosaurus.

DIPLODOCO

Género de dinosaurios, del grupo de los saurópodos, cuyos restos fósiles se encuentran en el jurásico superior de América del Norte. Los primeros restos de diplodocus fueron encontrados por Williston, en 1877, cerca de Cañon City, Colorado; más tarde se hallaron otros ejemplares en diferentes localidades, como Bluffs, Sheep Creek, etc., del estado de Wyoming. Estos reptiles gigantes medían hasta veintitrés metros de largo y su larga cola terminaba en una porción muy delgada, a modo de látigo, que se supone que servía al animal de defensa. La forma de sus dientes, su disposición en el cráneo y la articulación de éste con la columna vertebral, indican un régimen herbívoro, así como la presencia de una gran abertura nasal en la parte superior de la cabeza hace suponer que debían de pasar mucho tiempo en el agua. Es muy probable que se alimentaran de plantas acuáticas. Su capacidad craneana era tan reducida, al menos en los restos de los ejemplares hallados, que difícilmente cabría una nuez.

DIRACHIEL

Según Barrett, es el ángel que gobierna la sexta mansión de la Luna, de las veintiocho existentes. Se le invoca para que favorezca el comercio.

DISCAS

Genios hembras de la raza de los *alfars* (*véase* este término).

DITE (Ditis, Dis)

El negro Dite era uno de los nombres que se daba a Plutón, rey de los infiernos o del averno, como cita Virgilio (*Eneida,* VI). Más tarde, con el apogeo del cristianismo, se identificó Dia o Ditis con *Lucifer (véase* este término). Es por ello por lo que Dante lo acepta y en *La divina comedia* califica a Ditis-Lucifer como «el emperador del doloroso reino» (canto XXXIV).

DJINNS

Según las creencias mahometanas, los djinns son genios o seres sobrenaturales intermedios entre los seres humanos y los ángeles. Los djinns se dividen en benéficos y en maléficos o demonios *(sheyatin)* y presentan variedades tales como los afrits (efrits) y los ghoules que, en cierta manera, corresponden a los gnomos, gobelinos y kobolds occidentales. A manera de los ángeles y de los demonios, los djinns pueden ser invocados por medio de rituales mágicos y pedirles cualquier cosa. Según los musulmanes, los djinns fueron creados a partir del fuego y están desprovistos de sangre, de carne y de huesos. Puede vérselos como una sombra. Las moradas de los djinns son muy variadas; los hay que habitan las islas del mar, mientras que otros viven en las corrientes de agua, como las fuentes y los pozos. Otros se esconden en las montañas y las casas de campo deshabitadas. Los cuatro reyes tradicionales de los genios musulmanes son Xamharux, Alahmar, Maimun y Alasfar. (Nótese la semejanza de algunos de esos nombres con el de algunos demonios occidentales).

DJUDJE

Nombre que dan al gnomo en Bulgaria.

DOBBY

Nombre amigable que se aplicaba en Yorkshire y Lancaster (Inglaterra), a los *hobgoblin (véase* este término).

DOBIE (Bhar-geist)

Nombre que daban en el Reino Unido, sobre todo en el condado de York, a un tipo de *brownie (véase* este término). Pero algunos estudiosos del folclore opinan que era más una especie de duende familiar tutelar. Habitaba en lugares o parajes determinados de cada localidad y se mostraba bajo diferentes formas. Hay historias que hablan de dobies poco amigables y perjudiciales.

DOCKALFAS (Dockalfar)

En las tradiciones escandinavas, especie de genios oscuros y malignos que viven bajo tierra, en cavernas tenebrosas. Pueden considerarse entroncados con los enanos. Son de la raza de los *alfars* o *elfos (véanse* estos términos).

DOMDANIEL

Palacio o ciudadela fantástica que en *Las mil y una noches* se sitúa bajo el mar, cerca de Túnez. Es la morada de los malos espíritus y de los entes diabólicos, los cuales emergen de su baluarte subacuático para sembrar el mal entre los hombres. Southey utilizó *Domdaniel* como argumento para su *Thalaba.* Y algunos autores, como Carlyle, usan el nombre como sinónimo de «antro de iniquidad».

DOMIEL (Dumiel)

Ángel guardián del séptimo cielo. Es uno de los regentes de los cuatro elementos. Y según los gnósticos, ess también uno de los grandes arcontes o gobernadores.

DOMINACIONES

Ángeles de la segunda jerarquía, cuartos en el orden jerárquico después de los *querubines, serafines* y *tronos (véase* el término *ángeles).* Son citados ya por san Pablo (Epístola a los Efesios I, y Epístola a los Colosenses I). Y según el teólogo español Francisco Suárez (siglo XVI), estos ángeles son tan sólo *ministrantes* o custodios, en cuanto dirigen o presiden todos los asuntos referentes al ministerio de los ángeles custodios, que inmediatamente ejercitan los cinco grados inferiores bajo las órdenes de las dominaciones. Reciben el nombre de dominaciones (ángeles operantes), porque vencen fácilmente los obstáculos que se oponen al cumplimiento de sus misiones. Las tradiciones esotéricas, gnósticas y cabalísticas consideran que los principales príncipes de las dominaciones son Zadkiel, Hashmal, Zacharael (Yahriel) y Muriel.

DOMOVOI

Especie de duende, genio o espíritu familiar entre los antiguos eslavos. El nombre deriva de la palabra *dom,* «casa». Según las tradiciones rusas, el domovoi se familiariza con la casa en que habita, hasta el punto de no querer abandonarla jamás; cuida de ella y de los quehaceres domésticos. Cuando un campesino ruso se construía una nueva isba, su esposa, antes de instalarse en ella, cortaba una rebanada de pan y la colocaba bajo el hornillo para atraer al domovoi a

28. Domovoi

la nueva morada, pues éste era el lugar en que el espíritu prefería vivir, aunque también solía instalarse junto al umbral, en la puerta de entrada. Era creencia popular que el domovoi ponía en guardia a los moradores de la casa contra los peligros y desgracias. Para un mortal resultaba difícil ver al domovoi, pero podía percibir su voz, así como los gemidos y ahogados sollozos que emitía. Hablaba con voz suave y acariciante, excepto cuando se hallaba molesto o enfurecido por algo. Este espíritu –que en realidad viene a ser un equivalente del *duende (véase* este término) occidental– rompía a llorar cuando se avecinaba la defunción de un miembro de la familia que protegía. El domovoi solía ser representado como un hombre barbudo y velludo, con un pelo sedoso que le cubría hasta las palmas de las manos. A veces, unos cuernos adornaban su frente (como un espíritu maligno) y estaba dotado de cola. Sólo causaba malas pasadas a las casas vecinas. De noche, después de apagarse el fuego, vigilaba y visitaba los establos y los animales domésticos, por lo que no era raro que se le pintara como un animal doméstico y hasta como una gavilla de heno.

DONES D'AIGUA

Las dones d'aigua («mujeres de agua»), son las hadas de las fuentes, estanques y lagos de las tradiciones catalanas. Son una especie de descendientes de las *ninfas (véase* este término). Las dones d'aigua figuran en muchos cuentos y fábulas. Es tradición que en la noche de la víspera de San Juan, se dejen ver o sentir, como las del estanque de Lanós, en el Pirineo Oriental.

29. Dona d'aigua

DONGUS (*Véase* BUNYIPS)

DOÑETES (Donyets)

Duendes hogareños típicos de Valencia, también conocidos como *cerdets (véase* este término).

DORILAS

Centauro que fue muerto por un lapita durante las bodas de Piriteo.

DOROTHIEL

Príncipe angélico que reside en la mansión del viento maestrale o mistral (antiguamente Chorus), según el abad Trithemio. Se le invoca para que ayude a solucionar todo lo relacionado con testamentos, herencias, donaciones, legados…

DRAC

Nombre dado en Languedoc (Francia) a unos duendes o trasgos. Son burlones, ruidosos y en ocasiones atrabiliarios; se complacen en tomar venganza de cualquier ofensa que se les haya inferido. No obstante, la mayoría de sus jugarretas son inofensivas y, a veces, hasta llegan a prestar buenos servicios a las gentes que les caen simpáticas. Tienen la facultad de hacerse visibles a voluntad y de trasformarse en animales o cosas. Los dracs presentan ciertas semejanzas con los follets, de Cataluña; los codines, de Aragón, y los duendes y trasgos, de Castilla. En algunas localidades el drac aparece en forma de caballo y con instintos bastante malvados, lo que recuerda al *kelby* (*véase* este término) de los escoceses; en otras, como en Montague-Noir, lo hace en forma de cordero y es bastante bienhechor. En este segundo caso, apenas hay que temer sus travesuras, que son más bien de espíritu juguetón. Por ejemplo, si un mozo de cuadra ha trenzado las crines de una mula o de un caballo, el drac deshace el trabajo al instante; si ha ensillado un caballo que debe salir de viaje, el duende no vacila en volver la silla, de manera que la baticola quede en las orejas y la brida enlace la cola. A veces también atormenta a las jovencitas, para lo que se metamorfosea en cinta enrollada, sin presentar el comienzo, por lo que las muchachas no pueden atarse convenientemente los cabellos con ella.

DRÁCULA

La figura del conde Drácula, el vampiro por antonomasia, el muerto viviente que tanta celebridad ha alcanzado en el cine y televisión, casi no necesita presentación. Como las figuras literarias del doctor Jekyll y mister Hyde y Frankenstein, Drácula ha cobrado plena vida en la sociedad tecnológica del siglo xx, alcan-zando una fama que su creador ni siquiera había sospechado. ¿O sí lo había previsto? Porque la existencia de su padre literario, el escritor irlandés Abraham Stoker (Bram Stoker) es tan intrigante como el personaje que naciera de su mágica mente. Stoker nació en Dublín el 8 de noviembre de 1847, bajo el signo de Escorpión, el de la muerte. Gozó de salud precaria desde joven, lo que no impidió que estudiara intensamente en el Trinity College de su ciudad natal. Más tarde ejerció como crítico y director teatral y escribió varias obras de tipo fantástico, hasta que concibió su novela *Drácula,* que fue editada por Constable Press de Londres en mayo de 1897. El día 18 del mismo mes, Stoker hizo dar una representación teatral de la obra en un prólogo y cinco actos. Y de esta forma empezó a cobrar forma casi corpórea la figura legendaria del conde Drácula, el temible vampiro de Transilvania. Sobre la creación de esta figura literaria hay que destacar el hecho de que Bram Stoker era miembro de la secta ocultista Hermetic Order of the Golden Dawn (Orden Hermética del Alba de Oro), dedicada a la enseñanza y práctica de la magia que se atribuía a Hermes. En esta secta brillarían grandes e inquietos personajes, como el poeta W. B. Yeats, el escritor de temas sobrenaturales Algernon Blackwood, el escritor de lo fantástico y de lo incomprensible Arthur Machen, el mago negro Aleister Crowley, el erudito ocultista MacGregor Mathers, el creador de Fu-Manchú Sax Rohmer, William Wyn Wescott, Austin Osman Spare, Allan Bennett y muchos otros. El precedente histórico (un personaje real del siglo xv, célebre en Valaquia por su crueldad contra los turcos, el llamado Vlad Drakula) tiene que ver con el sadismo, el canibalismo y los ritos sangrientos, pero no con el vampirismo y el mundo sobrenatural en sí, por más que Stoker se inspirase en él, como lo prueban los pasajes en los que el conde se refiere a su pasado. Del mismo modo, Stoker utilizó libremente las creencias populares de Rumanía para adornar su personaje y obra. La transformación del vampiro en murciélago no estaba incluida en éstas –aunque sí su transformación en otros animales–, como tampoco el hecho de que no proyecte sombra alguna ni se refleje en los espejos. Stoker exageró asimismo el poder de recursos profilácticos como los ajos y la cruz, mucho menos importantes en la tradición real. Como todos los vampiros, Drácula salía por la noche de su encierro en busca de víctimas, a las que chupaba la sangre. Todo ser humano que moría a sus manos se hacía a su vez vampiro, se convertía en un reviniente. La luz del sol era mortal para Drácula, la cual podía reducirlo a cenizas. Y como sabemos, los hombres podían luchar contra Drácula y los demás vampiros exhumándolos de día, mientras se hallaban en estado letárgico, y clavándoles una fuerte estaca en el corazón. También se les podía matar cortándoles la cabeza, arrancándoles el corazón, quemándolos y utilizando talismanes adecuados. (Para más detalles y literatura sobre esos ances-

trales chupadores de sangre, *véase* el término *vampiro*). Aunque Stoker escribió su novela *Drácula* gracias a los datos suministrados por su amigo Arminius, quien descubrió en Bucarest dos manuscritos en los que los turcos daban testimonio de las crueldades del príncipe valaco Drácula, no es menos evidente que reunió en el mismo personaje el tema del vampirismo –por entonces muy en boga en Europa– y el de la necromancia y sistemas mágicos aprendidos en los libros ocultistas y en la Orden Hermética del Alba de Oro. ¿No representa acaso el vampiro Drácula el ciclo vida-muerte-vida, es decir, el proceso de la reencarnación, el de la muerte temporal y resurrección? ¿No son los medios empleados para resucitar o dar vida al vampiro –sangre de seres vivos– puros rituales de magia roja? Podríamos decir que Stoker incluso se adelantó a nuestro tiempo sobre la necesidad imperiosa de sangre de nuestra civilización. ¿Qué diría Drácula si viviera en este momento y viera la cantidad de extracciones y trasfusiones de sangre que se realizan diariamente en los centros hospitalarios de todo el mundo? Los otros ingredientes mezclados por Stoker en su famosa obra son el sadismo-masoquismo, la sensualidad, los deseos eróticos prohibidos por la religión, la atracción por el más allá y el mundo de las sombras…, tan comunes en el ser humano. De ahí el interés que siempre despierta en el público el aspecto sádico-erótico de Drácula, ya que en realidad no es nada más que la representación de sus tendencias atávicas a dejarse llevar por la agresividad, lo carnal, el sexo, el gusto por la sangre de los ancestrales sacrificios (a lo mejor registrados o impresos en el inconsciente colectivo), pues no en vano, Drácula muerde siempre a sus víctimas en la zona erógena del cuello... Todos esos aspectos son contrarrestados por lo espiritual y lo religioso, presentes siempre en las obras de vampirismo y, en especial, en Drácula, en la forma del consabido crucifijo que acaba siempre venciendo al famoso conde, al pecado, al sexo, a la maldad, devolviéndolo al cementerio del alma humana, a los rincones oscuros de la personalidad... Bram Stoker, el autor de *Drácula,* falleció en Londres el 20 de abril de 1912, después de seis años de penosa enfermedad, a la edad de sesenta y cuatro años. Su memoria y sus obras son recordadas y divulgadas por varias entidades culturales, entre las que descuellan The Bram Stoker Society de Dublin y The Dracula Society (La Sociedad Drácula) de Londres. La Sociedad Drácula organiza cada año actos relacionados con el estudio y divulgación de las obras de vampirismo y terror y, en particular, con la obra de Bram Stoker. Así, esta sociedad colocó hace unos años una placa recordatoria en la fachada de la casa del número 18 de St. Leonards Terrace, en Chelsea, Londres, lugar en donde Stoker residió mientras escribía su *Drácula,* el personaje que siempre vuelve a resucitar en un nuevo filme, que recuerda el lado oscuro del alma humana, su sombra psíquica. Como sabemos, para crear su personaje,

Bram Stoker se basó en la vida y hechos del voivode o voivoda (del eslavo *vaivod,* «príncipe») Vlad Tepes o Vlad *el Empalador,* más conocido por *Dracula* (Drácula), quien ocupó el trono del principado de Valaquia (Rumanía) en tres ocasiones. La agitada vida de Vlad Tepes trascurrió en pleno siglo xv, cuando Europa se hallaba dividida en multitud de reinos y condados y el Mediterráneo era escenario de continuas luchas entre árabes y cristianos. En parte, la existencia de Vlad Tepes estuvo marcada por la disputa que existía por el trono de Valaquia entre las dos ramas de la dinastía del país, descendientes de los hermanos Dan (1377-1386) y Mircea el Viejo (1386-1418). A causa de ello, esa lucha es conocida como «rivalidad entre las familias Dan y Drácula». Vlad Dracul, el padre de Vlad Tepes, fue destronado y muerto, junto con su hijo Mircea, en diciembre de 1447 después de una intervención militar del gobernador de Hungría y voivoda de Transilva-

30. Castillo del Drácula

nia, Iancu de Hunedoara (el título de voivoda se daba a los soberanos de Moldavia, Valaquia y Transilvania, integradas estas dos últimas regiones en la actual Rumanía). El joven príncipe Vlad (había nacido hacia el 1428, seguramente en Sighisoara) trató por todos los medios el vengar la muerte de su padre y su hermano, además de asegurar su herencia del trono; por lo que no vaciló en aliarse con los turcos, quienes derrotaron a los cristianos en la célebre batalla de Kossovo, que se libró entre el 17 y 19 de octubre de 1448. Pese a esa preponderancia de las armas turcas en aquella zona, Vlad Tepes no pudo ocupar el trono por mucho tiempo. Sobre ese episodio de Vlad Tepes, el profesor Giurescu, destacado especialista en historia medieval rumana, nos dice: «... Así, entabló relaciones con los bajaes del Danubio y sobre todo con el de Nicópolis, con la ayuda del cual logró ocupar el trono de Valaquia en el otoño de 1448, mientras el príncipe del país, Vladislav II, participaba con un contingente militar, al lado de Iancu de Hunedoara, en la campaña de los Balcanes, que concluyó desfavorablemente para los cristianos con la batalla de Kossovo (octubre de 1448). Cuando Vladislav II volvió con su ejército de Kossovo, el joven Vlad no pudo resistir y tuvo que retirarse. En consecuencia, su primer reinado duró muy poco: un mes, tal vez dos». Durante varios años, Vlad Tepes llevó una vida errante, buscando aliados para su causa; primero en el Imperio otomano, después en Moldavia y Transilvania, de nuevo en Molda-

via... El tiempo pasaba y el odio y el rencor se iban acumulando en el pecho del príncipe, hasta que el destino hizo que volviera a ser candidato al trono de Valaquia (primavera de 1456), pero ahora apoyado por Iancu, que enemistado con Vladislav II le iba arrebatando su territorio. En la lucha final, Vladislav II perdió la vida y Vlad Tepes recobró el trono (julio de 1456). A pesar de dicha colaboración, las relaciones entre los húngaros y Vlad Tepes no fueron buenas; se produjeron roces, discusiones, conspiraciones y enfrentamientos que pusieron en peligro el trono de Vlad. Además, éste tuvo que someter a su voluntad a ciudades que, como Brasov, le eran hostiles y apoyaban a otros candidatos. A principios del año 1459, Basarab, un pretendiente al trono de Valaquia, respaldado por parte de los «sasi» (habitantes de origen alemán), y con ocasión de hallarse en Transilvania, cerca de Sighisoara, intentó un levantamiento que Vlad Tepes reprimió de manera muy cruel y despiadada. Sobre ese episodio, que puso de manifiesto las sádicas tendencias del príncipe, el profesor Giurescu precisa: «Los que codiciaban el trono de Valaquia se justifican con las sangrientas represalias de Vlad: cuarenta y un mercaderes de Brasov que se encontraban en Valaquia fueron empalados; otros trescientos, entre los cuales se hallaban muchos jóvenes que servían también de informadores a los sasi, murieron en la hoguera. Al mismo tiempo, el príncipe ataca la comarca de Sibiu; varias aldeas, entre ellas, según parece, Noul Sasesc, Hosman y Bendorf, son saqueadas e incendiadas. Otras tropas invaden el país de Birsa, atacan Brasov, incendiando las casas de campo y la iglesia de San Bartolomé. Todo ello ocurrió en los primeros meses de 1459». Al año siguiente (marzo de 1460), Dan, otro pretendiente al trono de Valaquia, llevó a cabo varios golpes militares, seguramente con la ayuda de los habitantes de Brasov, que querían vengar a sus recientes víctimas y castigar los atropellos sufridos a mano de los hombres de Vlad Tepes. Éste, que empezaba a ser más conocido por «Draculea», «Drácula» y el apelativo equivalente a «el Empalador», reprimió este nuevo levantamiento de forma más terrible y decisiva. Hizo prisionero a Dan, a quien hizo decapitar después de hacerle asistir al servicio religioso del entierro y obligarle a cavar la propia tumba. Drácula no se olvidó, por supuesto, de castigar ejemplarmente a los cómplices de su derrotado enemigo, punición que el profesor Giurescu nos relata así: «Dan había contado con la ayuda de los habitantes de Fagaras y Amlas; Vlad envió contra estas comarcas un ejército que las devastó (agosto de 1460). Ciertas aldeas, como Sercaica y Mica, fueron completamente destruidas, de modo que, dos años más tarde, tuvieron que ser colonizadas de nuevo. Amlas cayó el 24 de agosto; los campesinos, encabezados por el cura, fueron condenados a la pena que Vlad solía aplicar: el empalamiento». Recordemos que esa forma de ajusticiar a las personas consiste en atravesarlas con un palo puntia-

gudo, generalmente por el ano (obsérvese el parecido con la manera de matar a un vampiro con una estaca, aunque en este caso sea clavándosela en el corazón). Drácula lo había aprendido de los mahometanos, pero como en Rumanía abundaban tanto los árboles, Vlad presentó la novedad de preferir empalar a la gente en largos postes, que se plantaban en el suelo, a manera de árboles con frutos humanos. Llegó a formar verdaderos bosques o senderos de ese tipo, de ahí que el sobrenombre que se le aplicó de «el Empalador» llegara a eclipsar al suyo verdadero. Pese a las diferencias con sus vecinos cristianos, la necesidad de aunar esfuerzos contra el enemigo común hizo que en otoño de 1460, Vlad y el nuevo rey de Hungría, Matei Corvin (1458-1490), dieran por terminado el estado de tensión entre los dos países y firmaran una alianza secreta contra los otomanos. Por entonces ya se estaba organizando una cruzada contra los turcos planeada por el papa Pío II, y fue Valaquia la primera en entrar en combate. Durante los meses de enero y febrero de 1462, Drácula dejó de pagar sus tributos a los turcos y asestó varios golpes de mano contra las guarniciones otomanas, demostrando sus buenas cualidades de guerrillero. Giurgiu cayó en su poder y la orilla derecha del Danubio, desde su desembocadura hasta Zimnicea, fue incendiada y saqueada. Y en las afueras de la ciudad de Tirgoviste hizo empalar a varios miles de turcos; los palos más altos fueron para los jefes capturados, Hamza-beg de Nicópolis y el griego Catavolinos. En una carta que envió el 11 de enero de 1462 a Matei, rey de Hungría, Vlad Tepes, hablando de dicha campaña, le comunicaba la muerte de 23.809 enemigos, además de 884 quemados en sus casas. No vaya a suponerse que dicha cifra sea exagerada o que los muertos se contaran a ojo de buen cubero. Aunque no existía el moderno sistema de fichas o placas individuales de identificación, el modo de contabilizar los muertos era tan fácil como macabro: se cortaban las cabezas de los cuerpos y se iban contando a medida que se amontonaban, ante los ojos de los oficiales correspondientes. En mayo del mismo año, las tropas de Vlad *el Empalador* derrotaron por sorpresa, en un ataque relámpago, a las tropas del gran visir Mahamud Pasha *el Griego*, las cuales habían cruzado el Danubio y devastado una fortaleza rumana y regresaban a su campamento con el botín obtenido y los prisioneros. Se cuenta que Vlad exterminó a más de la mitad de los turcos, recuperó el botín y libertó a los prisioneros. El resultado de la nueva derrota otomana, que llenó de pavor a Estambul (Constantinopla), fue que el sultán Mohamed II organizó una gran expedición terrestre-naval contra la Valaquia. Después de sangrientos y fieros combates, en los que Vlad Tepes se mostró como un estratega muy hábil, el conflicto se fue ampliando y el rey de Hungría acudió con sus tropas en ayuda de Drácula. Pero por motivaciones políticas, viendo que Vlad no quería firmar la paz con los turcos y que a Hungría no le interesaba la exten-

sión del conflicto, Matei buscó una excusa para prenderlo y lo mantuvo prisionero en Hungría durante doce años. Al cabo de ese tiempo, Drácula regresó a su patria y volvió a emprender la lucha contra los turcos. En octubre de 1475 se encontraba en Bosnia, donde llevó a cabo un ataque contra la ciudad de Sebrenica; después, en agosto de 1476, luchó en Moldavia al lado de Esteban el Grande, su pariente moldavo, y en noviembre de 1476 ocupó por tercera vez, aunque por poco tiempo, el trono de Valaquia. Drácula encontró la muerte ese mismo año. Laiota Basarab, príncipe de Valaquia que había tenido que huir ante la llegada de Vlad con las tropas de Esteban el Grande, regresó cuando éste ya se había retirado con su ejército. Y según cuenta Bonfinius, cronista del rey Matei, atacó por sorpresa a Vlad con las tropas otomanas que llevaba consigo y le dio muerte, como a casi toda su guardia personal. De doscientas personas dejadas por Esteban el Grande, sólo diez escaparon con vida. A Drácula se le cortó la cabeza, la cual fue enviada a Estambul convenientemente acondicionada, a fin de dar fe de la muerte de tan temible príncipe, al que ya se había dado por muerto en más de una ocasión, pero siempre reaparecía, parecía resucitar una y otra vez. ¿Dónde fueron a parar los restos de Vlad Tepes? Según la tradición, el cuerpo recibió cristiana sepultura en la iglesia del monasterio de Snagov, a orillas del lago del mismo nombre. Allí, si hemos de creer documentos rumanos y germanos, Drácula había hecho construir una prisión en la que encerraba y torturaba a sus más enconados enemigos. Se cuenta que uno de sus métodos favoritos de tortura y ejecución consistía en hacer entrar al condenado en una celda especial y obligarle a que se arrodillara para rezar. Las oraciones no llegaban nunca al final; de repente se abría el piso en dos y el condenado caía a un pozo lleno de afiladas lanzas, en las cuales quedaba el infeliz brutalmente ensartado. De todo lo dicho se desprende que Vlad Tepes no era, por supuesto, un vampiro, pero todos sus actos nos indican que tenía una fuerte tendencia sádica y que le gustaba ver correr la sangre de sus enemigos. Dadas las tradiciones mágicas existentes en su tiempo, no es disparatado suponer que llegara, en ocasiones, incluso a beber la sangre de sus enemigos. ¿Lo hacía como vacuna mágica para que los espíritus de los difuntos no atacaran a su propia sangre? Por grabados antiguos vemos que se le atribuyen actos de canibalismo, pues está comiendo miembros humanos a la sombra de un bosque de empalados. ¿Leyenda negra? ¿Indicios de necrofagia? ¿Ritual mágico para apoderarse del espíritu y fuerza de sus enemigos? La leyenda también dice que asistía a todas las ejecuciones que decretaba, por terribles que éstas fueran. Ello denuncia un fuerte componente sádico en su personalidad, aunque algún historiador ha escrito que ello demuestra «que no era un hipócrita, de esos que ordenan el martirio y se niegan a presenciarlo». Y nosotros añadimos que es más probable que asistiera a ellas por desconfiado, para tener la seguridad de que su aparato represivo no le escamoteaba a ningún preso político importante. Con las historias y leyendas sobre este príncipe valaco, junto con las tradiciones mágico-vampíricas de Transilvania y Valaquia, Bram Stoker hilvanó su *Drácula*, presentando como fondo el problema eterno de la inmortalidad, la búsqueda de la juventud perenne y la manera de engañar a la muerte, de sortear las leyes de la mortalidad, que tan común ha sido a ciertos singulares personajes de todas las civilizaciones. Por lo que respecta al origen del nombre de Drácula, no cabe duda que Vlad Tepes lo heredó de su padre Vlad Dracul. Hay estudiosos y eruditos que opinan que su significado es el de «dragón» y que hace referencia a la Orden del Dragón Derribado, fundada por Segismundo I, emperador germano, para luchar contra los piratas y los árabes. Vlad Tepes heredó el título, pero el significado del nombre fue variando o, mejor dicho, ampliándose, adquiriendo el de «diablo», «demonio», «ser astuto o maligno». Recordemos que entre los cristianos, muchas veces se ha usado el término «dragón» para designar al diablo. Así tenemos que Drácula, según el idioma rumano, tiene el sentido de Tepes, es el de «hijo del diablo», haciendo referencia a Vlad Dracul, su padre. Literalmente, Dracul quiere decir «el diablo», mientras que el sustantivo Drac equivale a «diablo», «demonio». No está de más el señalar que en rumano también existe el término *diavol* como sinónimo de diablo, demonio. Hay que destacar que en Rumanía, aprovechando el éxito y popularidad del personaje literario de Stoker, se explotó y está explotando turísticamente la llamada «Ruta del conde Drácula», en la que el viajero es llevado por los principales lugares en los que trascurrió la agitada existencia del fiero príncipe de Valaquia y por algunos otros citados en la novela inglesa. El itinerario empieza en Bucarest, la capital del país, y continúa por el lago Snagov, Tirgoviste, Poienari, Sighisoara, Bistrita, Birgaului, Brasov…, para regresar a Bucarest. En Bucarest, Drácula hizo construir una ciudadela para defenderla y que sirvió como residencia suya. Se conserva un documento correspondiente al 20 de septiembre de 1459, firmado por Vlad Tepes, en el que se menciona la «ciudadela de Bucarest». Cerca de la capital, tan sólo a unos veinte kilómetros de distancia, está ubicado el lago Snagov. En sus alrededores se levantan varios clubs y villas del Gobierno rumano, así como el citado monasterio y ruinas de la cárcel en la que Vlad Tepes castigaba algunas veces a sus enemigos. En las excavaciones efectuadas en el recinto de la iglesia se han encontrado huesos humanos, restos de animales, cerámicas prehistóricas… Dinu Rosetti, que efectuó excavaciones en dicho lugar con autorización del Gobierno rumano, es de la opinión de que parte de los restos hallados pertenecen a Drácula (se ha especulado mucho sobre un esqueleto sin cabeza), pero el profesor C. Giurescu y Serban Andreescu sostienen

que es muy dudable que sea así. El enigma contribuye a aumentar el halo sobrenatural que rodea todo lo concerniente a este misterioso personaje. En Tirgoviste pueden visitarse las ruinas del palacio de Drácula, de cuando la ciudad era capital de Valaquia. Allí se encuentra reconstruida la torre de vigilancia, cuya parte baja está casi igual a como la mandó edificar Vlad Tepes. Se conoce como la Tour de Chindia (torre del Crepúsculo). En lo que fueran jardines palaciegos existe un pozo seco sobre el que la tradición dice «a que quién arroja en él una moneda y expresa un deseo, Drácula se lo concede». Siguiendo la ruta, en el departamento de Arges, en lo alto de una montaña, se hallan las ruinas de la ciudadela de Poienari, en la que pasó Drácula algunas temporadas. Era una de las principales fortalezas de la región; se halla en una cima de muy difícil acceso. En Sighisoara, supuesta villa natal de Vlad Tepes, puede verse la casa del padre de Drácula, en la que hay una placa que dice que Vlad Dracul vivió allí entre 1431 y 1435. Es por ello por lo que algunos historiadores consideran que Drácula debía de haber nacido en 1431 o más tarde. La parte antigua de la villa poco ha cambiado desde el siglo xv; tiene rincones muy sugestivos y representativos. Se cuenta que después de una batalla contra los turcos, en la que Vlad Tepes hizo veinte mil prisioneros, cuando el ejército otomano se retiraba, se encontró en Sighisoara con sus veinte mil compatriotas empalados, colocados en dos largas hileras a los costados del camino. Personalmente creemos que esa cifra es una exageración. En Brasov, a pesar de que se ha modernizado mucho, aún queda la parte antigua, que nos evoca el esplendor que debía de tener en tiempos de Drácula. En una época en que este príncipe gobernó esta bella ciudad de Transilvania, al mostrarse comerciantes y artesanos poco propicios a secundar sus proyectos, hizo empalar en lo alto de las montañas que la dominan a los más obstinados y recalcitrantes, mientras que a otros los hizo introducir en tinajas de agua hirviente. Pero lo que quizá llama más la atención del turista, a pesar de que está totalmente reconstruido y de que en él existen poquísimas cosas contemporáneas de Vlad Tepes, es el castillo de Bran, convertido en museo, el cual se halla enclavado en un montículo a unos cuarenta kilómetros de Brasov. Esta fortaleza controlaba el camino que desde Valaquia llevaba a dicha ciudad. Conocido popularmente por el castillo de Drácula, es de arquitectura típicamente medieval; sus paredes grisáceo-blancuzcas y sus tejados y cúpulas rojas, destacan del bosque que los rodea como si formaran parte de una mansión encantada.Este castillo es muy parecido al que describe Bram Stoker en su novela como residencia del conde Drácula, el vampiro, aunque él lo sitúa en las cercanías del paso de Birgau o paso del Borgo, por creerlo más idóneo a la atmósfera misteriosa de su obra. Todo hace pensar que Stoker, impresionado por el castillo de Bran y por el peculiar y salvaje encanto del paso

de Birgau y de los montes Birgaului y Calima que lo dominan, a uno y otro lado, combinó ambos elementos para crear ese ambiente enigmático, espectral y de soledad que una novela de vampiros necesita. En efecto, esta región de Transilvania, en los Cárpatos, es un lugar que tiene algo de sobrenatural, de tenebroso, sobre todo cuando la niebla cubre sus cimas y se desliza por las laderas adoptando extrañas formas, alargándose como tentáculos de un extraño ser, con las tonalidades grises y blancuzcas más fantásticas, dando lugar a una extraña simbiosis entre el etéreo elemento y la vegetación que cubre las faldas de las montañas. No es raro, pues, que en los techos de las casas de la región abunden las cruces protectoras contra los seres malignos nocturnos, y que en los días tormentosos casi nadie se atreva a pasar por el sobrecogedor paso de Birgau, como en la novela que creara Bram Stoker.

DRAGRANIEL

Uno de los espíritus angélicos que está grabado en la medalla-amuleto de Catalina de Médicis, reina de Francia. Parece que era un espíritu que comunicaba fortaleza de espíritu, protección contra los enemigos y traidores y riquezas o poder.

DRAGÓN

Monstruo fabuloso, de talla gigantesca, cuyo aspecto deriva generalmente de los reptiles; cuerpo cubierto de escamas, mirada terrible, aliento venenoso y que lanza fuego por la boca. Se suele representar con alas y en ocasiones con varias cabezas (la hidra de Lerna), y aparece en las leyendas griegas, nórdicas y asiáticas, principalmente como guardián de manantiales curativos o adivinatorios, o bien de vírgenes o tesoros. Varía en sus características particulares (boca llameante con muchas lenguas, cabeza de león, perro o gato, alas de murciélago, etc.), según las tradiciones y el folclore de los distintos lugares. Con frecuencia se representan los dragones con alas, como los que tiran del carro de Medea, y los que guardan tesoros suelen ser muertos por dioses o héroes, como Apolo, Hércules, Cadmo, Jasón, Sigfrido, etc. Entre los muchos santos, deidades y héroes que aparecen como vencedores de un dragón figuran Buda, Thor, el arcángel san Miguel, Horus, san Jorge, el vasco Teodosio de Goñi en Aralar y el Señor de Larristone (siglo XII), que mató al Worme (dragón) de

31. Dragón

EL VALEROSISIM MARTIR S. GEORGE. P.ABADAL.S IMPA

Wormington en Roxburghshire. A diferencia de otros países, China y Japón consideran la figura del dragón como benéfica. En la mitología nipona tiene la facultad de cambiar de forma y de volverse invisible. Y aunque se le considera una potencia del aire, en las representaciones chinas y japonesas el dragón aparece sin alas. Cada año, en la ciudad provenzal de Tarascón, pasean en triunfo por las calles un dragón monstruoso *(la Tarasca)*, que representa un dragón local vencido por santa Marta. En España es famoso el que se pasea en Berga (Barcelona) en la procesión del Corpus *(la Patum)*. Hasta hace pocos años, no muy lejos de Berita, en Fenicia, se mostraba el lugar donde san Jorge mató a un gigantesco dragón y salvó a la hija del rey de aquel país, que iba a ser devorada por él, devolviéndola a su padre sin que le hubiese causado mal alguno. En este lugar existe la caverna del monstruo y las ruinas del encierro en donde se exponían a las jóvenes doncellas que debían ser tragadas por tan feroz animal. En las leyendas gitanas de la Europa sudoriental, el *drakos* («dragón») se identifica a veces con el ogro de los cuentos infantiles: tiene esposa humana, posee caballos, lleva botas, caza liebres, vive en un palacio e incluso se convierte en «hermano de la cruz». Andreu Lang señala que la historia del «último drakos» que se refiere en la Grecia moderna es la misma que se cuenta en Escocia del «último picto». Esta representación de los dragones legendarios como raza salvaje de seres humanos explicaría el motivo de que exigieran el tributo de una doncella, de lo que existe una analogía en el tributo de la doncella que pagaban los chinos, por ejemplo, a los hunos. Según san Juan, el gran dragón, Satán y el demonio son uno solo, idea que se confirma con otras referencias bíblicas.

DRAGONAZO (Draghignazzo)

El nombre viene a significar «dragón venenoso». Es otro de los demonios que Dante pone en el infierno (*La divina comedia,* canto XXI) para hostigar a los condenados.

DRAKES (Draks)

Especie de espíritus hogareños o duendes de Inglaterra, Alemania, Francia y Escandinavia. Originariamente fueron muy parecidos a *kobolds* germánicos *(véase* este término). Los drakes, draks o drachen pueden adoptar las características del fuego cuando vuelan. Viajan a través del aire como rayos flameantes. Pueden viajar a distancias increíbles en una fracción de segundo y regresar a la misma velocidad, trayendo leche, grano y huevos a sus señores. Cuando aparecen lo hacen vestidos a rayas ardientes o fosforescentes, con grandes cabezas o como bolas flameantes en forma de huevo. Cuando se aposentan en un hogar se considera implícito un pacto entre el drake y el señor de la casa; el primero se cuida de los caballos y de los establos y de asegurar la despensa, el granero y el buen almacenamiento del dinero en el arca. Y el señor o amo debe procurar que el drake esté bien alimentado, respetarlo y reverenciarlo así que lo vea. Es tradición que cualquiera que insulte o falte al respeto de un drake pone en peligro la existencia de su hogar, que puede ser destruido por el fuego.

DRAPÉ

Caballo fabuloso con el que los habitantes de Aigues-Mortes, en Languedoc (Francia), aterran a los niños para que sean obedientes y no salgan de casa sin permiso. Este animal fantástico y terrible viene a ser como el *croque-mitaine* de los parisienses y el *ogro (véase* este término) de los cuentos de hadas. Cuando el Drapé o el lou Drapé encuentra a un niño solo en la calle o el campo, lo agarra y lo monta sobre su lomo; puede repetir esta operación hasta cien veces si quiere, pues tiene la propiedad de alargar su grupa tanto como haga falta para llevarse a cien niños. La tradición ha ignorado siempre a qué lugar se lleva el Drapé a las criaturas que rapta.

DRAUGAR

El draugar es una especie de zombi de las sagas escandinavas. Los muertos en combate podían volver a la vida por procedimientos mágicos y seguir luchando. Así, en La saga del rey *Hrólf Kraki,* LI, Skuld, hija del rey Helgi y de una duende, gracias a la magia negra logra levantar un ejército de hombres desmembrados y decapitados contra su hermanastro Hrólf. Un hecho parecido lo lleva a cabo Hildr, «que fue de noche a los cadáveres y les dio movimiento mediante la magia. Al día siguiente, los reyes se presentaron en liza y pelearon, y con ellos los que habían caído la víspera...». (Véase *Mitología germánica ilustrada,* de Brian Branston).

DREMO
Tipo de espíritu diabólico tibetano que se cree que provoca diversas enfermedades.

DRÍADAS (Dríades)
Clase de *ninfas* (*véase* este término) de los bosques y de las zonas selváticas, cuya misión consistía en proteger los árboles, en los cuales vivían. Las dríadas (de *drys*, «encina») habitaban principalmente en estos árboles, en los encinares, si bien con este término, por extensión, se designa a toda clase de árboles, en los que podían igualmente residir o que les estaban consagrados, pues se encuentran mencionadas en los textos mitológicos las ninfas de los robles, de los fresnos, de los laureles, etc.Se representaba a las dríadas como jóvenes sanas y robustas, alegres, con los cabellos sueltos, danzando alrededor de sus árboles. No eran inmortales, a pesar de ser muy longevas. Por lo común, su vida estaba muy ligada a la del árbol que cuidaban. Por eso los árboles en que vivían las dríadas y otras ninfas eran considerados sagrados. No podían ser cortados hasta que los sacerdotes declaraban que habían sido ya abandonados por sus ninfas. Este mito, este tabú colectivo, fue muy beneficioso en la antigüedad grecorromana para conservar la naturaleza, para mantener el equilibrio ecológico entre el hombre y el mundo vegetal. A veces, las dríadas eran representadas como jóvenes bellas, con la parte inferior de su cuerpo en forma de árbol y los brazos con apariencia de ramas.

DRIMO
Demonio-dragón femenino típico del Tíbet. Se cree que perjudica especialmente a las mujeres.

DROLLOS
Duendes o trasgos que en algunos países nórdicos se cuidan de limpiar los caballos, hacen todo lo que se les manda y advierten de los peligros a los moradores de la casa. Es una corrupción de la palabra *trollos* (*véase* este término).

DRORGS
Nombre que los habitantes de las islas Feroe daban a determinada clase de duendes.

DROWS
Nombre que los habitantes de las islas Orcadas y Shetland daban a determinada clase de seres parecidos a los enanos o gnomos, tanto por su aspecto como por su comportamiento.

DRUDAS
Seres fantásticos femeninos que, según las tradiciones populares de Austria, Baviera y el Tirol, se dedicaban a atormentar a las personas y a los animales domésticos y de granja.

DRUH (Druj)
Demonio o ángel malo de origen persa; por lo general es del sexo fe-

menino. Los drujs o drudjes eran criaturas falaces, engañadoras, mentirosas, malvadas y monstruosas. Eran representadas por los animales impuros y dañinos. Son muy conocidas las drujis llamadas Nasu y Azhi. La primera se introducía en los cadáveres en forma de mosca y los corrompía rápidamente; para expulsarla bastaba la mirada de un perro, por lo que era obligado que un can figurase en los funerales. Según las antiguas tradiciones persas, Azhi evolucionó hasta convertirse en una serpiente de tres cabezas, seis ojos y tres fauces. Los historiadores árabes la trasformaron en un rey mítico de Babilonia, Zohak, eterno enemigo de Persia y de su religión. Los vicios que giran en torno al sexo femenino se encarnan en la druj Jahi. Se dice que un beso que le dio Ahrimán fue causa de que apareciera en el mundo la impureza menstrual.

DRUS

Mote bretón que significa «diablo, espíritu maligno». Se utilizaba mucho para designar a las personas que se creía tenían tratos con Satán.

DSIGOLK

Parte del infierno japonés, donde los malvados son atormentados de acuerdo con el número y gravedad de sus crímenes. Sus suplicios no duran más que un cierto tiempo, al cabo del cual son devueltos al mundo terrestre animando los cuerpos de animales impuros.

DUBBIEL (Dobiel)

Ángel protector de Persia.

DUCHIEL

Ángel que se invoca en la fórmula de un potente conjuro contenido en *The Key of Solomon the King* de Mathers (libro I, cap. VII).

DUENDES

Son, según las tradiciones populares, unos seres fantásticos, enanos o de pequeña estatura, si bien ésta, afirma la leyenda, es una simple apariencia que los duendes cambian a voluntad. Se los considera como seres intermedios entre los espíritus superiores y los hombres, y dotados de poderes sobrenaturales. Este poder mágico les permite adoptar cualquier forma o comunicarla a los mortales; también poseen la facultad de hacerse invisibles. Los duendes son hermosos y bien proporcionados, como los de algunas leyendas españolas; o feos y, en ocasiones, contrahechos, como los *kobolds* germánicos. Generalmente se les atribuye rostro de niño, pelo rizado y aspecto simpático. Está muy extendida la costumbre de representarlos vestidos con un traje de terciopelo rojo, larga capa y un gorro rojo y negro con cascabeles, o bien con traje verde o pardo, como los de ciertos gnomos, o grises como los de las leyendas alemanas. Tienen gran afición a la música, el canto y el baile, a los que se dedican durante la noche, y en ocasiones engañan a los mortales llevándolos a sus danzas nocturnas o arrastrándolos a su reino. Este amor por la danza y los cantos es un símbolo de la eterna juventud de los duendes. Pero no siempre son alegres y benéficos; si se les hace algún daño o se les maldice son vengativos y crueles, hasta el punto de golpear, poner la zancadilla y hacer caer a quien les ha molestado; incluso llegan a provocar graves enfermedades y la muerte. En ocasiones roban el ganado y dejan en su lugar otro ilusorio; otras veces hacen caminar a los mortales durante la noche, recorriendo largas distancias y hasta sirviéndoles de cabalgadura. Desaparecen con el alba, y les disgusta que los sorprendan los humanos, a los que en tal caso embrujan, ofuscan o ciegan. Se les atribuye la facultad de dar ilusorias apariencias de un gran valor a objetos de materias despreciables, y de aquí el misterioso oro de los duendes. Vigilan atentamente su gorro, porque quien lo robe puede obtener ese poder y, por tanto, grandes tesoros. Asimismo se les achaca un prodigioso conocimiento de los poderes de la naturaleza, que les permite adivinar dónde se encuentran las cosas desaparecidas y descubrir las invisibles, que están vedadas a los mortales. Afirman diversas fábulas que los duendes viven en comunidad, ocupados con preferencia en la metalurgia, como los gnomos o *kobolds* de Alemania, aunque otras dicen que viven aislados, como el *leprecham* irlandés. Sin embargo, está demostrado que la mayoría prefiere vivir en los bosques y que a veces se instalan por tiempo indefinido en casas de campo y ayudan a sus habitantes en las labores domésticas, pero a veces se divierten escondiendo objetos o realizando otras jugarretas. En los *Edda* (manuscrito de la antigua literatura escandinava) se distinguen dos clases: los duendes blancos o *liosalfar,* que viven sobre la tierra, y los duendes negros o *dockalfar,* que habitan en lugares subterráneos. En Francia y Cataluña se les llama *follets* y para preservarse de los duendes traviesos o burlones se recomiendan varios artificios, en los que figuran, entre otras cosas, el hierro, la escoba, el agua bendita, los sahumerios… En Inglaterra son los *house ghots,* de los que hay una gran variedad. Los duendes más populares y simpáticos son los domésticos, es decir, los que habitan en las casas y que en ocasiones ayudan a los mortales en sus quehaceres o apuros; no son muy exigentes, pues se les puede pagar o retribuir con una escudilla de leche. Este duende, mencionado ya en el siglo XIII, por Gervasio de Tilbury, vive en la casa o el establo y es enemigo de la pereza; se pone muy contento si se le recompensa con una capa o un sombrero nuevo cada año. En este sentido, el duende doméstico tiene sus analogías con los *lares* romanos, con los *theoi ephestivi* griegos, con los *lacio* y *attilio* italianos y el *dedushka domovoj* eslavo. No faltan explicaciones puramente médicas de algunos fenómenos atribuidos a los duendes, y así, las correrías nocturnas en compañía de tales seres se ha supuesto que eran ataques epilépticos, del mismo modo que se han relacionado algunas apariciones de duendes con violentos ataques de jaqueca y con alucinaciones hipnóticas, hipnagógicas o alcohólicas.

DUERG

Uno de los nombres que los escoceses dan a los enanos que pertenecen al mundo de los espíritus de la naturaleza o seres sobrenaturales.

DUERGARS (Véase DVERGARS)

DUMA (Douma, Dumah)
Ángel de la muerte, del silencio y de la inmovilidad de la tumba. Es uno de los ángeles protectores de Egipto. Las tradiciones judías le hacen más un ángel-demonio que tiene bajo sus órdenes a decenas de miles de ángeles de destrucción. Va armado con una terrible espada flamígera. En la leyenda babilónica del descenso de Istar al infierno, al reino de los muertos, Duma es el guardián de la puerta catorce.

DUNALFENNE
Hadas que en Alemania habitan las aguas y se corresponden a las *oréades* (*véase* este término) de la mitología griega. Consúltese, asimismo, el término *elfo*.

DUSES (Dusios) (Véase DUSSI)

DUSSI (Dusios, Duses, Duziks)
Especie de enanos célticos de los que hablan san Agustín y san Isidoro de Sevilla. Esos seres (*Dussipilos*) tenían cierta semejanza con los *silvanos* y los *faunos* grecorromanos (*véanse* estos términos). Los dussi o dusios habitaban en los dólmenes o en sus cercanías y se les asignaba la condición de duendes o demonios. San Agustín afirma que eran de dos clases: una blanca y bienhechora y otra negra y malvada. Lo cierto es que con el tiempo se convirtieron en demonios de las montañas y lugares apartados, que cual *íncubos* o *súcubos* (*véanse* estos términos) torturaban a los moradores de las granjas o casas de campo, excitándoles en sus deseos sexuales por la noche. De ahí que se les llamara «demonios impuros», hasta el punto de que los ingleses los tenían como sinónimo de Satán.

DUXGOR
Potente espíritu de las tinieblas que algunos magos invocan y evocan para que les fabrique pergamino virgen, en un complejo y peligroso rito contenido en las *Clavículas de Salomón* de Iroe el Mago. Cuando Duxgor se hace visible «aparece mitad hombre y mitad macho cabrío, y lleva una daga en la mano derecha. Su vestidura se reduce a una pequeña capa de piel de cordero, que le cubre las espaldas». Se le invoca para que en el laboratorio del mago, a oscuras, elabore el deseado pergamino virgen. Se le conjura en sábado, porque está relacionado con Saturno y el signo de Capricornio (la Cabra).

DVERG (Dwerg)
Nombre que los daneses dan a cierta clase de seres sobrenaturales que adoptan la forma de enanos. (*Véase* el término *Dvergars*).

DVERGARS (Dwergars, Duergars)
Enanos escandinavos que, a semejanza de los gnomos, habitan bajo tierra y se distinguen por su arte en la metalurgia, la minería y el labrado de las piedras y los metales. Su voz es el eco que se oye en las grutas, cavernas y galerías de las minas. Son oscuros y pueden ser agresivos y violentos si se les falta al respeto. Estos enanos

o dvergars son de la misma familia que los *elfos (véase* este término) nocturnos o *alfars* maléficos *(véanse* los términos *alfars* y *dockalfar)*. Los noruegos atribuyen a estos enanos de las montañas la forma regular y el pulimento de las piedras cristalizadas.

DVOROVOI

Espíritu doméstico eslavo que se suponía que habitaba en los patios o corrales. Su nombre deriva del término *dvor*, «patio». Es un ser menos benévolo que el *domovoi (véase* este término) y en ocasiones se muestra muy maligno, si hemos de creer las tradiciones campesinas que aún perduran en muchas regiones de Rusia. El dvorovoi siente una aversión especial hacia todos los animales de pelo blanco (gatos, perros, caballos, etc.), a los que produce enfermedades. Los únicos animales que no le temen son las gallinas blancas, pues están protegidas por una divinidad especial. Para tener contento al dvorovoi era costumbre introducir en el establo o corral un puñado de lana de oveja, algunos objetos brillantes y una rebanada de pan, diciendo al mismo tiempo: «Zar dvorovoi, dueño mío y vecino benévolo, te ofrezco este presente en señal de agradecimiento; sé bueno con mi ganado, cuídalo y aliméntalo». También existían fórmulas para castigarlo cuando se volvía demasiado perjudicial y maligno; se le mortificaba pinchando con una horquilla la madera de la cerca del patio o se daban golpes con el látigo por el recinto, pero en este segundo caso debía haberse trenzado aquél con el hilo de una mortaja. Para amedrentar al dvorovoi también era efectivo colgar el cadáver de una urraca en el patio. Se cuentan casos de relaciones amorosas entre dvorovois y mujeres mortales. Según la tradición, uno de estos espíritus se prendó de una hermosísima muchacha y la pareja vivió junta varios años. El dvorovoi trenzó los cabellos de su amada a su gusto, y le prohibió que se cambiase el peinado. Sucedió que la mujer tomó la determinación de contraer matrimonio con un mozo del lugar, por lo que se cambió el peinado para cautivarle. A la mañana siguiente se la encontró estrangulada en el lecho. La había asesinado el dvorovoi como castigo por su infidelidad.

DWARFS

Clase de enanos de Alemania, Suiza y la isla de Rügen. Pueden ser blancos o de color oscuro.

DWERG (*Véase* DVERG)

DWERGAR (*Véase* DVERGARS)

EACH VISGE

Nombre que dan al *kelpie (véase* este término) en el País de Gales. El apelativo significa «caballo de agua».

EACO

Rey de Egina, hijo de Zeus (Júpiter) y de la ninfa Egina; nació en la isla de este nombre, que estaba deshabitada, pero Zeus la pobló trasformando en hombres las hormigas de una encina, por lo que sus habitantes fueron llamados *mirmidones.* Eaco se hizo célebre por su equidad, su clemencia y su piedad, por lo que después de su muerte fue colocado entre los tres jueces de los infiernos. Según Platón, era el encargado de juzgar a los europeos *(véanse* los términos *Radamanto, Hades* y *Plutón).* Se le representa con un cetro y una llave, atributos de su poder en el reino de Plutón.

EBLIS

Archidemonio o jefe supremo de los djinns (demonios) entre los musulmanes. Más conocido por *Iblis (véase* este término), es el ángel rebelde que se negó a arrodillarse ante Adán al ser éste creado por Alá (Dios).

EDIMMU

Segunda clase de demonios o aparecidos entre los antiguos asirios y babilonios. Eran los espíritus de los que no estaban satisfechos de su vida, de los muertos de forma violenta, principalmente. Se unían a los *utukku* para perseguir a los vivos.

EDMONTOSAURUS

Dinosaurio que pertenece al grupo de los llamados «pico de pato». Tenía unos trece metros de largo por tres de alto. Podía caminar sobre dos o cuatro patas. Poseía cuatro baterías dentarias, compuesta cada una por centenares de dientes (unos mil en total). Tenía muy desarrollados los sentidos de la vista, el oído y el olfato.

EFELIOS (Efialtos)

Especie de demonios *íncubos (véase* este término) que algunos demonógrafos llaman también *efialtos*. El nombre deriva del griego *ephialtes,* «saltar sobre».

EFRIT
Nombre que los musulmanes aplican a un genio que aparece en fábulas y cuentos.

EGALMIEL
Uno de los cinco ángeles cuyo nombre figura inscrito en el tercer pantáculo de Venus para atraer el amor, según *The Key of Solomon the King* de Matters y *La ciencia secreta de la magia,* de Idries Shah. Los otros cuatro espíritus angélicos son Monachiel, Ruach, Achides y Degaliel. (Para otros detalles de ese talismán *véase* el término *Monachiel).*

EGIBIEL
Según Barrett, es el ángel que gobierna la decimoctava mansión de la Luna, de las veintiocho existentes. Se le invoca para que la mujer conciba y sea madre.

EGIES
Monstruo espantable e invencible salido del mundo subterráneo que arrojaba fuego y humo por la boca; incendió los bosques y valles de Frigia, Fenicia, Libia y Egipto. Fue muerto por Minerva, que con su piel recubrió el escudo que había utilizado en la lucha. La Tierra, queriendo tomar venganza de la muerte del monstruo formado por ella, dio vida a los gigantes, que hicieron la guerra a los dioses.

EGIPÁN
Se ha dado este nombre a varios seres fabulosos. En primer lugar, para los griegos, *egipán* era una especie de *sátiro (véase* este término) con cuernos y pies de cabra. Estos egipanes eran hijos de *Pan (véase* este término) y de la ninfa Alenthoe. Se los tenía por genios o divinidades de los bosques y de las montañas. Se dio el mismo nombre a unos espíritus o duendes que los antiguos suponían que rondaban los bosques y a unos monstruos terribles con cabeza de cabra y cuerpo de pez que, según refieren Plinio y Mela, habitaban en Libia.

EGRÉGORES
Ángeles que, según el *Libro de Enoch,* se congregaron en el monte Hemon en tiempos del patriarca Jared y decidieron unirse con las hijas de Seth. De estas relaciones nació una raza de gigantes.

EGYN
Espíritu que rige el Septentrión o Norte, según Cornelius Agrippa.

EIAEL (*Véase* AIHEL)

ELEGBA
Espíritu del mal entre los antiguos habitantes de Dahomey. Se le representaba bajo la forma de un hombre acurrucado, con los brazos estirados sobre las rodillas. Sus uñas y dientes estaban toscamente formados por conchas de cauris; éstas estaban hundidas en la bola de tierra arcillosa que hacía las veces de cabeza. Este ídolo estaba abrigado por una pequeña estera que formaba un tejadillo sostenido por ligeros bambúes. A. J. N. Tremearne nos cuenta los sacrificios que había visto hacer a principios del siglo xx *(Costumbres del universo):* «Ofrécense a Elegba sacri-

ficios consistentes por lo general en animales degollados en su honor, tales como ánades, gallinas, pichones, perros, etc., cuya sangre, recogida en una calabaza, se mezcla con aceite de palmera y de las plantas a las cuales se atribuyen ciertos poderes».

ELELOGAP

Demonio que controla todo lo relacionado con el agua. Está bajo las órdenes de Agalierept y Tarihimal, según el *Grimorium Verum*.

ELEMIAH (Helemiah)

Uno de los setenta y dos ángeles que llevan el nombre místico de Dios: Shemhamphora. Pertenece al orden de los serafines y tiene influjo en el planeta Marte y el signo zodiacal de Aries. Rige los viajes marítimos y las expediciones a otros países. Si se le invoca o lleva su sello o amuleto, ayuda a superar los tormentos del espíritu y revela arcanos sobre el sabio y justo conocimiento.

ELFLAND

Nombre que dan los escoceses al país de las hadas, aunque sería más correcto llamarlo país o tierra de los elfos.

ELFO (Elfos)

Nombre que se aplicó, en la Edad Media, a una clase de genios o duendes de la mitología indogermánica y céltica. Pero parecen más enanos, ya que eran de corta estatura y habitaban en las cavernas y subterráneos de Escandinavia. Los *Edda* de la literatura nórdica distinguen los *elfos blancos* o de la luz, que pueblan el aire, y los *elfos negros* de las tinieblas, que habitan en el interior de la Tierra *(véase* el término *duendes).* Los elfos negros son muy parecidos a los *enanos* y *gnomos (véanse* estos términos), con los que se confunden a menudo. Las leyendas populares nórdicas los describen como una especie de enanos feos y deformes, con abundante y enmarañada cabellera y armados de dardos o flechas de piedra, que disparaban con certera y mortal puntería. Esto hizo que el vulgo aplicara el nombre de *dardos de elfos* a las puntas de flecha o lanza, de sílex, encontradas en ciertas cavernas de las islas británicas; la superstición popular suponía que los animales que morían de muerte fulminante habían sido heridos por los elfos maléficos u obscuros con sus flechas de piedra. A los elfos se les atribuía un poder mágico que empleaban en hacer el mal, aunque algunos, de naturaleza generosa, se constituían en bienhechores y protectores de los seres humanos que estaban necesitados de ayuda. En este último caso, se quiere ver a los elfos buenos como enanos bellos y laboriosos, que trabajan muy bien los metales y hacen armas para los dioses y héroes; de noche bailan y cantan en los bosques a la luz de la luna. Incluso hay opiniones que sitúan a algunos elfos entre los seres alados de luz. Al igual que los gnomos, son mortales, pero viven mucho más tiempo que el hombre; se hacen invisibles gracias a unas cogullas encantadas. Su árbol preferido es el tilo. Su habitáculo subterráneo de varias cámaras, recibe el nombre de *Alf-heim.* En su mayoría, los elfos feos y deformes son muy perversos y se dedican a robar niños, que substituyen por sus hijos, idiotizados. Se les atribuyen melodías especiales, de canto alternado y misterioso, que recibieron el nombre de *canto de elfo*. Es curioso el estudio comparativo de lo que las tradiciones atribuyen a los elfos, con lo que estas mismas asignan a los *duendes, gnomos, genios* y *follets* (*véanse* estos términos). En Alemania también dan el nombre de *els, elfes* o *elfos* a una clase de hadas que habitan en las aguas. Se dividen en varios órdenes: || 1.º las *dunalfenne* y las *muntalfenne,* que corresponden a las *oréades* de la mitología griega; || 2.º las *feldalfenne* y las *sealfenne,* que son las *náyades;* y || 3.º las *undalfenne,* que vienen a ser las *dríadas* (*véanse* los términos *ninfas, oréades* y *náyades*).

ELIGOS (Eligor, Abigor)

Uno de los grandes duques del infierno. Se aparece bajo la figura de un apuesto caballero montado en un caballo alado con cola de serpiente y portando un estandarte (a veces lleva una lanza o un cetro). Era muy venerado por adivinos y necrománticos, quienes creían que enseñaba el porvenir en lo tocante a la guerra y combates. Genera el amor y protección de caballeros y gentes poderosas. Le obedecen sesenta legiones de diablos, según Crowley, Mathers, Wierus y Collin de Plancy. También se le conoce mucho como *Abigor*.

ELION (Elyon)

Ángel que se invoca en el conjuro o ritualización del bastón, según el rito contenido en la *Clavicula Salomonis*. Las tradiciones hebreas creen que Moisés invocó a Elion para que provocara la gran plaga de granizo y fuego en Egipto, como nunca se había visto (Éxodo, 9, séptima plaga).

ELOHA (Elohe)

Un ángel del orden de las potencias que es citado en el *Sexto y séptimo libros de Moisés*.

ELOHI

Es el ángel que sostiene la espada y mano izquierda de Dios. Su influencia se propaga al ángel Geburah (Gamaliel) y desciende a través de la esfera del planeta Marte. Imparte fortaleza de ánimo en tiempos de guerra y aflicción. Se le invoca en rituales de magia salomónica.

ELUBATEL

Uno de los ocho ángeles de omnipotencia. Se le puede invocar para solicitar cualquier cosa de tipo positivo.

EMIAL

Espíritu angélico que se invoca en el exorcismo del sacrificio de un murciélago, paloma u otro animal, según *The Key of Solomon the King* de MacGregor Mathers.

EMOL

Nombre de un genio protector que invocaban los gnósticos basilidianos.

EMPUSIO

Especie de demonio que Aristófanes, en su comedia *Las ranas,* presenta como un horrible espectro, que toma las formas de perro, de mujer, de buey y de víbora, entre otras. Su mirada es aterradora, tiene un pie de asno y otro de cobre, una llama le rodea la cabeza y sólo aspira a hacer el mal. Los labradores griegos y rusos, que han conservado las tradiciones populares, tiemblan en el tiempo de la cosecha y de la siega al pensar en el Empusio, pues creen que este demonio rompe los brazos y las piernas a los segadores y labradores si no se echan al suelo, boca abajo, así que lo ven. El modo de conjurar a Empusio y hacerse obedecer por él entre los antiguos, era decirle mil injurias cada uno.

ENANOS

Seres formados del cuerpo del gigante Imo, o sea, del polvo de la Tierra. En un principio eran gusanos que se arrastraban por el suelo, pero los dioses, compadecidos, les dieron figura humana y los dotaron de razón, pero dándoles como morada las hendeduras de las rocas, las grutas, cavernas, etc., permitiéndoseles salir a flor de tierra en contadas ocasiones. *(Véase* el término *gnomos).* En algunas regiones, los *enanos* se confunden con los *duendes (véase* este término).

32. Enanos

ENDRIAGO

1. Monstruo fabuloso, formado por un conjunto de facciones humanas y de varias fieras. Hállase mencionado en libros de caballería y en romances antiguos. || 2. Monstruo elemental mitad hombre y mitad fiera, vislumbrado por algunos clarividentes en el plano astral.

ENEDIEL

Según la tradición mágica, de la alta magia, es uno de los veintiocho espíritus angélicos que gobiernan las veintiocho mansiones de la Luna. Según Francis Barrett *(El mago),* Enediel es el espíritu del segundo día de la luna en su fase menguante. Barrett nos dice, al hablar de la importancia de los distintos días de la Luna para realizar determinados trabajos mágicos: «En estas veintiocho mansiones se esconden muchos secretos de la sabiduría de los antiguos, a través de los cuales han extraído las maravillas que se encuentran bajo el círculo de la Luna; también atribuyeron a la Luna sus correlaciones, imágenes y sellos, así como las inteligencias que las presidían, y trabajaron con sus virtudes de muchas y diferentes maneras». Es por ello por lo que la astrología es el primer paso del mago si quiere llegar a ser un maestro en su arte. Un mago o una hechicera sin astrología es como un candil sin aceite; podrá hacer ruido, pero jamás alumbrará. Enediel gobierna la segunda mansión de la Luna y ofrece la ayuda de la providencia.

EPIDOTOS

Genios que presidían el crecimiento de los niños, según las creencias de la antigua Esparta. Se les erigió un templo de Epidauro.

EPIMÉLIDES (Epimelíadas)

Especie de ninfas que velaban por los rebaños. Montaban sobre los carneros. Su nombre viene del griego *epi,* «sobre», y *mélon,* «carnero», «oveja». Cierta vez castigaron a varios pastores de Mesapia (Italia meridional), por burlarse de ellas. Los trasformaron en árboles y los habitantes de la región afirmaban que por la noche, sobre todo cuando hacía viento, se oían los gemidos de los pastores saliendo de los troncos de los árboles.

EQUIDNA

Ser fabuloso que figura entre los monstruos divinizados de origen asiático y adoptado por la mitología griega. Según la teogonía hesiódica, nació de Callirroe, quien la parió en el oscuro fondo de una gruta. El cuerpo de Equidna era, de cintura para arriba, el de una mujer de gran belleza; sus ojos eran brillantes y sus mejillas muy hermosas. El resto del cuerpo era de serpiente, moteada y terrible. Este monstruo invencible se alimentaba de carne cruda y vivía en los profundos secretos de la Tierra. Tenía allí su gruta, dentro de una peña excavada, lejos de los inmortales dioses y de los mortales hombres. La Equidna (del *griego echidna,* «serpiente») habitaba en el país de Arimos, que los geógrafos míticos situaban indistintamente en Cilicia, Lidia y Misia. Algunos mitólogos la suponen nacida de la Esfinge y de Peiras, lo que no está de acuerdo con Hesíodo. Y Apolodoro dice que era hija de Tártaro y de la Tierra y que Argos la mató al encontrarla dormida, pero esto tampoco concuerda con la teogonía hesiódica, la cual afirma que su juventud escapará siempre a la vejez y a la muerte. Equidna se unió a Tifón, el viento impetuoso y terrible, del que tuvo una serie de monstruos: *Ortos,* el perro de Gerión; *Cerbero,* el perro de Hades; y la *Hidra,* el monstruo de Lerna. Más tarde dio vida a la *Quimera* y, ayuntándose con Ortos, engendró a la perniciosa *Esfinge.* Un escritor cristiano, anónimo, refiere que los griegos de Hierápolis, en Frigia, rendían culto a una monstruosa serpiente que recordaba a Equidna y cuyo culto fue destruido por los apóstoles san Juan y san Felipe. Y Diodoro de Sicilia refiere que los escitas se vanagloriaban de que Escites era hijo de Equidna y de Júpiter, confirmando estas tradiciones que en Escitia, como en Asia Menor, se creía en una deidad mitad mujer y mitad serpiente.

ERDLUITLE

Enanos de color terroso. Visten de verde, gris o marrón (según la tonalidad de su entorno natural, sean árboles, arbustos, rocas…) y sus prendas son largas, con cierto aspecto de monje. Conocen muchos secretos de la naturaleza y se los puede encontrar en las altas montañas de Italia, Austria y Suiza.

EREBO

En la cosmogonía griega es la región subterránea en donde habitan los muertos y reinan las tinieblas. Homero sitúa la entrada de esta región en el misterioso país de los cimerianos, en el lejano Occidente, adonde fue Ulises para evocar a los muertos y consultar a Tiresias, y Hércules para buscar a *Cerbero (véase* este término). No hay que confundir el Erebo con el Tártaro, como hacen algunos, aunque modernamente es costumbre emplearlos como sinónimos de infierno. La verdad es que el Erebo era la región infernal más cercana a la Tierra. En él estaban los sombríos palacios de la Noche y de los Sueños. Por su recinto vagaban, por espacio de cien años, las sombras infortunadas cuyos cuerpos no habían recibido los honores de la sepultura. Y el *Tártaro (véase* este término), propiamente dicho, era la cárcel infernal de los dioses expulsados del Olimpo, para que no volvieran a ver jamás la luz del día.

ERESKIGAL

Esposa de Nergal, el demonio adorado en Babilonia. Era conocida como «princesa de la gran tierra» o región de los infiernos *(véase* el término *Nergal),* como diosa del mundo inferior, del mundo de los muertos, de la tierra sin regreso. Era hermana de la diosa Istar.

ERGEDIEL (Ergedial)

Según Barrett, es el ángel que gobierna la decimocuarta mansión de la Luna, de las veintiocho existentes. Se le invoca para que proteja el cuerpo y la belleza.

ERINIAS

Deidades infernales encargadas de ejecutar las sentencias que proferían contra los malvados los dioses del infierno. Los romanos las conocían como *Furias.* Representábanse con los cabellos sueltos y coronados de serpientes, una antorcha encendida en una mano y un puñal en la otra. Se supone que las Erinias eran hermanas de las Moiras o Parcas y de Afrodita e hijas de Cronos (Saturno). Eran muchas, pero sólo se conocen los nombres de las tres que más se distinguían: Tisifona, Negara y Alectón. Algunos pueblos de la antigüedad sentían por ellas tal pavor que no se atrevían a nombrarlas. Las Erinias tenían su lugar en los templos; y se les inmolaban tórtolas, carneros y ovejas preñadas; se les ofrendaban narcisos, azafrán, cardos, nebrina, yesgo, y se quemaba en sus altares madera de álamo, de cedro y de ciprés. Eran sus habituales compañeras la Palidez, la Rabia y la Muerte, y también a veces el Terror. Llamadas también *Euménides,* eran anteriores a Júpiter y a los dioses olímpicos; representaban en la opinión pública la antigua justicia, la única conocida en los pueblos primitivos: la ley del talión. Relegadas a vivir en la región tenebrosa, sólo dejaban tan tétrica morada cuando las llamaba a la Tierra el olor de la sangre derramada o las imprecaciones de la víctima. El imperio de las Erinias se ejercía especialmente en la esfera moral, y en un principio parece que tuvieron la potestad de la némesis, desconocida aún como divinidad en los poemas homéricos. Toda clase de soberbia aspirando a predominio injusto, todo género de prosperidad que excediera de los límites puestos a la flaqueza humana, hallaban en las Erinias divinidades enemigas que la humillaban, la atajaban e imponíanle castigo. Pero entre todas las leyes, es la más importante y trascendental la que prohíbe al hombre atentar contra la vida de un semejante; las Erinias, pues, eran las encargadas de vengar los asesinatos. La persecución de las Erinias, dice Homero, es ardiente e infatigable, semejante a la de la jauría tras la presa; por más que el asesino se esconda, la penetrante mirada de las Erinias lo descubre, y por esto eran representadas con una antorcha en la mano.

ERLIGS
Genios maléficos del Tíbet, cuyo jefe era Erlik-Khan.

ERLIK-KHAN
Nombre mogol de Yama, rey demoníaco de la muerte en la mitología lamaica; era el príncipe de los erligs. Su cabeza estaba armada de cuernos y coronada de llamas. Le servía de collar una sarta enorme de cráneos.

EROTOSI (Ertosi)
Genio planetario de Marte que se invoca en ritos de magia talismánica. En hermetismo, es la cabeza del orden de las potencias angélicas. Preside el tribunal que castiga a los culpables. Gobierna el orificio derecho de la nariz y su correspondiente fosa nasal.

ESCHIEL (Eshiel)
Espíritu angélico cuyo nombre figura inscrito en el primer pantáculo del planeta Marte, según *The Key of Solomon the King* de Mathers. Por errores de grafía, también se le puede hallar, en los textos mágicos,

como Esiel. Los otros tres ángeles de este talismán son Madimiel, Bartzachiah e Ithuriel.

ESCIAPODI (*Véase* SCIAPODI)

ESCILA
Monstruo del mar de Sicilia, que antes de serlo fue una hermosa ninfa. Enamorada de Glauco, la diosa Circe, por venganza al no conseguir el amor de éste, arrojó en el lugar en que se bañaba la ninfa un líquido mágico. Apenas Escila puso sus pies en el agua se vio rodeada de monstruos que ladraban y como si quisiesen identificarse con ella, y por más que se esforzase en huir, los arrastraba consigo. Atemorizada por sus fieros aullidos, se arrojó al mar, en el estrecho de Mesina, cerca de la roca que tomó su nombre y enfrente del abismo de Caribdis. Quedó al momento trasformada en un horrible monstruo de seis cabezas sobre otros tantos cuellos de gran longitud; sus bocas estaban provistas de tres hileras de afilados dientes, y sus extremidades terminaban en doce garras. Atemorizaba a los marinos y cobraba siempre un tributo de carne humana a toda nave que pasaba por delante del escollo en el que tenía su refugio. Es muy cierto que en Caribdis naufragaron muchos bajeles, pero desde que la navegación se ha ido perfeccionando, ha desaparecido la mayor parte de la peligrosidad de aquellas aguas, por lo que ya no causan espanto a los pilotos. No obstante, de tarde en tarde, Escila se cobra algunos tributos. De esta y otras Escilas o Scilas habla Virgilio en la *Eneida*, y la coloca en el mundo inferior.

ESFINGE

Monstruo legendario, hijo de Ortos y de Equidna, asentado en Beocia. Era una divinidad devoradora. En general se la representaba con busto de doncella, piernas de león y cola se serpiente; simbolizaba la esencia espiritual de la muerte. Muchas veces se le añadían alas. La Esfinge griega devoraba a cuantos pasaban por su lado si no descifraban este enigma: «¿Quién anda por la mañana en cuatro pies, al mediodía en dos y por la tarde en tres?». Esa Esfinge, que tenía la voz de hombre, el cuerpo de perro y alas de águila (además de busto de mujer), se situó en la cima de una colina, junto a Tebas, y detenía a todos los caminantes que por allí pasaban, a los cuales devoraba al no resolver dicho enigma. Habían perecido muchas personas –varios millares, dice la leyenda– cuando Creonte, que entonces reinaba, anunció en toda Grecia que concedería la mano de su hermana Yocasta y la corona de Tebas al que librara la Beocia de tal calamidad. Edipo, cuya sagacidad corría pareja con el amor a la gloria, se presentó ante el monstruo, escuchó el enigma y respondió sin titubear: «Ese animal es el hombre, que en su infancia anda sobre sus manos y pies, en la edad viril solamente sobre sus dos pies y en su vejez ayudándose de un bastón como si fuera un tercer pie». La Esfinge, furiosa al ver descifrado su enigma, perdido su poder, lanzose desde el peñasco donde se hallaba y se rompió la cabeza contra el fondo de un precipicio del abismo. Este aspecto terrible de la Esfinge tiene que ver con el significado de su nombre (Estranguladora) y evoca su carácter maligno, como las *Erinias,* las *Harpías,* la *Quimera... (véanse* estos términos). La Esfinge, aunque parezca sorprendente, no nació en Grecia, sino que su culto se inició en Egipto y de allí tomaron el modelo los pueblos orientales y la misma Grecia, aunque con notables

33. Esfinge

ESFINGE

variaciones y con distinta significación, pues en el panteón babilónico-egipcio representaba la fuerza, el poder y la velocidad. La Esfinge egipcia tenía figura de león echado, con cabeza humana, por lo general de hombre con el mentón recubierto de barba y sin alas. También las había con cabeza de carnero, de gavilán o de halcón, consagradas a Ammón y colocadas, por lo común, a la entrada de los templos o en su interior, como sirviendo de guardianes del monumento, en las ceremonias secretas. Entonces debían simbolizar a las enormes potencias invisibles del más allá que vigilaban a los mortales. Las esfinges (estaría mejor dicho los esfinges) egipcias eran, en su mayoría, de grandes dimensiones, labradas en granito, alabastro, pórfido y otros materiales; las colocadas ante los templos estaban dispuestas en dos filas, formando una avenida y sobre bases de la altura de un hombre. Delante del templo de Luxor existió una larga avenida de esfinges monolíticas, del tiempo de Amenofis I (1545-1524 aprox. a.C.), que sumaban de 1200 a 1400. Tenían cabeza de carnero sobre cuerpo de león echado o descansando en la grupa y levantado de la parte anterior. Las esfinges con cabeza de carnero reciben el nombre de *krisesfinges* (crioesfinges) y de ellas hay gran número en algunas avenidas del templo de Karnak. Corrientemente, las esfinges egipcias simbolizaban el dios del sol, por lo que se llamaban Neb (Señor). Sin embargo, la mayoría de los estudiosos y arqueólogos opinan que tenían un significado más profundo y mágico, el cual aún no ha podido descifrarse. Lo que sí parece ser es que con la cabeza de hombre o de mujer, cuerpo de toro, pies de león y alas de águila, la esfinge representa los cuatro elementos (tierra, fuego, aire y agua) y la combinación de la fuerza física e intelectual encarnada en el monarca, del sitio que fuera. La más importante es la Gran Esfinge o Esfinge de Gizeh, que se supone fue la primera en representarse en Egipto y que se sospecha que era utilizada para proferir oráculos. La distancia entre el pavimento sobre el que descansaban las patas delanteras del monstruo y la coronilla era de unos 20 m, mientras que el largo total (de las extremidades de las patas anteriores hasta la raíz de la cola) era de 73,5 m. El rostro de esta esfinge es de hombre y sus rasgos son de un africano de color. La Esfinge de Gizeh no procede de tiempos remotos, sino que representa al faraón Khefrén (hacia el 2600 a.C.). El cuerpo de león simbolizaba su invencibilidad. Además de la de Gizeh, son muy conocidas las esfinges de la reina Hatsepsut (unos 1490 a.C.), la del templo de Ptah, en Menfis (primeros reyes del Imperio Nuevo) y la melenuda del rey Amenembet III (hacia el 1790 a.C.). Las esfinges caldeas, principalmente asirias, poseían alas y rasgos característicos propios. Simbolizaba el monstruo del caos vencido por Marduk y otros héroes inferiores. Se supone que los hititas y los heteanos introdujeron el tipo de la esfinge caldea, conservando algunos caracteres plásticos egipcios, en Asia Menor. El tipo de la esfinge alada se popularizó en las representaciones fenicias y penetró en Egipto en tiempos del Nuevo Imperio, compitiendo con la esfinge autóctona, varonil y desprovista de alas. Entre los fenicios, los hititas y los asirios, la esfinge tomo figura de león alado o toro alado con cabeza humana (y hasta con manos humanas), por lo que podría denominarse «androesfinge», mientras que la que tiene cuerpo de león y cabeza de halcón sería mejor llamarla «hieraesfinge». Asimismo, los persas erigieron muchos monumentos de esfinges. Y el tipo de Anatolia, por medio de los fenicios y los chipriotas, pasó a Grecia, donde adquirió la forma que hemos citado al principio. Y más tarde pasó a Roma y a Etruria. En heráldica se representa a la esfinge con cabeza y pecho de mujer, garras de león y el resto del cuerpo en forma de perro; al parecer fue adoptada esta figura como amuleto protector o talismán mágico. Este símbolo protector o mágico de la esfinge puede explicar el que se extendiera tan rápidamente por las civilizaciones mencionadas. Por su carácter talismánico (protector de males y peligros) era objeto de adorno personal; se empleaba en pendientes, collares, brazaletes, broches de cinturón, etc., así como en las armas defensivas de los héroes: escudos, corazas, cimeras de casco…. En los objetos descubiertos en Pompeya y Herculano se prodiga el tipo de esfinge que servía de sostén a trípodes, patas de mesa, de cama y de sillas, en los soportes de candelabros y de utensilios de todas clases. Sobre el enigma de la Esfinge de Gizeh no se ha dicho la última palabra, ya que es muy posible que se descubran inscripciones y papiros que hablen de su significado oculto. Por el momento, de acuerdo con una inscripción que data de la XVIII Dinastía (1570-1345 a. C.), esta esfinge representa tres dioses en uno: Harmakhis (trascripción griega de *Hor-m-akhet),* que personifica al sol de levante, al sol naciente, el orto del sol; Kepri, que significa a la vez «escarabajo» y «el que se trasforma», que para los heliopolitas representaba al sol de levante, el cual, como el escarabajo, renace de su propia sustancia (Kepri es, pues, el dios de las trasformaciones, a través de las cuales se hacen patentes los acontecimientos de la existencia); y Atum, simbolización del sol poniente y del sol en la fase anterior a su salida (personifica, asimismo, al antepasado del género humano y los sacerdotes egipcios enseñaban que era, antes de la creación, un «espíritu todavía impreciso, que contenía en germen todas las existencias individuales»). En conjunto, pues, la Esfinge de Gizeh vendría a compendiar el ciclo del nacimiento, muerte y resurrección o reencarnación del ser humano. John Ivimy, en *The Sphinx and the Megalits,* indica que la Esfinge de Gizeh fue ideada por los sacerdotes del Imperio Antiguo como un signo secreto que sólo era comprendido por los iniciados y que, probablemente, simbolizaba al propio clero y su labor de guarda y protección de los misterios cósmicos encerrados en las pirámides, de los que únicamente ellos poseían las claves para su interpretación.

ESKOL

Lobo enorme y terrible que, según los escandinavos, persigue el sol y debe devorarlo algún día. En unión de sus compañeros Managarm y Hati produce los eclipses de Luna y de Sol.

ESPECTRO

Imagen, visión o fantasma, por lo común horrible, que se representa a los ojos o a la imaginación. Viene a ser una sustancia sin envoltura corpórea que se presenta a los hombres contra toda ley natural y que les causa gran terror. Las creencias populares relacionan los espectros con los espíritus de los difuntos. Suetonio dice que el espectro de Galba perseguía sin cesar a Othon, su asesino, le arrojaba de la cama y le hacía padecer mil tormentos. Por las descripciones más antiguas que existen, los espectros vendrían a ser siluetas fosforescentes de personas y animales, pero presentando diversas tonalidades de luz; el terror que causan no es por su aspecto fantasmagórico, sino que obedece a que quien los ve comprende que son espíritus de ultratumba.

ESPÍRITUS

Seres inmateriales, pero dotados de razón y de poder. Los hay benéficos, como los *ángeles (véase* este término), y maléficos *(véase* los términos *demonio* y *diablo)*. En otro orden, también existen los espíritus de los humanos que, después de la muerte, desprovistos ya de la envoltura carnal, vagan por mundos y espacios aún desconocidos por los mortales. La adoración de los espíritus es una de las fases más extendidas de la religión de la humanidad. En muchos pueblos se cree que los espíritus de sus antepasados pueden emitir oráculos. En la India, por ejemplo, la adoración de los espíritus de los antepasados constituye la base de todos los ritos fúnebres. El budismo, particularmente el de Birmania, está profundamente informado por la adoración de los espíritus. Los birmanos no sólo reconocen los doce espíritus guardianes de la religión de los hindúes, sino que consultan constantemente y ofrecen sacrificios y rinden todo género de adoración a los *nats,* espíritus del aire. Existe una lista de los treinta y siete nats de Birmania, con fórmulas rítmicas para cantar y reglamentos para las danzas, preceptos para la indumentaria que hay que usar en cada ocasión, además de relatos biográficos relativos a estas divinidades. En la antigua China se creía firmemente en la supervivencia del alma humana y se le rendía culto como a espíritu que podía conceder bienes y acarrear males. Hay un texto del año 1400 que habla extensamente del Elíseo celeste y de los efectos de las bendiciones y maldiciones de los espíritus de los antepasados. En Japón, el sintoísmo ofrece al lado del culto de la naturaleza, el culto de los espíritus. En el sur de África el hechicero se pone en comunicación con el mundo de los espíritus y pronuncia oráculos en forma de enigmas y parábolas de significado oscuro. Los dayaks, al modo de los antiguos griegos, buscan la comunicación con los espíritus de los antepasados durmiendo encima de las tumbas. Los cabalistas llaman *espíritus elementales* a los que pueblan los diversos elementos: las *salamandras* habitan en el fuego; las *sílfidas* en el aire; los *gnomos* en la tierra; y las *ninfas* u *ondinas* en el agua. Entre los magos y hechiceros de Occidente se reconocen nueve espíritus infernales: Lucifer, Belzebuth, Astaroth, Lucífugo, Satanakia, Agaliaretph, Fleurety, Sargatanas y Nebirus, que dirigen todo el poder infernal de los demás espíritus de su mundo. Tienen bajo su mando otros dieciocho espíritus principales, a saber: Bael, Agares, Marbas, Prusias, Aamón, Barbatos, Buer, Gusoin, Botis, Bathym, Pursan, Abigar, Lovay, Valefar, Forahu, Ayperus, Nuberus y Glasiabolus.

ESTEGOSAURIO

Dinosaurio que se caracterizaba por tener cráneo largo y deprimido, cerebro muy pequeño y órbitas ovales alargadas y grandes. Sus patas posteriores eran más alargadas que las delanteras, y su cuerpo, de color marrón, estaba adornado por dos hileras de afiladas escamas, de considerables dimensiones, que arrancaban del cuello, donde su tamaño era menor, para ir aumentando por el lomo, donde llegaban a alcanzar casi un metro en su parte más ancha. Estas placas se prolongaban a lo largo del espinazo y cola; terminaban en una serie de agudas puntas. La garganta y el cuello estaban especialmente protegidos por nódulos óseos de pequeñas dimensiones que formaban anillos regulares sobre la piel, y la cabeza estaba cubierta por robustas placas de hueso. El conjunto era una impresionante armadura. El estegosaurio se alzaba sobre sus patas traseras cuando se disponía a combatir con otro dinosaurio. Algunas especies de este reptil de la familia de los estegosáuridos llegaban a tener 10 m de longitud. Se extinguieron hace unos 70 millones de años. Se han reconocido fósiles en los depósitos secundarios medios correspondientes al jurásico superior.

ESTEINO

Una de las *Gorgonas (véase* este término), monstruos marinos de la mitología griega. También se emplea la grafía «Esteno» y «Estenio». Esta Gorgona es inmortal.

ESTELIO

Jovencito a quien Ceros trasforma en lagarto, por haberse burlado de la ansiedad con que bebía aquella diosa en una cabaña cuando iba por el mundo buscando a su hija Proserpina.

ESTERELA

Hada maligna que alcanzó gran celebridad en Francia durante la Edad Media. Adoptaba una forma seductora y atractiva que encandilaba a los pastores, a los que arrastraba a su morada, donde los mataba con sus hechizos. En francés recibe el nombre de *Esterel* o *Estèrelle* (*Esterello,* en provenzal). Una leyenda de Saint-Armentaire, escrita en 1300, facilita muchos detalles sobre esta hada, que vivía cerca de una fuente, en cuyo lugar se levantó más tarde el monasterio de Notre-Dame de Esterel. La vida de Esterela fue cantada por los trovadores provenzales. En el poema de Federico Mistral, *Calendau,* se recogen todas las leyendas sobre este personaje fantástico, que atraía con sus cantos y miradas a los pastores y caminantes cual sirena alpestre. La tradición popular afirma que el hada Esterela habitaba en el macizo montañoso de Esterel, situado junto al Mediterráneo, entre Cannes y Draguignan. La línea férrea de Marsella a Niza lo atraviesa por varios túneles. Es muy posible que esta tradición esté relacionada con la diosa Esterela de los ligures y celtas, que se creía que curaba la esterilidad. Los sacerdotes daban en su nombre brebajes mágicos y pócimas a las mujeres que no tenían hijos. Y hay indicios de que en los primeros tiempos de el hada Esterela, las mujeres que deseaban ser madres ofrecían sacrificios a este ser sobrenatural en una roca llamada *Cauza de la fada.*

ESTIGIA

La laguna Estigia, que se encontraba en el averno, era alimentada por cinco ríos subterráneos infernales: el Aqueronte, el Corito, el Flegetonte, el Estigio (a veces identificado con el mismo nombre de Estigia) y el Leteo. Las aguas de la laguna Estigia rodeaban el horrendo recinto nueve veces, formando el río del mismo nombre (Estigio o Estigia). Los condenados por los dioses eran obligados a beber agua de tal lugar y esto les producía, durante un año, la pérdida de la respiración, de la voz, de la memoria y de la vida. Y por nueve años eran desterrados de las moradas celestiales. En la antigüedad había un arroyuelo en la Arcadia septentrional, en las cercanías de Nonacris, de aguas frías, sucias, contaminadas e infectadas, que originaban enfermedades y muerte a quienes bebían de ellas. Y se le dio el nombre de Estigio o Estigia, lo que puede haber inspirado la leyenda infernal del río y laguna Estigia, nombre que parece significar «horror, abominación…».

ESTINFÁLIDAS

Según los antiguos griegos, eran aves nocturnas monstruosas cuyas alas, cabeza y pico eran de hierro; lanzaban plumas a manera de dardos contra aquellos que las perseguían. Vivían en los pantanos de Estinfalia, en Arcadia. No contentas con comerse frutos y cosechas, se nutrían de la carne de los animales que arrebataban a los pastores; también gustaban de la carne humana. Estas aves eran tantas que oscurecían el sol cuando levantaban el vuelo. Euristeo ordenó a Heracles (Hércules) que las exterminara. Fue éste uno de sus doce trabajos famosos. Como la gran dificultad consistía en hacerlas salir de los bosques pantanosos en que se refugiaban, Heracles se sirvió de un címbalo de bronce que le dio Atenea, y que había sido construido por Hefaistos, para armar gran ruido, el cual asustó tanto a las monstruosas aves que éstas levantaron el vuelo y Heracles las pudo ir matando a flechazos. Se ha querido ver en este trabajo de Heracles el mito del dios solar que ponía en fuga a los pájaros negros de la tormenta, es decir, los vientos tempestuosos, cuya furia es siempre destructora. Pero es muy probable que el origen de la leyenda se debiera al exterminio de aves de presa, como águilas o buitres.

ESTIX (ESTIGIO)

Río de los infiernos; rodeaba nueve veces a éstos y desembocaba en el Cocito, según los antiguos griegos. Su origen era el segundo manantial del Océano. Sus aguas negras y mordientes, que corroían los más duros metales, alimentaban la laguna Estigia.

ETERKEN

El Eterken, conocido por el sobrenombre de «la pequeña ardilla», era un espíritu duende típico de la villa de El Ten, cerca de Emmerich (en el antiguo ducado de Cleveris, en el Rin). Se le podía ver saltar, brincar y hacer cabriolas en los caminos forestales. Se las ingeniaba de todas las maneras para asustar y molestar a los viajeros. Se ponía bajo las caballerías y las espantaba con sus toques y mordiscos, hasta el punto de que salían al galope, desbocadas, y volcaban coches y carros. Y se contaba que lo único que veían en las tinieblas los viajeros, era como una mano de hombre. De tal manera, se extendió la leyenda de que en Alemania nadie se ponía en camino por las rutas que atravesaban los bosques de aquella zona sin llevar sus amuletos, bendiciones eclesiásticas, fetiches u otras protecciones contra los espíritus malignos de los caminos.

ETRAFILLO (ETRAFILL)

Ángel que, según los musulmanes, siempre está de pie en espera de poder tocar la trompeta que anuncie el día del Juicio final.

ETXAJAUN

Duendes domésticos típicos del País Vasco. Son guardianes de la casa y ayudan a las tareas del hogar. Se les hacen ofrendas para que no se enfaden, como queso, leche, miel, pedazos de tarta… También se les aplican los nombres de *naspecha* y el diminutivo de *naspechoa*.

EUOPLOCEPHALUS

El más «fortificado» de los dinosaurios. Vivió en el cretácico superior y pesaba algo más de dos toneladas. Estaba provisto de escudos óseos y una protuberancia en el cráneo. Hasta los párpados estaban protegidos por protuberancias óseas. La cola estaba rematada por una extensión en forma de maza, con la que podía dar contundentes golpes contra los animales que le atacaran.

EURIALE

Una de las tres temibles *Gorgonas* (*véase* este término). Era un monstruo marino que no podía morir.

EURINOMO (Eurinomio, Eurynome)

Uno de los demonios más antiguos, cuyo origen se remonta a los mitos griegos. Según algunos demonógrafos es el príncipe de la muerte, un diablo principal. Era creencia popular en Delfos que devoraba la carne de los muertos y sólo dejaba los huesos. Tiene unos colmillos grandes y agudos, y un cuerpo disforme y lleno de llagas; cubre sus fealdades con una piel de zorro o de buitre, según las ocasiones. En la estela de Delfos estaba representado sobre unas alas de buitre y con afilados dientes parecidos a los de un fiero carnívoro.

34. Eurynome

EXAEL (ASAEL)

Según el *Libro de Enoch,* el ángel que enseñó a los hombres el arte de fabricar las armas y máquinas de guerra, las obras de oro y plata, y el uso de las piedras preciosas y de los aceites.

EXISTON

Espíritu angélico que se invoca en rituales mágicos de bendición o ritualización de la sal.

EZEQUEEL (EZEQUIEL)

Uno de los principales ángeles caídos según el primer *Libro de Enoch.* Es el que enseñó a sacar augurios o presagios de la forma y colores de las nubes.

EZOIIL

Uno de los espíritus que se invoca en el exorcismo del agua, según *The Key of Solomon the King* de MacGregor Matthers.

EZUDES

Son el equivalente eslavo de los tritones latinos y griegos. Tenían forma de hombre hasta la cintura y de pez a partir de ésta.

EZURVÓN

Cisne mitológico de pico muy largo. Era venerado por los antiguos celtas, que creían que había sido convertido en esta ave un célebre orador. Estaba extendida la creencia de que un día recobraría su antiguo estado y defendería a los inocentes de las injusticias y arbitrariedades cometidas por los jueces.

FABRIEL

Un ángel que sirve en el cuarto cielo, según el *Sexto y séptimo libros de Moisés.*

FADA

Hada en catalán y portugués *(véase el término hadas).*

FADAE (Fades)

Nombres que los galos dan a una clase de sus hadas, las cuales habitan en los alrededores de los monumentos druídicos. Los bretones creen aún en la existencia de estas mujeres sobrenaturales; las representan como damas esbeltas, bellas y muy luminosas, hasta el punto que se dice que son trasparentes. Raramente estas hadas hacen gala de buenas intenciones; acostumbran a abusar de la credulidad de los caminantes que se aventuran por aquellos parajes, a los que hechizan y tienden trampas, hasta el punto de causarles la muerte. Estas hadas aman los placeres y participan en las rondas infernales de los enanos que también tienen sus refugios en los monumentos druídicos, especialmente con los *korigans (véase* este término). Algunas tradiciones pretenden que los enanos son los esposos de las fades o hadas, pero otras apoyan la idea de que son sus hijos *(véase* el termino *hadas).*

FADETS (Fadettes)

Duendes típicos de algunas regiones de Francia, como el Poitou. Son de la familia de los *lutins,* de los *gobelins,* de los *kérions,* de los *korrigans* (Korigans), etc. Las fadettes son consideradas como pequeñas hadas. *(Véanse* esos términos y el de *follet).*

FAGIA (Mefagian)

Nombre que dan los musulmanes a unos espíritus malignos a los que acusan de ser responsables de la muerte de las personas.

FAIFOLKS

Especie de duendes que en Escocia acompañan a las hadas.

FAIRY

Nombre inglés moderno que se da al hada (plural, *fairies)*. El término más arcaico parece ser el de *fay*.

FANGGEN

Nombre que dan en el Tirol a una especie de espíritus o entes sílficos.

FANTASMA

Espíritu o aparecido que es costumbre popular representar envuelto en blanco sudario u otros ropajes, generalmente sin rasgos humanos, como si el espíritu se vistiera para hacerse más visible, de manera parecida a como el aire hincha un globo. Por tanto, los fantasmas son particularidades de los *espíritus* y *espectros (véanse* estos términos); muchas veces se utilizan los tres vocablos para identificar un mismo aparecido o visión. Ya en la Biblia se dice que el pueblo de Israel creía en espectros y fantasmas. Los libros canónicos hablan de un espectro de mujer, por nombre Lilith, que se aparecía durante la noche, y de una especie de fantasmas en forma de machos cabríos, llamados *schirim,* que danzaban en los bosques y se juntaban aullando. Los rabinos dividieron los fantasmas en espectros de la mañana, del mediodía y de la noche. Según el Talmud, los segundos son quizá los más peligrosos, porque sorprenden al hombre durante el sueño en las horas de la siesta. Un fantasma llamado Schabta es el que daba muerte a los niños que no llevaban limpias las manos. A estas leyendas se añadieron las creencias tomadas de la mitología griega y de religiones antiguas, entre ellas la de los citados schirim, reminiscencia de los sátiros griegos y los faunos romanos, o los espíritus de los bosques y campos del Zendavesta. La creencia en fantasmas está muy extendida por todo el orbe, principalmente en los pueblos de poca cultura y muy supersticiosos. Los omahas creen que el espíritu del que perece víctima de asesinato no pierde vista al asesino y éste ha de trasladar su choza a unos quinientos metros del lugar que ocupa su tribu, de lo contrario, el fantasma de su víctima hace soplar un viento borrascoso que causa grandes daños. En los libros de China se leen muchos casos de personas atormentadas por los fantasmas o espíritus de sus víctimas. Los kuki de la India creen que los espíritus de los malvados aparecen en forma de animales dañinos. En algunas regiones de África central creen que los fantasmas de los muertos revolotean en el aire, produciendo ruidos en las viviendas, matando a los niños y enviando enfermedades a las personas y al ganado. Creencias parecidas existen en otros países, cuyo folclore está lleno de leyendas e historias de fantasmas de todas clases. Como curiosidad destacamos el hecho de que en 1969, John Stonehouse, ministro de Correos y Telecomunicaciones de Gran Bretaña, tuvo que abandonar una vivienda que había alquilado en Londres a causa de unos fantasmas. La familia del ministro vivía aterrada porque los supuestos fantasmas aullaban, arrastraban cadenas, hacían crujir muebles y suelo y no dejaban dormir tranquilo a nadie. De hecho, ningún miembro de la familia Stonehouse vio un fantasma, por lo que esta palabra no debería usarse para explicar el caso que nos ocupa; lo más correcto sería utilizar el vocablo «duendes» o la denominación «espíritus golpeadores», sin descartar un posible caso de psicofonía. A veces, los fantasmas que ven algunas personas son imágenes fantásticas producidas por su mente. Los médicos conocen desde hace tiempo las llamadas «alucinaciones», en la fiebre, en las enfermedades del cerebro, en la histeria, la hipocondría, la catalepsia, en los locos, en el éxtasis y estados afines.

FANTASMOSCOPIA
Visión delirante de fantasmas.

FANTASO
Espíritu o deidad romana, hijo del Sueño, según Ovidio, que tomaba las más diversas formas para aparecerse a los hombres durante el sueño.

FANTINA
Hada cuyo nombre (Fantine) aparece frecuentemente en las leyendas suizas del cantón de Vaud.

FARBAUTA
Gigante escandinavo, esposo de Laufeia y padre de Loki, el principio malvado en sus diferentes manifestaciones. También se le llama Farboba.

FARFADET
Nombre que en Francia aplican al *follet* (*véase* este término).

FARFARELLO
Duende italiano equivalente al follet. En toscano es *farfanicchio*. Pero no debía ser tan doméstico e inofensivo como duende, ya que Dante (*La divina comedia*, canto XXI) coloca a Farfarello como demonio en el infierno.

FASSILIERES (Fossilieres)
Nombre genérico que llevan, en las montañas del departamento del Tarn (Francia), los genios y duendes, buenos o malvados, que se introducen en las casas de los humanos. Se distinguen sobre todo el *Tambourinet,* el *Saurimonde* y el *Drac* o *Drak* (*véanse* estos términos).

FAUNOS
Genios campestres de la mitología romana. Se los representaba con cuernos, pies y orejas de macho cabrío. A veces se confundieron con Pan y los sátiros. San Agustín los tenía por demonios íncubos.

36. Fauno

FÉES
Nombre que dan en Francia a las *hadas* (*véase* este término). El nombre

de fées deriva de los términos latinos *fada, fata, fatua,* que significan «destino, mujer inspirada». Algunos autores precisan que viene del latín *fatum,* «oráculo, vaticinio», pero la opinión más generalizada hace remontar la etimología de fées al mote latín *fata,* que viene de *fando,* y al mismo origen de *vates* («poeta, adivino»). También se da el mote céltico *fay* y el escandinavo *alfe* como el precursor de fée. Walter Scott pretende que el término *peri,* pronunciado *fèri* por los árabes, es el origen del nombre fée. Lo que sí es cierto es que las profetisas galas se llamaban *fadae* y *fatidicoe.* Hay muchos eruditos que afirman que la existencia de las fées o hadas es de origen céltico, y comparan esos seres sobrenaturales con los *ginns* y los *peris* orientales (*véanse* estos términos). Para una comprensión de la naturaleza de las fées, *véase* el término *hadas,* nombre que se da en España a estos seres femeninos, así como en algunas localidades francesas cercanas a los Pirineos. En Languedoc se las denomina *fadas* y *fades.*

FELDALFENNE (*Véase* ELFO)

FEMELIARS

Nombre que dan en Ibiza a los *follets* o *duendes* (*véase* este término).

FEN-CHOU

Los chinos daban este nombre a un extraño animal cuya existencia no ha sido confirmada por los naturalistas. Se dice que era como una rata, pero más grande que un elefante. Habitaba en las cavernas oscuras y rehuía todo contacto con la luz; poseía un cuerno o colmillo de marfil, blanco como el de los elefantes, pero más fácil de trabajar. Su carne era muy fría y excelente para refrescar la sangre. El antiguo libro *Chin-y-King* habla de este animal en los términos siguientes: «Hay en las tierras del norte, entre las nieves y los hielos que cubren el país, una rata que pesa más de mil libras; su carne es muy buena para los que están muy acalorados. Los tsée-chous le llaman también feu-chou, y hablan de una otra especie de menor tamaño».

FENISES Y CHALKYDRI

En el *Libro de Enoch* II (cap. 12), se citan entes sobrenaturales, ángeles superiores, llamados Fenises y Chalkydri, que el profeta presenta como los elementos del sol, de la siguiente manera: «…Y yo miré y vi otros elementos flotantes del sol, cuyos nombres son Fenises y Chalkydri, maravillosos y admirables, con pies y cola de león y cabeza de cocodrilo, su aspecto es brillante como el arco iris; su tamaño es de novecientas medidas, sus alas son como las de los ángeles, cada uno tiene doce y ellos cuidan y acompañan al sol, produciendo calor y rocío como Dios se lo ha ordenado…».

FÉNIX

Según los demonógrafos, gran marqués en los infiernos. Se aparece bajo la forma de un fénix a la voz de un niño. Responde sobre todas las ciencias, y es muy buen poeta, pues satisface en verso a todas las preguntas. Le obedecen veinte legiones de diablos.

Se dio el mismo nombre a un ave fabulosa, animal sagrado entre los egipcios. El de Fénix, de origen griego, corresponde al egipcio *benu*. El primero que habló de esta ave, que la tradición decía que renacía de sus propias cenizas, fue Herodoto, quien en su obra *Los nueve libros de la historia* dice: «Otra ave sagrada hay allí que sólo he visto en pintura, cuyo nombre es el de fénix. Raras son, en efecto, las veces que se deja ver, y tan de tarde en tarde, que según los de Heliópolis, sólo viene a Egipto cada quinientos años, al morir su padre. Si en su tamaño y conformación es tal como la describen, su mole y figura son muy parecidas a las del águila, y sus plumas, en parte doradas, en parte de color carmesí. Tales son los prodigios que de ella nos cuentan, que aunque para mí poco dignos de fe, no omitiré el referirlos. Para trasladar el cadáver de su padre desde Arabia al templo del Sol, se vale de la siguiente maniobra: forma ante todo un huevo sólido de mirra, tan grande cuanto sus fuerzas alcancen para llevarlo, probando su peso después de formado para experimentar si es con ellas compatible; va después vaciándolo hasta abrir un hueco donde pueda encerrar el cadáver de su padre, el cual ajusta con otra porción de mirra y atesta de ella la concavidad hasta que el peso del huevo preñado con el cadáver iguale al que cuando sólido tenía; cierra después la abertura, carga con su huevo, y lo lleva al templo del Sol en Egipto». Otro testimonio acerca del ave fénix es de Plinio, quien en *Historia natural* dice: «La India y Etiopía producen pájaros de muy variados colores y tales que la pluma no acierta a describirlos; pero el más hermoso es el que nace en Arabia y que, a no ser que sea pura fábula, es único en el mundo y no se lo ve sino raras veces. Dícese que es del tamaño del águila y que el plumaje que le rodea el cuello brilla como el oro, por lo demás es de color púrpura con cola azul entremezclada de plumas rosas, con crestas debajo del cuello y con la cabeza adornada con un penacho». El primer escritor romano que mencionó el ave fénix fue Manilio, quien aseguró que nadie le había visto comer, que en Arabia estaba consagrada al Sol y que vivía quinientos sesenta años. También afirma que, al sentirse morir, construye un nido con ramas del árbol de la canela y del incienso, llenándolo de perfumes, y que en él muere. Después nace de sus huesos y médula una especie de gusano que luego viene a ser un pollito, el cual lo primero que hace es tributar honores fúnebres a su antecesor y llevar todo el nido cerca de Pancaie, la ciudad del Sol y, una vez allí, lo coloca encima de un altar. San Clemente el Romano también creía que el ave fénix nacía en Arabia, que era única en su especie y que vivía cinco años. Los demás datos corresponden con los de Manilio. Lo cierto es que esta ave fabulosa se halla a menudo representada en las pinturas y esculturas de los templos de Egipto. En cuanto al emblema del fénix renaciendo de sus cenizas era desconocido en tiempos de Herodoto. Esta leyenda, inspirada en lo dicho por Manilio y otros autores, como Suidas, que vivió hacia el siglo x, es muy posterior a los principios de la era cristiana.

FENRIS

Es el gran lobo de la mitología escandinava. Nació de un mismo parto con Hel, la diosa del infierno, y la serpiente Jormoungandour. Los Ases, sabedores de lo funestas que habían de ser estas tres criaturas, precipitaron a Hel en el país de las tinieblas (nifflheim) y a la serpiente en los abismos del mar. En cuanto a Fenris o Fenrir, lo encerraron en el Walhalla. Era tan feroz ya, que sólo el dios Tyr se atrevía a darle de comer. Como crecía de manera sorprendente y su fuerza iba en aumento, los dioses resolvieron que era conveniente encadenarlo. Pero el fiero animal, convertido ya en un monstruoso lobo, rompió dos veces sus cadenas y los dioses, asustados, tuvieron que acudir a los elfos o alfes negros, duendes que eran muy entendidos forjadores.Los elfos son duendes imaginados generalmente como más hermosos y mejor formados que los seres humanos, pero de estatura bastante menor. Tenían una organización social como los hombres, y, como éstos, obedecían la autoridad de un rey, al que prestaban juramento de fidelidad y sumisión. Sus pasatiempos preferidos eran el juego y la danza. Y los elfos negros eran, además, expertos forjadores y entendidos en los secretos de la magia. Estos seres, con los seis elementos siguientes: el rumor de los pasos de un gato, la barba de una mujer, la raíz de un monte, los nervios de un oso, el aliento de un pez y la saliva

de un ave, labraron una maravillosa cadena, llamada Gleipnir, tan sutil como recia e irrompible. Mas pasarla al cuello del fiero animal no era fácil, en cuanto andaba ya receloso por las tentativas anteriores y temía que quisieran estrangularlo. Para conseguirlo, los dioses apelaron al engaño y le presentaron la cadena como un lujoso adorno; pero Fenris sólo consintió probársela si uno de los Ases tenía al mismo tiempo metido el brazo en sus horribles fauces. Tyr fue el único que se atrevió a arrostrar el peligro, y el lobo quedó sujeto con la indestructible Gleipnir. Furioso por el engaño, devoró el brazo de Tyr, pero no pudo escapar de su collar; la baba de rabia que salía de su boca formó el río Vam. Dice la leyenda que Fenris está encadenado a la peña Gelgia, incrustada en el centro de la Tierra, en donde permanecerá hasta el fin del mundo. Entonces engullirá a Odín, pero morirá estrangulado por Vidar.

FERRAGUS

Gigante famoso del que se habla en la crónica del arzobispo Turpin. Tenía unos cuatro metros de altura y su piel era tan dura que ningún hierro afilado podía herirle. Sin embargo, fue muerto por uno de los guerreros del séquito de Carlomagno.

FERSERDINO

Ángel del aire y de las aves según los güebros.

FERVERDIN

Nombre persa de los espíritus de los muertos, que en el Zend se les llama *fravashi* y en persa *fravarti*.

FERVEROS

Genios inmateriales de la religión persa, que figuraron en la lucha de Ormuzd y Arimanes, como defensores del principio del bien contra el genio de las tinieblas. Eran los tipos o modelos a cuya semejanza formó Ormuzd todos los seres. Se los invocaba en las ceremonias fúnebres conmemorativas. Los sacerdotes que oficiaban en ellas tenían la propiedad de curar y purificar las almas.

FETCH (Wraith)

En Escocia e Irlanda dan estos nombres al espíritu o sombra de una persona viviente. Esta sombra reproduce exactamente las facciones, la vestimenta y los modales de la persona que representa; cuando se aparece es para anunciar la muerte próxima de aquélla *(véase* el término *gobelino).*

FILANDIERES *(Véase* HILANDERAS*)*

FILOTANO

Demonio de segundo orden, teniente de Belial en los dominios de la sodomía.

FIRBOLGS (FIR BOLG)

Especie de enanos o espíritus de la tierra parecidos a los elfos. Se considera que eran los primeros habitantes de Irlanda y que fueron desplazados por los seres humanos. Tenían unos noventa centímetros de altura y se vestían con ropas gruesas, pesadas y oscuras. Llevaban botas, chaquetón, gorro alto… Solían vivir bajo tierra y en las profundas grietas bajo montículos escarpados y verdo-

sos. Eran montañeses por naturaleza y se los veía, a veces, subir y bajar los montes como expertos alpinistas.

FLAGA

Hada maléfica de las tradiciones escandinavas. Iba a todas partes montada en un águila y conocía todos los secretos de la magia.

36. Flaga

FLAUROS (Flauro, Haures, Hauras, Havres)

Es un gran duque y, a la vez, general mayor del infierno. Cuando se le evoca se presenta bajo la enorme figura de un leopardo, si bien a las órdenes del oficiante toma la apariencia de ser humano, pero con un feo rostro y horrible aspecto; tiene ojos encendidos o flamígeros. Responde con veracidad a cuestiones sobre el pasado, el presente y el porvenir, pero hay que hacerle las preguntas cuando se halle dentro del triángulo dibujado al efecto, en el suelo. De lo contrario, mentirá mucho. Es de conversación agradable sobre la divinidad, la Creación del mundo y la rebelión de los ángeles. A requerimiento del mago u oficiante, puede quemar y destruir a sus enemigos y protegerlo del ataque de otros espíritus. Le obedecen treinta y seis legiones de espíritus, según Crowley (*Goecia*).

FLEGETONTE (Flegeton)

Río del infierno de los antiguos griegos, cuyo nombre significa «incandescente». Sus aguas son de azufre, fuego y lágrimas de los condenados. Rodea el Tártaro en sentido inverso al Cocito, y sus sulfurosos torbellinos se pierden en el Aqueronte. *(Véase* el término *Estigia)*.

FLEURETY

Según los grimorios *Clavículas de Salomón* de Iroe el Mago y *Los secretos del infierno* de Antonio Veniciana, es el teniente general de los infiernos y tiene el poder de hacer cualquier clase de obra que se le pida, si bien se le debe invocar de noche. Puede hacer nevar, granizar, llover y provocar terribles tempestades. Tiene a sus órdenes directas a Bathym, Pursan y Abigar.

FOCALOR (Fonalore Forcalor, Furcalor)

Gran general de los infiernos, que se muestra, cuando se le evoca, bajo la figura de un hombre con alas de grifo. Con tal apariencia mata a los seres humanos y los arroja al mar. Tiene gran dominio y poder sobre los mares y los vientos y hace naufragar a los buques de guerra. Manda treinta legiones de demonios

y según confidencia que hizo a Salomón, espera volver al séptimo cielo al cabo de mil o mil quinientos años (que ya han trascurrido). Parece ser que Focalor es un anagrama de Rofocale.

FOLLET

Pequeño espíritu, juguetón y travieso, característico de Cataluña, que según la creencia popular vive en los bosques y en algunas casas de campo. Le gusta mucho la música y la danza, y se divierte gastando jugarretas a sus moradores. Sin embargo, en ocasiones, cuando cree que alguna familia lo merece, ayuda a sus miembros a sobrellevar la carga de la vida cotidiana y a solucionar sus problemas. Es el equivalente catalán de *duende (véase* este término). En Francia también recibe el mismo nombre, país en el que fue muy popular en la Edad Media. También se le conoció bajo los apelativos de lutin y de farfadet, y es análogo al drac y al gobelin del mismo país. Los follets franceses y catalanes corresponden a los *hudkins* de los sajones, a los *trolles* nórdicos, a los *cluricaunes* de Irlanda y a los *brownies* de Escocia *(véanse* todos estos términos). Asimismo tienen mucho en común con los lares de la antigua Roma. El follet francés es en general un duende benéfico, pues pese a sus travesuras rinde muchos servicios a los moradores de la casa en que se refugia. Aunque permanece invisible, da la comida a los caballos, limpia el calzado, cepilla la ropa, asea la cocina, etc. Al decir de los rabinos, los follets son espíritus imperfectos que el Creador había comenzado el viernes y que no pudo terminar al día siguiente, a causa del sábado, destinado a descansar.

FONG-ONHANG
Ave fabulosa a la que los chinos atribuyen propiedades parecidas al ave fénix de los griegos y romanos.

FORAS (*Véase* **FURCAS**)

FORCAS (*Véase* **FURCAS**)

FORFAX (Morax)
Según Reginald Scot (*Discoverie of Witchcraft,* 1584), Forfax es uno de los grandes presidentes del inframundo, del otro mundo subterráneo. Manda treinta y seis legiones de espíritus y enseña los secretos de la astronomía y las artes liberales. Cuando se presenta ante el invocante lo hace en forma de una vaquilla. (*Véase* el término *Marax).*

FORNEO (Forneus)
Gran marqués infernal. Se presenta en forma de monstruo marino. Enseña los secretos de las artes liberales y de las ciencias y el don de lenguas. También hace que los enemigos le respeten a uno o que se vuelvan amigos. Le obedecen veintinueve legiones de demonios. Perneo, antes de su rebelión contra el Señor, fue un ángel que pertenecía al orden de los tronos.

FOULETOT
Duende o follet muy popular en ciertas regiones de los Alpes y en las montañas del Jura (Francia). Acompaña principalmente a los tropeles de genios, de los que es una especie de abanderado. Los fouletots son bastante traviesos y bromistas, pero también muy serviciales con las familias que les caen simpáticas y que tienen fe en ellos. Cuidan principalmente de los caballos, a los que alimentan y limpian por la noche; durante esta operación se ven revolotear por las cuadras ciertas lucecitas. Pese a que son muy serviciales, si se les ofende se vuelven muy rencorosos y perjudican todo lo que pueden a la familia que les ha faltado.

FRACIEL
Según Barrett, es uno de los ángeles del martes y que rigen el quinto cielo. Pertenece al grupo de ángeles que gobiernan el Norte, por lo que se le ha de invocar mirando hacia ese punto cardinal.

FRANKENSTEIN
Personaje fantástico creado por la novelista inglesa Mary Shelley como protagonista de la obra *Frankenstein.* La primera edición de esta novela se hizo en 1818. En realidad, es el nombre del doctor y joven científico que lo crea, pero con el tiempo, debido a la popularidad cobrada por este ser de fábula, en vez del «monstruo de Frankenstein» se ha quedado con el apelativo de Frankenstein. Este monstruo es «fabricado» por el doctor Frankenstein utilizando partes de cadáveres que va seleccionando, hasta que por medios físico-químicos le da vida. Este ser creado en el laboratorio resulta de una fealdad espantosa y su estatura es enorme, por lo que sus cualidades

humanas no son apreciadas por los hombres, que se espantan sólo con su presencia y terminan por perseguirle y atribuirle crímenes de los que es inocente. Al negarse el doctor a «crearle» una compañera, que le haría más soportable su soledad, el monstruo enloquece de odio y mata a varias personas en el curso de su existencia; una de ellas es la esposa del doctor, para que éste experimente una soledad parecida. El doctor Frankenstein persigue al monstruo para darle muerte, pero sucumbe en la empresa y el monstruo pierde toda esperanza de que alguien pueda darle compañera. Mary Shelley ha descrito a su extraña criatura de la manera siguiente: «Su amarillenta epidermis apenas podía cubrir el conglomerado de músculos y arterias de su interior; su pelo, de un negro lustroso y abundante, era lacio; sus dientes, blancos como perlas...; con todo, la mezcla de tanta belleza aislada, con sus ojos acuosos casi del mismo color blanco sucio de sus cuencas, formaba una composición aún más horripilante, incrementada por su arrugada faz y negros labios, finos y rectos...». Lo más patético de la obra de Mary Shelley es la confesión final que hace el monstruo, cuando se halla en el polo: «...Es cierto que soy un miserable. He asesinado a personas jóvenes, amables e indefensas; he estrangulado al inocente en su sueño y retorcido el cuello a seres que no me habían hecho ningún daño, a mí ni a nadie. He conducido a la desesperación y a la desgracia a mi creador, el ejemplar más selecto de todos cuantos merecen la admiración de los hombres; lo he perseguido hasta su total ruina, y ahora helo aquí cadáver. Tú me odias; pero tu odio no tiene comparación con el que me tengo yo mismo. Miro las manos que han producido tantas muertes; pienso en el corazón que ha concebido imaginaciones tan monstruosas, y deseo que llegue cuanto antes el día en que mis manos descansarán como mis ojos, en que dejará de perseguirme el recuerdo de tales imaginaciones.

»No temas que pueda ser el instrumento de otras desdichas. Mi tarea llega ya a su fin. No es preciso gastar tu vida ni la de otros hombres para terminar conmigo y para que se cumpla lo que debe cumplirse; basta con una sola vida, la mía. No tardaré mucho en proceder a este sacrificio. Dejaré tu barco para coger el trineo que me ha traído, y con él iré a buscar el lugar más alejado al norte. Allí levantaré una pira en que se transformará en cenizas este cuerpo miserable, para que sus restos no puedan inspirar a otro desdichado investigador a que cree otro ser como yo. No viviré. Dejaré de sentir los tormentos que ahora padezco, y de ser presa de sentimientos nunca satisfechos, porque eran insaciables. Ya no existe el que me ha dado la vida; y cuando desaparezca yo también, nuestro recuerdo se borrará rápidamente de la memoria de los hombres. Dejaré de contemplar las estrellas y el sol, de sentir el viento que me cruza la cara; y cuando la luz, los sentimientos, los sentidos desaparezcan, sólo entonces podré ser feliz...». ¿Llega a darse muerte el monstruo en el polo? La principal dificultad estribaría en hallar madera para hacer la pira funeraria que pretendía. No sorprende, pues, que el cinema haya resucitado al monstruo de Frankenstein y haya añadido nuevos episodios a su triste existencia, convirtiéndole en uno de los personajes más célebres del cine de terror. La primera película sobre este legendario personaje fue realizada por James Whale en 1931 y llevó el título de *El doctor Frankenstein*. En 1935, el propio Whale dirigió *The Bride of Frankenstein (La novia de Frankenstein)*. Y en 1939, Rowland V. Lee realizó *Son of Frankenstein (El hijo de Frankenstein)*. En los tres filmes citados, Boris Karloff interpretó el papel del monstruo. A partir de 1942 se realizaron una serie de películas en las que aparecía el monstruo de Frankenstein, las cuales dieron al personaje de Mary Shelley una enorme popularidad.

FRIAGNÉ

Uno de los ángeles del martes y que rigen el quinto cielo, según Barrett y Papus. Se le debe invocar desde el Este (Oriente).

FRIMOST

Según el *Gran grimorio del papa Honorio*, Frimost es el demonio de la destrucción. Enseña el manejo de las armas y siembra el odio, el espanto y la ruina por doquier, por lo que puede tenérsele por el inspirador del terrorismo. También produce ruidos horribles en las casas cuando se le pide, así como levanta las aguas de los mares y desencadena vientos y tempestades. Hace caer granizo y rayos a donde se le pide, por lo que era invocado por algunas brujas para causar daño en las cosechas de los señores feudales. Como el demonio de la venganza y del desquite, se le invoca en rituales de destrucción para castigar a enemigos y malvados a los que la justicia ordinaria no puede alcanzar. Según el *Grimorium Verum,* es un demonio que está a las órdenes directas del duque Syrach.

FRUTIMIERE

Otro demonio que está a las órdenes de Syrach, el cual concede todo género de festines a los que le adoran e invocan correctamente.

FUATH

J. F. Campbell *(Cuentos populares de las Tierras Altas escocesas)* da el nombre genérico de *fuathan* a muchos espíritus, generalmente maliciosos y peligrosos, que tenían una estrecha relación con el agua, lagos, ríos y a veces con el mar. Los cita como espíritus del agua.

FU-CHU

Espíritu chino que, junto con Han-Yuan, ayudó al legendario Chung-Kuei en su lucha contra los demonios. Según los antiguos textos chinos, «era una extraña criatura con cuerpo de lobo y formas de tigre. Los dos brazos tenían una fuerza de mil libras. Su alma sencilla era amplia como la mar y libre como el cielo, sin la menor hiel. Tal era su valentía, que podía tragarse un rinoceronte. Conocía las seis artes de los generales y las tres astucias guerreras».

FURCAS (Forcas, Foras, Forras)

Presidente y duque del imperio infernal. Se presenta bajo la figura de un hombre rechoncho, de edad, con largos cabellos y luenga barba, todos blancos. Monta un pálido y escuálido corcel y en la mano derecha sostiene una jabalina. Enseña filosofía, lógica, retórica, quiromancia, astronomía, piromancia… Le obedecen veinte legiones de espíritus infernales. (*Véase* el término *Monarquía infernal*).

37. Furcas

FURFUR

Es un gran conde del infierno. Se muestra bajo la figura de un ciervo con alas de demonio, manos y cola llameante. Pero a veces adopta la forma de un ángel. Se le debe obligar a que se coloque en el triángulo pintado al efecto, de lo contrario contesta con mentiras y falsedades a las preguntas del oficiante o mago. Causa el amor entre hombres y mujeres, lanza rayos y centellas, hace retumbar los truenos, y produce ventoleras y grandes tempestades hacia donde se le pide. Responde sobre todas las cosas divinas y abstractas. Gobierna veintiséis legiones de diablos, según Crowley (*Goecia*) y MacGregor Mathers. (*Véase* el término *Monarquía infernal*).

FURIAS

Divinidades infernales entre los antiguos romanos; estaban encargadas de la venganza de los dioses contra los malvados y de ejecutar en ellos las sentencias de los jueces del infierno. Los griegos las llamaban *Erinias* (*véase* este término). Las Furias o Erinias llevan en las obras de Homero, *Ilíada* y *Odisea*, los sobrenombres de *Stygera*, *Daspleitis* («terribles»); y de *Aerophoites* («viajeras en las nubes»). En las *Euménides* (nombre por el que también se las conoce), de Esquilo, figuran en número de cincuenta, con los cabellos en desorden y entrelazados de serpientes, los ojos inyectados en sangre, cubiertas con túnicas negras, de las que penden gran número de víboras. Eurípides fue el primero que las presentó con alas. Los escritores romanos creyeron que las Furias presidían los tormentos del infierno y que se apoderaban de las almas para arrojarlas a un pozo lleno de serpientes horribles, y las redujeron a tres: Alectón, Megara y Tisifona, pero algunos poetas añaden una cuarta: Erinnys. En los templos, las Furias o Erinias recibían sacrificios, como el de las ovejas negras (sobre todo las preñadas), y se les ofrecía nefalia, libación de agua y miel.

FURLAC (Furlan)
(*Véase* **PHORLAKH**)

G

GAAP (Goap, Gaab, Gaar, Tap)

Es un gran presidente y poderoso príncipe de los infiernos, del inframundo. Es tan poderoso como *Byleto* o *Bileto (véase* este término). Aparece cuando el Sol está en los signos del Sur; suele mostrarse al mediodía y adopta la figura humana, si bien lleva alas de demonio y dos cuernos en la cabeza. Los bordes de las alas están defendidas por puntiagudas y largas uñas. Y montado en su cuello lleva un espíritu servidor en forma de guapo doncel. Va precedido de cuatro grandes y poderosos reyes. Su trabajo consiste en hacer a los hombres insensibles o ignorantes. Pero si se logra que entre en el triángulo pintado al efecto, ante el círculo protector, enseña filosofía y ciencias liberales. Incita el amor y el odio e impera sobre todos los demonios sometidos a *Amaimón (véase* este término) y tiene bajo sus órdenes a sesenta y seis legiones de espíritus, según Crowley *(Goecia).* Se conoce un libro atribuido a los profetas Elías y Eliseo con el que puede conjurarse a Gaab o Gap, en virtud de los santos nombres de Dios, contenidos en el grimorio de las *Clavículas de Salomón.* Con el nombre de Gaab o Gäap se libera a los «familiares» o espíritus custodiados o dominados por otros magos. Y a voluntad del exorcista trasporta personas y cosas de un lugar a otro con suma rapidez. Gaap responde sinceramente sobre el pasado, el presente y el porvenir. (*Véase* el término *Monarquía infernal*)

GABKAR

Nombre dado por los orientales a una ciudad fabulosa que suponían situada en el desierto y que era la residencia de los genios.

GABRIEL (Jibril)

Ángel que los cristianos tienen por mensajero de Dios. Los mahometanos le dan el nombre de «espíritu fiel». Según el Corán, es el que guarda los tesoros celestiales, esto es, de las resoluciones. Es el ángel que inspiró a Mahoma y el que le condujo al cielo montado sobre Alborak. Gabriel es uno de los tres *ángeles (véase* este término) citados por la Biblia. Su nombre significa «fortaleza de Dios» y en las Sagradas Escrituras se registran cuatro apariciones suyas. Las dos primeras fueron al profeta Daniel para explicarle los símbolos del carnero y del macho cabrío, que representaban, respectivamente, el Imperio de los vedas y el de los persas, y para revelarle la profecía de las setenta semanas. La tercera aparición de Gabriel fue para anunciar al sacerdote Zacarías el nacimiento de Juan Bautista. En este caso, el mismo Gabriel declara que es uno de los siete ángeles que están constantemente en la presencia de Dios, pendientes de sus órdenes y dispuestos a cumplirlas, en calidad de dignatarios de la corte del Muy Alto. De aquí el título de arcángel atribuido a Gabriel. La cuarta aparición de este ángel fue para anunciar a María que concebiría al Mesías. Las tradiciones hebreas atribuyen a Gabriel la destrucción de Sodoma y Gomorra, así como la del ejército de Senaquerib. Asimismo le asignan el hecho de haber dado sepultura a Moisés y le atribuyen la misión de marcar la figura T en las frentes de los escogidos (Ezeq, 9). Entre los cristianos,

38. Gabriel

el culto a Gabriel se inició hacia el año 1000. Benedicto XV fijó para su fiesta el día 24 de marzo, vigilia de la Anunciación. Los mahometanos hacen intervenir al ángel Gabriel en casi todos los acontecimientos notables de la historia de la humanidad, empezando por la creación del hombre, para cuya formación él fue encargado de bajar a la Tierra a recoger la arcilla de que se valió Dios para plasmarlo. Según los antiguos escritores mahometanos, Gabriel es un gigante de color blanco y rosa, de abundante y rubia cabellera trenzada de una forma especial. Le dan una frente majestuosa, unos dientes de nívea blancura y aseguran que al cumplir la misión de arrebatar a Mahoma, llevaba una rica vestidura de perlas y que volaba con quinientos pares de alas. Según los tratadistas mahometanos, Gabriel enseñó al hombre a labrar la tierra y es el que se presentó a Noé, aconsejándole que construyese el arca, si bien en el *Libro de Enoch* (cap. 10) se da esta misión al ángel Asaryalyor. En el mismo capítulo, Dios le dice a Gabriel: «Ve hacia los bastardos y réprobos y hacia los hijos de cortesanas, y haz desaparecer [los hijos de cortesanas] y los hijos de los guardianes de entre los hombres, cázalos y reenvíalos; ellos se destruirán los unos a los otros por la muerte violenta, pues no habrá para ellos muchos días». Como sabemos, Gabriel es uno de los siete arcángeles y el gobernante del primer cielo. También gobierna los lunes y muchas de las horas planetarias (todas las relacionadas con la Luna). Se le debe invocar mirando hacia el Oriente (Este). Según la *Revelación de Esdras,* Gabriel es uno de los nueve ángeles que gobernarán «al fin del mundo». Y según Barrett, es el ángel que gobierna la quinta mansión de la Luna. Se le invoca para que refuerce la pureza de los sentimientos.

GABUTHELON

Según la *Revelación de Esdras,* es uno de los nueve ángeles que gobernarán «al fin del mundo».

GADIEL

Uno de los espíritus angélicos que se invocan para exorcizar o bendecir la aguja o punzón, el buril, la lanceta y otros instrumentos de acero que usa el mago, según *The Key of Solomon the King* de Mathers. Es un ángel residente en el quinto cielo, según el sexto y séptimo libros de Moisés. Es uno de los guardianes de las puertas del viento sur. Su nombre se halla inscrito en amuletos *(kameas)* orientales destinados a protegerse del demonio o de los demonios.

GADJAMUTCHA

Gigante al que los dioses habían hecho inmortal, según la mitología hindú. Al abusar de este privilegio, fue trasformado por Genesa en un ratón alto como el Himavat. Después de la época de su metamorfosis servirá de cabalgadura a Gaidjanana.

GADREEL (Gadriel)

Según el *Libro de Enoch* I (cap. 69), es uno de los ángeles caídos, «es el que mostró a las hijas de los hombres todas las llagas de muerte, él es quien sedujo a Eva, y él es quien mostró a los hijos de los hombres las plagas de muerte, y el escudo y la coraza y la espada para el combate, y todos los instrumentos de muerte a los hijos de los hombres». Gadriel es el que gobierna el quinto cielo y controla las guerras entre las naciones.

GADRIAEL

Ángel que habita en el cuarto palacio de la fe, según el Zohar. Es el encargado de las almas de los que han sido muertos por los pueblos paganos por sus creencias, en espera del castigo final contra sus verdugos.

GAIERIC

Uno de los nombres que los habitantes de Bretaña dan a los enanos *gauric (véase* este término), que por la noche salen de sus escondrijos y se reúnen en torno a los monumentos druídicos para celebrar sus reuniones, ceremonias y festejos. *(Véase* el término *korigans).*

GAILAN

Nombre que dan los árabes a una especie de demonio o genio maléfico que habita en los bosques y cavernas y mata a los hombres y animales cuando está enfurecido.

GAIZKIN

Otro de los nombres con el que se designa al diablo en el País Vasco.

GALDEL

De acuerdo con Barrett, es un ángel del martes que reside en el quinto cielo. Se le invoca mirando al Sur.

GALGALIEL (Galgliel)

Uno de los ángeles que gobiernan la rueda del Sol y jefe de los ángeles galgalim.

GALGALIM

Las tradiciones hebreas creen que hay una orden de ángeles llamada galgalim (esferas), de rango igual a los serafines; son «las ruedas del Merkabah» o «carros de Dios». El jefe es el ángel Galgaliel.

GALIEL

Otro de los muchos nombres con que se designa al ángel Metatrón.

GALIPOTE

Dragón subterráneo de las tradiciones francesas. Se le tenía por guardián de tesoros y lugares sagrados.

39. Galipote

GALIZUR (Gallitzur)

Según *El libro del ángel Raziel*, sobrenombre que se da a este ángel, precisamente. Se considera que es el príncipe regente del segundo cielo.

GAMALIEL

1. Según los cabalistas y los escritos gnósticos, uno de los grandes eones o luminarias. Se le considera un espíritu benefactor, junto con Gabriel, Abraxas, Mikhar y Samlo. || 2. Nombre que el ocultista Éliphas Lévi (*Curso de filosofía oculta*) da a un demonio o ente maligno enemigo de los querubines y que sirve bajo las órdenes de Lilith.

GAMBUTZÍ (Gambutzins)

Ente mítico nocturno originario de la cuenca del Ebro, Cataluña. Tenía algo de diablo o de duende malévolo, a pesar de la semejanza del nombre con gambutzina. Lanzaba chorros de arena y piedrecitas a los que se atrevían a salir de casa por la noche, en particular en noches señaladas, como la de San Juan y San Silvestre.

GAMBUTZINA (Gambutzines)

Ninfa típica de Cataluña. Vivía en cavernas ribereñas de los alrededores de Benifallet, cerca del Ebro. Esas *donas d'aigua* (literalmente «mujeres de agua») o gambutzines han desaparecido casi totalmente en nuestros días.

GAMIDOI

Uno de los diez ángeles sagrados que se invocan para bendecir la aguja, el buril y otros instrumentos de acero que usa el mago en sus operaciones o trabajos, según *The Key of Solomon the King* de Mathers.

GAMIGIN (Gamygin)

Gran marqués de los infiernos. Generalmente se aparece cuando se le evoca siguiendo el correspondiente ritual, bajo la forma de caballito, y le obedecen treinta legiones de demonios. Cuando toma el aspecto de hombre tiene una voz ronca y diserta sobre las artes liberales. Y si se le exorciza hace comparecer delante del mago o hechicero las almas de los que han perecido en el mar y las que habitan en la parte del purgatorio llamada Cartagra (aflicción de las almas). (*Véase* el término *samigina*).

GAMORI (*Véase* GREMORY)

GAMORIN DEBALIN
Uno de los espíritus angélicos que se invoca para ritualizar o consagrar la espada mágica, según *The Key of Solomon the King* traducida por MacGregor Mathers.

GAMULIOS
Espíritus que según los habitantes de Kamchatka (península extremo-oriental de Asia, Pacífico, que forma parte de la Unión Soviética) forman los rayos y se arrojan unos a otros en sus contiendas los tizones, medio quemados, con que calientan sus grutas. Cuando orinan producen la lluvia.

GANESA
Dios hindú de la sabiduría, del destino y del matrimonio. Se le representa con figura humana, pero con la cabeza de elefante, incluida la larga trompa; por ello recibe el sobrenombre de *Gaidjanana* («cabeza de elefante»). Se le hace hijo de Parvati y de Siva, o solamente de Parvati. Ganesa está esculpido en numerosos templos y monumentos de la India. Es bajo, rechoncho, de grueso abdomen, y posee cuatro brazos, con los que sostiene el aguijón para hostigar a los elefantes, un rosario y un vaso para las limosnas. Su enorme vientre revela una insaciable glotonería. Se le suele representar montado en un ratón, que es un demonio que Ganesa subyugó, obligándole a tomar tan ridícula apariencia. Se cuenta de esta fantástica deidad que, habiéndose hartado un día de ofrendas de los fieles, resolvió dar un paseo para activar su digestión. Montado en su ratón corría a la luz de la luna, cuando una serpiente de grandes dimensiones le salió al paso; la minúscula cabalgadura se asustó, haciendo caer a Ganesa, con tan mala fortuna, que su abdomen estalló. Para obligar a la serpiente a reparar el mal que le había ocasionado, el dios se rodeó con ella el vientre herido, pero cuando se disponía a reemprender el camino, oyó unas estruendosas carcajadas que venían de lo alto: era la Luna, que se burlaba de su infortunio. Furioso, Ganesa se arrancó uno de los colmillos y lo arrojó al rostro de la burlona deidad, profiriendo al mismo tiempo una maldición para que se viera privada periódicamente de su brillante luz, cosa que ocurre en cada luna nueva. Otra tradición afirma que Ganesa, en un rapto de entusiasmo, arrancose el colmillo que le falta para escribir el *Mahabharata* al dictado del sabio Vyasa. Este aspecto de tan extraño ser no debe sorprender, pues pese a su grotesca figura es considerado en la India como el protector de la gente ilustrada, ya que su naturaleza participa a la vez del hombre y del elefante, las más inteligentes de las criaturas vivientes. Existen varias leyendas que explican el que Ganesa tenga la ca-

beza de elefante. Una de ellas dice que estando la diosa Parvati a punto de dar a luz, contempló como un manada de elefantes abatía un bosque; fuertemente impresionada, parió a Ganesa con cabeza de elefante. Otra afirma que Parvati, habiendo concebido un hijo sin intervención de Siva, su esposo, cuando le nació la criatura la depositó en un lugar solitario. El niño fue descubierto por Sani, el dios del planeta Saturno, quien de un golpe convirtió su cabeza en cenizas, reemplazándola por la de un elefante que acababa de cazar. Segdn el Siva-Purana, como un día Parvati fue sorprendida por Siva estando bañándose, mostrando todos sus encantos, el dios pensó que era conveniente buscar un guardián que cuidase de la puerta del aposento de la diosa; con el rocío de su cuerpo, mezclado con polvo, amasó un hermoso doncel, del que hizo, en efecto, el guardián de la puerta de la cámara de Parvati. Pero aconteció que Ganesa se tomó el trabajo de vigilancia muy a pecho, hasta el punto que, cuando Siva quiso entrar en la estancia en que se hallaba su esposa, Ganesa se opuso a ello violentamente, golpeando incluso a Siva para impcdirlo. Éste entónces llamó a sus bhutaganas (tropa de demonios a su servicio) y les mandó que matasen al insolente Ganesa, pero éste derrotó a los diablos y a los dioses que acudieron en ayuda ellos. Entonces, Siva no tuvo más remedio que intervenir en el conflicto para salvar el honor de sus tropas; puso ante Ganosa a la hermosísima Maya (la Ilusión), y aprovechando el aturdimiento que

se apoderó del doncel al ver tan deslumbrante belleza, le cortó la cabeza. Esto hizo que Parvati, furiosa, jurase venganza, por lo que los dioses mandaron buscar la cabeza del primer animal que encontrasen, para hacer resucitar al hijo de la diosa. Como fue un elefante, Ganesa recobró la vida con tal aspecto y fue nombrado jefe de los ejércitos de Siva. También ha recibido los sobrenombres de *Ekadanta* («de un solo diente o colmillo») y *Lambodara* («del vientre enorme)», además de varios otros.

En la India, Ganesa sigue siendo el dador de la riqueza y el éxito en las empresas. Es venerado en gran manera por los comerciantes.

GANGA-GAMMA

Demonio hembra, genio del mal entre los hindúes. Tiene una sola cabeza y cuatro brazos; lleva en la mano derecha una hortera y en la izquierda una horquilla de tres puntas. Antiguamente se le sacrificaban víctimas humanas.

40. Ganga-gamma

GARDON

Uno de los varios espíritus angélicos que se invocan en la bendición de la sal, según el rito de *The Key of Solomon the King*.

GARGALA

Horrible dragón que moraba en las cercanías de Ruan, en Francia, que devoraba a los viajeros. San Román, que a la sazón ocupaba la sede episcopal de la ciudad, ayudado por un criminal, acosó al monstruo en su guarida; lo ató con su estola y lo condujo a la plaza pública de Ruan, donde fue quemado con gran satisfacción de los normandos, sus diocesanos. A partir de entonces, todos los años, el cabildo de la ciudad presentaba en el día de la Ascensión al Parlamento un criminal a quien, en honor de san Román y del delincuente que le había ayudado a terminar con la Gargala, se le perdonaban sus delitos, devolviéndole la libertad. Ésta es una de la multitud de leyendas que existen acerca del *dragón (véase* este término).

GARGANTÚA Y PANTAGRUEL

Personajes míticos dados a conocer por François Rabelais, en la obra del mismo nombre, entre 1532 y 1562, período que abarca la publicación de los cinco volúmenes de las fantasías satíricas de este autor francés. Los dos primeros libros narran las heroicas hazañas de Gargantúa y su hijo Pantagruel, últimos miembros de una raza de gigantes.

GARGATEL

Uno de los tres ángeles que gobiernan el verano, según Barrett. Los otros dos son Tariel y Gaviel.

GARGITIO

Perro gigantesco y monstruoso que guardaba los rebaños del gigante Gerión, y al que dio muerte Heracles. Es más conocido por *Ortos (véase* este término).

GÁRGOLA

Caño o canal de piedra, barro cocido o metal, de desagüe de las cubiertas de los edificios. Las empleó la arquitectura griega en los templos, generalmente en forma de cabeza de león. A partir del siglo XII los escultores góticos decoraron las gárgolas con representaciones de animales fabulosos, seres demoníacos y personajes grotescos; son extraordinarias, desde el punto de vista artístico y sentido mágico, las gárgolas de las catedrales de París, Reims, Estrasburgo, Burgos y Barcelona. Las gárgolas sobresalían bastante de las fachadas, con objeto de que el chorro de agua que vertían cuando llovía, no perjudicase a la parte baja de los muros del edificio.

GARMUR

Perro monstruoso que, a semejanza de Cerbero, guarda la puerta del Niflhim o infierno escandinavo. Thor lo matará cuando llegue el fin de los tiempos. También se le llama Garm.

GARRITRANCAS

Demonios que aparecen en el Infierno de Dante; están armados de horquillas y tridentes de hierro, para pinchar a los condenados que traten de salir del caldo hirviente. Los nombres de estos diablos son (en castellano): Malanalga, Alitronchado, Pisaescarcha, Galgazo, Barbadiente, Libiuscoco, Dragonazo, Javato, Colmillos, Perrea, Duenducho y Rubicazo. Por lo demás, están concebidos siguiendo las creencias populares sobre tales seres, y que tantas veces han sido representados en grabados y espectáculos.

GARUDA

Semidiós del panteón hindú, hijo de Vinata, una de las mujeres de Kacyapa, creador del mundo. Se le representa comúnmente por medio de una cabeza alada y, a veces, con cuerpo de pájaro y cabeza de joven. Además de Vinata tuvo Kacyapa por mujer a Radruh, madre de las serpientes; al surgir grandes rivalidades entre las dos esposas del dios, Garoucha se puso a favor de su madre, y desde entonces hizo la guerra a las serpientes nacidas de Radruh. A causa de una apuesta entre las dos mujeres, que perdió la madre de Garuda, ésta pasó a convertirse en esclava de su rival. Garuda, disconforme con el resultado de la apuesta, solicitó la libertad de Vinata, pero las serpientes no consintieron en soltarla, a menos que Garuda pusiese a su disposición el *soma* o bebida de la inmortalidad, cuyo depósito se hallaba cn la Luna. Garuda, al no estar dispuesto a ceder a tal exigencia, pues no quería que las serpientes fueran inmortales, pensó en apoderarse de la Luna, ocultándola debajo de sus alas. Pero aunque derrotó a Indra, fue vencido por Visnú, el cual concibió gran aprecio por él, hasta el punto de que le concedió la inmortalidad. Desde entonces Garuda, en la forma de un pájaro gigantesco con cabeza humana, es la cabalgadura del dios Visnú. También se le conoce por Garouda y Garudah.

GARVALL

Nombre que antiguamente se daba en Normandía al hombre lobo, al *loup-garou (véase* este término).

GASAR-ECE-BARILAK

Genios celestes de la mitología tibetana.

GASHIEL (*Véase* YASHIEL)

GAUARGUI

Genio bienhechor nocturno del País Vasco. Se le invoca para que proteja de diablos y duendes malévolos.

GAURIC (Gaurico)

Nombre de ciertos entes liliputienses sobrenaturales entre los antiguos bretones. Venían a ser como enanos que danzaban alrededor de megalitos y monumentos druídicos. También se les aplicaba el nombre de *gaieric (véase* este término) y el plural de gaurics o gauricos. Los gaurics o gauriks pertenecen a la raza de los *korigans (véase* este término) y pueden hallarse, principalmente, en las cercanías de los megalitos de Carnac (Francia). Antiguamente también se aplicó a dichos enanos el nombre de gores y en Bretaña aún son llamados Ti-gauriquets. Carnac o Karnach, cuyo nombre equivale a «lugar pedregoso», es célebre por sus avenidas de menhires alineados y paralelos que se extienden en una longitud de 1500 m, con pequeñas interrupciones. Hay tres alineamientos: el de Menec, integrado por 1181 menhires; el de Kermario, constituido por 982, y el de Kerlescan, formado por 579. Las más altas de estas piedras sin labrar, que se hallan clavadas en el suelo como invertidas, o sea, por la base menor, tienen 6 m.

GAVIEL

Según Barrett, es uno de los tres ángeles que rigen el verano. Los otros dos son Gargatel y Tariel.

GAVSCHID

Nombre de una serpiente monstruosa, muy parecida al dragón, que desoló a Persia bajo el reinado de Kai-Khosru; este príncipe fue el único que se atrevió a buscarla y matarla.

GAZARDIEL (Gazardia, Casardia, Gazardiya)

Ángel guardián del punto cardinal Este u Oriente. Gazardia va acompañado de otros espíritus celestes que recogen las plegarias emitidas por los seres humanos y las trasmiten a su superior inmediato, según el Zohar. Hay tradiciones talmúdicas que cuentan que es el ángel encargado de hacer salir el sol.

GAZERIEL (*Véase* JAZERIEL)

GAZIEL

Demonio familiar encargado de la custodia de los tesoros del mundo subterráneo, los que trasporta de un lado para otro, para evitar que sean encontrados por los hombres. Es el espíritu encargado de provocar ciertos temblores de tierra y de insuflar

vientos calientes y acompañados de llamas. También produce ruidos en la noche, especialmente de campanas, cascabeles y cadenas, para asustar a la gente. Se le invocaba para que revelara secretos y fórmulas mágicas.

GEBRIL

Se trata de uno de los ángeles que intervienen en diversos conjuros de magia egipcia del sexto y séptimo libros de Moisés.

GEDEMEL

Espíritu angélico del planeta Venus que se invoca en magia talismánica para hacer talismanes bajo el influjo de dicho planeta y destinados a conseguir amor y riquezas.

GEDIEL (Gdiel)

Príncipe angélico que gobierna el viento austro-áfrico. Tiene a sus órdenes a veinte príncipes y muchos servidores para controlar las operaciones diurnas, y otros tantos para las nocturnas. Anuncian los peligros que puedan afectar a la casa o vivienda. Según *El libro del ángel Raziel,* es uno de los setenta ángeles amuletos que protegen a los recién nacidos.

GEHENA (Gehenna)

Sinónimo de infierno y de castigo eterno, del lugar al que son lanzados los pecadores y malvados en el otro mundo. Es un nombre de origen hebreo y bíblico; en los textos sagrados se designa al Juicio final como «Juicio de la Gehena». También en *Libro de Enoch* I (cap. 27) se lee, al preguntar Enoch (Henoch): «"¿Por qué esta tierra está bendita y llena de árboles, mientras que esta garganta de enmedio está maldita?". Entonces Uriel, uno de los ángeles, que estaba conmigo, me respondió y me dijo: "Este valle maldito está destinado a los malditos para toda la eternidad; es ahí donde serán reunidos todos aquellos que por su boca pronuncian palabras inconvenientes contra el Señor, y dicen insolencias sobre su gloria; allí se les reunirá, y aquél será el lugar de su castigo"». Hasta en el Corán es citado el valle de la Gehenna como referencia al infierno, al lugar donde serán conducidos los infieles para ser condenados. El término es la forma griega del arameo *gehinnam,* que se formó a su vez del hebreo *gehinnom,* abreviación de *ge-ben-hinnom,* «valle de Hinnom». La palabra castellana *gehena* deriva de la griega *gehenna.* Otra variante castellana es la de *Benjinón.* El valle de Hinnom o Ennom, situado al sudeste de Jerusalén, y en uno de sus lugares llamado Topheth (Tofet), era donde los antiguos judíos idólatras ofrecían sus hijos en sacrificio a Moloc o Moloch (Molok), degollándolos primero y luego quemándolos (2 Re 16, 3 y 21, 6). La prohibición de ese culto sangriento fue ordenado por Josías (2 Rc 23, 10). Jeremías maldijo el lugar y costumbre (Jer 19, 7 y 7, 31 a 7, 33) con las siguientes palabras (versión de Nacar-Colunga): «Y se hicieron los altos de Tofet, que está en el valle de Benjinón, para quemar allí sus hijos y sus hijas, cosa que ni yo les mandé ni pasó siquiera por mi pensamiento. Por eso vienen días, palabra de Yavé, en que no se le llamará ya Tofet ni valle de Jinón,

sino valle de la mortandad; y tantos serán los sepultados en Tofet, que no habrá ya lugar para más; y los cadáveres de este pueblo serán pasto de las aves del cielo y de las bestias de la Tierra, sin que haya quien las espante». Con objeto de hacer odioso para siempre tal costumbre y lugar, se destinó a echar en él las inmundicias, basuras y los cadáveres de los animales, y para que no se convirtiese en un foco de pestilencia o epidemia, se quemaba todo ello. Fuera artificial o por lo natural, el hecho de que siempre existiera allí una combustión, humo y malos olores, terminó por utilizarse el nombre como sinónimo de castigo e infierno en la literatura rabínica, en el que el nombre de Gehinnon es de referencia obligada en los años inmediatos y posteriores a nuestra era. Y en el Nuevo Testamento encontramos varias veces la forma griega *gehenna* como en Mt 5, 29 y 5, 30, en que leemos textualmente: «Si, pues, tu ojo derecho te escandaliza, sácatelo y arrójalo de ti, porque mejor te es que perezca uno de tus miembros que no que todo tu cuerpo sea arrojado a la gehenna. Y si tu mano derecha te escandaliza, córtatela y arrójala de ti, porque mejor te es que uno de tus miembros perezca que no que todo el cuerpo sea arrojado a la gehenna».

GELIEL

Según Barrett, es el ángel que gobierna la vigesimosegunda mansión de la Luna, de las veintiocho que existen. Se le invoca para que ayude en la realización de los proyectos que se ponen en marcha.

GEMINIEL

Nombre latino de uno de los ángeles gobernantes del Zodíaco, en este caso el del signo de Géminis.

GENIEL

Según Barrett, el ángel que gobierna la primera mansión de la Luna, de las veintiocho que existen. Se le invoca para que mejore el porvenir y desaparezcan los conflictos y problemas del presente.

GENIOS

Espíritus o seres invisibles intermediarios entre los hombres y los dioses, y cuyo culto se encuentra extendido en todos los pueblos de la antigüedad. Se les designaba con nombres diferentes. Los *devatas* y los *daitias* de los hindúes, los *djinns* de los árabes, los espíritus buenos y malvados entre los pueblos primitivos, y los de las tradiciones populares, no son otros que los genios antiguos, que se creía que eran criaturas inmateriales que habían recibido la suprema misión de velar por la vida de los humanos, presidiendo su destino. También había genios malos, que querían perjudicar al hombre. En cierta forma, pues, vienen a ser el equivalente de nuestros ángeles y demonios. En el panteón asirio-babilónico, por debajo de los dioses, se encontraban los genios, llamados *utukku,* que participaban de la naturaleza divina. Se dividían en dos clases: los *shedu* o *lamassu,* que eran los genios o demonios buenos, y los *utukku,* de los que había buenos y malos, los *demonios (véase* este término) que perseguían a los humanos constantemente o los angélicos que los protegían. Otro genio malvado de las tierras de Mesopotamia era el *arallu,* o «de la bilis de Ea», que emanaba del mundo inferior y portaba las enfermedades, las querellas y la muerte del ganado a las familias. Todos estos genios era costumbre representarlos con figura humana y cabeza de algún animal: águila, león, etc. No es raro que se les esculpiese con cabeza humana y cuerpo de animal, especialmente de toro. En los dos casos, se les dotaba de alas. En Grecia se dio culto a los demonios tutelares o genios benéficos, pero de una manera más indefinida, menos concreta que la adoptada posteriormente por los romanos. Los griegos creían que cada hombre era acompañado durante toda su vida por un demonio bueno que velaba por él (obsérvese la semejanza con nuestro ángel de la guarda). Y del mismo modo cada pueblo, cada cantón de Grecia llegó a tener su genio bueno *(Agatos daimon).* Sin embargo, Homero no habla de ellos relacionándolos con el nacimiento y el destino de los hombres. Para este poeta, la palabra *daimon* o *daemon, demonio (véase* este término) o genio, aludía únicamente a la divinidad que decidía el destino de cada uno: *la suerte.* No tuvo otra significación en los poetas que le siguieron. Pero Hesíodo (siglo VIII a. C.) ya hace mención de treinta mil demonios, servidores de Júpiter (Zeus) y guardianes de los mortales, quienes no podían ver los cuerpos etéreos de aquéllos. Más tarde se dijo que estos demonios o genios eran las almas de los justos de la Edad de Oro, y su misión era velar por el ejercicio de la justicia. Después esta idea fue perfeccionada por los filósofos; sus escritos –especialmente los de Platón– representan a los demonios como genios tutelares agregados a los hombres desde el mismo instante del nacimiento, a los que, una vez muertos, conducían al centro del mundo subterráneo que ellos debían habitar. Estos genios servían igualmente de intermediarios entre los dioses y los hombres, llevando las plegarias de éstos hasta los cielos y trayendo hasta la Tierra los favores de las deidades. He aquí algunos nombres de genios que se encuentran en los poetas, dramaturgos y filósofos clásicos: Gigón, Ticón, Ortagés, demonios de Venus; Hadreo, demonio de Ceres; Akratos, demonio de Baco. Los etruscos también creyeron en los genios, pero para ellos, más que mensajeros celestes, eran los padres de los dioses. Creían que Júpiter enviaba a un genio para el alma de cada ser que hacía, y que quedaba encargado de velar por ella. También creían en otros genios que servían a Neptuno y a los dioses de los mundos subterráneos. Entre los romanos, el culto del *genius* alcanzó su máximo esplendor, en donde su significado llegó a confundirse, a veces, con otros genios y espíritus, por ejemplo, con el de *lar* (*véase* el término *lares*). Granio Flaco dice que, según los antiguos, *lar* y *genius* eran una misma cosa. El culto del genio se popularizó en Roma en tiempos del Imperio. Los genios no tenían rasgos antropomórficos como los héroes, epónimos de los griegos, sino que eran más bien espíritus anónimos

que hasta muy tarde no fueron objeto de representación alguna figurada. El genio romano era generalmente un espíritu bienhechor, que presidía el nacimiento y la vida de cada hombre, viviendo y muriendo con él. Juno representaba esta misma influencia en la vida de la mujer. En los hogares se adoraba a un genio y a una juno, especialmente en los días de los respectivos cumpleaños. Los filósofos dedujeron que el hombre tenía dos genios, el bueno y el malo, pero el pueblo romano siguió creyendo en los genios como espíritus amables y bienhechores. El culto que se tributaba a los genios romanos y que no se remonta a una época anterior a la Segunda Guerra Púnica (unos 220 años a. C.), consistía en honrarlos en el día del natalicio y del cumpleaños; las ofrendas consistían en vino (símbolo de la alegría), flores (imagen de la belleza que pasa pero que realza el espíritu), pasteles e incienso. La ceremonia finalizaba con alegres danzas. Uno de los genios más conocidos fue el *Genius publicus populi romani,* que es mencionado al principio de la Segunda Guerra Púnica entre Roma y Cartago y en cuyo honor un oráculo sibilino prescribió un sacrificio de cinco grandes víctimas. A este genio se le erigió un templo –si hemos de dar crédito a Dion Casio– y se halla representado en monedas de Cn. Cornelio Lentusio Marcelino, con una cabeza de hombre barbudo y en el exergo las iniciales G. P. R. *(Genius populi romani).* Augusto, al restablecer la fiesta de los Compitalia, hizo colocar, en cada una de las capillas del barrio, entre los dos *lares,* la imagen de su propio genio, y el Senado decretó que en todas las casas se hiciesen, al principio de cada comida, libaciones al genio del emperador. Entonces empezó la costumbre de jurar por la divinidad *(numen)* o por el genio del soberano. Igual que en las personas, se establecieron genios tutelares de las ciudades, de los reinos, de los edificios... El símbolo de los genios romanos era una serpiente, la cual aparece en muchos relieves con escenas familiares; se llegó incluso a tener reptiles de esa especie en los hogares para rendirles culto. La confusión del genio con los *manes, lares (véanse* estos términos) y otras divinidades familiares romanas es muy frecuente. Los genios también fueron venerados entre los persas y chinos. Asimismo, entre los celtas, eran muy famosos los genios de las aguas *(morganes),* que han sido inmortalizados en el folclore bretón de la península armoricana, comarca de Galia que comprende toda la región marítima de este país y no tan sólo la antigua provincia de Bretaña, como algunos pretenden. Los borboritas, herejes de los primeros siglos del cristianismo, enseñaban que Dios no había sido el autor del mal. Afirmaban que para gobernar el curso del Sol, de las estrellas y de los planetas, creó una miríada de genios que han sido, son y serán siempre genios bienhechores; que dio vida al hombre como todos los animales, y que sólo tenía patas como los perros; que la paz y la concordia reinaron sobre la Tierra por muchos siglos y que no se cometía en ella ningún desorden, pero que por desgracia un genio cobró afecto a la especie humana, le dio manos y de aquí procedió el origen y la época del mal, pues las manos del hombre crearon las armas que dieron lugar a las guerras y a los terribles males que aquejan a la humanidad. Entre los árabes está muy arraigada la creencia en los genios, que se designan por diversos nombres, muchas veces en el sentido de demonios o espíritus malignos: *tchin, djinn, genn, efrit... (véanse* estos términos y los de *espíritus* y *demonios).* Los árabes no creen que Adán haya sido el primer ser racional que habitaba la tierra, sino únicamente el padre de los seres humanos. Ellos piensan que la Tierra estaba poblada anteriormente por seres superiores al hombre, y que esos seres eran los genios. Añaden que hay dos especies de genios, los *peris* o genios bienhechores y los *dives* o genios maléficos. Gian-ben-Gian, de cuyo nombre procede el llamarlos *ginnes* o genios, es el primero y más famoso de sus reyes. En el Corán son citados varias veces los genios, jins, jinas (djinns) que, según los muslimes, son una raza intermedia entre los ángeles y los hombres, y que se reproducen igual que los demás seres creados. Dice la tradición que poco antes de su huida de La Meca, desesperado Mahoma de convertir a los de esta ciudad, se trasladó a la de Taief para predicar allí el nuevo culto. Los habitantes de Taief le recibieron muy mal, pero, en cambio, una tropa de genios que se hallaba allí y que oyó las enseñanzas del Corán, creyó la doctrina y la propagó entre los genios. Es muy curiosa al respecto la azora LXXII del Corán titulada *Ach-Chinn* («Los genios»). En la aleya o versículo 11 puede leerse: «Y, ciertamente, entre nosotros [dicen los genios] los hay virtuosos y otros que no lo son, y fuera de esto somos especies separadas». Es muy reveladora esta aleya, pues viene a confirmar lo que sobre las especies de genios nos dice la literatura cabalística que nos da tantos detalles acerca de los espíritus o genios de las entrañas terrestres *(gnomos)*, de los bosques *(faunos, hadas, dríadas, hamadríadas…)*, de las aguas *(ondinas, napeas)*, de los aires *(sílfides)* y del fuego *(salamandras)*. Afirman las tradiciones coránicas que los *djinns*, con su padre Djann, que fueron creados antes que Adán, permanecieron fieles durante mucho tiempo a la ley del Creador, pero que se corrompieron por cometer el pecado de orgullo. Eblis surgió de entre ellos y tampoco quiso someterse a Adán. *(Véanse los términos Iblis y Eblis).* Los indios tupinambas de Brasil creen que viven rodeados de genios o espíritus. Entre ellos se hallan los *yurupari* (demonios) de los tupies del norte, que habitan casas abandonadas donde fueron enterrados los muertos. También dan el mismo nombre a los genios de la maleza o de los bosques, a los que temen mucho a causa de su maldad. Y los *igpupiara* son los genios de los ríos; viven bajo el agua y ahogan a los que se descuidan si se meten en un lago o río.

GENN
Genios maléficos a los que atribuían los árabes todas las desventuras del hombre. Se les supone formados en un fuego ardiente y divino, y con poca tierra, al revés que el hombre. Habitaban en el mismo umbral de la Tierra, y después de estar sometidos dos mil años a Gian-ben-Gian, se rebelaron contra el Creador y fueron atacados por Eblis; terminaron por ser arrojados al abismo bajo el peso de una maldición implacable por haber rehusado someterse al mandato de Adán. Eblis cayó más tarde en el mismo pecado y también fue arrojado al mundo de las tinieblas. Los musulmanes siguen creyendo que los *genn* o *ginnes* son los responsables de todo el mal que cae sobre la Tierra y sus habitantes. *(Véanse los términos genios, Iblis, Eblis y Ginnistán).*

GERIÓN
Rey de la Bética, hijo de Crisaor y de Calírroe. Era un gigante de triple cuerpo a partir de la cintura (tres cabezas y seis brazos); habitaba cerca de Gadex (Cádiz) y tenía un rebaño muy numeroso de bueyes que guardaba el gigante Euritión, en compañía de Ortros, perro monstruoso hermano de Cerberos. Heracles (Hércules) acometió la tarea de apoderarse de dicho rebaño; mató al gigante Euritión y al perro Ortros a golpes de maza, y cuando acudió Gerión en persona a defender sus bueyes rojos, fue muerto por Hércules de certeros flechazos. Esta leyenda fue enriquecida con otras fábulas y tradiciones de Iberia y dio lugar, en vez del triple Gerión, a los tres Geriones, cuyo padre se supone edificó una ciudad llamada Gerunda (Gerona, según algunos eruditos). La leyenda de los tres Geriones, que

puede tenerse como las primeras páginas de la historia ibérica, fue desarrollada de manera admirable por el padre Mariana.

GERRELIEN-TENGRI

Según los tibetanos, son unos espíritus bienhechores que habitaban en los tres reinos celestes: Utsiken-Gereltú, Kemché-Uge-Gereltú y Todorkhoi-Gereltú.

GERULF

Nombre que daban los galos al hombre lobo que atacaba en luna llena a los humanos.

GHEDORIAH

Uno de los cuatro ángeles cuyos nombres se inscriben en el tercer pantáculo del planeta Mercurio. Los otros tres son Kokaviel, Savaniah y Chokmahiel, según *The Key of Solomon the King* de Mathers.

GHIMEL

Uno de los espíritus angélicos superiores que se invoca para la conjuración o bendición del cuchillo de mango blanco, que utiliza el mago o la bruja en sus trabajos, de acuerdo con el rito contenido en las *Claviculas de Salomón* de Iroe el Mago. Los otros espíritus son Betel, Hamiel, Rafael y Samael.

GHIUNIEL

Uno de los cuatro espíritus angélicos que figuran en el llamado *talismán dominador,* según las *Claviculas de Salomón* de Iroe el Mago. Los otros tres son Esiel (Eshiel), Barahiel y Madinniel (Madimiel).

GHONGOR

Según los jamaicanos, uno de los ocho Burkhans infernales. Se le representa sobre un elefante y, algunas veces, él mismo tiene la cabeza de esté proboscidio. Acostumbra a llevar un collar formado con cabezas humanas.

GHOUI (Ghoulies)

Nombre inglés con que se designa a un monstruo maligno o demoníaco que según las tradiciones populares se alimenta de seres humanos, principalmente niños. Parece corresponder al árabe *Ghul* (femenino *Ghulah),* ogro que vive en el desierto y chupa la sangre y come la carne de los humanos. Es una mezcla de hombre y bestia.

GIALL

Nombre de un río de los infiernos escandinavos; se le cruza por un puente llamado Giator.

GIBON

Espíritu muy venerado en el Japón, cuyos habitantes creen que está encargado de velar por su seguridad y que les preserva de todos los males y asechanzas, particularmente de la viruela. En las zonas campesinas existe la costumbre de colocar una imagen de Gibon a la puerta de la casa.

GIGANTES

Supuestos seres humanos dotados de una talla desmesurada y de una fiereza indomable, que vivieron en los tiempos prehistóricos y antiguos, y que han dado lugar a diversidad de leyendas en la mayoría de los países; han inspirado multitud de cuentos y fábulas a través de la historia. No ha podido discernirse si son puro mito o si tienen un fondo de realidad. En la mitología griega la caracterización de los gigantes se debe a Hesíodo, quien explica su origen divino. En las demás fuentes mitológicas sólo se hallan ligeras referencias a estos seres, excepto la *Ilíada* de Homero, en que ni siquiera se mencionan. Por el contrario, en la *Odisea,* del mismo poeta, se citan por tres veces, y se describen como pueblo o tribu que habitaba, en tiempos muy remotos, debajo de la tierra, formada por seres mortales que excedían a los demás en talla y fortaleza y que estaban en estrecha relación con los dioses. A causa de sus costumbres salvajes y a las maldades cometidas, fueron muertos a mano airada por los dioses. Se supone que vivían bajo la dominación de Eurimedonte, en la parte occidental de Sicilia, que ocupaban también los feacios, los lestrigones y los *cíclopes* (*véase* este término). Hesíodo, en la *Teogonía,* explica el origen de los gigantes de la siguiente manera: «Kronos agarró a su padre (Urano) con la mano izquierda, y empuñando con la derecha la hoz de afilados dientes, le cortó las partes pudendas y las arrojó detrás de él. Hizo bien en soltarlas prestamente, porque aquellas gotas de sangre derramada las recibió la Tierra, que en el trascurso de los años parió así a las robustas *Furias* y a los enormes *gigantes,* de armaduras lustrosas e ingentes lanzas, como también a las ninfas llamadas *Melias,* en la extensión inmensa de

los suelos». Según Apolodoro, Gea (la Tierra), indignada por la rebelión de los titanes, dio a luz a los gigantes, cuyo padre fue Urano. Eran de enorme corpulencia, de una fuerza irresistible y de un aspecto que infundía temor. Estos seres están representados por Ovidio como seres monstruosos de un aspecto cegador; su cabeza está cubierta de una negra cabellera, y la parte inferior de su cuerpo, privada de pies, termina en un respingo o cola de serpiente-dragón cubierta de escamas. De aquí su nombre de *serpentípedos.* Posteriormente, las leyendas les concedieron alas. Pausanias designa a Pelena, en Macedonia, como el lugar en que moraban los gigantes. En cuanto a su lucha con los dioses celestes, unos dicen que tuvo efecto en el territorio de Cumas (Campania); otros, que en Arcadia; y algunos, que en Tesalia. Ovidio cree que la lucha tuvo efecto en este último lugar, y describe a los gigantes con cien brazos ocupados en colocar montañas sobre montañas. Sus caudillos eran Porfirión y Alción o Alcioneo (éste había ahuyentado las vacas del sol, de Eritrea). El ataque de los gigantes al Olimpo fue brutal: islas, ríos, montañas, todo cedió a sus esfuerzos. «Con vigoroso brazo –relata Claudiano–, uno levanta en el aire el Eta de Tesalia; otro, con su mano poderosa, hace vacilar las cimas del Pangeo; el de más allá esgrime, como armas, las crestas heladas del Atos; otro conmueve y levanta en vilo al Osa; otro arranca el monte Rodope... Un ruido horrible resuena por doquier». Para escalar el Olimpo, los gigantes amontonaron Osa sobre Pellón (montañas que les rodeaban). Y los dioses, con excepción de Deméter, que se mantuvo neutral, se agruparon en torno a Zeus (Júpiter) y resistieron a los asaltantes. Ahora bien, los gigantes no podían ser destruidos por los dioses, a menos que un mortal luchara al lado del Olimpo. Sabedora de esto Gea, buscó una hierba mágica con cuya virtud los gigantes se asegurasen la inmortalidad, aun en el caso de luchar contra un mortal. Pero Zeus, que había ordenado a la Aurora, a la Luna y al Sol, que no se apagaran, recogió la hierba antes que la Tierra pudiese encontrarla y, por conducto de Atenea, requirió a Heracles o Hércules (ser mortal) a que tomase parte en la lucha contra los gigantes. Heracles aceptó combatir al lado de los dioses, y al primer gigante que derrotó fue Alción, de un flechazo, pero como resucitaría al contacto con el suelo, Heracles (por indicación de Atenea) le sacó de Palena, y una vez fuera de su tierra natal, pereció. Porfirión entonces atacó a Heracles y Hera, pero Zeus hizo que se enamorara de ésta y al intentar forzarla, ella pidió auxilio, y entonces Zeus hirió a Porfirión con un rayo, y Heracles le mató de un flechazo. De los demás gigantes, Efialtes perdió el ojo izquierdo a causa de una flecha lanzada por Apolo, y el derecho por una disparada por Heracles; Euritos murió de un golpe propinado por Dionisos (Baco) con su tirso; Clitio fue muerto por Vulcano (Hefestos), que le arrojó un caldero de hierro incandescente, si bien algunos autores opinan que fue

Hécate quien acabó con él; Poloro y Mimante fueron atravesados por la espada de Ares (Marte); Hipólito fue muerto por Hermes (Mercurio), que llevaba el casco de Hades, que le hacía invisible; Egeon fue exterminado por Artemis; Agrios y Thoon perecieron a manos de las Parcas, que les dieron muerte a golpes de mazas o clavas de bronce. Atenea arrojó la isla de Sicilia sobre Encélado en su fuga, y desolló a Palas, fabricándose con la piel de éste la égida. Aún hoy en día, cuando el gigante Encélado, sepultado bajo la isla de Sicilia, se revuelve, toda la isla es presa de ingentes temblores. El gigante Polibotes, perseguido por mar por Poseidón (Neptuno), llegó a la isla de Kos, pero el dios rompió un pedazo de la isla y lo arrojó sobre él; el pedazo de tierra formó luego la isla Nisiros. El resto de los gigantes fueron heridos por los rayos que Zeus arrojaba desde lo alto del cielo, y Heracles los remataba con sus flechas. Este relato mitológico en el que se agrupan de un lado las grandes divinidades y de otro las principales personificaciones monstruosas de la leyenda helénica, representa la lucha entre el bien y el mal, entre la luz y las tinieblas, con intervención de las fuerzas destructoras de la naturaleza, como las erupciones volcánicas y los terremotos. Esta célebre epopeya fue inmortalizada por Fidias en el altorrelieve del interior de su Minerva de oro. El nombre de *gigante* deriva del latín *gigas, gigántis,* que a su vez viene del griego *ghë,* «tierra», y *gas,* «yo nazco». En razón de su origen, estos seres también son conocidos por el sobrenombre de *gegeneis*. Tal como se hallan representados en los monumentos antiguos, no se distinguen de los demás héroes, siendo casi siempre notables por su belleza y por su valor. En los vasos griegos decorados con figuras negras (los más antiguos de los cuales datan del siglo VI a. C.) tienen los rasgos y el armamento propios de los hoplitas; a menudo aparecen sin barba y con una expresión de fuerza y juventud. En un extraordinario friso de Pérgamo están representados los *serpentípedos* o gigantes terminados en colas de serpiente. Ahora bien, la leyenda de los gigantes no es patrimonio exclusivo de las mitologías griega y romana, ya que los talmudistas aseguran que en el arca de Noé había algunos gigantes que, como estaban muy estrechos, mandaron al rinoceronte que saliera de la embarcación, a la cual siguió a nado. En América, los indios iroqueses creían en una raza de gigantes, a los que tenían por magos excelentes y por grandes cazadores, que, sin necesidad de flechas ni de arcos y tan sólo con piedras, mataban a cuantos animales querían. Su fuerza era enorme, y en sus combates empleaban como armas los árboles más gruesos, que arrancaban con increíble facilidad. Una de las tradiciones irlandesas habla de los gigantes celtas que poblaban el país al principio de su historia. De estos seres, unos tenían cuerpo, pero no brazos ni piernas. Otros estaban provistos de cabezas de animales (de cabra en su mayor parte). Estos monstruos se llamaban *Femoré* (de *formar*, «bajo

el mar») y descendían de una divinidad llamada *Domnú* («el abismo»). Estos gigantes lucharon contra los De Danann, que invadían sus tierras, y después de varios encuentros armados y de algunos períodos de paz precaria, los gigantes perdieron su hegemonía para siempre. Estos acontecimientos tuvieron lugar más o menos por el tiempo de la Guerra de Troya. En la Biblia también se citan seres de talla superior a la normal, como los *refaítas,* cuyo nombre –opinan los eruditos– hay que interpretarlo seguramente como nombre genérico (gigantes) aplicado a tribus etnológicamente distintas, que encontraron los israelitas al entrar en la tierra de Canaán y a los que consideraban como los legendarios constructores de los numerosos monumentos megalíticos que encontraron, principalmente en Transjordania. Asimismo, es muy conocida la existencia del gigante filisteo *Goliat* (*véase* este término), aunque se trata de un caso aislado. No son menos interesantes los gigantes de que hablan los hindúes y los germánicos, sobre todo estos últimos. Según la mitología germánica, el primero de todos los seres vivientes fue *Ymir,* padre de todos los gigantes, que al ser muerto formó con su cuerpo la tierra. Su carne se tornó suelo y su sangre mar rugiente. Con sus huesos hicieron los montes y con sus cabellos los árboles. Su cráneo, colocado sobre cuatro pilares muy altos, formó la bóveda celeste. Las luchas entre los gigantes y los dioses del panteón germano también son cosa corriente.

GIGANTÓN

Cada una de las figuras gigantescas que suelen llevarse en algunas procesiones y fiestas populares bailando al son de la música. Suelen ir acompañados estos gigantones o gigantes, como también se los llama, de enanos con grandes cabezas o cabezudos. Los gigantones aparecen en el folclore de diversos países. En España está muy extendida la costumbre de sacar los gigantones y cabezudos el día del Corpus, haciéndoles preceder a la procesión que aquel día recorre las calles. Son varias las hipótesis con que se pretende explicar el origen y razón de ser de esa costumbre: unos creen que los tales figurones simbolizan la idolatría y demás vicios paganos vencidos por el cristianismo y que dichas plagas huyen ante la presencia de Jesucristo en el santísimo sacramento del altar, por lo que los vencidos van delante del vencedor; otros dicen que en esta práctica popular se simboliza la omnipotencia de Dios, ante el cual se humillan los más fuertes y los más débiles, sin distinción alguna. Se ignora la época en que por primera vez se practicó esta costumbre en España, pero el documento más antiguo que se conoce acerca de los gigantones es una noticia que se remonta al año 1380 del *Llibre de Ceremonial de coses antigues i memorables,* de Barcelona, en el que se afirma que asistía a la procesión del Corpus «el rey David con el gigante». Y es muy posible que fuese a raíz de la expulsión de los moros y judíos de España el que se popularizara la costumbre de sacar a los gigantones,

ya que éstos usaron indumentaria árabe hasta mediados del siglo xix. En 1780, el rey Carlos III prohibió su exhibición, por lo que desapareció esa costumbre de muchas poblaciones. Más tarde volvió a arraigar esta tradición, hasta el punto de que se extendió hasta Flandes. A mediados del siglo xix la indumentaria con que se exhibían los gigantones de Bilbao era de tres razas en tres parejas, más la pareja de señores a estilo Carlos IV. Son famosos los gigantones de León, Burgos, Pamplona, Valencia, Sevilla, Madrid, Valladolid, Zaragoza y Barcelona. En Zaragoza se poseía un gran número de esas figuras, que representaban, generalmente, monarcas paganos. En Barcelona, a fines del siglo xix, se los construyó imitando a los reyes de Aragón Jaime I y Juan I, y al rey Salomón y a la reina de Saba. En la Ciudad Condal existe la costumbre de denominar al gigantón como el *hereu* y a la gigantona como *pubilla*. En 1905 se celebró en Barcelona un concurso de gigantones procedentes de todas las localidades de Cataluña; llegaron a concentrarse unos cien de esos figurones, algunos con indumentaria auténtica de la época que intentaban representar. En Reus y Tarragona figuran hasta tres o más parejas de gigantes representando caciques indios o elegantes de la época; se les llama los *vichets*. En otros países, en distintas ocasiones, salen también los gigantones formando parte de los festejos públicos, como en el carnaval de Niza y en la *Mi-Carême* de París, En Francia forman la llamada *famille Gayant* los gigantes *Martin* y *Martine* y *Jacquot* y *Filton.* Y en Inglaterra, en la procesión del Lord Mayor de Londres, salen los gigantes *Gog* y *Magog.* Incluso en la lejana Ceilán, en el cortejo Vel de los tamules, es costumbre que los carros de las deidades indias vayan acompañados de gigantones que van ataviados a la usanza hindú y bailan al compás de la música. Los gigantes londinenses *Gog* y *Magog* parecen representar los enemigos de la santa Iglesia (lo que estaría de acuerdo con la idea esbozada al principio de este artículo), ya que el Apocalipsis dice que Satanás, después de haber estado atado por espacio de mil años, será soltado y saldrá de su cárcel y seducirá a las gentes que están en los cuatro ángulos de la Tierra, a Gog y a Magog, y en muchedumbre innumerable los juntará para la guerra.

GIGUR

Célebre giganta escandinava, madre de dos lobos, Skoll y Hate, que tuvo de Feuris. Vivía en la selva de Taruvidur.

GILBERTO

Demonio citado por Olaomagno. Se aparecía entre los ostrogodos y encadenó en una caverna al sabio Catilo, que se había burlado de él y de su poder.

GIMELA

Según *El grimorio de Armadel,* espíritu que conoce los secretos de la serpiente que tentó a Eva en el edén. Puede hacer que uno vea lo que acontece a miles de kilómetros de distancia. Revela todos los arcanos mágicos relacionados con los espíritus-serpiente. Debe invocarse ante su sello secreto.

41. Sello secreto del espíritu Gimela

GIMER

Gigante escandinavo, padre de Gerda, la bella esposa del dios Fley.

GIMIS

Genios que los musulmanes suponen de una naturaleza intermedia entre el ángel y el hombre. Los tienen por hijos de Adán y no de Eva. Equivalen a los *duendes (véase* este término) de Occidente.

GINAS

Genios hembras entre los persas, quienes dicen que fueron maldecidas por Salomón y formadas por el Creador a base de un fuego líquido y hervoroso, antes de que hubiese resuelto crear al hombre. Conocidas también como *gennias,* esos genios hembras podían adoptar la figura de una hermosa mujer para tener contacto carnal con los hombres y engendrar hijos, tal como se relata en varias historias de *Las mil y una noches,* especialmente en la de *La princesa y la gennia.* Era creencia general en el mundo oriental que las *gennias* o *ginas* no perdían nunca su virginidad, la cual se reconstituía indefinidamente al poco rato de haber tenido contacto carnal, por lo que el esposo encontraba siempre el sitio tan intacto como si no lo hubiera tocado antes. En realidad, son las *jinas* árabes. *(Véase* el término *genios).*

GINNISTÁN

País fabuloso donde se supone que residen los genios sumisos a Salomón, según las tradiciones persas. Otras leyendas ubicaban el *Ginnistán* o *Gennistán,* capital de los genn y genias sometidas al rey Gian-ben-Giah o Jan-ben-Jan, en el monte Cáucaso. *(Véanse* los términos *genn* y *genios).*

GINNUNGAPAR

Nombre del abismo que forma parte del infierno entre los escandinavos.

GIOSALPINO

Duende típico de Viareggio (Italia), el cual se mueve principalmente por el canal Burlamacca. Los lugareños afirman que se trata de un duende que a veces toma la forma de una hojita de papel que revolotea, gastando bromas o molestando a los paseantes.

GIVOITIS

Nombre que daban los eslavos a un espíritu doméstico que tomaba la forma de lagarto. Era creencia general que velaba por las provisiones del hogar en que buscaba refugio. Como premio se le ponía siempre un cuenco de leche en un rincón, que al día siguiente se encontraba vacío.

GIASYA-LABOLAS (Glasiabolus, Glacyalabolas...)

Demonio que algunos tienen como uno de los presidentes mayores del infierno. Se presenta en forma de perro con alas de *grifo (véase* este término). Está bajo las órdenes de Nebirus y es el jefe de los homicidas y asesinos, ya que incita a los actos sangrientos. Tiene bajo su mando a treinta y seis legiones de diablos. Instruye sobre las artes y las ciencias, conoce el pasado y el futuro y revela el secreto de hacerse invisible. Siempre se le debe invocar estando presente su sello y ordenándole que se coloque en el consabido triángulo pintado ante el círculo protector. También se le conoce por los nombres de Glacialabolas y Caacrinolas. *(Véase* el término *Monarquía infernal).*

GIORIANA (Gloriane)

Una de las reinas de las hadas. Fue inmortalizada por el poeta británico Edmund Spencer (siglo XVI) en su poema *Gloriane.*

GNOMOS

Espíritus elementales o *genios* de la naturaleza *(véanse* estos términos) amigos del hombre y compuestos de las más sutiles partes de la Tierra, en cuyas entrañas habitan, guardando las minas, los tesoros, las piedras preciosas, igual que los *duergars* y los *trolds (véanse* estos términos). Según los magos, son invulnerables a los encantamientos de los hombres. Parece ser que los primeros en hablar de estos seres invisibles fueron los cabalistas judíos; los gnomos cobraron gran fama en la Edad Media, y han sido desde entonces protagonistas de muchos cuentos de la tradición popular europea. Son confundidos a menudo con los *enanos (véase* este término), ya que tienen en común con éstos la reducida estatura, la piel rugosa, una barba larga y gris, y facciones a menudo deformes; los gnomos se distinguen de los enanos por su mayor afinidad con los *elfos* germánicos y con los *duendes (véanse* estos términos) de las tradiciones populares españolas. El vocablo gnomo deriva del sánscrito *jna,* «conocer», que influyó en el griego *gnōmai,* «ser inteligente». Y algunos eruditos comparan a los gnomos con los ángeles de la guarda de los cristianos y con el *daimon* de Sócrates, que protegen y amparan al hombre siempre que Dios se lo encarga; algunas creencias populares dicen que los gnomos sienten cierta predilección hacia los mineros, por lo que es costumbre representarlos, en ciertas regiones, con un pico en las manos en actitud de cavar. Los cabalistas afirman que los gnomos son mortales, aunque viven mucho más que el hombre (su longevidad puede alcanzar varios siglos). Algunos opinan que pueden hacerse inmortales si se unen a un hombre o a una mujer, pues hay gnomos masculinos y gnomos femeninos (las *gnómidas).* Si viven bajo tierra o en profundas cavernas, se debe a que estos seres de corta talla no resisten la luz solar; tienen magníficas moradas subterráneas y están organizados en comunidades más o menos amplias, constituyendo auténticos reinos gobernados por un rey. A las gnómidas se las hace bastante más pequeñas que los gnomos y se refieren de ellas mil maravillas: son hermosísimas, muy simpáticas, amables y serviciales; su argentina voz remeda las vibraciones de los más finos instrumentos de música; sus pies están calzados con babuchas formadas una de una esmeralda y otra de un rubí; su extraño vestido ofrece mil reflejos, cual arco iris. Habitan en las grutas cristalinas, llenas de verdes y brillantes estalactitas y estalagmitas, sobre todo en las regiones en que la Tierra oculta depósitos de metales y piedras preciosas. Siendo cabalístico el origen de los gnomos elementales, no sorprende que el Talmud reconozca la existencia de estos seres, y así se lee en él que un gnomo en forma de un gusano del tamaño de un grano de arena, llamado Samir, prestó a Salomón excelentes servicios abriendo las rocas y sacando de ellas los bloques granito que se utilizaron en la construcción del templo de Jerusalén. Según el mismo Talmud, en cada animal y en cada planta vive y alienta un gnomo, cosa que no apoyan las tradiciones más arraigadas sobre estos genios. Los cabalistas suponen que ciertas voces que se oyen en algunas islas desiertas, no son otra cosa que los regocijos y las fiestas de boda de algún gnomo. Es célebre el caso de Magdalena de la Cruz, que llegó a ser abadesa de un monasterio de Córdoba. Ella no tenía entonces más que doce años, pero su corazón era tan sensible, sus pasiones tan vivas, que un gnomo, para alcanzar la inmortalidad, la sedujo. La relación amorosa entre la mujer y el gnomo duró, afirma la tradición, treinta años, hasta que finalmente el confesor a quien Magdalena de la Cruz reveló el misterio, la persuadió de que en realidad se trataba del diablo, el cual fue expulsado con las correspondientes oraciones. Por otra parte, la hechicería moderna ha hecho de los gnomos demonios *íncubos* y *súcubos (véanse* estos términos), y los cuentos populares de Musaeus han dado gran renombre, sobre todo en Alemania, al gnomo Rubezahl. De la cábala judía, las leyendas de los gnomos se extendieron por Europa en el siglo XV, sobre todo gracias a las doctrinas de Pico della Mirandola, de Marcilio Ficino, de Paracelso, de Reuchlin y de otros practicantes del ocultismo. Los europeos, a su vez, propagaron las historias por América y la India, y pronto se habló de gnómidas pululando en las minas de Chile y México y en las arenas auríferas de Visapur. No obstante, en la mayoría de los pueblos del continente americano ya tenían sus propias leyendas sobre seres fantásticos muy parecidos. Así, por ejemplo, los indios iroqueses de América del Norte creían en tres clases de genios: los *gahongas,* que habitan el agua y las rocas; los *gandaiaks,* encargados de hacer fructificar la vegetación y guardar los peces de los ríos, y los *ohdovas,* que viven bajo tierra y guardan a toda suerte de monstruos y animales venenosos. Los *ohdovas* vienen, pues, a ser una especie de gnomos de los iroqueses. Los gnomos, posteriormente, fueron explotados por los artistas, pudiendo

42. Gnomo

decirse que en el siglo XVI pasaron del dominio de la superstición al de la poesía. Shakespeare puso en escena, en su obra *La tempestad,* a Caliban, ser fantástico que la mayoría de los estudiosos tienen por gnomo, pero, en realidad, nada tiene que ver con los gnomos tradicionales, ya que Caliban representa el espíritu del mal, monstruoso y calórico, opuesto a Ariel y siempre en abierta rebelión contra el hechicero Próspero, su amo. Caliban viene, pues, a ser un genio maligno distinto del gnomo. El español Gustavo Adolfo Bécquer hizo intervenir a los gnomos en muchas de sus leyendas como espíritus que habitan en las cuevas junto con las sílfides y otros seres análogos del mundo invisible. Es muy conocida su leyenda aragonesa *El gnomo,* en la cual describe a este ser fantástico como un hombrecillo trasparente y diabólico, una especie de enano de luz semejante a un fuego fatuo, que se ríe a carcajadas, sin ruido, y salta de peña en peña. En cuanto a los enanos, que se confunden mucho con los gnomos, también son de pequeña estatura y habitan, lo mismo que ellos, en parajes secretos, a menudo subterráneos, y hacen gala de una inteligencia y presencia poco común. Pero distan mucho de ser hermosos, y casi siempre presentan alguna que otra deformidad. Son gibosos o contrahechos, tienen enormes cabezas y su faz es lívida y está enmarcada por una larga barba. También se les atribuye la protección y guarda de tesoros. Hay estudiosos que han clasificado a los gnomos terrestres de la siguiente manera: || **Gnomo de los bosques o zonas forestales.** Es el más corriente, pero evita el contacto con los seres humanos, a los que considera culpables de la destrucción de los bosques, la contaminación de los ríos y la muerte de la fauna. || **Gnomo de las dunas.** Tiene más estatura que el de los bosques. También evita el contacto con los seres humanos, a los que teme mucho. || **Gnomo de los jardines.** Como su nombre indica, prefiere vivir entre las flores y arbustos de los jardines amplios y bien cuidados. En los últimos años o décadas ha tenido que emigrar hacia los bosques, pues el hombre está dejando pocos jardines y parques en pie. || **Gnomo de las granjas.** Es el que vive en las granjas, al lado de los animales y de la naturaleza. En invierno prefiere los invernaderos. || **Gnomo de las casas.** Es el que vive en las viejas mansiones y tiene los mayores conocimientos del género humano. Habla diversas lenguas y está en posesión de ancestrales secretos mágicos. Los reyes de los gnomos son escogidos entre los componentes de esta familia. Se asemeja mucho al duende doméstico. || **Gnomo siberiano.** Es algo más alto que los demás gnomos y, quizá, algo más rencoroso. Cuando se le ofende o juega una mala pasada no duda en vengarse, aunque haya de esperar mucho tiempo. || **Gnomo de las minas y cavernas.** El que vive y labora en las entrañas de la Tierra. Es el más apreciado por los magos, quienes lo invocan en algunos rituales. Está encargado de vigilar los tesoros de las entrañas de la Tierra y conoce muchos secretos y propiedades de las piedras y de los minerales.

GOAB

Rey de los demonios del mediodía. Los magos sostienen que se le puede invocar desde la mañana hasta el mediodía, y desde las nueve de la noche hasta media noche.

GOAP (*Véase Gäap*)

GOBELIN (Goblin, Gobelino)

En Escocia y en algunas regiones de Francia se daba este nombre a los aparecidos, espectros o fantasmas. También se denominaba así la sombra de una persona, la cual se aparecía poco antes de la muerte del ser humano que representaba, a fin de que tuviera tiempo de hacer testamento y de ponerse en gracia de Dios. Esta sombra era más conocida por *fetch* (*véase* este término). Sin embargo, en Normandía, el gobelin o goblin no era un espectro, sino un diablillo o geniecillo familiar de la familia de los duendes. Adoptaba diversas formas y se ocultaba en los sitios más recónditos de las casas de campo y bosques. Se le dejaban platos con manjares delicados para tenerle contento. Era creencia general que por la noche iba a robar trigo a los graneros vecinos para llevarlo al de la familia que le favorecía con su trato agradable. Los goblins o gobelins llegaron –al ser tan diminutos– a la isla británica de polizones en las primitivas naves vikingas. Y los druidas ingleses los llamaron «Robin Goblin», que posteriormente quedó en la contracción *hobgoblin* (*véase* este término).

43. Gobelin

GOGIS

Demonios con forma humana que acompañan a los peregrinos en Japón en su viaje; en el momento más inesperado les hacen entrar o subir en una balanza y les obligan a confesar sus pecados, y si los hombres olvidan siquiera una sola de sus faltas, en este singular examen de conciencia, los diablos hacen colgar la balanza de suerte que los peregrinos no pueden evitar el caer en un precipicio y quebrarse todos sus miembros.

GOJA (Goges, Gojas)

Otro de los nombres que se da al hada en Cataluña, junto con el de aloja, dona d'aigua, encantada, fada…, según el lugar y comarca en que vivan o se las vea. Las mujeres de Ripoll creían, según cuenta el folclorista catalán Joan Amades (*Costumari catalá),* que en la noche mágica del 23 de junio, víspera de San Juan, podían convertirse en goges o hadas y disfrutar de todas las gracias y virtudes de esos seres privilegiados bebiendo agua de siete fuentes recogida en esa noche desde que sonaban las doce hasta la salida del sol, agua que debía ser hervida con hojas de encina herida por el rayo y cogidas en esa misma noche. Asimismo, era creencia que si en esa noche se cogía un pedazo del ropaje de una goja o encantada, se tenía la felicidad y la riqueza aseguradas para el resto de la vida. Según algunas tradiciones y leyendas, las goges y aloges tenían su hábitat alrededor del lago de Banyoles, en particular en las llamadas *tunes* (*véase* el término *tunes de Banyoles).*

GOLEO-BEENBAN

Demonio malvado, parecido a un vampiro, lamia o golo, que los afganos creían que vivía en los desiertos y en los montes aislados. Era un ser salvaje que causaba daños a las personas. Su nombre significa «espíritu de la soledad».

GOLIAT

Nombre de dos gigantes filisteos nacidos en Get. Uno de ellos fue muerto por el joven David y el otro por Elhanán. Cuenta la Biblia que el Goliat que combatió con David cubría su cabeza con un casco de bronce y llevaba una coraza escamada, de bronce también. Calzaba botas de bronce y a las espaldas llevaba otro escudo del mismo metal. El asta de su lanza era como el enjullo de un telar, y la punta de la lanza, de hierro, era gruesa y muy pesada. Goliat propuso que un hebreo luchara contra él y que el pueblo del vencedor quedara dominador del vencido, sin necesidad de estallar ninguna guerra. Los israelitas aceptaron el reto y David, que era pastor, derribó al gigante de una pedrada en la frente, lanzado el chinarro con su honda. Seguidamente corrió hacia el cuerpo tendido de Goliat, y antes de que éste pudiera rehacerse del atontamiento producido por el impacto, David sacó la espada de la funda del filisteo y le mató, cortándole la cabeza, que llevó a Jerusalén; las armas del caído las colocó en su tienda, como trofeo.

GOLO

Especie de vampiro de los países árabes, popularizado en mil fábulas y tradiciones. Come la carne y bebe la sangre de los seres humanos, pero, a veces, sin ser un muerto que sale de la tumba, como ocurre con el *vampiro (véase* este término). En general, los *golos* o *gholes* son del sexo femenino. Comen la carne y beben la sangre de sus víctimas, por lo que se parecen más al *loup-garou (véase* este término) que al vampiro. También se los conoce por *gules* y *ghoul (véanse* esos términos y el de *ogro,* que es lo que son en realidad).

GOMORY (*Véase* GREMORY)

GONIADAS
Ninfas de la mitología griega que vivían a orillas del río Citero, cuyas aguas devolvían la salud a los enfermos.

GORES (*Véase* GAURIC)

GORGONAS
Monstruos infernales con figura de mujer de la mitología griega, hijas de Forcis y de Keto; dos de ellas eran inmortales (Esteno y Euriale) mientras que la tercera, Medusa, era mortal, y en efecto, murió a manos de Perseo, quien le cortó la cabeza. Aunque son tres las Gorgonas en casi todas las leyendas, Homero habla únicamente de una con el nombre de Gorgo, luego de Gorgona y también con el de Medusa. Las Gorgonas tenían serpientes en vez de cabellos, sus dientes se asemejaban a colmillos de elefante, sus manos eran de cobre, doradas alas las llevaban veloces por los aires (pese a que en su origen eran monstruos marinos), y quien llegaba a fijar su mirada en ellas quedaba convertido en piedra al instante. «Son las Gorgonas –dice Esquilo– vírgenes aladas, monstruos a los mortales odiosos, que jamás hombre alguno pudo mirar sin morir». Algunos autores afirman que entre las tres no tenían más que un ojo y un diente, que utilizaban una después de otra. En la *Odisea,* Homero dice que habitaban el mundo subterráneo, pero Hesíodo las coloca ya en el jardín de las Hespérides, ya en la noche o en los límites de la tierra. Otros mitólogos indican que habitaban la Libia, en las inmediaciones del lago Tritonio, o en las islas que se llamaron Gorgades. La cabeza de *Medusa (véase* este término), después de separada del tronco por Perseo, la puso la diosa Atenea (Minerva) en el centro de su escudo, tomando éste entonces el nombre de Gorgoneion. Parece ser que, en realidad, el mito de las Gorgonas o de Gorgo nació de un ritual de los primitivos griegos, en el que empleaban una máscara de mueca burlona, de ojos brillantes, enseñando unos colmillos de fiera y con la lengua colgando; a esta cara horrible y monstruosa la llamaban *Gorgoneion (véase* este término). Los estudiosos, pues, opinan que la tradición de las Gorgonas nació de estas máscaras, no éstas de aquélla, como podrían suponer algunos. En el arte las Gorgonas se representan en actitud de correr, casi de volar, con dos o cuatro alas, a veces larga túnica y otras con chiton corto; el emblema de las serpientes en la cabeza es de una época posterior.

GORGONEION

Cabeza o cara espantable, semejante a las horribles máscaras que aún emplean algunas tribus africanas, que los primitivos griegos utilizaban como careta, en sus rituales, para ahuyentar a los malos espíritus. También la colgaban en el escudo, la ponían en lo más alto de la casa, la colgaban de la puerta del hogar, etc., siempre dándole un sentido talismánico de protección. Algunos eruditos opinan que de esta costumbre nació la leyenda de las *Gorgonas (véase* este término), especialmente el de la decapitación de *Medusa (véase* este término). Estas máscaras dieron lugar a las que más tarde se utilizaron en el teatro griego.

GORGOSAURIO

El *Gorgosaurio libratus* es un *dinosaurio (véase* este término) cuya presencia debía de causar pavor. Tenía unos diez metros de largo y era parecido al tiranosaurio; sus desmedradas patas delanteras tenían solamente dos dedos, los cuales estaban provistos de poderosas garras, con las que podía atacar de forma eficaz a sus enemigos. Podía levantarse sobre sus dos patas traseras y tenía una larga cola. Cabeza y lomo eran los característicos de los *dinosaurios (véase* este término).

GORSON

Uno de los príncipes de los demonios, rey de Occidente. Los demonógrafos dicen que se hace invisible hasta las nueve de la mañana.

GOULCHO (Gouleho)

El genio de la muerte entre los habitantes de las islas Tonga; gobierna una especie de reino sombrío en donde habitan las almas.

GRAFFIACANE (Rascaperros)

Otro de los demonios que Dante coloca en el infierno (*La divina comedia,* canto XXI) para pesadilla de los perversos. El nombre significa «perro que araña».

GRAFVITNIR

Enorme semiente de la mitología escandinava, padre de Goinn y de Moinn, que habitaban al pie de la encina Iggdrasil.

GRAPHIEL (Grafiel)

Ángel al que se considera la inteligencia del planeta Marte, según Paul Christian, adoptando las teorías de Paracelsus. Graphiel figura en pantáculos y talismanes y tiene varios espíritus servidores. Su número es el 325.

GRASGARBEN

Uno de los dos espíritus o genios que rigen el signo zodiacal de Libra. El otro es Hadakiel, según Éliphas Lévi.

GRAYAS (Greas, Grees)

Llamadas las «viejas» por haber nacido con el cabello blanco. Eran hijas de Fórcine y de Ceto y, por tanto, hermanas de las Gorgonas. Las Grayas tenían un solo ojo y un solo diente, que compartían por turno entre las tres. Perseo les robó el ojo y el diente y se negó a devolvérselos a menos que le dieran la información que necesitaba para llegar hasta la Medusa. Las Grayas le recomendaron que se presentara ante unas ninfas, las cuales le proporcionaron una capa que le hacía invisible, sandalias aladas para volar y una bolsa de cuero. Para el resto de la historia *véase* lo dicho en el término *Medusa*. Las Grayas respondían al nombre de Pefrida, Pefreda y Enia o Enta. Según Esquilo habitaban los campos gorgóneos de Cistena, que jamás eran regados por la luz del sol ni de la luna.

GREENIES

Entes liliputienses sobrenaturales de Lancashire (Inglaterra), pertenecen a la corte de las hadas. Visten de verde y van tocados con gorros rojos.

GREMLINS

Diminutos entes o espíritus invisibles del aire que en la Segunda Guerra Mundial causaron muchas travesuras, trastornos y averías a los aparatos y sus tripulantes. Movían y removían objetos, hacían ruidos imprevistos, gritaban, asustaban, etc. Probablemente se dio ese nombre a extraños fenómenos aerodinámicos y antigravitacionales cuando los aviones efectuaban virajes o descensos bruscos. Muchos de los pilotos y la tripulación estaban convencidos de que «algo raro ocurría allí arriba». El nombre de esos entes parece provenir del apellido Grimm (famosos hermanos autores de cuentos) y Fremlin, productor del popular Elephant Ales (Alas de elefante); fue acuñado por los aviadores de un escuadrón británico en la India, en la década de 1930.

GREMORY (Gamori, Gomory)

Fuerte y poderoso duque de los infiernos. Se aparece en forma de una bella mujer que lleva una corona ducal. Monta un gran camello. Descubre el pasado, el presente y el futuro, así como los tesoros escondidos. Procura el amor de las mujeres, tanto doncellas como casadas, jóvenes y de edad. Le obedecen veintiséis legiones de diablos. (*Véase* el término *Monarquía infernal*).

GRENDEL

Monstruo de las leyendas danesas. Nadie podía vencerlo y la extraña bestia volvía para raptar a jóvenes de Heorot, la corte del rey danés Hrothgar. El grendel era una especie de troll degenerado y depredador, de aspecto horripilante. Se supone que esa raza vivía en lugares sombríos y tenebrosos, en la profundidad de las llanuras inundables, incluso en cavernas cercanas a lagos o marismas. La leyenda relata como Beowulf, sobrino del rey de los géatas, embarca con varios guerreros desde Suecia para luchar contra el monstruo devorador de jóvenes. Cuando Grendel se presenta en la corte de Hrothgar, Beowulf se enfrenta con el monstruo a brazo partido y acaba con él, arrancándole un brazo. Más tarde tiene que luchar contra la madre de Grendel, que furibunda causa estragos en la corte al enterarse de la muerte de su hijo. Beowulf desciende al fondo de un lago para llegar a la caverna en la que se refugia la monstrua y termina con ella en una lucha épica. El rey recompensa al héroe con grandes honores y riquezas.

GREOGACH

Espíritu o duende doméstico típico de Escocia. Los escoceses hacían antiguamente, en domingo, libaciones en honor de este espíritu, para que les fuera propicio. Entre ellos le llamaban cariñosamente «el viejo de la larga barba», ya que de esta guisa lo había vislumbrado alguien en alguna ocasión.

GRIFO

Animal fabuloso que tenía la mitad superior del cuerpo de águila y la inferior de león, con dos orejas enhiestas, cuatro patas y una larga cola de reptil o serpiente, así como un pico corvo cerrado, todo lo cual personificaba las cualidades del buen guardián. El nombre deriva del latín *gryphus, gryps,* que parece significar «grito», si bien algunos eruditos son de la opinión que quiere decir «curvado», «encorvado», «ganchudo»…, refiriéndose al pico de ave del animal. Se le consideró soberano de dos ámbitos de la vida; la *tierra* (por su cuerpo de león) y el *aire* (por su cabeza y alas de águila), es decir, las fuerzas combinadas de ambas fieras. Asimismo simbolizaba el sol, el cielo, la luz del alba volviéndose dorada… Este animal fantástico se presenta de diversas formas en el arte de los pueblos de la antigüedad y su mito también varía, de acuerdo con la idiosincrasia e ideas de cada país y religión. Los caldeos dieron al grifo la forma de león alado, con patas traseras y cola de águila o de reptil, casi siempre apoyado sobre ellas y con las fauces abiertas, en actitud de ataque; se cree que representaba a un demonio malvado enemigo de los hombres y de los dioses y héroes. En Asiria tuvo seguramente el mismo significado, ya que se le muestra muchas veces peleando contra los dioses, pero el grifo asirio, aunque casi siempre tiene cabeza de león, hay relieves en los que posee cabeza de águila con una cresta. El grifo, como algunos dragones, se le hizo como vigilante de los senderos de salvación, junto al Árbol de la Vida. Así, algunos eruditos, lo han relacionado con los kerubs, cherubs (querubines) que guardaban las puertas del paraíso terrenal. El tipo de grifo con cabeza de león cornudo pasó más tarde al arte persa y al griego; pero durante el arcaísmo griego prevaleció el de cabeza de águila, que fue la forma más propagada en el arte helénico y, por tanto, la más conocida y clásica. Los egipcios se inclinaron por el grifo de cabeza de águila con una cresta y lo tenían como fiel guardián de tesoros. En Grecia, el grifo no tenía, antes del siglo VI a.C., el carácter de demonio malvado que le habían dado los pueblos de Mesopotamia y Persia. El grifo se representó en Grecia, hacia el año 640 a.C., en una copa de cobre ejecutada en Samos. Hesíodo (siglo VIII a.C.) es el primer griego que hace mención del grifo, y después de él, Aristeo (siglo VI a.C.) en su poema acerca de los arimaspes. Herodoto (siglo V a.C.) refiere (utilizando las diversas narraciones de Aristeo) que los grifos disputaron a los arimaspes el oro que había en las regiones septentrionales de Europa, y se constituyeron en custodios del precioso metal. Luego la tradición se alteró, y se los hizo guardianes de las riquezas subterráneas, fueran las que fuesen; estos fantásticos guardianes despedían luz dorada y estaban consagrados a Apolo Hiperbóreo. Relacionados con fuerza y velocidad, los grifos también fueron inmortalizados por el arte de la India (1500 a. C.), Roma, Bizancio…, y más tarde por el arte gótico, adaptado al simbolismo cristiano de representar unas veces el demonio y otras la codicia. Incluso a quienes oprimían y perseguían a los cristianos. Existen unos grifos muy curiosos en los relieves de la puerta de San Ivo en la catedral de Barcelona. Asimismo, son muy conocidos los labrados en la catedral de Notre-Dame de París. El Renacimiento empleó el grifo junto con la *Quimera (véase* este término) como mero adorno. También figuró en los yelmos de algunos guerreros de la Edad Media y en bastantes blasones.

GRIGRI

Demonio familiar que habita en los bosques de Canadá y de Guinea.

GRIMM

Es uno de los espíritus fantásticos de Noruega. Se le tenía por un músico mágico que habitaba en los torrentes, cascadas y riachuelos; sorprendía a los viajeros con sus extrañas melodías. El Grimm no tenía reparos en enseñar a los hombres los secretos de su arte. Para ganarse su afecto era suficiente sacrificarle un bovino, pero si la víctima era delgada y escuálida el sacrificador recibía lecciones incompletas. Por el contrario, si era gorda y de buen ver, él entonces revelaba todo el hechizo de su arco mágico. A los acordes de éste, los árboles se ponían a danzar y las cascadas detenían su curso. Existen entre los noruegos multitud de leyendas y tradiciones sobre tan fabuloso personaje.

GRITADORES

Nombre que dan los habitantes de la isla de Saina, en Bretaña, a los fantasmas o espectros de los náufragos, que parecen pedir sepultura a gritos durante el sordo ruido oceánico que precede a los temporales.

GROGAN (Grogach)

Otro de los espíritus o duendes populares de las Highlands de Inglaterra y de Irlanda. Es parecido al *brownie* y se le describe como de «baja estatura, peludo, de anchas espaldas, muy fuerte y laborioso». Ayuda a las gentes del campo y de las villas y cuida del ganado.

GRONJETE

Nombre que en la Mona-Danoise, isla del Báltico, daban a una clase de espíritus que se manifestaban adoptando las formas más diversas.

GRUAGACH

Hada típica de las Highlands de Inglaterra, la cual viste de verde y lleva una larga cabellera dorada. A veces es de gran hermosura, pero en otras ocasiones se muestra pálida y demacrada. Es la guardiana del ganado y es una clase de hada que reside en la granja y ayuda a su prosperidad.

GUABAREL

Uno de los dos ángeles que rigen el otoño. El otro es Torquaret, según Francis Barrett *(El mago).*

GUAJONAS

Especie de brujas vampíricas de los bosques de Cantabria, a las que se acusaba de robar niños o de hacerles enfermar chupándoles la sangre.

GUALICHU (Hualichu, Guatichu)

Los antiguos indígenas de las pampas argentinas lo tenían por un espíritu maligno o genio del mal. Le atribuían sus enfermedades, accidentes y mala suerte.

GUAXAS

Nombre con el que también se designa en España a las brujas-vampiro que robaban niños.

GUAYOTA

Principio del mal o genio malvado, entre los antiguos pobladores de Tenerife (Canarias).

GUECUBI

Nombre que los araucanos daban a Satanás.

GUELDRO

Cuenta la tradición germánica que «un monstruo espantoso, de un tamaño imponente, asolaba una región, devorando hombres y rebaños y emponzoñando el aire con su apestado aliento. Dos valientes guerreros, Wichard y Leopoldo, se lanzaron a la empresa de matar al monstruo y lo lograron. Durante la agonía, el terrible monstruo exhaló varios suspiros muy extraños, expresados con las palabras *yelre gelre* en las que se apoyaron los vencedores para pedir que, en memoria de su triunfo, el pueblo que habían libertado de tan temible animal tomara el nombre de *gelre, geltrius, getria,* del cual se formó el de Gueldro».

GUERRIONET

Enano típico de Francia, de la familia del *korred (véase* este término).

GUHIAGAS

Genios maléficos, según la mitología hindú. Están encargados de la custodia de las grutas y cavernas.

GUILLETS (*Véase* BERITH y GULLETOS)

GUILLOU NOZ

Uno de los nombres que los bretones dan al diablo.

GULAND

Demonio que tiene la facultad de hechizar, hacer enfermar y arruinar a las personas, así como ocasionar toda clase de trastornos. Es el demonio de la envidia y puede originar cualquier tipo de desastre. Se le invoca y evoca en rituales de magia negra o goecia para llevar la mala suerte a una casa, familia o granja. Hace morir de manera misteriosa a los animales domésticos y a las aves de corral. En el *Gran grimorio del papa Honorio* hay el ritual completo para evocar a este demonio y solicitarle cualquier calamidad contra los enemigos. Según *La ciencia secreta de la magia* de Idries Shah, Guland está a las órdenes de Syrach y puede causar cualquier clase de enfermedad.

GULES

Seres maléficos y perversos, que desempeñan un gran papel en las tradiciones de las naciones musulmanas. Análogos a los vampiros, viven en madrigueras situadas en el interior de la Tierra y en los cementerios, y no salen de ellos más que para devorar los cuerpos de los muertos o perseguir a los vivos, chupándoles la sangre. Se conocen también como *golos (véase* este término). Se les extermina exhumándolos durante el día, quemando el cuerpo en una hoguera de madera de sándalo y dispersando sus cenizas en el desierto o en un río. *(Véase* el término *shoul).*

GULLETOS
Duendes que sirven a los hombres en Noruega; se conforman con poca paga y realizan las labores más ingratas. Cuidan de los caballos, a los que limpian y arreglan crines y colas. *(Véase* el término *berith).*

GUNLEUDA
Hija del gigante Sutung, en la mitología escandinava. Su padre le había confiado la custodia de la ambrosía inspiradora (aguamiel), pero Odín la sedujo y absorbió en tres sorbos el divino licor. Trasformada en águila, persigue siempre al dios, que ha tomado la misma forma y que deja caer de cuando en cuando, tanto en el cielo como en la Tierra, algunas gotas del maravilloso licor, las cuales hacen brotar algo de belleza y poesía entre los seres que habitan ambos mundos.

GURM (Gurma)
Perro monstruoso, especie de Cerbero del infierno de los celtas. Mientras dure el mundo permanecerá atado a la entrada de una caverna, pero en el día postrero se soltará para dar muerte al dios Tyr. Tiene cierta afinidad, pues, con el *Garmur (véase* este término) escandinavo. Algunos ven en el mito de Gurma

un reflejo de lo que dice la Biblia sobre la fuerza que tendrá el Anticristo en los últimos días del mundo para derribar aun a los que se tenía por más fuertes en la fe.

GUSIÓN (Gusoin)
Gran duque de los infiernos. Se aparece, cuando se le evoca, bajo la figura de un cinocéfalo y tiene bajo sus órdenes a cuarenta o cuarenta y cinco legiones de demonios. Concede honores y dignidades y descubre las cosas ocultas, revelando el pasado, el presente y el futuro. Muestra el significado y resolución de todas las cuestiones que se le planteen. También concilia y reconcilia amistades. Aleister Crowley *(Goecia)* le confiere el lugar undécimo en el orden de los grandes espíritus. Se debe llevar su sello al invocarlo.

GUTRIX
Según Francis Barrett, uno de los ángeles del aire del jueves; es un ministro a las órdenes de Suth. Estos ángeles del jueves están sujetos al viento del sur.

GUTTEI
Uno de los nombres que los daneses y suecos dan a los duendes domésticos.

GUZIEL
Demonio o espíritu maligno que se invoca en ritos mágicos de destrucción para causar daño a los enemigos.

GYALPO (Gialpo)
Demonio rey del panteón diabólico del Tíbet.

H

HAAGENTI (Hagenti)

Gran presidente de los infiernos. Se presenta bajo la forma de un potente toro con alas de grifo. Pero después, a las órdenes del mago u oficiante, adopta la figura humana. Su trabajo consiste en hacer sabio al hombre y le instruye sobre diversas materias; enseña a trasmutar los metales en oro y a cambiar el vino en agua y el agua en vino. Era uno de los demonios invocados por los alquimistas. Tiene bajo su mando a treinta y tres legiones de espíritus, según Crowley (*Goecia*).

HAAIAH

Ángel del orden de las dominaciones. Controla a los diplomáticos y embajadores. Es uno de los setenta y dos ángeles cabalísticos que llevan el nombre místico de Dios: Shemhamphora. Tiene dominio sobre el planeta Saturno y el signo de Leo. Se le invoca para vencer en pleitos y obtener éxito y promociones profesionales.

HAAMIAH (Chahmiah)

Ángel del orden de las potestades. Controla los cultos religiosos y protege a todos los que predican la verdad. Es otro de los setenta y dos ángeles cabalísticos que llevan el nombre místico de Dios: Shemhamphora. Tiene dominio sobre el planeta Venus y el signo de Libra. Confiere rigor moral, espiritualidad intensa y amor a lo teológico.

HABAND (Habondia)

Reina de las hadas, de las damas blancas, de las brujas, de las larvas, de las Furias y de las Harpías, que figura en algunas fábulas mitológicas de la Edad Media. (*Véase* el término *Abonda*).

HABETROT

Especie de antiguo enano que habitaba en los bosques ingleses. Prefería los grandes árboles. Si encontraba uno muy grueso y antiguo, se hacía su casita dentro del tronco, vaciándolo con sumo cuidado. Y colocaba una puerta para protegerse del frío y de los animales salvajes. El habetrot era más bien amable y colaborador con sus vecinos. Sólo hacía trastadas a los leñadores, para que dejaran de cortar árboles. Se alimentaba de los frutos del campo y de los granos. Al parecer, conocía remedios para las dolencias, basados en hierbas y frutos. Asimismo, conocía secretos para aumentar la suerte de los que le consultaban o creían en él. Vestía de manera semejante a los enanos y gnomos y se cubría con una especie de caperuza.

44. Habetrot

HABORIMO
Demonio que se conoce más como *Aim* (*véase* este término).

HABRIEL
Ángel del orden de las potestades que se invoca en determinados ritos mágicos contenidos en el *Sexto y séptimo libros de Moisés*.

HABUDIEL
Ángel que depende del Señor del Día y que reside en el cuarto cielo. Se le invoca desde el Sur.

HABUIAH (Habuhiah, Chabuiah)
Ángel que tiene poderes sobre la agricultura y fecundidad. Se le invoca en ritos de fertilidad, tanto para el campo como para las personas y animales. Es uno de los setenta y dos ángeles cabalísticos que llevan el nombre místico de Dios: Shemhamphora. Tiene dominio sobre el planeta Marte y el signo zodiacal de Piscis. Comunica valor y coraje en la mujer. Pertenece al orden de los arcángeles.

HACHASIAH (*Véase* HAHAZIAH)

HADAKIEL
Uno de los genios o espíritus superiores que gobiernan el signo zodiacal de Libra.

HADAS
Seres fantásticos que se representan en forma de mujer y a los cuales se les atribuye poder mágico y el don de adivinar el futuro. Según las creencias teosóficas todavía existen y forman parte de los espíritus de la naturaleza y representan una etapa o fase de la evolución de la vida. En la historia han sido conocidas como *damas blancas, buenas señoras, bellas señoras...* La fantasía popular las concibió como de una naturaleza intermedia entre los seres espirituales o divinos y los humanos. El término hada (en francés, *fée*; en italiano, *fata*; en inglés, *fairy*; en alemán, *fee*; en portugués y catalán, *fada*; en rumano, *zina*) ya aparece en los romances medievales; hadas eran «aquellas mujeres relacionadas con encantamientos y hechizos, conocedoras del

poder y las virtudes de las palabras, las leyendas y las hierbas, que les permitían mantenerse jóvenes y bellas y acumular grandes riquezas». La mitología nórdica y la griega, encarnada en las *ninfas* y *dríades* de Homero y Ovidio, influyeron en el concepto que los primeros bardos se formaron de las hadas, pero andando el tiempo los escoceses, irlandeses, galeses y otros pueblos europeos llegaron a poseer gran número de tradiciones, fundadas principalmente en las leyendas celtas. Se han atribuido a las hadas proporciones humanas y, en muchos aspectos, actúan como mujeres, con sus ocupaciones, sus juegos y sus luchas; se casan y tienen hijos. Pero, al mismo tiempo, tienen poderes que sobrepasan los de los mortales, ya que pueden hacerse invisibles y tomar el aspecto de cualquier persona, animal o planta. Algunas de sus virtudes mágicas pueden comunicarlas a los mortales. Existen hadas benéficas y hadas perversas, siendo las primeras jóvenes, bellas, bondadosas y de voces musicales. Sin embargo, son propensas al resentimiento y a los enfados. Hilan, tejen y cantan con voz deliciosa. A menudo participan, formando grupos, en los acontecimientos más importantes de la vida humana. En cuanto a las hadas perversas, también las hay hermosas, pero la mayoría son feas y deformes, predispuestas siempre a causar el mal. Se han elaborado distintas teorías para explicar el origen de las hadas: unos las suponen diosas sin poder; otros las consideran descendientes de los ángeles rebeldes, arrojadas del cielo y obligadas a morar en el mar, en el aire o en los abismos, o que al ser arrojadas al infierno, interrumpieron su camino y se quedaron a vivir en los lugares citados. Ésta es la creencia más común entre los celtas y eslavos, al modo que los árabes juzgan a los *djinn* o *genn* (*véanse* estos términos). Otras tradiciones quieren ver en las hadas a las almas de los druidas o niños que murieron sin bautizar. Hay quien ve en estos seres fabulosos a los espíritus de una raza prehistórica, trasformados en mujeres sobrenaturales que pueblan las regiones subterráneas. En algunos países, como en Irlanda, se las asocia a las divinidades, dándoles carácter genuinamente mitológico. Los bretones, cuando nacían sus hijos, tenían mucho cuidado en preparar en un aposento solitario una mesa abundantemente servida con tres cubiertos para obligar a las hadas a serles favorables, a honrarles con su visita y a dotar al recién nacido de algunas cualidades extraordinarias. Encuéntranse tradiciones de hadas en todos los antiguos pueblos nórdicos; era opinión muy extendida que el granizo y las tempestades no dañaban los frutos de los lugares que ellas habitaban. Acudían de noche a la luz de la luna a bailar en praderas solitarias, escogiendo a algunos aldeanos para embriagarles con sus favores; tenían poder para transportarse con la rapidez del pensamiento a donde querían, ya montadas en un *grifo* (*véase* este término), en un gato de España o en una nube de azur. Hay leyendas que dicen que las hadas son ciegas en su casa y que tienen cien ojos fuera de ella. Y Trey advierte que entre las hadas hay desigualdad de medios y de poder; así es que en los romances de caballería y en los cuentos de hadas se ve muchas veces a uno de estos seres benéficos vencido por un hada malvada que tiene más poder mágico. A veces se atribuye a las hadas el don de la inmortalidad, sobre todo en poesía, como en el *Orlando furioso*, de Ariosto, pero lo más frecuente es hacerlas mortales, aunque dotadas de una vida mucho más larga que la de los humanos. En esto son iguales a los *gnomos, elfos* y *duendes (véanse* estos términos). Los cabalistas creen también en la existencia de las hadas, pero suponen que son *sílfides (véase* este término) o espíritus del aire. Cornelio de Kempen asegura que en tiempo de Lotario había muchas hadas que habitaban en grutas alrededor de montañas y que sólo salían a la luz de la luna. Olao Magno dice que en su tiempo se veían muchas en Suecia: «Habitan en antros oscuros en lo profundo de las selvas; muéstranse algunas veces, hablan a los que las consultan, y se desvanecen repentinamente». Según la fantasía poética, tres son los reinos de las hadas: Ávalon, isla legendaria del océano, en la que habita el hada Morgana; una región del interior de la Tierra, con espléndidos palacios, y otra situada en las espesuras de las selvas y bosques sombríos. Entre las hadas célebres hay que destacar las siguientes: Cliodna, Miala, Huldra y Oberón. Las *mujeres* o *damas blancas* de Alemania son también hadas, pero casi siempre han sido peligrosas o de mal agüero. En efecto, según una leyenda muy popular en Alemania, Escandinavia y otros países del norte, cuando va a producirse la muerte de algún personaje o a tener lugar un desastre nacional, suele aparecerse una mujer toda vestida de blanco y con antifaz y guantes negros. Cuenta la tradición que se apareció por primera vez en 1486, en Plassenburgo, y que entre los que presenciaron sus apariciones figura Napoleón Bonaparte, que la vio en Bayreuth en 1812, antes de partir para la campaña de Rusia, que tan desastrosa había de resultarle. En Montenegro e Italia existe la misma tradición, con ligeras variaciones, y Cardano refiere que en Parma se aparecía una vieja que se sentaba a la puerta del palacio de cierta familia noble cuando moría alguno de sus miembros. Lord Byron menciona en una de sus cartas a la *Dama blanca de Collalto,* o sea, el espectro de Marca Trivigiana, doncella al servicio de la condesa de Collalto, a quien ésta hizo emparedar en su castillo porque un día sorprendió, por el espejo, a la joven sonriéndose con el conde. Le Loyer cuenta que los escoceses tenían hadas o *fairs* o *fairfolks* que iban por la noche a las praderas, escogían amantes, casábanse en secreto con ellos en sus retiros y los castigaban severamente si les eran infieles. Y Héctor de Boecia en sus *Anales de Escocia* dice que tres de estas hadas profetizaron a Banco, jefe de los Estuardos, la futura grandeza de su casa, pero Shakespeare en su *Macbeth* las presenta como a tres brujas. En la leyenda de san Armenterio, escrita en el año 1300, se dan algunos detalles del hada *Esterella* que vivía junto a una fuente donde los provenzales le llevaban ofrendas, y que daba brebajes mágicos a las mujeres estériles. El monasterio de Nuestra Señora del Esterel estaba construido sobre el lugar que había habitado esta hada. Esta tradición está inspirada, a todas luces, con la diosa Esterela de los ligurios y otros pueblos antiguos, a quien se atribuía el poder de curar la esterilidad. Los sacerdotes daban en su nombre filtros encantados para que las mujeres pudieran tener hijos (véase el término Esterela). Otra tradición francesa dice que un hada se casó con el señor de Argonges en el siglo v, pero que le advirtió que no hablase nunca de la muerte delante de ella. Todo marchó bien durante algún tiempo, y el matrimonio vivió en una dicha inmensa, pero un día que la dama se había hecho esperar mucho rato, al llegar a presencia de su marido, éste le dijo que sería buena para ir a buscar la muerte. Al instante se esfumó el hada en el aire dejando impresas sus manos en las paredes contra las cuales sacudió algunos golpes, despechada. Éste es el motivo de que en el escudo de la casa de Argonges figuren tres manos en un palo y un hada por cimera. Otra hada legendaria de Francia es *Melusina* (véase este término). Hay muchos lugares que llevan el nombre de hadas, para perpetuar leyendas y tradiciones. En Chablais existen las llamadas *grutas de las hadas,* y se dice que el agua de sus estanques tiene propiedades milagrosas. Junto al Ganges, en Languedoc, se muestra otra gruta de hadas, o *gruta de las señoritas* de la que

también se refieren prodigios. En Merlingen, Suiza, hay una cisterna negra denominada *el pozo del hada.* Hay costumbres parecidas en todos los países europeos. Las luchas entre las hadas buenas y las malas forman, a menudo, el argumento de los llamados *cuentos de hadas,* de origen oriental, que en el último cuarto del siglo XIII hicieron las delicias de los aficionados a la lectura poética. A partir del siglo XVII, estas narraciones se propagaron a todos los hogares de los países europeos e incluso americanos y asiáticos. Al conocerse las traducciones del *Panchatandra* y de *Las mil y una noches,* muchos eruditos se inclinaron por creer que en la India se habían creado todas esas narraciones populares. Sin embargo, se ha demostrado, sin lugar a dudas, que algunos de los cuentos indios son posteriores y que muy pocos son anteriores a los de algunos países europeos. Una de las primeras colecciones de cuentos de hadas se debe al francés Charles Perrault, que en sus *Histoires ou Contes du temps passé* (1697) incluyó obras maravillosas, como *La Bella Durmiente, Barba Azul, Pulgarcito, El Gato con botas…* Un siglo más tarde, los hermanos Grimm compilaron sus *Märchen,* leyendas populares alemanas. En su primer libro, *Kinder-und Hausmärchen (Cuentos de la infancia y del hogar,* 1812-15), deleitaron a los aficionados a la lectura con cuentos que pronto pasaron todas las fronteras: *Hansel y Gretel (La casita de chocolate), La mujer del pescador, El zapatero y los duendes, Blancanieves, Piel de Asno,* etc. Más tarde, Peter Asbjörnsen y Moe Jörgen publicaron sus recopilaciones de cuentos noruegos. Su primera selección, *Norske Folkeeventyr*, apareció en 1842. Seguidamente se desparramaron por el mundo las colecciones de cuentos ingleses, rusos, italianos y españoles, basadas todas ellas en los seres fabulosos que habitan en el mundo invisible. De acuerdo con las enseñanzas teosóficas, las hadas terrestres y marinas forman parte del diagrama de la evolución de la vida, como parte de espíritus de la naturaleza. En realidad, *hadas* y *ninfas* pueden considerarse como sinónimos *(véase* el término *ninfas).* Según las enseñanzas teosóficas de C. W. Leadbeater *(Los espíritus de la naturaleza)* las hadas viven normalmente «en la superficie de la Tierra, aunque como su cuerpo es etéreo, pueden atravesar a voluntad la corteza terrestre. Sus formas son muchas y variadas, pero generalmente tienen forma humana de tamaño diminuto, con alguna grotesca exageración de tal o cual parte del cuerpo. Como quiera que la materia etérea es plástica y fácilmente modelable por el poder del pensamiento, son capaces de asumir cualquier aspecto que les plazca, si bien tienen de por sí formas peculiares que llevan cuando no necesitan tomar otras con determinado propósito y no ejercen su voluntad para trasmutarlas. También tienen colores propios que distinguen unas especies de otras, así como se distinguen las aves por su plumaje. Hay un inmenso número de razas de hadas cuyos individuos difieren en inteligencia y aptitudes, lo mismo que ocurre entre los seres humanos. Análogamente a éstos, cada raza mora en distinto país y a veces en diferentes comarcas de un mismo país… Están distribuidas las hadas por la superficie de la Tierra tan diversamente cual los demás reinos de la naturaleza… Los tipos predominantes en las diferentes partes del mundo se distinguen fácilmente y son en cierto modo característicos… Por ejemplo, no puede darse más señalado contraste que el que existe entre las vivarachas y juguetonas muñequitas de color anaranjado y púrpura, o escarlata y oro, que bailotean por las viñas de Sicilia, y las discretas criaturas verdigrises que se pasean gravemente por los juncales de Bretaña o las bondadosas hadas aurimorenas que frecuentan las montañas de Escocia. En Inglaterra es más común la variedad verdeesmeralda, que también he visto en los bosques de Francia y Bélgica, en el estado norteamericano de Massachusetts y en las orillas del Niágara. Las vastas llanuras del país de los dakotas están habitadas por una variedad blanca y negra, que no he visto en ninguna otra parte, y California disfruta de otra variedad muy linda, blanca y oro, que también parece ser única».

HADES

Nombre que dieron los griegos al dios del mundo invisible, llamado más adelante Plutón. Era hijo de Cronos y Rea. Fue convertido en dios de los infiernos cuando su padre fue destronado y Zeus, Poseidón y Hades se repartieron el universo. Hades era feísimo y de repugnante aspecto, y como su figura horrible y su imperio infernal hacían que no encontrara diosa ni mujer que se prestase voluntariamente a ser su esposa, raptó a Perséfone (Proserpina) y se unió a ella a despecho ésta. Este dios era odiado y temido, y por esto no se le erigían demasiados templos ni altares, ni se componían himnos en su loor; pero sí se le ofrecían cuantiosos sacrificios de animales negros adornados con cintas de igual color, para apaciguar su furor y maldad. Entre los griegos, el mismo nombre designaba la morada de los espíritus que no habían merecido la admisión en los Campos Elíseos. En las obras de Homero, la palabra alude tanto al dios como al mundo de ultratumba. Para llegar al reino infernal de Hades, los espíritus de los muertos habían de cruzar la laguna *Estigia (véase* este término) en la barca de Caronte, quien cobraba un óbolo por el viaje. Si por cualquier causa un cuerpo quedaba insepulto, el alma tenía que vagar durante cien años a este lado de la laguna antes de cruzarla. Más allá de las puertas del Hades, guardadas por el monstruoso *Cerbero (véase* este término), se sentaban los jueces Minos, Radamanto y Éaco, que determinaban el destino final del alma. En los últimos tiempos y particularmente en la versión griega de la Biblia y en los escritos de los Santos Padres, se aplica el nombre de Hades al infierno.

HADOS (Hado)

En la antigüedad clásica se daba el nombre de *hado* a la divinidad o fuerza desconocida que obraba irresistiblemente sobre las demás divinidades y sobre los hombres y los sucesos. La fuerza del hado o destino tuvo mucho eco entre los etruscos, cuya religión tenía entre sus dogmas el de las fuerzas que deciden sobre la vida y la muerte; acostumbraban a representarlas en forma de mujeres aladas que llevaban en una mano una antorcha y en otra el martillo y el clavo del destino. En los bajorrelieves de los sepulcros etruscos se ven a menudo figuras de mujeres aladas en actitud de guardar a los muertos; son los *fata* (hados). Posteriormente, los franceses del Bajo Pirineo dieron el nombre de *hados* a las hadas de los valles, a las que también llamaban *blanquettes.* Estas hadas tenían el poder de hacer crecer las flores a su paso y de excitar o calmar las tormentas. Era creencia general que en la noche de San Silvestre se presentaban en las casas llevando en la mano derecha un niño coronado de flores, que representaba la suerte y la fortuna, y en la izquierda otro que lloraba y que era el emblema de la desgracia. Era costumbre preparar un adecuado recibimiento a estas hadas, para hacerse acreedor a sus dones; en una habitación apartada, aislada, se disponía una comida para ellas, la cual consistía en un pan, un cuchillo, un vaso lleno de agua o de vino, y una copa. Si las hadas no eran atendidas de esa manera, los moradores negligentes corrían el peligro de ver su casa consumida por un incendio, sus rebaños devorados por los lobos y sus cosechas destruidas por el granizo. Para Boecio, el malogrado hombre de Estado y filósofo romano (470-525), el hado «es una disposición inherente a las cosas variables, por la que la Providencia las coordina en determinado orden». Y santo Tomás de Aquino, al estudiar la cuestión del hado (*Suma Teológica*, «Del hado») se hace cuatro preguntas esenciales: 1.ª Si el hado es algo real; 2.ª Dónde está el hado; 3.ª Si el hado es inalterable, y 4.ª Si está todo sujeto al hado. En su larga exposición y estudio del problema del hado, santo Tomás acaba diciendo que «el hado es la ordenación de las causas segundas a los efectos provistos por Dios», refiriéndose a un punto segundo de san Agustín que dice que «el hado es algo en cuanto se refiere a la voluntad y poder de Dios». Y como el mismo san Agustín afirma que la voluntad de Dios es causa de todo lo que es hecho. Santo Tomás reafirma que «todo está sujeto al hado». Y aclara, más adelante, «pero si hay algo que es inmediatamente hecho por Dios, al no estar sujeto a las causas segundas, tampoco lo está al hado; y tal es, por ejemplo, la creación de las cosas, la glorificación de las sustancias espirituales y otras cosas tales». Y sobre su definición del hado, hay que recordar lo que dice Boecio: «La serie del hado mueve el cielo y las estrellas; atempera entre sí los elementos, y, por un cambio alternado, los trasforma; todo lo que nace y muere lo reproduce y renueva por la sucesión de gérmenes y fetos semejantes; ella enlaza en una conexión indisoluble de causas los actos y fortunas de los hombres». Para Boecio, pues, todo parece estar bajo el influjo del hado.

HADRANIEL (Hadarniel)

Nombre que significa «majestad de Dios». Ángel que guarda la segunda puerta del cielo. Es uno de los ángeles que anunciará la «venida del Señor» en el fin de los tiempos. Asimismo, es uno de los muchos nombres que se da al ángel *Metatrón* (*véase* este término).

HADROSAURIO

Reptil gigante extinguido, del orden de los *dinosaurios* (*véase* este término). Era herbívoro con «pico de pato» y llegaba a tener unos diez metros de, largo. No estaba acorazado, tenía numerosos dientes pequeños, una robusta cola, fuertes patas traseras y pies palmípedos con tres dedos terminados en pezuñas. Los miembros posteriores eran muy largos y los anteriores muy cortos. En 1856 fue descubierto en los depósitos cretácicos superiores de Estados Unidos un esqueleto de este dinosaurio, que debió de parecerse mucho al gigantesco iguanodonte de Europa, tanto por sus enormes dimensiones como por su estructura anatómica y alimentación herbívora. Sus costumbres eran anfibias.

HAEL

Otro demonio que está bajo el mando de *Nebirots* (*véase* este término). Enseña todo tipo de idiomas y su escritura. Además, revela los secretos escritos más ocultos y los documentos más escondidos, por protegidos que estén, sean contratos, testamentos... Según el *Enchiridion Leonis Papae*, atribuido al papa León Magno (Roma, 1740), Hael es el genio del domingo. Los de los otros días de la semana son: || Lunes: Hemel || Martes: Ramiac || Miércoles: Jendsel || Jueves: Sillu || Viernes: Stilu || Sábado: David.

HAFAZA

Especie de ángeles árabes que protegen a los humanos de los hombres malvados, de los djinns y de Satanás.

HAGAY

Espíritu mencionado en el citatorio de Azielis (uno de los siete grandes príncipes celestiales), en el *Sexto y séptimo libros de Moisés*.

HAGIEL

Uno de los espíritus del planeta Venus, el de su inteligencia, en particular cuando el planeta entra en uno de sus hogares zodiacales, Tauro o Libra. Es uno de los espíritus cuyo nombre está grabado en la famosa medalla-amuleto de Catalina de Médicis, reina de Francia.

HAGITH (Hageth)

Genio angélico del viernes, regente del planeta Venus. Se le invoca en rituales para proteger el cuerpo, la piel y la hermosura. Conserva las energías y ayuda a recuperar las pérdidas. Confiere suerte para encontrar y conservar el amor y saber apreciar las bellas artes o triunfar en una profesión artística. Los alquimistas le invocaban para trasmutar algunos metales (sobre todo el cobre) en oro. Según Cornelius Agrippa, Hagith manda cuatro mil legiones de espíritus. En magia blanca es uno de los siete administradores del cielo, donde gobierna veintiuna provincias.

HAGNO

Ninfa griega de Arcadia, nodriza de Júpiter (Zeus). Se le consagró una fuente en el monte Liceo. En los períodos de gran sequía, los habitantes invocaban a Júpiter Liceano y el sacerdote tocaba el exterior de la fontana con una rama de roble. Al instante se formaba una pequeña neblina, que no tardaba en convertirse en densa nube que dejaba precipitar el agua benéfica. Hagno estaba representada en Megalópolis teniendo en una mano una vasija llena de agua y en la otra un vaso.

HAHAHEL (Hahael)

Ángel del orden de las virtudes. Se considera que protege a los misioneros y a los seguidores de Jesucristo. Es uno de los setenta y dos ángeles Shemhamphoras. Tiene dominio sobre el planeta Urano y el signo de Libra. Inspira reglas celestes y religiosas.

HAHAIAH (Hahiah)

Uno de los setenta y dos ángeles cabalísticos que llevan el nombre místico de Dios: Shemhamphora. Pertenece al orden de los querubines y tiene dominio sobre el planeta Marte y el signo de Tauro. Induce pensamientos y revelaciones sobre los misterios ocultos del universo. Además, controla el mundo de los sueños y es una de las principales fuentes de luz espiritual y de sabiduría.

HAHAZIAH (Hachasiah)

Según Barrett (*El mago*), es uno de los setenta y dos ángeles Shemhamphoras que llevan el nombre místico de Dios. Pertenece al orden de los principados y tiene dominio sobre el planeta Júpiter y el signo de Sagitario. Se le invoca para que inspire en todo lo relacionado con medicina, enfermedades, servicio sanitario, amor al doliente, ecología y armonía cósmica.

HAHLII

Según MacGregor Mathers (*The Key of Solomon the King*), Hahlii es uno de los ángeles que se invocan para consagrar la pluma, la tinta y los colores mágicos que el mago ha de utilizar en magia talismánica.

HAHUIAH (Chahuiah)

Uno más de los setenta y dos ángeles cabalísticos que llevan el nombre místico de Dios: los Shemhamphoras. Está contenido en la tabla publicada por Francis Barrett en *El mago*. Pertenece al orden de los tronos y tiene dominio sobre la Luna y el signo de Cáncer. Se le invoca para que confiera espiritualidad, amor a los ritos y ceremonias religiosas y capacidad para ayudar a los enfermos y los que sufren tribulaciones.

HAIAIEL (Hiel)

Otro de los setenta y dos ángeles cabalísticos que llevan el nombre místico de Dios: los Shemhamphoras, según la tabla publicada por Francis Barrett en *El mago*. Pertenece al orden de los arcángeles y tiene dominio sobre el planeta Mercurio y el signo zodiacal de Piscis. Se le invoca para tener éxito en la profesión y los medios de comunicación social. Ayuda a librarse de opositores, enemigos y perseguidores.

HAILKI

Ninfas que se suponía que habitaban las selvas y los ríos escandinavos.

HAIM

Uno de los ángeles que tienen dominio sobre el signo de Virgo.

HAIRE

Uno de los nombres que daban en Normandía al hombre lobo, al *loup-garou* (*véase* este término).

HAKAMIAH (Hekamiah)

Ángel que se cree es el guardián de Francia, su ángel custodio. Pertenece al orden de los querubines y se invoca para protegerse de loe traidores y para vencer a los enemigos. Es uno de los setenta y dos ángeles que llevan el nombre místico de Dios: Shemhamphora. Tiene dominio sobre la Luna y el signo zodiacal de Géminis. Hay cabalistas que también lo relacionan con el planeta Saturno.

HALADIAH (*Véase* ALADIAH)

HALAHEL

Espíritu que se halla a las órdenes del demonio Bael, rey del infierno. Su naturaleza es una mezcla de lo angélico y de lo diabólico, según el grimorio *Lemegeton* y *Goecia* de Crowley.

HALFAS (Halpas, Halphas, Malthus, Malthas)

Gran conde de los infiernos. Cuando se le evoca se presenta bajo la forma de una cigüeña (o de una paloma silvestre, según otras fuentes). Habla con voz rasposa. Inspira las guerras, manda los hombres a éstas y puede construir torres y proveer las mismas con armas y artilugios de guerra. Tiene bajo su mando a veintiséis legiones de diablos. (*Véase* el término *Monarquía infernal*).

HALIAS
Nombre que se aplicaba en Grecia a las ninfas marinas.

HALTIOS (Haltias)
Nombre que dan los lapones, que habitan en las zonas árticas de Noruega, Suecia, Finlandia y Rusia, a los vapores que se levantan de las aguas de los lagos, formando las nieblas, en la creencia de que son espíritus que salen del mundo inferior para encargarse de la custodia de los montes.

HALUDIEL
Uno de los ángeles del cuarto cielo que se invoca en el día del Señor, el domingo, de cara al Sur, según Barrett.

HALLOWEEN
Antigua palabra inglesa con que se designa una fiesta no religiosa coincidente con la última noche de octubre (31 de octubre), víspera del día de Todos los Santos. Se celebraba principalmente en Escocia, donde era ampliamente festejada, pero luego pasó a Irlanda, al resto del Reino Unido y a Estados Unidos. En algunas regiones y lugares esta fiesta aún se rodea de curiosas tradiciones de indudable origen pagano. Era creencia general que en el trascurso de esa noche recorrían libremente los aires las brujas, los diablos, los duendes, los gnomos, las hadas y demás seres sobrenaturales, es decir, tanto los buenos como los malos espíritus. Puede decirse que en dicha festividad se establecía una especie de tregua, paz o acuerdo entre los diversos espíritus y el hombre. Según el antiguo calendario celta, la noche de Halloween era la última del año, en la cual quedaban libres los espíritus malignos y los hechiceros o brujos predecían lo por venir con el nuevo año. Los druidas, sacerdotes-magos celtas, celebraban en dicha fecha la fiesta de la recolección de los frutos invernales. En Irlanda se encienden hogueras en la noche de Halloween, y lo mismo se hace en Escocia y en la isla de Man. En ciertas localidades no se permite que las hogueras se apaguen, pues se ahuyentaría la buena suerte. Es costumbre que los niños escoceses en la víspera de Todos los Santos recorran los contornos gritando: «¡Dadnos carbón para quemar a las brujas!» y piden cosas para quemar a los dueños de las casas. Una vez encendida la hoguera, uno de los chiquillos se echa cerca del fuego en medio del humo, mientras los otros corren alrededor para saltar por encima de él hasta que se extingue la hoguera; entonces esparcen las cenizas y los carbones. Esta costumbre de las fogatas y la predicción del futuro que se hace en muchas localidades es probablemente una reminiscencia de los cultos druídicos al Sol y a los muertos. En muchos lugares de Escocia se creía que en esa noche del año, para determinados hechizos, la inteligencia más vulgar podía conocer el porvenir. Durante Halloween las muchachas se daban las manos y de dos en dos, con los ojos cerrados,

entraban en el huerto y arrancaban la primera col que encontraban. Según la misma fuera grande o pequeña, torcida o derecha, su futuro esposo sería bello o feo, jorobado o alto. Si un poco de tierra quedaba adherida a la raíz, significaba que el marido sería rico; si el tronco de la col era dulce, el esposo tendría buen carácter y sería dulce y amable; si el tronco era áspero, el esposo sería muy gruñón y protestón. Actualmente, en la noche de Halloween y en el día de Todos los Santos, los muchachos y las muchachas organizan fiestas en las que se alumbran con calabazas previamente vaciadas y agujereadas (a las que dan forma de cara), que iluminan interiormente «para alejar a las brujas y malos espíritus de su alrededor». Se celebran procesiones y bailes, y los participantes se disfrazan o llevan máscaras, remedando las actividades de las brujas de otros tiempos; incluso llegan a fingir que vuelan con escobas. En estas prácticas se advierten fácilmente reminiscencias de tipo esotérico.

HAMADRÍADAS

Clase de ninfas de los bosques, que, según dice Servio, nacían unidas con el árbol al cual vivían. Eran agradecidas a los que las libraban de la muerte. Hesíodo, citado por Plutarco, las hacía vivir 933.120 años. En un principio se distinguían de las *dríadas,* que vivían en los árboles, pero los cuales podían abandonar temporalmente. Según un canto de Homero, las hamadríadas morían con el árbol al que estaban ligadas. Por eso los árboles en que se supo-

nía que vivían las dríadas y las hamadríadas estaban considerados como sagrados, y ni el hacha ni la mano del hombre podía profanarlos, hasta que los sacerdotes declararan que habían sido abandonados por las ninfas. Este mito fue en la antigüedad beneficioso para la conservación de los bosques y las florestas.

HAMAH

Ave fabulosa que fue origen de gran número de supersticiones entre los antiguos musulmanes.

HAMALIEL

Ángel correspondiente al mes de agosto, uno de los regentes del orden de las virtudes y gobernante del signo de Virgo.

HAMAYA

Según el sexto y séptimo libro de Moisés, uno de los arcángeles que se invoca para elaborar el *gran sello de la fortuna.*

HAMSA

Gran pájaro divino de las tradiciones hindúes; parte de su cuerpo es de águila y parte de cisne. Sirve de montura a Brahma.

HANANIEL

Arcángel cuyo nombre aparece inscrito en un pentagrama mágico, en un amuleto hebreo de origen cabalístico, cuyo manuscrito se conserva en el Museo Británico.

HANIEL (Anael, Aniel, Hanael)

Ángel –a pesar de sus diferentes grafías con el paso de los siglos– cuyo nombre significa «gloria de Dios». Algunos tratadistas lo consideran jefe del orden de los principados. Se considera que tiene poder sobre el planeta Venus. Otros consideran que gobierna el signo de Capricornio. Figura en la lista de los arcángeles y de los diez sefirotas sagrados. Estimula el conocimiento, el deseo de saber y el afán de experimentar y descubrir en quienes le invocan. Tiene a sus órdenes varios ángeles, entre los que destacan Vehuel, Daniel, Hachasiah y Himamiah. *(Véase el término Aniel).*

HANNUEL

Otro ángel que tiene dominio sobre el signo de Capricornio.

HANUEL *(Véase ANNAHUEL)*

HANUM (Hanun)

Según Barrett, uno de los ángeles del lunes. Reside en el primer cielo y se le invoca desde el sur.

HANUMÁN

Fabuloso mono hindú, hijo de Angiana y de Visnú, o, según otros, de Pavana, dios del viento. Hanumán unía a sus excepcionales condiciones de esforzado guerrero los méritos de ser un excelso poeta. Se le considera como el más fiel aliado de Rama, e intervino con sus valientes monos en la lucha entablada entre este dios y Rayana. Entre sus proezas se halla la de construir, con ayuda de su ejército de primates, un puente sobre el estrecho de Ceilán, mediante el cual Rama pudo proseguir su lucha contra Ravana. Hanumán fue el que prendió fuego a las ciudades de Laucka, atando a su cola materias inflamables, que apagó en el lago Djamnah. Estas y otras luchas en favor de Rama están relatadas en el *Ramayana,* de Valmiki, en donde lleva el nombre de Hanumat. Otras aventuras de este fabuloso mono están contenidas en un drama sánscrito llamado *Hanumannataka,* el cual data del siglo X o XI. Dice la tradición que Hanumán escribió versos dedicados al autor del *Ramayana,* quien, al conocer la portentosa inspiración del mono divino, intentó destruir su grandioso y admirable poema, a lo que se opuso el primate, el cual arrojó al mar las piedras en las que había escrito los versos que tanto efecto habían causado en Valmiki; de esta manera desapareció la única obra que podía oscurecer la grandeza del *Ramayana.* Cuando termine la era actual, Hanumán irá a ocupar en el cielo el sitio de Brahma, el cual tomará su forma por algún tiempo. Los indostanes, que atribuyen a este cuadrúmano la invención del tercer sistema musical, lo representan con una figura que tiene la mitad de hombre y la mitad de mono, o bien en forma humana, pero con rabo.

HAN-YUAN

Espíritu del infierno chino que ayudó al mítico Chung-Kuei en su lucha para exterminar a los demonios de diferentes clases que pululaban por la Tierra. Dice la leyenda que *Han-Yuan* llevaba sobre la cabeza un sombrero de sabio, y dentro, diez libras bien medidas de sustancia cerebral. «Iba vestido con una túnica azul, en la que había no menos de tres arrobas de polvo y porquería. Tenía el vientre lleno de sabios escritos, pero si necesitaba remediar su hambre, no podía guisarlos. Su pecho estaba lleno de violentas pasiones, pero sólo podía suspirar en lugares escondidos. Sus parientes y amigos le llamaban pobre y le miraban como a un gran orgulloso. Su esposa le miraba como a un extraño, y hasta odiaba las costumbres originales del marido».

HARAHEL (HERACHIEL)
En la cábala, un ángel encargado de los archivos, registros, bibliotecas y armarios de cosas raras y curiosas. También es uno de los setenta y dos ángeles Shemhamphoras, según la lista de Barrett (El mago). Pertenece al orden de los arcángeles y tiene dominio sobre el planeta Júpiter y el signo de Capricornio.

HARCHIEL
Según MacGregor Mathers (The Key of Solomon the King), es un ángel que se invoca en rituales en los que manda a los demonios que confieren el don de la invisibilidad.

HARIEL (Harael)
Uno de los setenta y dos ángeles cabalísticos que llevan el nombre místico de Dios: Shemhamphora. Rige la ciencia, las artes y los animales domésticos. Pertenece al orden de los querubines y tiene dominio sobre el planeta Mercurio y el signo de Géminis. Otros cabalistas creen que también influye en el planeta Saturno. Se le invoca contra las impieda-

des y para todo tipo de purificación espiritual.

HARISTUM
Demonio que puede hacer que cualquiera pase por encima del fuego sin quemarse, según el Grimorium Verum.

HARPÍAS (Arpías)
Monstruos fabulosos de la mitología griega y latina, hijas de Taumas y Electra, según Hesíodo; otros dicen que de Poseidón y Ozomena, y Servio afirma que son hijas de Ponto y de Gea. Tenían rostro de jovencita, cuerpo y alas de buitre, cola de serpiente y garras en manos y pies, cuando se las representaba con ambas extremidades. Las Harpías, según la Teogonía de Hesíodo, eran dos, Aelo y Ocipeta, de linda cabellera: «que siguen al viento y a las aves, sin más que agitar las alas, y se remontan también a las alturas». Estos nombres han sido reproducidos, con ligeras variantes, por los mitólogos. Los latinos y los comentadores históricos añadieron una tercera Harpía: Celeno o Acóloe. Las Har-

45. Harpía

pías se representaron aladas desde un principio, ya que se suponía que habían tomado el nombre de un pájaro y volaban por los aires. Al principio no tenían de monstruo más que las alas, pero después se les dio los atributos horrorosos con que se conocen: rostro de vieja, cuerpo de ave rapaz, pechos de mujer, garras, y aliento infecto, que hacía que nadie pudiera acercarse a ellas. Sólo con su presencia en un país, provocaban el hambre en él. Era creencia general que Zeus las utilizaba para imponer determinados castigos a quienes le ofendían. Son citadas por Homero, tanto en la *Ilíada* como en la *Odisea*, y Virgilio, en *La Eneida,* las describe así: «Alados cuerpos con virginales rostros, de corvas garras y de inmundos vientres, y siempre macilentas por el hambre». Los nombres de las Harpías están tomados del soplo de huracán *(Aello),* de su fuerza icontestable *(Ocípeta),* y de los negros nubarrones *(Celeno).* Otras Harpías subalternas seguían a las tres principales. Dice Homero que una de ellas, por nombre Podarge, se unió a Céfiro, y nacieron los corceles de Aquiles «que vuelan a la par del viento». Las Harpías se dejaban caer con estruendoso aleteo sobre la morada del hombre, ya para devorar los manjares puestos en la mesa, ya para infectarlos destilando en ellos una sustancia de repugnante hedor. Algunos eruditos ven en este mito la representación de los desastrosos efectos del huracán, que devasta las mieses, arranca los frutos, o los corrompe y altera anegándolos en torrentes de lluvia. La tradición indica que las Harpías vivían en lo más extremo del mundo occidental, a orillas del Océano. Según unos en Tracia, según otros cerca de Salmidesos, en lo más apartado de Escitia o las islas Kalidnas del mar Egeo. Apolodoro cuenta el fin de dos de ellas: una cayó al río Tigrés, en el Peloponeso, que desde entonces tomó el nombre de Harpis. Y otra murió de cansancio en la ribera de las islas Equimades, luego de un largo viaje a través de la Propóntida. Pero lo más corriente es hacerlas inmortales y servidoras de Hades o Plutón. En efecto, desde un principio se las consideró proveedoras del infierno, al que llevaban a los mortales que raptaban. En cierta forma, pues, eran las encargadas de llevar víctimas a las *Erinias* o *Furias (véanse* estos términos).

HAROS

Uno de los ángeles contenido en el citatorio de Marbuelis, uno de los siete grandes príncipes celestes, según el *Sexto y séptimo libros de Moisés.*

HARUDHA

Ángel de la mitología persa que gobierna el elemento agua.

HARUT (Haroth)

Ángel que figura junto con Maroth o Marut (Maruth) en leyendas musulmanas y persas. Por un lado se supone que fueron enviados a la Tierra para enseñar a los mortales el arte de gobernar. En el Corán (azora II, 96) se los considera ángeles de Babel que enseñaban magia a las gentes. Algunos exégetas consideran a Harut y Marut dos ángeles caídos que estaban confinados en una profunda cueva o hendidura en un precipicio cerca de Babilonia, donde enseñaban los secretos de la magia y de la hechicería.

HASDIEL

Un ángel del planeta Venus. Se le considera el ángel de la benevolencia.

HASEHA

Uno de los quince ángeles que pertenece al grupo de los tronos, según el sexto y séptimo libros de Moisés. Se le invoca en determinados rituales mágicos.

HASIOS

Ángel que se cita en el conjuro del *quinto sello* o *sello de los ángeles del poder,* destinado a sanar a una persona enferma, según el *Sexto y séptimo libros de Moisés.*

HASMODAI

El espíritu de la Luna, según Barrett y Papus. Su número es el 369. Tiene que ver con la cábala y la magia talismánica.

HASTRMAN (*Véase* VODNIK)

HATTIA

Espíritu familiar y bienhechor de los finlandeses. Se cuenta que aborda a las personas en los bosques, cuando las ve atribuladas, y les da buenos consejos sobre la conducta a seguir en determinados problemas y asuntos.

HAURAS (Haures, Havres, Flauros)

Uno de los setenta y dos espíritus que inspiraban a Salomón. En realidad parece haber sido un espíritu infernal o ángel caído. Se considera que es uno de los grandes duques del infierno y que se aparece en forma de leopardo. Manda treinta y seis legiones de demonios y responde a preguntas sobre el pasado y el futuro. (*Véase* el término *Flauros*).

HAVFRUE

Nombre que aplican en Escandinavia y norte de Alemania a las *sirenas.* (*Véase* ese término y el de *meerweiber*).

HAVMAND

Nombre que aplican en Escandinavia y norte de Alemania a los *tritones* y seres parecidos que habitan en la mar, pero que son de sexo masculino. (*Véase* el término *tritones*).

HAYOZER

Según el *Sexto y séptimo libros de Moisés*, uno de los arcángeles del coro de las dominaciones que se invoca en el *gran sello de la fortuna,* formando parte del *segundo misterio del sello.*

HAYYEL (Hashmal)

Según el *Libro de Enoch* III, ángel que tiene dominio sobre las bestias salvajes, misión que comparte con otros ángeles, como Thuriel.

HAYYOTH (Chayoh)

Una clase de ángeles Merkabah equiparados en rango con los querubines, residentes en el séptimo cielo. Parecen ser los que forman parte de la visión bíblica de Ezequiel. Según el Zohar existen treinta y seis hayyoth, pero el *Libro de Enoch* III sólo nombra a cuatro, a los que sitúa cerca de las cuatro ruedas del Merkabah o carro celestial.

HAZIEL

Uno de los setenta y dos ángeles Shemhamphoras que llevan el nombre de Dios. Se le invoca para obtener la misericordia de Dios. Su nombre significa «visión de Dios». Pertenece al orden de los querubines y tiene dominio sobre el planeta Urano y el signo de Tauro. Favorece la meditación y la contemplación.

HEBDOMADA

Nombre que se aplicaba a los siete ángeles que regían los siete cielos. El nombre significa «semana» o período de siete días. Los nombres modernos de los siete Hebdomadas son: Miguel o Michael (en forma de león), Suriel (en forma de buey), Rafael (en forma de dragón), Gabriel (en forma de águila), Thautabaoth (en forma de oso), Erataoth (en forma de perro) y Onoel (en forma de asno).

HÉCATE

Divinidad griega a la que se representaba con tres cuerpos y tres caras: la cabeza derecha era de caballo, la izquierda, de perro, y la del medio de mujer. Uno de los cuerpos representaba a Febea o Selene (la Luna), otro a Artemisa o Diana, y el tercero a Perséfone o Proserpina. Los poetas la hicieron hija de Perseo y de Asteria, principalmente, ya que algunos pretenden que lo era de Júpiter y Hera. En lo que todos están conformes es en que fue de la raza de los primitivos titanes y la única que conservó su poder bajo el dominio de Júpiter. Hécate tomó parte en la búsqueda de Proserpina, y al ser hallada ésta quedó a su lado, en el *Hades (véase* este término), como sierva y compañera suya. Así se convirtió en deidad del mundo inferior, y en este sentido empezó a rendírsele culto, representándosela como diosa terrible, evocadora de fantasmas y de sueños espantosos. Presidía todos los encantamientos y brujerías, así como las artes adivinatorias. Se convirtió en una temible diablesa que presidía las calles y los callejones. En los infiernos tenía el encargo de vigilar los caminos y carreteras, por lo que se le rindió culto especialmente en los cruces de caminos; se le ofrecían perros, miel y corderos negros. Hécate fue principalmente adorada en Caria y en los pueblos limítrofes de Asia Menor. En Grecia, su culto se practicaba solamente en la costa occidental. En Egina era objeto de una secreta veneración (Misterios), y se la invocaba para combatir la locura, ya que al ser la diablesa de las almas de los muertos que la ocasionaban, podía ahuyentarlas y enviarlas a donde quisiera. Se creía que Hécate estaba presente cuando un alma se unía con un cuerpo, en el acto del nacimiento, y lo mismo cuando se separaba de él, en la muerte. Solía reposar sentada sobre las tumbas. En las noches de luna clara aparecía en las encrucijadas como un espectro o figura fantástica acompañada por un tropel de almas sin descanso, y también de sus perros, que la anunciaban con terribles aullidos. Fueron famosas las hecateas o *ce-*

nas de Hécate, durante las cuales los atenienses colocaban viandas en las encrucijadas el último día de cada mes. El objeto de esta ceremonia era aplacar la furia de la terrible diosa del mundo inferior. Como divinidad de los encantamientos se la tenía por madre de las magas Circe y Medea. En los tiempos más remotos se la representaba con un solo cuerpo, completamente vestido y llevando en las manos antorchas encendidas. Más tarde, hacia la mitad del siglo V a. C., Alcamenes la personificó en una figura triforme, cuyos dorsos estaban adosados, destinada a la Acrópolis de Atenas. La figura de la izquierda representaba la luna creciente; la de la derecha, la luna menguante, y la del centro, la luna llena, con la faz vuelta hacia el espectador. Beudis era el nombre tracio de Hécate, a la que también se rendía adoración en profundas grutas y cavernas; fue famosa la de Zerinthos, en la isla de Samotracia, por el favor en que estuvieron los misterios que allí se celebraban. Asimismo fue muy venerada en el Pireo, en la época de Pericles. Las emigraciones procedentes del norte llevaron su culto a Beocia, y de allí se difundió por todas las regiones de Grecia, por más que esta divinidad extranjera no ocupó jamás un lugar bien determinado en el sistema de la religión griega, a pesar de que se estableció su genealogía en este sentido, pues ya hemos visto que se pretende que desciende del titán Perseo (el resplandeciente) y de Asteria (la estrella virgo). En varios monumentos, la triple Hécate, *Triformis,* está representada con tres cabezas de distintos animales: de caballo, de perro y de jabalí. Según ciertos eruditos, el nombre de Hécate se deriva del que en griego significa «ciento», ya porque algunos pueblos sacrificaran cien víctimas a esta diablesa, ya porque ésta detuviera en las riberas de Estigia, por espacio de cien años, aquellas almas cuyos cuerpos habían quedado insepultos. Hécate, como hemos dicho, presidía la magia y sus operaciones, y a la luz de Selene (la Luna), una de sus personalidades, entre los aullidos de los perros que le eran inmolados, pronunciaban los magos y hechiceras sus conjuros y fórmulas de encantamiento, ya para llamar las almas de los muertos a la superficie de la Tierra, ya para esclavizar al amor el corazón de los vivos. Según Orígenes el Étnico, la invocaban con las siguientes palabras: «Ven, infernal, terrestre y celeste Hécate, diosa de los trivios, guardadora de la luz, reina de la noche, enemiga del sol, amiga y compañera de las tinieblas; tú que te alegras con el aullido de los perros y con la sangre derramada, y andas errante en la oscuridad cerca de los sepulcros, sedienta de sangre, terror de los mortales, Gorgon, Mormon, Bombon, luna de mil formas, ampara mi sacrificio».

HECATONQUIROS
(Ecatonquiros)
Gigantes de cincuenta cabezas y cien brazos (centímanos), hijos de Urano (el Cielo) y de Gea (la Tierra). Eran tres: Egeón o Briareo (el forzudo), Kotto o Cotto (el furioso) y Gías, Gies o Giges (el membrudo). De

los tres, el que cobró más fama fue *Briareo (véase* este término). Ayudaron a Zeus (Júpiter) y a los cíclopes en la lucha contra los titanes, a los que encerraron en los infiernos. Hesíodo, en su *Teogonía,* nos habla con todo detalle de Briareo, Rotto y Gías y cómo fueron encadenados en las profundidades de la tierra, donde vivieron, bajo el suelo, con inmenso dolor, hasta que Zeus y otros inmortales los sacaron de nuevo a la luz del día, para que más tarde intervinieran en la lucha caótica contra los titanes.

HECDEQUINO
Demonio que las tradiciones sajonas afirman que pasó unos meses en la villa de Hildesheim en la Baja Sajonia. Este hecho tuvo lugar en el año 1130 y el tal espíritu infernal se presentó vestido con un extraño sombrero. En general, ayudó a la comunidad con sus consejos y obrando algunos prodigios de tipo doméstico.

HECLA
Los islandeses de épocas remotas creían que el infierno se hallaba en su isla, en el monte Hecla. Cardan dice que este monte es célebre por la aparición de espectros y espíritus. Los islandeses creían también que el ruido causado por los grandes témpanos de hielo al chocar entre sí, y partirse, lo formaban los gritos de los condenados a padecer eternamente un frío excesivo, ya que consideraban que había almas condenadas a helarse, de la misma manera que hay otras soportando el calor de los fuegos eternos.

HEGOR
Espíritu que se invoca en el citatorio de Mefistófeles, según el *Sexto y séptimo libros de Moisés.*

HEGRÍN
Nombre dado por Hermias (siglo II) al ángel custodio de los animales.

HEHUGASTA
Sílfide que tuvo cópula con el emperador Augusto, según creencia popular de los antiguos romanos.

HEIGLOT
Genio o espíritu de las tempestades de nieve que se invoca en rituales mágicos, tanto para provocarlas como para detenerlas o evitarlas.

HEINZCHEM (Kurd Chimgen)
Nombre que daban en Alemania a uno de los espíritus domésticos o duendes. Se mostraba muy activo y diligente para ayudar a los sirvientes en su cometido, pero nunca se dejaba ver, a excepción de cuando deseaba castigar a las mujeres que llevadas de su gran curiosidad no paraban de llamarle o evocarle. Entonces él las citaba en un paraje solitario, con la condición de que asistieran a la cita con un cubo lleno de agua. Cuando la muchacha llegaba al lugar del encuentro, el heinzchem se dejaba ver de improviso con fiero aspecto y un gran machete en la mano, lo que hacía desmayarse a la curiosa. Seguidamente, el espíritu tomaba el cubo de agua y lo derramaba sobre la cabeza de la desvanecida, que al volver en sí se encontraba sola. Regresaba a su hogar a toda prisa, con

el alma en vilo y sin deseos de volver a ver al heinzchem. También se le da el nombre de *kurd chimgen*.

HEINZELMANNCHEN

Nombre que aplican en Alemania al gnomo.

HELAYASEPH (HILUJASEPH)

Uno de los ángeles que, según el *Libro de Enoch* I, gobierna las estaciones. Conocido también como Heloyaseph, tiene a sus órdenes mil ángeles.

HELEMIAH (*Véase* ELEMIAH)

HELEMMELEK (Elimelek)

Ángel guía de las estaciones del año. Su nombre significa «sol brillante».

HELISON

Uno de los cinco ángeles de la primera altitud o coro, llamado Chora Orientis o Coro Oriental. Se corresponde con el punto cardinal del Este o Levante. Para invocar a este ángel se ha de hacer en el día y hora que corresponde al sol. Junto con los otros cuatro ángeles del Coro Oriental, que son: Alimiel, Gabriel, Baraquiel (Barachiel) y Lebes, se le invoca en ritos de fertilidad, tanto para que las mujeres tengan hijos como para la procreación de animales y obtener buenas cosechas. Cuando se aparece, Helison se presenta con un estandarte adornado con una cruz carmesí, coronado de rosas.

HEMAH

Ángel de la ira, el cual tiene poder sobre la muerte de los animales domésticos. Es un ángel de destrucción.

HEMOHON

Arcángel que se invoca en el conjuro del sello del primer misterio, según el sexto y séptimo libros de Moisés.

HEMOSTOPHILE

Según *El grimorio de Armadel,* otro de los demonios que hace visibles a los de su raza y que parezca que obedecen al oficiante. Pero la verdad es que los demonios engañan al ser humano, haciéndole que se deje llevar por sus pasiones y perversiones y se aleje de la luz del Señor. Es muy peligroso invocarle, aunque se haga ante su sello secreto y el círculo protector.

HENKIES

Nombre que dan a los trows en las islas Orcadas y Shetland. No soportan la luz solar, por lo que siempre salen de noche. Si la salida del sol los encuentra en el bosque o campo, no puede volver a su morada subterránea hasta la puesta del astro rey. Los rayos solares les provocan enfermedades. (*Véase* el término *trows).*

HERACHIEL (*Véase* HARAHEL)

HERAMAEL

Demonio que enseña el arte de curar, el conocimiento de todas las enfermedades y la manera de tratarlas. Conoce las virtudes de las plantas medicinales y cómo usarlas, así como los secretos de las pócimas, filtros, bálsamos, etc., según *La ciencia secreta de la magia* de Idries Shah (Londres, 1957).

HERMELINO (Hermione)

Demonio hembra o *súcubo (véase* este término) que, según Pico della

Mirandola, acompañó durante cuarenta años a un pastor brujo llamado Benedotto Berna, con el que comía, bebía, hablaba y tenía cópula. Los demás no podían ver ni oír a este diablo femenino.

HERRAJES DEL DIABLO (HERRAJES DE NOTRE-DAME)

Se asegura que los antiguos herrajes de las puertas de la catedral de Notre-Dame de París, fueron ejecutados por el diablo, en concreto por el demonio Biscornet, en el siglo XV. Grillot de Givry *(El museo de los brujos, magos y alquimistas)* lo cuenta así: «La fachada de esta catedral comprende tres pórticos; las puertas del de la derecha y del de la izquierda se hallaban guarnecidas de herrajes que causaban admiración entre los hombres más hábiles en el arte de la cerrajería. Estos herrajes, de una labor en extremo complicada y delicada, se extendían por la totalidad de cada batiente, de siete metros de alto por cuatro de ancho, sin que fuera posible distinguir una solución de continuidad ni la huella de una soldadura o de un ajuste cualquiera. Eran, por consiguiente, de una sola pieza, y se suponía que todo ese hierro había sido fundido, luego trabajado cuando estaba al rojo y, por último, terminado con la lima tras enfriarse. Tarea ingente, de la que sólo el diablo era capaz, tanto más cuanto que tenía a su disposición el fuego del infierno, con el que ninguna fragua de cerrajería podía rivalizar. Por eso no se dudaba en afirmar que se trataba realmente de la obra de un demonio llamado Biscornet, opinión que se veía apoyada por la presencia, en las tiras de hierro trasversales, de varias figuritas en relieve coronadas por dos cuernos, que se decía constituían el retrato del propio demonio, puesto allí a modo de firma». En la actualidad esos herrajes ya no existen, ya que fueron sustituidos por Viollet-le-Duc, hacia 1860, por unas copias poco fieles al trabajo original.

HESEDIEL

Arcángel del orden de las dominaciones. Es el portador de la Suprema Voluntad. Los cabalistas suponen que era el vigilante de Abraham. Tiene dominio sobre el planeta Júpiter y le obedecen Nithaiah, Haaiah, Ieratel, Sahaiah, Riiel, Aumel, Lecabel y Vasariah.

HESPÉRIDES

En la mitología griega fueron las ninfas encargadas de custodiar las manzanas de oro que Gea dio a Hera cuando ésta contrajo matrimonio con Zeus. Hijas de la Noche y de Héspero (la estrella vespertina), habitaban un jardín de ensueño, maravilloso, cuyos árboles producían las áureas manzanas. Las Hespérides eran tres: Eglé, Eryteis y Aretusa, aunque hay tradiciones –como la sostenida por Apolodoro– que añaden una cuarta, Hestia. Estas ninfas estaban dotadas de una voz maravillosa. Hércules (Heracles) se apoderó de las manzanas de oro, pero para ello tuvo que vencer al dragón Ladón, monstruo de cien cabezas, que lanzaba al mismo tiempo otras tantas especies de silbidos; sus ojos no se cerraban jamás y defendía la puerta del jardín. Para unos, el jardín de las Hespérides estaba situado al oeste de Libia; para otros, al pie del monte Atlas; y para algunos pocos, entre los Hiperbóreos. Dice Apolodoro que en castigo por haberse dejado robar las manzanas, las Hespérides fueron trasformadas en árboles: un olmo, un álamo y un sauce; a la sombra de los cuales descansaron más tarde los legendarios Argonautas. El dragón fue trasportado al cielo y trasformado en la costelación de la Serpiente o el Dragón.

HETAEL

Según *El grimorio de Armadel* es un espíritu guía de los ejércitos. Puede destruir a los ejércitos enemigos, como hicieron los israelitas cuando eran mandados por Josué, y éste con sus oraciones detuvo la marcha del sol. Hetael es un espíritu capaz de hacer a la persona invulnerable a cualquier tipo de armas. Debe invocarse el martes ante su sello secreto.

46. Sello secreto del espíritu Hetael

HETHATIA

Es el espíritu que puede hacer ver lo que uno conseguirá si actúa bajo la ley del Señor. Es el que inspiró a Moisés cuando se encontraba en el desierto de la Tierra de Midiam y le enseñó los arcanos de la magia. Debe invocarse ante su sello secreto.

47. Sello secreto del espíritu Hethatia

HICPACTH

Demonio que tiene el poder de que uno pueda ver lo que está haciendo una persona en un momento dado, por muy lejos que se encuentre, aunque sea en otro país, según el *Grimorium Verum*.

HIDRA

Monstruo mitológico que tenía la forma de un enorme dragón, pero con siete, nueve, cincuenta o cien cabezas (en el número no están de acuerdo los mitólogos). De todas ellas había una que era inmortal. La Hidra –cuyo nombre viene del griego *Hydra,* «serpiente acuática»– era hija de Tifón (monstruo que representaba al huracán) y Equidna (monstruo mitad mujer y mitad serpiente) y hermana de los perros monstruosos *Ortros* y *Cerbero (véanse* todos estos términos). La Hidra habitaba en los pantanos de Lerna, junto al golfo de Argos, desde donde salía para devastar las cosechas y destruir los ganados. Los antiguos textos dicen que el hálito de tan gran dragón infestaba la comarca entera y causaba la muerte a quien lo respiraba. Heracles (Hércules) fue el encargado de dar fin al monstruo, para lo que se dirigió a los pantanos de Lerna acompañado de su sobrino y fiel compañero Iolaos; localizó a la Hidra en la fuente de Amymone y con saetas inflamadas le obligó a salir del agua, y entonces se trabó entre ambos una lucha feroz. La Hidra se enroscó en las piernas del héroe e intentó herirle con sus acerados y numerosos aguijones. Al mismo tiempo, un enorme cangrejo o un escorpión enviado por Hera, procuró morder a Heracles en el talón, pero éste lo dejó sin vida con un certero golpe de clava o maza. Con la misma arma tronchó varias cabezas del terrible monstruo, pero por cada una que exterminaba brotaban dos nuevas, más fieras y espantosas. Al contemplar tal prodigio, Heracles recabó la ayuda de Iolaos o Ioleo, ordenándole que prendiera fuego a la maleza cercana; con troncos encendidos fue abrasando sucesivamente las heridas que dejaban las cabezas de la Hidra a medida que iban cayendo. De este modo pudo evitar que crecieran de

nuevo; al fin cortó la última cabeza del horrible animal, la del centro, que como era inmortal fue enterrada por Heracles poniéndole encima un enorme peñasco. Vencida la Hidra, el héroe ofreció a los dioses tres ca-

49. Hidra de siete cabezas

bezas del temido dragón y mojó sus flechas en la sangre ponzoñosa que a borbotones salía de las numerosas heridas del cuerpo del monstruo. De esta manera sus saetas quedaron envenenadas y fueron mortales aunque sólo causaran ligeros rasguños.

HIISI
Nombre del genio del mal en la mitología finlandesa. Su morada era el Hiitola, localizado ya en los bosques, ya en las montañas y hasta en los castillos en ruinas. Con sus seides Hiidet o Hiiden Kansa, hacía toda suerte de malas pasadas a los mortales.

HIEL (*Véase* HAIAIEL)

HILANDERAS (FILANDERAS)
Especie de hadas típicas de ciertas localidades francesas. Se dice que se aparecían llevando una rueca y un huso, en las noches de clara luna; adoptaban la forma de viejas

48. Hidra

hilanderas o *filandieres* y vestían de blanco. Siempre eran tres, como las *Parcas (véase* este término) de la antigüedad grecorromana. Tenían la facultad de predecir el futuro y de facilitar la buena suerte. También eran conocidas por los nombres de *fades* («hadas») y *bonnes* («buenas»).

HILÉORAS
Especie de ninfas que moraban en los bosques y valles. *(Véase* el término *ninfas).*

HIMAMIAH (*Véase* IMAMIAH)

HINIDAS
Otra especie de ninfas de los bosques, citadas por Barrett en *El mago.*

HIPETON
Según Francis Barrett *(El mago),* es el espíritu o ángel del planeta Júpiter, cuya regencia comparte con el ángel Johphiel (Jophiel).

HIPNAL
Serpiente a la cual se atribuía la propiedad de infundir sueño cuando miraba a una persona. El nombre deriva del griego *hypnolé,* «soñolienta».

HIPOCAMPO (HIPPOCAMPUS)
Animal fabuloso que tenía la cabeza y las manos de caballo, y el cuerpo y la cola de serpiente marina. Los hipocampos tiraban del carro de Neptuno (Poseidón) y del de otras divinidades marinas.

HIPOCENTAUROS
Hijos de los *centauros (véase* este término).

HIPOGIPOS
Pueblo imaginario que Luciano de Samosata coloca en la Luna; los hombres tenían tres cabezas, estaban provistos de alas y montaban en buitres.

HIPOGRIFO
Animal fabuloso que se suponía con medio cuerpo de grifo y medio de caballo. Volaba rápidamente gracias a unas alas y echaba fuego por ojos y narices. Ariosto y otros romanceros lo dan como cabalgadura de algunos héroes de la caballería.

50. Hipogrifo

HIPOMIRMECES
Seres imaginarios que Luciano de Samosata coloca en el Sol; cubrían dos mojadas de tierra con su sombra, combatían con sus cuernos y montaban en grandes hormigas aladas.

HIPOPODES
Seres fabulosos, con cara y cuerpo de hombre y patas de caballo. Los antiguos geógrafos los colocaban en el norte de Europa. Estas figuras suelen emplearse en la ornamentación y composición de ciertos frisos.

HIRCOCERVO

Animal fabuloso, compuesto de macho cabrío y ciervo, que figura en diversas leyendas.

HISIS

Gigante eslavo que destruía los lobos y los osos blancos. Los cazadores lo invocaban para que la jornada les fuera favorable.

HISMAEL

Según Barrett, el espíritu del planeta Júpiter. Su número es el 136.

HIVVAH

Uno de los dos hijos del ángel caído Semyaza. El otro es Hiyyah.

HNICKAR (*Véase* NICKAR)

HOBGOBLINS

Nombre que dan los ingleses a uno de sus duendes domésticos más populares. Según la región, adoptan diversos nombres: Hob-Gob, Tom-Tit, Robin Roun Cap (Robín Gorro Redondo), Hob-Thush Hob, Goblin-Groom. Casi nunca abandonan la granja o casa en que se cobijan y, a veces, se los vislumbra arrimados al fuego del hogar; el frío y la niebla les perjudican mucho. Miden entre treinta y cuarenta centímetros de estatura y son más bien bondadosos y serviciales que maliciosos. Pero cuando se enfadan lo trastocan todo y hacen desaparecer cosas, sobre todo las llaves. Para calmarlos, lo mejor es dejar un pedazo de pastel o tarta en la repisa de la chimenea; entonces comprenden que se los aprecia. Como un mundo humano en miniatura, el de los hobgoblins no difiere mucho del nuestro. Imitan a los humanos (a los que deben considerar como gigantes) y les gusta concentrarse en torno a los dólme-

51. Hobgoblins

nes para hacer sus fiestas y diversiones colectivas. Se muestran alegres y atrevidos y si conviene hasta pícaros y disolutos.

HOLDA

Los alemanes daban este nombre a uno de sus seres sobrenaturales del sexo femenino. Era una especie de hada que visitaba la casa de las personas laboriosas, cargaba de lana los husos de las amas de casa diligentes y repartía la abundancia en torno de ellas. Asimismo era conocida por *Werre*. En la Edad Media se dio el nombre de *Holda* a una especie de aquelarre en el que las brujas y demonios se dedicaban a toda clase de orgías.

HOMBRE CON LOS PIES AL REVÉS

Las crónicas antiguas hablan de hombres que tenían los pies al revés y que andaban y corrían de espaldas a la marcha, como el *Libro de las maravillas del mundo* de Mandavila y *Las crónicas de Núremberg* de Schedel (1493).

HOMBRE LOBO

Ser humano fabuloso que se cree puede convertirse en lobo bajo ciertas circunstancias, generalmente en luna llena, y atacar a los animales y seres racionales. Esta figura ha sido popularizada por el cinema, y ha aparecido a veces junto con *Frankenstein* (*véase* este término), como en los filmes *Frankenstein y el hombre lobo,* realizado en 1943, *La zíngara y los monstruos,* que data de 1944, y la *Mansión de Drácula,* realizada en 1945, en la que además interviene el famoso vampiro que da

nombre a la película. Es creencia generalizada que el hombre lobo puede ser muerto con una bala de plata. Este monstruo está basado en leyendas y tradiciones de los antiguos germanos, aunque se hallan de parecidas en otros pueblos y culturas. La creencia de que en cada ser humano existía un espíritu que podía dejar temporalmente el cuerpo y adoptar una forma distinta, engendró en los pueblos germánicos la convicción de que determinados mortales, y bajo ciertas condiciones y circunstancias, podían metamorfosearse a voluntad en bestias feroces. Los germanos y pueblos circundantes creyeron firmemente en la existencia del hombre lobo, es decir, del ser humano que se trasformaba en este mamífero carnicero para atacar los rebaños y a los seres humanos. Una fábula muy conocida cuenta la aventura de Sigmundo y Sinfjotli, quienes, vagando un día por un bosque, llegaron a una cabaña en cuyo interior encontraron a dos hombres descansando, los cuales tenían unas pieles de lobo suspendidas sobre sus cabezas. Al despertarlos, los desconocidos relataron su triste vida; tiempo atrás habían sido convertidos en lobos por las malas artes de un brujo, pero su metamorfosis no era por siempre, sino que se les permitía salir cada diez días de su pelambrera y recobrar la forma humana, situación en que se encontraban cuando fueron hallados por los dos amigos. Movidos por la curiosidad, Sigmundo y Sinfjotli vistiéronse con las pieles vacías, y al momento quedaron presa del hechizo, hasta el punto de que ya no pudieron desprenderse de las mágicas pelambreras. No tardaron en ponerse a dar terribles aullidos y a arrojarse sobre los hombres, hiriéndolos a dentelladas. Al regresar a su morada aguardaron encerrados a que llegase el décimo día, plazo en el que cayeron las pieles de lobo por sí mismas, y los dos hombres recobraron su aspecto normal. Rápidamente quemaron las horribles pelambreras y conjuraron el maléfico hechizo. También es conocida la figura de Jean Grenier, lobo brujo que floreció por el año 1600. Fue acusado de haberse comido varios niños por Juana Garibauc, aunque apenas tenía quince años. Grenier confesó que era hijo de un pastor negro que llevaba una piel de lobo, y que de él había aprendido tan terrible oficio (*véanse* los términos *licantropía* y *loup-garou*).

52. Hombre lobo

HOREI (HOROY)

Terrible espíritu del mal entre los negros de la costa occidental de África. Preside la circuncisión, ceremonia que celebra con espantosos bramidos. Es un diablo inmensamente glotón, por lo que se le pone abundante comida al pie de un árbol cuando se oyen sus quejas. Cuando el alimento que se le sirve no es de su agrado, se apodera de un negro incircunciso y lo encierra en su vientre hasta que le sirven la comida necesaria para saciar su voracidad. Se habla con terror de este espíritu maligno, y se asegura que muchos negros han sido tragados por él.

HORNA

Residencia del diablo, entre los antiguos finlandeses.

HOSAEL

Según el *Sexto y séptimo libros de Moisés*, uno de los ángeles del quinto cielo.

HUARDS

Nombre que daban los habitantes de Normandía a ciertos demonios de origen humano. Era creencia popular que si dos personas pertenecientes a órdenes religiosas se entregaban a los placeres del amor y morían sin haber expiado su pecado, sufrían en el infierno un terrible castigo. Estos amantes sacrílegos eran trasformados en demonios horrorosos que en el mismo averno rechazaban con repugnancia. Los *huards* –dice la tradición– eran torturados cada tarde por los otros demonios y condenados, y los utilizaban como juguetes de sus sarcasmos, humillaciones, insultos, golpes; los pinchaban con útiles de todas clases y los flagelaban de una manera ignominiosa.

HUDELFE
Clase de genio que, según dicen las tradiciones germanas, se aparecía en determinadas circunstancias a las mujeres y predecía el porvenir.

HUDKIN
Duende familiar de los sajones, que tenían con él una gran intimidad. El hudkin los aconsejaba en sus problemas y asuntos, pero sin dejarse ver. Sólo en contadas ocasiones tomaba una envoltura material; casi siempre adoptaba la forma de un animal.

HUELLAS DE LAS PEZUÑAS DEL DIABLO
Se dio el nombre de huellas o marcas de pezuñas del diablo a un misterioso rastro de extrañas pisadas en la nieve que aparecieron en el sur de Devon (Inglaterra) el 8 de febrero de 1855. Parecían las huellas de pezuñas de un asno, excepto que sólo había una línea de huellas y que

eran mayores. El rastro se extendía hasta varios centenares de kilómetros alrededor de Exmouth, Dawlish y Teignmouth, salvando todos los obstáculos: sobre el suelo, en los tejados y a ambos lados de paredes y almiares. Todas las marcas estaban perfectamente separadas entre sí unos veinte centímetros. Las teorías para explicar el fenómeno incluyeron el cable de un globo que pasó por la zona, la especie desconocida de un animal marino o terrestre que sólo tenía una pata o las huellas dejadas por las pezuñas del diablo en una visita a dicha región. El comandante Rupert T. Gould estudió el caso, exponiéndolo en su libro *Misterios en la Tierra* (1928) y lo resumió Peter Underwood en *Dictionary of the Supernatural* (1978).

HUGÓN (Hugou)
Especie de fantasma, en cuya existencia creían firmemente los habitantes de la villa de Tours (Francia). Servía de espantajo para que los niños fueran obedientes, de manera parecida al *coco* castellano (*véase* este término).

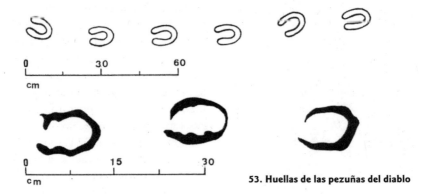

53. Huellas de las pezuñas del diablo

HUICTIIGARAS

Demonio que tiene el poder sobre las esferas del sueño. Puede causar un largo sueño reparador o provocar un fuerte insomnio, según la demanda que se le haga, de acuerdo con el *Grimorium Verum*.

HULDA

Clase de hada o ninfa de los prados, entre los antiguos noruegos. Era una joven muy esbelta, de figura dulce y melancólica, de cabellos rubios…, que se veía pasar al atardecer por los lugares sombríos de los montes. Se decía que iba siempre sola y que estaba condenada a un eterno vagar por los campos. Algunas veces se acercaba a las casas de los campesinos, depositaba regalos cerca del hogar y se alejaba seguidamente entonando una extraña melodía.

HUMOTS

Demonio que facilita cualquier libro que uno desee, por difícil, antiguo, raro y curioso que sea. Está a las órdenes de Syrach, según *La ciencia secreta de la magia* de Idries Shah. Humots es un demonio bibliófilo, que controla las bibliotecas, por secretas que éstas sean. Conoce todos los libros prohibidos y perniciosos. Quien desee encontrar un libro antiguo, raro, agotado, de lance o que quisiera que apareciera en una subasta o mercado, puede invocarle al respecto, siendo preferible que sea en miércoles (día de Mercurio, de las publicaciones). Se puede encender una velita de color amarillo.

HURÍES

Nombre de las vírgenes que habitan en el paraíso, según los mahometanos; sus ojos negros destacan extraordinariamente por el gran fondo blanco de que están rodeados. Es posible que Mahoma tomara la idea de estas vírgenes de la mitología parsi, la cual afirma que el ángel Zaniade guarda a las vírgenes de ojos negros para aquellos que obtienen el paraíso. Las huríes se describen en varios pasajes del Corán. Entre otras cosas se dice que «ni hombre ni *yinn* (genio) las ha tocado jamás», lo cual se explica aclarando que hay dos categorías de huríes, una de naturaleza humana y otra de naturaleza de *yinn*. La literatura poscoránica trae otros pormenores relativos a la belleza de las huríes diciendo que fueron creadas de azafrán, de almizcle, de ámbar y de alcanfor, y que son de cuatro colores: blanco, verde, amarillo y rojo. Son tan diáfanas, que a través de setenta pliegues de seda se puede ver la médula de sus piernas; si escupiesen sobre el mundo, su saliva se convertiría en aromático almizcle. En las manos y en los pies llevan gran número de joyas y piedras preciosas. Moran en suntuosos palacios, rodeadas de doncellas y en una atmósfera de extremo lujo. Al entrar un creyente en el paraíso, estas vírgenes le dan la bienvenida, poniéndose un gran número de ellas a su disposición, y él se une a cada una tantas veces cuantos son los días que ayunó en el mes del Ramadán y llevó a cabo obras buenas, a pesar de lo cual ellas conservan su virginidad. Esto pone en duda que las huríes sean como mujeres terrenales. Se afirma que los buenos creyentes permanecerán mil años gozando los abrazos de estas bellas vírgenes.

HUTGINO
Demonio que algunas veces se aparecía a los hombres y les hacía algunos favores, como guardar la casa mientras los dueños se ausentaban por unos días. Era muy venerado por los sajones, ya que procuraba que la esposa no les fuera infiel cuando se hallaban de viaje.

HYNIEL
Según Barrett, uno de los ángeles del martes y que rigen el quinto cielo.

I

IACHADIEL

Uno de los dos ángeles cuyos nombres se inscriben en el quinto pantáculo de la Luna. El otro ángel es Azarel. Este talismán sirve para encontrar respuesta en los sueños a los problemas del durmiente. Además, sirve de protección contra los enemigos y fantasmas de la noche. Protege hasta de espíritus malignos procedentes del infierno, según *The Key of Solomon the King* de MacGregor Mathers.

IADARA

Uno de los espíritus que gobiernan el signo zodiacal de Virgo.

IAEO

Según E. M. Butler *(Ritual Magic),* es un ángel que se invoca para exorcizar demonios.

IAHHEL (Ihahel)

Es uno de los setenta y dos ángeles que llevan el nombre místico de Dios: Shemhamphora. Pertenece al orden de los arcángeles y tiene dominio sobre el planeta Venus y el signo de Acuario. Es el ángel custodio de los nacidos entre el 26 y el 30 de enero. Influye en los filósofos y los sabios y aumenta la sed de conocimientos. Le invocan estudiantes de todas las ramas del saber humano para que los inspire y guíe.

IALISIENSES

Pueblo del que habla Ovidio, cuyos habitantes tenían el poder de echar a perder todo en lo que concentraban su mirada. Júpiter los trasformó en focas.

IAMA

Nombre que dan los brahmanes a uno de los ocho vasus o vozúes, genios protectores y reguladores de las ocho regiones del mundo. Iama era el dios de la noche, de los muertos y de los infiernos. Su morada recibía el nombre de Iamaloka, que es el infierno hindú y se dividía en veintiuna regiones.

IBEMIAH (*Véase* IIBAMIAH)

IBES (*Véase* **IPOS**)

IBLIS (Eblis)

Nombre que, al parecer, daban al diablo los antiguos persas, y cuyas tradiciones fueron recogidas por Mahoma. Iblis aparece en el Corán, sobre todo en la historia primitiva, opuesto a la creación de Adán y como seductor de Eva en el paraíso terrenal. Cuando Alá hubo formado a Adán de barro y le hubo inspirado el soplo de vida, ordenó a los ángeles que se postrasen delante de él; Iblis fue el único que se negó a ello, porque habiendo sido creado a base de fuego, juzgó que se rebajaba su dignidad si adoraba al que había sido hecho de tierra mojada. Por esto fue desterrado y maldecido por el Señor, pero entonces pidió que se le aplazase la pena hasta el día del Juicio final, cosa que le fue concedida, así como la de poder apartar a los que no fuesen fieles servidores de Dios. Lo primero que hizo, tan pronto como Adán y Eva entraron en el paraíso, fue inducirles a que comiesen el fruto prohibido. La tradición musulmana ha adornado el relato coránico con varios rasgos. En primer lugar se tuvo que explicar la naturaleza de Iblis, conocido también por *Eblis* (*véase* este término), ya que en el Corán se halla contado lo mismo entre los *djinns* o *genns* que entre los *ángeles* (*véanse* esos términos y el de *genios*), seres que se consideran de dos clases distintas. Zamakhshari pretende que Iblis no es más que un genio, un djinn y que el nombre de ángel se aplica en el Corán a las dos clases de espíritus mencionados. Otros eruditos afirman que los djinns eran una categoría de ángeles que tenían a su cargo la custodia del paraíso (*al-Djanna*), de donde deriva su nombre. Estos djinns estarían formados del fuego del Samum, mientras que los ángeles los habrían hecho de luz. Esta doctrina pretende que en un principio los djinns habitaban la Tierra, pero que más tarde surgieron discordias entre ellos y se entabló una lucha en la que corrió mucha sangre. Entonces Alá, para poner paz entre los genios, envió a Iblis (quien entonces se llamaba aún Azazil o Al-Harith) con una hueste de ángeles, los cuales arrojaron a los djinns a las montañas. Otras tradiciones afirman que Iblis formaba parte de los genios terrestres y que fue llevado cautivo al cielo por los ángeles justicieros de Dios. Antes de su caída se le había dado el nombre de Al-Hakam y actuó de juez entre los djinns, cargo que ostentó durante mil años, al cabo de los cuales fue víctima del pecado de orgullo y provocó entre dichos genios unos disturbios que duraron igual espacio de tiempo. Alá, para castigarlos, les envió el fuego devorador del cielo, que acabó con todos los rebeldes, a excepción de Iblis, que se refugió en el cielo y se mantuvo fiel Señor hasta la creación de Adán, cuando se negó a seguir sometiéndose al Creador. Iblis o Eblis tuvo cinco hijos: Dasim, Awar, Sur, Tir y Zalambur.

ICIDENTES

Nombre griego de los genios *lares* (*véase* este término) de los romanos.

ICIRIEL
Uno de los veintiocho ángeles que rigen las veintiocho mansiones de la Luna.

ICTIOCENTAUROS
Nombre que se ha utilizado algunas veces para designar a los *tritones* (*véase* este término), monstruos que de cintura para arriba eran hombres, y de cintura para abajo peces con patas delanteras de caballo o león.

IEHUIAH (Ichaviah)
Ángel del orden de los tronos o de las potestades, según las diversas fuentes. Es protector de príncipes y gobernantes. Es uno de los setenta y dos Shemhamphoras, es decir, que llevan el nombre sagrado o místico de Dios. Tiene dominio sobre el planeta Urano y el signo de Virgo. Se le invoca o lleva su talismán para protegerse de traidores y conspiradores y poder destruir sus planes. También confiere apoyo a las amistades y gente recta.

IEIAIEL
Otro de los setenta y dos ángeles cabalísticos que llevan el nombre místico de Dios: Shemhamphoras. Pertenece al orden de los tronos y tiene dominio sobre el planeta Venus y el signo de Cáncer. Confiere sentido del discernimiento, armonía interna y vislumbre del futuro.

IEILAEL (IILEL)
Uno más de los setenta y dos ángeles Shemhamphoras. Pertenece al orden de los arcángeles y tiene poder sobre el planeta Saturno y el signo zodiacal de Capricornio. Se le invoca o lleva su talismán para que confiera energía mental y sentido práctico. Ayuda a curar las enfermedades de la vista y de la mente.

IELAHIAH (Ilahiah)
Ángel del orden de las virtudes. Protege a los magistrados y hombres de leyes y ayuda a la toma de decisiones en asuntos legales. Es otro de los setenta y dos ángeles Shemhamphoras y tiene dominio sobre el planeta Marte y el signo zodiacal de Escorpión.

IELE (Ieles)
Nombre que se da en Rumanía a las hadas maléficas. Se llaman Catrina, Marina y Zalina. Dominan los vientos y provocan tempestades que arrasan las cosechas y provocan diversas enfermedades. Nadie se atreve a mencionar su nombre, tal es el pavor que provocan en las zonas rurales, sobre todo en Transilvania. Sólo las invocan las hechiceras o brujas cuando quieren perjudicar a alguien o vengarse de un agravio.

IELIEL (Iliel, Yeliel)
De acuerdo con la lista de Francis Barrett, en *El mago*, es uno de los setenta y dos ángeles que llevan el nombre místico de Dios: Shemhamphora. Pertenece al orden de los serafines y tiene dominio sobre el planeta Saturno y el signo de Aries. Se le invoca para obtener victoria sobre los enemigos. Revela las virtudes de las plantas y de los minerales. Según algunos cabalistas, también influye en el planeta Neptuno.

IERATHEL (Ieratel, Terather)

Otro de los setenta y dos ángeles cabalísticos Shemhamphoras. Según Francis Barrett *(El mago)*, pertenece al orden de las dominaciones. De igual opinión es Uriel *(Las cartas de los ángeles de la cábala)*. Tiene dominio sobre el planeta Júpiter y el signo zodiacal de Leo. Confiere armonía entre lo divino y lo humano, mejoramiento o evolución en la carrera y suerte en los juegos de azar.

IERGATCHINERS

Mensajeros infernales que los lamaístas creen que son los encargados de conducir las almas a los infiernos.

IFURIN

El infierno de los antiguos galos. Lo consideraban una región hondísima y sombría, donde jamás penetraba la luz del sol; estaba habitada por enormes insectos venenosos, aves de rapiña, grandes reptiles, leones rugientes, lobos carnívoros y otras monstruosas fieras. Los malvados eran cruelmente torturados en el Ifurin por tales bestias, que los devoraban; pero luego volvían a recobrar su primitiva forma y a ser comidos de nuevo, en un ciclo eterno de tormento. En este infierno galo existían, además, otros terribles martirios: el del hielo, para los soberbios y duros de corazón; y el de los vapores sutiles, para los mentirosos y envidiosos. Los monstruos devoradores estaban reservados para los criminales.

IGUANODONTE

Reptil gigante del orden de los *dinosaurios (véase* este término). En algunos fósiles se han medido diez metros desde la punta del hocico al extremo de la cola. Estos animales caminaban manteniéndose erguidos en sus dos patas traseras. Los primeros hallazgos de restos de estos vertebrados, extinguidos hace muchos millones de años, datan de 1822; fueron encontrados por Mantell en el weáldico de la selva Tolgate. Sólo se hallaron dientes sueltos, y por su parecido con los de la iguana, Mantell lo denominó *iguanodonte.* La osteología completa del iguanodonte no se estableció hasta 1878, cuando la arcilla wealdiense de Bernissart, cerca de Mons, en Bélgica, dio veintitrés esqueletos bastante completos. Podía llegar a medir cinco metros de alto y era herbívoro.

IHAHEL (*Véase* IAHHEL)

IHIAZEL (IIZEL)

Uno de los setenta y dos ángeles cabalísticos que llevan el nombre místico de Dios: Shemhamphora. Pertenece al orden de las potestades. Tiene dominio sobre el planeta Mercurio y el signo zodiacal de Libra. Se le invoca para obtener consuelo, confortamiento, alegría, confianza en sí mismo y equilibrio emocional y sentimental.

IIBAMIAH (IBEMIAH)

Uno de los setenta y dos ángeles cabalísticos que llevan el nombre místico de Dios; Shemhamphora. Pertenece al orden de los arcángeles y tiene dominio sobre el planeta Venus y el signo de Piscis. Se le invoca y lleva su talismán para que favorezca las asociaciones y uniones y proporcione beneficios.

IIIEL (*Véase* **IEIAIEL**)

IIZEL (*Véase* **IHIAZEL**)

IJANAS (ONJANAS)

Especie de xanas que habitaban en el valle de Aras, en Cantabria (España). Eran alegres, juguetonas, burlonas y golosas. Le quitaban la miel a las colmenas y los pasteles y tortas que hacían las campesinas. Vivían en escondrijos bajo tierra y en cuevas de difícil acceso. Sus largas melenas eran rubias o pelirrojas. Se cubrían con largos vestidos que se ceñían con hilos de oro.

ILAHIAH (*Véase* **IELAHIAH**)

ILIEL (*Véase* **IELIEL**)

IMAMIAH (HIMAMIAH)

1. Ángel del orden de los principados. Es uno de los setenta y dos que llevan el nombre místico de Dios: Shemhamphora. Se encuentra en las listas de Barrett y Agrippa, así como en *La Kabbale Pratique* de Ambelain y en *Amuletos, talismanes y pantáculos* de Jean Rivière. Uriel, en *Las cartas de los ángeles de la cábala,* le hace con dominio sobre el planeta Marte y el signo de Sagitario. Se le invoca para superar dificultades, tener protección en los viajes largos y al extranjero y destruir la amenaza de los enemigos. Le corresponde el versículo 18 del salmo 118. Es el ángel custodio de los nacidos entre el 8 y el 12 de diciembre. || 2. Según otras fuentes, es un ángel caído y en el infierno goza de poder para atormentar y torturar a los condenados.

ÍNCUBO

Dícese del espíritu, diablo o demonio que, según la opinión vulgar –muy extendida en la Edad Media y aun muy entrado el Renacimiento– tiene comercio carnal con una mujer al adoptar la apariencia de varón. Ahora bien, cuando el diablo se aparecía a un hombre en forma de bella mujer, se denominaba *súcubo (véase* este término). Así la cópula con un demonio macho se llamaba *incubato,* y *sucubato* cuando un demonio hembra poseía al hombre. La palabra *íncubo* deriva del verbo latino *incubare,* que significa «estar echado sobre alguien». En un antiguo manuscrito citado por Ducange se encuentra esta definición: «*Incubi vel incubones,* esto es, una especie de demonios que yacen con las mujeres». Las descripciones de casos de incubato abundan en todos los escritores de los pasados siglos, utilizando muchos el término íncubo para explicar casos de incubato y sucubato. Sprenger, el célebre inquisidor alemán, en su *Malleus maleficarum (El martillo de los brujos),* cuenta muchas historias de íncubos y súcubos (estaría mejor aplicada la palabra *súcubas);* entre ellas está la de un hechicero que cohabitaba delante de amigos, sin que éstos viesen a la súcuba. Los griegos ya conocían casos de íncubos y súcubos; eran llamados *ephialtes* e *hyphialtes,* respectivamente. El íncubo, al mismo tiempo que las otras afecciones diabólicas, comenzó muy pronto a ser objeto de una explicación naturalista. Celio Aureliano (médico romano del siglo II d. C.), que no creía en faunos, fantasmas ni en demonios, fue el primero en formular una interpretación no imaginativa de tales hechos, a los que tuvo por una enfermedad. Escribió: «Esta enfermedad se llama íncubo, derivado de *ab incubendo*, porque parecía como si un peso extraño cayera sobre el pecho del enfermo. Aquellos que han llevado una vida crapulosa, y aquellos que han padecido alguna alteración de los humores, son las víctimas más frecuentes del íncubo». De los textos de Aureliano se desprende que el íncubo era casi siempre el pregonero de la epilepsia, y cuando se convertía en crónico, solía originar gran palidez y delgadez, debidas sobre todo al terror prolongado. Estos síntomas eran contagiosos, se propagaban de persona en persona, y a menudo provocaban la muerte. Generalmente, la enfermedad se presentaba durante el sueño, y los enfermos se despertaban con taquicardia y sudor frío. La posición decúbito supino facilitaba el proceso de la dolencia, pero tampoco aquellos que dormían sobre un costado escapaban a sus efectos. De todo esto se desprende claramente que Celio Aureliano no creía que los íncubos tuvieran un origen sobrenatural, ni que los faunos, ninfas u otros demonios se entretuvieran saltando sobre el pecho del durmiente, sofocándolo con su peso y procurando tener tratos sexuales. Admite, no obstante, que los enfermos, incapaces de moverse

y de gritar, y privados de la respiración, recibían la impresión de tener sobre el pecho un fantasma *usum turpissimae libidinis suadentem*. La interpretación de Aureliano no fue aceptada en la Edad Media, ya que la mentalidad de aquel tiempo era notoriamente propensa a las explicaciones fantásticas, religiosas y demoníacas. Y durante mucho tiempo se creyó que el diablo podía adoptar la figura de varón o hembra para gozar con los mortales y mortificarlos con sus deseos. Una leyenda escocesa dice que un íncubo sedujo a una joven, que, al quedar encinta, confesó a sus padres que por la noche un bello joven se presentaba para acostarse con ella. Los padres, para cerciorarse de ello, se introdujeron de noche en la alcoba de su hija y vieron junto a ella un horrible monstruo que nada tenía de forma humana, y como aquel extraño ser no quisiera marcharse, llamaron a un sacerdote que le exorcizó, pero el diablo al salir hizo un espantoso ruido, chamuscó todos los muebles del aposento, y se llevó el techo de la vivienda. Tres días más tarde, la joven parió un monstruo, el más horrible que se hubiese visto jamás, el cual fue ahogado por las comadres del lugar. Huappins refiere que en la aldea de Schinin, que dependía de la jurisdicción del señor Uladislao de Berstem, había una mujer que parió un hijo engendrado por el demonio, el cual no tenía ni pies ni cabeza, poseía una abertura como boca sobre el pecho en la parte izquierda de la espalda y una como oreja en el lado derecho. En vez de dedos tenía pelotas viscosas a manera de sapillos. Todo su cuerpo era del color de la hiel y temblaba como la gelatina. Este monstruo fue ahogado y enterrado en la parte del cementerio donde se depositan los niños muertos sin bautizar. Pero la madre pidió desesperadamente que se desenterrase y fuese quemado, para que no quedara de él el menor rastro. Confesó que el demonio, tomando la figura de su marido, había yacido con ella y que en consecuencia era necesario devolver al demonio su propia obra. Después de muchas súplicas, por orden del señor Uladislao se exhumó el pequeño monstruo y se entregó al verdugo para que lo quemase fuera de los muros de la aldea. El verdugo consumió gran cantidad de leña sin poder tostar siquiera el monstruoso cuerpo; aquél, al fin, lo cortó en pedacitos y logró quemarlo el viernes después de la fiesta de la Ascensión. Hay multitud de leyendas parecidas en las tradiciones de todos los pueblos antiguos. Pero pronto la medicina oficial se adhirió a las teorías patogenéticas naturalistas para explicar tales fenómenos y el íncubo dejó de ser el diablo erótico tan difundido en la Edad Media. Así, Castelli, escribió sobre la *ephialtes*: «Su única causa es una materia vaporosa, incompatible con la vida animal, que genera estupor en el cerebro y paraliza súbitamente su actividad sensorial y motriz. Entonces se origina en el corazón, en los pulmones, en el diafragma y en los músculos del tórax, aquella opresión que T. Willis ha descrito. A pesar de todo, el íncubo se atribuye con más frecuencia a una alteración del pecho o del vientre, que a una dolencia cerebral». Pese a la posición de los médicos, los versados en ciencias ocultas no aceptan la teoría de que los íncubos y los súcubos fueran una enfermedad, si bien aceptan que en algunos casos fuera así. Según el célebre ocultista H. Ridley, en el incubato y en el sucubato han de distinguirse los cuatro aspectos siguientes: || 1.º *Posesión involuntaria.* La víctima, estando en el lecho, y por regla general dormida o semidormida, siente un peso asfixiante y la sensación de un cuerpo invisible en contacto con el suyo, del cual recibe ardientes caricias, preliminares de una cópula extraña, que la deja muy quebrantada y dolorida. || 2.º *Posesión satánica.* El brujo o bruja toma parte voluntaria en el acto. Evoca a Satán para que aparezca revestido del sexo opuesto, y a él se entrega con tal fe en la certidumbre del fenómeno, que según consta en relatos verídicos, y por lo visto en casos de nuestros días, el evocador demuestra gozar en la unión demoníaca todos los placeres que se promete de ella, y efectivamente, ofrece todos los efectos fisiológicos de un coito normal.|| 3.º *Comercio con los espíritus.* También es una unión voluntaria y sobreviene en la mayoría de los casos por la evocación de una persona amada recientemente fallecida, la cual aparece durante el sueño, o estando la persona que evoca despierta, para entregarse con ella a los trasportes amorosos. || 4.º *Posesión mágica.* Aquí entramos en pleno funcionamiento de las fuerzas astrales manejadas científicamente por el mago. Éste se proyecta en cuerpo astral y materializa su doble para ir a poseer a la persona objeto de sus apetitos carnales. Esta posesión se sale por completo del dominio de las alucinaciones para entrar en la esfera de la magia experimental. Valiéndose el mago de los conocimientos ocultos establece una relación astral con la persona por él escogida, por un acto de embrujamiento, sirviéndose de cualquier objeto que pertenezca a ella, y si tiene cabellos, una tela manchada con su sangre, ropa interior llevada por algún tiempo, etc., mucho mejor. En seguida el mago prepara los perfumes a propósito para exaltar su imaginación (incienso macho, almizcle, azafrán, polvos de coriandro…). Luego procede a exteriorizar el cuerpo astral, lo intensifica y lo lanza en dirección de la persona correspondiente, que se encuentra durmiendo, y afronta sin temor las involuntarias reacciones del organismo sobre el cual, de todas maneras, ha de obtener la deseada victoria. La víctima se siente acometida y mancillada sin ver al causante, por más que sienta vivamente su contacto; pero en circunstancias especiales, el operador se presenta tan materializado y tangible, que la mujer no duda haber sido atacada por un hombre de carne y hueso a quien buscará inútilmente después. Algunos estudiosos admiten que en la forma de *posesión involuntaria*, tan generalmente admitida en la Edad Media y en el Renacimiento, es pura y sencillamente el producto de ensueños y alucinaciones generadas por el método de vida conventual, lo que favorecía las preocupaciones de la época, o por desequilibrios nerviosos que hacen aun hoy a muchas mujeres víctimas de las más raras aberraciones de la sensualidad. Además, los deseos comprimidos en un estado de temeroso desasosiego tal cual se desarrolla por el fanatismo religioso, intensificábanse creando en el plano astral *entidades* que revestían el aspecto de aquellos mismos temores, y, así, diablescas figuras, generadas por la imaginación del obsesionado, asaltábanle, primero, durante el sueño, y más tarde aun sin dormir, cuando ya estuviesen bastante condensadas, persuadiéndole cada vez más de la existencia de tales seres. Los ocultistas aseguran que la sugestión hipnótica permite obtener la reproducción de tales hechos sin gran esfuerzo. Si sé actúa sobre una persona impresionable y se le sugiere la idea del incubato o sucubato, bien pronto se puede observar un caso que en nada desmerezca a los citados en la historia, al menos es lo que ellos dicen. H. Ridley indica que en la *posesión satánica* se halla un ejemplo de autofascinación exaltada por el empleo de ciertas ceremonias y sustancias y también de una evocación del plano astral, donde se proyectan las formas atraídas e intensificadas por los procederes del *aquelarre (véase* este término). La concurrencia de ambos influjos no podía menos de dar al resultado un color de realidad más que suficiente para que la bruja o el brujo creyese en la efectiva presencia del demonio. Nada, pues, tiene de increíble que, sin la menor jactancia y sin el deseo de engañar a nadie, dijesen que habían tenido comercio carnal con el diablo. En el *comercio con los espíritus,* no puede ofrecernos ninguna duda la causa que lo determina. Estriba ésta en los prodigios realizados por un deseo ardiente y sostenido, y como en el caso anterior, lo astral y la autosugestión intervienen asociándose para determinar los consiguientes resultados. La influencia del campo astral es aquí más directa y poderosa, puesto que se llama a la vida, no una idea mejor o peor intensificada como la del diablo, sino algo más positivo y real, la astralidad completa de un fallecido, o la entidad de un *elementario* o espíritu elemental *(véase* el término *espíritus)* que en lo invisible perdura buscando toda ocasión de volver al plano de existencia que abandonó. Persónase, primero mientras duerme el individuo que le evoca, porque entonces se halla en mejores condiciones para establecer el contacto astral; pero después, intensificado el deseo por el influjo autosugestionador de las visiones tenidas, facilita la astralidad del difunto nuevos y poderosos medios de materializarse, y así llega el momento en que aparece en las formas densas y perceptibles y se realiza el acto sexual con todas las apariencias de la realidad objetiva. Hasta aquí hemos seguido paso a paso las teorías de H. Ridley, según trascripción del doctor G. Maxwell. A continuación, para echar un poco más de luz sobre el problema del íncubo, reproducimos algunas de las ideas de la señora Elena Petrovna Blavatsky (1831-1891), fundadora de la Sociedad Teosófica de Nueva York (1875): «El *incubus* es el elemento masculino y la *súcuba* es el femenino, y éstos son, sin disputa alguna, los fantasmas de la demonología medieval, evocados de las regiones invisibles por la pasión y concupiscencia humanas. Actualmente se los denomina *espíritus esposos* y *espíritus esposas* entre algunos médiums y espiritistas. Pero ambos nombres, aunque poéticos, no impiden en lo más mínimo a dichos fantasmas ser lo que son en realidad: gules, vampiros y elementos sin alma; informes centros de vida, desprovistos de sentido, en una palabra: *protoplasmas subjetivos* cuando se los deja tranquilos, pero que obran como seres inteligentes y malvados cuando son evocados por la creadora y enfermiza imaginación de un mago o de una bruja. Fueron conocidos estos seres en todos los países y en todas las épocas; los indios pueden hacer más de un horripilante relato de los dramas representados en la vida de jóvenes estudiantes y místicos por los *pizachas,* como se los llama en la India». El doctor Franz Hartmann divide en tres grandes grupos a esas supuestas entidades del cuerpo astral: || 1.º Parásitos machos y hembras que se desarrollan en los elementos astrales del hombre o de la mujer a consecuencia de una imaginación lasciva. || 2.º Formas astrales de personas difuntas *(elementarios),* que de un modo consciente o instintivo son atraídas a los lujuriosos, manifestando su presencia en forma tangible, pero invisible y que tienen comercio carnal con sus víctimas. ‖ 3.º Los cuerpos astrales de hechiceros y brujas que visitan a hombres y mujeres para unírseles sexualmente. «Estas relaciones sexuales –explica el doctor Hartmann– no son hoy día tan frecuentes como en la Edad Media, naturalmente, pero sí lo son más de lo que generalmente se cree. Los magos y brujos negros ejercitados en el desdoblamiento son legión y abusan de sus poderes para satisfacer sus bajas pasiones. Cuando no hay evocación, es decir, cuando la posesión es involuntaria, estas entidades astrales sólo se "materializan" en determinadas condiciones; son únicamente sentidos durante un estado de desequilibrio psíquico, pero en cuanto el paciente recobra la salud dejan de manifestarse, porque de una constitución sana no puede extraer los elementos necesarios para materializarse. Los íncubos y súcubos pueden ser, pues, producto de una psicosis muy pronunciada. La imaginación morbosa crea una imagen, la voluntad de la persona la hace objetiva y el *aura nerviosa* puede hacerla visible y tangible. Además, una vez creada la imagen, ésta atrae hacia sí influencias correspondientes del *Anima Mundi*». Aclaremos que se considera que el *Anima Mundi* («Alma del Mundo») es la esencia divina que todo lo llena, penetra, anima e informa, desde el átomo al hombre. En un aspecto muy elevado es el nirvana y en un aspecto inferior, la luz astral. Es, asimismo, una radicación de lo *absoluto universal*, para siempre desconocido.

INCUBONES

Genios que se suponía guardaban los tesoros escondidos en las entrañas de la tierra. También son impropiamente llamados íncubos. Los incubones fueron muy populares entre los antiguos romanos; se creía que estos espíritus vestían con extraños sombreros, por donde era necesario cogerlos. El que lo lograba era su dueño, y le obligaba a declarar y descubrir dónde se hallaban escondidos sus tesoros. Es muy probable que los *duendes, gnomos* y *enanos* (*véanse* estos términos) deriven de las fábulas sobre los incubones.

INFIERNO

En sentido teológico, es el lugar en donde los ángeles caídos y los pecadores, que mueren en pecado mortal, padecen el castigo debido a sus culpas. El infierno es el reino de los demonios o diablos, el lugar donde éstos se ensañan con sus víctimas. El infierno, con una forma u otra y con distintos nombres, es citado por las más antiguas tradiciones y literaturas. Dos mil años a.C. y de fuentes más antiguas que llegan a los sumerios, la epopeya babilónica habla de la creación del *arallû*, ciudad de castigo subterránea rodeada de siete murallas y siete puertas. En el poema babilónico de *Gilgamesh*, un monstruo habla a Enkiddu de su muerte y le dice que siga «por sendas que sólo sirven para ir». Más detallado y patético es el infierno de los egipcios, con sus pantanos de barro y lagos de fuego, como se describe en el *Libro de los muertos*. De él también habla el *Bundehesch* de los iranios. Lo mismo hacen Hesíodo en su *Teogonía*, Homero en su *Odisea* y Platón en su *República*. Entre los latinos el poeta Virgilio describe en su *Eneida*, en el libro VI, cómo Eneas baja a los infiernos, presenciando escenas horribles; al parecer, Dante se inspiró en Virgilio al escribir parte de *La divina comedia*. Para comprender el infierno imaginado por los antiguos griegos y romanos, *véanse* los términos *Adés*, *Hades*, *Averno*, *Cerbero*, *Cocito* y *Tártaro*. En cuanto a los antiguos galos, dieron al infierno el nombre de *Ifurin* (*véase* este término). En la Biblia hay numerosas referencias al infierno que inspiraría el de los cristianos. Hasta el siglo VII a.C. habla del *Sheol*, lugar de los muertos, los cuales están allí como sombras y los llama *methin* y *rephaim*, como en el *Hades* griego. No se presenta como un lugar de castigo para los malvados, sino que a él van a parar todos los mortales. Pero en el siglo II a.C. ya aparece el *Sheol* como lugar de castigo para los impíos. En el Nuevo Testamento, Cristo habla varias veces del infierno eterno y la Iglesia católica enseña que hay dos clases de penas en el infierno: la de daño, que consiste en la separación eterna de Dios, y ésta es la pena principal, y la pena del sentido que consiste en el fuego. El sentido de la palabra *fuego* no es puramente metafórico, sino real, aunque no sea idéntico al fuego que nosotros aquí conocemos, sino analógico. Las penas del infierno cristiano son llamadas de una manera categórica *eternas*. Al respecto, san Marcos nos dice: «Más te vale entrar manco en la vida eterna, que

con dos manos ir al infierno, al fuego inextinguible, en donde el gusano, que les roe, nunca muere, ni el fuego que les quema jamás se apaga». La tradición llama a las penas del infierno: suplicios eternos, muerte eterna, fuego eterno, llamas sempiternas, tormentos eternos, venganza sempiterna, penas perennes, gusano que no muere, tormentos sin fin, suplicios sin fin, fuego que no muere, dolor que está en una incesante efervescencia, etc. Sobre el lugar en que se halla ubicado el infierno cristiano no hay nada cierto, pues no existe ningún documento fidedigno ni en las Sagradas Escrituras ni en la Tradición. De aquí que los teólogos se dividan acerca del lugar del infierno. El padre Suárez da una larga lista de hipótesis. La opinión más comúnmente admitida, aun de los Santos Padres y de los teólogos de la Edad Media, es que el infierno se halla situado en el *centro de la Tierra*. La secta protestante de los *ubiquistas* coloca el infierno por todas partes, sin fijarlo en un lugar determinado.

INFIERNO DE COLTER

Se da el nombre de Infierno de Colter (Colter's Hell), a una antigua área termal que bordea el río Shoshone, al oeste del actual Cody, Wyoming, en el parque nacional de Yellowstone (Estados Unidos). Fue descubierto por el explorador John Colter a principios del siglo XIX, si bien los indios ya conocían el lugar y lo tenían como morada de los espíritus malignos. Con su tortuoso sistema volcánico, fuegos ocultos bajo tierra, hoyos humeantes, arroyos y chorros verticales de fluido nocivo, terreno torturado y saturado el ambiente por el olor a azufre, es un paisaje realmente tenebroso y dantesco que merece el nombre que se le ha dado.

INGUMAS

Ente parecido a los *tardos* (*véase* este término) típico del País Vasco. Penetra en los caseríos por la noche y se ceba con los durmientes. Como otros de su género, les aprieta la garganta, monta sobre su pecho, dificultando la respiración… También genera pesadillas, angustia, despertar súbito sin causa aparente…

INIAS

Uno de los siete ángeles que fueron rechazados por la Iglesia cristiana en un concilio celebrado en Roma (745). Los otros seis fueron: Uriel, Raguel, Simiel (Semibel), Tubuel, Tubuas y Saboac.

INIERSOIT

Nombre que los antiguos habitantes de Groenlandia daban a los genios del fuego. Creían que vivían entre peñas áridas y derrumbaderos y que se aparecían a los hombres bajo la apariencia de fuegos fatuos.

INJANA (*Véase* **XANA**)

INNUAROLIT

Enanos o trasgos que los groenlandeses creían que protegían los tesoros escondidos en el seno de las montañas.

INXANA (*Véase* **XANA**)

IOFIEL (Jofiel)

Ángel cuyo nombre significa «belleza de Dios». Según Cornelius Agrippa, es uno de los regentes del planeta Saturno, si bien para Paracelsus es la inteligencia del planeta Júpiter. Algunas tradiciones hebreas y cristianas aseguran que fue el ángel que condujo a Adán y Eva fuera del edén. Es un ángel compañero de Metatrón.

IOVIEL

Espíritu angélico cuyo nombre aparece grabado en amuletos de la Edad Media, junto con Gabriel, Oriel, Pomiel y Saturiel. Estos amuletos personales estaban destinados a proporcionar protección, ayuda, inspiración y luz espiritual interna.

IPOS (Ipes, Ayporos, Aypeos, Aiperos, Ayperos, Ibes)

Es uno de los demonios que ha sufrido más errores de grafía en la transcripción de su nombre. Es un príncipe y conde de los infiernos. Se aparece en forma de ángel con cabeza de león, patas de ganso y cola de liebre. Tiene bajo sus órdenes a treinta y seis legiones de diablos e imparte talento, valor y audacia a los mortales. Se cree que

54. Ipos

conoce profundamente los secretos del pasado y del futuro. (*Véase* el término *Monarquía infernal*).

IREL

Según las tradiciones ocultistas y herméticas, es un ángel que reside en el quinto cielo y que rige el martes. Se le invoca desde el Oeste o Poniente.

IRELTXO

Uno de los nombres que aplican a los duendes en el País Vasco. Otros son gizotxo, etxaun, txitxo... El erudito Resurrección María de Azkue cuenta, en *La mentalidad popular vasca:* «Se admitía que los duendes vienen a ser unos animalillos engendrados por los "vapores" que se acumulan en lugares abandonados desde algún tiempo. También se les atribuye la forma de ave, pero con un pico que, al abrirse, proyecta luz. Por esa razón, se los denomina *argidunak* –los que tienen luz–. Uno de sus caminos preferidos era el que conduce a la ermita de San Adrián en Zeanuri. Puede ocurrir que los duendes tengan un aspecto humano, pero muy contrahecho, un pie cojo, una capucha grotesca y las maneras traviesas de quien se place en jugar malas partidas a quienes se ponen a su alcance. El apelativo de *etxejaun* hace ver el dominio que solían adquirir en ciertas viviendas abandonadas. Era de ley que una familia pudiera abandonar una casa encantada; es decir, que había caído bajo el dominio de los duendes. Esa presencia se manifestaba por ciertos ruidos nocturnos, insistentes e insólitos, pasos misteriosos en el zaguán, estropicios sin causa evidente, etc.».

IRIN

Ángeles gemelos que residen en el sexto o séptimo cielo y forman parte del supremo tribunal de la corte celestial.

ISABO

Un demonio que poseyó a una mujer italiana de Piacenza.

ISACAARON

Conocido también como Isacaron, Isaacaro, Isaacaron... Es uno de los demonios ayudantes de *Leviatán* (*véase* este término); poseyó a la hermana Jeanne des Anges (Juana de los Ángeles), superiora del convento francés de Loudon, caso que dio lugar a un famoso proceso (*véase* el término *demonios de Loudon*). Este demonio también poseyó a Antonio Gay (1790-1871).

ISLA DEL DIABLO

Se da el nombre de Isla del Diablo (Île du Diable) a la más pequeña de las tres islas de la Salvación, situadas frente a las costas de la Guayana Francesa, en el Atlántico, en América del Sur. Durante muchas décadas, Francia la convirtió en penal al que se deportaban presos políticos y, ocasionalmente, delincuentes peligrosos para mantenerlos lejos de la metrópoli. El que quiera conocer detalles sobre aquel infernal presidio debe leer *Papillon,* de Henri Charrière.

ISMOLI

Ángel del aire que rige el martes, junto con Carmax y Paffran, que están a las órdenes de Samax, el rey, según Barrett, De Abano, Papus...

Está sujeto al viento del este (oriente). *(Véase* el término *Carmax).*

ISRAFIL (Izrafel)

Según las creencias musulmanas es un arcángel que acompañó por espacio de tres años a Mahoma, iniciándole en su sagrada misión de profeta. Luego fue sustituido por el arcángel Gabriel, quien le dictaría el Corán. Las tradiciones árabes indican que Israfil es de una estatura gigantesca, con los pies debajo de la séptima Tierra y tocando con la cabeza las columnas del trono de Dios o Alá. Afirman que está dotado de cuatro alas: una al Este, otra al Oeste, una tercera con la que cubre su cuerpo y otra con la que se protege de la majestad divina. Según los tratadistas mahometanos, Israfil es el «Señor de la trompeta del Juicio final», porque la tiene permanentemente en los labios para hacerla sonar tan pronto como Dios dé la señal que ha de hacer resucitar a los muertos y hacerles salir de sus tumbas. Otra versión dice que Israfil, el día del Juicio, será el primero en despertar y que se colocará en la roca santa de Jerusalén, haciendo sonar la trompeta para que los muertos vuelvan a la vida para poder ser juzgados por sus obras terrenales. Se le considera el ángel de la resurrección, del sonido y de la música.

ITHURIEL (Ituriel)

Otro de los ángeles guardianes del paraíso terrenal de Adán y Eva. En *El paraíso perdido* de Milton, el arcángel Gabriel le encarga (junto

55. Ithuriel y Zefon

con el ángel Zefon) el buscar a Satanás por el paraíso. Lo encuentra metamorfoseado en sapo, cerca de la oreja de Eva para inducirla a tentar contra el Señor. Cuenta Milton: «Mientras a tal faena se aplicaba, Ithuriel le tocó ligeramente con su lanza; y, como ninguna impostura puede soportar el contacto de un temple celestial, aquella falsa imagen recobró a la fuerza su natural forma. Satanás se estremece al verse descubierto y cogido de improviso». Es uno de los cuatro ángeles que se inscriben alrededor del primer pantáculo de Marte, en hebreo, según *The Key of Solomon the King* de MacGregor Mathers. Los otros tres son: Madimiel, Bartzachiah y Eschiel.

IXIÓN

Rey de los lapitas y padre de Piritoo. Mató a su suegro, arrojándolo a una fosa llena de fuego. A partir de entonces vagó miserablemente por su reino, viéndose rechazado en todas partes y sin encontrar a nadie que quisiera purificarle. Júpiter (Zeus) se compadeció de él y le admitió en el Olimpo, pero allí intentó enamorar a Juno. Júpiter, para castigarle, dio a una nube la misma forma de la diosa, haciendo que de la unión de Ixión con aquella nube naciera un ser monstruoso, el Centauro, que originó la raza de los *centauros* *(véase* este término). Según algunos mitólogos, Ixión fue condenado por Mercurio al eterno suplicio de permanecer atado, por medio de serpientes, a una rueda de fuego que giraba constantemente en el *Tártaro* *(véase* este término), región de los infiernos destinada a les malvados e impíos.

IXIÓNIDAS

Nombre que se da a los centauros, como descendientes de Ixión *(véanse* los términos *centauro* e *Ixión).*

IXORA

Divinidad masculina de la India, que se representa como un hombre gigantesco con tres ojos, dieciséis brazos y cinco manos, en cada una de las cuales ostenta un atributo distinto. Dice la leyenda que Ixora, después de oprimir con toda clase de vejaciones a los hombres, se enamoró de la hermosa Pardavi, hija del rey de las montañas, con la cual vivió mil años. Trascurrido este período de tiempo, en una lucha que tuvo con su hermano Brahma, le cortó a éste una de sus dos cabezas, delito que expió abandonando a su amada y recorriendo el mundo con un hábito de mendigo y sufriendo toda clase de privaciones. En cierta ocasión llegó a un país de brahmanes y se enamoró de la esposa de uno de éstos; con malas artes sedujo a la mujer, y los brahmanes juraron vengarse de aquella afrenta, por lo que Ixora tuvo que huir, continuando su vida errante. No contento Ixora con el daño que causaba personalmente a los mortales, se unió con un gigante al cual dio el poder de convertir en ceniza a todos aquellos seres sobre cuyas cabezas colocara la mano. Apenas hubo dotado de tal poder al gigante, éste quiso hacer uso de él en la persona de Ixora, por lo que éste tuvo que emprender la huida. El malvado gigante persiguió a Ixora hasta que Visnú, compadecido de éste, acudió en su ayuda. Para ello tomó la figura de una mujer bellísima, que tan pronto como se dejó ver inspiró una loca pasión al gigante; éste se dispuso a lavarse para ser más agradable a la hermosa mujer, pero cuando se tocó la cabeza con el agua que había sacado de un arroyo, cumpliose el fatal prodigio y quedó convertido en un montón de cenizas. A partir de aquel momento, Ixora regresó al cielo y abandonó su loco deseo de causar daño a los mortales.

IZACHEL

Ángel que se invoca en ritos mágicos para obtener ayuda y protección durante las ceremonias mágicas.

IZALEL (Ieiazel)

Uno de los setenta y dos ángeles cabalísticos que llevan el nombre místico de Dios: Shemhamphora. Pertenece al orden de los querubines. Según Uriel *(Las cartas de los ángeles de la cábala),* tiene dominio sobre el Sol y el signo zodiacal de Géminis. Confiere amor a la sabiduría, sentimientos nobles y elevados y ayuda en todas las circunstancias sociales y comerciales.

IZEDS

Genios persas de segundo orden en la religión de Zoroastro. En el orden de importancia, iban inmediatamente después de los siete Amchaspands y les servían de ministros. Los Izeds velaban por los grandes principios y fenómenos del mundo, así como también presidían los elementos y los días y meses del año. Las atribuciones de cada uno de estos genios no se hallan en los himnos claramente especificadas, pero todos son benéficos y amigos del hombre, al que acompañan y guían, aun después de la muerte para disputar su alma a los genios del mal y hacerle pasar el puente que conduce a la eternidad celestial. Existen veintiocho Izeds, y los hay varones y hembras. El primero de todos ellos es *Mitra (véase* este término). Entre los Izeds masculinos hay que destacar a Ader, Asman, Goch y Vanant. Los tres Izeds femeninos son: Arching, Mah y Zeiniad.

IZRAIL (Izrael)

Es el ángel de la muerte de las tradiciones árabes. Junto con Djibril, Mikhail e Israfil forma el grupo de los cuatro arcángeles. Es de tal corpulencia (de un gigantismo cósmico), que si se le echase el agua de todos los mares y ríos en la cabeza, no caería de ella ni una gota al suelo. Se cree que en el cuarto o en el séptimo cielo hay un sitial de luz donde descansa uno de sus pies, mientras que el otro está apoyado sobre el puente que hay entre el paraíso y el infierno. Se cree que el ángel Izrail o Izrael lleva un registro de los vivientes, pero que ignora la fecha en que han de morir, aunque conoce quiénes son los elegidos o justos y cuáles los réprobos o condenados, ya que en el registro que lleva, los nombres de los primeros están rodeados de un círculo luminoso, mientras que el nombre de los réprobos están rodeados de un círculo de negra sombra.Cuando llega la hora suprema de cada uno, Alá deja caer del árbol que crece bajo su trono una hoja en la que va escrito el nombre del individuo que ha de perecer. Izrail lee el nombre y al cabo de cuarenta horas separa el alma del cuerpo del condenado. Hay distintas versiones sobre la manera en que Izrail actúa en ese momento, pero la más popular es la que cuenta que «al entrar un creyente en la agonía, el ángel de la muerte se pone a su lado, inmediato a la cabecera del lecho, y atrae el alma hacia fuera con una suavidad comparable con el agua que sale de un odre, y apenas salida del cuerpo, entrega él mismo el alma a sus auxiliares, los cuales la conducen a lo más alto pasando por los siete cielos, y luego la ponen en la tumba, al lado del cuerpo. Pero cuando es un infiel el que está en la agonía, el ángel de la muerte arranca violentamente el alma del cuerpo y la echa a la Tierra, puesto que la puerta del cielo está cerrada para ella».

J

JABALÍ DE ERIMANTO

Dice la leyenda mitológica griega que un jabalí monstruoso devastaba los campos de Erimanto, en Arcadia, y Euristeo ordenó a Heracles (Hércules) que lo cazara y se lo llevara a su presencia. El héroe halló la fiera en su guarida del monte Erimanto, de donde bajaba a saquear el territorio de Psófide; la persiguió con saña, obligándola a que se arrojase a un torrente que arrastraba grandes témpanos de hielo. Cuando la fiera estuvo cansada, Heracles se lanzó sobre ella y la aprisionó con una fuerte malla. Seguidamente la cargó sobre los hombros y la llevó a Tirinto, en presencia de Euristeo, quien se asustó tanto por el fiero aspecto del animal que se refugió en una tinaja de bronce que para el caso se había hecho construir. Esta hazaña fue uno de los trabajos de Hércules.

JABNIEL

Uno de los cuatro ángeles que rigen el tercer cielo. Los otros tres son Anahel, Rabacyel y Dalquiel.

JACAR (Jachar)

Nombre que daban los madescases al genio bueno, al buen espíritu, al cual se oponía Angat, el príncipe malvado.

JACUSIAS

Espíritus malignos que según los japoneses pueblan el aire.

JAEL (JOEL)

En las tradiciones sagradas ocultistas, ángel que gobierna a Libra.

JANA

Nombre que aplican a la *xana (véase* este término) en la provincia de León (España).

JANAK (Janax)

Según Francis Barrett, uno de los ángeles que rige el lunes y pertenece al primer cielo. Debe invocarse desde el Este (Oriente).

JANIEL

Según Barrett, ángel del martes y que rige el quinto cielo por el sur.

JANNANINS

Nombre que daban los quojas, habitantes del interior de Guinea, a los espíritus de los muertos. Los jannanins, cuando eran honrados con un culto permanente y sincero, protegían el hogar de sus parientes, evitándoles enfermedades, percances y otras calamidades.

JARIEL

Ángel que se invoca para dominar al espíritu Duxgor en el ritual para obtener pergamino virgen. Parece ser una variante de Suriel o Sariel.

JARIHAEL

Uno de los ángeles que rigen el miércoles. Pertenece al segundo cielo y se le invoca desde el Oeste (Occidente).

JAZEL

Otro de los ángeles del martes y que rigen el quinto cielo por el Oeste.

JAZERIEL (Jareriel Gazeriel)

Según Barrett, es el ángel que gobierna la decimotercera mansión de la Luna, de las veintiocho existentes. Se le invoca para que ayude a los cambios afortunados.

JEKUTHIEL (Jekutiel)

Espíritu protector que era invocado por las mujeres en el momento de dar a luz, para que preservara al recién nacido de todo mal. Las tradiciones cuentan que tenía forma de ángel.

JEKYLL

El doctor Jekyll es un famoso personaje creado por el novelista escocés Robert Louis Stevenson (1850-1894), protagonista de su obra *El extraño caso del doctor Jekyll y mister Hyde*. El doctor Jekyll sostiene la teoría de que en cada persona cohabitan dos seres: uno que representa la parte virtuosa y otro que es la parte malvada o maligna. Después de realizar varios experimentos, el doctor Jekyll encuentra la manera de materializar su parte malvada, que adopta una figura corpórea distinta de la que normalmente tiene el doctor. A este doble, de repugnante aspecto, en cuyo semblante está escrita claramente la maldad, le da el doctor el nombre de Edward Hyde. Con esta nueva personalidad, que provoca a voluntad al principio de sus investigaciones, el doctor Jekyll-mister Hyde lleva a cabo una serie de monstruosidades y maldades, cayendo en el abismo del crimen. Pero se hunde tanto en la vida de depravación, cobra tal fuerza míster Hyde, que el doctor Jekyll llega a perder su verdadera figura y personalidad, hasta que la muerte le libera de tan tremenda pesadilla. Esta obra, que simboliza la eterna lucha del bien contra el mal, y los peligros de alimentar las tendencias crapulosas y degeneradas del cuerpo, se publicó por vez primera en 1886, convirtiéndose en una novela de gran éxito, hasta el punto de que fue amplia y frecuentemente recomendada por los predicadores y damas de la alta sociedad, por su contenido moral, altamente aleccionador. *El extraño caso del doctor Jekyll y mister Hyde* ha sido llevado al cine varias veces, siempre con éxito, pues las imágenes de la trasformación del doctor Jekyll en mister Hyde son muy expresivas, además de que el tema de la lucha entre el bien y el mal es siempre eterna y resume parte de lo esotérico que reside en el alma del ser humano. Muy significativas son las propias palabras del doctor Jekyll cuando habla de su doble, de mister Hyde: «El mal, además –que aún debo creer que sea la parte mortal del hombre– había dejado en aquel cuerpo una impresión de deformidad y de ruina. Y, sin embargo, cuando contemplé la fealdad de aquel monstruo en el espejo, no sentí repugnancia alguna; al contrarío, lo recibí con un impulso de alegría. Aquél era también mi propio ser. Parecía natural y humano. A mis ojos representaba una imagen más viva del espíritu, parecía más directa y simple que la apariencia imperfecta y compleja que hasta entonces me había acostumbrado a llamar mía. Y hasta ese punto tenía yo, sin duda, razón. He observado que cuando revestía la forma de Edward Hyde, nadie podía acercarse a mí por primera vez sin sentir recelo físico. Esto, según me lo explico, es porque todos los seres humanos con quienes tropezamos son un compuesto del bien y del mal, y sólo Edward Hyde, en las filas de la humanidad, era puro mal». Sin saberlo, con el personaje de mister Hyde, Stevenson había hecho un vivo retrato de lo que años más tarde el psiquiatra suizo Gustav C. Jung denominaría como *sombra* psíquica del ser humano, como figura arquetípica que contiene la esencia de los aspectos negativos inconscientes del *Yo*.

JELIEL

Según la cábala, ángel que rige Turquía y controla el destino de los reyes y altos dignatarios. Concede la victoria a los que son atacados o invadidos injustamente.

JENOUNAS (Jenunianos)

Especie de genios o espíritus intermedios entre los *ángeles* y los *demonios (véanse* estos términos). Los árabes suponen que habitan los bosques y fuentes bajo la forma de reptiles, y que la mayor parte de las enfermedades son el resultado de sus venganzas, al ser aplastados o heridos por los mortales. Cuando un árabe se hallaba indispuesto, era costumbre recurrir a una hechicera para que se llegara a una fuente cercana y allí realizara sortilegios y sacrificios para apaciguar a los jenunianos. Cada enfermedad y cada dolencia requería un sacrificio específico.

JEREMIEL (Geremiel)

Arcángel cuyo nombre significa «la gracia de Dios». Era el vigilante del profeta Jeremías.

JERUSCUE (Jerescue)

Según Barrett, uno de los ángeles del segundo cielo y que gobiernan el miércoles. Se le invoca desde el Este u Oriente.

JESODOTH

Según las tradiciones rabínicas, ángel que utilizó Elohim para trasmitir a los humanos el conocimiento, el entendimiento y la sabiduría.

JETREL

Uno de los doscientos ángeles caídos.

JIBRIL (Chibril)

Nombre que se da al arcángel Gabriel en el Corán.

JIGOKU

El sintoísmo nipón cree en un infierno en el que van los malvados, que es el reino subterráneo Jigoku, constituido por ocho regiones de fuego y ocho de hielo. El soberano o rey de Jigoku recibe el nombre de Emma-ho (Emma-hoo) y juzga las almas de los varones pecadores. Las destina a una de las dieciséis regiones distintas de castigo, según la gravedad de sus faltas. La esposa de Emma-ho enjuicia y distribuye a las pecadoras.

JOCHMUS

Es un diablo que se hizo pasar por san Maclou (Maclovio o Malo) durante siglos. Victor Hugo (*Los trabajadores del mar*, cap. ii) cuenta como durante muchísimo tiempo se creyó que «san Maclou vivía en la gran roca cuadrada de Ortach, situada entre Aurigny y los Casquets, y algunos viejos marineros de otro tiempo aseguraban haberle visto con frecuencia allí, sentado y leyendo un libro. Así es que los marineros hacían al pasar muchas genuflexiones delante de la roca de Ortach, hasta el día en que la fábula desapareció y cedió su puesto a la verdad. Se ha descubierto y se sabe actualmente que el habitante de la roca de Ortach no es un santo, sino un diablo, denominado Jochmus».

JOHPHIEL (Jophiel, Jofiel, Iofiel)

Según Barrett y Papus es la inteligencia del planeta Júpiter y su número es el 136. Para otros conceptos *véase* el término *Iofiel*.

JOMJAEL (Yomyael)

Según el *Libro de Enoch,* uno de los ángeles principales rebeldes que fueron arrojados del cielo y descendieron a la cima del monte Hermon.

JOROBETA

Clase de hada francesa. (*Véase* el término *carabosse*).

JULBUK (Jolabukkar)

Espíritu de la naturaleza entre los escandinavos. Vive en los bosques en verano y en el otoño pasa a los campos cultivados. Y cuando llega el invierno se refugia en las casas, en los graneros o pajares, en las bodegas y subterráneos… Se deja ver pocas veces y se cree que tiene unos cuernos pequeños y va cubierto de mucho pelo. Es una variante del *kornböcke* (*véase* este término).

JUNOS

Genios de las mujeres entre los antiguos romanos. Cada mujer invocaba a su juno, así como cada hombre a su genio tutelar. (*Véase* el término *genio*).

JUTURNA

Ninfa romana que fue amada por Júpiter, quien le concedió la inmortalidad y le encargó que presidiera los ríos y las fuentes.

JUVENTA

Ninfa trasformada en fuente por Júpiter. Sus aguas tenían la virtud de rejuvenecer a los que se bañaban en ellas. Esta divinidad llegó a tener un templo en el Capitolio. En una medalla de Marco Aurelio se la ve de pie teniendo una fuente en la mano izquierda y en la derecha, granos de incienso que derrama sobre un altar en forma de trípode. Presidía el intervalo entre la infancia y la edad viril.

JWIDIES (Juidies)

Ninfas de los bosques que tenían el don de la profecía, según tradiciones escandinavas.

K

KABIRI

Según los antiguos fenicios, había siete espíritus Kabiri que habían creado el mundo.

KABOUTER

Nombre que dan en Holanda al gnomo.

KABOUTERMANNEKENS

Enanos parecidos a los *korigans (véase* este término), pero qué habitan en Holanda y Flandes. A veces se confunden con los gnomos.

KADAL

Uno de los setenta ángeles que se invocaban como protección al recién nacido.

KADIEL (Kadie)

Según Barrett, ángel del viernes que pertenece al tercer cielo y que se invoca cara al Oeste.

KADMIEL

Uno de los setenta ángeles que se invocaban al nacer una criatura.

KADOMIEL (Qadomiel, Cadomiel)

Ángel que gobierna la segunda morada (segundo cielo), según el Zohar.

KAIFI

Nombre de un espíritu malvado de Oceanía, al que adoraban los marianaos. Le invocaban por las almas de sus antepasados, ya que suponían que estaba en lucha con ellas.

KALI

Reina de los demonios y sultana del infierno, según los hindúes. Se la re-

56. Kali

presenta toda negra, con cuatro brazos, con una cabeza humana en cada mano y un collar de cráneos al cuello. Antiguamente se le sacrificaban víctimas humanas.

KALMA
Personificación de la muerte en las tradiciones finesas del *Kalevala*. Reina sobre las tumbas y su nombre significa «olor de cadáver». En el umbral de su morada monta guardia el monstruo Suma, representación del destino fatal o de la muerte violenta. Siempre está presto a desgarrar y engullir a los mortales imprudentes.

KAMIAT
Los tártaros de Siberia dan este nombre a una práctica mágica por medio de la cual evocan al diablo. La llevan a cabo golpeando un tambor con un ritmo especial y pronunciando determinadas palabras mágicas y cabalísticas.

KANIEL
Uno de los setenta ángeles protectores que se invocan como protección al recién nacido.

KANNÉREZNOS (*véase* LAVANDIÈRES)

KAPPA
Especie de demonio acuático de la mitología japonesa. Mora en los lagos y ríos y apresa a los imprudentes bañistas y los ahoga. También se le conoce como Kawako, «hijo del río». Es una especie de enano o mono con escamas. Según la tradición le gusta la sangre humana. Todo indica que la leyenda tiene su origen en lugares agrestes en que se ahogaban o desaparecían personas, debido a corrientes repentinas que arrastraban aguas adentro a los que no eran nadadores excepcionales. Con este temor, los bañistas no se apartaban mucho de la orilla y las madres recomendaban a sus hijos que no se arriesgaran si iban al río, ya que los kappas estaban siempre al acecho. De esta manera se evitaban graves imprudencias.

KARKIEL
Otro de los setenta ángeles protectores que se invocan para que protejan al recién nacido.

KARMIEL
Uno de los muchos espíritus angélicos que guardan las puertas del viento del este.

KARNIEL
Uno de los espíritus angélicos que guardan las puertas del viento del oeste.

KASBEEL (Kazbiel)
Uno de los ángeles caídos mencionado en el *Libro de Enoch* (cap. 69, 13), que «mostró a los santos la cabeza de juramento, cuando vivía en lo alto, en la gloria». Su nombre original era Biqa, que significa «buena persona». Después de su caída se le llamó Kazbiel, «el que mintió al Señor».

KASDEYA (Kadaye, Kasdeja)
Otro de los ángeles caídos, según el *Libro de Enoch* (cap. 69, 12). Fue «el que mostró a los hijos de los hombres todas las plagas malas de los espíritus

y de los demonios, y la plaga del embrión en el seno para que éste sucumba, y la plaga de la vida, la mordedura de la serpiente y la plaga que llega a mediodía, el hijo de la serpiente cuyo nombre es Tabaet».

KASEZEJ

Genio malvado de las tradiciones rusas, el cual arrebataba, en forma de esqueleto, a todas las jóvenes y desposadas que podía.

KASHIEL

Otro de los espíritus angélicos que guarda las puertas del viento del sur.

KATAPONTANA

Espíritus maléficos de las tradiciones indostánicas.

KATCHIEL

Uno de los setenta ángeles que se invocan como protectores del recién nacido.

KATZFIEL

El príncipe angélico de la espada radiante, guardián del sexto cielo.

KAYPORA

Espíritu de los bosques que, según tradiciones de los indios de América, roba los niños y los oculta en los troncos huecos de los árboles, donde los alimenta.

KEDASIEL (Quedasiel)

Ángel gobernante del quinto cielo, según el Zohar, que describe así a los ángeles de esa quinta morada: «… están compuestos por una parte de fuego y otra de agua y son los mensajeros tanto de la Clemencia como del Rigor, residiendo unos en el lado de ésta y otros en el de éste».

KEDEMEL

Según Francis Barrett (El mago), es el espíritu del planeta Venus y que se invoca en magia talismánica. Le corresponde el número 175.

KEEL

Según el Libro de Enoch I, uno de los ángeles guía y jefe de uno de los millares de ángeles.

KEI

Nombre que dan los chinos a los genios del mal, que los oponen a los Tehin, espíritus bienhechores.

KELBY (Kelpie)

Ente maléfico que, según las leyendas populares escocesas (probablemente de origen griego) frecuenta los ríos, los encanta y puede adoptar diversas formas, aunque la más común es la de caballo. También puede asumir forma humana, presentándose velludo y con larga cabellera. De esta guisa suele situarse a la espalda de los que cabalgan en solitario, agarrándoles, apretándoles y aterrándoles hasta casi matarlos del susto. A veces se ve al kelpie portando una antorcha y se cree que su mirada tiene el poder de fascinar. Antes de las tormentas se puede oír en los bosques y riberas de los ríos como los kelpies aúllan y gimen lastimeramente. Se atribuye a estos entes malignos la desaparición de viajeros cuando hacían un alto para bañarse en el remanso de un río. Los kelpies removían de improviso las aguas con su cola haciendo un ruido parecido a un trueno y desaparecían en forma de relámpago, con fuertes destellos luminosos. En los siglos XVIII y XIX, los kelpies fueron sospechosos de haber descuartizado cuerpos de viajeros y devorarlos en parte o en su totalidad.

KELEN Y NISROCH

Diablos a quienes los demonólogos hacen presidir los amores ilícitos, las orgías y las aberraciones sexuales.

KELPIE (*Véase* KELBY)

KEMA

Nombre de un libro en el que, según Zósimo Panopolita, estaban escritos todos los secretos de los genios que, embrujados por la belleza de las mujeres terrestres, les descubrieron las maravillas de la naturaleza. Por haber enseñado a los hombres el mal y lo que es inútil a las almas, los genios fueron desterrados del cielo.

KEMOCH (*Véase* CAMOS)

KEMUEL (Shemuel)

Según las tradiciones hebreas, el gran arconte que se halla ante las ventanas del cielo como mediador entre los que rezan y los príncipes angélicos del séptimo cielo. Se le considera el jefe de los serafines y uno de los diez sefirots sagrados (*véase* el término *sefirot*).

KENUNIT

Uno de los setenta ángeles protectores que se invocan para que salvaguarde al recién nacido.

KERES

En la antigua Grecia, espíritus malignos, demonios de las batallas, genios de la muerte, que el arte primitivo pintaba con espeluznantes figuras en las armas de los héroes. Presidían toda muerte violenta, sobre todo en la guerra. Hesíodo los hace femeninos, hijas de la Noche, de color azul oscuro, cuyos dientes rechinaban sin cesar. Eran verdaderos vampiros que, como las *walkirias* (*véase* este término) escandinavas, acudían a los campos de batalla para saciar su sed de sangre en los cuerpos caídos. En su poema *El escudo de Heracles,* Hesíodo las pinta así: «La misión de estas *keres* terribles, insaciables, ensangrentadas, era disputarse a los que caían, porque todas ellas buscaban con avidez beberse su sangre. Apenas se desplomaba un combatiente, alargaban hacia él sus inmensas uñas, para llevarse el alma al Hades, al helado Tártaro. Luego, cuando ya su cuerpo se había saciado de la roja sangre de la víctima, arrojaban lejos de allí su cadáver, y volvían con furia mayor al estrépito de la lucha. Su misión no era otra que acechar continuamente a los guerreros caídos. Lanzaban por doquier miradas terribles, y todas estaban prontas a disputarse una misma presa, entrelazando sobre ella sus manos y sus uñas. Cerca estaba la sombra de la Muerte, lamentable y horrible, pálida y descarnada».

KERUB (Kerob, Cherub)

Uno de los cuatro ángeles que figuran en el sexto pantáculo de Júpiter, el cual está destinado a proteger de los peligros terrestres. Kerub parece estar relacionado con el elemento aire. Los otros tres ángeles son Seraph, Aries y Tharsis. *(Véase* el término *Cherub).*

KESI
Genio del mal entre los hindúes, personificado por una especie de centauro. Fue muerto por Krisna.

KETHERIEL
Ángel sefirot que se invoca en ritos cabalísticos.

KETUEL (Kautel)
Según el *sexto y séptimo libros de Moisés,* uno de los tres ángeles que constituyen la tríada de Dios; los otros dos ángeles son Meachuel y Lebatei (Lebatel).

KEZEF
Según las tradiciones y leyendas judías, Kezef es un ángel de muerte y destrucción. Luchó contra Moisés en el monte Horeb o Sinaí y fue capturado y encarcelado por Aaron en el Tabernáculo.

KHALLIT Y MALLIT
Genns o genios árabes creados a partir del fuego. En *Las mil y una noches* se cuenta como Alá creó dos genns que convirtió en su guardia particular, y a quienes llamó Khallit y Mallit; al primero le dio forma de león, y al otro forma de lobo. Al primero le dio órganos masculinos, y al segundo, órganos femeninos. Se dice que el miembro viril del león Khallit tenía una longitud igual a una distancia en cuyo recorrido se tardasen veinte años, y la vulva de la loba Mallit tenía la forma de una tortuga, y su tamaño guardaba proporción con la longitud del miembro de Khallit. Uno era de color jaspeado con blanco y negro, y la otra era rosada y blanca. Y sigue el libro de *Las mil y una noches*: «Y Alá hizo unir sexualmente a Khallit y a Mallit, y de su cópula hizo nacer dragones, serpientes, escorpiones y animales inmundos, con los que pobló las Siete Regiones para suplicio de los condenados. Luego ordenó Alá a Khallit y a Mallit que copularan por segunda vez, e hizo nacer de este segundo enlazamiento siete machos y siete hembras, que crecieron en la obediencia. Cuando fueron mayores, uno de ellos, que hacía concebir las mejores esperanzas en vista de su conducta ejemplar, fue especialmente distinguido por el Altísimo, quien hizo de él el jefe de sus cohortes constituidas por la reproducción incesante del león y la loba. Su nombre era precisamente Iblis. Pero emancipado más tarde de su obediencia a las órdenes de Alá, que le mandaba postrarse ante Adán, hubo de precipitársele en la cuarta región con todos los que se unieron a él. E Iblis y su descendencia poblaron de demonios machos y hembras el infierno. En cuanto a los otros seis varones y las otras mujeres, siguieron sumisos, uniéndose entre sí, y tuvieron por hijos a los genn...». (Para complementar esta leyenda, *véanse* los términos *Iblis, genios* y *genn*).

KHAMAEL (*Véase* CAMAEL)

KHARA
Entre los hindúes, otro genio del mal muerto por Krisna.

KHARAEL

Ángel que los gnósticos egipcios invocaban para exorcizar al demonio Belbel.

KHASDIEL

Ángel que se inscribía en amuleto hebreos como protección contra las adversidades y los entes maléficos.

KHIL

Demonio que está a las órdenes del duque infernal Syrach. Tiene poder para provocar socavones, deslizamientos de tierras y grandes terremotos.

KIDUMIEL

Según las tradiciones judías, uno de los setenta ángeles protectores que se invocaban para que protegiera al recién nacido de todo mal.

KIKAMORA (Kikimora)

En la mitología eslava, Kikimora es el único espíritu doméstico del sexo femenino que, en determinadas regiones, es considerada como la mujer de *Domovoi* (*véase* este término). Kikimora ayuda al ama de casa en sus quehaceres domésticos, siempre que ésta sea hacendosa y diligente. En caso contrario, la inquieta mucho, soliviantando por la noche a los pequeñuelos; les hace cosquillas para que despierten y lloren y su madre tenga que levantarse para acunarles. Principalmente, Kikimora se cuida de las aves del corral, si bien también se ocupa de ayudar en las demás faenas domésticas, como barrer la casa y tener la cocina limpia y ordenada. Cuando se ofende a Kikimora, la única manera de reconciliarse con ella es ir al bosque a coger helechos y preparar con ellas una tisana, que debe utilizarse para lavar los cacharros, vasos, tazas y otros enseres de la cocina. A Kikimora se la tiene como el espíritu de los sueños y de las ilusiones y se la representa bajo el aspecto de un horrible animal vestido de mujer; tiene garras por manos y sus pies se parecen mucho a las patas del gallo.

57. Kikamora

KILLEROPS

Nombre que daban los germánicos a una especie de monstruos que nacían de las relaciones sexuales que tenían algunas mujeres con los demonios.

KILLMOULIS

Una clase grotesca de *brownie* (*véase* este término) de los países nórdicos, el cual rondaba los molinos. A veces ayudaba a moler el grano. No tenía buen aspecto, pues carecía de boca y absorbía los alimentos a través de una enorme y fea nariz. Se le invocaba como espíritu de adivinación en la noche de

Halloween (Todos los Santos), noche del 31 de octubre al 1 de noviembre.

KIMARIS (*Véase* CIMEJES)

KIMPURACHAS (Kimpurucas)
Genios hipocéfalos habitantes del cielo de Indra, que forman parte del coro de músicos celestes pertenecientes a la corte de ese Dios

KINE PRATIE (*Véase* BUNYIPS)

KINNARAS
Genios de la India que habitaban en el centro del bosque de Laka y constituían, con los iakchas, la corte de Kubera, dios de los tesoros, que residía en las entrañas de la tierra, donde llevaba una vida fastuosa. Los kinnaras eran seres fabulosos con cuerpo de hombre y cabeza de caballo (o al revés) que deleitaban a Kubera con sus músicas y bailes.

KINOR
Uno de los tres ángeles que guardan las puertas superiores del infierno.

KIPPEC
Uno de los nombres que daban en Yugoslavia al gnomo.

KIRTABUS
Según Apolonio de Tiana, es el genio de los idiomas y uno de los que gobiernan la hora novena.

KIRUBI
Especie de monstruos o genios alados de los asirios que se ponían de guardia en las entradas de los palacios y templos. Tenían la forma de toros o de leones muy corpulentos con grandes alas y rostros humanos cubiertos de un gorro o birrete cilíndrico. Eran figuras talismánicas que protegían a los edificios y a sus moradores.

KLABANTERMANN
Espíritu o genio sílfico entre los marinos nórdicos. Se posaba en la verga del barco y ayudaba a los marineros en sus trabajos, pero abandonaba la nave rápidamente cuando ésta corría peligro de irse a pique.

KLEINMANNEKEN
Nombre que dan en Flandes al gnomo.

KLEPOTH
Otro demonio que está a las órdenes de Syrach, duque infernal. Es el que origina los grandes sueños premonitorios y visiones del futuro.

KNOCKERS
Especie de genios subterráneos que los mineros irlandeses aseguraban eran compañeros de sus trabajos, y que terminaban la jornada al mismo tiempo que ellos. Estos seres son análogos a los *gnomos* y *enanos* (*véanse* estos términos).

KOBAL
Demonio muy pérfido, que se dice que muerde riendo. Se le considera que es el director de los teatros del infierno y patrón de los comediantes. Lo cita hasta Victor Hugo.

KOBOLDS
Espíritus de la mitología germánica que se instalaban en las moradas de los mortales y llegaban a convertirse

en los genios tutelares de la familia. Los kobolds vivían, generalmente, debajo del fogón o en el maderamen, y ayudaban ocultamente a los criados en sus faenas. Estos duendecillos o fantasmillas era de corta talla y figura humana: tenían un aspecto más bien de viejo (como los gnomos), con el rostro surcado de arrugas, y cubrían su cabeza con una capucha. La mayoría de los kobolds solían albergarse en cuadras, establos y cuevas, y se esforzaban en ser útiles a los habitantes de la casa que protegían, yendo a buscar agua, cortando leña, llevando el alimento a los animales, almohazando los caballos y quitando el estiércol de los establos. Tener un kobold en un hogar era un buen augurio para sus moradores. Por su trabajo, los kobolds sólo exigían un poco de leche y los restos de la comida, que se dejaba en un plato aparte. La sirvienta o el ama de casa no debía olvidarse de reservarles dicho alimento, ya que entonces se mostraban vengativos, haciendo que la mujer se quemase las manos en el agua hirviente, que rompiera algún cacharro o se le cayese un montón de platos al suelo; cuando esto ocurría se oía como los kobolds se reían desde el rincón en que se habían refugiado. Es curioso e instructivo el comparar lo que las tradiciones germanas atribuyen a los kobolds, con lo que otras leyendas asignan a los *elfos, duendes, gnomos, genios, enanos* y *follets (véanse* estos términos).

KOKAVIEL

Nombre de un ángel que se inscribe en el tercer pantáculo del planeta Mercurio.

KOKOPELLI

Uno de los espíritus de los indios navajos de Estados Unidos. Es giboso, toca la flauta y simboliza la fertilidad.

KORIGANS (Korigs)

Los korigans, kowrig-gwans o korigs son una raza de enanos fabulosos de la Bretaña armoricana (Francia), que se cree vivían y bailaban en las cercanías de los antiguos monumentos druídicos, alrededor de dólmenes y megalitos, envolviendo al visitante con suaves y blandas cadenas. Las principales clases de korigans eran: la de los *kornikaneds* (que habitaban los bosques), la de los *korils* (que vivían en los páramos), la de los *poulpiquets* (que residían en los jardines), la de los *teus* (que se cobijaban en las granjas y caseríos) y la de los *gauriks (véanse* todos estos términos).

KORILS (Kourils)

Clase de enanos de la raza de los *korigans (véase* este término), que según la tradición vivían principalmente en los páramos y costas de Finisterre, en Bretaña (Francia). Durante las noches de luna llena bailaban en torno a los monumentos druídicos. Si eran sorprendidos por algún caminante cristiano le obligaban a danzar con ellos durante toda la noche, hasta dejarlo completamente extenuado. Los bretones, por supuesto, no se aventuraban de noche por los parajes en los que hubiera monumentos megalíticos. *(Véase* el término *curiles).*

KORNBOCKE (Hausböcke)

Uno de los espíritus germánicos de la naturaleza. Duende o genio de los campos y de los bosques. Vive en el norte de Europa y prefiere los lugares cercanos a las corrientes de agua. Es de corta estatura y su forma recuerda a los seres mitad cabra mitad humano de la mitología grecorromana, cuando se deja ver o vislumbrar, ya que la mayoría de las veces permanece invisible; se le oye y presiente, pero no se le ve.

KORNIKANEDS

Clase de enanos bretones de la raza de los *korigans (véase* este término), que habitaban los bosques. Cuenta la tradición que cantaban valiéndose de pequeños cuernos que llevaban colgando de la cintura. Su nombre deriva de *korn,* «cuerno», y de *kana,* «cantar».

KORRED (Korrik, Korr, Kerion...)

El korred o korr es un enano de la raza de los *korigans (véase* ese término, con el que a veces se confunde). Al igual que éstos, los korreds o korrs viven debajo o cerca de los dólmenes o menhires o en cuevas o subterráneos cercanos a éstos. Hay quien mora en cuevas de acantilados o en el interior de colinas donde hay restos de monumentos megalíticos. No son enanos corrientes, toda vez que descripciones antiguas indican que tienen garras de gato en vez de manos y dos patas de cabra. Su estatura es de unos noventa centímetros. Sus ojos son hundidos, brillantes y rojos. Su piel es oscura y su pelo hirsuto y desgreñado. No son nada simpáticos con los seres humanos y más bien parecen pequeños demonios. Se les ve danzar ritualísticamente en torno a los dólmenes de Bretaña (Francia)

y se cree que pueden revelar lugares en que se hallan tesoros ocultos y hacer predicciones sobre acontecimientos sociales y políticos, por lo que no debe sorprender que aún haya ocultistas que los invoquen para tales menesteres. También reciben el nombre de korrik, korr, kerion, etc., según región, época y variantes.

KOTECHA

Según el *Sexto y séptimo libros de Moisés,* es uno de los muchos ángeles que se invocan en determinados ritos y ceremonias mágicas.

KOURICANS

Una variante para designar a los enanos *korigans (véase* este término).

KOUSTIEL

Nombre de un ángel protector que se ha encontrado grabado en antiguos amuletos.

KRAKE (Kraken)

Supuesto calamar gigante de las profundidades, monstruo marino que la leyenda dice que ronda las costas de Noruega. No se ha podido comprobar su existencia, pero en la *Historia de los pueblos nórdicos,* escrita por un arzobispo sueco llamado Olaf el Grande u Olaf el Magnus, de principios del siglo XVI, se halla el siguiente informe sobre el kraken: «En los mares de Noruega existe un ser monstruoso, de nombre muy raro, que muestra su crueldad a primera vista, y motiva que los marinos teman enfrentarse con él, pues si lo miran se aterrorizan, y quedan atónitos e incapaces de defenderse. Su forma es horrible, y su cabeza concuerda con ella; está toda cubierta de una especie de espinas, y rodeada de tentáculos largos y afilados, como a modo de árbol arrancado de raíz; tiene unos diez o doce codos de largo [unos cuatro o cinco metros], es de color muy negro, y con enormes ojos; su contorno es superior a ocho o diez codos [tres o cuatro metros] y la niña del ojo es de un codo [unos cuarenta centímetros] y de color rojo encendido. El resto del cuerpo es muy pequeño en comparación con la cabeza, que es sumamente voluminosa. Uno de estos monstruos hundiría muy fácilmente a muchos grandes barcos tripulados por marinos fuertes y numerosos...». Otro relato histórico sobre el Kraken está contenido en la *The Natural History of Norway*, de Erik Pontoppidan, publicada en Londres en 1755, En esta obra se menciona muy concretamente a esta gran bestia marina, a la que se da unas dimensiones tan extraordinarias, que indica que cuando el kraken aparece en la superficie del mar, se asemeja a un grupo de islas. Y en 1861, la corbeta francesa Alecton se enfrentó, en aguas de Canarias, a un extraño monstruo marino que algunos naturalistas suponen que era un ejemplar de kraken. Como los marinos de la Alecton no pudieron mostrar pruebas de haber dado muerte a tal monstruo, los científicos llegaron a la conclusión de que se había tratado de un «caso de alucinación colectiva». Según la descripción que hizo el comandante de la corbeta Alecton, el monstruo que destruyeron era un gigantesco calamar de brillante cuerpo, de color rojo ladrillo; medía unos veinticinco metros de largo y sus tentáculos otros tantos o más. Los ojos, de un negro intensísimo, tenían unos treinta centímetros de diámetro.

KRAULLA

Gran dragón que asolaba la región de Reims (Francia), a semejanza de lo que hacían otros monstruos de ese tipo en otras latitudes, hasta que fue muerto por el héroe de turno.

KRUKIS

Espíritu doméstico a modo de duende, protector de los hogares entre los antiguos eslavos. Se cuidaba de los animales domésticos y era muy venerado por los herreros, que terminaron por hacerle su patrón.

KUEI

Demonio-fantasma típico del Tíbet, que se aparece para tentar a los religiosos e inducirles bajas pasiones.

KUGHAS

Nombre que los habitantes de las islas Aleutianas dan a los espíritus tutelares de cada país. Estos pueblos atribuyen su atraso y miseria a la superioridad de los *kughas* rusos, sus dominadores.

KUMBHAKARNA

El demonio hindú *Ravana* (*véase* este término) tuvo un hermano feroz, una especie de ogro gigante llamado *Kumbhakarna*, que estaba poseído de un hambre feroz. Al nacer, ya extendió los brazos para devorar todo cuanto se hallaba a su alrededor. Ya mayor, se apoderó de quinientas apsaras o ninfas celestes, y raptó a un centenar de esposas de richis, sin contar las vacas y los brahmanes. Para terminar con la pesadilla de tal monstruo, Brahma le otorgó el sueño eterno, pero Kumbhakarna solicitó que se le concediera el don de despertar cada seis meses, para alimentarse. Le fue concedido lo que pedía y la leyenda hindú cuenta que en estas comidas semestrales devoraba 6000 vacas, 10.000 carneros, 10.000 cabras, 400 búfalos y 500 ciervos; libaba tan abundante comida con 4000 tazones de fuerte licor en el cráneo de un jabalí.

KUNOSPASTON

Según las tradiciones ocultistas, es uno de los demonios de la mar. Su placer principal consiste en hacer naufragar barcos. Se considera que era un gran pez blanco, lo que podría ser el símbolo de un témpano de hielo.

KUPAI

El diablo o espíritu maligno entre los peruanos.

KUPIR

Monstruo con apariencia humana que refugiado en cavernas inaccesibles, según la creencia de los indígenas de Australia, no hacía sino devo-rar a los negros. Los blancos estaban libres de su persecución.

KURAOES

Nombre que los griegos modernos dan a ciertas hadas bienhechoras que reemplazan, en su opinión, a las ninfas antiguas. Su nombre significa «buenas señoras» (véase el término hadas).

KURUPIRA

Es el más célebre de los demonios o genios maléficos entre los indios tupinambas de Brasil. Es una especie de gnomo de los bosques, protector de los animales, por tanto, manifiestamente hostil a los humanos. Se le representaba como un hombrecillo que caminaba con los pies vueltos hacia afuera. Para aplacar su cólera, los tupinambas le hacían ofrendas.

KYNIEL (Kiniel)

Uno de los ángeles que prestan sus servicios en el tercer cielo.

KYRIEL (Kiriel, kuriel)

De acuerdo con Francis Barrett, es el ángel que gobierna la vigésima mansión de la Luna. Se le invoca para que ayude al equilibrio interior y a la evolución espiritual. Además, con la grafía de «Kuriel», es uno de los ángeles guardianes de las puertas del viento del oeste.

L

LABBIEL
Nombre original del ángel Rafael. De acuerdo con las tradiciones judías, el nombre le fue cambiado después de la creación del hombre.

LABEZERIN
En magia talismánica, el genio o espíritu que confiere el éxito.

LABUSI
Según el sexto y séptimo libros de Moisés, uno de los cinco ángeles de la omnipotencia. Los otros cuatro son: Tubatlu, Bualu, Tulatu y Ublisi.

LACANÓPTEROS
Animales imaginarios que Luciano de Samosata colocó en la Luna. Decía que eran unos grandes pájaros cubiertos de hierba en vez de plumas.

LACHO
Genio celeste benéfico cuyo nombre grababan los basilidienses en sus piedras imán que usaban como amuleto contra los hechizos y maleficios.

LADÓN
Nombre del monstruoso dragón que guardaba las manzanas de oro en el jardín de las *Hespérides (véase* este término). Era hijo de Tifón y Equidna o de Forcia y Ceto. Tenía cien cabezas, por las que lanzaba otras tantas especies de silbidos. Estaba en constante vigilia. Fue muerto por Hércules (Heracles) y trasportado al firmamento, donde formó la costelación del Dragón.

LAHARIEL
Uno de los setenta ángeles talismánicos que se invocan para la protección de los recién nacidos.

LAIAH (*Véase* **LEVIAH**)

LAICA (Layka)
Entre los peruanos precolombinos, hada bienhechora que preservaba de enfermedades y maleficios.

LAMACH
Ángel que tiene dominio sobre el planeta Marte.

LAMIA

Monstruo de la mitología griega que en su origen debió de ser una figura de la leyenda marina, análoga a *Escila (véase* este término), de quien se supone era hija. Era semejante a las *sirenas* y a las *Harpías (véanse* estos términos); generalmente se la representaba con rostro de mujer y cuerpo de dragón aunque en ocasiones el cuerpo era de serpiente o de asno. El origen de esta leyenda se encuentra en Libia, donde reinaba una mujer de extraordinaria belleza llamada Lamia, de la que Zeus quedó prendado. Hera, celosa, tomó venganza inspirando a Lamia una locura furiosa que le hizo devorar a sus propios hijos. La tradición popular decía que Zeus le concedió el privilegio de dormir a voluntad, que durante el sueño era inofensiva, pero que en la vigilia bebía hasta embriagarse y vagaba luego en las tinieblas, como fantasma siniestro y vampiresa sedienta de sangre que saciaba su sed en los niños. En este sentido figura en una comedia de Aristófanes. A la Lamia, que al parecer se multiplicó, siendo tres como mínimo, se le atribuían ciertas enfermedades, en particular las producidas por el caluroso verano y la pérdida de la belleza.

En algunos parajes, las lamias tenían bastante semejanza con las sirenas. Eran como ellas seductoras, su cuerpo terminaba en cola de pez y en vez de manos tenían afiladas garras. Cantaban dulces melodías, que atraían a los marinos; cuando éstos se acercaban para admirar a tan sorprendentes seres, ellas se incorporaban con rapidez y caían sobre ellos, chupándoles la sangre y devorándolos. Estos monstruos voraces fueron el terror de la infancia entre los griegos y romanos, pues las abuelas y nodrizas contaban horripilantes consejas para que los niños fueran buenos. Safo suponía a Lamia nacida en Lesbos, creyendo que era la misma llamada Gelo o Gelos. Según una tradición habitaba en una caverna del monte Cirfis, cerca de Crisa, en la Fócida. Y Ovidio habla de una especie de demonios alados que durante la noche amamantaban a los niños con sus pechos emponzoñados, que son la representación latina de las lamias. Estas tradiciones inspiraron las lamias de los países árabes, que habitan en los desiertos y se comportan como los vampiros; estas monstruosas mujeres tienen la cabeza de dragón, aunque pueden cambiar de figura a voluntad. Desentierran los cadáveres, se los comen y no dejan más que los huesos. Se cree que en Libia, su país de origen, hay lamias muy veloces, que encantan a los viajeros mostrándoles

58. Lamia

sus gracias; no hablan, ya que de su boca sólo sale un silbido de serpiente. Se cuenta que en Siria, después de una larga guerra, se vieron a muchas lamias, por la noche, devorando a los cadáveres de los soldados. Se las persiguió y algunas fueron muertas a tiros, pero al hacerse de día se comprobó, con estupor, que aquellos monstruos necrófagos se habían trasformado en lobos e hienas.

LANGOSTA INFERNAL

Se cuenta que mientras Carlos el Calvo sitiaba la ciudad de Angers, en Francia, unos demonios bajo forma de langostas, con seis alas y dientes duros como pedernal, atacaron a los franceses. Pero la formación de estos seres diabólicos fue exorcizada y todos se precipitaron en el mar.

LARA (Larunda)

Ninfa hija del río Almo, que descubrió a Juno los amores de Júpiter con Yuturna. También es conocida como Laranda y Lalaria a causa de sus habladurías incorregibles. Según Ovidio, Júpiter, en castigo por su indiscreción, la privó de la lengua y del habla. Llamó seguidamente a Mercurio y le dijo: «Condúcela a la mansión de los *manes,* el reino del silencio; ninfa será allí todavía, pero ninfa de la infernal laguna». El mandato del padre de los dioses fue cumplido al instante, pero al penetrar los dos viajeros en un bosque sombrío, Mercurio quedó prendado por la belleza de la ninfa y la poseyó; de esta unión nacieron los *lares (véase* este término). Lara fue honrada por los latinos como madre de los *lares;* se la tuvo por una divinidad telúrica de la muerte, del silencio. Tito Tacio fue quien introdujo su culto en Roma.

LARARIUM

Lugar o sitio destinado a rendir culto a los dioses o genios lares. Consistía en una especie de capilla o de hornacina generalmente colocada detrás del hogar o en una estancia adecuada.

LARES

Espíritus o *genios,* análogos a los *duendes,* que junto con los *manes,* los *penates* y los *lemures (véanse* todos estos términos) pertenecen al grupo de los espíritus domésticos, en el que figuran desde el principio de la historia entre los latinos, los sabinos y los etruscos. Eran genios tutelares de la casa, de las calles, de los campos y de los barrios de la ciudad. Se les honraba en el seno del hogar, celebrándose especialmente el culto ante unas pequeñas capillas colocadas en el límite de los campos, y una vez al año se solemnizaba con una abundante comida, de la que participaban también los esclavos. En la época antigua sólo se conocía una oración al único *lar familiaris,* que protegía y encarnaba la hacienda y la casa. Posteriormente los *lares* aparecieron formando pareja, seguramente porque desde el tiempo del emperador Augusto fueron considerados como *lares domésticos* los dobles *lares* de la comunidad romana *(lares praestites)* y de la *compita* («encrucijada»). Del campo pasaron los *lares* a las ciudades, y los *lares compitales* (había dos en cada cruce de caminos) se convirtieron en divinidades nacionales. Las prácticas distintivas del culto a los lares proceden principalmente de los sabinos (uno de los pueblos más importantes de la Italia antigua; habitaban la región llamada Sabinia, en el centro de Italia), pero el término *lar* pertenece a la lengua de Etruria y significa «jefe» o «príncipe», que corresponde al genio *anax*. La primera vez que se los encuentra citados es en el canto de los hermanos Arvales, uno de los monumentos más antiguos de la lengua latina, pero con el nombre de *Lases*, lo que parece acentuar su procedencia etrusca. La tradición suponía que el lar familiar había recibido en depósito un tesoro que guardaba oculto, hasta que un día la piedad de uno de los que habitaban la casa le decidía a revelar su existencia. Por su condición de protectores fueron más tarde asociados a otros espíritus o genios domésticos, especialmente a los *penates*, proveedores de la despensa *(penus)*, y los *genios*, que representaban la fuerza productora y conservadora de la raza. Aunque al principio con el nombre de lares se designaron a los espíritus bienhechores de la Tierra, con el paso de las generaciones se utilizó para denominar a los espíritus de los antepasados considerados de un modo ideal y sin referencia alguna a la muerte ni al sepulcro. Más tarde se amplió su campo de acción, dotándolos de las atribuciones de los *genios* y confundiéndolos, muchas veces, con los *manes*, hasta el punto que la única distinción que hubo entre tantas divinidades fue la de espíritus buenos y malos; fue opinión muy generalizada que los hombres de bien se convertían en *lares* después de la muerte, y que los malos tomaban la forma de *larvas*. Por ejemplo, para Marco Aurelio fueron dioses lares los grandes hombres que habían sido sus maestros. Y les tenía tal respeto que sus estatuas eran de oro purísimo. Existía el *lar familiaris* reverenciado en los hogares; el *lar viales*, guardián de los viajes; el *lar compitalis* que presidía los cruces de caminos; el *urbanis*, que protegía las ciudades; el *agrestis*, que guardaba los campos; otros recibían los nombres de *proestites*, y se los adoraba para librarse de las calamidades, y de *hostilii*, y se los invocaba para vencer a los enemigos. En las casas principales de Roma existía la capilla o Larario *(véase* el término *lararium),* en donde se veneraban sus figuras o imágenes, hechas muy a menudo de madera. En todas las comidas, especialmente en las calendas, nonas, idus y en las fiestas familiares, el ama de casa ofrecía a los lares familiares un poco de alimento, que incluía frutos y libaciones de vino, así como una corona floral recién hecha. El lar familiar era saludado por los individuos de una familia tanto al emprender un viaje como al regresar de él; le daban las gracias por cualquier favor recibido y lo invocaban en unión de los *penates*, asignando al *lar* único el título de *familiae pater*. La recién casada, al pisar el umbral de su hogar, le ofrecía un sacrificio y le entregaba una moneda; y después de una ceremonia fúnebre, se sacrificaban dos carneros en su honor y para purificar la casa. El lar familiar solía representarse bajo la figura de un joven de ensortijados cabellos, vestido con una corta túnica y haciendo ademán de iniciar un paso de danza, Por encima de su cabeza levanta el ritón, del que cae el vino, que va a parar a una pátera. La tríada de los espíritus del hogar estaba constituida por dos *penates* a los lados de un *lar* único, y en el *lararium* de cada familia se colocaban tres figuritas en esa disposición; las tres eran invocadas con el nombre común de *lares* y algunas veces de *penates,* considerando a estos dos términos como sinónimos. Plauto, en sus comedias, nos ha dejado algunas noticias de las costumbres que existían en torno al *lar familiaris*. En el prólogo de una de ellas aparece en escena el lar en persona para explicar la acción que va a representarse; afirma que es el genio protector de la casa y que el padre y el abuelo del propietario actual fueron sus íntimos amigos, hasta el punto de que el último le confió un tesoro que un día debe entregar a la hija única de la casa, niña buena y piadosa, que cada día le tributa ofrendas. Considerados los lares como los genios buenos de la familia, tenían participación en todas sus fiestas y alegrías: cuando los jóvenes tomaban la toga viril, a ellos era consagrada la bula de oro o marfil que fuera el adorno de sus años infantiles; si un pariente regresaba de la guerra, suspendía ante su altar sus armas o los despojos del enemigo; el preso, al recobrar la libertad, le ofrecía su cadena. Ovidio dice lo siguiente sobre los lares: «Las calendas de mayo vieron la erección de un altar a los lares protectores y la consagración de las pequeñas estatuas de estos dioses. Fue un voto de Curio, pero el tiempo todo lo destruye y también a la piedra desfigura una vejez muy dilatada. Protectores se llamaron porque con su mirada lo protegen todo; por nosotros continuos y vigilantes centinelas defienden las paredes, y presentes siempre dan auxilio y socorro a quien lo pide. »A sus pies veo un perro hecho de idéntica piedra; ¿por qué ese animal junto al dios? Porque uno y otro custodian la casa, porque uno y otro son fieles al amo. Gusta el genio de las encrucijadas, lo mismo que el perro; los lares, al igual que la jauría de Diana, caen encima de los ladrones; como los lares velan, velan los perros. En vez de las dos estatuas de esos dioses gemelos, destruidas por el poder de los años, posee hoy Roma mil lares y además el genio del príncipe que ha restablecido su culto. Cada barrio adora tres divinidades». Se atribuye a Tito Tacio el culto de los *lares praestites,* asimilados por Ovidio a los *militares*. Estos lares aparecen grabados en un denario de la gens Caesia, perteneciente a los últimos años de la República, y en el que se les representa como militares jóvenes, armados de lanza, vistiendo un manto que deja desnuda la parte superior del cuerpo y con un perro entre ambos. A los *lares praestites* se les rendía culto en el templo de Vesta como representantes de todo el Estado romano. A los lares familiares seguían en importancia los de las calles y caminos, los *compitales* o *viales,* a los que puede darse el nombre de *lares públicos,* por haber sido su culto oficial, en contraposición a los *lares privados* o *familiares.* Sobre las casas de las calles puestas bajo la protección de cada uno o las inmediatas al camino en que existía el santuario del lar recaía el cuidado de su culto; por lo regular estaba ese santuario situado en el mismo *compitum,* o sea, en la encrucijada de calles o caminos, y la recién casada, al entrar por vez primera en su nuevo hogar, además de hacer ofrenda de una moneda a los lares familiares, había de dar un óbolo a los del *compitum* más cercano a su domicilio.

Los *lares compitales* tenían su santuario principal en el monte Palatino con el nombre de *lares publici,* que más tarde fue el de *Augusti,* reorganizándose este culto al dividir la ciudad en 14 distritos y completándose el año 7 a. C. A la muerte de Augusto (14 d. C.), no sólo estaba el templo de los lares en el sitio más elevado de la Vía Sacra, sino que en cada una de las 265 encrucijadas de la ciudad existía una capilla u hornacina con las imágenes de esos genios protectores. Los *lares permarini* tuvieron un templo en el Campo de Marte para conmemorar la victoria naval alcanzada por L. Emilio Regillo en Myonnesos contra la armada asiática de Antíoco en 23 de diciembre del año 190 d. C. Una fiesta a ellos consagrada anualmente en dicho día, celebraba la victoria que dio a Roma el dominio de los mares de Oriente.

Tenían los lares, tanto en el campo como en Roma, sus fiestas, a las que se daba el nombre de *compitalia.* En la encrucijada o plazuela donde estaba la capilla reuníanse los vecinos en la fecha fijada, que solía caer en los días inmediatos a las saturnales. Cada casa del barrio contribuía con una torta para celebrar la fiesta; las imágenes de los lares eran adornadas con cintas y flores, especialmente con violetas, mirto y romero; en su honor se quemaban perfumes y se suspendían lámparas encendidas; y por último se les sacrificaba un cerdo. Entre los usos que se observaban en estas fiestas había algunos que hacían referencia a los antiguos sacrificios humanos: así en las calles y en las puertas de las casas colgaban los vecinos por la noche toda clase de objetos, especialmente unos muñecos de lana, al tiempo que en familia ofrecían a los lares cápsulas de adormidera y ristras de ajos representando las cabezas y los cuerpos de los individuos de la familia. Cuéntase que Tarquino *el Soberbio* llegó a inmolar criaturas a los lares y a su madre, Lara. Al culto de los lares asociose el de toda clase de espíritus y genios superiores, en primer término el del emperador reinante, y después los de amigos, profesores, guerreros, etc. El emperador Alejandro Severo mandó construir en su palacio, junto a la estancia en que dormía, dos lararios: en uno había imágenes de grandes hombres, como Aquiles, Platón, Cicerón y Virgilio, y en el otro de dioses o de hombres divinizados. Varrón confundió a los *lares* con los *manes,* llamándolos espíritus divinos o héroes, asimilándolos a las *larvas (véase* este término); les hacía habitantes, junto con los *genios,* de los espacios celestes, entre las nubes y la bóveda etérea. No obstante, pese a la confusión que llegó a existir entre tantos espíritus parecidos, la clasificación más razonable es la que pone de una parte los espíritus buenos, o sea, los *genios,* los *lares,* los *penates* y los *manes,* y de otra los malos, representados por las *larvas,* mientras que los *lemures* quedan con un carácter indeterminado, aunque inclinados bastante hacia el mal. Según Servio, el culto a los lares procede de la primitiva costumbre de enterrar los cadáveres de los deudos en el patio de la casa, lo que hizo que la gente se imaginase que sus almas permanecían también como a genios propicios. Como esta costumbre se extendió a los caminos reales, podría ser muy bien la causa de que se iniciara el culto de los lares de los caminos y encrucijadas. Cuando moría alguna persona muy grata de joven, los familiares acusaban a los lares de no haber vigilado bastante el hogar, y les recriminaban duramente por haberse dejado sorprender por los espíritus maléficos. Se cuenta que cierto día, Calígula hizo arrojar los suyos por la ventana, porque estaba muy descontento del servicio que le prestaban; al poco tiempo fue asesinado por dos tribunos (24 de enero del 41).

LARVAS (Larves)

La creencia de que las almas de los muertos volvían al mundo para atormentar o implorar la piedad de los hombres estaba muy extendida entre los pueblos de la antigua Italia. En Roma se dio el nombre de *larvas* a los espíritus malignos, a los *espectros* y aparecidos; eran creaciones fantásticas y monstruosas, los fantasmas de los muertos que volvían de noche a la tierra, incapaces de reposar, ya por haber sido omitida en sus exequias alguna ceremonia importante, ya por crímenes que cometieran en vida, ya por haber padecido una gran injusticia o haber sufrido una muerte violenta. Esas almas infelices y errantes eran consideradas como espíritus réprobos de terrible aspecto; en muchos monumentos están representados en forma escuálida y horrible y también como la figura de esqueletos. Cuenta Suetonio, en *Los doce césares,* que cuando Calígula fue asesinado, su palacio se hizo inhabitable por los fantasmas que se adueñaron de él; no desaparecieron hasta que se ofreció la pompa fúnebre al espíritu del fallecido emperador. Las *larvas* llegaron a confundirse erróneamente con los *lares* y los *manes,* pero no tenían con los primeros más que una semejanza de nombre y con los segundos una analogía y significación general por ser unos y otros los espíritus de los muertos. El carácter distintivo de las *larvas* era la acción maléfica que ejercían sobre las personas; se adherían a los pasos de un hombre para arrastrarle de delito en delito, de infortunio en infortunio. Las creencias populares decían que inclinaban a la hipocondría, a la locura, o por lo menos a las extravagancias. Entre los males producidos por estos espectros figuraba la epilepsia, y a los atormentados por ellos se los llamaba *larvati* o *cerriti.* También se creía que torturaban a los muertos hasta en los infiernos. Y algunas tradiciones suponen que Mania, la madre de los *manes,* también era madre o abuela de las *larvas.* Para curar a una persona víctima de esos espectros o especie de fantasmas, el individuo era sometido a verdaderos exorcismos y lustraciones y se hacía gran número de ofrendas y sacrificios a los espíritus. Las lustraciones se efectuaban paseándole alrededor de un templo *(circumferre),* quemando antorchas de resina, además de ofrecer víctimas propiciatorias. Hay textos que indican que el medio más seguro para ahuyentar a las larvas era arrojar habas o quemarlas, porque el humo de esta legumbre les causaba una aversión insoportable. En varios textos de Séneca y Plinio el Viejo, se alude al carácter de atormentadores infernales de las larvas, representado en algunos monumentos etruscos. En las figuras negras de una tumba de Tarquina, aparecen, en una escena que representa la partida de los muertos para los infiernos, las larvas haciendo un papel análogo al de las *furias (véase* este término). Entre los romanos, las larvas, como la *lamia (véase* este término) de los griegos, se utilizaron para infundir pavor a los niños y hacer que fueran obedientes.

LARZOD

Uno de los ángeles gloriosos y benevolentes que se invocan en ritos salomónicos de conjuración para que el invocante perciba algunos secretos de la sabiduría del Creador, según el grimorio *Clavículas de Salomón.*

LAS

Nombre dado a los espíritus angélicos entre los tibetanos. Estos espíritus bienhechores y protectores son innumerables e incorpóreos. Según las creencias del país, protegen a los mortales de los maleficios y maldades de los demonios o genios del mal.

LASA

Nombre que dan al diablo los indios de Honduras, en el departamento de Colón.

LASES

Forma arcaica de *lares (véase* este término).

LAUDAY

Ángel que se invoca en la bendición de la sal en algunos ritos contenidos en el *Grimorium Verum.*

LAUNÉ

Espíritu que otorga el conocimiento de los demonios si se le invoca convenientemente, de acuerdo con *El grimorio de Armadel.*

LAURÍN

Rey germánico de las hadas, a quien se representa en el poema de *Los nibelungos* como un enano que vive en un jardín encantado repleto de rosas. Residía en el Tirol y sostuvo con Teodorico de Berna una serie de luchas que se describen en varios poemas y tradiciones germánicas.

LAUVIAH (Laviah, Leuuiah, Leuviah)

Ángel que comunica sabiduría y equilibrio interno, capacidad de mediación para solucionar conflictos y enfrentamientos entre personas, aptitud para superarse ante obstáculos y dificultades y fuerza de decisión para ocupar cargos de responsabilidad. Parece pertenecer tanto al coro de los querubines como al de los tronos. Laviah o Lauviah es otro de los setenta y dos ángeles que llevan el nombre místico de Dios, Shemhamphoras, según Barrett, Cornelius Agrippa, Rivière... Tiene dominio sobre el planeta Júpiter y el signo zodiacal de Cáncer.

LAVAHAN

Según el sexto y séptimo libros de Moisés, uno de los espíritus angélicos encargados del crecimiento y marchitamiento de las cosas.

LAVANA

Un rakshasa o espíritu del mal en la mitología hindú. Era hermana de *Rayana (véase* este término), el jefe de los demonios que afligen a la humanidad con todo género de calamidades. Lavana heredó de su padre (Madhu) un tridente que hacía invencible al que lo tenía en la mano. Fue muerta por Satru-ghna en una ocasión en que la sorprendió sin el talismánico tridente.

LAVANDIÈRES (Kannereznos, Lavanderas)

Especie de hadas malvadas de Bretaña. Sólo se dejan ver de noche y llaman, con una voz muy dulce y sugestionadora, a los caminantes que pasan por sus cercanías, invitándoles a ayudarlas a retorcer la ropa blanca; el infeliz que cede a sus demandas termina casi siempre estrangulado por estas pérfidas mujeres sobrenaturales.

LAVERNA

Una de las más antiguas y oscuras divinidades de los antiguos romanos. En un principio formaba parte de los espíritus subterráneos, pero después llegó a convertirse en diosa protectora de los ladrones y salteadores de caminos, a los que guiaba al robo y procuraba facilitarles la impunidad. Según la tradición reinaba en las tinieblas y sus santuarios se hallaban en lo más hondo de bosques sombríos. Uno de éstos se encontraba al norte de Roma, sobre la *Vía Salaria,* en un lugar misterioso, en donde los ladrones se daban cita para repartirse el botín. Tenía también un altar en el Aventino, cerca de la puerta que tomó su nombre *(lavernalis).* Las libaciones en honor de Laverna se hacían levantando la mano izquierda, por ser diosa del mundo de los muertos o del mundo inferior.

LAVERNAL

Nombre que se daba a una de las puertas de Roma, próxima al bosque consagrado a Laverna.

LAVIAH (*Véase* LAUVIAH)

LAYKA (*Véase* LAICA)

LAZAI (Lazay)

Según *The Key of Solomon the King* de MacGregor Mathers, Lazai es uno de los espíritus angélicos que se invocan en el exorcismo del fuego y para alejar olores malignos y purificar el ambiente con perfumes o fumigaciones positivos.

LEBES

Uno de los ángeles que mandan en el primer cielo. Cuando se aparece lo hace llevando un estandarte con una cruz roja en medio.

LECABEL

Ángel que controla la vegetación y la agricultura. Es uno de los setenta y dos ángeles que llevan el nombre místico de Dios (los Shemhamphoras). Pertenece al orden de las dominaciones e influye en Mercurio, el signo de Virgo, en la palabra y en la escritura.

LECHÍES (Lequías, Leshy, Lyesche, Lesovik...)

Divinidades o espíritus de los bosques, entre los antiguos pueblos eslavos. El nombre de *lechi* se relaciona con *less*, «selva», es decir, con el espíritu de los bosques. Viene a corresponder al antiguo *fauno* o *sátiro* de la mitología griega. Las leyendas populares eslavas presentan al *lechi* con figura semihumana, pero con mejillas de un tinte azulado, debido a que su sangre es de color azul; sus ojos, desorbitados, son de color verde; sus cejas son muy pobladas y tiene una larga barba, también de color verdoso; su cabellera es muy densa y desmelenada. Tiene dos largos cuernos y piernas de macho cabrío. La imaginación popular cree que lleva ceñido un cinturón de color rojo; que en el pie derecho lleva el calzado correspondiente al izquierdo, y que se abotona el *cafetán* o *caftán* (especie de túnica larga con mangas cortas) tam-

bién en sentido inverso. Los lechíes no tienen una estatura fija, sino que ésta varía según las circunstancias; cuando vagan por el interior de los bosques, tocan con su cabeza la copa de los árboles más altos; en cambio, cuando caminan por las lindes, entre hierbas y arbustos, se trasforman en enanos diminutos, a fin de que no los descubran. Las tradiciones rusas dan a los lechíes cuerpo humano desde la cintura a la testa, pero con cuernos, orejas y una barba de cabra; de cintura para abajo tienen forma de chivo. Estos genios o espíritus selváticos se suponen nacidos de una mujer mortal y de un demonio. Los lechíes no son seres mortales, aunque deben desaparecer temporalmente: quedan aletargados a principios de octubre para revivir en primavera. Cuando se acerca el período de su fin cataléptico, se apodera de ellos una especie de rabia y son muy peligrosos; recorren el bosque como posesos, silban, lanzan gritos e imitan la risa estridente de las mujeres histéricas, los sollozos

59. Lechi

de los humanos, los chillidos de las aves rapaces y los aullidos de las fieras. Si entonces encuentran a algún viajero, lo extravían, conduciéndolo hasta una de las cavernas que habitan, donde se complacen en hacerle cosquillas hasta matarlo. Por otra parte, el lechi procura no invadir el terreno de los genios o espíritus vecinos, por el mismo motivo no permite la entrada de extraños en sus dominios. Si un paseante solitario se adentra en el bosque, o un campesino penetra en él para coger frutos o setas, o un cazador pretende cobrar alguna pieza, el lechi los extravía, haciéndolos vagar por la intrincada maleza hasta quedar completamente desorientados. Pero, fuera de su período de rabia, no se muestra muy cruel con ellos. Los que le han ofendido, para ser perdonados sólo tienen que sentarse en el tronco de un árbol caído, desnudarse y ponerse la ropa al revés. Algunas tradiciones indican que los lechíes tienen instintos familiares y que tienen una esposa –la *lechatchikha* o *leshacikha*– y unos hijos que se llaman los *lechonki* o *leshonki*. Otros nombres de los lechíes son: *lesovik, Lyeshy, Lyeshe, Lesiye, Leshy, Lesiy...*

LEDRION

Ángel que se invoca en el exorcismo de espíritus negativos por medio de inciensos, fumigadores y defumadores.

LEGIONES INFERNALES

Según Wierus o Wierio hay en el infierno 6666 legiones de diablos y cada legión está compuesta de 6666 demonios, lo que hace subir el número de estos seres infernales a 44.435.556 (6666 x 6666). Al frente de tan enorme ejército diabólico se hallan 72 jefes *(véanse* los términos *demonio* y *monarquía infernal).*

LEHAHIAH (Lehachiah)

Uno de los ángeles del orden de las potestades y de los setenta y dos que llevan el nombre místico de Dios (Shemhamphoras). Protege a reyes y gobernantes. En magia talismánica se le invoca y graba el nombre en talismanes para evitar la ira propia y la ajena y conservar la paz. Predispone para el trabajo duro y la disciplina. Influye en el planeta Saturno y en el signo de Virgo.

LEHEREN SUGA

En la mitología celta, gran serpiente o dragón que dormía en el interior de un lago de fuego. Su respiración era tan pavorosa que producía ecos subterráneos, y sus convulsiones eran tan violentas que provocaba temblores de tierra. Dice la leyenda que un ángel dejó caer del cielo la sexagésima gota de una clepsidra y tocó siete trompetas; despertó violentamente el enorme dragón, abrió siete fauces, de las que salieron siete volcanes que consumieron la Tierra en diez días, y luego con su cola gigantesca amasó una Tierra nueva.

LELAHEL

Ángel citado en *The Key of Solomon the King* de MacGregor Mathers como uno de los entes a invocar para obtener pergamino virgen mágico. Según Ambelain *(La Kabbale Pratique),* es un ángel del zodíaco que rige el amor, la ciencia, el arte y la fortuna. Para Barrett *(El mago)* es uno de los setenta y dos ángeles que llevan el nombre místico de Dios: Shemhamphora. De acuerdo con Uriel *(Las cartas de los ángeles de la cábala)* pertenece al orden de los serafines y tiene dominio sobre el planeta Venus y el signo zodiacal de Aries. Confiere iluminación espiritual y el don para curar las enfermedades. Otros cabalistas opinan que también influye en el planeta Neptuno.

LELAHIAH (Ielahiah, Yelahiah)

Otro de los setenta y dos ángeles que llevan el nombre místico de Dios (Shemhamphora). Se le invoca para obtener logros prácticos. Confiere combatividad, coraje y resistencia y comprensión ante las adversidades.

LEMANAEL

El espíritu de la Luna.

LEMURES

Genios o espíritus de los muertos entre los antiguos romanos y etruscos. Aunque eran tenidos por maléficos, causaban menos maldades y terror que las *larvas (véase* este término); también estaban algo alejados de la calidad divina de los *lares* y *manes (véanse* estos términos). No obstante, eran apariciones o espectros de la misma índole que las larvas, pues, como éstas, participaban del poder de volver a la Tierra en determinados días para atormentar a los vivos. El nombre viene del latín *lemures,* «fantasmas, visiones, duendes», y está unido a la leyenda de Remo, a quien mató su hermano Rómulo; éste, para aplacar al irritado espíritu o espectro de Remo, estableció una fiesta especial de los muertos que, según Ovidio, al principio se llamó *Remurales,* pero con el tiempo, trocada por una letra más suave la inicial de este nombre, se pronunció *Lemurales.* Esta fiesta se celebraba durante las noches del 9, 11 y 13 de mayo, días que eran considerados como nefastos. La Lemuria empezaba en cada casa levantándose el cabeza de familia a media noche, descalzo y en ropas menores; castañeaba los dedos para llamar a los espectros o espíritus de sus muertos y, después de purificarse, echaba habas negras detrás de sí, ya que se suponía que los espíritus, sin ser vistos, removían aquellas legumbres. Con todo, no está claro el carácter de los lemures, ya que san Agustín, exponiendo ciertas doctrinas platónicas, dice «que las almas de los hombres son demonios, y que de hombres se hacen *lares,* si son de buen mérito, y si de malo, *lemures* o *larvas,* y que cuando se ignora si tienen buenos o malos méritos, entonces se denominan dioses *manes».* Aunque los *lemures* quedan con un carácter indeterminado, entre los *lares* y las *larvas,* participan más del carácter de éstas que de aquéllos, lo que queda demostrado por las ceremonias que se realizaban en las *Lemurias* para ahuyentarlos de la casa.

LEMURIAS

Fiestas nocturnas privadas que los romanos celebraban los días 9, 11 y 13 de mayo en honor de los *lemures (véase* este término). Durante estas fiestas se cerraban los templos y no se celebraban matrimonios. Con objeto de alejar de su hogar a los malos espíritus, a los lemures, el cabeza de familia se levantaba a media noche, en paños menores, y recorría la casa descalzo, haciendo sonar los dedos. Luego se lavaba las manos tres veces, se llenaba la boca de habas negras y las escupía hacia atrás diciendo: «Arrojo estas habas y con ello me rescato, y a los míos». Despúes volvía a purificar sus manos, hacía sonar un vaso de bronce y repetía nueve veces: «Lemures, partid, marchad», y ya limpia la casa de espíritus perversos, podía mirar sin cuidado hacia atrás y esperar sin temor a que trascurriera el resto del año.

LEÓN DE NEMEA

El primer trabajo impuesto a Heracles (Hércules) por Euristeo fue dar muerte a un león que era el terror del valle de Nemea, en la Argólide. Este felino era de monstruosa magnitud y de una ferocidad sin igual; además era invulnerable a las heridas y a los golpes. Para terminar con aquella fiera que devoraba habitantes y rebaños, llevando el dolor a muchos hogares y haciendas, Heracles le disparó una tras otra todas sus flechas, pero los proyectiles parecían resbalar por la piel del monstruo. Entonces le embistió con su férrea clava, pero ésta se rompió al ser descargada contra el león, que asustado se refugió en su cubil, una caverna que disponía de dos salidas. Heracles, por consejo del pastor Molorques, cerró una de las aberturas, y penetró por la otra en la guarida de la fiera, acorralándola; cuando el león se lanzó sobre él, lo ahogó entre sus fuertes brazos. Teócritos cuenta que durante algún rato permaneció el héroe intentando desollar el animal y que quedó perplejo al comprobar que no podía separar aquella piel del cuerpo, pues en ella no hacía mella ni el hierro. Al fin tuvo la feliz idea de valerse de las propias garras del félido, gracias a lo cual consiguió su propósito de hacerse con la piel, de la que se sirvió como coraza para hacerse invulnerable; la cabeza de la fiera la utilizó como casco. Según la *Teogonía* de Hesíodo, el León de Nemea era hijo de *Equidna* y de *Ortos*.

LEONARDO (Leonard)

Demonio al que se le atribuye la dirección de aquelarres y reuniones de brujas y hechiceros. Es el jefe de los demonios subalternos y se denomina, con frecuencia, el «gran negro», por sus ropajes oscuros. Se le atribuyen orejas de zorra y tres largos cuernos en la cabeza (símbolo del tridente). Viste con sobriedad y es más taciturno y melancólico que alegre o jovial. Se le representa sosteniendo una espada por la funda en su mano derecha, ofreciendo la empuñadura, de la

60. Leonardo

que sobresale un pequeño tridente, representación de lo oculto y de los conocimientos profundos del inframundo. Se le conoce también por el «maestro Leonard». Según Collin de Plancy, algunas veces se aparece como un lebrel o un buey o un gran pájaro negro o un tronco de árbol sobrepujado de un rostro tenebroso.

LEPHA (Lefa)

Ángel que se halla mencionado en la Citación general de invocaciones en el *Sexto y séptimo libros de Moisés*.

LEPRECAUN (Leprechaun, Lepracaun, Leprehaun...)

Duende doméstico típico de Irlanda. Es pequeño, regordete y con rostro gris y arrugado, como de viejo. Su nariz es roja y le gusta fumar en pipa y beber whisky. Su estatura varía entre quince y sesenta centímetros. Lleva un largo chaquetón, un mandil de trabajo, zapatos curvados y suele vestir de verde, incluido el gorro tri-

61. Leprecaun

cornio con el que se cubre la cabeza. Sus hebillas y botones son grandes, plateados. Su nombre significa «zapatero de un solo zapato» y se cuenta que, realmente, es el zapatero y remendón de las hadas. Improvisa su taller bajo una seta gigante, en el hueco o raíces de un árbol o en el agujero de una peña. Es solitario y suele acomodarse en un viejo castillo o en grandes casas abandonadas o ruinosas. Se le conoce por diversos nombres, según la región en que reside: Cluricaune en el condado de Cork; Luricaune, en Kerry; Leprechan en Leinster; Lurikeen en Kildare; Lurigadaun en Tipperary... Y hay quien le identifica totalmente –parece que de una manera poco estudiada– con el *cluricaune* (*véase* este término).

LERAJE (Lerajie, Leraie; Leraikha)

Espíritu infernal o demonio, según *Goecia* de Aleister Crowley y *El libro de la magia negra* de A. E. Waite. Es un poderoso marqués infernal que se presenta con la apariencia de un arquero, vestido de verde, con carcaj y arco. Origina grandes batallas y responde a las preguntas sobre artes castrenses. Gobierna treinta legiones de espíritus infernales. Su sello se graba en plata y está ligado al signo de Sagitario.

LETANÍAS DEL SABBAT

Dice la tradición que las brujas y brujos que tenían comercio con el diablo cantaban en los miércoles y los sábados las siguientes letanías infernales: Lucifer, tened piedad de nosotros. / Belzebú, tened piedad de nosotros./ Leviathán, tened piedad de nosotros.

/ Baal, príncipe de los serafines, rogad por nosotros. / Baalberit, príncipe de los querubines, rogad por nosotros. / Astarot, príncipe de los tronos, rogad por nosotros. / Rosier, príncipe de las dominaciones, rogad por nosotros. / Carreau, príncipe de las potestades, rogad por nosotros. / Belial, príncipe de las virtudes, rogad por nosotros. / Perrier, príncipe de los principados, rogad por nosotros. / Olivier, príncipe de los arcángeles, rogad por nosotros. / Junior, príncipe de los ángeles, rogad por nosotros. / Sarcueil, rogad por nosotros. / Fume-bouche, rogad por nosotros. / Pierre-de-feu, rogad por nosotros. / Carniveau, rogad por nosotros. / Terrier, rogad por nosotros. / Coutellier, rogad por nosotros. / Behemoth, rogad por nosotros. / Oilette, rogad por nosotros. / Belfegor, rogad por nosotros. / Sabathan, rogad por nosotros. / Garaudier, rogad por nosotros. / Dolers, rogad por nosotros. / Pierre-fort, rogad por nosotros. / Axaphat, rogad por nosotros. / Prisier, rogad por nosotros. / Kakas, rogad por nosotros. Lucesme, rogad por nosotros.

LETEO

Según los antiguos griegos cuatro eran los ríos de los infiernos: el Aqueronte, el Cocito, el Flegetonte y el Leteo. Este último, llamado también río del Olvido, regaba una parte del Tártaro y llegaba hasta los Campos Elíseos. Las aguas del Leteo tenían la propiedad de hacer olvidar a quien en sus aguas se bañaba o bebía, los placeres y las penas experimentadas en vida. En este río entraban las almas de los muertos para perder la memoria de lo que padecieron en la tierra, así como las destinadas a animar otros cuerpos y comenzar una nueva existencia. Esa corriente era tan sosegada y tranquila que recibió los sobrenombres de *río de aceite* y *río silencioso*. En sus márgenes, lo mismo que en las del *Cocito* (véase este término), había una puerta que comunicaba con el Tártaro. Además de los ríos citados, en el infierno estaba la laguna *Estigia* (véase este término).

LEUCROCOTA (Leucrocotta)

Nombre que dio Plinio a una bestia salvaje del tamaño de un asno, con las piernas de un ciervo, el cuello, cola y pecho de un león, la cabeza de un tejón, pezuñas hendidas, la boca de oreja a oreja y un hueso continuo en lugar de dientes.

LEVANAEL (Iaraechel)

Según Cornelius Agrippa *(Filosofía oculta),* Levanael es el espíritu de la Luna.

LEVERNAS (Lavernas)

Otra especie de ninfas de los bosques, citadas por Barrett en *El mago.* Al parecer, estaban al servicio de la diosa *Laverna* (véase este término).

LEVIAH (Laiah)

Uno de los setenta y dos ángeles que llevan el nombre sagrado de Dios: Shemhamphora. Se le invoca para que confiera memoria y aumente la inteligencia. Pertenece al orden de los tronos e influye sobre el planeta Urano y el signo zodiacal de Géminis. Ayuda a tener amistades justas y amables.

LEVIATÁN (Leviathan)

Según los demonógrafos, Leviatán es el gran almirante de los infiernos, el gobernador de las comarcas marítimas de Belcebú o *Belzebú (véase* este término). Por su parte, los magos afirmaban que era uno de los cuatro espíritus que presidían las cuatro partes del mundo, o sea, los cuatro puntos cardinales; a Leviatán le correspondía el Sur o Mediodía. En las Sagradas Escrituras se utiliza el nombre de *Leviathan* para designar distintos animales, caracterizados siempre por su poder y por su fuerza monstruosa. Aunque ese vocablo parece corresponder a cocodrilo, dragón, ballena, etc., algunos eruditos suponen que, en realidad, se trata de representar al rey de los animales marinos, de la misma manera que la palabra *Behemot* o *Behemoth (véase* este término) se refiere al más fuerte de los terrestres. La mayoría de los orientalistas relacionan *Leviathan* con una raíz que equivale a «retorcerse y enroscarse», lo que hace pensar en la serpiente y en el demonio, que adopta esta forma para tentar a Adán y Eva en el paraíso terrenal. En el salmo CIII se considera a Leviathan como un monstruo marino, seguramente la ballena, aunque algunos críticos, como Torres Amat, se inclinan a pensar en la posible existencia de un animal todavía más feroz, monstruoso y disforme, quizás como una especie de dragón marino o como la legendaria *serpiente de mar (véase* este término). En el libro de Isaías se lee del día de la caída de Babilonia: «Aquel día castigará Yavé con su espada pesada, grande y poderosa al Leviathan, serpiente huidiza; al Leviathan, serpiente tortuosa, y matará al dragón que está en el mar». En este pasaje bíblico, Leviathan simboliza la maldad, refiriéndose al demonio en la forma del rey de Babilonia, que para los hebreos compendiaba todos los vicios y pecados del paganismo. Y según los libros apócrifos judíos, el Leviathan fue creado por Yavé el quinto día, junto con los grandes cetáceos, y es conservado con vida para servir de alimento a los bienaventurados en el mundo futuro. Lo curioso es que algunas de estas ideas hebreas coinciden con las contenidas en los textos mitológicos de Ugarit, como en los poemas de Báal y Anat, en los que se dice: «Si tú matas a Lotán, la serpiente sesgada, destruye la serpiente tortuosa, Salyat de las siete cabezas». En otros pasajes también aparece junto al dragón, por todo lo cual resulta que el Leviathan bíblico tiene su origen en la antigua mitología fenicia, en la cual aparece

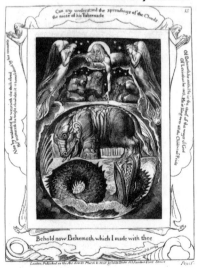

62. Leviatán y Behemot

como monstruo portador de toda clase de desgracias. Aparece al servicio de Mot, dios de los infiernos, en su lucha contra Baal. El pensador, poeta y erudito francés Victor Hugo hace la siguiente descripción visionaria de ese monstruo infernal: «¡Leviatán!, pelos, crestas, mandíbulas, alas que son brazos, pies que son aletas, garras que se tomarían por hierbas, nudos, mil antenas que forman un ramaje espinoso, un ombligo verde, semejante a la mar que surca, es la sombra hecha monstruo, y que vive, ¡cosa espantosa!; no sé qué de negro y de prodigioso que muerde con dientes, que ve con ojos. La manera como pone sus pies uno delante de otro es horrible; la ola ruge cuando él se revuelca en ella; como un vaso en el fuego, hierve la mar sobre su frente; al arrastrarse siembra por todas partes sus escamas como un cisne su pluma en el momento de la muda; el rayo podría caer sobre él sin que él se meneara. Es el horror, es la hidra por la cual todo se estremece; y cuando Leviatán escupe, Satán vomita. Que ese ser horripilante esté en el mundo donde estamos nosotros y pueda mirar el cielo como los hombres, turba el espíritu y confunde la razón. Cuando por la noche pasa detrás del horizonte, el brillo de sus ojos parece el alba; la playa se blanquea; el viajero dice la aurora asoma, y en su tranquilidad no sospecha que es Leviatán quien produce aquella claridad. Pasando apacible, piensa en el alba dulce y rubia, en el rocío, en las flores… ¡Qué profundo terror, qué estremecimiento, si pudiera ver moverse de pronto en la oscuridad

63. Leviatán

aquella inaudita y sombría forma! A veces Leviatán baja hacia el precipicio, y las larvas tienen miedo en el fondo del lago de azufre y el infierno tiembla y su carcelero palidece cuando allá arriba, sobre sus frentes, surgiendo de repente, su cabeza se yergue espantable en el reborde del abismo, como un monte que menea ra su cima…».

LIBICOCCO

Uno más de los demonios que Dante sitúa en el infierno (*La divina comedia*, canto XXI) para pesadilla de los condenados y perversos. El nombre significa «deseo ardiente».

LICANTROPÍA

Los médicos de pasados siglos dieron este nombre –algunos autores han divulgado el impropio de *licantrofía*– a diversos estados neuropatológicos y psicosomáticos, especialmente a la manía en la que el enfermo se imaginaba estar trasformado en lobo e imitaba los aullidos de este animal. Las creencias populares creían firmemente en la trasformación de un hombre en lobo (véase el término *hombre lobo*). A los licántropos se los llamaba comúnmente lobos-brujos, y son citados por Virgilio, Solin, Strabon, Pomponio Mela, Varrón, san Agustín, santo Tomás, san Gerónimo, etc. Incluso Cervantes, en su *Persiles y Segismunda*, habla de islas de lobos-brujos y brujas que se convertían en lobas para arrebatar a los hombres a quienes amaban. El vocablo *licantropía* viene del griego *likanthropía*, compuesto de *lycos*, «lobo», y *anthropos*, «hombre». J. de Naynauld publicó en 1615 un tratado completo de licantropía, a la que llamó *locura lobuna* y *liaconía*, y cuya existencia creía realmente. Por lo demás, en todos los países existen multitud de leyendas y relatos sobre las correrías de los hombres-lobo.

LICÁNTROPO

Persona atacada de licantropía o trasformada en lobo por encantamiento diabólico. Dícese que si se da un porrazo entre los ojos de la fiera, el hombre encantado recobra su figura humana. Se supone que Licaón, rey de los arcadios, y Nabucodonosor, rey de Babilonia, son de los primeros hombres-lobo de la historia (*véanse* los términos *hombre lobo* y *loup-garou*).

LICAS

Demonio de un negro intenso, como el carbón. Todo su cuerpo hiede y va cubierto con una piel de lobo.

LIESCHIS

Espíritus familiares de la Siberia, los cuales adoptan, la mayoría de las veces, la forma de enanos cubiertos de pelos. Son más conocidos por el nombre de *lechíes* (*véase* este término).

LILIPUT

Nombre de un país fabuloso descrito por el escritor inglés Jonathan Swift en su *Viajes de Gulliver,* publicado por primera vez en 1726. Después de haber visitado *Liliput* o país de los enanos, cuyos habitantes no pasan de seis pulgadas de altura (15,2 cm), el protagonista corre nuevas aventuras en el reino de Brobdingnac o país de los gigantes, y en el de Honyhnhnms. Los habitantes de Liliput se llaman liliputienses, palabra que se emplea en el lenguaje corriente como sinónima de enano.

LILITH

Nombre que da el Talmud a la mujer de Adán, madre de monstruos, gigantes y demonios; según las leyes rabínicas no quiso someterse a su marido y lo abandonó para vivir en la región del aire. Para los cabalistas es uno de los siete demonios principales, el del viernes, que oponen al genio de Venus; se le representa con la figura de una mujer desnuda cuyo cuerpo termina en cola de serpiente. Los libros canónicos de Israel dan el nombre de *Lilith* a un espectro o *fantasma (véase* este vocablo) de mujer, que se aparecía durante la noche. Era una joven de rara belleza y venia a desempeñar un papel parecido al de la antigua *lamia (véase* este término) o del demonio *súcubo* de la Edad Media. San Jerónimo traduce en efecto, el vocablo *lilith* por *lamia*, y en esto se adaptó a las creencias populares, interpretándolo en el sentido de monstruo nocturno. El verdadero significado de la palabra hebraica *Lilith* no es conocido, pero, al parecer, corresponde al *lilîtu* babilónico, «demonio de las tempestades». Se dice que Lilith habita en el desierto o en las ruinas abandonadas, y también en la tienda que el malvado deja al morir. Algunas tradiciones judías afirman que Lilith fue la madre de Caín, quien mató a su hermano Abel, hijo de Eva, la otra mujer de Adán. Pero otros eruditos identifican a Lilith con el mote sumerio *loulou*, «desenfreno, libertinaje», considerándola como el demonio hembra que incita a la voluptuosidad, a la lascivia.

LIMNADES (Limnácidas, Elionomeas)

Ninfas de los lagos, estanques, ciénagas y pantanos. Cuenta la leyenda que eran peligrosas porque pedían ayuda a los caminantes haciéndoles creer que se estaban ahogando, para luego agarrarlos y arrastrarlos al fondo de las aguas. Puede ser un simbolismo de lo peligroso que era beber o hallarse en aguas estancadas. Según sus nombres locales se subdividían en *tritónidas, castálidas...* (*Véase* el término *ninfa*).

LINCHETTO

Duende típico de Lucca (Italia), al que se atribuyen determinadas travesuras, como la de atar entre sí las colas de los bueyes y vacas, volcar los cubos de leche, verter el vino en los abrevaderos, etc.

LIOSALFAR

Genios o *alfos* luminosos de la mitología escandinava. Habitaban en el Liosalfarheim y eran opuestos a los *alfos* o *elfos* de las tinieblas (*véase* el término *elfo),* que recibían el nombre de *dockalfar* (*véase* este término). Los liosalfar eran benéficos (*véase* el término *alfars).*

LLAM-DEARG (*Véase* MAIN-ROUGE)

LOAJNICE

Nombre que en Transilvania (Rumanía) dan a las vampiras o *strigoaïca.* (*Véase* el término *strigoi).*

LOBINSÓN

Animal fabuloso, al cual la gente del campo de España le atribuía las más variadas y espantosas formas, como la de mitad lobo y mitad otra fiera. Se le achacaban desmanes contra el ganado y animales de granja.

LOBISOME

Nombre que dan en Galicia (España) al hombre lobo, al que se atribuyeron muchas desapariciones de personas en los siglos XVIII y XIX, así como la muerte de otras que fueron encontradas muy mutiladas en los bosques.

LOBQUIN

Según Barrett (*El mago),* es uno de los ángeles del martes que rigen el quinto cielo. Se le invoca desde el Occidente.

LOKI

Espíritu o genio del mal en la mitología escandinava, hijo de Farbanta y de Laufeia. Tuvo dos esposas: la giganta Angurboda y la virtuosa

Signir. De la primera tuvo al lobo Feurir, a la serpiente Iormungandur y a Hela (la Muerte); y de la segunda, a Nare. Schoning considera a Loki como un devorador de cadáveres, y Snorri lo pinta como el prototipo de la mentira, considerándolo una vergüenza para los dioses y para los hombres; dice que Loki es hermoso y de aspecto agradable pero que su naturaleza es perversa y que su figura cambia continuamente, quizá para engañar mejor. Cuentan las tradiciones nórdicas que los Ases intentaron matar a Loki, que simboliza la maldad y la astucia, pero que éste se arrojó a una cascada y se trasformó en salmón. Pero los dioses lo atraparon y le ataron a tres piedras enormes, colocándole sobre la cabeza una serpiente que le devora los sesos. Loki no puede por ahora libertarse, pero llegará el día que se soltará y destruirá el mundo. Originariamente Loki era un espíritu o silfo del fuego. Por ello cuando chisporrotea en Noruega el fuego del hogar, se dice que Loki está pegando a sus hijos. En Suecia existe la costumbre de echar al fuego los dientes que se les caen a los niños pequeños, consagrándolos a Lokke (Loki). Y en Dinamarca, cuando en los días de calor brilla el aire, dicen: «Loke saca hoy sus cabras o sus ovejas o siembra su avena». La naturaleza sílfica de Loki proporcionó abundante material a la poesía en Islandia, en donde también se le ha relacionado con los poderes diabólicos, con el infierno y con el demonio. Loki juega un papel importante en multitud de leyendas y poemas.

LOLÉEROU

Nombre que dan en Périgord (Francia) al loup-garou (véase este término), al hombre lobo.

LOQUEL

Ángel que sirve en el primer cielo y que se invoca en rituales para que beneficie el trabajo o labor del oficiante, según el Sexto y séptimo libros de Moisés.

LORAY (Lovay)

Gran marqués de los infiernos, que está bajo las órdenes directas de Sargatanas. Se deja ver bajo la forma de un arrogante arquero, llevando arco y flechas. Inspira los combates y empeora las heridas hechas con flechas. Tiene bajo su mando a treinta legiones de diablos.

LOUCOMORIE

País fabuloso que se supone situado en la inmensa Rusia; está habitado por hombres fantásticos con cabeza de perro, peces con figura humana, etc.

LOUDUN (Véase DEMONIOS DE LOUDUN)

LOUP-GAROU

Nombre que en Francia daban al hombre lobo o licántropo (véanse estos términos), principalmente en la comarca de Berry. Era creencia muy extendida que los hombres, mediante un pacto con el diablo, pacto que se hacía a media noche en las encrucijadas, se convertían en loups-garous y que sólo podían ser heridos por una bala bendecida o sobre la que se hubiese pronunciado cinco veces el padrenuestro o el avemaría. Una vez heridos, recuperaban su forma humana y quedaba roto su pacto con el demonio. En Francia, las primeras leyendas licantrópicas se encuentran en la *Lai du Bisclaveret* de María de Francia (siglo XIII), y es tradición en Normandía creer que el hombre lobo era un ateo o un hombre maldito que durante cuatro o siete años se metamorfoseaba en lobo por la noche. De Lancre asegura que estrangulaban a los perros y a los niños y que se los comían con buen apetito. Asimismo afirma que caminaban a cuatro patas, que aullaban como los verdaderos lobos, que tenían grandes bocas, que sus ojos eran centelleantes y que tenían dientes encorvados. La creencia en el loup-garou estuvo muy extendida por el mediodía de Francia, en el que era acto de fe que los hombres se trasformaban en lobos y salían a causar mal durante la luna llena. Al llegar la noche, el atacado de licantropía dejaba el lecho, saltaba por una ventana y se precipitaba en una fuente o laguna. Después de la inmersión, se encontraba revestido con una piel de largos pelos, caminaba a cuatro patas y corrían de un lado para otro por los campos, bosques y pueblos. Mordía a las gentes y bestias que encontraba en su camino. Al acercarse las luces del alba, el loup-garou volvía a sumergirse en la fuente y recobraba su primitivo aspecto. En ocasiones, dice la tradición, adoptaba la forma de un gran perro blanco o marchaba acompañado de perros. En el Périgord, el loup-garou recibía el nombre de *louléerou*. Era creencia generalizada que ciertos hombres malditos, como los bastardos, eran obligados por las fuerzas del mal, en cada luna llena, a trasformarse en esa bestia diabólica. Siempre de noche, se sumergían en una fuente y después de haber batido el agua durante unos momentos, salían por el lado opuesto al de entrada llevando una piel de cabra que el diablo les había proporcionado. Actuaban del modo ya descrito y a menudo se encontraban enfermos, a causa de indigestiones, sobre todo porque se comían perros viejos; se asegura haber visto a más de un loup-garou devolviendo patas enteras de canes. Mientras ellos corrían detrás de los perros o de los niños podían ser heridos a tiros de fusil; si caían muertos, la envoltura demoníaca desaparecía y se mostraban en su forma humana, por lo que podían ser reconocidos, lo que era una gran vergüenza y deshonra para sus familias. Por otra parte, los expertos podían reconocer durante el día a un *loup-garou,* ya que el licántropo acostumbraba a tener los dedos un poco planos y a mostrar pelos en la palma de la mano. En Normandía, el licántropo o loup-garou llevaba una piel llamada *hére* o *hure*. Se creía que para librar al condenado de tal maldad, era conveniente herirlo tres veces con un cuchillo en la frente. Sin embargo, algunas personas menos sanguinarias decían que era suficiente hacerle saltar tres gotas de sangre con un alfiler. Según la opinión de los habitantes de esta misma provincia francesa, el loup-garou era forzado a tal metamorfosis, en ocasiones, por tratarse de un condenado al infierno que, después de haber sido atormentado en vano durante mucho tiempo en la tumba, escapaba de ella. Dicen las tradiciones que cuando este difunto sentía los deseos de convertirse en loup-garou, comenzaba a devorar el sudario que le cubría el rostro y pronto se escapaban profundos lamentos de su féretro. A medida que cobraba fuerzas, removía la tierra que tenía encima y las llamas infernales no tardaban en salir al exterior en forma de claridad azulada, al tiempo que un olor fétido se percibía en torno a la tumba. En, Bessin (comarca de la Baja Normandía) se atribuía a los hechiceros o brujos el poder de metamorfosear a determinados hombres en animales, principalmente en perros. Existen documentos que prueban que en 1521, Pierre Burgot y Michel Verdun fueron llevados ante el parlamento de Besançon o Bezanzón (distrito de Francia, en el departamento de Doubs) y que se confesaron loups-garous; declararon que durante el período de licantropía habían devorado muchos niños y niñas. En los comienzos del siglo XVI, el Parlamento de París condenó al fuego a un individuo llamado Jacques Bollé, acusado de haberse comido, en estado de loup-garou, a un niño que había robado. Y también existen pruebas de que en 1591, un hombre llamado Gilles Garnier fue condenado como loup-garou por el Parlamento de Dôle (departamento francés del Jura). No obstante, la magistratura ofreció, en algunas ocasiones, pruebas de sensatez y prudencia, oponiendo la luz de la razón y del cristianismo a las supersticiones y a los deseos de venganza ciega de la multitud, como lo prueba el hecho de que en 1598, el Parlamento de París, presidido por el ilustre juez Thou, modificara una sentencia del tribunal criminal de Angers, que había condenado a muerte a un sujeto llamado Jacques Bonlet acusado de licantropía. Pero eso no impide que Job Fincel –así como varios otros eruditos y viajeros– creyeran firmemente en la licantropía. Fincel asegura que en 1542 vio un gran número de loups-garous en Constantinopla, y que el emperador, acompañado de su guardia armada, les dio una buena corrección, pues después de la batida pudieron contarse hasta ciento cincuenta cadáveres en la plaza. Lo cierto es que la leyenda del loup-garou u hombre lobo se encuentra en la mayoría de los países. El propio Cervantes, en su novela *Persiles y Segismunda*, habla de islas de loups-garous y de brujos que se convierten en lobos para arrebatar las víctimas que desean. Y Spranger incluso habla de tres doncellas que, metamorfoseadas en gatos, atacaron a un trabajador, el cual se defendió con furia, hiriéndolas; al día siguiente fueron halladas en sus lechos, ensangrentadas.

LOVIATAR (*Véase* TUONELA)

LUBINS (Lubines)
Nombre que se aplicaba en la Baja Normandía (Francia) a los espíritus malignos que tenían el poder de trasformarse a voluntad en lobo, para salir de noche e introducirse en los cementerios, en donde se comían la carne de los difuntos.

LUCIFER

Emperador del infierno. El nombre es la traducción latina de la palabra griega *Phosphoros* («portador de la luz»), con la que se designaba la estrella matutina y vespertina, es decir, el planeta Venus. Para los magos es el espíritu que preside el Oriente; se evocaba los lunes, en un círculo en el que se escribía su nombre. Lucifer manda a los europeos y asiáticos y toma la forma de un niño muy hermoso. Para la Iglesia católica es un símbolo de la caída de Satanás de los cielos.

LUCÍFUGO ROFOCALE

Según los demonógrafos, Lucífugo Rofocale es el primer ministro del infierno o del emperador Lucifer. Tiene bajo sus órdenes directas a Bael, Agares y Marbas. Ostenta el supremo poder sobre todas las riquezas y tesoros del mundo, según el grimorio *Los secretos del infierno* de Antonio Veniciana, *el Rabino* (siglo XVI).

LUDLAM

Hada muy popular en el condado de Surrey (Inglaterra). Los habitantes de esa región estaban firmemente convencidos que dicha hada moraba en una caverna existente en las cercanías del castillo de Farnham, la cual es conocida como *Ludlam's hole* (cueva o caverna de Ludlam). Según la tradición, esta hada se mostraba llena de bondad para los seres humanos y siempre acudía en ayuda de quien la invocaba solicitando socorro, fuera para solucionarle un problema económico o curarle alguna dolencia.

LUI-SIN

Divinidad china que preside el rayo y el trueno. Se le personificaba en una figura monstruosa con pico de águila y alas, rasgando nubes.

LUMIAS

Tipo de «hadas malas» de Galicia. Son perversas, malévolas y ruines. Viven en castros y en las casas en ruinas, guardando tesoros. Eran muy populares en la comarca orensana de Limia. El folclorista gallego Manuel Murguía (Galicia, 1981), coloca a las lumias al lado de las *ouvas* (*véase* este término), por lo que respecta a su maldad para con los seres humanos. Se las puede considerar una especie de *lamias* (*véase* este término).

LUNG

Dragón chino especie de serpiente fabulosa, con el cuerpo cubierto de escamas y las patas terminadas en cinco garras. Su cabeza era encorvada, armada de cuernos y arrojaba fuego y humo por la boca y narices. Personificaba la nube que concede la lluvia bienhechora y al elemento masculino de la naturaleza. Los emperadores de China lo empleaban como emblema heráldico.

LURIDAN

Espíritu doméstico, semejante al brownie, de la isla de Pomona, la más grande de las Orcadas (Escocia). Conocido por los nombres de Urthin, Wadd, Elgin…, instruyó e inspiró poesía y profecías a los antiguos bardos. Su nombre y aspecto parece provenir del latín *luridus*, «pálido», «cetrino».

LUTINES (Lutins)

Nombre que daban en algunas regiones de Francia a los *follets* o *duendes* (*véanse* estos términos), pero los *lutines* tenían ciertas peculiaridades. Por ejemplo, no se establecían en una casa o granja a menos que sus habitantes estuvieran dispuestos a acogerlos de buen grado. Para ello probaban antes el estado de ánimo de los moradores. Era normal que amontonaran en un rincón, o desparramaran por el piso, virutas y pequeñas astillas. También arrojaban estiércol de ganado en los cubos llenos de leche. Si el dueño de la casa, al darse cuenta de lo que ocurría, dejaba las virutas sin recoger y consumía la leche ensuciada, en compañía de su familia y servidores, los lutines comprendían que se les estimaba y se quedaban a vivir en aquel lugar. Pese a que ayudaban a los quehaceres de la casa y traían buena suerte a la familia que protegían, ésta había de soportar sus travesuras y caprichos juveniles, que no eran pocos. En el momento más imprevisto, estos espíritus removían y volcaban los utensilios de cocina, hacían derramar los platos de sopa, arrancaban tablas de la casa, hacían rodar objetos por las escaleras, rompían vidrios, etc. Una de las distracciones favoritas de estos seres consistía en introducirse en las habitaciones metamorfoseados en gato, ratón u otro animal cualquiera, y molestar a las personas que estaban acostadas, principalmente tirando de las sábanas y de las mantas. También se dice que podían introducirse a través de las paredes y penetrar dentro de los mortales, conmoviéndolos. En Burdeos, en el año 1595, y por orden del obispo, se purificó una casa encantada que nadie quería habitar por ser morada de lutines, lo que indica que en dicha localidad estos pequeños duendes no eran del todo bienhechores, sino que se les tenía más bien como fantasmas. Hay pruebas de que vagaban de castillo en castillo y de que causaban miedo a sus habitantes, como los *fantasmas* (*véase* este término), lo que

64. Lutines

indica que se materializaban de una forma u otra. Algunos estudiosos los tienen más por enanos, pero creemos que incorrectamente.

LUTONES (Lutons)

En el departamento del Jura (Francia), daban este nombre a unos enanos que tenían mucho de duendes. Se creía que habitaban las cavernas durante el invierno y que al llegar la primavera dejaban sus refugios y se desparramaban por las granjas y casas de campo, en las que prestaban toda clase servicios, como ayudar a batir el grano, segar el prado, hacer fajos de leña, limpiar el huerto, etc. Por la noche, bailaban a la luz de la luna. Si una persona los sorprendía debía contentarse con mirarlos, pues si los distraía o importunaba corría el peligro de enemistarse con ellos. Si uno se burlaba de ellos, los lutons se mostraban muy vengativos. Al llegar el invierno, estos enanos regresaban a sus moradas y vivían en ellas hasta la llegada del buen tiempo, consumiendo las provisiones que habían ido sacando de las granjas y que consideraban como su pago por los servicios prestados.

LUZBEL

Nombre dado al principal de los ángeles rebeldes *(véase* el término *demonio).* Para algunos demonólogos, es el nombre que se dio a Lucifer antes de ser arrojado al abismo infernal.

LYCUS

Uno de los demonios que generan desgracias colectivas, hecatombes, epidemias y hambruna según Cornelius Agrippa *(Filosofía oculta,* libro III).

M

MA

Nombre que los japoneses sintoístas dan a la zorra, animal que por los estragos que producía se suponía que estaba poseído por demonios. De ahí el término *Ma* (espíritu maligno).

MAAHINEN

Nombre que daban en Finlandia a unos enanos que se suponía que vivían en los troncos de los árboles, en los peñascos y en los umbrales de las puertas. Eran algo traviesos y se les debía ofrecer pan, leche, sal y otros alimentos populares para tenerlos contentos y propicios. Tienen cierto parecido con los *gnomos* y los *duendes (véanse* estos términos).

MAB

En los siglos XVI y XVII se daba el nombre de reina *Mab,* en Inglaterra, a un hada picaresca y diminuta que se tenía por diosa de los sueños. En la escena IV del acto primero de *Romeo y Julieta,* Shakespeare hace un vivo retrato de Mab. La supone del tamaño de un ágata de anillo y dice que viaja en un carruaje minúsculo tirado por un tronco de bichitos; los radios de las ruedas son de patas de araña, la cubierta está formada por alas de grillo y la concha del coche es una cáscara hueca de avellana. El cochero es un mosquito pardo y el látigo un hueso de cigarra. Con tan fantástica carroza el hada Mab cruza por las narices de los hombres dormidos, inspirando sueños y amores, a veces felices y en ocasiones desventurados. Shelley, en su poema *Queen Mab (Reina Mab),* la presenta como diosa de la naturaleza. Y el poeta nicaragüense Rubén Darío escribió una interesante historia sobre ella, que tituló *El velo de la reina Mab.*

MABOIA (Maboya)

Nombre que los caribes aplicaban al espíritu del mal. Suponían que era el causante de todas sus desgracias, de los accidentes y de las enfermedades. Creían que se les aparecía bajo distintas formas, algunas muy monstruosas y horribles, con el fin de atormentarlos. Para protegerse de él, llevaban –y llevan– unas figurillas colgando del cuello, a modo de amuletos, las cuales pretendían ser una copia de Maboya.

MACBAL (MACHAL)

Ángel que se invoca para exorcizar al murciélago que se emplea en determinados ritos con animales contenidos en *The Key of Solomon the King* de MacGregor Mathers.

MACHASIEL

Uno de los ángeles del domingo. Reside en el cuarto cielo y se le invoca desde el Sur, según el tratado *El mago,* de Barrett.

MACHATAN (Machator)

Uno de los ángeles del sábado. Se le invoca en el conjuro de ese día, según la obra de Barrett.

MACHIDIEL (Melkejal)

Otros nombres de este ángel son Melchulael, Melkiel, Melkeial… Según el *Libro de Enoch* I, inicia y regula el principio del año y ejerce un dominio de noventa y un días, de primavera a verano. También gobierna el mes de marzo y el signo zodiacal de Aries.

MACHIEL (Machkiel)

Uno de los ángeles guardianes del sexto cielo.

MACHIA (Machniel)

Uno de los setenta ángeles protectores que se invocan para que amparen al recién nacido. También es un ángel guardián de las puertas del viento del sur.

MACLIES

Pueblo imaginario que habitaba en África, del que habla Plinio. Cuenta que eran hermafroditas y tenían el pecho izquierdo de mujer, mientras que el derecho era como la tetilla de un hombre.

MADAGABIEL

Uno de los ángeles guardianes de las puertas del viento del norte.

MADAGAÑA

Nombre castellano antiguo con el que se designaba al fantasma, al espantajo.

MADHU

Nombre que se aplica a varios genios maléficos o demonios de la mitología hindú.

MADIEL

Ángel o arcángel que rige la triplicidad de los signos de agua (Cáncer, Escorpión y Piscis). Reside en el primer cielo y se le invoca desde el Este.

MADIMI

Espíritu angélico que se invoca en rituales contenidos en el libro de John Dee *(Relation of some spirits,* Londres 1659).

MADIMIEL (Madiniel)

Uno de los cuatro ángeles inscritos en el primer pantáculo de Marte, según *The Key of Solomon the King* de MacGregor Mathers. En su *Filosofía oculta,* Heinrich Cornelius Agrippa afirma que Madimiel es el espíritu del planeta Marte. Por errores de grafía también se le puede hallar en los textos como Madinniel, Nadamiel, Madamiel…

MAGLORE

Hada que en Francia se relacionaba con la planta mágica mandrágora. Se cuenta que la Maglore podía hacer rico y afortunado al que la trataba con veneración y cariño. De ahí la antigua costumbre francesa de guardar una raíz de mandrágora bien envuelta en un paño de seda o lino e invocar al espíritu del hada Maglore para obtener lo que se deseaba. Según Sainte Palaye (citado por Chérnel en su *Dictionnaire historique des moeurs et coutumes de la France),* esa costumbre estaba muy extendida entre los campesinos franceses de los siglos XVIII y XIX.

MAGNALA

Espíritu del agua entre los antiguos griegos y romanos.

MAGOA

Demonio que se tiene por rey de Oriente; los magos le invocan por medio de oraciones apropiadas. Etimológicamente, este nombre podría ser una corrupción del de *Magog (véase* este término).

MAGOG

Nombre de uno de los gigantones en la procesión del Lord Mayor de Londres *(véase* el término *gigantón).* Con el nombre de *magog* se designa en la Biblia a los escitas y en sentido figurado a los enemigos del pueblo de Dios. Con este último significado, transformado en *magug,* se encuentra también en el Corán. En la Edad Media fue costumbre dar este nombre a representaciones esculturales de la impiedad, en contraposición a *Gog.* Y en el Apocalipsis de san Juan se lee que Satanás, después de haber estado atado por espacio de mil años, será soltado y saldrá de su cárcel y seducirá a las gentes que están en los cuatro puntos cardinales, a Gog y a Magog, y en muchedumbre innumerable los juntará para la guerra. Aquí Gog y Magog parece que designan a los enemigos de la Iglesia católica.

MAGUTH

Según Barrett *(El mago),* uno de los ángeles del aire que se invoca en jueves. Es un ministro de Suth. Está sujeto al viento del sur.

MAHASHEL

En la cábala, uno de los setenta y dos ángeles que gobiernan los setenta y dos quinarios de los grados del Zodíaco (cada quinario corresponde a cinco grados de la circunferencia zodiacal).

MAHASIAH (Mahashian)

Uno de los setenta y dos ángeles que llevan el nombre místico de Dios: Shemhamphora. Tiene el atributo de «Dios salvador» y el talismán que se construye bajo su influjo sirve para «vivir en paz con todo el mundo». Pertenece al orden de los serafines y tiene poder sobre el Sol y el signo zodiacal de Aries. Se le invoca para que contribuya a que exista paz y comprensión mutua en la esfera social.

MAHORAGA

Nombre que en la India daban a los genios serpientes, que estaban considerados como semidioses. Entre ellos figura Secha, la serpiente, símbolo del infinito, que antes de la Creación del mundo sostenía a Visnú sobre las aguas del océano caótico.

MAIMON (Maymon)

Parece ser una corrupción de *Paimón* (*véase* este término). Demonio jefe de la novena jerarquía infernal. Se le tiene como mandatario de los tentadores, insidiosos y embaucadores.

MAIANIEL

Según el *Sexto y séptimo libros de Moisés*, un ángel que sirve en el quinto cielo.

MAIFIAT (Maiphiat)

Uno de los ángeles que se invocan en el exorcismo del murciélago en los ritos con animales, según *The Key of Solomon the King* de Mathers.

MAIMUNA

Hija del rey de los genios. Es una hada alada bienhechora que aparece en *Las mil y una noches*.

MAIN-ROUGE (Llam-Dearg)

Genio maligno del bosque de Glenmore, Escocia. Tiene la forma de un guerrero armado de pies a cabeza y su mano izquierda agarra una extraña espada que ha sido forjada en las fraguas del infierno.

MAIRS

Hadas que, según las creencias de los antiguos germanos y celtas, presidían los partos y dotaban a los recién nacidos de toda clase de cualidades en el momento de su entrada en la vida.

MAKIEL

Ángel que se invocaba (junto con varios ángeles más) en ritos mágicos sirios de protección, en los primeros tiempos del cristianismo, según el libro *Amulets and Superstitions* de Wallis Budge.

MALABESTIA

Monstruo o dragón malvado que los habitantes de Toulouse (Francia) creían que recorría las calles de noche; la gente estaba convencida de que todos los que veían a la *Malabestia* morían al día siguiente. De ahí que muy pocos se atrevieran a salir de noche.

MALACODA (Malacola)

Otro de los demonios que Dante sitúa en el infierno de *La divina comedia* (canto XXI). El nombre significa «cola maldita», «mala cola».

MALAINGHA

En Madagascar, nombre que daban a los ángeles superiores que gobernaban el movimiento de los cielos, de las estrellas, de los planetas y el rodar de las estaciones. Lógicamente, también protegían a los seres humanos de los desmanes de los seres malignos.

MALEBRANCHE (Malasgarras)

Uno más de los demonios que Dante coloca en el infierno para castigar a los desalmados. Su nombre significa «malas garras». También se le ha traducido como *Malos Garfios*.

MALFAGA (Malfas, Malphas)

Según, los demonógrafos, es un gran presidente de los infiernos. La mayoría de las veces aparece bajo la forma de un gran cuervo, con largos brazos y llevando una paleta de albañil en la mano derecha. Tiene alas angélicas y sus patas son de palmípedo. Cuando se presenta bajo figura humana, su voz tiene un sonido metálico o es muy rasposa. Edifica ciudades y torres inexpugnables, así como murallas y puentes. Destruye los deseos y los pensamientos de los enemigos. Recibe con agrado los sacrificios que se le ofrecen, pero muchas veces no corresponde a los deseos de quienes le invocan, por lo que hay que conseguir que se coloque en el consabido triángulo pintado delante del círculo protector. Otorga buenos «familiares» y le obedecen cuarenta legiones de diablos, según Mathers y Crowley *(Goecia)*, Collin de Plancy *(Diccionario infernal)* y Wierus *(Pseudomonarchia daemonum)*. *(Véase* el término *Monarquía infernal)*.

65. Malfaga

MALGARAS

Príncipe angélico que reside en la mansión del viento de occidente (oeste), según el abate Trithemio. Le obedecen treinta espíritus principales diurnos (que son los más recomendables) y treinta de nocturnos. Su deber es el de proteger las amistades y evitar las traiciones.

MALIK (MALEC)

Ángel que preside el martirio de los condenados y guarda las puertas del infierno. Está citado en el Corán (azora 43, 77).

MALINAK

En Groenlandia, hada temible que era la enemiga del «buen príncipe».

MAIKHIEL

Ángel que se inscribe en el segundo pantáculo del Sol, junto con Shemeshiel, Paimoniah y Rekhodiah.

MALKIEL (Malchiel)

Uno de los ángeles guardianes de las puertas del viento del sur.

MALKIYYAH (Melchiah)

Ángel cuyo nombre se ha encontrado inscrito en amuletos antiguos que protegían contra las hemorragias.

MALLIT (*Véase* KHALLIT y MALLIT)

MALPHAS (*Véase* MALFAGA)

MALTHAS (Malthus) (*Véase* HALFAS)

MALTHIDRELIS

Ángel que tiene dominio sobre el signo zodiacal de Aries.

MALTHUS (*Véase* HALFAS)

MALTIEL

Ángel del viernes que reside en el tercer cielo y que se invoca desde el Oeste, según Barrett y Papus.

MAMBE'A

Nombre de un ángel que se halla inscrito en un amuleto circular de terracota con caracteres hebreos, el cual estaba destinado a proteger contra el mal de ojo y hechicerías. Este amuleto se conserva en el Museo Británico y parece datar de los siglos I-II a.C. Para hacerlo operativo, se invocaban a los ángeles Mambe'a y Babhne'a. El primero ya era conocido en la antigua Babilonia como protección contra la magia maligna, tal como explica Wallis Budge *(Amulets and Superstitions)*.

MAMEROIJUD

Uno de los ángeles que gobiernan la décima hora de la noche. Está bajo las órdenes de Jusguarin, según Waite *(El libro de los hechizos)*.

MAMIEL

Según algunas tradiciones mágicas, uno de los ángeles que gobiernan la séptima hora del día.

MAMMÓN (Mamón)

Parece derivar de un término arameo que significaba «riqueza». Fue tenido por dios de las riquezas y de las minas por los fenicios. De ahí que con el tiempo el cristianismo lo convirtiera en el demonio de la avaricia. Según Milton *(El paraíso perdido)*, Mamón fue el primero que enseñó a los hombres a abrir el seno de la Tierra para hacerse con sus tesoros y metales preciosos, hasta entonces muy bien ocultos. Los demonólogos lo tienen como un ángel caído y archidemonio, además de embajador de los infiernos en Inglaterra. En el Evangelio de Lucas (16, 13) se emplea el término para referirse a las riquezas materialistas. Igual se hace en el Evangelio de Mateo (6, 24) y Mateo (19, 24), en el que Jesús habla en contra de los ricos. Todo ello indica la relación entre el término Mamón y las riquezas insanas, o mejor dicho, entre el dios de las riquezas y el de lo espiritual.

66. Mammón

MAMMOSA

Sobrenombre de la diosa Ceres por ser representada con gran número de pechos, simbolizando su calidad de madre de todo el mundo, de nodriza universal.

MAMMUT

Este nombre deriva del antiguo ruso *mammot*, con el que se designaba a un animal fabuloso de Siberia, que era objeto de veneración. Con el tiempo la ciencia demostró que había existido; se supone que esta raza de mamíferos, perteneciente al orden de los proboscidios, se extinguió hace un millón de años, aproximadamente, o sea, en tiempos del hombre primitivo. El mammut o *mamut* difiere muy poco de los elefantes actuales; era un animal gigantesco, de tres o cuatro metros de altura, pero estaba cubierto de espeso pelo castaño oscuro y se sabe que se alimentaba de los brotes de las coníferas. Sus colmillos medían a veces más de un metro de longitud, y se han encontrado ejemplares que los tenían de cuatro metros y más, con un peso de ochenta kilos. Tenían larga trompa y corta cola. Del mamut se han hallado numerosos restos; sus colmillos se encuentran con tal abundancia enterrados en las costas e islas septentrionales de Siberia que permiten abastecer regularmente el mercado de buen marfil fósil. En el sur de Europa, el mamut fue contemporáneo del hombre de las cavernas, como lo prueba el hecho de haberse hallado, grabados en marfil, toscos pero inspirados bocetos de éstos. En 1807 unos pescadores tunguses hallaron en el hielo de la desembocadura del Lena, un ejemplar completo de mamut, con la piel y el pelaje intactos conservados como en un frigorífico; y Herz, en 1901, descubrió otro ejemplar sensacional a orillas del río Beresovka (Urales), el cual se había conservado intacto, en estado de congelación. Hoy día se halla en el Museo de la Academia de Ciencias de Leningrado. El área de difusión de esta especie era muy extensa; sus restos se encuentran en casi toda Europa, llegando por el sur hasta el norte de España y el centro de Italia, en el norte de Asia y en parte de América del Norte. La causa que provocó la desaparición total del mamut constituye un enigma.

MAMNAÓN

Corrupción del vocablo *Mamón (véase* este término). Demonio embajador del infierno en Inglaterra.

MANAH

Especie de betilo (piedra sin labrar) o ídolo de piedra que adoraban los antiguos árabes y al cual ofrecían sacrificios para obtener la fertilidad. Se creía que representaba a una diosa o ángel femenino. Fue destruido por orden de Mahoma.

MANAKEL (Menakel)

Ángel que tiene dominio sobre los animales acuáticos. Es uno de los setenta y dos ángeles que gobiernan el zodíaco. *(Véase* el término *Menakel).*

MANDRÁGORO

Especie de duende de los antiguos bretones que se introducía furtivamente en las casas para asustar a sus moradores y realizar travesuras. Dicen las crónicas que se aparecía en forma de un enano negro, sin barba y con los cabellos alborotados.

MANES

Los romanos y etruscos daban el nombre de *manes* a los espíritus de los muertos en general y a las potencias que gobiernan el mundo inferior. Era creencia general que después de la muerte, las almas de los mortales pasaban al estado de sombras; las de los justos se convertían en *manes* y las de los malos en *larvas.* A la vez que los *manes,* los latinos tenían los *lares,* los *penates,* los *lemures,* las *larvas* y los *genios (véanse* estos términos), que representaban diversos aspectos y categorías de espíritus. Hubo un tiempo en que el nombre de manes significó, al igual que el de lares, «los espíritus buenos de la Tierra», con la diferencia de que el primero expresó más concretamente el carácter benéfico y puro de éstos. El nombre de manes, según Preller, designaba propiamente a seres puros, serenos, propicios, y de ahí que se llamara *mane* la naciente claridad del día, al paso que *immanes* equivalía a deforme y monstruoso. Los manes, pues, formaban un pueblo de espíritus semejantes a los *elfos (véase* este término) germánicos y moraban en las profundidades de la Tierra, recibiendo además los nombres de *silentes* (mudos) e *inferi* (dioses de la región inferior). Como se confundían a veces lares y manes, hacíase lo propio con Lara y Mania, madres respectivas de unos y otros espíritus. Se suponía que los manes salían en determinadas ocasiones de su mundo subterráneo, vagando de noche por el mundo y los espacios sublunares; las tres fechas en que los manes volvían al mundo eran el 24 de agosto, el 5 de octubre y el 8 de noviembre. Quienes deseaban entrar en contacto con estos espíritus iban a dormir junto al sepulcro que guardaba el cuerpo del difunto, persuadidos de que el man iría a visitarlo. Estos espíritus, fantasmas o sombras eran honrados en toda Italia y en cuantos países llevó Roma su cultura y civilización; les estaba consagrado el ciprés y las habas. También se suponía que les agradaba el fuego, por lo que en las tumbas había las lámparas llamadas *tetrágonas.* Los esclavos tenían a su cargo encenderlas y alimentarlas; el apagarlas era tenido por nefando crimen, y las leyes romanas castigaban con severidad esta violación de los sepulcros. Los altares que se erigían a los manes eran siempre en número de dos, colocados uno al lado del otro, como los levantados en Lucania, Etruria y Calabria. Plutarco refiere que, desde remotos tiempos, en el momento que la llama de la hoguera terminaba de consumir un cadáver, los parientes y amigos del muerto lo invocaban como una divinidad, y la ley de las Doce Tablas ordenaba: «Que los derechos de los divinos manes fueran sagrados y que cada cual considerara sus muertos como dioses». Sobre el Comicio de Roma había un lugar con una cavidad llamada *Mundus;* estaba consagrado a los manes y la entrada se cerraba con la piedra *manalis,* que en los tiempos de sequía era llevada en procesión, por existir la creencia de que tenía el poder de producir la lluvia, también se quitaba de la entrada del *Mundus* en las fechas citadas, a fin de que los manes subieran al mundo superior. A Virgilio se debe la vulgarización del culto a los manes, si bien aumenta sus atributos, pues designa con tal nombre a las sombras de Anquises, de Héctor, de Polidoro y de Eurídice, con todos los caracteres de la personalidad que son la consecuencia y el recuerdo; del mismo modo presenta Tito Livio a Virginio, y Suetonio a Galba. En todos estos pasajes se trata de personajes que habían muerto violentamente, por lo que los espíritus surgen enojados del mundo inferior para lamentarse o para castigar; estos *manes,* por tanto, guardan cierta semejanza con los *lemures (véase* este término). El prototipo de estas historias de manes vengadores nos lo da Apuleyo en la figura del marido muerto por el amante de su mujer; a ésta se le aparece la sombra del asesinado y la persuade de que arranque los ojos al que pretendió ocupar su puesto en el hogar; accede la mujer y tributa las honras fúnebres a los manes sagrados del muerto con los ojos del asesino. Los manes recibían un culto especial en la *Feralia,* fiesta general de los muertos; se les suplicaban favores y dones, ya que se los consideraba divinidades activas. En esto se distinguen claramente de los *lemures* y *larvas,* a los que se conjuraba para que abandonaran las casas y lugares y que regresaran al mundo inferior. No obstante, los manes también causaban pavor en algunas ocasiones. Ovidio cuenta que durante una peste terrible, se vio a los manes salir de los sepulcros y vagar errantes por el campo y la ciudad dando horrorosos aullidos. Según este poeta, las apariciones no cesaron hasta que se volvió a establecer la Feralia, culto que hacía tiempo que estaba interrumpido. En un principio, en todo Lacio y en Etruria se inmolaron víctimas humanas a los manes, pero el progreso y la humanización de las costumbres hizo preferir para los espíritus de los muertos ofrendas más sencillas y piadosas, como las libaciones de vino puro, leche y miel, además de determinados alimentos, como lentejas, habas, huevos, etc., que se depositaban sobre las sepulturas el día de los funerales o en los aniversarios del nacimiento o del fallecimiento de los deudos. También se adornaban con flores las tumbas o urnas que guardaban los restos o las cenizas. En primavera se preferían las violetas, pero también era corriente emplear rosas, azucenas y mirto.

MANIEL

Ángel que se invocaba en ritos siríacos de protección contra la maldad de los poderosos y envidiosos. (*Amulets and Superstitions* de Wallis Budge).

MANIROTS

Nombre que daban los campesinos del Pirineo leridano (España) a ciertos duendes o follets domésticos que les ayudaban amigablemente en sus tareas del campo o de la granja. Pero si se los ofendía podían causar daño a los animales y a las personas, a las que atacaban y bebían su sangre cual vampiros.

MANISA

Monstruo deforme que adoraban los antiguos tártaros. Tenía nueve cabezas formando una especie de pirámide.

MANTICORA (Marticora)

Animal fabuloso en cuya existencia creían los antiguos, en particular los persas. Se le representaba con cuerpo de león, alas, pies de caballo y cabeza de hombre adornada con una tiara.

Era emblema del valor, de la sabiduría y de la ubicuidad. Está reproducido en muchos bajorrelieves en las murallas de Persépolis. Otra variante le atribuía largos cuernos. El término deriva del griego *mantichora*.

67. Manticora

MARA (Mare, Mera)
Mujer vampiro típica de Dinamarca. Durante el día tenía el aspecto normal de una fémina. Pero por la noche se hacía invisible y entraba en los hogares para atacar. Se dejaba sentir su presencia a manera de súcubo. Se experimentaba sensación de ahogo, como si unas manos invisibles intentarán estrangular a uno. El nombre también se encuentra en antiguas leyendas inglesas, pero en forma de un demonio que atacaba de noche. Recordemos que en el inglés arcaico a los súcubos, demonios y monstruos de la noche se les llamaba *nightmare*, término que en el inglés moderno significa «pesadilla», refiriéndose a los sueños.

MARAX (Morax)
Gran conde y presidente de los infiernos. Se aparece en forma de un gran toro con cabeza de hombre. Enseña astronomía y ciencias liberales. Conoce los secretos y las virtudes de las hierbas y de las piedras preciosas. Le obedecen treinta legiones de espíritus, según Crowley (*Goecia*). Hay tantas similitudes con *Forfax* (*véase* este término), que puede tratarse del mismo demonio cuya grafía se ha distorsionado con el paso de los siglos y los errores de traducción de los distintos textos históricos. (*Véase* el término *Monarquía infernal*).

MARBAS
Gran presidente de los infiernos. Aparece bajo la forma de un león fuerte y rugiente y le obedecen treinta y seis legiones de diablos. Está bajo las órdenes directas de Lucífugo Rofocale. Dicen los magos y brujos de la goecia que si se logra evocarle toma también la figura de un hombre y responde sobre todas las cosas ocultas y remedios sobre enfermedades. También confiere habilidades para la mecánica. (*Véase* el término *Monarquía infernal*).

MARCHOCIAS (Marchosias)
Gran marqués de los infiernos. Aparece bajo la forma de un lobo, con alas de grifo y cola de serpiente; por su boca y narices vomita fuego y humo. A veces toma la figura de un corpulento soldado. Le obedecen treinta legiones de diablos. Antes de ser arrojado al abismo junto con los demás ángeles rebeldes, pertenecía al orden de las dominaciones. En un tiempo estuvo a las órdenes del rey Salomón, quien le invocaba a menudo. (*Véase* el término *Monarquía infernal*).

MARIEL
Ángel que se invocaba en rituales antiguos siríacos como protección contra encantamientos, hechizos, mal de ojo, etc. Se le invocaba junto

con otros espíritus angélicos. *(Amulets and Superstitions*, Wallis Budge).

MARIOC (Marioch)
Junto con Orioch, ángel citado en el *Libro de Enoch* II (cap. 33) para proteger al profeta, a sus descendientes y al manuscrito de sus padres.

MARMARAO
Espíritu angélico que se invoca para curar las dolencias provocadas por el demonio Anoster, según Idries Shah *(La ciencia secreta de la magia*, cap. XI).

MARON
Nombre sagrado de un espíritu angélico que se emplea en *The Key of Solomon the King* (libro I, cap. V) de MacGregor Mathers, para conjurar –junto con otros espíritus benéficos– a los demonios.

MAROU
En el juicio de Urbaine Grandier y del convento de Loudun, Marou fue citado como uno de los demonios que habían poseído del cuerpo de Isabeau Blanchard.

MARRACO
Nombre que en Lleida (Cataluña) aplicaban a un monstruo o dragón local que se usaba, a manera de *papu (véase* este término), para asustar a los niños desobedientes. En 1907 fue construido un marraco de grandes dimensiones, para figurar en las fiestas populares. Tenía una larga lengua de madera con un mecanismo para tragarse a los peques por su enorme boca; los chiquillos entraban por las abiertas fauces e iban a caer en el suelo del vientre de la bestia. El conjunto era conducido por seis hombres, que iban en el interior de la estructura.

MARTICORA (*Véase* MANTICORA)

MARTIEL
Uno de los espíritus que gobiernan el planeta Marte, según la *Filosofía oculta*, de Cornelius Agrippa (libro III, cap. XXVIII). Puede ser el mismo *Mathiel (véase* este término).

MARTINET
Demonio embajador del infierno en Suiza. Era invocado en algunas regiones francesas durante la orgía del *sabbat (véase* este término). Asimismo, era muy apreciado por los magos y hechiceras, que lo hacían intervenir en muchos conjuros y hechizos.

MARUT
Otro de los ángeles de las tradiciones musulmanas. *(Véase* el término *Harut).*

MARY-MOR-GANS (*Véase* MORGANS)

MASBAKÉS (Masabakes)
Según las *Claviculas de Salomón* de Iroe el Mago, es la cantinera y concubina de los ejércitos infernales. Es la demonia de la perfidia, del amor mentiroso, de la vanidad, de la estafa y del robo.

MASERIEL
Príncipe angélico que reside en la mansión del viento suave y apacible de Céfiro o Zéfiro (antiguamente llamado Faonios). Le obedecen sesenta espíritus principales y gran número

de inferiores. Su misión es la de revelar a los humanos los secretos de la filosofía, de la magia y de las ciencias, según el abate Johann Trithemio (*Steganographia,* 1606).

MASGABRIEL
Uno de los ángeles residentes en el cuarto cielo que rigen el domingo. Se le invoca desde el Norte, según Petrus de Abano, Francis Barrett y Papus.

MASKIM
Nombre que daban los antiguos acadios y caldeos a los siete espíritus malignos o demonios que causaban dolores, enfermedades y calamidades a los mortales. Se hacían exorcismos para alejar a los maskimes de los hogares y palacios y se habla de ellos en muchas tablillas cuneiformes, como en la versión libre de las estrofas que siguen (*Caldea,* Zenaida A. Ragozin, 1889): I. Siete son; siete son; ellos son siete. / En los abismos del Océano viven; / se visten con relámpagos del cielo; / saben su origen las profundas aguas; / siete son; siete son; ellos son siete. // II. Ancha es su vía; su carrera es ancha; / terrible destrucción en ella siembran; / dominan en la cima de los montes / para asolar la senda que está abajo; / ancha es su vía; su carrera es ancha.[…] // VI. Socórrenos, espíritu del cielo / y espíritu amoroso de la Tierra. / Siete son; siete son; tres veces siete; / para los dioses escabel del trono; / para los hombres fuentes de exterminio, / y tristeza, y pesares y lamentos; / siete son; siete son; tres veces siete. / Socórrenos, espíritu del cielo / y espíritu amoroso de la Tierra. // Cuando los maskimes o espíritus tenebrosos se presentaban ante los mortales lo hacían como seres horrendos, con cuerpo humano, pero con cabeza de león erizada de cuernos y pies provistos de garras. Para ahuyentarlos de una vivienda o de un enfermo, se recurría al sacerdote hechicero, al llamado *ashippu,* quien con conjuros y exorcismos, en nombre del dios Ea, los expulsaba con la fórmula que sigue (o una variante de ésta): Alu maligno, vuélvete en redondo y márchate. / Habitante de ruinas, vete a tus ruinas; / pues el gran señor Ea me ha enviado: / por mi boca suena su fórmula imprecatoria, / ha confiado a mi mano el expulsar a los Siete siguiendo sus sabios edictos.

MASTIFAL
Uno de los príncipes de los espíritus malignos o demonios.

MATHIEL
Uno de los ángeles del martes y que rigen el quinto cielo, según Barrett. Se le invoca desde el Norte.

MATHLAI
Uno de los espíritus del miércoles y residente en el segundo cielo, según Barrett. Se le invoca desde el Este.

MATMONIEL
Ángel que se invoca en conjuros salomónicos para consagrar la llamada alfombra mágica, según *The Key of Solomon the King* de MacGregor Mathers (libro i, cap. xiii).

MATUYEL
Otro de los ángeles residentes del cuarto cielo que rigen el domingo.

Se le invoca desde el Norte, según Petrus de Abano (Pierre d'Aban), Francis Barrett y Papus.

MAYMON

1. *Véase* el término *Maimon.* || 2. Jefe de los ángeles que gobiernan el aire y rigen el planeta Saturno y el sábado. Tiene a sus órdenes a Abumalith, Assaibi y Belidet (Balidet) según Barrett.

MEACHUEL

Uno de los tres ángeles de la tríada divina que se usa en conjuros mágicos, según el sexto y séptimo libros de Moisés. Los otros ángeles son Lebatei (Lebatel) y Ketuel (Kautel).

MEBAHEL (Mebabel)

Uno de los setenta y dos ángeles cabalísticos que llevan el nombre místico de Dios: Shemhamphora. Pertenece al orden de los querubines y tiene dominio sobre el planeta Venus y el signo de Géminis. Se le invoca contra los que tratan de usurpar los derechos y fortuna de otros. Además, confiere armonía en la pareja, paz conyugal, deseos de paz, amor, fraternidad…

MEBAHIAH

Ángel cabalístico que tiene dominio sobre la moral y la religión. Es otro de los setenta y dos ángeles Shemhamphoras. Pertenece al orden de los principados e influye en el planeta Mercurio y el signo zodiacal de Capricornio. Se le invoca para tener hijos y para facilitar el parto. Ayuda a los que estudian o trabajan en los medios de comunicación social (prensa, radio, televisión, Internet…).

MECHIEL (*Véase* MEHEKIEL)

MEDIAT (Modiat)

Es el rey de los ángeles del aire que rigen el miércoles. Sus ministros son Suquinos y Sallales, que gobiernan el viento del sudoeste, según Barrett *(El mago).*

MEDUSA

Una de las tres *Gorgonas (véase* este término), monstruos infernales con figura de mujer de la mitología griega, hijas de Forcis y de Keto. Medusa era la única mortal y visible para los hombres. Al principio era una hermosa joven que poseía una magnífica cabellera que más tarde fue morada de horribles serpientes. Esta trasformación, según Ovidio, se debió a que Poseidón (Neptuno), trasformado en pájaro, se unió a ella en el templo de Atenea, y para castigar tal profanación la diosa trocó sus cabellos en culebras. Medusa habitaba en la extremidad del mundo, más allá del océano occidental. Como representaba un peligro para Libia, los dioses encargaron a Perseo que le diera muerte. El héroe halló a las monstruosas hermanas dormidas, y vuelta la cara para no ver la de Medusa, pues hubiera quedado petrificado, dejó que Atenea guiara su brazo y con la espada que le había dado Hermes cortó la terrible cabeza. Otras tradiciones dicen que Perseo, para no mirar a Medusa y evitar así el horrible encanto, tuvo la vista fija en el escudo que le regalara Minerva, en cuya tersa y brillante superficie se reflejaba el monstruo. Decapitada Medusa, del mutilado tronco salieron *Pegaso,* el caballo alado, y *Crisaor,* misterioso personaje que nació con una espada de oro en la mano y que fue padre del gigante Gerión. Perseo colocó la cabeza en sus alforjas y emprendió la huida, perseguido en vano por las otras dos Gorgonas, pues llevaba un casco que le hacía invisible. La sangre que chorreaba de la cabeza de Medusa fue filtrándose en la tierra, y de ella nacieron multitud de serpientes. Perseo ofreció la cabeza del monstruo a Atenea, que desde entonces la usó como ornamento de su escudo. Medusa era representada en la época arcaica como un monstruo con colmillos de jabalí, manos de bronce, alas de oro y la cabeza coronada por una cabellera erizada de serpientes; así aparece en las monedas de Corinto y Coronea.

MEERMINNEN
Nombre que dan en los Países Bajos a las *sirenas (véase* este término).

MEERWEIBER (Watermöme, Havfrue)
En Escandinavia y norte de Alemania, nombre que dan a las *sirenas (véase* este término). Sus hijos reciben el nombre de *marmaeler.*

MEFISTÓFELES
Demonio que después de Satanás se tiene por uno de los más terribles del infierno. En las antiguas leyendas germánicas aparece como compañero del doctor Fausto y con el nombre de *Mefostofiles,* que data de 1587. La forma actual y corriente de este nombre se ha popularizado gracias

a la obra *Fausto* de Goethe; Mefistófeles se caracteriza por su cinismo ante el afligido y el feroz regocijo que experimenta ante los doloridos; él es quien por medio del placer ataca la virtud y hace despreciable el mejor talento. Algunos eruditos pretenden que el nombre deriva de *megistophiel. Ophiel* (del griego *ophis,* «serpiente») era un sobrenombre de Hermes Trismegisto, antiguo patrón de los hechiceros que fue estigmatizado por la Iglesia como diablo, resucitado en la literatura del siglo XVI y clasificado entre los siete grandes príncipes infernales.

MEGALESIUS (Megalesio)
Uno de los demonios que provocan enfermedades colectivas, epidemias, desgracias y hambruna, según Cornelius Agrippa *(Filosofía oculta,* libro III).

MEHALALEL
Uno de los ángeles que se invocaban en conjuros siríacos para protegerse de los calumniosos, envidiosos y de los jueces, emires, gobernadores, autoridades, prefectos, etc., que no eran honrados y abusaban de su autoridad, según cuenta Budge en *Amulets and Superstitions.*

MEHEKIEL (Mechiel, Mehiel)
Uno de los setenta y dos ángeles que llevan el nombre místico de Dios: Shemhamphora. Pertenece al orden de los arcángeles e influye en la Luna y en el signo zodiacal de Acuario. Si se le invoca o lleva su talismán protege de los animales feroces, de los sortilegios, malfetrías y ataques de magia negra. Ayuda a los que escriben:

profesores, poetas, novelistas, oradores… Comunica dotes de lógica, racionalidad…, pero también fantasía, imaginación e inspiración creativa.

MEIL

Uno de los tres ángeles principales del miércoles, que se invoca en ritos mágicos, según indica Barrett *(El mago)*. Los otros dos son Raphael (Rafael) y Seraphiel (Serafiel).

MELAHEL

Uno de los setenta y dos ángeles Shemhamphoras. Pertenece al orden de los tronos y tiene dominio sobre el planeta Mercurio y el signo de Cáncer. Se le invoca para tener protección en los viajes y para gozar de buena salud. Incluso protege contra todo tipo de armas. Algunos cabalistas creen que tiene influjo sobre el planeta Urano.

MELCHIDAEL (Melchiael)

Ángel que se invoca para obtener el amor de la mujer que se desea.

MELCHOM

Demonio tesorero de los infiernos, en donde se cuida de pagar el sueldo a todos los empleados y servidores.

MELECH (Melekh)

Uno de los ángeles que se invocan para elaborar el sexto sello (el de los ángeles de la fuerza) contenido en el *Sexto y séptimo libros de Moisés*, el cual se utiliza para que uno aprenda lo que le interesa a través de sus sueños. Con la grafía «Melekh» es citado por MacGregor Mathers *(The Key of Solomon the King)* en un conjuro para hacerse uno invisible.

MELECIMUT (Melec y Mout)

El ángel de la muerte entre los antiguos persas. Se corresponde al *Azrael (véase* este término) de los mahometanos y judíos y al Mordad de los magos. Los persas le daban el sobrenombre de «el ángel de las veinte manos» para indicar que se bastaba por sí solo para conducir a todas las almas al otro mundo.

MELEYAL (Melayal)

El ángel que rige los tres meses del otoño, según el *Libro de Enoch* I.

MELIA

1. Ninfa que se supone madre de Foroneo, el legendario inventor del fuego y padre del linaje humano. Melia personificaba el fresno, árbol sagrado del cual –cuenta Hesíodo– salió la generación de los hombres de cobre. || 2. Hada poderosa, implacable enemiga de Urganda, protectora generosa de Amadís de Gaula y su hijo Esplandián. *Amadís de Gaula* es un libro de caballería de gran valor, cuya primera edición se remonta a 1508 y fue hecha por Jorge Coci de Zaragoza.

MELÍADAS (Melíades)

En la mitología griega, eran ninfas protectoras de los ganados y de los árboles frutales, si bien al principio lo fueron de los fresnos, árbol del que los guerreros hacían los palos de sus lanzas. Con el tiempo se hicieron, además, protectoras de los niños abandonados en los bosques. Nacidas de una herida del dios Urano cuya sangre regó la tierra, eran hermanas de las terribles *Erinias* y de los *gigantes (véanse* estos términos). Las melíadas son las ninfas más antiguas *(véase* el término *ninfa).*

MELINOE

Hija de *Proserpina (véase* este término), reina de los infiernos, y de Júpiter. Nació en las aguas del Cocito (uno de los cuatro ríos del infierno) y se convirtió en la reina de las tinieblas. Aterrorizaba a los mortales adoptando formas fantasmales y aéreas. Se la representaba como blanca o negra y vestida con un ropaje amarillo.

MELIOTH

Uno de los nueve ángeles que vuelan en grupo como mensajeros entre lugares terrestres y celestiales.

MELISA

Ninfa que descubrió la miel y enseñó su uso a los mortales. Bajo la forma de abeja condujo una colonia a Efeso y nutrió al joven Júpiter, valiéndose ya de las ninfas *(melíadas),* ya de las abejas *(melisas).* Se dio el nombre de *melisas* a las antiguas sacerdotisas griegas, tanto porque se las comparaba con las que tomaban parte en los misterios, con las abejas, tomando de su nombre el de *melissai,* como porque los grandes templos repletos de creyentes producían un murmullo semejante al zumbido de las abejas, como si fueran inmensas colmenas humanas.

MELKEJAL (Machidiel)

Ángel que gobierna el mes de marzo, según el *Libro de Enoch* I, que dice «a la cabeza del año se levanta el prime-

ro y reina Melkejal», probablemente haciendo alusión a cuando el año comenzaba con la primavera.

MELKIEL

Uno de los ángeles de las cuatro estaciones, que a veces se confunde con Melkejal. Los ángeles de las otras estaciones son Helemmelek, Melejal (Meleyal) y Narel.

MELUSINA

Hada o sirena mítica de la Francia central, cuyo cuerpo terminaba en cola de pez, o en serpiente, según otras tradiciones. Juan de Arras reunió todas las leyendas y cuentos que circulaban sobre Melusina y escribió una novela en 1387, que con el tiempo se ha convertido en una valiosa fuente informativa sobre tan fantástico personaje. Según cuenta el citado escritor, Melusina fue la mayor de las tres hijas que de un solo parto tuvo Presina, esposa de Elinas, rey de Albania. Presina había exigido a su esposo que no entrase en su aposen-

68. Melusina

to hasta que se pudiese levantar de la cama, pero el deseo de ver a sus hijas hizo que Elinas faltara a su palabra. Presina, que era hechicera, se vio obligada a abandonar a su marido, y se llevó con ella a sus hijas. Un día enseñó a éstas, desde la cima de una elevada montaña, el país de Albania, donde hubieran reinado si Elinas hubiera respetado su palabra. Entonces las tres hermanas, para vengarse de su padre, lo encerraron en la montaña de Brundelois. Presina, al enterarse de lo que habían hecho sus hijas, las castiga severamente; Melusina fue condenada a ser medio serpiente todos los sábados, y hada hasta el día del Juicio final, a menos que encontrase a un caballero que quisiera ser su esposo, y que no la viese jamás en forma de serpiente. Por fortuna se enamoró de ella el conde Raimundo de Poitiers y la hizo su esposa. Melusina mandó construir para su esposo el magnífico castillo de Lusiñán y no se dejaba ver más que sobre la más alta torre del castillo y enlutada, cuando iba a morir alguna persona de la familia. Raimundo prometió a su esposa que no intentaría verla ningún sábado, pero instigado por su hermano, el conde de Forêt, hizo un agujero con la punta de su espada en la puerta del cuarto de baño de Melusina y descubrió la verdadera naturaleza de ésta; al momento su esposa se transformó en dragón y se alejó del castillo volando, condenada a ser hada hasta el fin del mundo. Se dice que cuando el castillo de Lusiñán cambia de dueño o debe morir alguno de la familia, aparece *Melusina* tres días antes en lo alto de una de las torres de la fortaleza y aúlla lastimeramente. De la unión de Melusina con Raimundo nacieron ocho hijos, todos ellos víctimas de algún defecto físico, lo que no fue obstáculo para que llevaran una vida agitada y aventurera.

MEMEON

Uno de los espíritus angélicos que se invoca para la bendición de la sal, según la fórmula contenida en *The Key of Solomon the King* de MacGregor Mathers.

MEMUNEH

Ángel dispensador de los sueños.

MENADEL (Monadel)

Ángel perteneciente al orden de las potestades. Es uno de los setenta y dos ángeles que llevan el nombre sagrado de Dios (Shemhamphora). Se le invoca para elaborar los talismanes destinados a conservar el empleo y mantener los medios de subsistencia. También comunica amor y disponibilidad para ayudar al prójimo, así como vocación por las ciencias médicas, sanitarias y psicológicas. Influye en el signo zodiacal de Virgo y en el planeta Marte.

MENAKEL (Manakel, Meniel)

Ángel del orden de los arcángeles. Tiene dominio sobre el signo zodiacal de Acuario y el planeta Saturno. Influye sobre el sueño, los sueños y su interpretación y los sueños premonitorios. Si se le invoca facilita la obtención de trabajo o empleo y favorece los estudios técnicos y mecánicos. Es uno de los setenta y dos ángeles Shemhamphoras. Barrett lo identifica como Meniel.

MENALIANA

Cierva del monte Ménalo que tenía los cuernos de oro y los pies de bronce; era incansable en la carrera, tanto que nadie la había podido alcanzar. Heracles (Hércules), a quien se había ordenado cogerla viva, la persiguió durante un año por montes y valles, llegando tras ella hasta el país de los hiperbóreos, donde es fama que halló el laurel del que plantó después en Olimpia algunos vástagos. La cierva Menaliana, fatigada por tan larga carrera, se refugió en el santuario de Artemis, pero después fue sorprendida por Heracles en la orilla del Ladon, quien la hirió en una pata con una flecha y la capturó, completando así otro de sus célebres trabajos.

MENBO

Nombre que da a una clase de demonios san Alfonso Ligorio.

MENNIGS

Especie de gnomos escandinavos.

MENOR

Ángel que se invoca para exorcizar la cera, la cual se emplea en muchas operaciones mágicas, como en la elaboración de velas, velones, imágenes, etc., según la fórmula contenida en *The Key of Solomon the King* de MacGregor Mathers.

MERESIN (Merasin, Meresis, Meris, Miririm)

Según *El paraíso perdido* de Milton, es un ángel caído, jefe de las potencias aéreas. Para Heywood (*The Hierarchy of Blessed Angels*), es el señor del trueno y del relámpago en el infierno. Como Meresis se le considera jefe de los demonios que utilizan los rayos, relámpagos y centellas para infectar la atmósfera y provocar pestes y epidemias. Para Pablo (Epístola a los Efesios, 2) es el príncipe de las potestades aéreas, el espíritu que actúa en los hijos rebeldes.

MERGIAN-BANÚ (Mergian-Banou)

Hermosa hada bienhechora citada frecuentemente en las leyendas orientales antiguas. Pertenecía a la raza de los *peris (véase* el término *peri)* o genios benéficos. En una incursión que hicieron en Persia los dives, enemigos del país, mandados por Demeruch, Mergian Peri fue hecha prisionera y llevada cautiva. Demeruch, a quien tocó en suertes, quiso obtener sus favores, pero viéndose despreciado por ella, la maltrató y encerró en las cavernas del monte de Caf. Mergiana permaneció prisionera hasta que Demeruch fue muerto por el joven guerrero parsi Thahamurat, quien la puso en libertad. Mergiana se enamoró del héroe y le ayudó en una guerra desgraciada, en la que Thahamurat perdió la vida. Desconsolada, Mergian-Banú abandonó Persia y se refugió en Europa, donde cobró gran celebridad por sus bondades bajo el nombre de hada Mergiana, Morgiana, Morgante, Morgana…, y fue protagonista de muchas leyendas y romances, entre las que se encuentran las relacionadas con el mago Merlín. (*Véase* el término *Morgana*).

MERLOY

Espíritu inferior que se invoca en determinados conjuros, contenidos en el *Grimorium Verum* y reproducidos en el *Libro de la magia negra* de A. E. Waite y *La ciencia secreta de la magia* de Idries Shah.

MERMAIDS (Mer-Women, sirenas)

Nombre que se dio, a partir de la Edad Media, a las *sirenas (véase* este término). Los escoceses lo aplican a esos seres marítimos pero que, en muchos casos, son una especie de *ondinas (véase* este término) que habita los lagos y los torrentes profundos. Las verdaderas *mermaids* o *mer-women* («mujeres del mar») son las sirenas. Dice la leyenda que se mantienen eternamente jóvenes, mientras sus esposos del mar envejecen rápidamente. Ello da pábulo a que busquen amantes jóvenes entre los fuertes y apuestos marinos que surcan los océanos. Por ello siguen a los barcos que llevan tripulantes aguerridos y gallardos y cantan dulces canciones para que éstos se percaten de su presencia. Se cuenta que una vez que una *mermaid* pone sus ojos en un apuesto marino, no ceja hasta conseguir sus favores; nunca admite un no como respuesta a sus requerimientos amorosos. Ella nada detrás de la embarcación millas y millas cantando. Si el marino no le hace caso, no para hasta hacer naufragar el barco y entonces lo rescata y lo traslada a su palacio sumergido. Se cuenta que las *mermaids* o sirenas viven en palacios submarinos de gran esplendor, decorados con oro, cristal y joyas que sus hombres rescatan de los naufragios. La tradición también refiere que la *mermaid* lleva un bonito peine y un espejo y que se alisa su larga y bella cabellera, al tiempo que canta con irresistible dulzura sobre una roca al lado del mar. Pero la realidad es que los hechos apuntan a que las *mermaids* fascinan a los hombres para matarlos, por lo que su aparición o sus cánticos son presagio de tempestades, desastres y naufragios. ¿Simbolizan esos seres los peligros que acechan a los marinos en sus difíciles travesías? El espejo de las sirenas puede representar las aguas cristalinas, las aguas plácidas y tranquilas, que atraían a los hombres hacia lejanos horizontes de paz y felicidad, pero que luego los mataba en sus profundidades, con las tempestades y monstruos marinos.

MEROD

Espíritu angélico que se invoca en rituales de magia blanca.

MEROF

Espíritu angélico que se invoca en ritos mágicos contenidos en el sexto y séptimo libros de Moisés.

MERROE

Ángel que se invoca en operaciones de magia salomónica, en especial en la ritualización de la espada mágica.

MERROWS (Murdhuacha)

El equivalente irlandés de las *mermaids,* de las *sirenas.*

MERSILDE

Demonio a las órdenes de Syrach, duque infernal. Tiene el poder de hacer ver lo que ocurre en cualquier sitio por muy lejano que esté, según *La ciencia secreta de la magia,* de Idries Shah (Londres, 1957).

MERTALIA

Uno de los espíritus que se invoca en el exorcismo del agua para purificaciones, según *The Key of Solomon the King* de MacGregor Mathers.

MESRIEL

Ángel que gobierna la décima hora del día y que está bajo las órdenes de Oriel.

MESSIACH

Espíritu angélico que se invoca en ritos mágicos de consagración, como en el caso de la sal que se ha de mezclar con el agua para bendecir con el hisopo o aspersorio, de acuerdo con el ceremonial contenido en *The Key of Solomon the King* de Mathers. En la misma obra también se le invoca en el exorcismo de la sangre de murciélago, del palomo y de otros animales.

MESSIAH

Ángel querubín que guarda el paraíso o edén armado con una espada flamígera. Probablemente es otro nombre que se daba a *Cherub (véase* este término).

MESTHA (Mesta, Amset)

Mestha o Amset es uno de los cuatro genios funerarios del antiguo Egipto, los cuales representaban los cuatro puntos cardinales y los cuatro vientos. Mestha era el delegado del Sur. Los textos egipcios no están de acuerdo sobre el origen de estos genios, pues mientras unos los hacen descender de Horus, otros afirman que sus progenitores son Osiris e Isis. También hay discrepancias en torno a su sexo. Cada uno de los genios tenía dedicada una jarra canópica y su imagen figuraba en la tapa correspondiente. La de Mestha o Amset miraba al Sur y representaba una cabeza humana (en el interior se conservaba el hígado del difunto, del que se consideraba que Mestha era su protector y guardián). En el capítulo 112 de *El libro de los muertos* se lee sobre el origen de Mestha: «He aquí los nombres de los hijos que tuvo Horus: Duatmutf, Hapi, Mestha, Kebhsennuf; e Isis es su madre». Y en el capítulo 151 de la misma obra (apartado x) se lee: «He aquí a Mestha. Dice: Yo soy tu hijo. Llego para protegerte; obedeciendo las órdenes de Ra y de Ptah hago inexpugnable tu morada».

METATHIAX

Espíritu maligno que se supone genera dolencias que afectan a los riñones y que puede ser combatido por la fuerza del ángel Adonael, según *La ciencia secreta de la magia* de Idries Shah.

METATRÓN (Methraton, Mittron)

Según los cabalistas, es el ángel que habita en el mundo de la Creación. Por sí solo constituye el mundo del espíritu puro y es la manifestación visible de la deidad, del Creador, la Santa Faz, el Gran Rostro. Ha sido llamado rey de los ángeles, príncipe de las divinas faces o presencias, canciller de los cielos, ángel de la alianza y el tetragrammaton. Numéricamente, Metatrón corresponde a Schaddai, si bien *Schaddai* significa

«Todopoderoso» y bajo este nombre se reveló Dios a Abraham y Jacob. Se considera que Metatrón gobierna el mundo invisible, guarda la armonía y guía el rodar o revolución de todas las esferas o cielos y es el caudillo de todos los seres angélicos. Según A. Kohut, el nombre viene de Mitra, del zoroastrismo. Pero otros estudiosos creen que es la forma abreviada de *Metratonias* (del griego «el que está junto al trono»). Otros lo relacionan con el latín *Metator* («precursor»), considerando que fue el ángel que precedió a los israelitas en el desierto. Pero el Zohar dice que este nombre responde al sexto palacio o esfera, el cual concierne al sefiroth Yesod, la Fundación, el Fundamento. El Zohar dice también que el Creador se manifestó bajo el aspecto de *Schaddai* cuando el mundo se encontraba en estado de *Tohu*, y después bajo el aspecto de *Cebaoth* cuando el mundo pasó al estado de *Bohu*, tomando por último el aspecto de *Elohim*, al disiparse las tinieblas; con la Creación, nació el aspecto y nombre de *Jehovah*. Metatrón, cuyo nombre equivale numéricamente al de Shaddai, está, pues, en el origen del mundo (Tohu) con Adán-Kadmon. Pero también está con Shaddai en el sefiroth de la Fundación (Yesod), aquél donde reside el *Sadik* o *Mesías*. Metratón es uno de los ángeles que se invoca en varias operaciones mágicas, como en el experimento de invisibilidad contenido en *The Key of Solomon the King* de MacGregor Mathers. Se le han dado a Metatrón setenta y seis nombres cabalísticos distintos, compilados en el tratado hebreo *Sefer ha-Heshek*, publicado en Lemberg en 1865.

METHE

Uno de los espíritus angélicos que se invocan en los experimentos para conseguir la invisibilidad mágica, según la fórmula contenida en *The Key of Solomon the King* de MacGregor Mathers.

METRATOR

Ángel que se invoca en operaciones mágicas, como en el conjuro de la aguja de coser, el buril para grabar y otros instrumentos de hierro, según la mencionada *The Key of Solomon the King*.

METSIK

Espíritu del bosque en Estonia. En el siglo XX aún existía la costumbre de llevar un monigote de paja fuera del pueblo o aldea el martes de carnaval. La figura era fijada en lo alto de un árbol, en el bosque, donde se la dejaba todo el año. Según explica Frazer en *La rama dorada*, le dedican diariamente «sus oraciones y ofrendas para que proteja los rebaños, pues, como un verdadero espíritu del bosque, el metsik es patrono protector del ganado. A veces, el metsik está hecho con gavillas de cereal».

MEWETH

Uno de los espíritus angélicos que se invocan en el llamado citatorio de Azielis, uno de los siete grandes príncipes del mundo invisible, según el sexto y séptimo libros de Moisés.

MIBI

Otro ángel que se invoca en ritos mágicos cabalísticos contenidos en el *Sexto y séptimo libros de Moisés*, como en el conjuro del segundo misterio del sello.

MICAEL (*Véase* MIGUEL)

MICTLAN

En el México precolombino, el infierno, el mundo subterráneo, formado por nueve esferas y otros tantos riachuelos, en el que reinaba Mictlantecuhtli. A este dios del mundo inferior se le levantaban estatuas en que aparecía adornado con collares de cráneos humanos; era poco amigo de los hombres, y casi siempre se le representaba con la boca abierta en actitud de tragarse una criatura.

MIDAEL

Ángel citado por Barrett en *El mago*. Lo incluye en la orden de los guerreros, junto con Mirael. También lo menciona Mathers en *The Key of Solomon the King*, diciendo que es uno de los jefes y capitanes del ejército celestial. Se le invoca al elaborar la pluma de golondrina (o de auca) o de cuervo, con el cuchillo de mango blanco, con la que luego se escribirán todos los pactos y fórmulas mágicas.

MIDRASH

Uno de los muchos nombres del ángel Metatrón.

MIEL

Uno de los ángeles correspondientes al miércoles. Idries Shah (*La ciencia secreta de la magia*) lo menciona como uno de los tres ángeles del planeta Mercurio (los otros dos son Rafael y Serafiel). Igual idea sustenta Barrett (*El mago*).

MIGON

Este es otro de los innumerables nombres con que se designa al ángel Metatrón.

MIGUEL (Michael, Mijael, Micael, Mikal, Mikael)

Deriva del hebreo Mikael o Micael, «¿quién como Dios?». Es el principal de los ángeles, uno de los tres arcángeles aceptados por la Iglesia católica (*véase* el término *arcángeles*). En escritos religiosos bíblicos, posbíblicos, judíos, griegos, latinos, cristianos e islámicos, Miguel (Michael, Micael…) es el más grande y excelso de todos los ángeles. Según la tradición rabínica, Miguel está a la izquierda de Jehová, mientras que a la derecha se halla Gabriel; ambos son los reyes de las huestes angélicas. Miguel parece provenir de tradiciones caldeas, en las que fue venerado casi como un dios. No debe descartarse que los primitivos judíos lo asimilaran de aquellas creencias. Se considera que es el jefe del orden de las virtudes, el jefe de los arcángeles, el gran príncipe tutelar o protector de Israel, el guardián de Jacob, el vencedor de Satán, el ángel del arrepentimiento y el regente del cuarto cielo. Dentro de la naturaleza cósmica es el príncipe del agua y de la nieve. También es el ángel de la compasión, que enseñó a Enoch los misterios de la clemencia y de la justicia. En las Sagradas Escrituras se habla expresamente de Miguel en Daniel 10, 13, 21; 12, 1; en la Epístola de san Judas vers. 9;y en el Apocalipsis de san Juan 12, 7 y ss. En la Epístola de san Judas ya se le cita como arcángel. Y en el Apocalipsis se le menciona como jefe de los ángeles (generalísimo) fieles al Señor en su lucha contra el dragón (Satanás, diablo) y sus ángeles rebeldes, que fueron precipitados a la Tierra. Algunas tradiciones cristianas pretenden que el arcángel Miguel era antes de Cristo el ángel custodio y defensor del pueblo de Israel, pero que después ha pasado a ser el tutelar de la Iglesia católica. También se considera que Miguel tiene la función y poder de admitir o no admitir las almas que pretenden entrar en el paraíso. El arcángel Miguel ya fue muy venerado en los primeros tiempos del cristianismo. Los griegos creían que Miguel salvó milagrosamente de la destrucción, por los ejércitos enemigos, un templo suyo situado en Khonas (antes Colosae). Asimismo, se atribuyó a la intervención sobrenatural del arcángel Miguel el origen de varios manantiales de aguas medicinales, y se le consideró un gran médico celestial. En la antigua Constantinopla (hoy Estambul) había un templo dedicado al arcángel Miguel en las termas de Arcadio, al que acudían enfermos de todo Oriente Medio buscando remedio a sus dolencias. También se erigió otro templo, el *Michaelion,* en Sostenion, cerca de Constantinopla, al que iban enfermos incurables en busca del milagro que los sanase. Una tradición sostiene que el emperador Constantino se curó milagrosamente de una grave dolencia invocando al arcángel Mi-

guel en ese templo. La fiesta de Miguel se celebraba en el mismo el 9 de junio del calendario juliano. Posteriormente, el cristianismo erigió templos, ermitas, capillas y santuarios sin fin a Miguel por todo el orbe cristiano, siempre para impetrar su ayuda contra el diablo, las epidemias, las guerras y las calamidades de todo tipo. El nombre cabalístico secreto o misterioso de Miguel es Sabbathiel. En su forma de Michael o Mikael es uno de los setenta y dos ángeles Shemhamphoras y pertenece al orden de las virtudes. Tiene dominio sobre el planeta Saturno y el signo de Libra, aunque hay cabalistas que también lo relacionan con el Sol. Es un ángel que influye en las decisiones de los monarcas, nobleza y gobernantes y tiene, además, poder para encubrir conspiraciones contra los estados y sus regentes.

69. Miguel

SOL · ☉

MIHAEL (Mihel)

Ángel que conserva la fidelidad, la fertilidad y la unidad conyugales. Concede sueños premonitorios a quienes le invocan con esa finalidad. Ambelain (*La Kabbale Pratique*) lo integra en el orden de las virtudes, al igual que Uriel (*Las cartas de los ángeles de la cábala*). De acuerdo con Barrett (*El mago*), es uno de los setenta y dos ángeles que llevan el nombre místico de Dios: Shemhamphora. Tiene dominio sobre la Luna y el signo zodiacal de Escorpión.

MIHR (Mihir, Miher, Mithra)

En las tradiciones sagradas persas, el ángel o genio que presidía el séptimo mes (el antiguo septiembre) y el día 16 de éste. Mihr ayudaba a conseguir amistad y amor a quienes le invocaban. Se convirtió en sobrenombre de la deidad irania Mithra. Se dio el nombre de Mihrgan al festival del equinoccio de otoño.

MIJCOL (Mijkol)

Uno de los ángeles que se invocan en la citación general contenida en el séptimo libro de Moisés, sea para obtener apariciones o efectos mágicos determinados, después de seguir las instrucciones de las doce tablas mágicas.

MIKAGAMI (Mi-Kagami)

Es el espejo mágico de Yemma, dios de la muerte y juez de los difuntos, en el cual, según los budistas japoneses, se reflejan las acciones buenas y malas que han practicado los seres humanos durante su vida, cuando las almas pretenden entrar en el paraíso. De esta manera puede decidir si son dignos o no de estar cerca de los dioses.

MIKAL (Mika'il)

Nombre árabe del arcángel Miguel; aparece en el Corán y en escritos islámicos.

MILKIEL (Melkeyal, Melkiel)

Según el Zohar es un ángel que rige la primavera. Y el *Libro de Enoch* dice que al principio del año «reina Melkiel cuyo nombre es Tama'ani y Sol; y todos los días que están en su poder, sobre los cuales él domina, son 91 días». (*Véase* el término *Melkiel*).

MILLIEL

Uno de los ángeles del segundo cielo que gobiernan el miércoles (Barrett, *El mago*) y que se invocan cara al Sur.

MILLO

Vampiro de la Hungría del siglo XVIII. Una doncella llamada Stanoska se acostó una noche perfectamente sana y al dar las doce campanadas se despertó temblorosa y lanzando terribles alaridos; a los familiares que acudieron presurosos les comunicó que el joven Millo, que había muerto hacía nueve semanas, la había querido ahogar durante el sueño. Stanoska cayó enferma y murió a los tres días. Los ciudadanos pensaron entonces que Millo podía muy bien ser un vampiro, un reviniente; lo desenterraron y al ser reconocido como tal le cortaron la cabeza, después de haber atravesado su corazón con una estaca de madera. Sus restos fueron quemados y arrojados al río.

MILLORAINES

Nombre que daban en el departamento francés de la Mancha a una clase de hadas o *dames blanches* («damas blancas»), que eran de talla enorme, formas diferentes y que, por lo general, se mostraban quietas o inmóviles. Pero cuando una persona se acercaba a ellas huían a gran velocidad; su paso a través de los árboles producía un fuerte ruido, semejante al del viento huracanado.

MIMIR

Gigante de la mitología nórdica que habitaba cerca del fresno Yggdrasil, custodiando una fuente o manantial considerado como el venero de la memoria y de la sabiduría y llamado *pozo de Mimir.* Éste fue considerado como un genio de la aguas y muy venerado por todos los germanos. Odín, en uno de sus viajes, pidió de beber de aquellas aguas milagrosas, pero Mimir se lo permitió a condición de que le cediera uno de sus ojos, la Luna, la cual fue al instante sumergida por el gigante en el pozo. Mimir murió en la guerra desencadenada entre los Vanes y los Ases, y, más tarde, Odín recogió su cabeza, que embalsamó y preparó con fórmulas mágicas, sirviéndose de ella como de un oráculo para conocer el pasado y obtener respuestas de lo que ignoraba. Según la leyenda, Mimir era un diestro forjador que enseñó el arte de trabajar los metales a Sigfrido y Wieland.

MIMON

Otro de los demonios que según Cornelius Agrippa (*Filosofía oculta,* libro III) provoca calamidades y epidemias.

MINIEL

Potencia angélica que se invoca en ritos mágicos para preparar y utilizar las alfombras mágicas.

MINOSON

Demonio hembra que controla los juegos de azar. Es el que rige a los tahúres, ventajistas, tramposos, timbas, casinos, casas de juego, chirlatas y todo tipo de loterías. Está bajo las órdenes de Haël, uno de los diablos más poderosos del infierno si hemos de creer lo que dice el grimorio *Clavículas de Salomón.* Por supuesto, también es el demonio de las tragaperras y de los juegos de cartas.

MINOTAURO

Monstruo fabuloso mitad hombre y mitad toro, que se supone que nació de los amores de Pasifae con un hermoso toro blanco. La leyenda dice que en tiempos antiguos, siglos antes de la fundación de Roma, vivía en Creta un rey llamado Minos. Este soberano tenía como esposa a una mujer hermosa y ardiente, llamada Pasifae, la cual sólo buscaba hombres fuertes y atléticos que saciaran sus instintos lúbricos. Pero siempre quedaba desilusionada, hasta que cierto día apareció de repente en la campiña inmediata un soberbio toro blanco, de afilados y relucientes cuernos, piel finamente lustrosa y que agitaba la cola y mugía como un macho en celo. Pasifae sintió el súbito deseo de poseer a tan bello animal. ¿Pero cómo aproximarse a él?… Mandó llamar a los hombres de palacio y les hizo conducir el toro a los establos reales. Otros servidores, dirigidos por Dédalo, el gran escultor, construyeron una vaca de metal fundido y la cubrieron con una piel auténtica de este animal. En el interior de la figura se dejó un hueco suficiente para que Pasifae pudiera colocarse a su gusto. Llegado el momento, Pasifae se introdujo en el escondrijo, llenando con sus formas los huecos de la imaginaria vaca. Se presentó al toro blanco, que olfateó, mugió y se precipitó sobre el animal que creía de verdad. De esta aberrante unión nació un monstruo mitad hombre y mitad toro, al que generalmente se representa con cabeza de este cornúpeta y cuerpo humano. Se le llamó *Minotauro*, en recuerdo del rey Minos y de Tauro («toro»). El rey, horrorizado ante tal engendro, y para evitar que lo mataran, mandó construir un gran laberinto por Dédalo. Quien penetraba en él no podía salir, aunque estuviera andando todo lo que le restase de vida. Allí llevaron al Minotauro, que vivió lleno de salud y con libertad de pastar donde quisiera. Dédalo, por haber favorecido los amores zoofílicos de Pasifae, fue encerrado también en el laberinto con su hijo Ícaro. Para salvar a su hijo y a sí mismo, Dédalo construyó unas alas que pegó con cera a sus espaldas y a las de Ícaro; pero éste se remontó tanto que el calor del Sol derritió la cera y las alas se desprendieron. Ícaro cayó al mar Egeo, donde se ahogó. Por entonces, Androgeo, hijo de Pasifae y de Minos, fue muerto por los atenienses. En consecuencia, pa-

ra expiar este delito, después de conquistar Atenas, Minos impuso el tributo de que enviaran a Cnosos cada nueve años siete muchachos y siete doncellas que, encerrados en el laberinto, servían de alimento y placer para el Minotauro. Primeramente se decidió que fuera cada año, luego a los tres, y por último a los nueve. Los atenienses pagaron dos veces este terrible tributo, pero cuando iban a cumplirlo por tercera vez, Teseo mató al Minotauro y liberó a los rehenes; salió del laberinto gracias al camino que se había señalado con un ovillo de hilo facilitado por Ariadna, hija de Minos, a la que había enamorado. El Minotauro está representado en la cerámica antigua en forma de hombre con cabeza de toro, o bien como un toro con la cabeza humana, y ya solo en el laberinto, ya combatiendo con Teseo… Varios autores, entre ellos Luciano, han buscado explicación a esta extraña leyenda. No falta quien la supone nacida de un equívoco relativo al nombre de Taurus que llevaba un navegante cretense, del cual, bastante más lógicamente, es de quien se enamoró Pasifae, despechada por los amores de Minos con Procris; y que fue el arquitecto y escultor Dédalo quien le sirvió de medianero y ofreció su casa para esos amores. De ellos, supone esta otra leyenda, nacieron dos hijos: uno que se parecía a Minos y otro a Taurus, de donde se originó la del *Minotauro*. Lo cierto es que durante el reinado de Nerón Claudio, en el circo de Roma se ofrecía la parodia de Pasifae, cuyo papel estaba a cargo de una mujer encerrada en una vaca de madera que asaltaba un toro, o al menos así lo creía ver el público. Esta costumbre fue seguida por otros emperadores romanos, y Marcial escribió el siguiente epigrama sobre este hecho: «Nadie duda de que Pasifae se acopló con el toro de Creta; la antigua fábula ha tenido su confirmación, pues hemos visto el hecho. No se admire, César, la antigüedad de sí misma; cuanto la leyenda ha pregonado, el circo te lo ofrece».

MIRAEL (Miriael)

Uno de los capitanes en jefe de los ejércitos celestiales, que se invoca en ritos mágicos contenidos en *The Key of Solomon the King* (Mathers), como en la preparación de la pluma de golondrina o de cuervo (o de auca). Y según Barrett (*El mago*), pertenece al orden de los guerreros, junto con *Midael (véase* este término).

MIRES

Especie de hadas entre los griegos. Las jovencitas de las zonas rurales las invocan pidiéndoles que les concedan la gracia de encontrar esposo. El término podría derivar de *Moirai* (Parcas). Se dejaban ofrendas de tortas y miel en determinadas grutas para las mires, con algún objeto o indicación del esposo que deseaban. Las recién casadas también las invocaban para que las hicieran fértiles. Y las parteras también lo hacían para proteger al recién nacido y para curar a las madres de las calenturas y dolencias posparto. Así, al quinto día de haber alumbrado, se adornaba la vivienda y se daba una pequeña fiesta en honor de las mires.

MISSABU

Uno de los ángeles del aire que rigen el lunes y gobiernan el viento del oeste (occidente), según Barrett, Papus, de Abano, Idries Shah, etc. Está a las órdenes de Arcán, el rey de los espíritus angélicos de ese día. La grafía de «Mistabu» de algunos libros es incorrecta.

MISSALN

Uno de los ángeles de la Luna, servidor del lunes y que se invoca en ritos mágicos, según Idries Shah (*La ciencia secreta de la magia*).

MITÓN

Uno de los muchos nombres del ángel Metatrón.

MITOTÍN (Mithothin)

La primera y mayor de todas las hadas-magas de la mitología escandinava. Ayudada por sus artes mágicas llegó a ocupar el puesto de Odín, dios supremo, cuando éste, avergonzado por haber sido engañado por su esposa Friga, se desterró voluntariamente durante diez años. Pero al regresar Odín, el dios la condenó a que no se cumplieran jamás sus vaticinios y a que no tuvieran efecto alguno sus magias.

MITSPAD

Otro de los muchos nombres que tiene el ángel Metatrón.

MITZRAEL (Mizrael)

Es uno de los setenta y dos ángeles que llevan el nombre místico de Dios: Shemhamphora. Se le invoca para curarse de las enfermedades del espíritu y para librarse de los perseguidores.

Pertenece al orden de los arcángeles y tiene dominio sobre el planeta Marte y el signo zodiacal de Capricornio. Según Uriel *(Las cartas de los ángeles de la cábala)*, es el ángel custodio de los nacidos entre el 16 y el 20 de enero.

MNGWA

Extraño monstruo que se supone que habita en Tanganica. Se le menciona en numerosas leyendas africanas y en canciones guerreras. Su nombre procede del vocablo kiswahili *mungwa*, que quiere decir «el extraño, el misterioso». Los indígenas se refieren a él como a la «bestia extraña» y cuentan historias pavorosas sobre ese monstruo. Dicen que tiene el tamaño de un gran asno y que su piel está rayada como la del tigre. Posee colmillos y poderosas garras, por lo que destroza a sus víctimas en pocos instantes. Cuando aparece en la selva una persona completamente desgarrada, casi siempre se atribuye su muerte al Mngwa, que los indígenas de las orillas del Tanganica distinguen entre el león y otras fieras.

MOINE BOURRU (Moine Gris)

Nombre que daban en París a un espíritu perverso que recorría las calles durante la noche y se divertía torciendo el cuello a las personas que estaban asomadas a las ventanas.

MOISASUR

Nombre que dan los hindúes al jefe de los espíritus malignos.

MOIXONET

Cuenta Joan Amades *(Costumari catalá)* que en vísperas de San Juan (23 de junio), por la noche, los marineros de la costa catalana creían en la existencia de un follet (duende) que adoptaba la forma de pájaro, dándole el nombre de Moixonet. Era blanco como la leche, salía del agua y se posaba encima de los aparejos. Su presencia era un buen presagio, ya que auguraba buena pesca y fortuna en la mar durante todo el año. El Moixonet aparece con preferencia en esa noche mágica. De ahí que tengan tanto interés en salir a pescar en ese día.

MOKISOS

Genios reverenciados por los indígenas del Congo. Creían que los podían castigar y aun matar si no eran fieles a sus deberes. Los adoraban en forma de ídolos de madera, de piedra y otros materiales, y les ofrecían sacrificios para tenerlos contentos.

MOLET (Millet)

Especie de follet o duende catalán muy diminuto que se creía que flotaba a merced de los fuertes vientos del otoño. Era de índole maléfica. En la comarca de la Garrotxa, Cataluña (en particular en los valles de Olot), creían que el molet embarazaba a las mujeres que recibían una fuerte racha de viento en la cara, ya que el espíritu entraba en ellas. Cuando daban a luz, nacían dos criaturas; una era un pequeño monstruo con varias piernas, brazos y cabezas, al que llamaban *mola*, el cual causaba la desventura de toda la familia. Para librarse de él y de muchas desventuras y desgracias, se le había de quemar dentro de un horno de hacer pan y ponerlo al máximo de calor.

Después, ese horno se había de tirar, pues ya no servía para cocer pan o viandas, la otra criatura, por lo general, era raquítica, débil, enclenque y enfermiza, y raramente llegaba a edad adulta.

MOLOCH (Moloc)

Príncipe del país de las lágrimas, miembro del consejo infernal. Según Milton, es un demonio terrible «rodeado de las lágrimas de las madres y de la sangre de los niños». Esta divinidad maligna fue adorada por diversos pueblos semitas, especialmente por los ammonitas. Se le sacrificaban víctimas humanas, principalmente niños. Según Diodoro, la estatua que representaba a Moloch era de bronce y tenía los brazos dispuestos para recibir a las víctimas humanas que le eran ofrecidas. Este ídolo era hueco y estaba dividido en siete compartimientos, destinados a guardar las distintas especies de ofrendas, a saber: el primero era para harina; el segundo, para tórtolas; el tercero, para una oveja hembra; el cuarto, para un cordero; el quinto, para un ternero; el sexto, para una res; y el séptimo, para un niño. Los hebreos consideraban a este dios-demonio de origen cananeo, pero los fenicios y los cartagineses también lo adoraron. Los niños que se ofrecían a Moloc, no eran quemados vivos, sino degollados primero y quemados después como en cualquier otro holocausto. Estos sacrificios se ejecutaban en Topheth, en el valle de Hinnom o Geennom, lo cual hizo que desde los tiempos de Jesucristo se diese al infierno el nombre de este valle, trasformado en geena o gehenna. Modernamente, Moloch sigue siendo un demonio con un gran poder de persuasión, pues induce desde su trono invisible a los más disparatados crímenes y delitos: drogas, incendios, crímenes acompañados de fuego, asesinato de criaturas… Los pirómanos y pederastas asesinos son los modernos acólitos de Moloch.

MOMERTON

Uno de los espíritus angélicos que se invocan en ritos mágicos, como en el de la bendición de la sal (Mathers, *The Key of Solomon the King*).

MONACHEDDU

Duende bromista de la región de Calabria (Italia), el cual vive en los desvanes, en las chimeneas de las casas y sólo manifiesta su presencia cometiendo travesuras. Por ejemplo, esconde la llave de la casa, extravía el peine o los pendientes, cambia el vino de las botellas por agua, perturba el sueño de los moradores de la casa haciendo ruidos, tirando de las ropas de las camas, etcétera.

MONACHIEL (Monaquiel)

Uno de los ángeles que se invocan e inscriben en el tercer pantáculo de Venus, que sirve para atraer el amor. El ángel Monachiel (Monaquiel) debe invocarse en el día y la hora de Venus, a la una en punto o a las ocho. Los nombres que se inscriben en el interior de la figura son: IHVH, Adonai, Ruach, Achides, Egalmiel, Monachiel y Degaliel, según *The Key of Solomon the King* de Mathers. El día de Venus es el viernes y las horas son las planetarias, es decir, se dividen en doce partes el período diurno y en doce el nocturno, horas que varían su duración a lo largo de las estaciones (no son horas de reloj).

MONADEL (*Véase* **MENADEL**)

MONARQUIA INFERNAL
(Imperio infernal)
Según Johann Wier o Wierus, Crowley, Mathers, Collin de Plancy y otros estudiosos del tema, la monarquía infernal se compone de un emperador: Belzebú. Si bien para otros demonógrafos, el emperador del infierno es Lucifer, mientras que Belzebú es príncipe. Ateniéndonos a las diversas descripciones de los principales demonios, encontramos que después del emperador hay setenta y dos diablos principales que se oponen a los setenta y dos ángeles Shemhamphoras, distribuidos de la siguiente manera: **Nueve reyes:** Bael, Paimón, Beleth (Bileth), Pursón, Asmodeo (Asmoday), Balam, Belial, Viné y Zagan. **Siete príncipes**: Vassago, Sitri, Stolas, Orobas, Seere (Sear), Ipus y Gäap. **Veinticuatro duques***:* Agares, Valefor, Barbatos, Gusion, Eliges, Zepar (Separ), Bathin, Sallos (Saleos), Aim, Bune (Bimé), Berith, Astaroth, Focalor (Foroalor), Vepar, Uvall (Vual), Crocell (Crokel), Furcas, Alloces (Alocas), Gremory (Gamori), Vapula (Naphula), Haures (Flaures), Amdusias, Dantalion y Murmur. **Quince marqueses:** Samigina (Gamigin), Amon, Leraje (Leraie), Naberius, Forneus, Marchosias, Fénix (Phenex), Sab-nock, Shax (Shaz), Oriax (Orlas), Andras, Andrealphus, Cimejes (Kimaris), Decarabia y Ronove. **Once condes:** Furfur, Halphas (Maithus), Räum, Bifrons, Andromalius, Viné, Ipus, Marax (Morax), Glasya-Labolas, Ronove y Murmur (Murmus). **Catorce presidentes:** Marbas, Buer, Botis, Foras, Malphas (Malfas), Haagenti, Camio (Caïm), Osé (Voso), Volac (Valak), Marax (Morax), Glasya-Labolas, Gäap, Zagan y Amy (Avnas). Si en realidad suman ochenta, es debido a que hay demonios que tienen dos cargos o títulos. Para datos y descripciones de cada uno *véanse* los respectivos términos dentro de la obra. Y la cuestión siguiente es preguntarse ¿cuántos demonios existen? Si hacemos caso a Wierus, hay 6666 legiones de diablos y cada legión está compuesta de 6666 demonios, lo que hace un total de 44.435.556 seres infernales. No obstante, la Inquisición había calculado un número de 7.405.926, pero este número es eminentemente mágico, ya que resulta de multiplicar el gran número pitagórico por seis: 1234321 x 6 = 7.405.926. Sobre la clase de demonios existentes, es curioso constatar que ya Michael Psellos o Psellus, político, filósofo y demonólogo bizantino del siglo XI, dividió a los diablos en seis categorías, a saber: **1.ª Los diablos del fuego** (que habitan lejos de nosotros). **2.ª Los diablos del aire** (invisibles y que son los causantes de los fenómenos atmosféricos, tormentas, etc.). **3.ª Los diablos de la tierra** (que son nuestros tentadores más directos). **4.ª Los diablos del agua** (que causan los naufragios

y las muertes en el mar, grandes ríos y lagos). **5ª Los diablos del subsuelo** (que son los responsables de los terremotos, erupciones volcánicas, hundimientos de tierras y minas). **6.ª Los diablos de las tinieblas** (que no se muestran jamás a nuestra vista, pero que se dejan sentir).

MONKIR (Monker, Munkar)

Uno de los dos ángeles que, según las creencias musulmanas inspiradas en el Talmud hebreo, interroga a las almas de los muertos tan pronto como los cuerpos de éstos son colocados en el sepulcro. Es de color negro, ojos azules y tiene un aspecto terrible; su voz es tan fuerte como el trueno. A los destinados al infierno les golpea con un látigo cuya mitad es de hierro y el resto de fuego. El otro ángel es *Nekir (véase* este término).

MONOCERONTE (*Véase* UNICORNIO)

MONÓCULO

Hombre que no tiene más que un ojo. El *Libro de las maravillas del mundo* de Juan de Mandavila (siglo XIV), habla de gigantes en la India que poseen un ojo en medio de la frente, los cuales sólo comen carne y pescado. Un grabado parecido publica Schedel en *Las crónicas de Núremberg* (1493).

MONSTRUO

Se da este nombre a todo ser compuesto o producido contra el orden regular de la naturaleza. También se aplica a un ser deforme, cruel y perverso, aunque no exista en su figura nada de irregular en relación con su propia especie. Asimismo es corriente denominar *monstruo* a un animal de gran tamaño, e incluso de pequeñas dimensiones, ya sea a causa de su exotismo o de la instintiva repelencia que el hombre siente hacia ellos, como ocurre con bestias fósiles como los *dinosaurios* (*véase* este término), con animales cuya existencia no ha sido confirmada por la ciencia (como el *kraken)* y con reptiles que aún viven, como el *monstruo del Gila,* lagarto norteamericano. La creencia en los monstruos se remonta a los tiempos primitivos, pues se han encontrado pinturas rupestres, como en las cuevas de Marsoulas y Altamira, en las que se ven rostros grotescos que tal vez representan demonios o genios maléficos. Otras figuras, que tienen muy poco de humanas, pueden representar los primeros monstruos creados por la imaginación del hombre de la Edad de Piedra, a causa del miedo que le causaban determinados animales. También es posible que se representara a las extrañas criaturas que veía en sus sueños y pesadillas. En muchas tumbas egipcias se ven pintados monstruos de horrendas formas y, según parece, son los que cada difunto creía haber visto en vida. No es descabellado suponer que la creencia en monstruos tuviese su fundamento en la existencia antigua de animales gigantescos y pavorosos, ya extinguidos, cuyo conocimiento se hubiese trasmitido de generación en generación, hasta quedar completamente desfigurados o fantaseados. Tal puede haber sucedido con el legendario *dragón (véase* este término). Otra de las causas, y quizá la más poderosa, que ha inducido al hombre a la creencia en los monstruos, es la posibilidad de las uniones antinaturales entre bestias y seres humanos, tan en boga en la fantasía de los pueblos primitivos y que han quedado reflejadas en las mitologías de todos los países. El producto quimérico de estas uniones ha tenido particular importancia en la creencia de los monstruos, aun en culturas y civilizaciones elevadas como eran las de la antigua Grecia y el Imperio romano (*véanse* los términos *Esfinge, grifo, centauro, Quimera, Cerbero, sirena, Minotauro, Equidna* y *Escila,* principalmente). Las diferentes causas de la creencia en los monstruos explican que éstos sean de varias clases: animales deformes, híbridos, seres policéfalos, polibranquiales, acéfalos, masas enormes amorfas y semovientes, entes con un solo ojo o con muchos, flamígeros, dotados de poderes sobrenaturales, etc. En otro plano, las gentes han considerado monstruos a seres humanos temporalmente metamorfoseados en bestias para causar daños a sus semejantes, como los legendarios *vampiros* y *hombres lobo* (*véanse* esos términos y los de *licantropía* y *licántropo*). A lo dicho sobre el licántropo u hombre lobo en dichos artículos, hay que añadir que en Rusia, Escandinavia y Alemania la superstición licantrópica está muy extendida y son numerosas las historias que hacen referencia a estos seres terribles. En Portugal y en las Azores era creencia general que el hijo séptimo de las familias que no tenían hijas pertenecía al demonio, y que se había de metamorfosear en lobo para atacar a los seres humanos. Y en la Edad Media, en los siglos XVI y XVII estaba admitido que los brujos, mediante la intercesión de Satanás, podían trasformarse temporalmente en animales nocivos, particularmente en lobos. En otro aspecto, se ha dado el nombre de monstruos a seres creados por la imaginación de los literatos, como el doctor Jekyll-mister Hyde, que representa la maldad que hay en cada hombre (*véase* el término *Jekyll*), y *Frankenstein* (*véase* este término), ser viviente creado por el doctor de su mismo nombre y que tiene el defecto de ser muy feo y desagradable a la vista; aunque está repleto de buenos sentimientos, los seres humanos lo detestan y persiguen a causa de su fealdad, por lo que se ve obligado a matar y a convertirse en un verdadero monstruo, quizá como espejo en que se refleja la maldad que emana del hombre y que éste sólo quiere ver en los otros seres distintos a su especie. Otros monstruos, como el del lago Ness, guardan su secreto (*véase* el término *Ness*).

MONSTRUO DE CUATRO OJOS
(*Véase* **POLIOFTALMÍA**)

MONSTRUO DE PALESTINA
Monstruo salvaje parecido a una Manticora, pero con cuernos y alas, como un dragón, que causó daños y víctimas en el siglo XVIII en Palestina. Fue muerto en noviembre de 1725, en Jerusalén, según un manuscrito que se conserva en el Museo Británi-

co, de acuerdo con C. J. S. Thompson (*The mistery and lore of Monsters*).

MONSTRUO DE TAGUA

En el siglo XVIII apareció un monstruo sorprendente en el lago de Tagua, en Chile. Se asemejaba a un dragón con cara humana, pero la cabeza dotada de dos largos cuernos. Disponía de alas y de una doble cola. Su larga melena llegaba hasta los pies. Su boca era anchísima, dotada de largos y afilados dientes, tal como muestra el grabado impreso en 1784.

MONSTRUO DEL GILA

Lagarto propio de los desiertos de Arizona y Nuevo México (Estados Unidos). Este reptil pertenece al género *Heloderma,* y es una de las dos únicas especies conocidas de lagartos venenosos de América. El monstruo del Gila mide unos 50 cm de longitud y su cuerpo es rechoncho, de color rosado y negro; está cubierto de protuberancias más parecidas a verrugas que a escamas. Tiene el aspecto de ser un animal pesado, pero cuando se le molesta se vuelve extremadamente ágil, abre la boca, saca su lengua ahorquillada, silba y restalla intentando clavar los colmillos venenosos en el importuno.

MONTAGNARDS (Montañeses)

Duendes malévolos que viven en les minas, debajo de los montes y atormentan a los mineros franceses con sus travesuras. Tienen tres pies de altura, un rostro horrible, un aire de vejestorio y se visten con una camisola y un delantal de cuero, como los obreros de las minas. Se cuenta que esos duendes no eran malignos, sino todo lo contrario, pero que con el tiempo se han vuelto perversos para vengarse de las ofensas recibidas de los seres humanos.

MORA

Espíritu angélico que se invoca en el rito del segundo misterio del sello contenido en el sexto libro de Moisés.

MORAIL (Morael, Moriel)

Demonio que tiene el poder de hacer cualquier cosa en el mundo invisible. Está a las órdenes del duque infernal Syrach.

MORAX (Morux) (*Véase* FORFAX y MARAX)

MORDAD

El ángel de la muerte entre los antiguos magos y persas. Equivale al Azrael mahometano. (*Véase* el término *Melecimut*).

MORGANA

Hada fabulosa que cobra gran celebridad en las fábulas medievales, cuyo origen probablemente se remonta a la mitología céltica. El nombre de *Morgana* deriva de los términos bretones *mor, mar,* y *gwens,* «mujer espléndida». En las tradiciones célticas se la presenta como hermana del rey Arturo y discípula del mago Merlín, quien le enseña todos los secretos de la magia. En la *Vita Merlini,* atribuida a Geofredo de Monmouth, el hada Morgana es la mayor de nueve hermanas que moran en la afortunada *Insula Pomorum.* Se la representa como muy instruida en las artes de curar y con la facultad de metamorfosearse en ave. A ella fue llevado Arturo herido, después de la legendaria batalla de Camlan. Morgana desempeña un papel semejante en las fábulas de otros ciclos. En el *Orlando Innamorato,* de Boiardo, hay una descripción de la fabulosa morada de esta hada en el fondo del lago.

MORGANS

Las *morgans* o *Mary-Mor-Gans* son las sirenas de las tradiciones bretonas.

MORGANTE

Gigante del poema *Morgante Maggiore* escrito por Luigi Pulci en el siglo XV; Morgante acompaña y protege a Rolando en sus aventuras, el cual ha sido desterrado de la corte de Carlomagno.

MORMOS

Seres míticos de Australia que se suponía que vivían en grutas y llevaban todo el cuerpo cubierto de largo pelo.

MOROI (Muroi)

En Rumanía, niño asesinado al nacer y que se convierte en vampiro y generador de tormentas de granizo. En caso de una niña, se denomina *moroaïca* o *muroaïca.*

MORONI

Espíritu celeste o ángel que se apareció a Joseph Smith y le hizo revelaciones místicas e históricas, las cuales condujeron al descubrimiento, en una cueva, de un cofre que contenía un libro, y junto a éste una especie de lentes formados por dos piedras preciosas. Las hojas del libro eran láminas de oro grabadas con misteriosos caracteres. Los pudo descifrar con los misteriosos lentes y entender su antiquísimo lenguaje. El libro traducido por Smith fue *El libro del mormón,* con el que fundó la religión de los mormones, mejor dicho, *la restableció,* puesto que ya había existido y desaparecido hacía muchos siglos. Según revelaciones de Moroni, en su vida mortal había sido hijo del último profeta de los antiguos americanos, llamado Mormón. Hoy día, en el cerro de Cumora, cuatro millas al sur de Palmyra, New York, donde Smith recibió el mensaje celestial, se levanta un gran monumento y estatua del ángel Moroni.

MOURAS

Espíritus o entes femeninos de la naturaleza, típicos de Galicia. En cierto aspecto, pueden considerarse como hadas o encantadas. Suelen habitar en lagunas, ríos pozos, castros, cuevas…, pero en escondites bajo tierra. Algunas pueden trasformarse en animales, como serpientes, y se mueven alrededor de monumentos megalíticos. Se considera que guardan los consabidos tesoros y riquezas y que sólo ayudan a las personas de buen corazón.

MUGELTHOR

Espíritu angélico que se invoca en uno de los ritos para que aparezcan los grandes príncipes celestiales y pedirles lo que uno necesite, según el *Sexto y séptimo libros de Moisés.*

MULAFERA

Nombre que se da popularmente al dragón que se presenta en las fiestas de la Patum, que se celebran anualmente en Berga, provincia de Barcelona. En realidad, el nombre está impropiamente aplicado, pues debería designar a la *Mulassa (véase* este término) en vez del dragón. Pero esto no impide que el pueblo dé –o haya dado– al monstruoso animal de la Patum los nombres de *Mulassa, Mulaguita* y *Bullafera;* esta bestia arroja fuego por la boca y significa que el moro Bullafer, ayudado por potencias infernales, quería destruir a los cristianos *(véase* el término *Patum).*

MULAGUITA

Sobrenombre del dragón de la *Patum (véanse* los términos *Mulafera* y *Patum).* En realidad está aplicado impropiamente, ya que tendría que designar a la *Mulassa* original.

MULASSA

Mula fantástica y bramadora que figuraba en muchas fiestas populares, especialmente en Cataluña. Por corrupción las gentes aplican el nombre de *Mulassa* al dragón infernal en las fiestas anuales de Berga, Vilanova, Solsona y Sant Feliu de Pallarols, principalmente. Se ha llegado a convertir en sinónimo de *Mulaguita* y *Mulafera (véanse* estos términos).

MULLIN

Demonio de orden inferior, camarero mayor de Belzebú.

MUMIAH

Según la cábala, ángel que controla la ciencia de la física y de la medicina y tiene a su cargo la salud y la longevidad. Es el Omega, el fin de todas las cosas. Y es uno de los setenta y dos ángeles que llevan el nombre místico de Dios (Shemhamphora). Influye en el signo de Piscis y concede el renacimiento, la renovación, la vivificación y la regeneración. Pertenece al orden de los arcángeles.

MUNIOS

Espíritus traviesos hindúes algo parecidos a los duendes occidentales, pero con la particularidad de que no tienen cuerpos; se les puede considerar como espectros o condensaciones de materia vital que toman la forma que les conviene en cada momento.

MUNKAR (*Véase* MONKIR)

MUOBOII

Uno de los ángeles que se invocan para bendecir la sal, según el rito contenido en *The Key of Solomon the King* (Mathers).

MUPIEL

Ángel que se invoca para obtener una buena memoria.

MURALLA DEL DIABLO

Célebre muralla que separaba Inglaterra de Escocia, y de la que todavía subsisten algunas partes. La solidez de los cimientos y la dureza de las piedras que la formaban hicieron creer a los habitantes de las comarcas vecinas que había sido construida por el diablo.

MURDAD

El ángel de julio para los antiguos persas. Además, regía el séptimo día de ese mes. Hay tradiciones que dicen que era el ángel que separaba el alma del cuerpo al fallecer una persona.

MURIEL

El ángel de junio y regente del signo de Cáncer, según Camfield. Se le invoca en ritos para obtener una alfombra mágica. Pertenece al orden de las dominaciones.

MURMUR (Murmus, Murmux)

Demonio que algunos demonógrafos suponen gran duque y conde del reino infernal. Es uno de los ángeles caídos que pertenecía al orden de los tronos y al de los ángeles. Se aparece bajo la forma de un soldado montado en un grifo y va precedido de servidores con trompetas y antorchas. En la testa lleva ceñida una corona ducal. Enseña filosofía y hace aparecer las almas de los difuntos para que respondan a las preguntas del oficiante. Manda treinta legiones de espíritus infernales. *(El libro de la magia negra,* Waite; y *Goecia,* de Aleister Crowley). (*Véase* el término *Monarquía infernal*)

MUSACA

Nombre que dan al diablo en algunos pueblos del África ecuatorial.

MUSALIA

Espíritu angélico que se invoca en el rito del exorcismo o bendición del agua, según el rito contenido en *The Key of Solomon the King* (Mathers).

MUSIL

Otro espíritu angélico que se invoca en el rito del exorcismo o bendición del agua, según el rito y fórmula contenidos en la mencionada *The Key of Solomon the King.*

MUSISIN

Demonio que está a las órdenes del duque infernal Syrach. Su misión consiste en controlar a los grandes señores y dignatarios. Lleva el registro de los acontecimientos que se producen en los principales países.

MUSPELHEIM

En la mitología escandinava, mundo de fuego en que tiene su imperio *Surtur el Negro,* enemigo mortal de los Ases. Esta divinidad infernal lleva en sus manos una espada flamígera y vendrá a la Tierra al fin del mundo, prendiéndole fuego y haciendo que sea consumida por las llamas.

MUTUOL

Ángel que se invoca, en determinados ritos, para bendecir la pluma y la tinta mágicas.

MYAGORUS

Genio al que los antiguos arcadios atribuían la virtud de eliminar las moscas durante los sacrificios que se hacían a los dioses.

MYOAM

Uno de los genios que invocaban los basilidianos, los partidarios de Basílides *el Gnóstico,* en sus ceremonias místicas, a fin de que les iluminara y guiara hacia la verdadera doctrina.

MYREZYN (Myresin)

Dos espíritus de la Luna que se invocan conjuntamente en algunos ritos relacionados con el amor y el hogar.

N

NAAR

Otro de los muchos nombres que tiene el ángel Metatrón.

NABERO (Naberius)

Marqués del reino infernal. Se presenta en forma de una grulla negra gravitando sobre un círculo. Habla con voz ronca. Tiene el poder de otorgar habilidad en todas las artes y ciencias, pero especialmente en retórica. Restaura los honores y las dignidades perdidas. Le obedecen diecinueve legiones de diablos, según *El libro de la magia negra*, de Waite; la *Goecia*, de Crowley; y el *Diccionario infernal*, de Plancy. Todo parece indicar que con el tiempo se ha generado una confusión semántica con Nebirus, pero lo cierto es que muchos demonógrafos consideran que son distintos entes y que Nabero está bajo las órdenes de *Nebirus (véase* este término). Wierus, además, le llama *Haborym*.

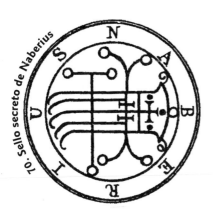

NABU (Nebo)

Entre los antiguos babilonios, una especie de arcángel o ángel que era hijo y ministro del dios Marduk. Y entre los sumerios era conocido como «el ángel del Señor». Puede considerarse un prototipo de los ángeles Judeocristianos. Entre los acadios, Nabu era el dios del planeta Mercurio.

NACHERAN

Es uno de los espíritus malignos servidores de los demonios Magot y Kore, según *El libro de la magia sagrada de Abramelín el Mago*. Gobierna las ventanas de la nariz.

NACHIEL (Nakiel, Nakhiel)

Según la cábala, es la inteligencia del Sol cuando éste entra en el signo de Leo. El número cabalístico de Nachiel es el 111. Se corresponde con el espíritu de Sorath, de acuerdo con la creencia de los talismanes de Paracelso.

NACHTMAUNETJE

Nombre que dan los flamencos a los demonios *íncubos* (*véase* este término). Este apelativo significa «pequeño hombre de noche».

NACHTSROUWTJE

Nombre que dan los flamencos a los demonios *súcubos* (*véase* este término). Este apelativo significa «pequeña mujer de noche».

NAGA

Nombre de una raza de genios o semidioses hindúes, que tenían cabeza humana y cola de serpiente. Eran hijos de Kaciapa y de su esposa Kadrú. Los nagas fueron vencidos muchas veces por el pájaro *Garuda* (*véase* este término), a pesar de que estaban dotados de gran poder y eran sumamente peligrosos; a veces aparecían como serpientes ordinarias, en ocasiones como serpientes míticas, y en ciertas circunstancias como seres humanos. Determinadas familias y dinastías reales de la India citan a los nagas entre sus antepasados. A menudo, los nagas y sus esposas, las *naginis,* desempeñan un papel nefasto en las leyendas y tradiciones hindúes.

NAGID

Uno de los ciento once espíritus comunes servidores de los cuatro subprín-cipes demoníacos conocidos como Oriens, Paimón, Aritón y Amaimón.

NAGINIS

Nombre hindú que se da a las esposas de los *nagas.*

NAGLEFARE

Entre los celtas, nave mortífera hecha con las uñas de los muertos y que se acabará de construir cuando llegue el fin del mundo. Su aparición hará temblar a los seres humanos y a los dioses. En esta vasta nave llegarán los ejércitos de los genios maléficos.

NAHAM

Demonio que algunos hechiceros y magos invocan en sábado para obtener resultado en sus ritos amorosos. Puede ser una derivación o contracción de Nahama.

NAHAMA

Una de las cuatro mujeres que, uniéndose con los ángeles, concibieron y dieron vida a los demonios, según las doctrinas del Talmud. Nahama era hermana de Tubalín y hermosa como los ángeles, de quienes se separó más tarde. Tiene como misión entrar en los lechos de los hombres dormidos e inspirarles pasiones amorosas y carnales. En cierta forma, pues, puede considerársela madre de los demonios súcubos.

NAINES BLANCHES

Este nombre, que en francés significa «enanas blancas», se daba a unas supuestas ninfas que habitaban los ríos de la Valouse, en el cantón de Arinthod, departamento del Jura.

Se las veía poco antes de levantarse el sol, y siempre envueltas en vapores de la tierra, como si se tratara de un velo de gasa. A veces bailaban alegremente, formando un ruedo o círculo.

NAINS

Nombre que en Francia dan a los *enanos (véase* este término).

NAJIN

Uno de los ciento once espíritus servidores de los cuatro subpríncipes infernales Oriens, Paimón, Aritón y Amaimón, según *El libro de la magia sagrada de Abramelín el Mago.* Parece que su misión consiste en ayudar a propagar ideas y doctrinas.

NAK

Espíritu malvado que, según creían los noruegos, vigilaba la entrada de los golfos y reclamaba cada año una víctima humana. Es el *nisse* o *nix* de los germanos y el *nek* o *naach* de los suecos. *(Véase* el término *nix).*

NAKARONKIR

Espíritu que los musulmanes creen que Mahoma les envía durante el sueño para inducirles al arrepentimiento de sus pecados y crímenes.

NAKIR (*Véase* NEKIR)

NAKKI

Espíritus musicales de los finlandeses, quienes pretendían que aparecían en la orilla del mar llevando arpas de plata y acompañaban con el sonido de sus instrumentos el rumor de las olas.

NAKRIEL

Uno de entre los muchos ángeles que se encargan de guardar las puertas del viento del sur.

NAMIROS

Uno de los cuarenta y nueve espíritus servidores del demonio Belzebú (Beelzebud), según *El libro de la magia sagrada de Abramelín el Mago.* Al parecer está versado en temas náuticos y de navegación.

NAMTAR

Es uno de los siete espíritus malignos principales del panteón caldeo y mesopotámico. El nombre de este *utukku* significa «la peste» y se le atribuían las grandes epidemias. *(Véanse* los términos *utuku* y *maskim).*

NANAEL

Uno de los setenta y dos ángeles que llevan el nombre místico de Dios: Shemhamphora. Controla las grandes ciencias, la abogacía, la jurisprudencia, la filosofía, la teología y hasta las ciencias ocultas y herméticas. Pertenece al orden de los principados y tiene dominio sobre el Sol y el signo de Sagitario. Es el ángel custodio de los nacidos entre el 13 y el 16 de diciembre.

NANGARIEL

Uno de los cuatro ángeles que se inscriben o graban en el primer pantáculo del planeta Venus, según *The Key of Solomon the King* de Mathers. Los otros tres son Nogahiel, Socodiah y Acheliah. *(Véase* el término *Acheliah).*

NAPA

Nombre que se daba en algunas comarcas de Cataluña a las hadas maléficas e, incluso, a las brujas malignas.

NAPEAS

Ninfas griegas protectoras de los valles y de los bosques. Seguidoras de Diana cazadora, estaban en relación con los dioses pastores, como Apolo y Hermes y vivían en compañía de Pan y de los sátiros, quienes, a su vez, tomaban parte en sus juegos y las perseguían con amorosos ardores por las arboledas y montes. Se suponía que existían varias clases de napeas: las *oréadas,* que poblaban las cumbres de las altas montañas; las *melíadas,* ninfas de los fresnos; las *dríadas,* que lo eran de los encinares; y las *hamadríadas (véase* este término), que nacían unidas al árbol en el cual moraban.

NAPHULA (*Véase* **VAPULA**)

NARAKA

En las tradiciones míticas de la India, nombre que se da a uno de los infiernos al que van a parar las almas de los que han pecado o cometido crímenes en su vida terrenal. Manú enumera hasta veintiún infiernos.

NARASIMHA (Narasimhavatara)

Cuarta encarnación o avatar de Visnú en medio hombre-medio león, con objeto de hacer morir a Hiranya-Kashipu, que era opresor del mundo.

NARAYAN (Narayana)

Nombre que dan los hindúes al espíritu divino antes de la Creación del mundo, cuando se hallaba sobre las aguas del océano caótico. El color azul que se da a su rostro es una alusión al color del mar. Así, las estatuas que lo representan acostado y flotando sobre las aguas, suelen hacerse con mármol de ese mismo color. *Narayama* es una palabra sánscrita que significa «el que flota sobre las aguas».

NARIEL

Otro de los muchos nombres del ángel Ariel. En su forma de Nariel gobierna el viento y el ángulo del sur, así como los vientos diarios del mediodía, según Francis Barrett.

NAROMIEL

Uno de los ángeles residentes en el cuarto cielo y que se invocan el domingo, desde el Sur. Es una de las inteligencias de la Luna.

NASTRAND

El infierno definitivo de los escandinavos. Debe distinguirse del *Niflheim (véase* este término). El Nastrand es una comarca infernal cuya puerta está adornada de cadáveres y serpientes que vomitan veneno, formando un río en el que permanecen sumergidos los asesinos, los perjuros y los adúlteros.

NAT (Nath)

Nombre que aplican a los espíritus del aire y a los maléficos en Birmania, Tailandia y Camboya. Se consideraba que tenían gran poder, por lo que los nats fueron objeto de culto antes de aceptar el budismo. Para los birmanos, los nats eran un panteón heterogéneo de espíritus de árboles y ríos, así como de serpientes, antecesores y espíritus de personalidades célebres que habían sufrido una muerte trágica o violenta. En la cima del monte Popa (a unos 45 km al este de Pagán) era costumbre celebrar una fastuosa fiesta anual en honor de los nats, una orgía de embriaguez y danzas acompañada del sacrificio de cientos de animales.

NATALIS

Uno de los cuarenta y nueve espíritus servidores del demonio Belzebú, según *El libro de la magia sagrada de Abramelín el Mago.* Se le invoca en aniversarios, cumpleaños de personas y empresas y nacimientos.

NATHANIEL

Según Cornelius Agrippa *(Filosofía oculta,* libro iii, cap. xxiv), es el ángel o espíritu angélico que gobierna el fuego.

NÁYADES (Naiades)

Ninfas de los ríos, de los manantiales, de los estanques y de las fuentes. Son mencionadas ya en los poemas homéricos y se las supone hijas de Zeus y madres de los silenos y los sátiros. Se creía que las náyades moraban en cuevas de estalactitas, así como en grutas o quebraduras de las peñas en que tenía su origen una fuente cristalina. Las náyades, como todas las ninfas, eran delicadas vírgenes de nítida blancura y de seductora belleza; iban coronadas de primerizas flores y eran muy apasionadas en los juegos, la danza y la alegría. Sus cantos y risas resonaban en los bosques y corrientes de agua como música celestial. En la *Odisea* se habla de una gruta deliciosa donde las náyades se entretienen «fabricando purpúreas telas que son el encanto y el asombro de quienes las contemplan». Desde el punto de vista del lugar de su residencia, estas ninfas se clasificaban en *náyades* (ninfas de los arroyos), en *potamides* (ninfas de los ríos y riachuelos), en *creneas* o *pegeas* (ninfas de las fuentes), y en *limnades* (ninfas de los estanques). Todas tenían el don de la profecía y emitían oráculos, y, en su calidad de divinidades bienhechoras, curaban a los enfermos y protegían las flores, los prados y los rebaños. En cierta forma, son las *hadas* (*véase* este término) de los antiguos griegos. Se las considera protectoras de la adolescencia vigorosa y sana, en especial de las doncellas y de las jóvenes esposas. Ninguna mujer, antes de contraer matrimonio dejaba de bañarse en las aguas de ciertas fuentes sagradas, pues así creía recibir el privilegio de la fecundidad. Como las hadas, algunas de estas ninfas podían extraviar la razón del hombre; las había que falaces, encantadoras y dotadas de irresistible poder de seducción, atraían sin remedio y para siempre a cuantos se acercaban a sus grutas y cuevas. Infeliz del que lograba contemplar el cuerpo desnudo de una náyade; era castigado con la locura o la muerte por su atrevimiento. *(Véase* el término *ninfas).*

NDENGEI

Nombre que dan en algunas partes de Oceanía al dios supremo que, bajo la forma de una colosal serpiente, habita en una caverna de la Sila Viti Levu, a cuyo paraje llegan los espíritus de los fallecidos para ser juzgados.

NEBIROTS
(Puede ser una corrupción, con el paso del tiempo, de la grafía «Nebirus» o «Nebiro»). Tiene bajo sus órdenes directas a Hael y Sergulat, según el *Grimorium Verum*.

NEBIRUS (Nebiro)
Mariscal de campo e inspector general del infierno. Tiene bajo sus órdenes directas a Ayperos (Ipos), Naberius y Glasya-Labolas. Tiene el poder de dar mal a quien quiere y enseña todas las propiedades y virtudes de los metales, minerales, vegetales y animales puros e impuros, así como el arte de adivinar el porvenir, pues es uno de los mejores necrománticos del infierno, según *Los secretos del infierno* de Antonio Veniciana. También existe la grafía «Nebiros».

NECIEL
Según Barrett, el ángel que gobierna la undécima mansión de la Luna. Se le invoca para que uno pueda tener nuevas ideas, proyectos e intuiciones de tipo profesional.

NECURAT
Nombre que se aplica, en Rumanía, a todo espíritu maléfico, se trate de un vampiro o del diablo. Significa «el Sucio».

NEFELINOS (Nefelim, Nephilim)
Nombre que se da a los hijos nacidos del comercio carnal de los ángeles con las hijas de los hombres, lo que dio origen a la raza de gigantes, tal como relata la Biblia (Génesis, 6) y el *Libro de Enoch* I (cap. 7).

NEK
Nombre que daban los suecos a una clase de espíritus o genios musicales y cantadores. Habitaban en las aguas de los ríos, lagos y mares. Corresponde al germano *nix* (*véase* este término).

NEKID
Espíritu angélico que, según el Talmud, gobierna y preside los alimentos.

NEKIR (Nakir)
Nombre de uno de los dos ángeles negros que, según las creencias musulmanas inspiradas en el Talmud, interrogan a las almas de los muertos cuando se hallan en el sepulcro. El otro es *Monkir* (*véase* este término).

NELAPA
Uno de los ángeles del segundo cielo que gobiernan el miércoles. Se le invoca desde el Sur en ritos mágicos, según Francis Barrett.

NELCHAEL (Nelkhael, Nelcael)
1. Ángel del orden de los tronos y uno de los setenta y dos que llevan el nombre místico de Dios, Shemhamphora, según Barrett, Ambelain y otros estudiosos de la cábala. Se le invoca contra los calumniadores, para protegerse de los hechizos y embrujamientos y para destruir los rituales maléficos hechos contra uno. Tiene dominio sobre el Sol y el signo zodiacal de Cáncer y es el ángel custodio de los nacidos entre el 2 y el 6 de ju-

lio. || 2. En textos antiguos se cita un demonio del mismo nombre, el cual enseña los secretos de la astronomía, las matemáticas y la geografía.

NEMAMIAH (Nemamaih)

Los cabalistas lo tienen como arcángel protector de almirantes y generales. Es uno de los setenta y dos ángeles que llevan el nombre místico de Dios: Shemhamphora. Se le invoca para prosperar en todo, liberar detenidos y encarcelados y superar situaciones muy difíciles. Tiene dominio sobre el planeta Urano y el signo zodiacal de Capricornio. Es el ángel custodio de los nacidos entre el 1 y 5 de enero.

NEMBROTH

Espíritu al cual consultaban los antiguos magos de Caldea. Le estaba consagrado el martes, día en que era óptimo invocarle. Para despedirse de él se le arrojaba una piedra.

NEMEA, LEÓN DE

Fiera espantosa muerta por Heracles (Hércules). (*Véase* el término *León de Nemea*).

NENISEM

Uno de los sesenta y cinco espíritus malignos servidores de Magot y Kore, según *El libro de la magia sagrada de Abramelín el Mago*.

NE-NO-KUNJI

Nombre que dan al infierno los sintoístas de Japón.

NEOMYLODÓN

Supuesto animal de gran tamaño que se creyó que moraba en la Patagonia. Se llevaron a cabo algunas expediciones para encontrarlo, pero no pudieron hallarse restos fidedignos, ni fósiles ni contemporáneos. Sin embargo, circularon noticias fantásticas de que había sido visto y de que se habían localizado huellas de él. Los patagones lo tienen por animal nocturno, enorme, mayor que los grandes bueyes, corto de patas y cubierto de un pelaje espeso, corto y áspero. Dicen que está dotado de largas garras, curvadas como ganchos de estibadores, con cuya ayuda cava profundos hoyos en los que se pasa dormitando todo el día. Según los indígenas, ni las balas de los mejores rifles consiguen hacer mella en su cuerpo.

NEREIDAS

Ninfas de los mares interiores; se distinguían originariamente de las *náyades* (*véase* este término), ninfas de las aguas dulces, y de las *oceánidas,* ninfas de los océanos. Las nereidas eran hijas de Nereo y de Doris, la Oceaníada. Según la *Teogonía* de Hesíodo, eran en número de cincuenta, pero otros autores más recientes las elevan a cien. Algunos mitógrafos han dividido las nereidas en dos grandes clases: una de ellas la constituían las cincuenta ninfas hijas de Nereo y de Doris, y la otra todas las demás hijas de aquel dios en sus amores con otras mujeres. La mitología pone como morada ordinaria de las nereidas el océano, en cuyo fondo habitan en compañía de su padre. Píndaro las representa sentadas en altos tronos adornados de oro. A veces juegan en la mar en calma, sobre las olas, con los tritones, al menos lo cuentan las tradiciones griegas. En Grecia se tenía a las nereidas como doncellas hermosísimas, de dorada cabellera, que protegían a los navegantes de los peligros de la mar; aquéllos las invocaban antes de iniciar la travesía y les ofrecían sacrificios. Este culto se extendió por todas las costas del Mediterráneo. La concepción de las nereidas en forma de monstruos marinos, es excepcional y particular de Roma; así se representaban frecuentemente en los sarcófagos romanos. Esto se debía a que estaba muy generalizada la creencia de que después de la muerte guiaban ellas las almas de los justos a las islas Bienaventuradas. Aunque los griegos las representan como figuras femeninas de gran belleza, el arte romano les da, a menudo, la forma de mujer de cintura para arriba, y de pez el resto del cuerpo, es decir, que las asemeja a sirenas. El tridente, el delfín y una rama de coral, todo agrupado, son el símbolo de las nereidas. Los poetas tienen costumbre de representarlas bajo la figura de hermosas doncellas cabalgando extraños caballos marinos. Cada nereida llevaba un nombre acorde con sus cualidades físicas, como *Galataia,* la que es blanca como la leche, aludiendo a la espuma de las olas; *Aktaie,* la que bate las arenas, las rocas, la ribera; *Agaué,* admirable, magnifica; *Thalíe,* floreciente; *Speió,* la que penetra en las grutas; *Melite,* dulce como la miel, etc. A las nereidas se les levantaban altares en las costas, en los cuales les eran ofrecidos leche, aceite y miel; a veces se les inmolaban cabras. Y las grutas que la tradición señalaba como residencia suya eran adornadas con conchas marinas, pámpanos, plantas y flores recién cogidas. *(Véase* el término *ninfas).*

NEREO

Era un hermano de las oceánidas. Tuvo cincuenta hijas, las *nereidas,* que tomaban sus nombres de los colores y aspectos de las olas. *(Véase* el término *nereidas).*

NERGAL

Nombre dado al demonio más poderoso entre los antiguos caldeos, particularmente adorado en Babilonia. Nergal presidía el reino de los muertos; se le tenía por un lugar subterráneo lleno de polvo y sin luz, en donde las sombras de los difuntos esperaban la ayuda de los vivos. El nombre de *Nergal* parece significar «señor de la gran morada», pero algunas veces se le llamaba *Mes-tam-ta-era,* es decir, «el que sale del Meslan», nombre del templo consagrado al dios de los infiernos en la ciudad de Kutha. Se acostumbraba a decir que al malvado «lo dejaban caer en la morada tenebrosa en que moraba Nergal». Los babilonios también lo consideraban como el dios prototipo de la destrucción, especialmente por el hierro. Su ideograma era la espada y se acostumbraba a representarlo como un león tras la presa. Se le identificó con el planeta Marte, el planeta rojo, probablemente por su similitud de color con la sangre, y también se le tuvo por el guerrero, el dios de la guerra, y entonces se le llamaba «el gran héroe». En muchos lugares de la antigua Mesopotamia llegó a convertirse en un espíritu o genio protector (como un ángel guardián) y se le representó en forma de león, con alas y patas con pezuñas. Nergal encarnaba, asimismo, a la divinidad de la peste que diezmaba a los mortales; en esta labor cruel era ayudado por catorce demonios, cada uno de los cuales guardaba una de las puertas del infierno. Se consideraba que Nergal, en compañía de las demás deidades, fijaba la hora fatal en la que el ser humano había de dejar la morada terrestre. Esta divinidad infernal tenía por esposa a *Ereskigal*, «princesa de la gran tierra» o región de los infiernos. Los demonógrafos y magos tienen a Nergal como demonio de segundo orden. Para ellos es el jefe de la policía del infierno y primer espía honorario de Belzebú, bajo la vigilancia de Lucifer. Nergal también aparece mencionado en encantamientos escritos en cuneiforme; se le invoca como protector.

NERIAH

Uno de los setenta ángeles amuleto protectores de los recién nacidos, según *El libro del ángel Raziel*.

NERIEL

Según el sexto y séptimo libros de Moisés, uno de los veintiocho ángeles que gobiernan las veintiocho moradas o mansiones de la Luna.

NESO

Uno de los centauros que asistió a la boda sangrienta de Hipodamia y de Piritoo. De aquella lucha salió con vida *(véase* el término *centauros)* y en cierta ocasión, cuando Heracles (Hércules) quiso atravesar el la río Evenos, en donde Neso se ganaba la vida pasando de un lado a otro a los viajeros que se presentaban, la diosa Afrodita le inspiró una ciega pasión por Deyanira o Dejanira, la esposa de Heracles. Una vez que se hallaban el héroe y su hijo en la otra orilla, Neso intentó raptar a Deyanira para abusar de ella; a sus gritos, Heracles disparó contra el centauro una de sus flechas, empapada en la sangre venenosa de la *Hidra (véase* este término). El dardo atravesó el pecho de Neso, y éste, al verse herido mortalmente, se quitó la túnica, teñida con su sangre, envenenada por la flecha; le dijo a Deyanira que se la quedara, que tenía un poder maravilloso, y que si alguna vez su marido le era infiel, le serviría para recobrar el amor perdido. Otra tradición supone que lo que Neso recomendó fue que Deyanira recogiera la sangre en una copa y que con ella empapara o tiñera la túnica de Heracles. Al verse morir, Neso se alejó del lugar, refugiándose en un páramo de la Lócrida, donde falleció. Su cuerpo envenenado infestó de tal manera el país, que de allí viene el nombre de *Ozoles* (de *ozein*, «tener olor») dado a aquella región. Llegó un día en que Heracles se enamoró de Iole, y entonces Deyanira le envió una túnica empapada con la sangre de Neso. En cuanto Heracles se la puso, fue acometido de una furiosa locura y mató a su amigo Licos, que le había traído la túnica, y su cuerpo se consumió por una horrible enfermedad, que se convirtió en una tortura permanente para el héroe de tantas hazañas; para escapar del terrible mal se hizo quemar en una pira, en el monte Eta. Su esposa, Deyanira, al ver el mal que había hecho inconscientemente, se quitó la vida.

NESS

Lago de Escocia, en el condado de Inverness. Ocupa una superficie de unos 50 km² y su profundidad media es de 240 m. Las orillas escarpadas llegan a tener hasta 400 m de altura sobre el nivel del lago. El lago *Ness* o *Loch Ness* ha cobrado gran celebridad por la supuesta existencia en sus aguas de un monstruo o animal fabuloso que ha recibido el nombre de *Nessie (véase* este término), aunque también es conocido como *el monstruo de Loch Ness*. Al principio, hace unos 30 años, los habitantes de la comarca le denominaban *Bubu*.

NESSIE (Nessy)

Monstruo que se supone habita en el fondo del lago escocés *Ness (véase* este término). Unos creen que es algún descendiente de la también legendaria *serpiente de mar (véase* este término) o de los saurios gigantes de Escocia. Desde que en 1933 alguien aseguró haber visto que el monstruo acuático asomaba la cabeza por las tranquilas aguas del lago Ness, se han denunciado más de tres mil apariciones del fabuloso animal. Aunque sólo está –dicen los testigos– breves segundos en la superficie, ha podido verse con bastante detalle una grande y fea cabeza, ya semejante a una serpiente, ya

a un dragón, etc., Este monstruo ha sido fotografiado y filmado en alguna de sus supuestas apariciones, pero siempre ha podido comprobarse que las tan «sensacionales» imágenes habían sido retocadas en el laboratorio. Lo que sí parece ser cierto es que algo extraño sucede en el lago Ness, por lo que a lo largo de los años se han organizado expediciones para explorar aquellas aguas con equipos modernos, como submarinos dotados con sónar y cámaras de televisión, pero esos trabajos no han dado ningún resultado positivo sobre la existencia de Nessie. Esto no impide que en Escocia exista una ley que prohíbe dar muerte al animal si es hallado y que un investigador norteamericano, que exploró el lago con instrumentos de precisión, afirme –después de comprobar ecos y presiones en aquellas aguas– que en Loch Ness hay doce ejemplares de esta desconocida especie de reptil acuático, que supo-

71. Nessie

ne tiene unos dieciocho metros de longitud. En la vecindad del lago es creencia muy arraigada que Nessie escapa la mayor parte del tiempo a alta mar, a donde llega por un conducto subterráneo.

NETONIEL

Nombre de uno de los cuatro espíritus angélicos que se graban en el primer pantáculo de Júpiter, según *La ciencia secreta de la magia,* de Idries Shah, y *The Key of Solomon the King,* de Mathers. Dicho pantáculo sirve para invocar a los espíritus de Júpiter con el objetivo de obtener protección y ayuda para hallar tesoros. Los nombres de los otros tres ángeles son: Devachiah, Tzedeqiah (Sedekiah) y *Parasiel (véase* ese último término).

NETZACH (Netzael, Nethzah)

1. Ángel que se invoca en diversos conjuros, oraciones y ritos contenidos en *The Key of Solomon the King* (MacGregor Mathers), como en la operación para obtener el amor de una persona (cap. xv).‖ 2. En cábala, el séptimo de los sefirots (Sephiroth) o emanaciones divinas, que son diez. Cada *Sefira* representa un grupo de ideas, títulos y atributos. A Netzach (Nezah) le corresponde la victoria.

NIBAS (Nibbas, Nybbas)

Demonio de orden inferior que confiere los placeres pequeños en el infierno. En cierta manera, es instigador de las visiones, sueños fantásticos, profecías y éxtasis. Es un bufón, un charlatán.

72. Nibas

NIBELUNGOS

Linaje mítico de enanos o *zwerge (véase* este término) de las tradiciones germánicas. Eran descendientes del rey Nibelung, esto es, «el hijo de la oscuridad», refiriéndose a que estos seres habitaban en las entrañas de la Tierra. Sigfrido se apoderó del tesoro de los nibelungos, cuyo custodio era *Alberico (véase* este término).

NICKAR (Nicor, Hnickar)

Ente maligno o monstruo malévolo de las aguas en la mitología escandinava. Con el tiempo se ha convertido en una especie de demonio. Nickar o Hnickar produce tempestades, huracanes, tormentas de granizo, olas gigantes... Asimismo, causa todo tipo de problemas a los pescadores, a sus barcas, redes, etc. Nickar está emparentado con los *tritones,* las *sirenas* y los *nix (véanse* estos términos). Cuando se hallan en dificultades con la mar o el tiempo, los marinos ingleses acostumbran a quejarse diciendo que «el diabólico viejo Nick» ya hace de las suyas.

NICON

Otro de los demonios citados por Cornelius Agrippa (*Filosofía oculta*, libro III), al que supone causante de epidemias y calamidades.

NIDHOGGR (Nidhoggur)

Nombre que la mitología escandinava da a una serpiente monstruosa que se caracteriza por su astucia; reside en el infierno y roe sin cesar la tercera raíz del fresno Yggdrasil, que da sombra a toda la región celeste. Algunos mitógrafos la tienen por *dragón* (*véase* este término).

NIFLEIM (Niflheim)

El infierno o Tártaro entre los antiguos escandinavos. Era el inferior de los nueve mundos que ellos admitían; estaba habitado por mujeres, hombres y niños muertos de enfermedad. Después de cruzar el río Giauil sobre un puente de oro, el alma que iba a su última morada pasaba la reja llamada Helgriud, llegaba a la entrada del Niflheim, que sostenía una de las raíces del fresno Yggdrasil. Éste era el que regaba la fontana Huelgelmer, llena de enormes serpientes. La diosa Hel, soberana del mundo infernal, poseía en el fondo del Niflheim un vasto palacio, en el que recibía, dándoles el trato que correspondía a su jerarquía, a los héroes e, incluso, a los dioses que descendían a sus dominios.

NILEN

Uno de los ciento once demonios servidores de Oriens, Paimón, Aritón y Amaimón, según *El libro de la magia sagrada de Abramelín el Mago*. El nombre parece derivar del griego Neilos, el río Nilo.

NIMALON

Uno de los cincuenta y tres demonios servidores de Astarot y Asmodeo, según *El libro de la magia sagrada de Abramelín el Mago*.

NIMERIX

Uno de los treinta y dos demonios servidores de Astarot, según *El libro de la magia sagrada de Abramelín el Mago*.

NIMORUP

Uno de los cuarenta y nueve demonios servidores de Belzebú, según *El libro de la magia sagrada de Abramelín el Mago*. Fue uno de los demonios que Aleister Crowley invocó en su lucha mágica contra MacGregor Mathers. Lo describió como una especie de enano maligno de gran cabeza y largas orejas. Sus gruesos labios son de un verde bronceado y babosos. (Cap. 8, *La gran bestia*, de John Symonds).

NINFAS

Eran deidades de rango inferior a los dioses del Olimpo. Las ninfas deben su origen a las aguas del cielo, a semejanza de los ríos, torrentes y fuentes, y Homero las hace hijas de Júpiter (Zeus). Habitan en la Tierra, ya en los bosques, ya en las cimas de las montañas, ya en los mares y océanos, ya en las grutas, ya en las praderas y bosques… Por todo ello, ha de considerarse a la ninfa como sinónimo de *hada* (*véase* este término) y como espíritu de la naturaleza. Los estudiosos han clasificado a las ninfas en los tres grupos genéricos siguientes:

|| **1.º Ninfas de las aguas.** A esta clase pertenecen las *oceánidas* (ninfas de los océanos), las *nereidas* (ninfas de los mares interiores) y las *náyades* (ninfas de las aguas dulces). Estas últimas se dividen, además, en *potamides* (ninfas de los ríos, riachuelos y riberas, que, a su vez, tenían epítetos locales, como *aqueloides, anegrides, isménides, amnisíades,* etc.), en *creneas* o *pegeas* (ninfas de las fuentes o manantiales), en *limnades* (ninfas de los estanques, que, a su vez, se subdividían por sus características locales, en *tritónidas, castálidas,* etc.). Se reservaba el nombre de *náyades* para las ninfas de los arroyos. En general, todas estas ninfas presidían los manantiales, ríos, lagos y mares a cuyas aguas se atribuía la curación de determinadas enfermedades. Es muy conocido el hecho de que en el Samnio, en Elis, existía cerca del río Anigro una gruta de las ninfas *anigridas* o *anegrides;* una sencilla inmersión en las aguas del río, con la promesa de un sacrificio a las ninfas, era bastante para curar todas las afecciones de la piel. No lejos de Olimpia, en las cercanías del pueblo de Heraclea, había una fuente dedicada a las ninfas *jónidas* cuyas aguas caían en el río Kitheros; las gentes se bañaban en ellas como remedio contra toda clase de enfermedades. || **2.º Ninfas de las montañas y de las grutas.** Habitaban las montañas, por lo que también les pertenecían todos los accidentes naturales de éstas, como grutas, cañadas, etc. Se llamaban *orestíadas, oréadas, orodemniadas...,* confundiéndose a veces con las *napeas* (*véase* este término),

ninfas protectoras de los valles y de los bosques. También se subdividían por sus nombres locales: *citerónides, pelíades, ciricias...* Entre las grutas y cavernas habitadas por estas ninfas hay que citar las siguientes: la gruta Coriciana, con estalactitas, en el Parnaso; y la gruta Sfaragidio, en el Citerón, en la cual moraban las ninfas *sfaragitidas.* Las *oréades* u *oréadas* y ninfas de las montañas, formaban el cortejo de Diana, a la cual acompañaban en sus paseos y a la caza. Es creencia muy generalizada que fueron las *oréades* las ninfas que apartaron a los hombres de la antropofagia y les enseñaron a alimentarse con plantas, castañas y miel. || **3.º Ninfas de los campos y bosques.** Las *napeas* eran las ninfas protectoras de los campos, bosques y valles; se dividían en *melíadas,* ninfas de los fresnos; en *dríadas,* ninfas de las encinas; en *hamadríadas,* que nacían unidas al árbol en el cual moraban; y en *oréades,* ninfas de las montañas, que algunos mitógrafos creen que no eran *napeas.* Otras ninfas de este grupo son las *auloníades,* las *hiléores* y las *alseidas.* || Primitivamente existieron los tres grupos mencionados, pero más tarde se creó la división o grupo de las *ninfas de los árboles,* incluyendo en él a las *dríadas* y a las *hamadríadas* (*véanse* estos términos). También hay que tener en cuenta a las *anaraidas* (*véase* este término), que se encuentran a caballo entre las ninfas de las aguas y las ninfas de los campos y bosques, si bien no se alejaban de los lugares en que existía agua, sobre todo de las fuentes, donde se bañaban. Las *ninfas* de la mitología grecorromana no sólo tienen muchos puntos de semejanza con las *hadas,* sino que han de considerarse distintos nombres para designar al mismo espíritu de la naturaleza. Estos dos entes tienen el don de metamorfosearse en fuentes o en árboles y entran en relaciones con los hombres, a los que enseñan sus danzas o se unen a ellos en pasiones amorosas. Y se trate de *hadas* o de *ninfas,* su amor acostumbra a traer fatales consecuencias. El arte plástico representa a estas deidades como bellas doncellas, sugestivas, cubiertas con ligeros velos o túnicas. Los poetas antiguos les adjudicaron unas cabelleras color verde mar y según Plutarco, no eran inmortales, aunque les daba una vida de 9620 años. Si se conservaban siempre jóvenes y hermosas era debido a que su principal alimento era la ambrosía. Los campesinos griegos ofrecían a las ninfas locales sacrificios de animales domésticos, como toros, corderos, cabras, etc., y a veces libaciones de vino, frutas, tortas y miel. Ofrendas parecidas hicieron los romanos, quienes desarrollaron principalmente el culto de las *ninfas de las aguas,* como lo atestiguan las inscripciones votivas halladas en lugares de fuentes termales, a las que se atribuían virtudes medicinales. Como curiosidad, recordemos que se dio el nombre de *ninfa* (nymphe) a la desposada, por considerarla doncella y bella. Y de ahí derivó el término *paranymphos* o *paraninfo,* al padrino de boda. Este nombre aún se aplica como algo de especial distinción al *paraninfo* de cada universidad.

NINGYO
Sirena de las tradiciones japonesas. Se consideraba que alejaba lo maléfico y traía la paz y la armonía al lugar en que aparecía.

NISROC (Nisrth, Nysrock)
1. Demonio de segundo orden, jefe de la cocina de Belzebú y de los príncipes infernales. Se le tiene por señor de las delicadas tentaciones y de los placeres de la mesa. || 2. Según *El paraíso perdido* de Milton, Nisroc es un ángel del orden de los principados que se pasó al lado de Satanás. Tiene un papel destacado en el celebrado poema.|| 3. En sus orígenes, parece haber sido una deidad protectora del panteón asirio.

NISSE
Nombre que dan en Suecia y Dinamarca al gnomo.

NITHAEL
1. Según *El mago* (Francis Barrett), es uno de los setenta y dos ángeles que llevan el nombre sagrado de Dios: Shemhamphora. || 2. Los cabalistas afirman que es un ángel del orden de los principados y que se le invoca para obtener la misericordia de Dios y alcanzar larga vida. || 3. Los demonógrafos sostienen que Nithael es un ángel que se unió a Satán en su rebelión en el cielo y que ahora se halla en el infierno y gobierna a los emperadores, reyes y eclesiásticos de alto rango que han sido condenados por sus tropelías en su vida terrenal.

NITHAIAH (Nilaihah, Nithhaiah)
Otro de los setenta y dos ángeles que llevan el nombre sagrado de Dios:

Shemhamphora. Tiene influjo sobre el planeta Urano y el signo zodiacal de Leo. Es del orden de las dominaciones y se le invoca para que confiera tranquilidad, paz, serenidad, apacibilidad y revele secretos o misterios sobre las ciencias ocultas y esotéricas. Ayuda a triunfar sobre la adversidad.

NITIBUS

Para Apolonio de Tiana *(El Nuctemeron)* es el ángel que gobierna la segunda hora, mientras que Éliphas Lévi *(Dogma y ritual de la alta magia)* lo menciona como genio de las estrellas.

NITIKA

De acuerdo con los anteriores autores y obras, es el genio de las piedras preciosas y el que gobierna la sexta hora.

NITOES

Demonios o genios adorados por los habitantes de las islas Molucas. Cada familia tenía un nitoe particular, al que consultaban en los negocios importantes. Para hablar con él, los miembros de la familia se reunían y encendían cirios, al tiempo que hacían sonar una especie de tamborino; el espíritu invocado o uno de sus ministros se aparecía y contestaba a las preguntas que se le hacían. Se le convidaba a beber y a comer, y una vez había finalizado la consulta, la familia que le había invocado terminaba con los restos de la comida entre gran alegría, ya que el nitoe siempre daba los consejos más convenientes para la prosperidad de la familia.

NIX

Nombre que se da en la mitología germánica a cada uno de los espíritus de las aguas, como son riachuelos, ríos, arroyos estanques, fuentes… El nix o neck es generalmente un viejo de larga barba, a veces un niño rubiales, solitario, cruel, ávido de sangre. Se le ve al sol peinando su larga cabellera, o bien no dejando ver más que el busto emergiendo de las aguas. En nórdico es *Nykr*; en danés, *Naek*; y en sueco *Naach*. Existe también la *nixe*, el espíritu femenino, que es mucho más sociable, ya que se mezcla con las mujeres humanas; entonces sólo se puede reconocer por la humedad de los ribetes de su vestido y por los bordes de su delantal. Las *nixes* o *nixas* son aficionadas a la danza, al canto y al juego. Las nixes tienen cierto parecido con las ninfas griegas y romanas y con las ondinas de los cabalistas. Eran consideradas como criaturas de belleza cautivadora. Sentadas al sol, junto a las aguas, peinaban sus largas y rubias cabelleras. Algunas veces se dejaban ver por los mortales, quienes quedaban como enloquecidos y eran arrastrados al fondo de las aguas. El nix también era denominado *wassermann*, «el hombre de las aguas». Los nixes también adoptan la figura de toro o caballo cuando conviene, y se les tiene, en general, por demonios o espíritus crueles que atraen a los hombres al líquido elemento o los empujan a él por la fuerza, y son tanto más peligrosos cuanto más profunda es el agua del lugar en que viven. Por esto se llama al nix, en la Alemania superior y central, «el hombre del gancho», *hakermann,* porque se supone que utiliza un gancho para arrastrar al hombre al agua. Los nixes son algunas veces espíritus bienhechores que ayudan a los hombres, aconsejándoles y anunciándoles el porvenir. Especialmente lo hacen las nixes o nixinas, que ante todo encantan a los hombres con la dulzura de su voz y que frecuentemente, en las leyendas, contraen matrimonio con ellos.

NIXAS (Nixinas)

Especie de *ondinas* o *ninfas* de la mitología germánica. *(Véase* el término *nix).*

NIXES (Nixos) *(Véase* **NIX**)

NOAPHIEL (Noafiel)

Ángel que se inscribe con caracteres hebreos en el quinto pantáculo del planeta Saturno, de acuerdo con *The Key of Solomon the King* de Mathers. Los otros tres ángeles inscritos en el pantáculo son Arehanah, Rakhaniel y Roelhaiphar.

NOGAHEL (Nogahiel)

Es el espíritu del planeta Venus, según Cornelius Agrippa *(Filosofía oculta,* libro III, cap. XXVIII). Y según *The Key of Solomon the King,* es uno de los cuatro ángeles que se inscriben en el primer pantáculo del planeta Venus. Los otros tres son Nangariel, Socodiah y Acheliah. De igual opinión es Idries Shah *(La ciencia secreta de la magia).* Este talismán está destinado a proporcionar logros y éxitos en el campo de las bellas artes, de la estética y de otros valores del planeta. Los nombres de los cuatro espíritus angélicos están escritos, en hebreo, en torno a los radios y signos que simbolizan los arcanos místicos del planeta. *(Véase* el término *Acheliah).*

NOGAR

Uno de los ciento once demonios servidores de los subpríncipes infernales Oriens, Paimón, Aritón y Amaimón, según *El libro de la magia sagrada de Abramelín el Mago.* El nombre parece derivar del hebreo y significa «que fluye».

NOGEN

Otro de los ciento once demonios servidores de los cuatro subpríncipes del infierno Oriens, Paimón, Aritón y Amaimón. El nombre parece derivar del hebreo y significa «tocar un instrumento musical».

NOHARIEL

Uno de los ángeles guardianes de las puertas del viento del este.

NOMINOM

Otro de los demonios principales que invocó Aleister Crowley en su lucha mágica contra MacGregor Mathers. Adoptaba la forma de una gran y esponjosa medusa colorada con una mancha de verdoso y luminoso aspecto, como si fuera un obsceno revoltijo (cap. 8, *La gran bestia,* de John Symonds).

NORIEL

Otro de los ángeles guardianes de las puertas del viento del este. Y según

Cornelius Agrippa (*Filosofía oculta*, libro III, cap. XXIV), es uno de los dos ángeles que gobierna el mediodía (el otro es Uriel). El nombre de Noriel deriva del hebreo y significa «fuego de Dios».

NORNAS
Deidades, espíritus o vírgenes mágicas y fatídicas que en la mitología escandinava y en la germánica van desenrollando el hilo de la vida de cada hombre desde su nacimiento; sus decretos son inviolables y los mismos dioses están sometidos a sus leyes. Desempeñan el mismo papel que las *Moirai* y las *Parcas* de los antiguos griegos y latinos. Las tres Nornas principales son: *Urd* (el Pasado), *Verdandi* (el Presente) y *Skuld* (el Futuro). Viven al pie del fresno Yggdrasil, que sostiene el universo.

Las Nornas son representadas como hilanderas por cuyos dedos pasaba el hilo del destino de cada mortal. Aparte de las tres principales mencionadas, hay otras benéficas y maléficas. En estas antiguas diosas del destino hay que ver el precedente de las famosas *hadas* (*véase* este término). Las Nornas también son las encargadas de regar el fresno Yggdrasil sacando agua de la fuente Urd y poner barro fresco en torno a sus raíces para conservarlo verde y sano. En parte, pues, luchaban contra el monstruo *Nidhoggr* (*véase* este término), que roía constantemente la tercera raíz de ese árbol.

NOSFERAT (Nosferatu)
Otro nombre rumano que se aplica a los vampiros adultos masculinos.

NO-TCHA
En la mitología taoísta, general en jefe del ejército celestial encargado de poner en razón a los espíritus maléficos o demonios que se oponen a la voluntad divina y atormentan a los mortales. Se le representa con aspecto fiero, vestido con armadura y empuñando una lanza.

NOTH
Uno de los espíritus angélicos que se invocan en un ritual para obtener la invisibilidad, según el cap. X de *The Key of Solomon the King* (MacGregor Mathers).

NOTISER
Uno de los veintidós demonios servidores de Aritón, según *El libro de la magia sagrada de Abramelín el Mago*. El nombre parece derivar del griego y significar «el que pone en vuelo».

NUBERUS (*Véase* NABERUS)

NUDITON
Uno de los ciento once demonios servidores de los cuatro subpríncipes del infierno: Oriens, Paimón, Aritón y Amaimón, según *El libro de la magia sagrada de Abramelín el Mago*. El nombre parece derivar del latín y significa «desnudez» o «ir desnudo».

NUEVO CIELO (New Heaven)
Hay una leyenda que sostiene que la barca del hada de este nombre aparece en los mares del otro hemisferio cada vez que se produce un naufragio. Se atribuye esta tradición a un efecto de espejismo parecido a la fata Morgana de la bahía de Mesina

(Italia), en que se cree ver reflejado el palacio de dicha hada.

NUN
Espíritu angélico de gran poder que se cita varias veces en ritos y conjuros contenidos en *The Key of Solomon the King* (Mathers), como en el del libro I, cap. VII.

NURIEL
Son diversas las tradiciones hebreas que citan a este ángel, el cual parece gobernar el signo de Virgo y las tormentas de granizo. Se le invoca para luchar contra los demonios y pedir protección. Su nombre ha sido hallado grabado en amuletos de Oriente Medio. Wallis Budge *(Amulets and Superstitions)* lo ha encontrado citado junto con otros ángeles y arcángeles en el llamado *Pequeño libro de protección,* que los hebreos, cabalistas, samaritanos y etíopes utilizaban para hacer invocaciones que les protegieran no sólo de los demonios y magias, sino también de la maldad y desmanes que pudieran provenir de malos jueces, emires, sátrapas, gobernadores, autoridades, etc.

NYAG
Demonio tibetano que se cree pulula por las altas montañas del Tíbet. Se le invoca en hechizos de magia negra.

O

OANES (Oannes)

Según la cosmogonía que nos fue trasmitida por Beroso, era un monstruo o con cabeza y pies humanos y el resto del cuerpo de pez. Apareció cerca de Babilonia y pasaba el día entre los hombres, enscñándoles el uso de las letras, de las ciencias y de las artes, así como los principios y leyes de la construcción de ciudades y templos. Al ponerse el sol, Oanes regresaba al mar, en el golfo Pérsico, donde pasaba la noche. La tradición caldea dice que escribió un libro sobre el origen de las cosas que entregó a los hombres. Apolodoro lo cree uno de los cuatro Annédoles, que aparecieron en épocas diversas y de los cuales fue el último Odacón. Abideno da a esos cuatro monstruos anfibios los nombres de Eudoco, Eneugame, Eneubulo y Anemonte. La imagen de Oanes se ha encontrado en varios bajorrelieves desenterrados en Nínive.

OB

Demonio o espíritu de los sirios que pronunciaba oráculos por los orificios naturales de un ídolo que le representaba.

OBADDON

Otra forma de *Abaddón (véase* este término).

OBERÓN

Rey de las hadas y de los genios del aire en la mitología nórdica. Oberón desempeña un papel importan-

73. Oberón

te en toda la literatura fantástica de la Edad Media bajo los nombres de *Alberon* o *Auberon* (en Francia) y *Alberich* (en Alemania). Está casado con Titania. La leyenda merovingia habla de un hermano y enemigo de Meroveo, el mago Alberich, el cual procuró para su hijo mayor Walberto la mano de una princesa de Constantinopla. Chaucer y Spencer introdujeron este personaje en la literatura inglesa, en la cual, junto con Titania, dirige la trama oculta del *Sueño de una noche de verano,* de Shakespeare. Wieland le ha consagrado un poema, verdadera obra maestra *(Oberon,* 1780), sobre el que basó Weber el libreto de su ópera del mismo nombre (1826). Oberón, Titania y los genios del aire sólo se dejan ver de noche; durante el día permanecen ocultos en los bosques.

OCEÁNIDAS (OCEANÍTIDAS)

Ninfas marinas, hijas del Océano y de Tetis. Según Hesíodo, eran tres mil. Se las representaba vestidas con túnicas flotantes de color azulado o verdoso, y de iguales colores eran sus ojos y sus cabellos *(véase* el término *ninfas).*

OCH (OCK)

En el mundo del ocultismo se le tiene por ángel que gobierna el Sol y las materias solares. Rige 28 de las 196 provincias en que se divide el cielo. Manda a 36.536 legiones de espíritus. Se le conoce como minerólogo y «príncipe de la alquimia». Según los magos y ocultistas da larga vida y salud, distribuye la sabiduría, enseña la medicina y confiere el poder de cambiarlo o mutarlo todo en oro puro y en pie-

dras preciosas. Hace prosperar en los negocios y empresas y triunfar en la vida. Es el genio o espíritu planetario del domingo. Su imagen humana se acostumbraba a grabar en talismanes; uno de los más famosos es el llamado *talismán de la suerte,* que se graba en una plancha de oro puro. Los demás detalles de Och y procedimientos para hacer dicho talismán pueden hallarse en *Amulets and Superstitions* (E. A. Wallis Budge) y en algunas versiones de la *Clavicula Salomonis.* Och y sus espíritus solares deben ser invocados en domingo al amanecer. En *El grimorio de Armadel* (versión de MacGregor Mathers) se halla completo el sello de Och y sus simbolismos.

74. Sello secreto del espíritu Och

OCTINOMON (OCTINOMOS)

Otro de los ángeles que se invocan en el conjuro o ritualización del bastón mágico, de acuerdo con el rito contenido en *The Key of Solomon the King* de Mathers.

ODAX

Otro de los sesenta y cinco demonios servidores de Magot y Kore, según *El libro de la magia sagrada de Abramelín el Mago.* El nombre deriva del griego y significa «mordaz».

ODEO

Espíritu angélico que se invoca en el conjuro del segundo misterio del sello, contenido en el *Sexto libro de Moisés*.

OFAEL

Ángel del martes que reside en el quinto cielo. Se le invoca desde el Sur.

OFANIEL (Ofan, Ophan, Ofniel)

Ángel del orden de los tronos. Se considera que ejerce dominio sobre la Luna y se dice que es «el ángel de la rueda de la Luna». En el *Libro de Enoch* III se cuenta que este ángel tiene 16 caras, 100 pares de alas y 8466 ojos.

OFANIM

Clase de ángeles que las tradiciones sagradas judías consideraron equivalentes al orden de los tronos. Pero Milton los asoció con los querubines.

OFEL

Ángel que se invoca en la realización de la sexta tabla de Júpiter, destinada a que ayude a ganar pleitos y demandas en los tribunales, así como a favorecer en el juego, según el sexto libro de Moisés.

OFIEL

Uno de los setenta ángeles talismánicos protectores de los recién nacidos. Su nombre se inscribía en los amuletos destinados a proteger a los bebés. (Para otros detalles y simbolismos *véase* el término *Ophiel*).

OFIÓGENES

Raza fabulosa de hombres que se dice descendían de una serpiente convertida en héroe; tenían la propiedad de ser temidos por aquellos reptiles, los cuales se apartaban apresuradamente al verlos llegar.

OFIONEO

Jefe de los gigantes o genios malos que se rebelaron contra Júpiter.

OFNIEL (*Véase* OFANIEL)

OG

Rey de Basán en la época en que el pueblo de Israel peregrinaba por el desierto. Según una tradición rabínica, era uno de los gigantes que vivieron en la Tierra antes del Diluvio, del que se salvó subiéndose al techo del arca de Noé. Éste le sirvió alimentos, y no por piedad, sino para demostrar a los hombres nacidos después del Diluvio cuál había sido el poder de Jehová, que exterminó a tales monstruos. El gigante Og es citado en el Midras y en el Talmud, así como en los libros apócrifos. En la Edad Media, los cabalistas lo hicieron protagonista de numerosas leyendas. La tradición rabínica dice: «… En la guerra que hizo a los israelitas cogió una montaña enorme, de seis mil pasos, para arrojarla sobre el campo de Israel, y acabar de una vez con todo su ejército. Pero Jehová permitió que dos hormigas horadasen la montaña precisamente en el lugar en que Og tenía su cabeza, de modo que cayó sobre su cuello, sirviéndole como de argolla. En seguida crecieron tanto sus dientes que clavándose en la montaña le impidieron deshacerse de ella. Moisés le hirió en un talón y acabó con su vida». Og tenía tan descomunal estatura, que Moisés, quien según dicha tradición tenía veintidós pies de alto, tuvo que coger un hacha del mismo largo y dar un salto de otros veintidós pies para lograr herir el talón de Og. En el Deuteronomio se dice que la tumba de Og se mostraba en Rabbá, la ciudad de los ammonitas. Los eruditos creen que era un sepulcro en forma de dolmen de extraordinarias dimensiones. Aunque este libro sagrado habla de un «lecho de hierro», debe entenderse en el sentido de que se refiere a un sarcófago de basalto negro, cuyo mineral era identificado con el hierro. Según el texto sagrado, el lecho tenía nueve codos humanos de largo por cuatro de ancho.

OGILEN

Uno de los espíritus malignos que pertenecen al grupo de ciento once servidores de Oriens, Paimón, Aritón y Amaimón. El nombre es de origen hebreo y parece significar «redondo, rueda»…, según *El libro de la magia sagrada de Abramelín el Mago*.

OGRO

Gigante o personaje monstruoso que, según las tradiciones y fábulas de los pueblos del norte de Europa, se alimentaba de carne humana. El ogro juega un papel importante en el folclore de los pueblos civilizados y en las mitologías de las comunidades salvajes. En general, se le hacía de enorme estatura, cruel y devorador de hombres, pero falto de inteligencia y astucia, por lo que siempre resultaba vencido por el hombre. Era costumbre representarlo con una gran cabeza, vientre enorme, barba y cabellos híspidos y abundantes, y haciendo gala de gran fuerza. Los ogros tenían el poder de adoptar la forma de animales e, incluso, de objetos inanimados. Construían sus viviendas en los antros más recónditos del bosque, en los más escarpados acantilados de las costas, en los subterráneos de más difícil acceso, en palacios encantados y en grutas llenas de peligros a las cuales sólo tenían entrada las brujas, los magos, los genios, los duendes y demás seres mágicos y fantásticos. En la mayoría de las ocasiones, los ogros representan espíritus malévolos, seres destructores y malvados que impiden la felicidad humana, pero en otros momentos se presentan como los salvadores de alguna doncella oprimida o de una familia perseguida por los poderosos de la tierra. No obstante, en el folclore de todos los pueblos abundan las historias en las que los ogros son pretendientes de alguna hermosa doncella a la cual raptan y se llevan volando a su guarida. Pese a la ferocidad del monstruo, la hermosa joven no tarda en ser liberada por el héroe, un bello doncel que mata al ogro, para que la gente pueda vivir en paz. Otras veces los ogros se presentan como devoradores de cuantos seres humanos tienen la desgracia de pasar por los alrededores de su morada. Cuando los secuestrados eran niños, los encerraban y engordaban durante algún tiempo, para encontrarlos más apetitosos. Es muy ilustrativa en este sentido la historia de Pulgarcito, personaje principal del cuento del mismo nombre escrito por Perrault. En dicha obra, el ogro tiene siete hijas, a las que se come por error, tomándolas por Pulgarcito y sus seis hermanos. El ogro ha asumido diversas características en la tradición popular de los diferentes países. Entre los tártaros y los lituanos se tiene al ogro por una serpiente de siete cabezas, mientras que para los griegos modernos es un dragón. Tampoco el origen del nombre está muy claro, pues mientras hay quien lo hace derivar del latín *Orcus*, divinidad infernal, otros lo hacen venir del escandinavo *Oegir*, un gigante de dicha mitología, o del árabe-persa *gûl*, «ogro, monstruo». Algunos etimólogos pretenden derivar el término *ogro* del vocablo *Ugri*, nombre racial de los magiares o húngaros, pero son muchísimos los que admiten que viene del español antiguo *huerco, huergo, uergo*, análogo del *orco* italiano, que viene del *Orcus* latino. Lo que sí parece demostrado es que en francés se utilizó por vez primera la palabra *ogre* en las *Histoires du contes du temps passé* (1697), y en inglés se usó, también por primera vez, en 1713 en la traducción de una versión francesa de *Las mil y una noches*, pero escrito *hogre*. En muchos cuentos y tradiciones, el ogro aparece como un perfecto conocedor de los secretos de la magia y de la brujería; da consejos a las muchachas que desean atraer al joven al que aman, adivina el porvenir, etc. Quizá se debe a estas cualidades poco comunes el hecho de que las brujas utilizaran la piel, las patas, los intestinos y el corazón de los ogros muertos por los héroes para sus operaciones de hechicería; otras veces se aprovechaban de su sueño para arrancarles parte del pe-

laje y venderlas luego a los magos y hechiceros. Por su originalidad y trascendencia merecen citarse algunas narraciones sobre ogros de origen indostánico y árabe. En un cuento hindú, una joven pregunta a un ogro, que es su padre: «Papá, ¿dónde tienes guardada tu alma?». «A veinticinco leguas de aquí —contesta el monstruo—, en un árbol. Alrededor de este árbol rondan tigres, osos, escorpiones y serpientes. En la copa se halla enroscada una serpiente enorme, de extraordinaria gordura, que sostiene en su cabeza una jaula, en la cual hay encerrado un pájaro. Mi alma se alberga en el interior de este pájaro». De esta manera, con el alma externa, era difícil matar al ogro, ya que su vida dependía de la del pájaro tan fuertemente protegido. Pero en la leyenda referida, se logra acabar con el monstruo al hacerse con el ave; al arrancar el ala derecha del animalito, el brazo derecho del monstruo se desprende como arrancado de cuajo; igual sucede con la otra ala y las patas. El ogro cae muerto cuando al pájaro se le retuerce el cuello. En una leyenda de Cachemira, un muchacho justo y valiente visita a una vieja ogresa, haciéndose pasar por su nieto, por el descendiente de una de sus hijas casada con un rey. La ogresa cree en sus palabras y le acoge con toda confianza en su hogar, le comunica sus secretos y le presenta siete gallos, una rueda para tejer, un palomo y un estornino. «Estos siete gallos —le dice al muchacho— contienen la vida de tus siete tíos que están ausentes por unos cuantos días: mientras vivan y estén contentos, tus parientes también vivirán y serán felices y nadie podrá hacerles el más mínimo daño. La rueda contiene mi alma, y si se rompe, yo moriré inmediatamente. El palomo encierra en su seno la vida de tu abuelo, y el estornino la de tu madre. Mientras estos dos animales vivan, nada tienes que temer sobre la tranquilidad de tus ascendientes». Al quedar solo, el muchacho mata a los siete gallos, así como al palomo y al estornino; a continuación rompe la rueda de hilar, y al instante mueren todos los ogros que forman aquella monstruosa familia. En Cachemira existen muchas leyendas parecidas a la narrada, incluso hay varias en que el alma del ogro está contenida en un objeto inanimado, como la que refiere que la vida del monstruo está ligada a determinado pilar de la baranda de su palacio. Un príncipe descubre el secreto, y al golpear el pilar percibe con claridad los alaridos del monstruo por el dolor recibido; al romperlo en pedazos, el ogro perece. En otros cuentos indostánicos el alma del ogro está en el cuerpo de una reina de abejas. Y en una leyenda bengalí se cuenta que todos los ogros viven en Ceilán y que todos tienen sus vidas reunidas en un solo limón; un muchacho corta en rodajas el fruto y todos los ogros mueren a un tiempo. No menos curioso es el cuento árabe que relata como un ogro explica como su muerte está muy lejos, en un huevo que se halla en el interior de un palomo, que está dentro de un camello, en el fondo del mar. El héroe consigue el huevo y cuando lo rompe entre sus manos, muere el monstruo. El ogro en francés e inglés se llama *ogre;* en italiano, *orco;* en alemán, *Menschenfresser;* en portugués, *papâo,* y en catalán *papu* y *ogre.*

OHAZIA

Uno de los ángeles guardianes del tercer cielo.

OHDOVAS

Según los indios iroqueses de América del Norte, los *ohdovas* son enanos que viven bajo tierra y guardan toda suerte de monstruos y animales venenosos. Tienen cierta analogía con los *gnomos* y *enanos (véanse* estos términos) de las leyendas europeas y árabes.

OHEL

Uno de los espíritus angélicos que se invocan para realizar la sexta tabla de Júpiter, destinada a que uno gane pleitos y salga vencedor de las demandas judiciales, además de ganar en los juegos de azar, según el *Séptimo libro de Moisés.*

OHIN (Ohyh)

Otro de los espíritus que se invocan y escriben en la elaboración de la sexta tabla de Júpiter, con el fin de ganar en los tribunales y juegos.

OIRIN

En la cosmología caldea, espíritus angélicos que vigilaban los reinos de la tierra, según *El libro de la magia sagrada de Abramelín el Mago.*

OJÁNCANAS

Mujeres míticas, gigantes, dotadas de un solo ojo, de feo aspecto, agresivas y antisociales. Eran una especie de *ogros (véase* este término). En

Cantabria se usaba su nombre para asustar a los niños traviesos.

OKI

Diosa que velaba por los muertos entre los hurones y otros pueblos de América del Norte. También se la llamaba Kinasa.

OKIRI

Uno de los treinta y dos espíritus servidores del demonio Astarot.

OKISIC (Oakisic)

Nombre que los indios hurones dan a determinados espíritus que pueden poseer a los mortales.

OL

Uno de los doce ángeles del zodíaco. Ol representa y controla el signo de Leo, según algunas tradiciones místicas.

OLISERMON

Uno de los sesenta y cinco espíritus servidores de los demonios Magot y Kore.

OMAEL (Aumel)

Uno de los setenta y dos ángeles que llevan el nombre místico de Dios: Shemhamphora. Se le invoca contra los pesares, la desesperación y para tener paciencia y resignación ante las grandes adversidades. También favorece las artes y el recibir ayuda de la ley y de los jueces. Pertenece al orden de las dominaciones y tiene dominio sobre el planeta Venus y el signo de Leo.

OMAN

Otro de los cincuenta y tres espíritus servidores de los demonios Astarot y Asmodeo.

OMBALAT

Uno de los treinta y dos espíritus servidores del demonio Astarot.

OMEGROS

Uno de los espíritus angélicos que se invocan en el citatorio de Marbuelis, contenido en el sexto y séptimo libros de Moisés.

OMELIEL (Omeliei)

Uno de los cuatro ángeles cuyo nombre se inscribe en el tercer pantáculo de Saturno (cap. II, *La ciencia secreta de la magia* de Idries Shah). Los otros tres son Anachiel, Arauchiah y Anazachia. En *The Key of Solomon the King* de Mathers, se halla reproducido en detalle ese talismán destinado a invocar a los espíritus nocturnos del planeta Saturno.

OMET

Otro de los dieciséis espíritus servidores del demonio Asmodeo.

OMOFOROS (Omophoros)

Entre los maniqueos, el ángel que soporta el mundo sobre sus espaldas.

OMONGA

Entre los indígenas de Morí (Célebes centrales), espíritu del arroz y que mora en la Luna. Si no se le trata con el debido respeto y consideración devora las cosechas. Se le invoca y hacen ofrendas para obtener una buena cosecha de tan preciada gramínea.

OMSET (Amset)

Uno de los cuatro genios fúnebres que custodiaban el Amenti o infierno egipcio. De hombre sólo tenía la cabeza, la cual sobresalía de una vaina en que se hallaba encerrado su cuerpo. *(Véase* el término *Amenti).*

ON

1. Entre los antiguos egipcios, nombre que se daba al Sol. 2. Según *The Key of Solomon the King* (Mathers), uno de los espíritus angélicos que se invocan en el rito de preparación del pergamino virgen o del papel virgen, que se graba o pinta en el bastón mágico, etc. 3. Nombre de un espíritu angélico que se escribe o graba en el cuchillo mágico de mango blanco, según el conjuro contenido en *El libro de la magia negra* (A. E. Waite).

ONAFIEL

Uno de los ángeles que gobiernan la Luna, según *The Golden Legend* (Longfellow).

ONAYEFETON (Onayepheton, Oneifeton)

Nombre de un espíritu por el cual Dios llamará a la muerte y se resucitará para vivir de nuevo, según *The Key of Solomon the King* de Mathers.

ONDINA

Ninfa, ser fantástico que puebla el agua. En los países nórdicos, las ondinas son como hadas o ninfas de los ríos, fuentes y lagos. Por tanto, son análogas a las *náyades (véase* este término) de los griegos. La ondina se representa por la figura de una hermosa mujer que surge de un lago, desnuda, con una larga cabellera flotante y húmeda. Como espíritus elementales del agua, las ondinas o ninfas son invocadas en determinados ritos mágicos y cabalísticos, teniendo en el altar un recipiente con agua pura.

ONEI

Uno de los dieciséis espíritus malignos servidores de Asmodeo, según *El libro de la magia sagrada de Abramelín el Mago.*

ONEIRO (Oneiros)

Según la mitología griega, Oneiro o el Sueño fue un demonio que Zeus envió para que derrotase a Agamenón. Según las tradiciones perpetuadas por los poemas de los antiguos poetas griegos, el Sueño (Oneiro), hijo de la Noche, moraba en un palacio en el que no podían penetrar los rayos del sol. Nada alteraba la tranquilidad y silencio de tan singular residencia, en la que el dulce reposo moraba. El río del Olvido deslizaba allí suavemente sus aguas, cuyo débil murmullo invitaba a dormir. En el centro de este palacio sin igual se hallaba un lecho de ébano rodeado de negros cortinajes: y en él, sobre blandas plumas, reposaba apaciblemente Oneiro, el Sueño. A la puerta del aposento, vigilaba Morfeo, ministro del Sueño, para impedir que se produjera en las proximidades el más débil ruido.

ONEMALIA

Uno de los espíritus angélicos que se invocan en el exorcismo o consagración del agua, según la fórmula contenida en *The Key of Solomon the King* (MacGregor Mathers).

ONI

Clase de demonio del sintoísmo nipón. Residen en el *Jigoku (véase* este término), pero también se les halla en la tierra. Los oni son fuerzas malignas que generan enfermedades, desgracias, calamidades y pueden robar almas y poseer a las personas. Son invisibles, pero, en ocasiones, asumen la forma humana o animal. Se considera que son oriundos de China y que penetraron en Japón de manos de las creencias búdicas.

ONIEL (Onoel)

Según Orígenes, es un demonio que se manifiesta en forma de asno.

ONJANAS (*Véase* IJANAS)

ONOCENTAUROS

Monstruos mitológicos mitad hombres y mitad asnos, que eran considerados como seres maléficos.

ONOCERITO (Onochoeritis)

Monstruo mitológico mitad asno y mitad cerdo.

ONOCOLA

Monstruo fabuloso que se creía que tenía los pies de asno.

ONOSCÉLIDE

Monstruo fabuloso con muslos de asno.

ONZO

Espíritu angélico que se invoca en el exorcismo de la cera virgen según la fórmula contenida en *The Key of Solomon the King* (MacGregor Mathers).

OPHANIEL (*Véase* OFANIEL)

OPHIEL (Ofiel)

Genio o espíritu angélico del miércoles dentro de las tradiciones esotéricas. Se le invoca en determinadas ceremonias, como en la consagración de talismanes. Se le solicita el «arte de utilizar la mente para tener ideas y proyectos prósperos y saber discernir las buenas ideas de las nefastas». Según *El grimorio de Armadel* (MacGregor Mathers), es un espíritu de piedad que enseña toda la sabiduría de Adán y Eva. En las *Clavículas de Salomón* (versión de Iroe el Mago), Ophiel enseña el secreto de la piedra filosofal, o sea, el arte de hacer oro; tiene el poder de convertir las cosas sin valor en piedras preciosas. Su morada se halla en el planeta Mercurio y tiene a sus órdenes al ángel Rafael. De acuerdo con el sexto y séptimo libros de Moisés, se le invoca en el conjuro del sexto sello. Y según los documentos recogidos por Wallis Budge (*Amulets and Superstitions*), Ophiel es el sexto ángel que gobierna en catorce provincias del cielo y manda en cien mil legiones de espíritus. Ophiel también está inscrito en la llamada «campanilla necromántica de Girardius», para comunicarse con los espíritus de los muertos (*El museo de los brujos, magos y alquimistas*, de Émile Grillot de Givry).

OPHIS (Ofis)

Según Barrett (*El mago*), Ophis u Ofis es un demonio, un espíritu maligno, citando a Ferécides Siro, quien al describir la caída de los ángeles, dice que Ofis era la serpiente diabólica, la cabeza de la rebelión. De la misma opinión es E. M. Butler *(Ritual Magic)*. Pero la secta gnóstica de los ofitas, que apareció en Siria en el siglo II d. C., opinaba que Ophis era un símbolo de la divina sabiduría en forma de serpiente. Ophis fue el que, por consiguiente, persuadió a Adán y Eva para comer del fruto del árbol de la ciencia del bien y del mal, como un servicio al ser humano.

OPIEL

Ángel que se invoca en ritos amorosos para conseguir la persona que se desea.

OPILM

Uno de los cincuenta y tres espíritus malignos servidores de Astarot y Asmodeo, según *El libro de la magia sagrada de Abramelín el Mago*.

OR

Ángel que se invoca en ritos de purificación y exorcismo de lugares y viviendas por medio de fumigaciones y defumaciones con inciensos y plantas mágicas.

ORAEL

Una de las inteligencias del planeta Saturno.

ORANG-ALUS

Espíritus o genios invisibles entre varios pueblos de Oceanía. Constituían una especie intermedia entre los hombres y los *devas (véase* este término).

ORANIR

Príncipe angélico que manda a los nueve ángeles del equinoccio de verano y que suele inscribirse en amuletos para defenderse del mal de ojo y de otros maleficios.

ORAY

Espíritu que se invoca en el rito de mando espiritual contenido en el *Sexto y séptimo libros de Moisés*.

ORCO

Entre los antiguos griegos era el lugar en donde moraban las almas de los muertos, pero los primitivos romanos dieron este nombre a una deidad infernal, dios de los muertos y de la muerte, cuyo matrimonio con Ceres celebraban los pontífices con gran pompa. Se le representaba en las pinturas funerarias de las tumbas etruscas bajo la apariencia de un gigante barbudo y ceñudo. Orco perdura en las tradiciones populares italianas en forma de *ogro (véase* este término), dado particularmente a devorar niños. En realidad, mitológicamente, Orco era uno de los sobrenombres de Plutón, dios de los infiernos. Con tal nombre era invocado cuando se le tomaba por garante de los juramentos, para afirmar su seguridad, o cuando se invocaba su venganza contra los perjuros.

ORÉADES (Oréadas)

Ninfas de las altas montañas y de las cuevas. Cuenta la tradición griega que fueron estas hermosas doncellas sobrenaturales las que se aparecieron a los hombres y los apartaron de la brutalidad de la antropofagia, enseñándoles a alimentarse con plantas, castañas y miel. El nombre viene del griego *oreiás*, «que vive en los montes». Una oréade famosa fue Eco, que murió en una apartada cueva y sus huesos se trasformaron en peñascos que devuelven la voz de los visitantes. *(Véase* el término *ninfas).*

OREJUDOS

Raza de seres humanos que estaban dotados de enormes orejas, que les colgaban hasta la cintura, e incluso más largas, según explicaciones y grabados contenidos en el *Libro de las maravillas del mundo* de Mandavila y *Las crónicas de Núremberg* de Schedel (1493).

75. Orejudo

ORGOSIL

Uno de los cuarenta y nueve espíritus malignos servidores de Belzebú, según *El libro de la magia sagrada de Abramelín el Mago.* El nombre parece derivar del hebreo y significar «tumultuoso».

ORIAS (Oriax)

Nombre de uno de los perros de Acteón. Los astrólogos y adivinos aplican este nombre a un demonio, gran marqués del imperio infernal, que se muestra bajo la apariencia de un león furioso montado en un enorme caballo con cola de serpiente; este demonio lleva una víbora en cada mano y enseña los secretos del firmamento y de los planetas. Puede trasformar a los hombres a su voluntad y otorga honores, cargos y dignidades. Le obedecen treinta legiones de diablos. También es conocido por Arias, pero impropiamente.

ORIBEL

Demonio que consiguió que fuera venerado como santo hasta el año 745, en que el papa Zacarías lo expulsó del calendario cristiano. Parece ser que el nombre era, en realidad, una variante del ángel Uriel, no aceptado por la doctrina de la Iglesia católica.

ORIEL (AURIEL)

Uno de los setenta ángeles talismánicos o protectores de los recién nacidos, según *El libro del ángel Raziel.* Asimismo, se grababa su nombre en amuletos de la Edad Media (junto con otros espíritus angélicos) para que otorgaran protección, ayuda, prosperidad, inspiración y luz interior.

ORIENS (Uriens, Urieus)

Uno de los ocho subpríncipes demoníacos, según *El libro de la magia sagrada de Abramelín el Mago.* Oriens tiene ocho espíritus servidores. El nombre deriva del latín y significa «Este», «saliente», «levante»…, de cuyo punto cardinal es el rey. De acuerdo con dicho tratado, también se escribía *Uriens,* del latín *uro,* «quemar» o «devorar con llamas». Y es bastante probable que Uriens derive del nombre medieval del diablo: «Sir

Urien». En ocasiones, también se escribe *Urieus,* del latín *Urios,* un sobrenombre dado a Júpiter como gobernante del viento. Urieus también deriva del griego *éuros,* que significa «vasto» o «extenso», y era el nombre dado al viento *euro* o que soplaba de oriente. Por añadidura, Euro era el dios del viento del este entre los griegos. A su vez, los rabinos daban a Oriens el nombre de SMAL, *Samael,* que se da en la cábala a los principales espíritus malignos.

ORIFIEL (Oriphiel, Orphiel)

Es uno de los espíritus angélicos que se invocan para la atadura de los espíritus, según la fórmula contenida en el sexto y séptimo libros de Moisés. A su vez, Paul Christian *(The History and Practice of Magic)* señala que los cabalistas de la Edad Media reemplazaron los genios planetarios egipcios por los espíritus angélicos, correspondiendo a Rempha el de *Oriphiel.* Para la mayoría de los tratadistas consultados, Orifiel es un espíritu o ángel con dominio sobre Saturno, siguiendo la doctrina de Cornelius Agrippa *(Filosofía oculta).*

ORIBEL

Uno de los cincuenta y tres espíritus malignos servidores de Astarot y Asmodeo, según *El libro de la magia sagrada de Abramelín el Mago.*

ORIOCH (Oriockh)

Uno de los dos ángeles a los que Dios ordena proteger los libros o manuscritos autorizados por Enoch. El otro ángel es *Marioch,* según el *Libro de Enoch* II.

ORIÓN

Gigante de la mitología griega, cazador de extraordinaria belleza. Poseidón (Neptuno) le concedió el don de poder caminar sobre las aguas. Orión tenía tal estatura que cuando descendía al fondo del mar sus hombros sobresalían de las olas, y cuando caminaba por la Tierra su cabeza desaparecía en las nubes, al menos es la tradición legada por Virgilio. En una de sus aventuras, Orión violó a Mérope, hija del rey Enopio, el cual pidió auxilio a Baco, quien envió a los sátiros para que hicieran caer al gigante en un profundo sueño, ocasión que aprovechó Enopio para dejarle ciego. En tal estado marchó a Lemnos, en donde entabló amistad con Hefesto (Vulcano), quien le dio por guía a Cedalión, por cuyo medio salía todos los días a recibir los primeros rayos del sol; así curó de la ceguera. Hay multitud de leyendas sobre la muerte de este gigante, pero los astrólogos alejandrinos enseñaban que fue la diosa Artemisa la causante de su desgracia; estando de caza con Artemisa en las montañas de Rulos, Orión se atrevió a poner una mano sobre el peplo (especie de vestidura exterior usada por las mujeres en la Grecia antigua) de la diosa, y ésta la castigó haciendo salir del suelo un escorpión enorme que le mordió y le causó la muerte. Transportado al cielo, Orión forma con su clava una brillante y notable costelación.La constelación de Orión ha desempeñado hasta hace muy pocos años un papel importante en las creencias y supersticiones de muchos pueblos. Por ejemplo, cuando durante el crepúsculo los bagobos de Mindanao (Filipinas) veían brillar la costelación de Orión en el cielo, sabían que se acercaba el momento de la recolección, y para tener propicia a la divinidad que protegía sus campos y cosechas, le sacrificaban un esclavo. La víctima era colgada en el bosque, en un árbol de grandes proporciones, por los brazos; seguidamente se le clavaba una lanza a nivel de la axila, y una vez comprobada su muerte se cortaba el cadáver por la cintura, y mientras la parte superior quedaba por cierto tiempo colgada en el árbol, la inferior nadaba en la sangre derramada. Después se juntaban los dos pedazos y se enterraban en el mismo lugar del suplicio, pero antes se habían cortado pedazos de carne o un mechón de cabellos de la víctima; estos despojos eran llevados a la tumba de un familiar o amigo cuyo cuerpo se creía que era molestado por los vampiros, de manera que al tener éstos carne fresca dejaban tranquilo el cuerpo del difunto.

ORLENIUS

Espíritu angélico que se invoca en la *sexta tabla de Júpiter,* la cual ayuda a vencer en los pleitos y demandas judiciales y en competiciones deportivas, según el sexto y séptimo libros de Moisés.

ORMENUS

Un demonio más de los que cita Cornelius Agrippa en *Filosofía oculta* (libro III). Le atribuye epidemias, desgracias y calamidades.

ORMION

Uno de los dieciséis espíritus malignos servidores de Asmodeo, según

El libro de la magia sagrada de Abramelín el Mago. El nombre parece derivar del griego y significar «amarrado», «atado firmemente».

OROBAS

Demonio que algunos demonógrafos consideran príncipe del infierno. Acostumbra a mostrarse bajo la forma de un hermoso caballo, pero a veces también adopta figuras humanas, a voluntad del evocador. Revela los secretos del pasado, presente y futuro. Otorga favores y dignidades e imparte lecciones sobre la Creación del mundo y de la divinidad. Le obedecen veinte legiones de diablos.

OROBON

Especie fantástica de pez parecida al cocodrilo y con cabeza de gato salvaje, que describían los viajeros a tierras lejanas. Hablaron de él Ambroise Paré *(Monstruos y prodigios,* 1594) y André Thévet *(Cosmographie universelle,* 1571).

OROIA

Uno de los ciento once espíritus malignos servidores de Oriens, Paimón, Aritón y Amaimón, según *El libro de la magia sagrada de Abramelín el Mago.*

OROMASIM

Uno de los tres príncipes del mundo, según el sexto y séptimo libros de Moisés. Los otros dos son Mitrim y Araminen. Significan «Dios» y «Espíritu».

OROWON (Orovon)

Espíritu angélico que se invoca en el rito de Coerción o atadura de Espíritus, contenido en el *Sexto y séptimo libros de Moisés*. Como la mayoría de los príncipes angélicos y buenos espíritus, debe invocarse en día de luna llena.

ORPHANIEL (Orfaniel)
Ángel relacionado con la Luna y que se invoca en lunes para solicitar su ayuda y protección.

ORPHIEL. (*Véase* ORFIEL)

ORTROS (Orthros)
Perro de Gerión, que tenía dos cabezas. Era hijo de Tifón y de *Equidna* (*véase* este término), y hermano de la *Hidra* y de *Cerbero* (*véanse* estos términos). Unido con la *Quimera* engendró al *León de Nemea* y a la *Esfinge* (*véanse* todos estos términos). También conocido como *Ortro* u *Orto,* este fiero animal ayudaba al pastor gigante Euritión a vigilar y proteger el rebaño de bueyes exóticos de *Gerión* (*véase* este término), monstruo de triple cuerpo a partir de la cintura. Todos ellos fueron muertos por Heracles (Hércules).

ORUS
Ángel caído citado por Milton en *El paraíso perdido*.

ORVICH (Ornich, Orich)
Tres espíritus que siempre se invocan juntos en los ritos contenidos en el grimorio *Lemegeton*. Están relacionados con salud y enfermedades.

OSAEL
Uno de los ángeles del martes que rige el quinto cielo y al que se le invoca desde el Sur, según *El mago* (Barrett).

OSÉ (Ozé, Oso, Voso)
Gran presidente de los infiernos, que adopta la forma de leopardo cuando se aparece, si bien al poco rato se trasforma en hombre. Lleva corona, pero se cree que sólo reina una hora cada día. Conoce todos los secretos de las artes liberales y es muy erudito en cosas divinas y abstractas. Tiene el poder de cambiar la apariencia de cualquier persona a voluntad del oficiante y previo pacto. Le obedecen treinta legiones de espíritus. (*Véase* el término *Monarquía infernal*).

OSENY
Espíritu angélico que se cita en el cuarto sello del sexto y séptimo libros de Moisés, que ayuda a proporcionar fortuna y larga vida.

OSMODAY
Uno de los nombres tradicionales que se da a la serpiente que sedujo a Eva en el paraíso. (*Véase* el término *Asmodeo).*

OSO (*Véase* OSÉ)

OTHEOS
Uno de los espíritus de la Tierra que se invocan en la cuarta tabla contenida en el *Sexto y séptimo libros de Moisés,* destinada a conceder los tesoros de la Tierra. También se le menciona (en el mismo tratado) en el citatorio de Barbuelis. En cambio, Waite (*El libro de la magia negra*) incluye a Otheos en el conjuro universal para comunicarse con los demonios.

OTIS

Es el mismo demonio que aparece en tratados bajo el nombre de *Botis* (*véase* este término). Cuando toma la figura humana posee enormes dientes, dos cuernos en la cabeza y una corta espada en la mano. Le obedecen sesenta legiones de diablos.

OTO (Otos)

Nombre de un gigante muy malvado de la mitología griega. Junto con su hermano gemelo Efialtes eran conocidos como los Alóadas o Aloides; eran hijos de Poseidón (Neptuno) e Ifimedia, esposa de Aloeo. Se les atribuye la fundación de Ascua y la institución del culto de las Musas en el Helicón. Los dos hermanos crecían en proporción tal que a los nueve años tenían casi veinte metros de altura. Intentaron vanamente escalar el Olimpo en la célebre batalla de los gigantes contra los dioses, y tuvieron cautivo a Ares (Marte) durante trece meses, en una cárcel de bronce, cargado de cadenas, hasta que con auxilio de Hermes (Mercurio) recobró la libertad. Oto y Efialtes fueron muertos por Apolo, pero hay tradiciones que indican que perecieron a causa de la astucia de Artemis o Artemisa. En efecto, era creencia muy arraigada en la isla de Naxos, que fue Artemisa la que les quitó la vida por sorpresa en Beocia; se enseñaba el sepulcro de los Aloides en las inmediaciones de Antedon. A causa de sus crímenes y maldades, los dos gigantes fueron precipitados en el *Tártaro* (*véase* este término). Allí, espalda contra espalda, permanecían atados a una gruesa columna con una cadena formada por serpientes entrelazadas. En algunos monumentos griegos se ve como un buitre de inmensas alas les devora el corazón.

OUN

Gran serpiente o dragón escandinavo que juega un papel primordial en la saga del príncipe Ragnar de Dinamarca. Oun era una serpiente-dragón que creció tanto que ocupaba toda la habitación de la princesa Thora. A guisa de comida, el monstruo devoraba un toro. El «iarl» Hewaud prometió la mano de su hija al hombre que lograra matar al gigantesco dragón. Ragnar, hijo del rey de Dinamarca Sigurd Hring, se dispuso a acometer tan osada empresa. Para ello se hizo confeccionar un vestido sin igual: calzones de piel de oso salvaje y un capuchón del mismo material; las cerdas estaban ensortijadas y en gran número. Luego la vestimenta fue sumergida en pez hirviendo y se dejó endurecer, lo que le protegería de los chorros de la sangre venenosa del monstruo, como así fue. Terminada su misión de matar al dragón con su lanza, Ragnar desapareció. Más tarde, el padre de la princesa convocó una asamblea de guerreros para elegir al consorte de su hija. El pretendiente había de traer consigo la madera de la lanza a la que pertenecía el hierro que había quedado clavado en el animal. Se comprobó que el hierro y la madera que traía Ragnar pertenecían a la misma lanza. Al héroe le fue concedida la mano de Thora y los desposados embarcaron para el país de Ragnar, del cual éste llegó a ser rey.

OUPIR (Upir, Upiro)

Nombre que en muchas regiones de Hungría y en eslavo dan al vampiro. (*Véase* el término *vampiro*).

OURISK

Especie de lutin al que los escoceses y galeses dan la forma de enano o la de macho cabrío, según las regiones y ocasiones. Es de carácter tan bonachón que raya lo estúpido y es fácil de engañar o chasquear.

OUVAS

Entes o espíritus femeninos de la naturaleza. Son como «hadas maléficas» o perversas típicas de Galicia. Se les atribuyen enfermedades, accidentes, pérdida o robo de animales, etc.

OVINNIK

Espíritu o genio de los graneros y granjas en la mitología eslava; reside habitualmente en un rincón del granero o casa de campo y suele adoptar la figura de un enorme gato negro con el pelo erizado. Su nombre deriva del término *ovin*, «granero». El ovinnik sabe ladrar como un perro, reírse a mandíbula batiente, y sus ojos semejan, por su brillo, dos brasas ardientes. Su maldad es tal que, de molestarle, es capaz de prender fuego al granero o a la granja entera. En el pasado, se atribuyeron a ese genio el incendio misterioso y súbito de muchos graneros.

OXA

Uno de los espíritus que se invocan al elaborar un talismán que aleje a los animales salvajes y proteja a su portador de éstos. El origen puede estar en los amuletos que se ponían en los cuernos del buey (*ox*, en anglosajón), para protegerlos de los animales carniceros.

76. Ovinnik

OXURSOIJ

Uno de los muchos espíritus que se invocan para que los grandes príncipes celestes se aparezcan y se pueda solicitarles lo que uno desea, según los sellos e instrucciones contenidos en el *Sexto y séptimo libros de Moisés.*

OXYONES (Oxiones)

Pueblo imaginario de la primitiva Germania, a cuyos miembros se les atribuía cabeza humana y resto de cuerpo de bestia.

OZE (*Véase* OSÉ)

P

PABAEL (Pabel)

Uno de los espíritus mensajeros de la Luna. Es un ángel del cuarto cielo y se le invoca mirando al Oeste cuando se solicita su auxilio. Es uno de los ángeles que rige el domingo.

PACTÓLIDAS

Ninfas del río Pactolo, en Frigia, cuyas aguas arrojaban oro. La leyenda dice que en ese río se encontraban unas piedras que, colocadas por parejas donde se guardaban tesoros o riquezas, las protegían de ladrones y saqueadores emitiendo un ruido semejante al de una trompa.

PACHEI

Uno de los cincuenta y tres espíritus servidores de los demonios Astarot y Asmodeo. Nombre de probable origen griego, con el significado de «espeso», «basto», «tosco»…, según *El libro de la magia sagrada de Abramelín el Mago*.

PADAEL

Regente de la cuarta región del cielo, según el Zohar. Padael y los ángeles a sus órdenes están encargados de la custodia de las llaves de la puerta de la misericordia, la cual sólo se abre a las oraciones de los que se arrepienten de sus faltas, hacen penitencia y vuelven al camino del Señor. También es uno de los guardianes del viento del oeste.

PADIEL (Phadihel)

Uno de los setenta ángeles o talismánicos protectores de los recién nacidos. La tradición judía cree que Padiel (Phadihel) es el ángel que se apareció a los padres de Sansón para anunciarles el nacimiento de éste (Jueces, 13). Rige el viento «subsolanus» de las regiones de Levante y tiene miles de servidores.

PAFESLA

Uno de los diez espíritus servidores de los demonios Amaimón y Aritón. Parece derivar del hebreo y significar «imagen esculpida».

PAFFRAN

Ángel del aire que rige el martes, junto con Ismoli y Carmax, que están a las órdenes de Samax, el rey, según

Barrett, Papus, De Abano… Está sujeto al viento del este (oriente). *(Véase el término Carmax).*

PAGIEL

Ángel que se invoca en oraciones rituales para solicitar todo tipo de ayudas y protección contra la adversidad y los enemigos.

PAHALIAH

Otro de los setenta y dos ángeles que llevan el nombre sagrado o místico de Dios: Shemhamphora. Pertenece al orden de los tronos y tiene dominio sobre el planeta Marte y el signo de Cáncer. Protege contra los enemigos de la religión y de las ciencias mágicas. Ayuda a la realización de las propias aspiraciones, místicas o profesionales.

PAIMON (Paymon)

A veces también se escribe «Paimonia». Se considera que es uno de los reyes del *infierno (véase* ese término y el de *monarquía infernal).* Si se muestra a los hechiceros y magos invocadores, lo hace en forma de un dromedario, llevando en sus sienes una diadema circundada de perlas, con cara de mujer. Le precede una formación de músicos. Habla con voz gutural y enseña todas las artes, ciencias y secretos. Le obedecen doscientas legiones de demonios, así como una parte de ángeles. Si Paimon es evocado en algún sacrificio o libación, con los ritos de rigor, se presenta acompañado de Bebal y Abalam. Según *El libro de la magia sagrada de Abramelín el Mago,* es uno de los cuatro subpríncipes infernales, y el nombre parece provenir del hebreo *Pomn,* un sonido de tilín o de campanillas. A su vez, deriva de la raíz hebrea *Pom,* «agitar», «impeler», «impulsar»…

PAIRIKAS

Demonios hembra de las tradiciones pérsicas. Encubren su malignidad bajo formas suaves, atractivas y encantadoras. Se cree que pueden trastocar el normal funcionamiento de los fenómenos de la naturaleza y del movimiento y función de los astros.

PALTELLON

Otro de los diversos espíritus angélicos que se invocan para bendecir la sal, según el rito de la *Clavicula Salomonis.*

PAMERSIEL

Ángel que rige el viento de oriente y tiene como servidores a Madriel, Anoyr, Ebre, Hamorfiel…

PAMGRI

Nombre que dan en algunos lugares de Hungría a los vampiros. *(Véase* el término *vampiro).*

PAN

En la mitología griega era el dios de los pastores y de los rebaños. Dice la leyenda que era hijo de Hermes (Mercurio) y de la ninfa Driope. Pan nació con el cuerpo cubierto de largo vello, pies de carnero y dos cuernos en la frente. Inmediatamente después de venir al mundo se puso a brincar y dar gritos de alegría que resonaron en toda la montaña, lo cual hizo que su madre se asustase y lo dejase abandonado. Este dios recibió especial culto y veneración en Arcadia, cuyos pastores creían oír la música de Pan cuando silbaba el viento en los pinares, y al atardecer escuchaban el caramillo del dios al volver éste de caza. Pan no penetró en el Ática hasta la época de las Guerras Médicas. Así, poco antes de la batalla de Maratón, se apareció a los embajadores que los atenienses enviaron a los espartanos, y les ofreció, bajo promesa, derrotar a los persas si se accedía a que fuese adorado en Atenas. Después de la victoria, los atenienses, agradecidos, le dedicaron un templo en la Acrópolis, y desde este lugar el culto de Pan se extendió por toda Grecia. Se decía de este dios que tenía el poder de otorgar todo lo que se le pedía, pero a veces obraba como un genio maligno, pues asustaba a los mortales que se perdían en el campo o en el monte. Los griegos lo representaban en forma fantástica, mitad superior de hombre, y de cintura para abajo de macho cabrío, por lo que tiene cierta afinidad con el diablo del *aquelarre* (*véase* este término). Cuando se oían ruidos en el bosque, éstos eran considerados como la voz de Pan; esta voz llenó de terror a los titanes en su lucha contra los dioses del Olimpo, e hizo huir a los persas en Maratón, y de estos casos deriva el decir *terror pánico, miedo pánico,* etc., aunque el uso ha popularizado la palabra *pánico* como substantivo. Dice la leyenda que si Pan inspiró gran miedo a los persas fue porque se apareció con figura de gigante frente al ejército persa. Por otra parte, las melodías de Pan eran consideradas tan superiores que en los poemas homéricos se dice que no podían llegar a su belleza musical las aves que anunciaban la primavera, y que cuando las ninfas oían sus notas, acudían para hacerle coro con sus voces. La hora de la siesta era considerada en los campos arcadios como el tiempo del sueño de Pan. El origen del caramillo de Pan es tan curioso como el nacimiento de este mismo dios. Se cuenta que un día que Pan, lleno de ardor juvenil, perseguía a Sírinx, de la cual estaba enamorado, esta ninfa fue trasformada en caña por los dioses. Pan, entristecido, se lamentó largo tiempo junto a la nueva planta, que agitada por el viento parecía exhalar voces plañideras. Cortó Pan algunos de sus tallos e hizo con ellos siete tubos de desigual tamaño, articulándolos paralelamente; de esta manera, construyó la flauta pastoril llamada *caramillo,* de la cual acertó a sacar los dulcísimos sonidos llenos de armonía que le dieron fama. Los egipcios también veneraron a Pan como símbolo de la fecundidad y principio de todas las cosas. Y los demonógrafos lo tienen como príncipe de los demonios *íncubos* (*véase* este término), o sea, los que seducen a las mujeres en la noche.

PANDEMONIO

Según se lee en *El paraíso perdido*, de Milton, Pandemonio era la capital del imperio de los infiernos, el lugar donde fue edificado el fabuloso palacio de Satanás. El término *Pandemonio* viene del griego *pan*, «todo», y *daimon*, «demonio». Es creencia de muchos demonógrafos que en el gran salón de dicho palacio tuvieron los ángeles rebeldes el consejo antes de emprender la guerra contra los ángeles del Señor.

PAN-KUAN

Funcionario que en el infierno de los chinos es el encargado de llevar los libros donde se registran las buenas y las malas obras de los seres humanos.

PANOCHI (Panoti)

Seres fabulosos con orejas gigantes cuyos lóbulos colgaban hasta el suelo y podían enrollarlos en los brazos. También tenían ocho dedos en cada mano y en cada pie.

PAPU

Ser fantástico, especie de *ogro* o de *coco* (*véanse* estos términos), que se supone muy feo, deforme y malvado. Se emplea especialmente en Cataluña para infundir miedo a los niños que no quieren obedecer a sus padres.

PARA

Nombre que dan los finlandeses a un duende familiar al que acusan de hurtar la leche de las vacas para bebérsela.

PARALDA

Según las tradiciones esotéricas, es el principal líder de los *silfos* (*véase* este término). Se cree que vive en la montaña más alta de la tierra.

PARAMOR

Uno de los sesenta y cinco espíritus servidores de los demonios Magot y Kore. Parece influir en los asuntos amorosos.

PARANDRIO (Parandrius)

Animal fabuloso de Etiopía que era parecido a un íbice con cuernos ramosos y cabeza de ciervo.

PARASEH

Uno de los ciento once espíritus servidores de los demonios Oriens, Paimón, Aritón y Amaimón. El nombre parece provenir del caldeo y significa «dividido».

PARASIEL

Nombre de uno de los cuatro ángeles que se inscriben en el primer pantáculo del planeta Júpiter, según *The Key of Solomon the King* de Mathers y *La ciencia secreta de la magia* de Sayed Idries Shah. Parasiel es el señor y maestro de los tesoros, por lo que ese talismán se confecciona para ayudar a encontrar tales riquezas y poder entrar en posesión de los lugares en que se hallan. En torno al círculo exterior, y en los extremos de los radios y caracteres mágicos del planeta, se hallan los cuatro nombres angélicos: Netoniel, Devachiah, Tzedeqiah y Parasiel, escritos en hebreo.

PARCA

En las mitologías griega y romana, cada una de las tres deidades hermanas encargadas de ejecutar las órdenes del Destino. Las Parcas eran tres: Cloto, Laquesis y Atropos, y moraban en el reino de Plutón. Se las representaba con figura de viejas, pálidas y demacradas. *Cloto,* la más joven, hilaba el hilo de la vida del hombre; se la simbolizaba con una rueca en su mano, en la que llevaba prendidos hilos de todos los colores y de todas las calidades: de seda y oro para los hombres cuya existencia había de ser dichosa, y de lana y cáñamo para todos aquellos que estaban destinados a ser pobres e infortunados. *Laquesis,* la que devanaba el hilo de la vida, se la mostraba dando vueltas al huso al que se iban arrollando los hilos que le presentaba su hermana. Y *Atropos,* la que cortaba el hilo de la vida, era la de más edad; se la esculpía con la mirada alerta y melancólica, pendiente del trabajo de Laquesis; valiéndose de una tijeras muy largas cortaba de improviso, cuando le placía, el hilo de la vida. A Laquesis también es costumbre representarla con unos dados en la mano o escribiendo en una esfera, y a Atropos con un rollo escrito o un reloj de sol. Las Parcas tan pronto aparecen en la mitología como deidades imparciales representantes del orden mundial, como crueles y envidiosas. Su morada era una tenebrosa caverna del Tártaro o tercera región del infierno mitológico, destinada a los dioses. Según Platón, Cloto conocía el presente; Laquesis, el pasado, y Atropos, el futuro. La creencia popular las identificó con las *Furias (véase* este término) y les hizo sacrificios de hidromiel y flores. En Sicione se les inmolaron hasta terneras preñadas.

PAREHT

Uno de los ciento once espíritus servidores de los demonios Oriens, Paimón, Aritón y Amaimón. El nombre parece provenir del hebrero y significa «fruta».

PAREK

Otro de los ciento once espíritus servidores de los demonios Oriens, Paimón, Aritón y Amaimón. El nombre parece provenir del hebrero y significa «rudo», «salvaje».

PARIEL

Nombre de un ángel que se inscribía en amuletos hebreos para proteger del diablo.

PARIUKH

Uno de los dos ángeles destinados por Dios para servir como guardianes de los escritos de Enoch. El otro es Ariukh.

PARMATUS

Otro de los ciento once espíritus servidores de los demonios Oriens, Paimón, Aritón y Amaimón. Nombre de origen grecolatino que significa «el que lleva escudo».

PARMIEL

Ángel que gobierna la tercera hora del día. Está a las órdenes de Veguaniel.

PARSHIYAH

Uno de los muchos nombres con que se designa al ángel Metatrón.

PARTASHAH

Sobrenombre de la demonia Lilith.

PARUSUR

Otro de los ciento once espíritus servidores de los demonios Oriens, Paimón, Aritón y Amaimón.

PARVARDIGAR

Ángel de la luz en la antigua teogonía persa.

PARVATI

Diosa hindú que preside los partos, la producción y toda especie de operaciones mágicas que tienden a poner a los hombres en relación con las divinidades. Se la representa con ocho o dieciséis brazos, y sus atributos son la espada, el tridente, las lanzas, el cuchillo y la rueda. Se llamó también Bhavani y fue esposa de Siva. En Bengala y el sur de la India se la identifica con Kali, la diosa sangrienta, de forma horripilante, con dientes prominentes y un collar de cráneos humanos alrededor del cuello. Se le ofrecían sacrificios sangrientos, a menudo humanos.

PARYMEL

Según el *Sexto y séptimo libros de Moisés*, es uno de los quince ángeles del orden de los tronos que se invocan en las artes mágicas. Se le invoca de manera especial en el conjuro del misterio del tercer sello (sello del trono de los ángeles ministeriales). Es tradición que el portador de este sello se hace más agradable y querido por todo el mundo y que siempre logra derrotar a sus enemigos.

PARZIEL

Uno de los ángeles guardianes de las puertas del sexto cielo.

PASADELO

Nombre que dan en Portugal a un trasgo que se entretiene asustando a los habitantes de las casas de campo; provoca ruidos, golpea muebles, enseres y armarios y, en ocasiones, tira al suelo vasijas y utensilios de la cocina. Actúa casi siempre de noche, en especial cuando hay fuertes vientos o tormentas. Incluso llega a despertar a los durmientes con sus tocamientos, sobaduras y frotamientos.

PASCHAR (Psachar)

Uno de los siete ángeles principales del orden de los tronos, los cuales ejecutan las órdenes de las potestades. Según Ozar Midrashim, es uno de los siete ángeles guardianes de la cortina o velo del séptimo cielo.

PASGANIA

Ángel del Sur que se encarga de recibir las plegarias de los que sufren y que tienen el corazón abatido, según el Zohar.

PASIEL

Uno de los ángeles que ejerce dominio sobre el signo zodiacal de Piscis.

PATECHA

Uno de los arcángeles que se invocan en la confección del segundo misterio del sello, según el sexto y séptimo libros de Moisés. El que lleva este sello consigo recibe gran fortuna y bendiciones.

PATID

Uno de los ciento once espíritus servidores de los demonios Oriens, Paimón, Aritón y Amaimón, según *El libro de la magia sagrada de Abramelín el Mago*. Parece derivar del hebreo y significa «topacio».

PATTENY

Arcángel que se cita para elaborar el misterio del segundo sello, según el sexto libro de Moisés. Se le conoce como el «Gran sello de la fortuna», pues el hombre que lo lleva consigo atraerá todo tipo de bendiciones y fortuna.

PATULJAK

Uno de los nombres que en la antigua Yugoslavia daban al gnomo.

PATUM

Se da el nombre de *la Patum* a una fiesta tradicional que se celebra anualmente en la ciudad de Berga (Barcelona). Con el tiempo se dio el mismo nombre al dragón que figura en la procesión, que con sus cohetes y fuegos de artificio procura asustar a la gente y abrir paso a la comitiva. Impropiamente se le aplica también, a esa bestia infernal, los apelativos de *Mulassa* y *Mulaguita (véanse* estos términos). La fiesta de la Patum fue instituida el día de Corpus Christi del año l394, si bien se llamaba *Bulla;* posteriormente se denominó *la Patum,* que es vocablo onomatopéyico del ruido del timbal con que se anuncia la fiesta. El notario de Berga, José Altarriba, escribió en 1715 una descripción detallada de esa fiesta. Dice así: «Queriendo el magnífico Consejo de la real villa de Berga demostrar la satisfacción que sentían los corazones de los bergadanes por haber vuelto al suave dominio del señor rey don Juan I, determinó inventar una fiesta pública que conmemorase tan feliz acontecimiento, y queriendo también que esta fiesta, si bien profana, fuese no obstante conforme a las enseñanzas de la Iglesia, pidió consejo a algunos eclesiásticos, de lo cual resultó la fundación de *la Bulla,* que significa lo siguiente: En tiempo de los moros recorría estas montañas un caudillo llamado Bullafer, que no dejaba descansar a los habitantes del país, persiguiéndoles constantemente y tratando con refinada crueldad a los prisioneros que hacía. Dicen que juraba y perjuraba por su falso Dios, que había de exterminar a los cristianos sin dejar uno tan sólo; pero la providencia, que velaba por éstos, hizo que no pudiese lograr su objeto, porque los fieles, fugitivos de las montañas, escapaban siempre aun en medio de numerosos infieles que los acosaban por todas partes, valiéndose de las escabrosidades del terreno, y más que todo de la protección que les venía del cielo. El baile de los Turcos y Caballitos, que en un principio los llamaban Moros y Cabritas, representa esta persecución que sufrieron los fieles que como cabras corrían por las escabrosidades de las montañas, escapando siempre de sus perseguidores, que se indignaban cuando, creyendo a aquéllos cogidos, se les escapaban, como quien dice, de entre las manos. Al son del atabal persiguen los Turcos a los Caballitos, llegando muchas veces casi a cogerlos, sin lograrlo nunca; como al son de atabales perseguían los alarbes de Bullafer a los cristianos, sin lograr nunca prenderlos. El Gigante, con su turbante y vestido musulmanes, representa al mismo Bullafer, y el baile de los Gigantes significa que el que quería destruir a los cristianos les sirve ahora de regocijada diversión. La Mulassa o Mulaguita, que en un principio la llamaban Bullafera, y por mofa Mulafera, y el fuego que arroja por la boca, sin lograr espantar a las gentes y sí tan sólo que se aparten a su paso, significa que aquel moro, ayudado por elementos infernales, quería destruir a los cristianos y no lo logró. El baile de los Diablos, cubiertos de fuego, seguido de su derrota por san Miguel y el Ángel, que se los ponen debajo de sus pies, significa que, a pesar de haber el infierno desatado todas sus furias contra los cristianos, no obstante, éstos, ayudados por el cielo, lograron vencerlo y humillarlo».

PAZUZO (Pazuzu)

Demonio de las tradiciones asiriobabilónicas que era la encarnación del viento del sudoeste, procedente del desierto. Su nombre significa «el que agarra» y se consideraba que era el portador de muchas enfermedades, particularmente de aquéllas en las que el rostro se volvía amarillo y la lengua negra. Su figura se utilizaba como amuleto. Uno de los conservados le representa en forma de hombre sonriente y provisto de dos alas. Su mano derecha está levantada, como diciendo que «se pare lo que viene». En la espalda lleva una inscripción cuneiforme cuya traducción viene a decir: «Yo soy, Pazuzu, hijo de Hanpu, rey de los demonios malignos del aire que desciende con gran ímpetu de las montañas y trae las tempestades. Éste soy yo». En el Museo Británico de Londres se conservan varias cabezas de figuras de Pazuzu, hechas en piedra y bronce. En algunas placas de bronce para protegerse de los demonios, en una cara está grabado Pazuzu y en la otra la cabeza de *Nergal (véase* este término).

PEDAEL

Según los místicos judíos, es el ángel de la redención, de la salvación.

PEDENIJ (Pendenij)

Ángel que se invoca en el citatorio general contenido en el *Sexto y séptimo libros de Moisés.*

PEDRA DEL DIABLE (Piedra Del Diablo)

En medio de un campo, delante de Can Cortés, cerca de Palau-Solità (en el Vallés), Cataluña, quedan los restos de un dolmen atribuido a fuerzas sobrenaturales maléficas, por lo que desde tiempo inmemorial se le dio el nombre de Pedra del Diable (Piedra del Diablo). Existen diversas leyendas que hablan de ese origen demoníaco y de fenómenos extraños telúricos. (Para otros megalitos catalanes, *véase* el término *Piedra del Diablo).*

PEGASO

Caballo alado de la mitología griega. Nació de la sangre vertida por *Medusa (véase* este término) al ser decapitada por Perseo. El nombre de *Pegaso* deriva del griego *pegé* («fuente que brota»), pues, según la tradición, hizo brotar, cerca del monte Helicón y del río Permeso, la fuente de Aganipe o de Hipocrene al golpear el suelo con su casco. Otra leyenda dice que se le dio tal nombre por haber venido al mundo cerca de las fuentes del Océano. Perseo montó en él para huir de las *Gorgonas (véase* ese término y el de *Medusa).* A continuación, Pegaso voló hacia el cielo, donde Zeus le confió el cargo de arrastrar el carro de la Aurora y de trasportar el rayo y el relámpago. Era cuidado amorosamente por las Musas. De Pegaso se cuenta que, estando bebiendo en cierta ocasión en la fuente de Pirene, en Acrocorintio, apoderose de él Belerofonte por medio de una brida de plata que recibiera de Minerva. Montado en tan prodigioso corcel, Belerofonte mató a la *Quimera (véase* este término), espantoso animal que tenía la cabeza de león, la cola de dragón, el cuerpo de cabra y que vomitaba llamas y humo por sus horribles fauces. Al intentar subir al cielo con su caballo alado, Belerofonte cayó a Tierra y se fracturó una pierna, pero Pegaso continuó su vuelo y llegó hasta el cielo, en donde quedó entre los astros, formando la costelación que lleva su nombre.

PEGEAS
Ninfas de las fuentes y manantiales. *(Véase* el término *ninfa).*

PEKLENC
Dios de los infiernos entre los eslavos. *(Véase* el término *Rugewit).*

PELÉ
Diosa de los volcanes entre los primitivos hawaianos, que la suponían habitante del volcán de Keruia. Pelé encontró un adversario terrible en Tama-pua, animal gigantesco, mitad hombre y mitad cerdo, que quería violentarla. Pelé se refugió en un volcán y consiguió matar a pedradas al temible monstruo.

PELIEL
Ángel jefe del orden de las virtudes. Según Agrippa *(Filosofía oculta,* cap. x), fue el ángel guardián de Jacob.

PELLIPIS
Uno de los cuarenta y nueve demonios servidores de Belzebú. El nombre es de origen griego y parece significar «opresión».

PENAC
Ángel sirviente que reside en el tercer cielo.

PENAEL
Uno de los ángeles del tercer cielo que deben ser invocados desde el Norte, en viernes. Es un servidor de Venus. Los espíritus del viernes incitan al amor, al erotismo y a la lujuria. También causan y curan enfermedades sexuales, según *El mago* (F. Barrett).

PENARYS (Penaris)
Según algunas tradiciones esotéricas, es el ángel de la tercera hora de la noche, que está al servicio de Sarquamich.

PENAT
Según Barrett *(El mago)* es uno de los ángeles residentes en el tercer cielo que se invoca desde el Norte. Es una de las inteligencias del planeta Venus.

PENATES
Espíritus o genios domésticos que recibieron especial culto en la antigua Roma, confundiéndose a veces con los *lares (véase* este término). Los penates, espíritus de la casa y del hogar, eran por lo menos dos, mientras que en cada morada sólo hubo, al principio, un lar; se representaban en tres estatuillas. El atrio, centro de la antigua casa, que era a un tiempo

cocina y comedor, contenía el hogar doméstico y en él estaban el lar y los penates; el nombre de estos últimos parece derivar de *penus*, esto es, provisiones o comestibles preparados en aquella parte del edificio, lo que equivale a «despensa». La tarea principal de los penates consistía en velar por la conservación del alimento sólido y de las bebidas, pero también estaban íntimamente unidos a la vida de la familia, cuyas alegrías y tristezas compartían. Durante las comidas eran colocados entre los platos y se les ofrecían las primicias del alimento que iba a consumirse. Llegaron a alcanzar un papel tan importante en la vida privada de los romanos, que recibieron el epíteto de *dii* o *dvi,* el cual no se concedió ni al *genio* ni al *lar (véanse* esos dos términos). Los penates no tardaron en recibir culto público, ya en la época de la realeza, por lo que hubo dos clases: los *públicos* o *mayores,* y los *menores, familiares* o *privados.* Los públicos *(Penates populi romani)* recibieron culto en la *Regia,* donde ardía la llama sagrada y se guardaba el penus de la diosa Vasta. Eran dos y enarbolaban lanzas; los objetos de su culto eran guardados por las vestales y los pontífices. En este aspecto se diferenciaban de los lares, en que éstos presidían la tranquilidad interior del Estado y de las familias, mientras que los penates velaban por la prosperidad exterior de Roma. Es por ello por lo que algunos autores suponen que *penus* significa «riqueza», y consideran a los penates como la fuente que se la daba a la familia, a la ciudad y al Estado. Otros mitólogos opinan que el nombre de *penates* viene del hecho de colocar sus estatuillas (de plata, de marfil, de cera o de barro) en la parte más secreta y recóndita de la casa, que se llamaba *penetralia,* de la que derivó *penetrales,* nombre arcaico de estos espíritus domésticos. También hay quien cree que los penates, en su origen, no fueron más que los *manes (véase* este término) de los antepasados, cuyas imágenes se guardaban en el lugar más recóndito de la morada. El culto de los penates fue regulado por la ley de las Doce Tablas, que disponía la celebración de fiestas en su honor; se les ofrecían sacrificios de incienso y frutos, corderos, ovejas y cabras. En los sacrificios públicos se les inmolaba una marrana. Créese que en los primeros siglos de Roma se ofrecieron sacrificios humanos a estos espíritus o genios. A veces se tenía por penates a Júpiter, a Marte, a Neptuno, a Vesta, a Juno, a Minerva, a Apolo, etc., así como a los demás dioses, tomándolos indistintamente entre los del cielo y de la Tierra, o de las aguas y de las regiones inferiores o infernales. Los romanos creían que de ellos procedían los bienes, la prosperidad y toda clase de venturas, y por lo mismo así se veía en los penates a los mismos dioses mayores o a sublimes espíritus bienhechores enviados por aquéllos. Los penates privados hacían prosperar la familia, aumentaban su renta, cubrían de frutos la hacienda, embellecían la casa, y de ella no salían a menos de tener que abandonar su dueño el hogar. Cuando una familia se trasladaba de morada, llevaba consigo sus penates o uno de ellos cuanto menos. Estos espíritus recibían todos los días invocaciones y plegarias, como la siguiente: «Velad, ¡oh, penates!, por nuestra puerta, por nuestros goznes y por nuestros cerrojos, no para defenderme de los bribones –ya que carezco de tesoros y alhajas y puedo viajar sin escolta–, sino para que pueda realizar mis aspiraciones, que se reducen a que entre algo de comodidad en mi hogar y a que de él jamás salga la virtud». Los penates públicos protegían la patria y defendían sus fronteras; no se los invocaba para las conquistas de Roma, pero sí para rechazar las invasiones de los enemigos. Si la ciudad natal era tomada, si en sus muros llegaba a dominar el invasor, si en su recinto se experimentaban los horrores de la guerra, se rogaba a los penates que devolvieran la grandeza a la patria perdida: «Haced que renazca la ciudad de sus ruinas, y si esto no es posible, emigrad con nosotros, acompañadnos; guiad al pueblo, haced que de nuevo se encienda su hogar en tierras extranjeras, y que un suelo hospitalario reciba a los dioses y a sus adoradores». En medallas y monedas los penates aparecen representados de muy diversas maneras, pero según Servio, estos espíritus domésticos, traídos a Italia por los fugitivos de la incendiada Troya, estaban representados por dos adolescentes unidos y armados de lanzas.

PENATIEL
Ángel que gobierna la duodécima hora del día y que está a las órdenes de Beratiel.

PENATIGER (Penatígero)
Sobrenombre de Eneas, que significa «el que lleva consigo a los penates», pues es tradición que aquél se llevó de Troya sus dioses tutelares, que fueron los futuros penates del Estado romano. Dice la leyenda que estos genios tutelares fueron depositados por Eneas en Lavinium, lugar de peregrinación y culto durante siglos.

PENDROZ
Ángel de la séptima hora de la noche. Está al servicio de Mendrion.

PENEMUE (Peneme, Penemuel, Panemue)
Según la tradición sagrada de Enoch (*Libro de Enoch* I, cap. 69), es uno de los ángeles caídos, el que enseñó el arte de escribir con el agua de hollín (tinta) sobre el papiro, por lo que «son numerosos los que han errado a causa de aquello desde la eternidad hasta la eternidad y hasta este día». Otra variante de este nombre es Tumael.

PENIEL (Penuel, Panuel)
Según Barrett, uno de los ángeles del tercer cielo que se invocan en viernes desde el Norte. El nombre parece significar «faz de Dios», al parecer basado en el hecho de que era el ángel con cara de Dios que luchó contra Jacob (Génesis, 32). Jacob llamó a aquel lugar Panuel, pues dijo: «He visto a Dios cara a cara y ha quedado a salvo mi vida».

PEOR (*Véase* CHEMOS)

PERELLO (Perete, Perote)
Especie de duende o trasgo gallego de tipo burlón, incordiante y que actúa

de noche en los hogares campestres, abriendo y cerrando puertas y produciendo ruidos incomprensibles.

PEREUCH

Uno de los ciento once espíritus sirvientes de los demonios Oriens, Paimón, Aritón y Amaimón, según *El libro de la magia sagrada de Abramelín el Mago*.

PERI (Peris, Perisas)

Nombre que se daba a los *devas* (*véase* este término) femeninos en la antigua mitología persa. Djemschid se caso con una peri o perisa y cayó bajo el poder de los genios malévolos o malvados. Posteriormente se dio el nombre de peris a los genios bienhechores de los dos sexos. El nombre de *peri* deriva de *pairika*, vocablo del zenda que significa «hada». Las principales cualidades de las peris son la misericordia (que es inagotable) y la belleza corporal, tan perfecta y armoniosa que deslumbra. Los árabes también tienen a las peris por genios benéficos (*véase* el término *genios)*. Para los parsis, las peris son seres análogos a las hadas occidentales, que se esfuerzan en remontarse desde el imperio de las tinieblas al de la luz. El poema *Lalla Rookh*, de Moore, las puso de actualidad en la época del romanticismo. Otras creencias suponían que las peris tenían su mansión en el empíreo (en algunos sistemas cosmológicos antiguos, la más alta de las esferas celestes, en donde residía el fuego) y que las eran sumamente hermosas, que se alimentaban del perfume de las flores y que frecuentemente descendían a la Tierra para juntarse con los hombres. Era costumbre representarlas muy bellas y con alas, cual especie de ángeles. Se cuenta que los hijos de dichas uniones eran todos de una hermosura extraordinaria. Es costumbre dar el nombre de Ginnistan al lugar en que habitan las perisas, pero está aplicado impropiamente, ya que lo correcto es que sea la residencia de los *genn* (*véase* este término). Recordemos que el eximio poeta francés Victor Hugo, en sus *Odas y baladas* dedicó, una parte a la peri (escrita en 1824, a los 22 años de edad), en la que mostraba un cierto antagonismo o competencia con el hada occidental. En una parte del poema, la peri dice: «Mi frente lleva un velo esplendoroso, mi brazo está cubierto de rubíes, y al desplegarse mi potente vuelo, mi ala purpúrea que radiante bate hace girar tres llameantes ojos. Más blanco que una vela en lontananza su palidez mi cuerpo nunca tiene; en cualquier sitio donde se despliega lo deja iluminado como un astro y como flor abierta lo perfuma». Según una tradición oriental, los peris –tanto del sexo masculino como femenino– fueron formados de elementos procedentes del fuego, mucho tiempo antes de la creación de Adán. Se cuenta que la belleza encantadora de las peris o perisas no puede encontrar parangón en ningún otro ser u objeto terrestre o celestial. Se cree que esas criaturas vaporosas y volátiles residen en las nubes, se revisten con los colores del arco iris y se nutren de las flores que exhalan los perfumes más exquisitos. Cuando las peris entran en contacto con los seres humanos, es para conceder beneficios y ayudas. Su naturaleza sensible, generosa y misericordiosa las hace sobresalir de las otras especies de hadas.

PERIEL
Uno del largo centenar de nombres que se da al ángel Metatrón.

PERITIOS
Las noticias que se tienen de estos animales fantásticos se deben al rabino Aarón Ben Chaim, quien hizo la siguiente descripción: «Los peritios habitan en la Atlántida y son mitad ciervos, mitad aves. Tienen del ciervo la cabeza y las patas. En cuanto al cuerpo, es un ave perfecta, con sus correspondientes alas y plumaje. Su más asombrosa particularidad consiste en que, cuando les da el sol, en vez de proyectar la sombra de su figura, proyectan la de un ser humano, de donde algunos concluyen que los peritios son espíritus de individuos que mueren lejos de la protección de los dioses. Se les ha sorprendido alimentándose de tierra seca; vuelan en bandadas y se los ha visto a gran altura en las Columnas de Hércules. Son temibles enemigos del género humano; parece que cuando logran matar a un hombre, inmediatamente su sombra obedece a su cuerpo y alcanzan el favor de los dioses. Los que cruzaron las aguas con Escipión para vencer a Cartago estuvieron a punto de fracasar en su empresa, pues durante la travesía apareció un grupo compacto de peritios, que mataron a muchos. Si bien nuestras armas son impotentes ante ellos, el animal no puede matar a más de un hombre. Se revuelca en la sangre de la víctima y luego huye hacia las alturas. En Rávena, donde los vieron hace pocos años, dicen que su plumaje es de color celeste, lo cual me sorprende mucho por cuanto he leído que se trata de un verde muy oscuro».

PERKANE
Más conocido como el «demonio de la noche» o la «bestia de Lioran», es un animal fantástico con cuerpo de oso, cabeza de lobo, largos dientes, ojos inyectados en sangre… De origen nórdico, apareció en Francia en el siglo XVIII. Era feroz, sanguinario, diabólico, perverso. Se le atribuyó la desaparición misteriosa de varias personas. Actuaba a manera de un hombre lobo. Adquirió el sobrenombre de la «bestia de Lioran» por sus actuaciones misteriosas en las montañas de Lioran (Cantal, Francia). No deja de ser curiosa la semejanza de su nombre con el de Perkel, el espíritu del mal entre los fineses.

PERKEL
El espíritu del mal entre los fineses. Era adversario de Iumala, el buen dios.

PERMAZ
Ángel de la segunda hora de la noche y que está a las órdenes de Farris.

PERMIEL
Ángel que gobierna la cuarta hora del día y que está a las órdenes de Vachmiel.

PERSÉFONE

Nombre griego de *Proserpina* y esposa a la fuerza de *Hades-Plutón*, dios de los *infiernos (véanse* estos términos).

PERÚN

Dios del rayo entre los eslavos. Era representado con la cabeza de plata, las orejas de oro y los pies de hierro, sosteniendo en la diestra un rayo. Además de la forma rusa *Perún*, existe la polaca *Pioruno*, la checa *Peraun* y la eslovaca *Peron*. Perún se convirtió con el tiempo en dios de la guerra, y en el año 980 el príncipe ruso Wladimiro erigió en honor de este dios una columna estatuaria con cabeza de plata y barba de oro. Ocho años más tarde, al convertirse al cristianismo, el mismo príncipe hizo arrojar el ídolo al río Dnieper. Otra tradición dice que Wladimiro mandó que atasen la estatua a la cola de un caballo, a fin de que fuera arrastrada hasta quedar hecha trizas por completo.

PESADIELLO (Pesadiellu)

Trasgo de alcoba popular en zonas de Asturias (España). Es del tipo maligno, ya que no sólo causa molestias, trastornos y pesadillas en el durmiente, sino que puede causar hasta daños corporales. Se le puede ahuyentar con rezos, ensalmos, jaculatorias, exorcismos y defumaciones.

PESADILLO

Nombre que se da al duende o trasgo de alcoba en algunas lugares de Castilla (España). Se cree que a veces adopta la figura de una gran mano peluda que aprieta el cuello y el pecho de los durmientes, haciendo que despierten sobresaltados al sentir que la opresión les impide respirar. El origen del nombre parece derivar de las pesadillas que provoca. Es un trasgo que se parece corresponder con la *Manona (véase* este término) de Asturias (España).

PESAGNIYAH

Según el Zohar, es el ángel supervisor del Sur que tiene a su cargo las llaves de los espacios etéreos.

PESANTA

Duende de alcoba que en Cataluña se equipara a una bruja o una forma animalesca. Desordena los cacharros de la cocina y los utensilios de la casa, haciendo ruidos espantosos por la noche. También suele asentarse en el pecho del durmiente, provocándole terribles pesadillas y ahogos, a manera de un íncubo o de un súcubo. De ahí el origen del nombre: el peso enorme que siente el durmiente sobre su pecho. En algunas comarcas de Cataluña (como en la Garrotxa, Girona), se cree que la pesanta puede adoptar la forma de un perro gordo, negro y peludo que se refugia en las ruinas de iglesias y ermitas abandonadas. Sin embargo, otras creencias dicen que puede adoptar formas más finas y volátiles y colarse por el agujero de la cerradura como un soplo de aire, que luego se irá condensando en el interior del dormitorio.

PETAHEL

Ángel que se invoca en ritos mágicos al final del sabbath, entre los judíos.

PETAHYAH
Según el Zohar, el ángel encargado de la región Norte del cielo.

PETPAIATON
Nombre que dan en Tailandia a los malos espíritus que pueblan el aire y que, a manera de *íncubos (véase* este término), desfloran a las doncellas por la noche.

PETUNOF
Uno de los sesenta y cinco espíritus servidores de Magot y Kore, según *El libro de la magia sagrada de Abramelín el Mago.* El nombre parece derivar del copto y significa «excitante».

PEZ ARZOBISPAL (Pez Obispo)
Pez-monstruo de apariencia arzobispal del que habló y que dibujó J. Sluper en *Omnium fere gentian* (1572) Y que más tarde apareció en el *Monstrorum historia* de Ulysses Aldrovandi (Bolonia, 1642).

PEZ MONACAL (Pez Monje)
Pez-monstruo de apariencia monacal del que habló y que representó J. Sluper (1572) y del que más tarde hablaron diversos investigadores, como Ambroise Paré, que lo dibujó en 1594. Actualmente se cree que lo que vieron fue una morsa.

PEZUÑAS DEL DIABLO (*Véase* HUELLAS DE LAS PEZUÑAS DEL DIABLO)

PHADIHEL (Padael, Padiel, Peniel)
Según algunas tradiciones judías, es el ángel que se apareció a Jacob (Génesis, 32, 29) y a la mujer de Manué para anunciarle el nacimiento de Sansón (Jueces, 13, 3-23). *(Véanse* los términos *Padiel* y *Peniel).*

PHAIAR
Uno de los ángeles o espíritus angélicos que se invocaban en la consagración de la caña para que adquiera virtudes sobrenaturales. Con este utensilio, el mago o la bruja escribía los signos y figuras mágicos, fuera con tinta y pergamino o en la arena o tierra; a veces, incluso escribía signos en piedras, paredes y muros, según *The Key of Solomon the King* (MacGregor Mathers).

PHAKIEL
Uno de los dos genios o espíritus angélicos que controlan el signo de Cáncer (el otro es Rahdar), según Éliphas Lévi *(Dogma y ritual de la alta magia).*

PHALEG (Faleg, Falec, Phalec)
Según las *Clavículas de Salomón* (Iroe el Mago), es el espíritu angélico o el genio benéfico que gobicrna el planeta Marte y tiene a sus órdenes al ángel Samael. Se le invoca en martes para solicitar protección contra los enemigos y traidores y obtener la paz interior y familiar. De las tradicionales ciento seis provincias del cielo, Phaleg tiene dominio sobre treinta y cinco. Se le invoca para obtener la paz, porque la tradición mágico-religiosa lo tenía como el señor de la guerra.

PHALET
Según *El grimorio de Armadel,* es el espíritu que enseña todas las cosas que sucedieron en el paraíso terre-

nal, desde el tiempo de la creación de Adán y Eva. Phalet conoce los misterios de la Creación del mundo y de todas las criaturas, así como de la muerte, de las sepulturas y del más allá. Lo invocan de manera especial los que practican la necromancia, siempre ante su sello secreto y el círculo mágico protector.

77. Sello secreto del espíritu Phalet

PHALGUS

Genio o espíritu angélico que gobierna la cuarta hora del día.

PHANUEL (Fanuel, Penuel, Peniel, Panuel, Uriel, Raguel, Ramiel)

El nombre significa «faz de Dios», «rostro de Dios». Es el mismo *Peniel (véase* este término) con el que Jacob sostuvo una lucha nocturna; el lugar, un paso del Yannoq, se convirtió en lugar de culto. Es uno de los cuatro arcángeles que se hallan ante la presencia de Dios (los otros tres son Miguel, Gabriel y Rafael). En el *Libro de Enoch* I (cap. 40), Fanuel es el cuarto arcángel, el que preside el arrepentimiento, la penitencia, «para esperanza de los que heredarán en la vida eterna». En este aspecto parece quedar identificado con *Uriel (véase* este término). En amuletos antiguos ju-

díos, como Phaniel se le invoca como protección contra los malos espíritus. Fanuel es venerado como arcángel en muchas tradiciones etíopes.

PHARNIEL

Ángel que rige la decimoprimera hora del día y que está a las órdenes de Beratiel.

PHARVOIJ

Ángel que se invoca en el citatorio de Marbuelis para que se aparezca ante el oficiante, según el rito contenido en el *Sexto y séptimo libros de Moisés.*

PHARZUPH

Genio de la fornicación, ángel de la lujuria.

PHATIEL

Ángel que rige la quinta hora de la noche y está a las órdenes de Abasdarhon.

PHENEX (Phenix, Fénix, Phoenix)

Ángel caído, gran marqués de los infiernos. Antes de su caída pertenecía al orden de los tronos. Se aparece, en ocasiones, como ave fénix. Otras veces se presenta en forma humana. Tiene la esperanza de regresar al séptimo trono después de mil doscientos años. Le obedecen veinte legiones de espíritus *(véase* el término *fénix).* También se le encuentra con la grafía «Pheynix» y «Fenex». *(Véase* el término *Monarquía infernal).*

PHINEHAS

Se identifica con el ángel bíblico de Yavé que, en Jueces, 2, vaticina que los judíos serán oprimidos por adorar los dioses paganos y no haber destruido sus altares.

PHOENIXES (*Véase* FENISES)

PHOOKA (Phouka, Pooka)
Espíritu doméstico de las tradiciones irlandesas. Corresponde al duende o follet. Suele adoptar la forma de diversos animales: cabra, cerdo, caballo… Provoca ruidos y molestias de tipo hogareño. Sin embargo, hay tradiciones inglesas que lo comparan o hacen parecido al *brownie (véase este término).*

PHORLAKH (Furlac)
Ángel de tierra. Es uno de los ángeles cuyo nombre se inscribe en el séptimo pantáculo del Sol, según *The Key of Solomon the King* de MacGregor Mathers. Debe ser confeccionado en día y hora del Sol. Los otros tres espíritus son: Chasan, ángel de aire; Arel, ángel de fuego, y Taliahah, ángel de agua. El nombre de todos ellos se graba en los cuatro brazos de la cruz interior. Entre los cuatro brazos de la cruz interior, espacio que forma un cuadrado, se inscriben o graban los nombres de los cuatro ángeles regentes de los elementos: Ariel, Seraph, Tharshis y Cherub. Si uno está detenido o encarcelado, este talismán le facilita la libertad.

PHORSIEL (Furciel)
Ángel de la cuarta hora de la noche. Está a las órdenes de Jefischa.

PHUL (Phul, Ful)
Ángel superior o genio del lunes que protege a los viajeros y marinos. Enseña las propiedades de las plantas, el significado de los sueños y el arte de curar. Su residencia está en la Luna y algunas tradiciones herméticas indican que tiene a sus órdenes al arcángel Gabriel. Se le debe invocar en lunes, sobre todo cuando la luna está creciendo. Cornelius Agrippa le llama «el Señor de los poderes de la Luna y el Señor Supremo de las aguas». Su sello lo llevaban los viajeros y navegantes como protección contra los seres malignos y los percances.

PIC DE L'INFERN (Pico del Infierno)
Montaña afilada que se halla en Setcases (Ripollés, Cataluña), que se conoce desde hace siglos como el *Pic de l'infern* (Pico del infierno). La leyenda cuenta que allí se reunían las brujas en días señalados, como la de San Silvestre, para provocar tempestades.

PICOLLO
Demonio reverenciado por los antiguos habitantes de Prusia; le consagraban la cabeza de los difuntos y quemaban grasa en su honor. Para apaciguarlo, cuando estaba enfurecido, era necesario derramar sangre humana.

PICOLOOS
Gigante que no quiso tomar parte en la lucha contra los dioses del Olimpo. Marchó a la isla donde reinaba Circe, con la cual quiso casarse. Pero Henos, padre de Circe, le mató. De la sangre negra del gigante nació la hierba *moly,* de color soleado y raíz negra.

PICHACHAS

Duendes-vampiro entre los antiguos hindúes. Se presentaban en bandadas en lugares sagrados donde residían los difuntos.

PIEDRA DEL DIABLO

Existen en el valle de Schellenen, en Suiza, fragmentos de roca de un hermoso granito. A estas piedras las llaman «roca del diablo», ya que la tradición cuenta que en cierta ocasión se suscitó una disputa entre los lugareños y el diablo por una obra que éste había construido en aquel sitio; el demonio, enfurecido, llevó hasta allí una gran roca para destruir lo que antes había levantado. Se supone que las «piedras del diablo» son parte de aquella inmensa roca.

En muchos países existen leyendas parecidas. En Cataluña es muy famosa la *Pedra del Diable* (Piedra del Diablo) de Santa Pau, que se supone trasladaba el demonio para construir un puente que no pudo llevar a cabo. Esta piedra está situada en el campo de Can Formiga, en el Pla de Reixac, en el límite de las parroquias de Sallent y Santa Pau. Es de basalto y tiene una altura de 2,80 m y una anchura máxima de 80 cm. En realidad, se trata de un menhir, como los bloques legendarios de San Hilari Sacalm, Vallvenera y Cardona, así como la *Pedra Dreta* de Sant Sadurní, la *Pedra Murtra* de Espolla y la *Pedra Fita* de Aiguafreda de Dalt.

PIÉRIDAS (Piérides)

Nueve hijas de Piero, rey de Ematia, provincia de la antigua Macedonia. Desafiaron a las musas en música y poesía. Las ninfas de la comarca actuaron de árbitras y fallaron en contra de las Piéridas, las cuales, resentidas, lanzaron graves invectivas e insultos contra las musas, faltando al respeto de algunos dioses, por lo que Apolo las trasformó en urracas. Desde entonces pueblan algunos bosques y hacen resonar las arboledas con sus roncos e incesantes gritos, según cuenta Ovidio. Barrett, por su parte, en *El mago*, las considera ninfas de los bosques. Incluso hay cierta clase de mariposas que reciben el nombre de piéride.

PIERRE DEL DIABLE (Piedra Del Diablo)

En el norte de Francia, en Finisterre, cerca de Namur, en Yonne, etc., existen diversos, megalitos conocidos, desde hace siglos, como Pierre del Diable (Piedra del Diablo), al atribuirse su presencia a fenómenos inexplicables o sobrenaturales.

PIKOLO (Pikulas)

Dios de los muertos entre los galos. Se aparecía a los vivos cada vez que Dis, el dios de los infiernos, deseaba una víctima. Cuando se aparecía por tercera vez, ya no era suficiente un sacrificio ordinario; era preciso verter sangre humana. El sacerdote sacaba algunas gotas de la víctima escogida, y así que en el templo se percibía un ligero rumor, declarábase al dios satisfecho. A Pikolo se le consagraban calaveras y se le quemaba hollín. Entre los lituanos tomó la forma de *Pikulas,* que se convirtió en dios del mal, del odio y de la muerte, con poder para descargar sobre los humanos toda suerte de desgracias y dolores. En sus apariciones solía adoptar la figura de un viejo de rostro lívido, con blancas barbas y mirada severa y fría. Cuando se dejaba ver tres veces consecutivas era presagio de un inminente desastre o calamidad, que sólo podía evitarse con la celebración de un sacrificio; llegaron a inmolársele víctimas humanas. Pikulas moraba en la región infernal.

PIRANISTAS
Entre los antiguos griegos eran una de las cuatro especies de seres intermedios entre el hombre y el ser irracional. Son los fuegos fatuos personificados. Aparecían en forma de llama en los caminos.

PIRRIDS
Entre los mongoles, espíritus malignos o malvados análogos a las *larvas (véase* este término) de los romanos. Se suponía que moraban habitualmente en la fortaleza de Jhongor, rey de los infiernos. En ocasiones subían a la Tierra para atormentar a los mortales, asustándolos con apariciones espectrales y ruidos pavorosos. Se consideraba que la legión de pirrids estaba compuesta por las almas de los condenados.

PISACAS
Demonios malignos hindúes que, a manera de vampiros, buscaban restos humanos para devorar en los campos de batalla.

PISADIEL
Nombre que se aplica en algunos lugares de Asturias (España) al trasgo o duende. En la parte de Navia, le llaman «Pisadiel de la mao forada», por el agujero que presenta en la mano izquierda.

PITERNE
Animal misterioso originario de Normandía (Francia), que se supone de forma horrible, si bien nadie lo ha visto. Provoca disputas y perversiones entre los humanos.

PITITIS
Demonio femenino que en el ejército infernal desempeña el cargo de cantinera y concubina. También se le llama *Scheva* y se le invoca solamente en los casos de perfidia, adulterio, amor mentiroso, vanidad, estafa y robo.

PITÓN
Serpiente monstruosa o dragón arrojada al mundo por Gea (la Tierra) de cuya diosa era hija. Tenía cien bocas que vomitaban llamas. Sabiendo que el hijo de Latona había de exterminarle, intentó hacer perecer a la diosa antes de que alumbrara a Apolo, pero Zeus y Poseidón lo cvitaron, construyendo un refugio para Latona. Apolo vino al mundo y cuando se encontró fuerte para llevar a cabo la empresa de acabar con el monstruo; partió en su busca armado con las flechas que le había fabricado Hefesto. El himno homérico a Apolo Pítico dice que el dios adolescente, al acometer su primera y celebrada hazaña, bajó del Olimpo, atravesó Pieria, Eubea y Beocia, y llegó al pie del Parnaso, en el valle de Crisa, donde combatió con la gigantesca serpiente. «El dios, armado del

arco –relata Ovidio–, disparó contra ella innumerables saetas, y casi agotó las de su carcaj para dar la muerte al monstruo, de cuyas anchas heridas salía a borbotones sangre ponzoñosa y negra. Para perpetuar la gloria de tal hazaña, instituye Apolo juegos que atraían gran muchedumbre y fueron llamados Píticos, del nombre que llevaba el monstruo». Cuenta otra tradición que la monstruosa Pitón custodiaba el antro en que primeramente Gea, y después Temis, daban sus oráculos, y que por haber querido impedir la entrada a Apolo, fue muerto por el dios con sus flechas. El himno homérico que relata este suceso dice así: «Apolo, el dios que hiere de lejos, lanza su poderoso dardo. Desgarrado por cruel dolor, yace el monstruo palpitante, y se arrastra cubriendo espacio inmenso y exhalando prolongados y horribles bramidos. Húndese en la selva, contrae sus anillos, retuércese con espantosas convulsiones y por fin expira, saliéndole la vida con torrentes de sangre. Entonces Febo-Apolo pronuncia las imprecaciones siguientes: «Púdrete en el mismo lugar donde estás, en la tierra, nodriza y sostén de los humanos; tu vida ha concluido y has dejado de ser azote de los mortales. No, ni Tifón, ni la odiosa Quimera te librarán de la muerte, y aquí te corromperás bajo la acción de la negra Tierra y del brillante Hyperión». Éstas fueron las imprecaciones de Febo, y las tinieblas cubrieron los ojos del monstruo y la sagrada fuerza del sol lo corrompió en el lugar mismo que después se llamó Pito; los hombres

dieron al dios el sobrenombre de Pítico porque los penetrantes rayos del sol hicieron que el monstruo acabase en putrefacción». En recuerdo de tal hazaña se dio al lugar el nombre de *Pito,* «pudrir», y más tarde fue sustituido por el de Delfos, en donde Apolo fue adorado en gran manera. Cada nueve años se celebraba la fiesta de las *Septerias,* en la que se representaba la victoria del dios. En uno de los collados de Delfos se construía una choza de ramas y follaje vistosamente adornada, que se tenía por morada del dragón; un hermoso niño elegido entre las familias más ilustres simbolizaba a Apolo. Llegado el día, adelantábase el niño por una hondonada en medio de profundo silencio, seguido por varios jóvenes con antorchas encendidas, y al encontrarse el cortejo ante el refugio de la serpiente Pitón, se le pegaba fuego por los cuatro costados. Seguidamente todos emprendían la fuga, en memoria de haber ido Apolo después de la muerte del monstruo al valle del Tempe, en Tesalia, para purificarse. De allí, dice la tradición, regresó a Delfos, donde entró coronada la frente con el laurel sagrado y en medio de sacerdotal pompa.

PITONES

Espíritus que según los griegos y latinos poseían a los hombres para emitir oráculos y vaticinios. Se llamó de igual modo a los hombres que se suponía poseídos de dichos espíritus. Para los hebreos también eran los espíritus que hacían hablar a los adivinos y nigromantes. La ley mosaica prohibía severísimamente el consultar a los agoreros y a los adivinos, y a los que tuvieran espíritu pitón los castigaba con pena de muerte por la-pidación. También se tuvo por pose-sos o pitones a los engastrimitas, que no eran nada más que ventrílocuos, es decir, personas que sabían hablar sin mover los labios y modificando la voz de manera que pareciera pro-venir de otra parte. De este arte se valían algunas pitonisas para reve-lar supuestos mensajes de sus dio-ses o espíritus de otro mundo. En la Edad Media y el Renacimiento, los ventrílocuos fueron considerados como hechiceros y como tales mu-chas veces perseguidos, atribuyendo a causas sobrenaturales lo que sólo se debía a una especial acción de los órganos de la fonación. En muchos casos fueron ahorcados y quemados vivos porque se consideraban poseí-dos por el demonio. En Filipos, san Pablo y Silas hallaron una muchacha que tenía espíritu pitón y que con sus adivinaciones proporcionaba a sus dueños grandes beneficios. Esta mujer se puso a seguir a san Pablo y a los que le acompañaban, claman-do: «Estos hombres son siervos del Dios excelso que os anuncia el cami-no de la salvación». Y como hiciese esto varios días, compadecido de ella san Pablo, volviose y dijo al espíritu: «Te mando en nombre de Jesucristo que salgas de ella». Y al punto salió el maligno. De lo cual, indignados los amos de la muchacha porque se les había acabado el explotarla, acu-saron a Pablo y Silas de perturbar el orden público, quienes fueron lleva-dos ante los magistrados.

PIXIES (Piskies)

Denominados también *pigsies,* son una especie de duendes o elfos de la región de Cornualles (Inglaterra), aunque se extendieron más allá, pe-ro no con tanta fuerza. Se considera que no llegan al tamaño de una mano humana. Viven en cuevas, bajo gran-des rocas, en arbustos espinosos y también en granjas o casas de campo. Son pelirrojos, con nariz respingona y ojos verdes. La mayoría son bizcos y sus orejitas muy puntiagudas. Vis-ten de color verde, pero muchas veces con harapos, si bien en ocasiones se los ve desnudos. Odian las ropas de los humanos. Su caperuza o bonete también es verde, para camuflarse mejor entre la vegetación. Se cree que son almas en pena de criaturas muer-tas sin bautizar. En los hogares en que entran hacen muchas diabluras, como agriar el vino, esconder uten-silios de la cocina, derramar la leche, comerse el azúcar o la miel… Cuan-do están de buenas o en casas donde reina la armonía, entonces ayudan a sus moradores en los quehaceres cotidianos, como buenos duendes que son en el fondo: ordeñan las va-cas, hilan tejidos, ordenan la cocina, protegen el grano de los ratones, etc. Como recompensa se les deja pan, queso o agua en algún rincón oscu-ro, alimentos que al día siguiente han desaparecido. A veces se deja un cu-bo lleno de agua para que las madres pixies bañen a sus hijitos.

PIZACHA (Pishauche)

Nombre que daban en la India a un espíritu maligno femenino análogo al súcubo europeo. Martirizaba a los hombres por la noche y les hacía caer en la pasión de la carne.

PLAIOR

Uno de los espíritus angélicos que se invoca en el rito final de la bendición o consagración de las vestiduras y calzado del mago, según *The Key of Solomon the King* (MacGregor Mathers).

PLATIEN

Uno de los ciento once espíritus que están al servicio de los demonios Oriens, Paimón, Aritón y Amaimón.

PLEGIT

Otro de los ciento once espíritus que están al servicio de los cuatro demonios subpríncipes: Oriens, Paimón, Aritón y Amaimón.

PLIROK

Uno de los ciento once espíritus servidores de los cuatro subpríncipes: Oriens, Paimón, Aritón y Amaimón.

PLISON

Uno de los cuarenta y nueve espíritus servidores del demonio Belzebú, según *El libro de la magia sagrada de Abramelín el Mago*.

PLUTO

Dios de la riqueza, hijo de Ceres y de Jasión, que nació en un campo fértil de Creta. Se le considera una de las deidades infernales, porque las riquezas se extraen del seno de la Tierra. Júpiter le dejó ciego a fin de que concediese sus dones a los hombres, sin distinción de buenos ni de malos. Aristófanes explica la ceguera de Pluto diciendo que antes de ser ciego y hallándose en el vigor de su mocedad, manifestó a Júpiter su propósito de valerse únicamente de la ciencia y de la virtud para distribuir el oro y las riquezas, pero no siendo ésta la voluntad del padre de los dioses, le privó de la vista para que no pudiera realizarlo. Y, en efecto, desde entonces Pluto reparte los bienes materiales sin discriminación, ya sea haciendo ricos a los malvados y pobres a los honrados, o viceversa. Es muy interesante en este aspecto la obra *Pluto* de Aristófanes. Aunque se le representa viejo, cojo y ciego, distribuyendo sus dones sin orden ni concierto, lo mismo a los buenos que a los malos, a los sabios que a los ignorantes, dejando a unos en la escasez y colmando a otros con la abundancia, era costumbre simbolizarlo en un niño que sostenía el cuerno de la abundancia. En Tebas se encontró una estatua de la diosa Fortuna con el dios Pluto en brazos, y en Atenas otra de la Paz que lo tenía en su regazo. Es tradición que Pluto, llevando una gran bolsa en la mano, se acercaba a los hombres con paso lento y vacilante, pero de ellos huía con toda la velocidad que le permitían sus grandes alas, lo que simbolizaba lo fugaz de sus favores. Platón difiere de la versión de Hesíodo, dada al principio, pues hace a Pluto hijo de Porus, antiguo dios de la abundancia, y de Penia, la Pobreza. Dice que aquél se enamoró de la mísera doncella al verla recoger los restos de sus opíparos banquetes.

PLUTÓN

Sobrenombre de *Hades* (*véase* este término), rey de los infiernos y dios de los muertos. Hijo de Cronos (el

Tiempo) y de Rea, hermano, por tanto, de Zeus (Júpiter) y de Poseidón (Neptuno). Al principio, parece que el nombre de *Plutón* fue un simple epíteto de Hades, equivalente al de *Plusius*, «rico» (de *plutos*, «riqueza»). Y en su origen, Hades-Plutón fue una divinidad agrícola y era evocada, conjuntamente con Ceres, por la prosperidad de los hogares. Con el tiempo se hizo de Plutón un dios subterráneo, el gran dios de los muertos, que en el reparto del mundo entre los hijos de Cronos obtuvo el imperio infernal. Una sola vez salió de su sombría mansión para apoderarse de la bella Koré, que hizo suya y que con el nombre de Perséfone (Proserpina) reinaba con él en los antros infernales. Se consideraba a Hades-Plutón como un juez inflexible, acompañado de un cortejo de divinidades feroces o de héroes divinizados: su esposa, Perséfone; los tres jueces infernales, Eaco, Minas y Radamanto; las Furias (Euménides o Erinias); el can Cerbero, verdugos, ayudantes, etc. Aunque al principio se le rindió culto como divinidad bienhechora que bendecía la Tierra, pronto dejó de tener altares entre los griegos y perdió la veneración de las gentes, que pasaron a temerle. En Roma se sacrificaron a Plutón víctimas humanas; en plena época histórica era costumbre inmolarle los criminales, los traidores y los enemigos de la nación. Se le erigió algún templo o altar en el que se le invocaba y hacían sacrificios para aplacar su cólera. En los monumentos, Plutón tiene fisonomía feroz, larga barba, abundante cabellera y viste una túnica y lleva un cetro. A veces se ve una serpiente a sus pies, y otras, a Cerbero. A causa de su feísimo y repugnante aspecto, lo que impedía que ninguna mujer quisiera compartir su vida y su tenebroso reino, tuvo que raptar a Perséfone para tener compañera. El imperio de Plutón es alternativamente designado con los nombres de *Erebo, Tártaro, Ténaro* y *Orco*, nombres que, sin embargo, no son sinónimos, sino que designan algunos de ellos distintas partes del infierno (*véanse* dichos términos). Otro de los atributos de este dios infernal eran las llaves de su imperio que tenía en la mano, como anunciando que de él no se salía. Del trono de Plutón salían el *Aqueronte*, el *Leteo*, el *Cocito*, el *Flegeton* y la corriente de la laguna *Estigia* (*véanse* todos estos términos); a su izquierda se sentaba Perséfone, en actitud triste y abatida; a sus pies se hallaba Cerbero, y en torno suyo, las Horas, las Parcas y las Furias. En Pylos y en el país de los Eleos se levantaron templos a Plutón que únicamente se abrían un día del año, como sucedía en Roma, y en ellos sólo podían entrar los sacrificadores. Las ofrendas que se le hacían eran siempre en número par, al revés de lo que sucedía con los demás dioses, siempre impares. Las víctimas eran reducidas a cenizas y nadie, incluidos los propios sacerdotes, podían reservarse nada de lo que se ofrecía al tenebroso dios. En Siracusa era costumbre inmolar cada año toros negros cerca de la fuente de Ciana, donde Plutón raptó a Proserpina. En los sacrificios a este dios se utilizaban el ciprés, el narciso, el apio, el ébano y el culantrillo; se le consagraban los objetos considerados como funestos y particularmente el número dos, como el segundo mes del año y el segundo día de cada mes. Según los demonógrafos, Plutón es el archidiablo príncipe del fuego, gobernador general de los países inflamados y superintendente de los trabajos forzados en el infernal imperio.

PLUTONIO

Gruta o antro de Plutón. Se aplica el nombre a diversas grutas de las que se escapaban vapores mefíticos y que eran consideradas como entradas de los infiernos. Con frecuencia, cerca de ellas se encontraba un altar para hacer sacrificios al colérico dios. A veces se hacían los sacrificios en las penumbras de las cuevas, que consistían únicamente en víctimas negras cuya sangre se recogía en un hoyo abierto en tierra.

POCEL

Nombre que daban los antiguos habitantes de Prusia al rey del infierno y al jefe de las hordas de los espíritus aéreos.

PODARGA (Podarge)

Nombre de una de las *Harpías* (*véase* este término), monstruos fabulosos de la mitología griega y latina. Según Homero se unió a Céfiro y dio vida a Janto y a Balio, caballos de Aquiles «que volaban a la par del viento».

POÉFAGO

El Poéfago (Poephagus) es un monstruo fabuloso mitad hombre-mitad cerdo, o también mitad hombre-mitad macho cabrío.

78. Poéfago

POGODA

Diosa o hada de la primavera y de la hermosura entre los antiguos eslavos. Se la representaba con alas azules, ropaje azul y coronada de flores del mismo color. Es muy probable que fuera el origen de las llamadas hadas azules, que tanta celebridad cobraron en los cuentos franceses y germanos.

POIEL (Poyel, Puiel)

Ángel del orden de los principados. Rige la fortuna, la riqueza y la filosofía. Es uno de los setenta y dos ángeles cabalísticos que llevan el nombre místico de Dios: Shemhamphora. Se graba su nombre en talismanes para adquirir fama y gloria. Su nombre parece significar «Dios que sostiene el universo». Tiene dominio sobre la Luna y el signo de Capricornio. Es el ángel custodio de los nacidos entre el 27 y el 31 de diciembre. Comunica sentimientos elevados y paz interna y externa.

POLEMÓN

Centauro que, herido por Heracles (Hércules), se lavó la herida en el río Amigro, cuyas aguas quedaron emponzoñadas para siempre.

POLEVOI (Polevik)

Divinidad o genio de los campos entre los antiguos eslavos. El término *Polevoi* deriva de *pole*, «campo». Este ser fantástico tiene la propiedad, como muchos de su especie, de adoptar diversas formas. Así, en ciertas regiones, el polevik es simplemente «el que va vestido de blanco», mientras que en otras aparece con un cuerpo negro como el carbón, en el que brillan dos ojos de distinto color, mientras largas hierbas crecen en su cabeza en lugar de cabellos. También es costumbre que se metamorfosee en un enano deforme que habla el lenguaje humano. Su distracción favorita consiste en hacer extraviarse a los caminantes, pero en ocasiones se le ha visto dar muerte a un campesino borracho que se había quedado dormido en su campo, en vez de ararlo. En estos menesteres le ayudan sus hijos, que corren por los surcos y capturan pájaros para su alimento. Las gentes del campo, para congraciarse con el polevik, tenían la costumbre de hacerle ofrendas, las cuales consistían en un par de huevos, que se depositaban en una fosa junto con un gallo que no supiera cantar. Para que el ofrecimiento fuera efectivo era cuestión indispensable que no hubiera espectadores.

79. Polevoi

POLIBOTES

Gigante que tomó parte en el intento de asalto al Olimpo *(véase* el término *gigantes).* Perseguido por mar por Poseidón (Neptuno), llegó a la isla de Kos o Cos, pero el dios partió la isla y arrojó una parte sobre Polibotes, ya que las aguas del Egeo sólo le llegaban hasta la cintura. El gigante murió aplastado y la inmensa mole de piedra y tierra formó la isla de Nisiro o Nisiros.

POLIFEMO

Cíclope, gigante feroz, hijo de Neptuno (Poseidón) y de la ninfa Thoosa. La ferocidad de su carácter correspondía a su horrible aspecto; reducido a la soledad, vivía en una inmensa cueva inmediata al Etna, en medio de un bosque, y apacentaba numerosos hatos de cabras y ovejas. Como todos los *cíclopes (véase* este término), Polifemo sólo tenía un gran ojo en la frente. Es curioso, sin embargo, el que Servio afirme que este monstruoso gigante tenía tres ojos. Y, en efecto, con tres ojos está representado en una de las pinturas de Herculano, lo que desdice la tradición homérica. Polifemo se enamoró violentamente de la ninfa Galatea, a la que regalaba como testimonios de su amor animales enormes (como elefantes) y árboles gigantescos que él mismo arrancaba con su sorprendente fuerza. Pero Galatea prefirió entregar su corazón al hermoso pastor Acis. Este episodio es el argumento de un idilio de Teócrito, del que trascribimos algunos párrafos que nos ilustran sobre el carácter y naturaleza de Polifemo: «Bien sé el motivo que te hace huir de mí, ¡oh ninfa hermosa entre todas!, no ignoro que me aborreces a causa de la poblada ceja que, sombreando mi frente, se prolonga de oreja a oreja, encima de un ojo solo y de larga nariz que baja hasta mis labios. Sin embargo, si me conocieras, te arrepentirías de haberme rechazado y procurarías retenerme junto a ti. Tal como me ves, poseo toda esta parte del monte y son mías esas grutas abiertas en la peña viva, en las que no se sienten los ardientes calores del estío ni los fríos del invierno. Tengo árboles cuyas ramas se doblan al peso de su fruto; mías son aquellas lozanas vides cargadas de purpúreos o dorados racimos que para ti guardo. Tú misma cogerás las regaladas fresas nacidas junto a los senderos del bosque, las zarzamoras silvestres, las ciruelas azuladas y también aquéllas en mayor estima aún semejantes a cera amarilla. Si llego a ser tu esposo, no te faltarán castañas y tendrás en abundancia toda clase de fruta. Míos son todos esos ganados, y otros muchos tengo que pastan por montes y valles o sestean en las cuevas de la montaña. Si me preguntares su número, no podría de pronto contestarte, pues es de pastores míseros llevar cuenta de sus reses. De la hermosura de mis ovejas, tú misma juzgarás; ven, y verás como apenas pueden con sus hinchadas ubres. Poseo varias majadas en las que reina grato calor, unas para mis corderos, otras para mis cabritos. A todas horas tengo deliciosa leche, cual blanca nieve, y nunca, en verano, en otoño ni en invierno, me faltan riquísimos quesos. No hay cíclope que me iguale en el arte de tañer la zampoña, y durante la noche oscura tú, adorada mía, tú, más grata que la manzana sazonada, eres objeto de mis cánticos enamorados». Cierto día en que Polifemo vagaba por el bosque, sorprendió a la bella Galatea en brazos de Acis. Irritado el monstruo contra la pareja, arrancó un enorme peñasco, lo tiró contra el agraciado pastor y lo aplastó. Galatea escapó del feroz cíclope lanzándose al mar. Otro episodio en que interviene Polifemo es el tan conocido de Ulises, relatado en la *Odisea* por Homero, poeta que presenta a los cíclopes como ejemplares de la vida salvaje, ajenos a toda clase de sentimientos de bondad y de justicia, que viven en soledad y no labran la tierra. «Allí –refiere Ulises en la *Odisea*– vivía terrible gigante, apartado de los moradores todos de aquellas riberas; su única ocupación era llevar a pastar sus ganados. No trataba con ninguno de los cíclopes y siempre estaba tramando proyectos rudos y crueles. Era un horrible monstruo que inspiraba espanto, sin semejanza alguna con los seres que se alimentan de trigo; creyérase ver en él un aislado monte, cuya cubierta de bosque dominara una cadena de montañas». Ulises y un grupo de sus hombres, quedaron atrapados en la cueva de Polifemo al cerrar éste la entrada con una pesada roca. Seis de los amigos del héroe fueron devorados por el monstruo, que era antropófago, por lo que Ulises urdió una treta para salvar a los demás; embriagó al cíclope y mientras éste dormía la borrachera, él y sus camaradas calentaron al fuego una gran

y puntiaguda estaca y la clavaron en el enorme y único ojo del monstruo, dejándole ciego. Escaparon de aquel antro agarrándose al vientre lanudo de unos carneros, cuando el gigante tuvo que dejarlos salir a pastar. Antes, a los espantosos gritos que daba Polifemo al sentirse herido y ciego, habían acudido los demás cíclopes que moraban por aquellas alturas, pero al preguntarle quién le había atacado, Polifemo contestó que *Nadie,* por lo que los demás cíclopes no sospecharon que Ulises y sus compañeros se hallaban escondidos en la gruta de su compatriota herido. Este hecho es una muestra más de la astucia de Ulises quien, al principio, al preguntarle Polifemo por su nombre le había dicho que era el de *Nadie (Outis,* en griego). Virgilio, en la *Eneida,* relata como Eneas, al huir con algunas naves de la destruida Troya, tocó en la isla en que moraba Polifemo, viendo a este monstruo ciego y encontrándose con uno de los compañeros de Ulises, llamado Aqueménides, que había quedado olvidado en la caverna. Aqueménides explica así sus horrorosos momentos en la guarida del cíclope: «...Al huir despavoridos de estos horribles sitios, mis compañeros me dejaron olvidado en la enorme caverna del cíclope, negra mansión toda llena de podredumbre y de sangrientos manjares. El monstruo que la habita es tan alto que llega con su frente a las estrellas. ¡Librad la Tierra, oh dioses, de tal plaga! Nadie se atreve a mirarle ni hablarle. Son su alimento las entrañas y la negra sangre de sus infelices víctimas. Vi yo mismo su inmensa mano atenazar a dos de mis compañeros, tendido en su caverna, y allí junto a una peña despedazarlos, anegando el umbral la sangre impura. Le vi devorar sus sangrientos miembros, que repugnante corrupción manaban, vi palpitar entre sus dientes las carnes calientes todavía…». Por todos los detalles referidos, es muy posible que los *ogros* (*véase* este término) de las tradiciones nórdicas estén inspirados en la vida del monstruoso Polifemo.

POLIOFTALMÍA (Cuatro ojos)

Hombre con cuatro ojos, que veía con todos, según el texto y grabado contenidos en el *Libro de las maravillas del mundo* de Mandavila y en *Las crónicas de Núremberg* de Schedel (1493). Al parecer, estos monstruos de cuatro ojos habitaban en la antigua Etiopía.

POLKAN

Centauro eslavo que habitaba en los bosques y se le atribuían fuerza y agilidad extraordinarias. Es un personaje muy popular en los antiguos cuentos rusos, en los que se le representa con cabeza y torso de hombre y lomo y extremidades de caballo o de perro.

POLUDNITZA

Divinidad o genio del campo entre los antiguos habitantes del norte de Rusia. El nombre deriva de *poluden* o *polden*, «mediodía». Poludnitza era una hermosa muchacha, de gran estatura y vestida de blanco, que cuidaba de la fertilidad de los campos. En verano, y durante la cosecha, se paseaba por las enormes praderas, y cuando sorprendía a alguien, hombre o mujer, lo agarraba por la cabeza y lo torturaba sin piedad. Poludnitza era la causante de que los niños se extraviaran en los trigales, llevando la angustia a sus hogares.

POMIEL

Espíritu angélico cuyo nombre aparece grabado en amuletos de la Edad Media, destinados a proporcionar protección, ayuda, inspiración y luz espiritual interna.

POOKA

Nombre que daban en Irlanda al *kelby* (*véase* este término). Creían que ese «caballo de agua» se refugiaba en los lagos Connemara, por lo que los padres prohibían a sus hijos que se bañaran en ellos.

PORNA

Uno de los ángeles del viernes. Se le invoca desde el Sur. Sirve en el tercer cielo.

PORO

Ángel del orden de las potestades que se invoca en determinados ritos mágicos para obtener ayuda y fortaleza.

POROSA

Ángel del tercer cielo que se debe invocar desde el Sur, en viernes, según Barrett.

POTAMIDAS (Potamides)

Ninfas de los ríos, riachuelos y riberas, que tenían epítetos locales de acuerdo con su origen o el lugar en que moraban o se dejaban ver. Así se llamaban *aqueloides* (ninfas y sirenas hijas de Aqueloo), *isménides* (del río Ismeno, en Beocia), *amnisidas* (del río Amniso, en Creta), *anégrides* o *anígridas* (del río Anigro) *pactólides* (del río Pactolo)… *(Véase* el término *ninfa).*

POTER

Uno de los ciento once espíritus servidores de los demonios Oriens, Paimón, Aritón Amaimón.

POULPIQUETS (Pulpiquets)

Enanos fantásticos de la raza de los *korigans (véase* este término), que vivían en los jardines, buscando las madrigueras más ocultas, sucias y abandonadas, si bien también se los veía en pantanos, ciénagas, estanques y marismas. En Francia, su país de origen, también los conocen: como *Poul-Pikans* y *Poulpi-cans.* Algunos estudiosos opinaban que esta clase de enanos, exageradamente feos, eran los maridos de las hadas, mientras que otros decían que eran sus hijos. En Bretaña, los poulpiquets moraban en los alrededores de los monumentos druídicos y encontraban gran placer en atormentar con sus diabluras a las personas que no les eran simpáticas. Se les imputa un gran número de trastadas y jugarretas análogas a las que se atribuyen a los *follets* y a los *duendes (véanse* estos términos).

PRALIMIEL

Ángel que rige la decimoprimera hora del día. Está a las órdenes de Bariel.

PRAVUIL (Vretil, Vertil)

En el *Libro de Enoch* II es un arcángel «cuyo conocimiento es más rápido en sabiduría que el de los otros arcángeles» (22, 11).

PRAXIL

Ángel que rige la segunda hora de la noche. Está a las órdenes de Farris.

PRECHES

Uno de los dieciséis espíritus sirvientes de Asmodeo.

PRENOSTIX

Ángel de la sexta hora de la noche que está a las órdenes de Zaazonash.

PRESTITES

Sobrenombre que tenían los espíritus *lares (véase* este término) entre los antiguos romanos.

PRETAS

Espíritus que en la India, ora adoptando la forma de espectros, ora la de duendes, frecuentaban en bandadas los cementerios y lugares tétricos.

PRICEL (*Véase* PROCEL)

PRIMEUMATON

Espíritu que se invoca, junto con otros varios, en la bendición o exorcismo del agua, en la ceremonia contenida (libro II, cap. v) de *The Key of Solomon the King* (MacGregor Mathers). Según Barrett (*El mago,* II), Primeumaton es un espíritu del aire, comandante de todas las huestes celestiales, al que Moisés invocó durante la rebelión de Coré, Datán y Abirón (Números, 16), los cuales fueron, con sus seguidores y familias tragados por la tierra y consumidos por el fuego.

PRINCIPADOS

Uno de los nueve coros u órdenes de ángeles, según las tradiciones cristianas. *(Véase* el término *ángeles).*

PRION (Encheion)

Uno de los espíritus angélicos que se invocan en la consagración de la caña o bastón, según la ceremonia contenida en *The Key of Solomon the King* (MacGregor Mathers), y en la bendición de la sal según *El libro de la magia negra* de A. E. Waite.

PRISIER

Demonio que se invoca en algunas letanías del sabbat.

PROCEL (Pricel, Crocell, Pucel...)

Uno de los grandes duques infernales. *(Véase* el término *monarquía infernal).* Era del orden de las potestades antes de convertirse en ángel caído. Cuando se aparece lo hace en forma de ángel y enseña o inspira secretos del ocultismo, de la geometría y de las ciencias liberales. Si se lo pide el oficiante, puede generar grandes conmociones en las aguas corrientes (ríos, arroyos afluentes...). También puede calentar las aguas y templar los baños, Para otros detalles, *véase* lo que se dice en su derivado de *Pucel.*

PROCELICI (Pryccolitch)

Tipo de vampiro rumano que se parece más al hombre lobo que al vampiro clásico, según las creencias occidentales.

PROCULO

Demonio que controla las esferas del sueño, según el *Grimorium Verum.*

Puede lograr que una persona duerma hasta dos días seguidos. Le pueden invocar los que padecen de insomnio.

PROMAKOS

Uno de los ciento once espíritus servidores de los demonios Oriens, Paimón, Aritón y Amaimón.

PROSERPINA

Diosa hija de Júpiter y de Ceres, según las tradiciones más antiguas; pero, en su calidad de diosa infernal, se la hacía hija de Styx. Fue raptada por *Plutón (véase* este término), quien la hizo soberana de su imperio tenebroso. Pirithoo, enamorado de Proserpina, bajó a los infiernos para intentar rescatarla; aunque le ayudó Teseo, sólo consiguió quedar atado a una roca de la que ni el mismo Hércules pudo libertarle. Proserpina (cuyo nombre griego es Perséfone), como reina de los infiernos y de las sombras, presidía la muerte. Nadie podía morir hasta que ella o su ministro la Parca *Atropos (véase* este término) cortaba el hilo de la vida. De ahí la costumbre de cortar algunos cabellos del muerto y echarlos a la puerta de la casa mortuoria en ofrenda a Proserpina; y que los amigos del difunto se cortaran el cabello y lo quemaran en las hogueras funerarias. Eran atributos de esta diosa una antorcha medio apagada y la adormidera. Le estaban consagrados el narciso, el ciprés, la granada, el gallo, el murciélago, y otros varios animales. Se le sacrificaban becerras estériles y perrillos negros. El culto de Proserpina se extendió por todo el mundo griego, principalmente en Eleusis; Sardes, capital de Lidia; en Sicilia, en Lócrida, en Megalópolis, en Sabinia, etc. En Roma su culto fue introducido en dos épocas distintas de su historia por los libros sibilinos. Una en el año 496 a. C., y otra, en el 249 a. C. Se le erigieron en Roma dos templos magníficos, y, en general, sus fiestas tenían un carácter misterioso; en muchas de ellas intervenían únicamente mujeres. Según los demonógrafos, Proserpina es archiduquesa y princesa soberana de los espíritus malignos. Según algunos eruditos, su nombre viene de *proserpere*, «serpentear», y los intérpretes de lo esotérico ven en ella a la serpiente funesta.

PROXOSOS

Otro de los ciento once espíritus servidores de los demonios Oriens, Paimón, Aritón y Amaimón.

PRUEL

Uno de los ángeles que guardan las puertas del viento del sur.

PRUFLAS (Busas)

Gran príncipe y gran duque del imperio infernal. Tiene la cabeza de mochuelo y promueve las discordias y peleas, enciende las guerras y reduce a la miseria y la mendicidad. Le obedecen veintiséis legiones de diablos. Pertenecía al orden de los tronos antes de la rebelión de los ángeles.

PRUKIEL

Ángel que se invocaba, junto con otros varios (como Makiel, Mariel, Maniel, Mehalalel...) en encanta-

mientos de protección entre los antiguos siríacos. Se invocaban a estos ángeles y arcángeles para solicitar auxilio contra la acción de calumniadores, enemigos, jueces, emires, gobernadores, etc., que fueran injustos o desalmados. *(Amulets and Superstitions,* por E. A. Wallis Budge).

PRUSLAS

Demonio que está a las órdenes de Satanakia, gran general del infierno. Parece tratarse del mismo Pruflas.

PSICAGOGOS

Sobrenombre que se aplicó a varios dioses y héroes de la antigüedad grecorromana, principalmente a Mercurio, como conductor de las almas a los infiernos.

PSILOTOXOTES

Pueblo imaginario que Luciano de Samosata cita en su *Vera Historia.* Los psilotoxotes iban armados de arco y montaban pulgas tan grandes como elefantes.

PSISYA

Uno de los setenta ángeles amuleto o protectores que se invocan al nacimiento de una criatura, según *El libro del ángel Raziel.*

PUCEL (Procel, Crocell...)

Según algunos demonógrafos, es un grande y poderoso duque de los infiernos. Se aparece bajo la forma de un ángel tenebroso y contesta a las preguntas que se le hacen sobre ciencias ocultas. En el principio enseñó las artes liberales y la geometría. Produce grandes ruidos y hace sentir el murmullo del agua en los parajes en los que no existe elemento líquido. Le obedecen cuarenta y ocho legiones de diablos. Para otros datos *véase* su variante *Procel.*

PUCHÓN

Espíritu maligno, pero que se le puede invocar para obtener ayudas, revelaciones o inspiraciones específicas, según el *Sexto y séptimo libros de Moisés.*

PUCK

Gnomo familiar citado en multitud de leyendas y creencias populares inglesas. Se le atribuyen muchos alegres chascos y picardías, ya que es un ser muy alegre y travieso que se divierte enredándolo todo. William Shakespeare (1564-1616) lo incluye como personaje de su *Sueño de una noche de verano,* presentándolo casi como símbolo de la volubilidad del amor, trocando en simpática malicia la originaria maldad de que Puck estaba dotado en la superstición popular, la cual lo presentaba muchas veces en forma de un caballo o de un perro. Puck o hobgoblin son nombres dados tradicionalmente en Gran Bretaña a los *gnomos (véase* este término). Juntos aparecen en el *Epitalamio,* de Edmund Spencer (1552-1599). La figura de puck se halla también en la *Nymphidia* (1627), poema novelesco de Michael Drayton (1563-1631), así como en unas deliciosas narraciones para jóvenes de Rudyard Kipling (1865-1936) cuya primera serie se publicó en 1906. Según Kipling, Puck, conocido también como Robin Goodfellow, Nick

de Lincoln y «duende» del hogar, es el último sobreviviente en el Reino Unido de esos seres a quienes los mortales llaman gnomos, pese a que su nombre correcto sería el de «Pueblo de las Colinas». En sus cuentos, Kipling explica como dos niños, Dan y Una, que en la vigilia de San Juan han representado tres veces consecutivas unas escenas de *El Sueño de una noche de verano,* mientras están merendando en un prado, se les aparece el gnomo Puck, que entabla conversación con ellos. Puck, utilizando la magia del roble, del espino y del fresno, da a los dos niños la facultad de ver y oír cosas aunque hayan sucedido tres mil años antes. El resultado es que, de vez en cuando, en diferentes puntos de su casa y en los campos contiguos, los dos hermanos hablan con personajes del pasado y se enteran de cosas sorprendentes. En una ocasión, por ejemplo, se relacionan con un joven centurión romano cuya legión acampa en Inglaterra; en otra, con un constructor y decorador del tiempo de Enrique VII, etc. Puck es también un genio familiar, célebre en el Mecklembourgo, región de la Alemania septentrional. Algunas veces se le tiene por un diablillo muy travieso, lo que hace que se le confunda con un duende, aunque, en realidad, es un gnomo. Goethe (1749-1832) lo introdujo en su *Fausto,* obra maestra de esoterismo y simbología mágica. Puck vive en el folclore de varios países, en los que se le conoce por los apelativos siguientes: *puki* en Islandia; *pooca, puca* o *pwca,* en irlandés; *pixie,* en gaélico; y *puck, pokker,* y *niss puck,* en Holanda y Dinamarca.

Este simpático y travieso gnomo es citado varias veces en las leyendas de los anglos, jutos y frisones. Según la tradición, puck llegó a Inglaterra con los colonos escandinavos o daneses. Para Shakespeare es un espíritu, un duende, y como tal lo hace aparecer en su obra precitada, en donde lo presenta como el ente que asusta a las mozas aldeanas, espuma la leche, enreda en el molino de mano y, haciendo inútiles todos los esfuerzos del ama de casa, impide que la manteca se cuaje, y otras veces que fermente la cerveza, extravía a los que viajan de noche y se ríe de su miedo, etc. Para Kipling, puck es un ser pequeño, un hombrecillo, un gnomo de color amarillo verdoso que posee anchos hombros, orejas puntiagudas, nariz roma, ojos azules muy separados, rostro cubierto de manchas rojizas, siempre sonriente, de pies descalzos y velludos, y que se toca con un sombrerillo de color azul oscuro.

PUENTE CELESTE

Los antiguos escandinavos decían que los dioses habían construido un puente que comunicaba el cielo con la Tierra y que ellos lo cruzaban montados en veloces corceles. Cuando Satán se rebeló contra Dios y los ángeles rebeldes fueron arrojados al abismo, Dios destruyó ese puente, aislando el cielo de la tierra.

PUENTE DEL DIABLO

Al diablo, al demonio, se le atribuye la construcción de muchos puentes. Uno de ellos estaba situado en el valle Schellenen (Schöllenen), Suiza; ese puente sobre el Reuss unía dos al-

tas montañas y por debajo discurría el furioso torrente cuyas espumosas aguas formaban cascadas entre las cortadas rocas y producían un enorme estruendo. En Francia, tienen por obras del demonio los puentes de Valentré, en Cahors, y el de Saint-Cloud, cerca de París. Es tradición que el arquitecto que cuidaba de la construcción de este último, no teniendo dinero para satisfacer a los operarios y terminar la obra, hizo un pacto con el diablo según el cual éste le sacaría del apuro con tal de que le concediese al primero que atravesara el puente. El arquitecto, que era muy astuto, una vez finalizada la obra, hizo pasar por el puente a un gato, que el demonio se llevó de muy mala gana. No es menos famoso el puente del Diablo de Bruselas (Bélgica) y el de Bieda (Italia). En España también hay varios puentes atribuidos al diablo. Uno de los más célebres es el *Pont del Diable,* de Martorell. Dice la leyenda que hace muchos siglos, cuando Martorell se llamaba Finis, existía una pasarela de madera para atravesar el río Llobregat, pero que una noche de furiosa tormenta, el viento y las impetuosas aguas la destruyeron por completo. Zacarías, un tratante muy avaro que se dirigía a la feria ganadera de Igualada, y que por aquella noche pernoctaba en el vecino Hostal de la Liebre, junto a la lumbre del hogar, ante aquella catástrofe que le impedía pasar al otro lado del río y hacer un buen negocio con su rebaño, imploró, llevado por su codicia, la ayuda del diablo. Casi al instante, de los rescoldos del hogar salía la reluciente figura de Lucifer, quien se ofreció a construir un puente en lo que quedaba de noche, pero, a cambio, Zacarías debía darle el alma del primero que lo cruzara y la fortuna que él llevaba encima para acudir a la feria. Zacarías aceptó las condiciones del demonio y poco después pudo contemplar, desde una ventana del mesón, como una legión de diablos y de condenados del averno, iluminados por millares de fuegos fatuos, iban sacando enormes piedras de las riberas y del fondo del Llobregat para construir el puente. Se trabajó tan aprisa y bien, que cuando el gallo anunciaba con su canto la llegada del nuevo día, aquel impresionante ejército de entes infernales colocaba la última piedra del puente. Al despertarse los tratantes y labradores que pasaban la noche en el hostal, quedaron asombrados por la presencia de tamaña construcción y aterrorizados por la historia que contó Zacarías, hasta el punto que ninguno quiso ser el primero en cruzarlo, pues no querían que el demonio se quedara con su alma. Incluso presionaron porque el cicatero tratante fuera el primero en hacerlo, ya que era él quien había hecho el pacto con Lucifer. Zacarías, que no tenía ningún interés en entregar su alma al diablo, se valió de una estratagema para burlarse de aquél; tomó el gato del mesón y lo soltó a la entrada del puente, pellizcándolo de tal manera que el pequeño mamífero cruzó al otro lado como una exhalación. —¡Ya tienes el alma del primero que ha cruzado el puente! –gritó Zacarías al diablo, al que suponía cerca, aunque no lo

viese–. Y en cuanto a la otra condición, ¡ahí va toda la fortuna que llevo encima! –Y arrojó al río los únicos cuatro reales que llevaba encima. Su avaricia le había impedido tomar más dinero para aquel viaje. De pronto se oyó una voz cavernosa y potente que parecía surgir de lo profundo del río: —¡Me has engañado, viejo vil! ¡Pero me vengaré! Y cuando Zacarías cruzó el puente con su rebaño, los animales, al llegar al otro lado del río, quedaron manchados y con el pelo lacio, ofreciendo un aspecto bien distinto, pues antes de atravesarlo eran las reses de mejor estampa de cuantas se habían reunido en el hostal. Este demérito del ganado le impidió obtener buenos precios en el mercado, pero le quedó la alegría de no haberlo perdido todo y de haber conservado el alma. Aprendió la lección y al cabo de algún tiempo se retiró a vivir en un monasterio, después de haber repartido sus bienes entre los necesitados. En el Alto Aragón, en Mediano, existe otro puente del Diablo (hoy sumergido en las aguas del pantano). Cuenta la tradición que Lucifer se comprometió a construirlo en una noche a cambio de la doncella más hermosa de la comarca, pero que cuando faltaba colocar la última piedra, se oyó cantar el gallo que anunciaba el amanecer, por lo que perdió el tributo que había fijado por su labor. Para los lugareños fue fácil terminar la obra, que tanta falta les hacía para atravesar el río. Otro puente achacado al diablo se halla en Olvena, sobre el río Esera, a unos catorce kilómetros de Barbastro, en las inmediaciones de la confluencia de los ríos Esera y Cinca.

PUERTA DEL DIABLO (puerta del demonio) (*Véase* HERRAJES DEL DIABLO)

PUERTA DEI INFIERNO

Lugar abrupto, escarpado y peligroso del río Rogue, en Colorado (Estados Unidos), al que se dio ese nombre por los naufragios, accidentes y muertes que se producían en él.

PUIDAMON

Uno de los espíritus angélicos que se invocan en una de las oraciones para solicitar protección en la preparación de ceremonias mágicas, según *The Key of Solomon the King* (MacGregor Mathers, libro ii, cap. vii).

PUIEL (*Véase* POIEL)

PURAH

Ángel que se invoca en ritos mágicos al concluir el sabbath.

PURPÚREO

Uno de los gigantes cuyas imágenes encontraron los romanos en Cartago.

PURSAN (Purson, Curson)

Gran rey del infierno (*véase* el término *monarquía infernal*). Se aparece bajo la forma humana pero con cabeza de león. Lleva una culebra furiosa y monta en un oso; le precede continuamente el sonido de una trompeta. Conoce a fondo el presente, el pasado y el futuro y descubre las cosas ocultas y los tesoros. Se le considera el padre de los espíritus familiares. Le obedecen veintidós legiones de diablos. Según algunos demonógrafos y magos, Pursan o Purson está bajo las órdenes directas de Fleurety, el teniente general de los infiernos. Antes de la rebelión de los ángeles, pertenecía al orden de las virtudes. (*Véase* el término *Monarquía infernal*).

PURUEL (Puriel, Pusiel)

Ángel que pesa el alma de los muertos. Es uno de los siete ángeles del castigo, según las malas acciones y crímenes cometidos en la tierra.

PWCA (Pooka)

Duende galés que viene a corresponder al puck inglés. Suele aparecer en el mes de noviembre y puede adoptar la figura de cualquier animal, si bien la mayoría de las veces no se le ve, pero deja rastro de sus pasos en la casa o granja. Para que les fuera favorable, las granjeras le dejaban, en determinados parajes, un pedazo de pan blanco y un recipiente con leche fresca. Algunos estudiosos opinan que Shakespeare se inspiró en las tradiciones que corrían sobre pwca para escribir sobre puck.

PYTHON (Pitón)

1. Uno de los archidemonios de la jerarquía infernal. Es el príncipe de los espíritus mentirosos. || 2. Para otros conceptos y tradiciones, *véase* el término *Pitón*.

QADOSCH

Uno de los espíritus angélicos que se invocan en la purificación o bendición de la pluma, de la tinta y de los colores en la ceremonia contenida en *The Key of Solomon the King* de MacGregor Mathers (libro II, cap. XIV).

QAFSIEL (Qaphsiel)

Ángel que se invocaba en ritos mágicos para luchar contra los enemigos, según las tradiciones hebreas.

QALBAM

Uno de los ángeles guardianes de las puertas del viento del sur.

QAMIEL

Otro de los ángeles guardianes de las puertas del viento del sur.

QUASIMODO

Ser deforme que es uno de los personajes principales de la novela *Notre Dame de París,* de Victor Hugo (1802-1885). De corta estatura, jorobado, de feo rostro y ensordecido por las campanas de Notre Dame, de las que se cuelga todos los días para hacerlas sonar, representa los contrastes violentos y las deformaciones del Romanticismo. A pesar de su monstruoso aspecto, lo que le acarrea constantes humillaciones y burlas de sus semejantes, que tienen mejor aspecto pero alma más vil, Quasimodo está dotado de un espíritu tierno y bondadoso, que se vuelca hacia la hermosa zíngara Esmeralda, la única persona que desafiando al público burlón, sube al patíbulo para ofrecer al contrahecho ente un sorbo de agua para paliar el suplicio de los azotes de una injusta condena. Pese a su aspecto monstruoso y al odio que siente por la humanidad, que sólo le ataca por su apariencia carnal, Quasimodo está hecho para amar. Su vida halla una razón de ser en la fanática adoración que siente por su padre adoptivo, el hermético y sombrío Claudio Frollo. Más tarde, sobre este afecto se sobrepone su muda adoración y acongojada ternura por Esmeralda; acaba por odiar y matar a Frollo, al ver que es el causante de la desdicha y la muerte de su dulce protegida, refugiada en Notre Dame al ser acusada de brujería. Parece ser que Victor Hugo ocultó parte de la personalidad de Quasimodo, ya que éste estaba en posesión de grandes poderes mágicos; conocía muchos secretos de la alquimia (enseñados por su padre adoptivo), así como todo el simbolismo hermético de las gárgolas de dicha catedral. Hay quien dice que incluso conocía el secreto de hacerse invisible a ratos, y que si no hubiese sido por la muerte de Esmeralda, que acabó con sus deseos de vivir, jamás hubiese sido capturado, por muchas legiones de personas que le hubiese buscado por el interior de Notre Dame.

QUEIS
Genios maléficos entre los chinos.

QUELAMIA
Uno de los siete ángeles del orden de los tronos que ejecutan las órdenes de las potestades.

QUERES
Monstruos femeninos de la mitología griega que eran las ejecutoras de los designios de las Moiras o *Parcas* (*véase* este término), con las que en sus orígenes se confunden. Las Queres se aparecían cuando la implacable *Atropos* (*véase* este término) decretaba la hora fatal. Llamadas «las perras de Hades», se apoderaban del infortunado mortal, al que arrastra-

ban a los infiernos, llevándolo en presencia del tribunal que había de juzgar su vida terrena. Dice la tradición que las Queres se presentaban en las guerras para llevarse las almas de los combatientes; surgían en plena lucha, vestidas de rojo y lanzando gritos lúgubres y aterradores. Sus ojos centelleaban de malicia, sus bocas entreabiertas mostraban afilados dientes y sus oscuros semblantes tenían mucho de infernal. Remataban a los heridos con furia inusitada, despedazando los maltrechos cuerpos con sus aceradas garras y bebían, cual brucolacos, la sangre que manaba de las calientes carnes.

QUERÚBICO
Perteneciente o relativo a los querubines.

QUERUBÍN
Cada uno de los espíritus celestes caracterizados por la plenitud de ciencia con que ven y contemplan la belleza divina. Forman el segundo coro de ángeles de la primera jerarquía (*véase* el término *ángeles*). El nombre de *querubín* es singular, aún cuando es una reproducción fonética del plural hebreo *Kerubim* (el singular es *Kerub* o *Cherub*). La Biblia menciona los querubines del paraíso terrenal, los del arca de la Alianza, los del templo de Salomón y los de las visiones de Ezequiel; estos últimos son los más esotéricos y difíciles de interpretar. La etimología del vocablo querubín también es muy confusa, pues algunos eruditos lo hacen derivar del caldeo *Karab*, «trabajar», y otros del adjetivo asirio

karubu o *kurubu,* «grande», «poderoso», «elevado»… La religión católica tiene a los querubines por seres superiores al hombre, angélicos y ministros del poder divino. Según las Sagradas Escrituras, después de que Adán y Eva fueron expulsados del paraíso terrenal, el Señor puso a la puerta del edén los querubines y una espada flamígera que protegía el camino del árbol de la vida. Por el texto bíblico se infiere que los querubines eran seres diferentes del hombre, y por lo que parece superiores a él, ya que nunca se les cuenta entre los animales. Se considera, pues, que eran seres espirituales, obedientes a Dios y que podían revestir formas o apariencias sensibles para aterrar o espantar a los seres humanos. En qué forma se aparecieron los querubines del paraíso terrenal no lo dice el Génesis ni es dado averiguarlo. Figuras de querubines fueron colocadas en el arca de la Alianza y en el templo de Salomón. Algunos eruditos son de la opinión de que los querubines no eran ángeles, sino que tenían algún tipo de forma animal y que llenaban entre los hebreos funciones parecidas a las esfinges entre los egipcios y los griegos. Hay cierta analogía entre los querubines judíos que guardaban el paraíso con los dragones griegos que protegían el jardín de las manzanas de oro. Como el pueblo judío creció y se multiplicó en Egipto, adoptando muchas de sus costumbres y creencias, no debe sorprender el tipo de querubines de la visión de Ezequiel, ya que los dioses egipcios se representaban como seres humanos pero con aspectos de los animales sagrados. En la teología católica, los querubines forman el segundo y penúltimo coro de la primera y suprema de las jerarquías angélicas, que se compone de *tronos, querubines y serafines.*

QUERUBINES DE EZEQUIEL

Cuenta la Biblia que al profeta Ezequiel se le aparecieron cuatro querubines que llevaban el carro de la gloria de Dios. No cabe duda de que estos querubines eran seres espirituales, aun cuando la figura y apariencia exterior tuvieran la forma de animales, y por eso se llamaran «animales» en el texto de Ezequiel como en los citados en el Apocalipsis. Algunos estudiosos han pretendido demostrar que existe gran semejanza entre los animales o querubines de Ezequiel y los llamados *kirubi* (*véase* este término) de los asirios, pero la verdad es que los entes de Ezequiel son mucho más misteriosos y complicados de lo que suponen tales intérpretes. Léase, si no, la descripción contenida en las Sagradas Escrituras: «…Y miré y he aquí un viento de tempestad que venía del Aquilón, y una gran nube y un fuego que se revolvía y un resplandor en derredor suyo, y en medio del fuego una cosa que parecía de ámbar. Y en medio de ella venía una figura de cuatro animales. Y éste era su aspecto, semejanza de hombre en ellos. Y cada uno tenía cuatro rostros y cada uno de ellos cuatro alas y sus pies de ellos eran derechos y la planta de sus pies como la planta de un pie de becerro, y centelleaban a manera de bronce bruñido. Y debajo de sus alas a sus cuatro lados tenían manos de hombre, y sus rostros y sus alas por los cuatro lados. Con sus alas se juntaban el uno al otro; no se volvían cuando andaban; cada cual andaba en la dirección de su rostro. Y la figura de sus rostros eran rostros de hombre, y rostros la parte izquierda a los cuatro y rostros de águila a los cuatro. Y sus rostros y sus alas extendidos por la parte de arriba, a cada uno dos alas que se juntaban y las otras dos cubría sus cuerpos. Y cada uno caminaba en dirección de su rostro; hacia donde era el Espíritu que anduviesen allá andaban, y cuando andaban no se volvían. Y cuanto a la semejanza de los animales su aspecto era de carbones de fuego encendidos y como aspecto de antorchas y fuego que discurría entre los animales, y resplandor de fuego; y del fuego salían relámpagos. Y los animales iban y venían a semejanza de relámpagos… Y sobre las cabezas de los animales, una especie de firmamento a manera de cristal maravilloso extendido por encima de sus cabezas… Y sobre el firmamento que había sobre sus cabezas como el aspecto de una piedra de zafiro en forma de trono y sobre la figura del trono una semejanza de hombre sentado sobre él. Y vi como apariencia de ámbar como aspecto de fuego dentro de él alrededor por el aspecto de sus lomos hacia arriba, y por el aspecto de sus lomos hacia abajo vi como aspecto de fuego que tenía resplandor alrededor. Como el aspecto del arco del cielo que está en las nubes en día de lluvia, así era el aspecto del resplandor alrededor…».

Sean las que fueren las dificultades en la interpretación del texto trascrito, lo cierto es que es casi imposible probar la semejanza de los animales de Ezequiel con los kirubi asiriobabilónicos, puesto que los kirubi sólo tenían una cara, y los entes de Ezequiel tienen cuatro caras. En efecto, de los versículos sagrados se desprende que hay cuatro animales y que cada uno posee cuatro caras y cuatro alas. En cuanto a éstas, algunos intérpretes entienden cuatro alas por cada cara, y así cada ente tendría dieciséis alas. Estas alas se dividen en dos inferiores y dos superiores; dos inferiores con que cubren su cuerpo y dos superiores extendidas que se juntan o tocan las del uno con las del otro. En lo referente a las caras o rostros pudiera dudarse, dado la ambigüedad del texto descrito (cap. i de Ezequiel), si en cada animal o querubín había cuatro caras diferentes de hombre, de león, de toro y de águila, o bien si cada ente tenía sus cuatro rostros iguales, pero el versículo 14 del cap. x del mismo libro de Ezequiel aclara la duda, pues dice: «Y cada uno tenía cuatro rostros: los rostros del uno rostros de querube (o de toro) y los rostros del segundo, rostros de hombre, y el tercero rostros de león, y el cuarto, rostros de águila». Esto concuerda con el relato del Apocalipsis, que dice que el primer animal era semejante al león, y el segundo semejante al toro y el tercero tenía como cara de hombre y el cuarto era semejante a un águila voladora. Así que los querubines de Ezequiel –según la interpretación teológica católica– son los cuatro espíritus de los evangelios en forma de cuatro misteriosos animales cada uno, con cuatro caras iguales de hombre, de león, de toro y de águila, los cuales, caminando siempre en la dirección de su rostro y sin volverse nunca, llevan por todo el mundo el carro de la gloria de Dios, dispuestos en forma de cruz.

QUIMERA

Monstruo mitológico nacida –según Hesíodo– de la terrible *Equidna* y del feroz *Tifón (véanse* estos términos). Respiraba fuego inextinguible, era grande y poderosa, y poseía tres cabezas: una de león, de relucientes ojos, otra de cabra y la tercera de sierpe, como si fuera de un enorme dragón. Esta descripción de Hesíodo parece inspirada por la que hace Homero en su *Ilíada,* quien dice que tenía la cabeza de león, el cuerpo de cabra y la cola de dragón. Cuenta Homero que la Quimera era un monstruo enorme, terrible, rápido e indomable, y que fue criada por Amisodaro, rey de Caria. Esta bestia devastó Caria y Licia y atemorizó a los hombres vomitando llamas por sus fauces hasta que Belerofonte terminó con ella; este héroe vio en sueños a Minerva, que le presentó una brida de plata con la que pudo domar a *Pegaso (véase* este término). Saltó sobre este caballo alado, cruzó por los aires hacia la morada de la Quimera y con su jabalina con punta de plomo, que se fundió en las entrañas de la fiera, quemándoselas, al contacto con el fuego. Hay autores que pretenden que acabó con la fiera de varios flechazos. El nombre de *Quimera* se hace derivar del fenicio *chamira* («consumido por el fuego»), pero lo más verosímil es que provenga del griego *cheimon,* «invierno, tempestad», ya que este monstruo simbolizaba todas las manifestaciones de la tempestad, a saber: como cabra, la nube; como león, el trueno, y como dragón, el rayo. Hay eruditos que pretenden que el mito de la Quimera proviene de un monte volcánico de Licia, en el que, al decir de los antiguos, vivían leones en su cumbre, pacían las cabras en sus verdes laderas, y se escondían las serpientes en su falda. Lo cierto es que esta figura ha representado un importante papel en la plástica de diversos países y a través de todas las edades, hasta el punto de que a principios del siglo XIX era casi un tema obligado de ornato. Para facilitar el trabajo de los artistas se publicaron diversas obras de consulta, como la de Liénard (*Chimères,* Lieja-1866), dedicadas exclusivamente a proporcionar variados modelos de quimeras. Hay que destacar la quimera persa, que tiene orejas de buey, cuernos de macho cabrío, ojo, rostro y pico entreabierto de gerifalte; cuerpo, manos y cola de león; crin erizada y grandes alas. Los romanos la representaron con dos cabezas: la de león y la de cabra. También fue adorno obligado en el arte etrusco y en muchas monedas griegas. El arte románico y el gótico acentuaron la horrible monstruosidad de la quimera, y en la época del Renacimiento estuvo muy en boga como elemento decorativo. El arte cristiano expresó con ella en ocasiones el demonio y otros seres enigmáticos. Al respecto son muy interesantes las quimeras que como gárgolas figuran en la catedral de Notre Dame de París. En la sillería del monasterio del Parral, de Segovia, obra de Bartolomé Fernández, hay representadas varias quimeras que sirven de monturas a los jinetes del Apocalipsis. También son curiosas las quimeras existentes en los capiteles de la iglesia de Estany (Barcelona). En heráldica, la quimera tiene cabeza, cuello y pecho de hermosa doncella; las garras delanteras, de león; las traseras, de grifo; la parte inferior del cuerpo, de cabra, y la cola, de serpiente, enroscada en su extremo. El mito de la Quimera ha tenido muchas interpretaciones. Según Ovidio, era un monte: *Chimerifera,* en cuya cima existía un volcán, y cuya falda estaba rodeada de pantanos, habitados por enormes serpientes venenosas. Belerofonte fue el que consiguió hacer habitable tan espantoso lugar. Y Plinio afirma que el fuego del volcán era tan violento que ardía hasta el agua, y que sólo podía apagarse con tierra. Otros mitógrafos afirman que la Quimera era una nave pirata en cuya proa se veía esculpida la cabeza de un león, y en la popa la cola de una serpiente. Y hay quien cree que representaba a tres capitanes de los fieros Solimos: *Ary* (león), *Urzil* (cabra) y *Toobau* (dragón).

QUIRÓN

Centauro fabuloso, hijo de Cronos (Saturno) y de la ninfa oceánida Filira; Cronos se trasformó en caballo para engendrarlo. Filira, al ver el monstruo que había puesto en el mundo, pidió a los dioses que la sacaran de entre los mortales; aquéllos, piadosos, la convirtieron en tilo, cuya flor ha sido muy apreciada en la medicina de las yerbas. Así que pudo valerse por sí mismo, Quirón se retiró a vivir a los montes y bosques, en los cuales –cazando con Diana y Apolo– adquirió grandes conocimientos de caza, medicina, gimnasia, adivinación, matemáticas, música y justicia, ciencias que enseñó a numerosos discípulos, entre los que se contaron, Néstor, Esculapio, Céfalo, Telamón, Teseo, Meleagro, Hipólito, Castor y Pólux, Aquiles, Eneas, Diomedes, Ulises, Peleo, Heracles, Jasón… Su alumno preferido fue Baco, a quien enseñó las orgías, las bacantes y todas las ceremonias del culto dionisíaco. La gruta en que moraba Quirón, que se hallaba al pie del monte Pelión, llegó a convertirse en la escuela más famosa de toda Grecia, pues en ella se enseñaban todas las ciencias esotéricas y herméticas. Como indica su nombre (mano diestra), Quirón fue muy hábil para curar heridas y calmar dolores. Dice la tradición que fue el primero en servirse de las plantas y yerbas para curar las enfermedades. Por ello se dio el nombre de *Chironion* o *Centaurea* a una hierba cuya raíz tenía la virtud de desviar las serpientes, matarlas con su olor acre o hacerlas inofensivas. Se le atribuyen varias obras, entre las cuales estaban una *Retórica* para instrucción de Aquiles y un *Tratado* de las enfermedades del caballo. Los magnetos, en Tesalia, le tributaron un culto especial; cada año le ofrecían las primicias primaverales y en sus monedas figuraba la efigie de Quirón. Entre las curas que se le achacan, se cita aquélla por la que devolvió la vista a Fénix, hijo de Amintor, a quien su padre había hecho dejar ciego. Al encontrarse Fénix en tal estado se refugió en casa de Pelao, quien le hizo curar por el centauro. Quirón era inmortal por su origen divino, pero murió por voluntad propia para no sufrir más al no poderse curar una herida muy dolorosa. Así describe Ovidio los ultimas momentos de su vida: «Una cueva, abierta en antiquísimo peñasco, conserva aún la memoria del justo que la habitó. Créese que adiestró en tocar la lira en las mismas manos que debían un día arrancar la vida a Héctor. Hércules, realizados parte de sus trabajos, llegó a aquel sitio, y allí se reunieron dos destinos para Troya funestos: el descendiente de Baco y el hijo de Júpiter. El heroico hijo de Filira recibió cordialmente a su joven huésped, antes su discípulo, y miró con complacencia la temida clava y la piel de león que le cubría. "El hombre –dijo– es digno de las armas, y las armas dignas del hombre". También Aquiles pone sus atrevidas manos en aquella velluda piel; pero en tanto que el anciano examina las emponzoñadas flechas, cayó una y le hirió en el pie izquierdo. Gime Quirón y saca de la herida el hierro, en tanto que Alcides y el mancebo Tesalio se entregan a violento dolor. El centauro mezcla el jugo de varias hierbas cogidas en las alturas del Pagaso, y para curar su herida apela a todos los recursos del arte; más la devoradora actividad de la ponzoña triunfa de su ciencia, penétrale el mal hasta los huesos y va apoderándose de todo su cuerpo; al confundirse su sangre con la de la Hidra de Lerna hácense ineficaces los remedios todos. Aquiles, vertiendo copioso llanto, manteníase en pie, como había hecho delante de su padre; si Peleo hubiese muerto, asimismo habría llorado. Con mano cariñosa estrechaba la descolorida del enfermo, grata recompensa a la solicitud del maestro por la educación de su discípulo, y cubriendo de besos el rostro del moribundo, le decía: "Vive, yo te lo ruego: ¡padre querido! no me dejes!". Pero al noveno día, tu cuerpo, ¡oh, Quirón!, varón justo entre todos, quedó rodeado de dos veces siete estrellas». Otra leyenda nos cuenta que Quirón murió en la lucha sostenida por Heracles (Hércules) contra los *centauros* (*véase* este término), algunos de los cuales se refugiaron en la cueva de su sabio hermano, con la esperanza de que desarmaría al que había sido su discípulo; pero una flecha emponzoñada con sangre de la *Hidra de Lerna* (*véase* este término), disparada por Heracles, alcanzó a Quirón en la rodilla, involuntariamente. No pudiendo éste mitigar los terribles dolores que le torturaban, fue cuando pidió a Zeus (Júpiter) que le dejara morir. El padre de los dioses concedió tal favor, traspasando la inmortalidad del hijo de Cronos a Prometeo. Entonces el centauro Quirón subió al cielo, donde figura en el Zodíaco, formando la costelación de Sagitario. También se le atribuye a Quirón el calendario que sirvió a los argonautas en su expedición para hacerse con el vellocino de oro. Al menos fue quien enseñó astronomía a Jasón, que iba al mando de la expedición a bordo del navío *Argos,* hecho que sucedió unos setenta años antes de la guerra de Troya.

QUISRAMES

Las tradiciones mexicanas precolombinas también hablan de la existencia de una raza de gigantes a los que nombran *quisrames,* raza poderosa y soberbia, que se dice fue superior por su inteligencia, civilización y armas a cuantas la rodeaban, por lo que dominó y subyugó a todas sus vecinas. Cuenta la leyenda que vivían entregados a los mayores vicios y a todos los excesos de la carne. Estos gigantes existieron antes de la «gran inundación»; la cual ocurrió unos cuatro mil años después de la Creación del mundo. La mayor parte de tales seres se ahogaron, y los restantes –a excepción de siete– fueron convertidos en peces. Los siete sobrevivientes se refugiaron en cavernas, y al retirarse las aguas, uno de ellos, que tenía por nombre Xelhua, construyó en Cholula, en memoria de la montaña de Tlalve, donde él y sus seis compañeros se habían salvado, una colina artificial en forma de pirámide cuya cima debía llegar hasta las nubes. Para levantarla fabricó ladrillos en la tierra de Tlamanalco, al pie del monte Cototl, y los trasportó a Cholula por medio de una larga hilera de hombres que los pasaban de mano en mano. Los dioses, irritados ante la audacia de Xelhua, lanzaron fuego del cielo contra el soberbio edificio, matando a muchos de los que en él trabajaban y paralizaron la obra, que ya no se terminó nunca. Más adelante fue consagrada al culto de Quetzalcóatl.

QUORIEL

Espíritu que está a las órdenes de Vachmiel, regente de la cuarta hora del día.

R

RABACYEL

Uno de los cuatro príncipes angélicos que rigen el tercer cielo. Los otros tres son Anahel, Jabniel y Dalquiel.

RACHADERIOS

Genios maléficos de los hindúes.

RACHIEL

Uno de los tres ángeles que rigen el viernes, según *El mago* de Barrett. Pertenece al tercer cielo.

RACHMIAH

Otro de los setenta ángeles amuleto-talismánicos que se invocan como protección al recién nacido, según *El libro del ángel Raziel*.

RACHMIEL

Otro de los setenta ángeles protectores del recién nacido.

RACHSIEL

Uno más de los setenta ángeles amuleto que se invocan para proteger al recién nacido.

RADAMANTO

Hijo de Zeus (Júpiter) y de Europa, hermano de Minos, rey de Creta, y de Sarpedon. Dice la leyenda que unido con este último disputó a Minos el trono, o por lo menos una parte de la isla de Creta, lo cual fue causa de que uno y otro tuviesen que expatriarse. Radamanto buscó asilo en Siria o en las Cícladas, llevando a cabo en aquel país una obra civilizadora, pues sus habitantes eran muy bárbaros. Entre ellos introdujo varias leyes, atribuyéndosele el establecimiento de la ley del talión y el hacer jurar al acusado cuando faltaban testigos. También se cuenta que Hércules (Heracles) aprendió a tirar con el arco de Radamanto. De la vida terrenal de este príncipe no se sabe mucho, pero Apolodoro afirma que después de haber dado leyes a los insulares del mar Egeo, se retiró, hacia el fin de su existencia, a Oechalia, en Beocia, donde casó con Alcmena, viuda de Amphitrión y madre de Hércules. Un texto de la *Odisea*, de

Homero, muestra al rubio Radamanto en relación con el gigante Ticio, a quien visita en Eubea, conducido por marinos feacios. Después de su muerte, los dioses, para premiar su equidad, le dieron el cargo de juez de los infiernos, junto con Minos y Eaquio. Estos tres magistrados ayudaban a *Hades-Plutón (véanse* estos términos) a separar las almas de los justos de las de los malvados. *Radamanto, Rhadamanthos* o *Rhadamantis* era el encargado de juzgar a los asiáticos, Eaco o Eaquio a los europeos y Minos a los africanos. Cuando la sentencia se había hecho pública, los buenos eran introducidos en los Campos Elíseos y los malos precipitados al *Tártaro (véase* este término).

RAEL

Ángel del miércoles e inteligencia del planeta Venus. Reside en el tercer cielo y se le debe invocar de cara al Norte.

RAFAEL

Es el arcángel que tomó forma humana para acompañar al joven Tobías desde Nínive a Ragues en Media y fue su guía y consejero. Gracias a él, el viejo Tobías curó su ceguera y Sara fue librada del demonio *Asmodeo (véase* este término). Por esta historia contenida en las Sagradas Escrituras, en el libro de Tobías, se deduce que Rafael es uno de los espíritus más elevados en la jerarquía angélica *(véase* el término *ángeles),* uno de los siete ángeles que asisten siempre delante de Dios, y que son quizá los siete espíritus que se mencionan en otros libros de la Biblia. Rafael no volverá a dejarse ver hasta que esté cerca el fin del mundo; tomará una de las «siete copas de oro llenas de la ira de Dios» y la derramará sobre la tierra. El nombre de *Rafael* significa «medicina de Dios» o «sana Dios».

RAGAS

Genios que según los hindúes presiden o personifican los sonidos musicales. Son seis: Bhairava, Malaya, Sriaga, Hindola, Dipaka y Mega. El nombre viene del sánscrito *raga,* «modo musical».

RAGAT

Uno de los ángeles que se invocan en el conjuro del cuarto sello contenido en el *Sexto y séptimo libros de Moisés,* sello que salva de la miseria y proporciona fortuna y larga vida.

RAGINAS (Raginias)

Nombre con que los hindúes conocen a las ninfas de la música. Son treinta y guían, juntamente con los gandawas y los *kinnaras (véase* este término), el movimiento de las esferas, astros, meses y estaciones, moviéndose en armonía alrededor del Sol. El mismo nombre lo aplican los calmucos, pueblo de origen mongólico, a unas divinidades femeninas muy semejantes a las hadas, las cuales habitan en la morada de la Alegría, de la que salen para llevar algo de contento y ayuda a los seres más infelices. También las llaman *raginis* o *raghinis,* y al invocarlas les dan el nombre común de *burchanas.* No todos estos seres son bienhechores; hay ocho de ellos que se complacen en causar daño y maldades a los mortales.

RAGUEL (Raguil, Raguhel, Ragiel, Rasuil...)

Según el *Libro de Enoch,* es uno de los siete arcángeles; es el «que se venga en el mundo de las luminarias». Es uno de los siete ángeles que gobiernan la tierra. Los gnósticos grabaron el nombre de Raguel en muchos amuletos. En su grafía de «Raguil», el *Sexto y séptimo libros de Moisés* lo menciona en el citatorio de Aziabelis. La Iglesia católica le veneró como santo hasta el año 745, en que el papa Zacarías lo denunció como demonio pagano y lo expulsó del calendario cristiano.

RAGUINIS (*Véase* RAGINAS)

RAHAB (RACHAB)

Ángel del mar, según algunas tradiciones hebreas. Dios le castigó duramente por su orgullo, al negarse a separar las aguas superiores e inferiores en el momento de la Creación. Y fue vuelto a castigar por haber tratado de que los judíos se ahogaran al atravesar el mar Rojo, en su huida de Egipto. En Isaías 51, 9, incluso se dice que Yavé había aplastado a Rahab. La leyenda también cuenta que Rahab fue el ángel que rescató del fondo del mar, para Adán, *El libro del ángel Raziel.*

RAHDAR

Genio que según Éliphas Lévi (*Dogma y ritual de la alta magia*) gobierna el signo de Cáncer, junto con Phakiel.

RAHEZ (*Véase* ROCHEL)

RAHMIEL (Rachmiel)

Ángel de la gracia y del amor. Se le invoca como protección contra el mal de ojo y los maleficios, Según el Zohar, es el ángel de los conversos. Habita en «el primer palacio de la Fe» y dirige a las almas para presentarlas al esplendor de la Gloria Suprema.

RAHÚ

Gigante de la mitología hindú. Partido en dos, intenta devorar el Sol y la Luna siempre que pasan por su lado (explicación de los eclipses según la mentalidad oriental). Rahú robó la Amrita (equivalente al fuego de la mitología romana), que le hizo inmortal. En castigo, Visnú le cortó la cabeza, que llegó a convertirse en una costelación cuya influencia es de las más funestas.

RAKCHASA-HAIAGRIVA

Gigante que robó a Brahma los libros sagrados de la India. Para ello se metamorfoseó en pez y se le apareció a Maní, prediciéndole el diluvio y aconsejándole que se salvase en un arca. Según unos mitólogos, Rakchasa pereció en esa gran inundación, pero otros afirman que fue convertido por Visnú en un pez enorme y cornudo, al que dio muerte, recuperando así los libros sagrados.

RAKCHASAS (Raksasas)

Demonios o genios maléficos de la mitología hindú que toman toda clase de formas, como la de caballo, tigre, león, búfalo, monstruo de varias cabezas o de muchos brazos, etc. Citados ya en el Rig-Veda, su denominación indica y comprende desde entonces, en toda la literatura hindú posterior, toda clase de genios maléficos visibles e invisibles. Los raksasas a veces son unos entes dotados de un poder sobrenatural, como *Ravana (véase* este término); en ocasiones unos subordinados del dios Kouvera, a quien guardan sus tesoros; y la mayoría de las veces, una especie de vampiros ávidos de sangre humana que andan por los cementerios desenterrando los cadáveres, cuando no disponen de seres vivos que devorar. En el Rig-Veda parecen distinguirse los *raksas* o *raksasas* (malos espíritus o genios maléficos) de los *gatudhanas* (espíritus o espectros), pero en el lenguaje actual ambos vocablos son sinónimos. Y en el Atharva-Veda, los raksasas son presentados como diablos portadores de enfermedades y desgracias a los seres humanos. En el *Ramayana* también desempeñan un papel importante, reunidos bajo el imperio de su señor Ravana, el enemigo de Rama. En dicho poema hindú se los describe como seres humanos de formas generalmente monstruosas, con miembros extraños e irregulares, cabezas de animal o, como ya hemos dicho, con varias cabezas y algunos pares de brazos. Pero más frecuentemente son concebidos los raksasas como entes demoníacos que frecuentan los cementerios, animan los cadáveres, devoran las criaturas e interrumpen las funciones religiosas.

RAKCHASIS
Nombre que se da a los genios maléficos o rakchasas del género femenino.

RAKHANIEL
Ángel cuyo nombre se inscribe en el quinto pantáculo del planeta Satur-

no, sea en hebreo o en latín (cap. II, *La ciencia secreta de la magia* de Idries Shah; *The Key of Solomon the King* de MacGregor Mathers).

RAKTAVIRA
Demonio hindú, cuyo poder especial radicaba en que cada gota de su sangre, al tocar el suelo, se convertía en otros tantos demonios-vampiro.

RAMAL
Otro de los setenta ángeles amuleto que se invoca como protección de los recién nacidos.

RAMECHNÉ
Es uno de los *Izeds (véase* este término) de la primitiva religión persa. Es el Hamkar de Sefendomad y de Hayan. Le está asignado el gobierno del tiempo. Los árabes lo tienen por un genio bienhechor que procura favorecer a los seres humanos.

RAMIEL (Remiel)
1. Uno de los jefes de los ángeles que se rebelaron contra el Señor, según el *Libro de Enoch* (cap. 6). || 2. El mismo libro (cap. 20) cita a Remiel o Remeiel como uno de los siete santos ángeles al que «Dios ha encargado de los resucitados». || 3. En *El paraíso perdido,* Milton lo presenta como un demonio, el cual es desollado y reducido a cenizas por el ángel Abdiel. || 4. En el Apocalipsis de Baruch, es un ángel que preside y facilita las visiones de Baruch.

RAN
En la mitología nórdica, es la personificación del mar violento, en sus cua-

lidades de monstruo traidor, ladrón y devorador. Ran es la esposa del gigante de las aguas Aegir. Los germanos del norte, que vivían a orillas del mar, creían que Ran (en sueco *Siöra*) era un demonio del mar que devoraba a los hombres que se atrevían a navegar por él. Las nueve hijas de Ran, personificaciones de las olas del mar, eran enteramente semejantes a su madre y en las grandes tempestades marítimas alargaban sus brazos hacia los navíos. Ran tenía también un reino infernal, y los espíritus del agua eran a veces fantasmas o espectros de personas que se ahogaron en ella.

RAPITAN

Uno de los *Izeds (véase* este término) de la antigua religión persa. Es el genio que preside la segunda parte del día y se abisma en la tierra durante el invierno, conservando en ella el calor necesario para la vida.

RAQUIEL

Otro de los varios ángeles que son guardianes de las puertas del viento del oeste.

RASAMASA

Según Éliphas Lévi *(Dogma y ritual de la alta magia)* es uno de los dos espíritus que rigen el signo zodiacal de Piscis. El otro es Vocabiel.

RASHIEL (Zavael)

Ángel que tiene dominio sobre los terremotos y torbellinos de viento.

RAUM (Raim, Raym)

Antes de la rebelión de los ángeles pertenecía al orden de los tronos.

Después de la caída, es el gran conde del imperio infernal. Cuando se le invoca y se hace visible lo hace en forma de gran cuervo, si bien también puede adoptar la figura humana. Su oficio es el de destruir ciudades, subvertir las dignidades de los humanos y robar tesoros de las casas reales. También puede originar amor entre amigos y enemigos. Le obedecen treinta legiones de demonios. Es muy conocido por la grafía «Raym». Lleva un hacha de largo mango en la cintura, un puñal flamígero en la mano derecha y un látigo en la izquierda. Discierne el pasado, el presente y el futuro. (*Véase* el término *Monarquía infernal*).

80. Raum

RAVANA

Famoso gigante hindú de diez cabezas, veinte brazos y cuatro piernas. Es uno de los principales personajes del poema indio *Ramayana*, en el cual se le tiene por hijo de Visrava. Era el soberano de los *raksasas (véase* este término) y reinaba en Lanka (Ceilán), después de haber arrojado del trono a su hermano Cuvesa; fue citado por éste ante un tribunal formado por dioses, los cuales le condenaron por su maldad a vivir cautivo en una oscura caverna. Dice la tradición que durante el período de prisión, Ravana practicó tal penitencia y llevó una vida tan austera, prometiendo adorar a Siva para siempre, que Brahma le concedió el don de inmunidad contra todo ataque de los dioses y de los demonios. Algunos mitólogos hacen ascender a diez mil el número de años en que Ravana permaneció cautivo, pero otros lo cifran en veintidós mil; los primeros indican, además, que el monstruoso gigante ofrecía a cada milenario una de sus cabezas en sacrificio a Siva. Los indios consideraban a Ravana como la encarnación del mal, pues utilizaba su enorme poder para tiranizar a todo el mundo; incluso intentó reducir a los dioses a la esclavitud. Su osadía llegó a tanto, que en una ocasión intentó derribar la montaña de Kailasa, en cuya cumbre residía el dios Siva, pero éste le aplastó los dedos con sus pies y no le soltó hasta después de otros mil años de oración y penitencia. Aunque era invencible para los dioses y los demonios, Ravana debía, sin embargo, sucumbir a los golpes de los hombres y de las bestias. Para librar al mundo de tal monstruo de maldad, Visnú se encarnó en Rama, y cuando el malvado gigante le hubo arrebatado a su fiel esposa Sita, entonces le persiguió hasta su propia isla con la ayuda de un ejército de monos capitaneados por *Hanumán* (*véase* este término). En vano se es-

forzó Ravana en oponerse a Rama; pereció en sus manos y bajó a los infiernos por medio del Naraka. Es muy singular el combate en que Ravana encontró la muerte. Una tras otra fueron cayendo, cortadas por la espada de Rama, las diez cabezas del monstruo, pero en el lugar de cada testa cercenada surgía casi al instante otra nueva. Entonces Rama echó mano de un arma que le dio Agastya: el viento hacía oscilar sus aletas, su punta estaba hecha de sol y de fuego, y su peso equivalía al de los montes Mandara y Meru juntos. Después de consagrar tan enorme flecha por medio de unas fórmulas védicas (mantras) Rama la colocó en su arco y disparó. El proyectil se incrustó con gran violencia en el pecho de Ravana, quien expiró entre horribles dolores y convulsiones.

RAYM (*Véase* **RAUM**)

RAYSIEL

Espíritu angélico que controla la mansión del viento del norte o septentrión. Bajo sus órdenes hay cincuenta espíritus para las operaciones diurnas y otros cincuenta para las nocturnas. Favorece el comercio y los negocios de quienes le invocan, según el abate Johann Trithemio (*Steganographia*, 1606).

RAZIEL

Según los cabalistas, es el ángel que fue el primero en acercarse al hombre después de su expulsión del paraíso terrenal. Raziel se convirtió en una especie de preceptor de Adán y le entregó un libro que contenía los grandes secretos del universo. Se trate el Zohar, del *Libro de Raziel* o de otro, lo cierto es que se cree que contenía todos los secretos de la naturaleza, el poder de conversar con el Sol y la Luna, el de curar enfermedades, el de evitar terremotos, el de mandar a los vientos, interpretar sueños, predecir acontecimientos, poseer grandes poderes mágicos... Cuenta la tradición que este libro angélico-esotérico pasó luego a las manos de Seth (el tercer hijo de Adán), más tarde a su descendencia, llegando a Abraham..., hasta que por fin lo recibió Salomón, quien gracias a él elaboró su famoso anilló talismánico, con el que obró tantas maravillas en el Medio Oriente... También fabricó el curioso talismán conocido por Espejo de Salomón. De lo que no cabe duda es que este rey de Israel estuvo en posesión de vastos conocimientos de las ciencias ocultas. Dicen las Sagradas Escrituras: «La sabiduría de Salomón sobrepasaba la de todos los hijos del Oriente y la sabiduría toda del Egipto. Fue más sabio que hombre alguno». El Zohar o «Libro del Esplendor» nos dice sobre Raziel: «Cuando Adán se encontró en el jardín del edén, el Santo (bendito sea) hizo bajar para él un libro, por medio del ángel Raziel, ángel de las regiones sagradas y jefe de los misterios supremos. En este libro estaba grabado el santo misterio de la "Sabiduría" (Hocmá). El sagrado nombre de 72 letras estaba explicado allí con ayuda de los 670 misterios que encierra. En medio del libro estaba grabado el misterio de la "Sabiduría eterna" con ayuda del cual se descu-

bren las 1500 llaves que no son confiadas a ningún ser celeste. Este misterio ha quedado oculto a todos los seres celestes hasta el día en que cayó ese libro en manos de Adán. Los ángeles se juntaron entonces en torno de Adán para escuchar la lectura de ese libro y para llegar a conocer así el misterio de la "Sabiduría"».

RAZZIEL
Ángel que rige la séptima hora de la noche y que está a las órdenes de Mendrion.

RECTACON
Espíritu angélico que se invoca en la bendición de la sal, según la ceremonia contenida en *The Key of Solomon the King* de Mathers (libro II, cap. V).

REDCAP (Bonete Rojo)
Goblin maligno escocés de tipo vampírico que se escondía en los torreones abandonados, castillos en ruinas y escenarios de hechos sangrientos. Su aspecto visible era el de un viejo rechoncho de semblante apergaminado y de manos deformes provistas de largas uñas. Iba tocado con un bonete rojo *(redcap)*, teñido por la sangre, y de su boca sobresalían largos dientes. Cuando hacía una víctima entre los viajeros que se aventuraban de noche en sus dominios, volvía a reteñir su bonete con sangre humana fresca. Para protegerse de él y para ahuyentarlo, se invocaban salmos y se llevaban grandes cruces visibles, según relata William Henderson en su *Folklore of the Northern Caunties of England and the Borders* (1879). Para otros detalles de los *goblins, véase* ese término.

REFAÍM (Refaítas)

Uno de los pueblos preisraelitas de Palestina. Se supone que eran una raza de *gigantes (véase* este término). La leyenda les atribuye la construcción de numerosos monumentos megalíticos, principalmente en Transjordania. Algunos refaítas son citados en la Biblia, como Og, el rey de Basán, que perteneció a la última generación de su raza y cuyo sarcófago de basalto debió de tener nueve codos de largo por cuatro de ancho (4,66 x 2,07 m aprox.).

REGION

Ángel que se invoca en la conjuración de la espada mágica, según la ceremonia contenida en *The Key of Solomon the King* (libro II, cap. VIII).

REHAEL (Rehahel)

Ángel que pertenece al orden de las potestades. Tiene poder sobre la salud y la longevidad. Es uno de los setenta y dos ángeles que llevan el nombre místico de Dios, Shemhamphoras. Se le invoca para la curación de una enfermedad, propia o de los allegados. Influye en el planeta Mercurio y en el signo de Libra.

REIIEL (Reuel, Riiel)

Ángel del orden de las dominaciones. Es uno de los setenta y dos ángeles que llevan el nombre místico de Dios, Shemhamphoras. Se le invoca para que proteja de enemigos visibles e invisibles y ayude a recuperarse rápidamente de una enfermedad. Hace que uno reciba apoyos por parte de personas importantes. Influye en el Sol y en el signo zodiacal de Leo.

REKHODIAH

Uno de los cuatro ángeles que se graban en el segundo pantáculo del Sol, según *The Key of Solomon the King*. Los otros tres son Shemeshiel, Paimoniah y Malkhiel.

REMIEL (*Véase* RAMIEL)

REMPHA (Remfa)

Genio perteneciente al antiguo Egipto; corresponde a Saturno y gobierna el tiempo y el ojo izquierdo. La cultura judía lo reemplazó por el nombre de Oriphiel u *Orifiel* (*véase* este término).

REMURES (*Véase* LEMURES)

REQUEL

Ángel perteneciente al orden de los principados.

REQUIEL

Requel es uno de los veintiocho ángeles que rigen las veintiocho mansiones de la Luna, según *El mago* (Barrett).

RESFELGR

Gigante alado de la mitología escandinava. Se cree que habita en la parte septentrional del firmamento. El movimiento de sus alas produce el viento y las mareas. Se le tiene por ladrón de cadáveres, los cuales devora con maligno deleite.

REVINIENTES

Sobrenombre que se da a los muertos que resucitan o salen de las tumbas por la noche para hacer de *vampiro (véase* este término).

REYES DEL INFIERNO

Son siete: Bael, Pursan, Byleth, Paymón, Belial, Asmodeo y Zapan *(véase* el término *monarquía infernal).*

RHAB

Espíritu angélico que se invoca, junto con otros, en el citatorio general contenido en el sexto y séptimo libros de Moisés.

RHAUMEL

Uno de los ángeles del martes que rigen el quinto cielo, según Barrett.

RIBENZAL (Ribesal)

Espectro o espíritu cuya morada coloca la tradición en la cumbre de Risemberg, en Silesia. Según los lugareños, Ribenzal es quien cubre repentinamente aquella montaña de nubes y provoca las tempestades que en ella tienen lugar. Es costumbre, quizá algo impropia, identificar este espíritu de la montaña con *Rubezahl* o *Rubezal (véase* este término), príncipe de los gnomos.

81. Ribenzal

RICHIS

Seres sobrenaturales de la mitología hindú, de los que no se sabe con seguridad el nombre ni los atributos. Formaban una clase de seres distinta, al lado de los dioses y espíritus malignos. Siete de ellos son mencionados con frecuencia y se los coloca en el firmamento; son las siete estrellas de la Osa Mayor. A los richis les fueron revelados los himnos de los Vedas. Por extensión se aplicó luego el mismo nombre a personajes humanos, santificados por la leyenda, que habían sido ermitaños o reyes, y que descollaban por su sabiduría y bondad.

RICHOL

Ángel del orden de las potencias que se invoca en ritos mágicos contenidos en el sexto y séptimo libros de Moisés.

RIDYA (Ridjah, Riddia)

Ángel de la lluvia y del elemento agua.

RIEHOL

Según *Dogma y ritual de la alta magia* de Éliphas Lévi, es el espíritu que gobierna el signo de Escorpión, con la ayuda de Saissaiel.

RIGAL

Otro de los setenta ángeles amuleto que se invoca como protector del recién nacido, según *El libro del ángel Raziel.*

RILFOS

Nombre que dan en las regiones montañosas de Escocia a una especie maligna de elfos. Los lugareños se protegen contra la malevolencia de esos entes teniendo en la casa objetos de hierro o acero: una herradura de caballo clavada detrás de la puerta o en contraventanas, una espada o puñal colgado de la pared, una escopeta, etc., según cuenta Frazer en *La rama dorada*.

RIMER

Gigante escandinavo enemigo de los Ases. Al fin del mundo será el piloto del navío Naglefaro.

RIMEZIN

Ángel que rige la cuarta hora de la noche y que está a las órdenes de Jefischa.

RIMMON (Remmon, Remon...)

Entre los demonólogos, es un demonio de orden inferior, si bien lo tienen por el primer médico del imperio infernal y es el embajador del infierno en Rusia. Se le conoce también bajo las variantes de *Remmon, Remon* y *Rimón*. Tuvo un culto especial en Damasco, en donde se le atribuía el poder de curar la lepra. Parece derivar del término *Rim* («alto») y también recibía culto en Siria, Acadia y Babilonia. Algunos tratadistas opinan que se corresponde con el Elión de los fenicios y griegos.

RINTHUSAR (Rinthussar)

Gigantes de la mitología escandinava, descendientes de un hombre y una mujer que nacieron del brazo izquierdo de Limer, un día que éste dormía profundamente y que su cuerpo estaba lleno de sudor.

RISNUCH

Según Éliphas Lévi *(Dogma y ritual de la alta magia)*, es el genio de la agricultura.

ROBE

Uno de los espíritus que se mencionan en el citatorio general, para solicitar ayuda al Todopoderoso, en el sexto y séptimo libros de Moisés.

ROC (Rocho)

Ave fabulosa a la cual se atribuía un tamaño enorme y gran fuerza. Marco Polo, en sus *Viajes,* la describe así: «Los habitantes de las islas de Madagascar refieren que en determinada estación del año llega de las regiones australes una especie extraordinaria de pájaro, que llaman *roc*. Su forma es parecida a la del águila, pero es incomparablemente mayor. El roc es tan fuerte que puede levantar con sus garras a un elefante, volar con él por los aires y dejarlo caer desde lo alto para devorarlo después. Quienes han visto al roc aseguran que las alas miden dieciséis pasos de punta a punta y que las plumas tienen ocho pasos de longitud». En los cuentos de *Las mil y una noches,* también se recoge esa tradición del roc o rocho, que pone unos huevos grandes como cúpulas y cuya circunferencia es de cincuenta pasos. En la narración del segundo viaje de Simbad el Marino, éste habla de tan extraño animal en los siguientes términos: «Mientras reflexionaba sobre el medio de que me valdría para dar con alguna puerta de entrada o salida de la tal cúpula, advertí que de pronto desaparecía el sol y que el día se tornaba en una noche negra. Primero lo creí debido a cualquier nube inmensa que pasase por delante del sol, aunque la cosa fuera imposible en pleno verano. Alcé, pues, la cabeza para mirar la nube que tanto me asombraba, y vi un pájaro enorme, de alas formidables, que volaba por delante de los ojos del sol, esparciendo la oscuridad sobre la isla. Mi asombro llegó entonces a sus límites extremos, y me acordé de lo que en mi juventud me habían contado viajeros y marineros acerca de un pájaro de tamaño extraordinario, llamado *rokh*, que se encontraba en una isla muy remota y que podía levantar un elefante. Saqué entonces como conclusión que el pájaro que yo veía debía ser el rokh, y la cúpula blanca a cuyo pie me hallaba debía ser un huevo entre los huevos de aquel rokh. Pero no bien me asaltó esa idea, el pájaro descendió sobre el huevo y se posó encima como para empollarlo. ¡En efecto, extendió sobre el huevo sus alas inmensas, dejó descansando a ambos lados en tierra sus dos patas, y se durmió encima!… Entonces, yo, que me había echado de bruces en el suelo, y precisamente me encontraba debajo de una de las patas, la cual me pareció más gruesa que el tronco de un árbol añoso, me levanté con viveza, desenrollé la tela de mi turbante, y luego de doblarla, la retorcí para servirme de ella como de una soga. La até sólidamente a mi cintura y sujeté ambos cabos con un nudo resistente a un dedo del pájaro…».

ROCA DEL DIABLO (*Véase* ROQUE-AU-DIABLE)

ROCHEL (Rahel)

Es uno de los setenta y dos ángeles que llevan el nombre místico de Dios, Shemhamphoras. Se le invoca para encontrar objetos perdidos o robados y para conocer al que los sustrajo. Comunica sentido de la ley y el orden y la capacidad de solucionar problemas y conflictos. Es del orden de los arcángeles e influye en el Sol, así como también en el signo zodiacal de Piscis.

ROELHAIPHAR (Roelhaifar)

Ángel cuyo nombre se inscribe en el quinto pantáculo de Saturno, según el dibujo contenido en *The Key of Solomon the King* (MacGregor Mathers) y en *La ciencia secreta de la magia* (Idries Shah).

ROKNION

Ángel que se invoca en una de las fórmulas de la cábala mágica contenida en el sexto y séptimo libros de Moisés.

ROFOCALE (*Véase* LUCÍFUGO ROFOCALE)

ROLER

Uno de los sesenta y cinco espíritus servidores de los demonios Magot y Kore (*El libro de la magia sagrada de Abramelín el Mago*).

ROMAGES

Uno de los ciento once espíritus servidores de los demonios Oriens, Paimón, Aritón y Amaimón (*El libro de la magia sagrada de Abramelín el Mago*). El nombre parece significar «para tocar y para lanzar o arrojar».

ROMEROC (Romerac)

Uno de los veinte espíritus servidores del demonio Amaimón. El nombre viene del hebreo y significa «trueno violento».

RONOVÉ (Romwe, Ronwe, Ronobe, Reneve)

Marqués y gran conde (o duque) de los infiernos. Se aparece como una especie de enano deforme, con largos brazos de hombre y larga cola. Con su mano derecha sostiene un bastón o vara, y con la izquierda se hurga la nariz. Enseña a sus adeptos el arte de la retórica, el conocimiento de las lenguas y favorece con amistades y ayudas de gente importante. Le obedecen diecinueve legiones de diablos. (*Véase* el término *Monarquía infernal*).

ROQUE-AU-DIABLE (Roca del Diablo)

Se da este nombre a una alta, extraña y sorprendente roca que emerge del mar, en Guernesey, isla inglesa del canal de la Mancha, de la que habla Victor Hugo en la segunda parte de su novela *Los trabajadores del mar*.

ROSARAN

Uno de los veintidós espíritus servidores del demonio Aritón. El nombre viene del hebreo y significa «malo y perverso».

ROSMAROS

Según Olao Magno, los rosmaros eran bestias tan grandes como elefantes, y algo anfibios. Si se encontraban en las riberas y divisaban un ser humano, entonces corrían velozmente en su dirección, le daban alcance y despedazaban con sus enormes dientes. Disponían de una cabellera semejante a un buey y eran algo vegetarianos. A veces se quedaban profundamente dormidos en las peñas, y los marinos aprovechaban la ocasión para cazarlos, atándolos fuertemente; luego les disparaban ballestas, arpones y arcabuces a la cabeza pero, generalmente, escapaban malheridos hacia el mar. A veces se encontraban sus cadáveres flotando en las aguas, de los que se aprovechaban, en particular, los huesos y los dientes, comparables al marfil. En ningún museo zoológico existe el menor rastro de animal tan fabuloso.

RSASSIEL

Otro de los setenta ángeles amuleto que se invocan como protección de los recién nacidos.

RUACH

Uno de los cinco ángeles cuyo nombre figura inscrito en el tercer pantáculo de Venus para atraer el amor, según *The Key of Solomon the King* y *La ciencia secreta de la magia*. Los otros cuatro son Monachiel, Achides, Degaliel y Egalmiel. La invocación se debe hacer a Monachiel, el ángel principal, en el día de Venus (viernes) y en las horas planetarias de ese mismo día, preferiblemente a la una y a las ocho horas. (*Véase* el término *Monachiel*).

RUATARÁ

Deidad maléfica de Nueva Zelanda que adoptaba la forma de gran lagarto. Los indígenas creían que podía introducirse en el cuerpo humano y roer sus entrañas. Muchas enfermedades internas eran atribuidas a Ruatará por los hechiceros.

RUBEZAL (Rubezhal)

Príncipe de los *gnomos (véase* este término), famoso entre los habitantes de Riesengebirge (Silesia). Es extremadamente travieso y burlón, como la mayoría de su especie. Se han escrito numerosos libros y cuentos sobre Rubezhal o Rubezahl, pero la mayor parte de su vida es un secreto impenetrable. De cuando en cuando se deja ver en los altos montes. C.M. Weber compuso una ópera del mismo nombre, estrenada en Breslau entre los años 1804 y 1806, cuyo libro estaba calcado de la leyenda de este gnomo. Muchas veces se le identifica con *Ribenzal (véase* este término).

RUBEZAHE (*Véase* RYBRCOUL)

RUBICANTE

Otro de los demonios que Dante pone en el infierno (*La divina comedia*). El nombre significa «loco», «inflamado».

RUBIEL

Ángel que se invoca para tener suerte en el juego y en los asuntos comerciales.

RUCHIEL

Ángel que, según los cabalistas, tiene dominio sobre el viento.

RUFAEL

Una variante del nombre de Rafael, si bien hay estudiosos que señalan que es una corrupción del nombre del ángel Raguel.

RUGEWIT (Rugievit, Rughevisto, Rugiewth)

1. Uno de los dioses eslavos de la guerra. Se le representa con siete caras y ocho puñales; siete en el cinto y uno en la mano derecha. || 2. Deidad demoníaca entre los eslavos, teniente del dios de los infiernos, Peklenc.

RUGNUR (Ruñer)

Gigante escandinavo cuya lanza estaba hecha de piedra de afilar. En un duelo, Thor se la rompió de un mazazo e hizo saltar tan lejos los pedazos, que de ella provienen todas las piedras de afilar del mundo, por lo que todas ellas parecen estar rotas por algún esfuerzo.

RUM

Espíritu que se invoca, en el citatorio de Azielis, según el *Sexto y séptimo libros de Moisés*.

RUMAEL

Según el *Libro de Enoch* (cap. 69), Rumael es uno de los jefes de los ángeles que se rebelaron contra Dios.

RUMIEL

Otro de los setenta ángeles amuleto o talismánico que se invocan como protección del recién nacido.

RUMOY

Uno de los espíritus que se invocan para solicitar ayuda del Todopoderoso según una de las demandas espirituales contenidas en el *Sexto y séptimo libros de Moisés*.

RUMYAL

Demonio, ángel caído, que formó parte de los doscientos primeros que se rebelaron contra el Señor, de acuerdo con el *Libro de Enoch* (cap. 69).

RURAWEY

Otro de los espíritus que se invocan en el citatorio de Arielis contenido en el *Sexto y séptimo libros de Moisés*.

RUSALKA (Rusalki)

Especie de ninfa u ondina de la mitología eslava. Según las creencias populares, las rusalka o rusalki son almas de niños y doncellas, muertos sin haber recibido el bautismo o por causa violenta, principalmente ahogados. Esta superstición fue común a todos los pueblos eslavos, aunque la imagen que se formó de estas divinidades de las aguas no fue la misma en todas las comarcas, pues variaba según la orografía local. Esa tradición parece concordar con el nombre de *navy, navjaky* (del paleoeslavo *nav*, «muerto»), nombre correspondiente de las rusalka en Bulgaria; *navje, mavje, movje,* en Eslovenia, y *nejky, mavky, majky,* en Ucrania. Este nombre original habría sido trasformado en algunas regiones eslavas, por haber ido coincidiendo su culto con la fiesta *rusalje (rosalía, dies rosae)* celebrada en Pentecostés, para dar la bienvenida al naciente estío. Para los eslavos del Danubio, la rusalka, que allí toma el nombre de *vila,* es una criatura graciosa, que conserva algunos rasgos físicos de la doncella ahogada. Entre los rusos septentrionales, las encantadoras y sugestivas rusalki del Danubio y del Dniéper se convirtieron en doncellas maléficas, de aspecto desgreñado y muy poco atractivas. Era costumbre que los campesinos rusos celebraran la fiesta de la rusalka llevando en solemne procesión una muñeca de paja por las campiñas. En general, estas fantásticas criaturas eran representadas por la tradición popular como doncellas hermosísimas, dotadas de un poder seductor irresistible. Las rusalka del sur vestían una túnica o velo trasparente y su rostro era muy pálido, comparable a la palidez del claro de luna; sus ojos eran soñadores, grisáceos, azules o negros, guarnecidos de largas pestañas. En cambio, las del norte, andaban siempre desnudas y con el semblante lívido, como el de los ahogados; en sus ojos brillaba siempre un maligno fuego verde. Las rusalki del Danubio y del Dniéper entonaban canciones melodiosas, arte que desconocían sus congéneres de los lagos y ríos septentrionales. Estos seres poseían abundante cabellera rubia, negra o verde; la llevaban suelta por la espalda y les llegaba hasta las rodillas. La humedad de su cabello tenía un poder mágico intenso. Las rusalka residían en las profundidades de los ríos y estanques, en soberbios palacios de cristal, resplandecientes de oro, plata y perlería. Durante las noches estivales de plenilunio surgían a la superficie del agua, bañándose y jugando con las ondas y la espuma. A veces pasaban a la orilla para tejer coronas de flores para el adorno de sus cabezas. Las de las regiones del sur cautivaban a los caminantes con su belleza y dulce voz; las del norte sólo pensaban en apoderarse brutalmente del que se acercaba a la ribera durante la noche, fuera hombre o mujer, para arrojarlo al agua y ahogarlo. La muerte en brazos de una rusalka del país del sol y el cielo azul se tenía por algo casi agradable; en cambio, la de las regiones septentrionales hacía morir a sus víctimas entre atroces y refinados dolores.

Las leyendas eslavas hablan de una doble existencia por parte de las rusalki: esto les permitía vivir como seres acuáticos y como criaturas terrestres, en los bosques. Hasta principios de verano –precisamente hasta las fiestas en su honor– habi-

82. Rusalka

taban en el seno de las aguas, luego salían a tierra y moraban en los bosques, acomodándose en los sauces llorones o en los abedules, preferentemente en los que se hallaban cerca del agua. Al anochecer se distraían meciéndose sobre las ramas y atrayendo a los viandantes desprevenidos. También danzaban y cantaban en los claros del bosque y en las praderas. Los eslavos de las regiones meridionales creían que en los lugares donde las rusalki ponían el pie, la hierba y el trigo crecían más deprisa. Pero estas extraordinarias ondinas también dejaban, a veces, sentir su poder maléfico, ya fuera atascando las ruedas de los molinos, causando daños en los diques, destruyendo las redes de los pescadores, etc. Para combatir la acción maligna de las rusalki bastaba llevar en la mano una hoja de ajenjo, que era una «hierba maldita o mágica». El músico checo A. Dvorak compuso la ópera *Rusalka,* con libro de J. Kvapil, inspirado sobre esta fantástica criatura de las regiones eslavas.

RUSH
Duende doméstico típico de Suecia.

RUSVÓN (Riswan)
Ángel que, según las creencias de los musulmanes, tiene en su poder las llaves del paraíso y abre las puertas a los bienaventurados, después de que hayan bebido agua en el estanque de la vida.

RUWANO (Ruweno)
Arcángel sacerdotal que se invoca en el primer misterio contenido en el *Sexto y séptimo libros de Moisés.*

RUWETZE
Uno de los ángeles que se invocan en el citatorio general de Moisés, contenido en el *Sexto y séptimo libros de Moisés.*

RUWOTH
Ángel que se invoca en el citatorio de Azielis, contenido en el *Sexto y séptimo libros de Moisés.*

RYBRCOUL (Rübezahe)
Genio tutelar de las montañas de Krkonose (Riesengebirge, en alemán). Es un gigante fuerte, poderoso y barbudo al que los cantos populares bohemios atribuyen hazañas sin fin.

S

SAAPHIEL
Ángel que tiene dominio sobre los huracanes.

SABACTES
Demonio muy funesto para los alfareros, ya que procuraba romper los objetos más frágiles y hacía estallar la arcilla en el horno. Se le hacían invocaciones y ofrendas para conjurar tales males.

SABAOTH
1. Uno de los siete ángeles que se hallan permanentemente ante la presencia de Dios. || 2. Entre los gnósticos, uno de los siete arcontes creadores del universo. || 3. En el cristianismo, uno de los nombres de Dios, que significa el Señor de los Ejércitos; se entiende respecto de los ejércitos del cielo o de la multitud de ángeles.

SABATHIEL (Sabbathi)
1. Es un espíritu o inteligencia del planeta Saturno, según Henrich Cornelius Agrippa (*Filosofía oculta*, libro III,

cap. XXVIII). || 2. En las tradiciones mosaicas, es uno de los siete príncipes angélicos que continuamente se hallan ante la presencia de Dios.

SABBAT
Según los libros de magia y brujería, el sabbat era la reunión de brujos y brujas que, bajo la presidencia del demonio, tenía por objeto el entregarse a las orgías y excesos más satánicos y espantosos. Originariamente, el nombre de *sabbat* parece proceder de la palabra hebrea *sabbath,* es decir, «sábado» o «séptimo día», y con la que los judíos designaban el último día de la semana, el día festivo que tenía que ser dedicado al Señor. No obstante, aunque la reunión satánica recibía el nombre de sabbat, también se celebraba otros días de la semana. En España, el sabbat ha recibido el nombre local de *aquelarre (véase* este término). El sabbat medieval, que se realizaba bajo la égida del diablo, y en cuyo desarrollo coinciden básicamente la ma-

yor parte de los testimonios que han llegado hasta nosotros, se celebraba de noche, generalmente en un lugar alto que dominara el paisaje, en una colina o la falda de una montaña, en un claro o amplia explanada, y preferentemente cerca de un bosque que limitara aquélla. En el lindero de este bosque se erigía el altar, encima del cual se depositaba una estatua del macho cabrío, entre cuyos cuernos se colocaba una antorcha encendida: era el diablo del sabbat, el satánico macho cabrío. Según cuenta la tradición popular, los participantes del sabbat acudían a éste montados en sus escobas, y muchas veces bajo la forma de animales. Estas escobas mágicas que servían de montura y podían volar eran preparadas convenientemente para tal menester; se untaban con un ungüento especial, llamado «la grasa de las brujas», en cuya composición entraba la sangre de abubilla y de murciélago, hollín de madera y raspaduras de bronce de una campana consagrada. Al sabbat se acudía desnudo. El ritual era tan variado como aberrante. En primer lugar, se elegía entre todas las brujas asistentes a una «princesa», que debía ser la encargada de oficiar las ceremonias satánicas y cuyos requisitos indispensables eran: ser joven, hermosa y preferentemente virgen. Si entre los asistentes había algún neófito, se le iniciaba en el satánico culto antes de empezar las ceremonias: se le rebautizaba en nombre del diablo, y éste lo marcaba con su uña en el párpado izquierdo, se le cambiaba la Biblia por la *Biblia Negra*, y se terminaba por obligarle al acto

del «osculum infame», es decir, el «beso infamante», que consistía en besar el trasero del macho cabrío. Esta acción era común y obligatoria en todo sabbat. A continuación tenían lugar las dos ceremonias básicas o esenciales de todo sabbat: la comida y la danza. Sobre la primera existen las más variadas y contradictorias versiones, pues si bien algunos brujos afirmaban que la comida que recibían del demonio era en extremo apetitosa, suculenta y compuesta por abundantes y exquisitos manjares, algunos eruditos detractores del satanismo afirman que lo único que se comía en estos banquetes infernales eran carroñas y alimentos en descomposición, mientras que otros estudiosos aseguran que las comidas de los sabbats eran antropófagas, y los brujos y brujas comían los despojos de los niños sacrificados durante el curso del sabbat, los cuales eran después hervidos en grandes pucheros y servidos a los asistentes. Algunos grabados de libros antiguos parecen confirmar tales teorías. Una vez terminada la comida, fuertemente libada con bebidas excitantes y afrodisíacas, se iniciaba la danza. Los participantes, desnudos, se unían por parejas, espalda contra espalda, y formaban un círculo, uniéndose por las manos y mirando al vecino de al lado para ir siguiendo las evoluciones. Se iniciaba el baile al acorde de una flauta de hueso que –según la creencia popular– soplaba el diablo, cuyo ritmo e intensidad aumentaba gradualmente, siendo primero lento, luego más rápido, hasta terminar siendo frenético. Este tipo de baile, en círculo y con las manos entrelazadas, tiene –según los expertos en ciencias esotéricas– la propiedad de formar la «cadena mágica», y sus propiedades excitantes son ampliamente reconocidas. El baile del sabbat era la puerta de entrada de todos los bajos instintos, que conducían al embrutecimiento de los sentidos, a la verdadera orgía erótica. Los asistentes copulaban sin ninguna clase de recato, perdido toda clase de autocontrol moral; el diablo, a decir de algunas crónicas medievales, tenía tratos sexuales con todas las brujas participantes; en algunos sabbats no sólo se hallaba presente el diablo mayor, Satán o Lucifer, sino también otros diablos menores. En esta infernal reunión estaban permitidos todos los excesos, y ningún acto era considerado repulsivo, por aberrante que fuera. Una vez saciados los bestiales instintos, la «princesa» daba la voz de alto. Entonces se interrumpía la orgía y se iniciaba una nueva ceremonia. La «princesa», completamente desnuda, se tendía sobre el altar, para iniciar el último rito del sabbat: el de las ofrendas. Este ritual sirvió luego de base a las reprobables *misas negras,* si bien en el *sabbat* o *aquelarre* se denominó «misa diabólica». Era oficiada por el propio demonio, que presidía la reunión, y era una ceremonia rigurosamente inversa a la del Catolicismo. Comenzaba el rito por el final, presentándose la cruz del revés; se sustituían las palabras de paz y perdón por otras de guerra y odio; las de acatamiento a la voluntad divina, por las de desafío a todo poder del cielo; la consagración

se profanaba repugnantemente, y se terminaba por sacrificar algún animal, llegándose, en algunos casos, a inmolar al diablo un niño de muy corta edad, preferentemente no bautizado. El sabbat se iniciaba siempre al caer la noche, y duraba hasta la madrugada, ya que el diablo era un espíritu que no toleraba la luz del sol. El sabbat más famoso era el del Pico Brocken, en el Hartz, una de las regiones más salvajes de Alemania, y en cuyo punto emplazó Goethe el sabbat de su *Fausto*. Otros lugares célebres fueron: el Puy-de-Dôme, en Auvernia (Francia) y un claro de la campiña sueca conocido por «El Blocula». Para los lugares de la geografía española, *véase* el término *aquelarre*. En Alemania, el Brocken o Blocksberg juega un papel importante en las tradiciones populares germanas como punto favorito del sabbat o aquelarre; es lo que en Suabia la Selva Negra, el Kandel en Brisgau, el Heuberg en Balingen, el Hörselberg y el Inselsberg en Turingia, y el Bechtelsberg en Hesse. Los días del año en que se reunían las brujas eran la noche de Walpurgis y la de San Juan. Todos los montes donde se creía que tenía lugar el sabbat eran antiguos lugares de sacrificio del paganismo germánico, donde cada 12 de mayo se celebraban grandes fiestas populares con baile y música, se bebía en abundancia y se deliberaba en asamblea. La presencia de hechiceras en tales solemnidades debió de inspirar más tarde la creencia en las brujas y en sus ritos satánicos. El culto que se suponía que practicaban las brujas en el sabbat fue anatematizado como diabólico y dio origen a toda clase de leyendas de fantasmas y espectros. En Francia, las brujas celebraban el sabbat en muchos lugares: en Bearne, se reunían en la playa de Hendaya, donde todavía se levantaban algunos monumentos megalíticos a mediados del siglo XIX; en Bretaña, el punto de reunión era Carnac, en el que existen tres alineamientos de grandes menhires; en Queyras (Altos Alpes), se concentraban en los altos brezales de Pra-Patris, muy cerca de un monumento megalítico; en Lorena, lo hacían en torno a un megalito de la Côte de Répy, antigua; charca céltica de purificación; y en Auvernia, ya hemos dicho que se citaban en la cima del Puy-de-Dôme, junto a las ruinas de un templo dedicado a Mercurio.

SABBATHIEL (*Véase* **MIGUEL**)

SABIEL
Ángel que se invocaba en antiguos ritos de protección arameos.

SABNOCK (Sabnac, Savnock, Sabanack, Salmac...)
Gran marqués del imperio infernal. Es el demonio de las fortificaciones y de las defensas castrenses de ciudades y pueblos. Acostumbra a presentarse bajo la forma de un soldado armado, con cabeza de león y montando un hediondo caballo de pálidos colores. Se cuenta que trasforma a los hombres en piedras y construye torres fortificadas y castillos con una destreza sorprendente. Cuando obedece las órdenes de un oficiante en ritos de magia negra, atormenta a las personas con heridas, quemaduras y dolencias que desprenden malos olores. Le obedecen cincuenta legiones de diablos. (*Véase* el término *Monarquía infernal*).

SABRAEL
Uno de los ángeles guardianes del primer cielo.

SABTABIEL
Ángel que se invoca en ritos necrománticos.

SACACORCHOS DEL DIABLO
Se da el nombre de «sacacorchos del diablo» (Devil's Corkscrew) a un retorcidísimo y singular sendero situado en el Gran Cañón de Arizona (EE. UU.).

SACHIEL
Uno de los arcángeles que el ocultismo relaciona con la riqueza, el dinero, la fortuna, la opulencia y los bienes desde la antigüedad. Es el que rige el planeta Júpiter y el jueves, según Papus, Barrett y otros.

SACRIEL
Uno de los ángeles que rigen el quinto cielo. Rige el martes y se le invoca desde el Sur.

SADAG
Tipo de demonio terrestre del Tíbet que provoca todo tipo de adversidades.

SADAYEL
Arcángel cuyo nombre se halla inscrito –junto con Rafael y Tiriel– en el pentagrama de un anillo amuleto

cristiano antiguo (*Amulets and Superstitions,* Wallis Budge).

SADIAL (Sadiel)
Ángel que, según las tradiciones mahometanas, gobierna el tercer cielo y tiene el encargo de sostener la Tierra, la cual giraría violentamente si no tuviera los pies encima de ella.

SADITEL
Ángel que se halla en el tercer cielo.

SADRAK
Demonio ayudante de Satanás. Se le invoca en algunos ritos de magia negra y satánica para causar daño a una determinada persona o familia.

SAFIEL (Saphiel)
Uno de los ángeles del cuarto cielo que rigen el domingo. Se le invoca desde el Norte, según Barrett y Papus.

SAFRIEL
Ángel guardián del quinto cielo. Los judíos inscribían su nombre cabalístico en talismanes y amuletos (Kamea) para protegerse del mal de ojo.

SAFYN (Safin)
Uno de los ángeles que se invocan en la elaboración del sexto sello contenido en el *Sexto y séptimo libros de Moisés.* Este ángel potencia la obtención de conocimientos a través de los sueños.

SAGATRAGAVACHA (Sagatrakavashen)
Gigante de quinientas cabezas y mil brazos de la mitología hindú. Nació de la sangre de la quinta cabeza de Brahma, cercenada por Mahadeva.

SAGDAION
Espíritu gobernante –junto con Semakiel– del signo zodiacal de Capricornio.

SAGHAM
Espíritu regente –junto con Seratiel– del signo zodiacal de Leo.

SAGIEL
Ángel que rige la séptima hora del día y que está a las órdenes de Barginiel.

SAGITARIO
Centauro flechero –mitad hombre, mitad caballo– que forma el noveno signo del Zodíaco. Es el centauro *Quirón (véase* este término).

SAGNESSAGIEL (Sasnigiel, Sasniel…)
1. Príncipe angélico de la sabiduría y jefe de los ángeles guardianes de la cuarta sala o recibidor del séptimo cielo. 2. Uno de los numerosos nombres del ángel Metatrón.

SAGRAS
Espíritu que –junto con Saraiel– rige el signo zodiacal de Géminis.

SAHARIEL (Asderel)
Espíritu que rige el signo zodiacal de Aries. Los antiguos hebreos, samaritanos y etíopes le invocaban –junto con otros varios ángeles– para lanzar hechizos o para protegerse con amuletos de las insidias, calumnias, murmuraciones, personas malvadas, mandatarios y jueces corruptos, etc., según documentos recogidos por Wallis Budge (*Amulets and Superstitions,* cap. XII).

SAHIVIEL

Uno de los ángeles guardianes del tercer cielo.

SAHON

Uno de los ángeles que se invocan e inscriben en la confección del séptimo sello contenido en el sexto y séptimo libros de Moisés, con el cual se descubren las riquezas que existen en una mina.

SAISSAIEL

Espíritu gobernante –junto con Riehol– del signo zodiacal de Escorpión.

SAIVO

Espíritu de las cavernas en la mitología lapona. Es el encargado de recibir las almas que Radien-Atché rechaza de los cielos. Saivo las conduce ante Tabnié-Ako, quien les inflige diversos castigos, acorde con sus pecados y delitos.

SAKHAR (Sakar)

Genio maligno o infernal que, según el Talmud, se apoderó del trono de Salomón por algún tiempo. Cuenta la tradición talmúdica que el rey de Israel tomó la ciudad de Sidón y que muerto el rey de ésta, se llevó a una hija suya, por nombre Terada, a Jerusalén, la cual se convirtió en una de sus favoritas o concubinas. Como Terada lloraba continuamente la muerte de su padre, Salomón, con su poder mágico y anillo talismánico, ordenó al diablo que construyera una imagen del difunto. La estatua fue colocada en el aposento de la princesa, y pronto se convirtió en un ídolo al que rendían culto la mayoría de las mujeres de palacio. Enterado Salomón de esta idolatría por su visir Asat, rompió la estatua, castigó a su concubina y se retiró a un desierto, donde se humilló ante Dios. Para castigar la rotura de la imagen hecha por el demonio, éste envió contra Salomón al astuto genio Sakar o Sakhar. El rey de Israel debía todo su inmenso poder a su anillo mágico, construido según los ritos secretos contenidos en el libro que había sido de Adán (*véase* el término *Raziel*); era costumbre suya, antes de entrar en el baño, entregar el anillo a una concubina suya llamada Amina, quien sólo podía devolvérselo en persona. En cierta ocasión, Sakar se metamorfoseó en la figura de Salomón y pidió a Amina que le diera el anillo. Una vez en posesión de tan valioso talismán, se apoderó del trono de Salomón, cambiando las leyes en apoyo siempre de la maldad. El rey de Israel, cuyas facciones cambiaron hasta el punto de ser irreconocible por sus súbditos, tuvo que andar errante por el mundo en las peores condiciones. No obstante, gracias a los espíritus bienhechores, después de cuarenta días, período de tiempo igual al que se había adorado el ídolo en su palacio, Sakar fue sacado del trono, aunque pudo escapar y tirar el anillo mágico al mar, donde se lo tragó un pez; el animal fue pescado y servido a la mesa de Salomón, quien recuperó su talismán al abrirlo. Una vez en posesión, de nuevo, de toda su sabiduría y magia, volvió a gobernar Israel y prendió a Sakar, a quien colgó una piedra al cuello e hizo arrojar en el lago Tiberíades. Es muy probable que este Sakar sea el genio o efrit que aparece en la «Historia del pescador y del efrit», en *Las mil y una noches (véase* el término *Sakhr).*

SAKHR

Nombre del genio o efrit que aparece en la «Historia del pescador y del efrit», en los famosos cuentos árabes. Parece tratarse del mismo *Sakhar (véase* este término). El cuento relata cómo un pescador halla entre sus redes un enorme jarrón de cobre dorado, con la boca cerrada con un plomo que ostenta el sello de Salomón, hijo de David, señor de los efrits benéficos y maléficos. Al levantar el plomo con su cuchillo, sale del vaso una gran humareda que llega hasta el cielo y comienza a condensarse en torbellinos, hasta convertirse en un efrit cuya frente llega a las nubes, mientras sus pies se hunden en el polvo. La cabeza del efrit o genio es como una cúpula; sus manos semejan rastrillos; sus piernas son mástiles; su boca una caverna; sus dientes, piedras; su nariz, una alcarraza; sus ojos, dos antorchas, y su cabellera aparece revuelta y empolvada. El genio explica al pescador su historia con las siguientes palabras: «Sabe que yo soy un efrit rebelde. Me rebelé contra Soleimán, hijo de Daud. Mi nombre es Sakhr El-Genni. Y Soleimán envió hacia mí a su visir Assef, hijo de Barkhia, que me cogió a pesar de mi resistencia, y me llevó a manos de Soleimán. Y mi nariz en aquel momento se puso bien humilde. Al verme, Soleimán hizo su conjuro a Alah y me mandó que abrazase su religión y me sometiese a su obediencia. Pero yo me negué. Entonces mandó traer ese jarrón, me aprisionó en él y lo selló con plomo, imprimiendo el nombre del Altísimo. Después ordenó a los efrits fieles que me llevaran en hombros y me arrojasen en medio del mar».

SALAMANDRAS

Seres fantásticos, espíritus elementales del fuego, en donde habitan, según los cabalistas *(véase* el término *espíritus).*

SALATHEEL (Salathiel)

Según las tradiciones hebreas, uno de los siete grandes arcángeles que rigen los movimientos de las esferas.

SALBABIEL

Ángel que se invocaba en hechizos amorosos entre los arameos.

SALEOS (SALLOS)

Gran duque del imperio infernal. Cuando se aparece lo hace en forma de un galante soldado, montado sobre un cocodrilo que lleva una corona ducal en su cabeza. Promueve el amor entre ambos sexos. Le obedecen treinta legiones de diablos.

SALIAH (*Véase* SEALIAH)

SALILUS

Genio o espíritu que abre las puertas cerradas.

SALLALES (Sallals)

Ángel del aire y que rige el miércoles, junto con Suquinos. Están al servicio de Medial, el rey. Gobiernan el viento del sudoeste, según Barrett y Papus.

SALLOS (*Véase* **SALEOS**)

SALMAY (Zalmaii)
Uno de los espíritus angélicos que se invocan en la bendición de la sal, según determinados ritos mágicos (*Grimorium Verum*).

SALSAIL
Según las tradiciones musulmanas, ángel que gobierna el cuarto cielo.

SALUTARIS
Sobrenombre del dios *Plutón* (*véase* este término) cuando daba vida a una sombra. Para esto le bastaba, según Claudio, dejar caer unas gotas de néctar sobre un muerto, que volvía así a la luz.

SAMAEL (Sammael, Samael Smal)
Príncipe de los demonios, según los rabinos, quienes creen que montado en una enorme serpiente sedujo a Eva y fue el causante de la expulsión de Adán y Eva del paraíso terrenal. También se le tiene por el ángel destructor o de la muerte, al que representan ya armado con una espada, ya con arco y flechas. Según dichos rabinos, Samael o Sammael cohabitó con Eva antes que Adán, de cuya unión nacieron otros demonios que participaron de la naturaleza de ambos, mitad humanos mitad diablos. Pero según *El grimorio de Armadel,* es el espíritu que protegió a san Juan cuando habitaba en el desierto. Considera que Samael es el espíritu protector de los misioneros en tierra extranjera. Enseña teología y debe ser invocado los miércoles por la mañana, ante su sello secreto.

SAMANGELOPH (Samangaluf)
Ángel que figuraba en amuletos antiguos contenidos en el *Libro de Raziel* y que fueron reproducidos por E. A. Wallis Budge (*Amulets and Superstitions,* Londres, 1930).

SAMAX
Es el ángel del aire rey del martes. Sus ministros son Carmax, Ismoli y Paffran. Estos ángeles del aire controlan el viento del oriente (Este), según Barrett, De Abano, Papus…

SAMCHIA (Samchiel)
Uno de los setenta ángeles amuleto o protectores de los recién nacidos.

SAMEL
Uno de los genios del fuego. Se le considera el rey de los volcanes. Se le invoca en rituales para el exorcismo del fuego, junto con Michael (rey del Sol y del Rayo) y Anael (príncipe de las salamandras), según Papus (*Tratado elemental de magia práctica).*

SAMHAIL (Samahail)
Según las tradiciones árabes, ángel que gobierna el sexto cielo.

SAMHIEL
Ángel que los cabalistas invocaban para curar la estupidez, según varios manuscritos medievales de origen judío, como el *Mayan Hahochmah* de Moses Botarel (Mantua, 1562).

SAMIASA (Samyasa, Semyaza, Azza)
Según el *Libro de Enoch* (caps. 6 y 8), Semyaza o Samyasa era el jefe o príncipe de los doscientos ángeles

principales que se rebelaron contra el Señor y bajaron a la Tierra, en donde tomaron por esposas a las hijas de los hombres, a las que enseñaron las ciencias mágicas y secretas, los encantamientos, las virtudes de las raíces y de las plantas y la ciencia de los astros. Entre los ángeles rebeldes importantes se encontraban *Azazel (véase* este término), que enseñó el arte de fabricar espadas, machetes, escudos y corazas; *Armaros* (Amazarac, Pharmaros...), que reveló los secretos de las hechicerías y encantamientos; *Barakiel* (Baraquiel), que fue el maestro de los astrólogos; *Kokabiel* (Kokabel, Akibeel), quien mostró los signos de la cábala y el sistema de los presagios; *Tamiel,* que instruyó sobre el significado y valor de las estrellas; *Asdariel* (Azaradel), que ilustró sobre el curso de la Luna y la influencia que ejerció sobre la Creación; *Amiziras,* que enseñó a los cortadores de raíces y encantadores... Otros ángeles rebeldes importantes fueron: Ramiel (Ramuel), Asael (Azkeel), Touriel (Turael), Joniael, Ananiel, Satariel, Arazeyal, Samsapeel, Urakabarameel, Rimmon..., todos ellos a las órdenes de Samiasa.

SAMIGINA (Gamigin, Gamygin)

Gran marqués del infierno. Se presenta en forma de un pequeño caballo o asno que adoptará luego la forma humana a requerimiento del oficiante. Enseña las artes liberales y le obedecen treinta legiones de diablos. Lleva la cuenta de las almas muertas en pecado. *(Véase* el término *Gamigin* como ampliación).

SAMPATI

Pájaro fabuloso, rey de los buitres, hijo de Aruna y hermano mayor del buitre Jatayus. Aparece en el *Ramayana,* en donde ayuda a descubrir el paradero de Sita, raptada por el monstruoso *Ravana (véase* este término). Se quema las alas al seguir el sol.

SAMOEL

Uno de los espíritus angélicos que se invocan cuando uno quiere llegar a ser maestro en el arte de las ciencias ocultas, según la oración contenida en *The Key of Solomon the King* (libro II, cap. II) de Mathers.

SAMOHAYL

Ángel que se invoca en determinados ritos cabalísticos.

SAMSAPEEL (Samsaveel)

Uno de los doscientos ángeles rebeldes principales que siguieron a *Samiasa (véase* este término), según el *Libro de Enoch.*

SAMUIL

Ángel que trasportó al profeta Enoch al cielo, según el *Libro de Enoch* II.

SANDALFÓN (Sandalphon, Sandolfon...)

1. Príncipe angélico, hermano gemelo del ángel Metatrón. Es el protector de las almas de los muertos y recoge las plegarias de Israel; || 2. Según el *Libro de Enoch* III, es el regente del sexto cielo; || 3. El Zohar lo tiene como el ángel que rige el séptimo cielo. Cuenta que Sandalfón se encuentra a una distancia de quinientos años de camino y que propaga un inmenso fuego.

SANDMAN
Ser imaginario que trae el sueño a los niños con su arena mágica.

SANGARIEL
Ángel que guarda las puertas del cielo, según *The Key of Solomon the King*.

SANI
Genio hindú que preside las conciencias, los destinos y la trasmigración de las almas. Su mirada es fatal. Tiene por atributos el cuervo y la serpiente.

SANNUL
Ángel del orden de las potestades que se invoca en algunos ritos mágicos contenidos en el *Sexto y séptimo libros de Moisés*.

SAN-PU
Dios mogol tricéfalo. Se le representa sentado; dos de sus cabezas tienen mitras; la tercera está cubierta con un simple bonete rojo. Sus atributos son un arco, un cetro, un corazón inflamado, una flor de lis y un espejo.

SANTANAEL
Uno de los ángeles del tercer cielo, según Barrett. Debe ser invocado desde el Sur y en viernes.

SAPONDOMAT
Genio bajo cuya protección se halla la Tierra, según los güebros (seguidores de la doctrina de Zoroastro en Persia). Quiere bien a los que cultivan los campos y mal a los que los descuidan o abandonan. También es conocido por la grafía «Sapandomad».

SARABOTES
Es el rey de los ángeles del aire que rigen el viernes, según Barrett, quien dice que «los espíritus del aire del viernes están sujetos al viento del occidente; por su naturaleza otorgan plata; incitan a los hombres a la lujuria; suscitan matrimonios y hacen que los hombres amen a las mujeres; causan y curan enfermedades, y hacen todo tipo de cosas que impliquen movimiento».

SARAQUIEL (Sarakiel)
Según el *Libro de Enoch* (cap. 19), «Saraquiel es uno de los santos ángeles encargados de los espíritus de los hijos de los hombres que pecan contra los espíritus».

SARATAN
Ángel que invocan los árabes para obtener determinados encantamientos.

SARGATANAS
Según el libro *Los secretos del infierno*, Sargatanas es el brigadier del imperio infernal. Tiene bajo sus órdenes a Lovay, Valefar y Forahu, además de legiones de espíritus. Concede el don de la invisibilidad a sus seguidores y tiene el poder de enseñar a abrir toda clase de cerraduras y poder ver lo que pasa en el interior de todas las moradas.

SARIAFING
Espíritu del mal en la isla de Formosa. Se complace en desfigurar por la viruela y por otras enfermedades a los hombres que el supremo dios Tamagisanhach ha hecho más bellos.

SARITAIEL (Saritiel)

Uno de los espíritus o genios que rigen el signo zodiacal de Sagitario.

SASSALAGOHAN

Nombre que daban al infierno los antiguos habitantes de las islas Marianas, al cual creían que iban a parar aquéllos cuyos últimos momentos eran violentos y agitados, seguramente a causa de los pecados o malas acciones cometidos en vida.

SATAARON

Genio que rige el signo zodiacal de Aries, junto con Sarahiel, según Éliphas Lévi.

SATAEL

Uno de los ángeles que rigen el martes. Es el espíritu del planeta Marte.

SATÁN

Apelativo por el que también se conoce a Satanás (véase este término). Deriva del latín satan, y éste del hebreo satán, «adversario», «enemigo». Satán o Satanás es el adversario de Dios y de todos los principios morales.

SATANAKIA (Satanachia)

Según el libro Los secretos del infierno, Satanakia es el gran general de los infiernos. Tiene a sus órdenes directas a los demonios Pruslas, Aamón y Barbatos, además de varias legiones de espíritus. Tiene el poder de someter a los deseos de sus seguidores a todas las mujeres que quieran.

SATANÁS

Jefe de los demonios y del infierno según los teólogos, quienes opinan que Satanás es el mismo Lucifer e, incluso, Luzbel. Satanás es citado en varios libros de la Biblia. En los del Nuevo Testamento, con su habilidad extraordinaria de tentador, pretende desviar a Jesús de su sagrada misión. En todos los pasajes bíblicos se le representa como un ser con capacidad de poder actuar, no tan sólo sobre la inteligencia, sino también sobre el cuerpo humano. También es mencionado por Milton en El paraíso perdido. Según los demonógrafos, Satanás es el príncipe revolucionario y jefe del partido de la oposición en el gobierno de Belzebú. Cuando los ángeles se rebelaron contra el Señor, Satanás, gobernador entonces de una porción del Norte del cielo, se puso al frente de los rebeldes; fue vencido y precipitado al abismo, en donde gobernó pacíficamente hasta el día, desconocido por los humanos, en que Belzebú logró destronarle y reinar en su lugar. Satanás también es conocido como Satanael y Sammael. Para mejor comprensión de la personalidad de este diabólico espíritu, véanse los términos infierno, demonio, diablo, ángeles, Lucifer y Luzbel.

SATÁNICO

Perteneciente a Satanás; propio y característico de él.

SATANISMO

Culto real o supuesto de Satán o Satanás, caracterizado por ritos obscenos y parodias de las ceremonias cristianas. Se ha escrito, aunque sin pruebas fehacientes, que tuvo su origen en Europa en el siglo XII, aunque un movimiento organizado en tal sentido no existió hasta la segunda mitad del siglo XIX, en algunos países de Europa y de América. Este movimiento, cuyo objetivo principal era rendir adoración a Satanás, tuvo dos ramas o grupos principales de adeptos. Este culto a Satán o Lucifer parece que fue promovido por una parte de los mesalianos y por sectas dualistas de la Edad Media, tales como los luciferianos, los bogumilos, los paulicianos y los cátaros, los cuales, por este medio, pretendían protegerse contra los espíritus diabólicos, que después de su derrota por Jesús, sólo tratan de hacer daño a los hombres. La primera rama de dicho movimiento consistió en el culto a Satanás, enemigo de Dios y del cristianismo, y en la plena convicción de su condición de ser depravado, rebelde al Señor y ángel caído y condenado. De sus adoradores se dice que creían que Dios había traicionado al género humano, por lo que preferían aliarse con el enemigo de aquél, y le rendían culto con ritos que constituían un desafío al mismo Ser Supremo. La segunda rama del Satanismo fue conocida por *paladismo,* y sus seguidores se llamaron *paladistas.* De ellos se dijo que veneraban a Lucifer como a un igual, enemigo de Adonai o Jehová. En su creencia, Satanás era el dios de la luz y de la verdad, el principio del bien, mientras que daban a Adonai todos los atributos que en verdad correspondían al diablo. El nombre de *paladistas* derivaba del *paladión* que, según fama, reverenciaban en gran manera: se trataba de un ídolo grotesco que tenía por nombre *Bafo-*

met, cuyo culto fue uno de los cargos que ya se habían dirigido contra los templarios en el siglo XIV para secularizarlos y apoderarse de sus bienes. El nombre de *Bafomet* parece derivar de *Bafometo* o *Baffometi,* que eran estatuitas de piedra adornadas de soles, lunas, serpientes y otros signos misteriosos y cabalísticos. Es fama que eran ídolos adorados por los gnósticos. El Bafomet de los templarios se había guardado escondido desde la época de las persecuciones, hasta que en 1801 un tal Isaac Long lo llevó de París a Charleston (Estados Unidos) junto con el cráneo de Jacques de Molay, gran maestre de la Orden de los Templarios. Ambos objetos constituyeron la base del culto de la sociedad o secta de los satanistas.

SATANISTA

Que practica o es partidario del satanismo.

SATARIEL (Sathariel)

Según el *Libro de Enoch,* Satariel fue uno de los jefes angélicos que se unieron a *Samiasa* o *Semyaza* en su rebelión contra el Señor y fueron arrojados al infierno.

SÁTIROS

Eran una especie de genios selváticos de forma algo monstruosa, pues eran mitad hombre y mitad cabra, en las mitologías griega y romana. Representaban los espíritus elementales de los bosques y de las montañas, y su aparición infundía cierto terror a pastores y caminantes. Tenían rasgos de macho cabrío y de mono; su frente era aplanada; su nariz, roma; sus orejas, puntiagudas; su cuerpo, velludo; sus pies, hendidos como los de los rumiantes; y en su parte posterior ostentaban una cola de cabra. Con el tiempo se les agregaron dos cuernos. Descendientes de Dionisos (Baco), representaban de una manera alegórica la vida alegre y desarreglada de los adoradores del dios del vino. En sus orígenes, los sátiros eran –según Hesíodo– una raza perezosa y cobarde, amante de los placeres y de la buena mesa, y cuyo natural lascivo y sensual los impulsaba a perseguir a las ninfas por los bosques; no indica su forma, pero es muy probable que fuera muy parecida a la de los monos. Según Nonno, los sátiros eran hijos de Hermes (Mercurio) y de Iftime o Ifthina, pero con forma humana; fueron metamorfoseados en monos por Hera, en castigo por su negligencia en vigilar a Dionisos. Otros mitólogos hacen nacer a estos seres de naturaleza caprina de Dionisos y de Nicea o de las náyades. Los sátiros aparecen íntimamente relacionados con los *silenos* (*véase* este término). Los autores griegos distinguían, por regla general, a los silenos llamándolos *ippoi* («caballos»), de los sátiros, a quienes daban el nombre de *trágoi* («machos cabríos»). Los sátiros, al fraternizar con los silenos en el culto de Dionisos, hacían gala de una prodigiosa fecundidad de invención en sus juegos y ocupaciones, que eran múltiples, aunque la vendimia y la elaboración del vino constituían dos de sus principales tareas. Eran alegres, alocados y maliciosos, hasta

el punto de que en algunas pinturas de vasos se los ve, junto a los silenos, persiguiendo al héroe con sus bellaquerías, a guisa de genios maléficos. Las pastoras los temían a causa de su lubricidad; huían de ellos cuando presumían su proximidad y procuraban aplacarlos ofreciéndoles las primicias de los frutos y las primeras crías de sus rebaños. El naturalista Plinio creía que los sátiros eran una especie de monos, y aseguraba que en la India vivían unos monos muy semejantes al hombre y que eran temidos por el afán con que perseguían a las pastoras. Muchos autores han fundido los sátiros y los silenos en una sola naturaleza, pero lo cierto es que se trataban de dos seres distintos, aunque ambos formaban parte del séquito de Dionisos. Los atributos de los sátiros eran la flauta, el tirso, la siringa, la corona de hiedra, hojas de viña y ramas de pino. Cuenta Plutarco que al llegar Sila a Apolonia, en Epiro, hallose en aquellas inmediaciones un sátiro dormido, cuyas formas –dice en sus *Vidas paralelas*– eran idénticas a las que a tales seres atribuían poetas y artistas. Se apoderaron los soldados de aquel ente tan singular y lo presentaron a Sila, quien le dirigió varias preguntas sin obtener de él respuesta inteligible. Diferentes intérpretes le hablaron en las más diversas lenguas, y como el supuesto sátiro «nada articulase con sentido, ni despidiese más que una voz áspera, mezclada del relincho del caballo y del balido del macho cabrío, asustado Sila, le hizo soltar, conjurando el mal agüero».

SATURIEL

Ángel cuyo nombre aparece inscrito en amuletos de la Edad Media y del Renacimiento, destinados a proporcionar ayuda, videncia y protección a sus portadores. Asimismo, se le invoca en determinados ritos mágicos, como en los de experimentos de invisibilidad, según *The Key of Solomon the King* de Mathers.

SAVANIAH

Espíritu angélico cuyo nombre se inscribe en el tercer pantáculo del planeta Mercurio, según *The Key of Solomon the King* de Mathers.

SAVNOK (*Véase* SABNOCK)

SAWAEL

Según los antiguos rabinos, era el ángel que regía los torbellinos de viento o el viento arremolinado *(Amulets and Superstitions,* Wallis Budget, cap. XXI).

SCARMIGLIONE

Uno más de los demonios que Dante *(La divina comedia)* coloca en el infierno. Su nombre significa «que arranca los cabellos».

SCAZZAMURIDDU

Duende típico de Calabria (Italia). Habita en las casas y gasta bromas de todo género a sus moradores, especialmente a las mujeres, a quienes en ocasiones destapa cuando duermen y hace tocamientos y caricias.

SCEABOLES

Uno de los espíritus que se invocan en el experimento de la invisibilidad, según la fórmula contenida en *The Key of Solomon the King* de Mathers (libro I, cap. x).

SCHACHNIEL

Uno de los setenta ángeles amuleto que se invocan como protección de los bebés.

SCHADA-SCHIVAOUN

Conjunto de genios hindúes que rigen el mundo.

SCHADDYL

Ángel perteneciente al orden de los tronos. Se le invoca como protector contra enemigos y entes maléficos.

SCHALTIEL

Uno de los espíritus gobernantes del signo de Virgo.

SCHELIEL (Seheliel)

Según Barrett, el ángel que gobierna la séptima mansión de la Luna. Se le invoca para que ayude al desarrollo de buenas intenciones y de la bondad interna.

SCHEMBOTAIJ

Uno de los espíritus angélicos que se invocan en el citatorio general contenido en el sexto y séptimo libros de Moisés.

SCHEMNE

Otro de los espíritus angélicos que se invoca en el citatorio general contenido en el sexto y séptimo libros de Moisés.

SCHEVA

Demonio femenino más conocido por *Piṭitis (véase* este término).

SCHIOEL (Shoel)

Ángel cuyo nombre se inscribe en el primer pantáculo de la Luna, según *The Key of Solomon the King* de Mathers. Los otros tres espíritus angélicos son: Vaol, Yashiel y Vehiel. La descripción de ese talismán lunar se halla en el término *Yashiel*.

SCHUMNIOS

Hadas maléficas muy temidas por los calmucos, pueblo de origen mogólico que en los últimos años de la Edad Media ocupaba un extenso territorio entre el desierto de Gobi y el lago Baljax, así como parte de la Siberia bañada por el Yenisei. Esas hadas solían tomar la forma de mujeres hermosas, pero un aire muy siniestro y un mirar pérfido denunciaban su naturaleza infernal pues actuaban como *vampiros (véase* este término). Se valían de su belleza y de sus encantos para seducir a los hombres, a los que mordían violentamente, chupándoles la sangre. A veces se reunían varias schumnios para despedazar y comer las vísceras calientes y sanguinolentas de un hombre joven. Dice la leyenda que cada una de estas hadas malignas o vampiras poseía cuatro colmillos de jabalí que se prolongaban como trompa de elefante.

SCHUNMYEL

Ángel que se invoca e inscribe en el sexto sello contenido en el *Sexto y séptimo libros de Moisés*.

SCIAPODI (Esciapodi)

Literalmente significa «sombra del pie». Eran hombres de una sola pierna, pero gigantesca y con un pie enorme, que usaban como sombrilla cuando apretaba el sol. Se los situaba tanto en la India como en Egipto, según el *Libro de las maravillas del mundo* de Mandavila y *Las crónicas de Núremberg* de Schedel (1493).

SCILA (*Véase* ESCILA)

SCIMULI

Duende típico de la isla de Capraia (Italia), que «hace chirriar las paredes de la casa cuando busca un supuesto tesoro oculto por los sarracenos».

SCOX (*Véase* SHAX)

SEALFENNE

Ninfas de las aguas en Alemania, que corresponden a las náyades de la mitología griega (*véase* el término *elfo*).

SEALIAH (Saliah)

Otro de los setenta y dos ángeles que llevan el nombre místico de Dios: Shemhamphora, según la lista cabalística contenida en *El mago, La cábala práctica, La filosofía oculta* y otros tratados. El talismán que se construye con su nombre ensalza a los humillados y decepcionados. Asimismo, es un ángel que controla la vegetación terrestre. Pertenece al orden de las virtudes y posee dominio sobre el Sol y el signo de Escorpión. También ayuda a las artes escénicas y a los actores y actrices.

SEBHAEL

Ángel de las tradiciones árabes que se encarga de llevar los libros en los que se registran las buenas y las malas acciones cometidas por los seres humanos.

SEDEKIAH (Tzedeqiah)

Ángel cuyo nombre se inscribe en el primer pantáculo del planeta Júpiter, que está destinado a descubrir tesoros y encontrar lugares favorables de trabajo, según *The Key of Solomon the King* de Mathers. *(Véase* el término *Parasiel).*

SEEHIAH (Sahaiah, Seheiah)

Otro de los setenta y dos ángeles que llevan el nombre místico de Dios: Shemhamphora. Se le invoca como protección contra las enfermedades y el trueno. Confiere larga vida, fuerza física, optimismo y capacidad para realizar cualquier obra o misión. Pertenece al orden de las dominaciones y tiene dominio sobre el planeta Marte y el signo de Leo.

SEERE (Sear, Seir)

Poderoso príncipe del infierno que está a las órdenes de Amaymon (Amaimón). Se presenta bajo la forma de un hermoso varón montado en un caballo alado. Su trabajo consiste en ir y venir y trasportar cualquier cosa a cualquier lugar (incluido al pasado). Descubre a los ladrones y le obedecen veintiséis legiones de diablos, según Crowley *(Goecia).*

SEFIROT (Sephirot)

Nombre plural que los cabalistas dan a los diez poderes, verbos o emanaciones divinas por cuyo medio Dios creó el mundo, actúa y se da a conocer. El singular es Sefira (Sephira). Los diez Sefirot son: || **1. Kether**, el poder supremo. || **2. Chokmah**, la sabiduría, el ideal de la razón soberana. || 3. *Binah,* la libertad, la poten-cia motriz, la iniciativa. || **4. Chesed** (Hesed), el ideal de la magnificencia y de la bondad. || **5. Geburah**, la fuerza, el vigor, el ideal de la justicia. || **6. Tiphereth**, el ideal de la belleza. || **7. Netzach** (Netzah), la victoria, recompensa del progreso, ley de renovación. || **8. Hod**, el orden eterno, contrapeso del progreso, triunfo de la razón. || **9. Yesod** (Jesod), la verdad, base de toda razón. || **10. Malkuth**, la forma, el objeto exterior, el reino del mundo.

SEFONIEL

Uno de los dos príncipes angélicos que rigen el universo. El otro es Ioniel, según *The Key of Solomon the King* de Mathers.

SEGA

Gran serpiente de mil cabezas de la mitología hindú, sobre una de las cuales está situada la tierra. Sirve de morada a Visnú durante el sueño misterioso de ese dios.

SEGAL

Demonio que ayuda a producir todo tipo de prodigios, naturales y sobrenaturales, según el *Grimorium Verum.*

SEGJIN

Séptima parte del infierno entre los mahometanos; a él van a parar las almas de los impíos, bajo un árbol negro y tenebroso que no deja pasar la luz.

SEGON

Espíritu angélico que se invoca en la oración contenida en *The Key of Solomon the King* de Mathers, para evolucionar en el arte de las ciencias ocultas (libro II, cap. II).

SEHEIAH

Ángel que se invoca como protección contra el fuego, incendios, enfermedades, accidentes, etc. Gobierna la longevidad.

SEIR (*Véase* SEERE)

SEIS BRAZOS

Las crónicas antiguas hablan de una raza humana en tierras remotas cuyos seres disponían de seis brazos para sus quehaceres. Eran hábiles con todos ellos. Véase el grabado correspondiente, reproducido de *Las crónicas de Núremberg* de Schedel (1493). También lo publicó Mandavila en su *Libro de las maravillas del mundo*.

SEMAKIEL

Uno de los espíritus que rigen el signo zodiacal de Capricornio.

SEMANGIAF

Otro de los ángeles que se invocan y se inscriben en el sexto sello contenido en El sexto y séptimo libros de Moisés. Si el sello se usa en la cama, el interesado recibe mensajes y revelaciones a través de sus sueños.

SEMENDUM (Semendun)

Gigante de cien brazos de la mitología persa. Fue muerto por Kaiomorts.

SEMIAZA (*Véase* SAMIASA)

SENMO

Tipo de espíritus diabólicos del Tíbet que provocan enfermedades.

SEPAR (*Véase* ZEPAR)

SERAF (Seraph)

Ángel del orden de los serafines. Tiene dominio sobre el elemento fuego. Según la tradición judía, fue el serafín que purificó a Isaías con un carbón del altar. *Véase* lo que se dice en el término *serafines. Seraph* o Seraf es el singular de *seraphim*, serafines.Como *Seraph* se graba en el séptimo pantáculo del Sol, junto con otros ángeles, según *The Key of Solomon the King* (*véase* el término *Phorlakh*). Asimismo, figura en el sexto pantáculo de Júpiter, que está destinado a proteger de los peligros terrestres, junto con los ángeles Kerub (elemento aire), Ariel (elemento tierra) y Tharsis (elemento agua). Seraph, como hemos dicho, controla el elemento fuego.

SERAFINES

Espíritus bienaventurados o ángeles que se caracterizan por su amor perenne a las cosas divinas y por el fervor con que elevan a Dios a los espíritus inferiores (*véase* el término *ángeles*). *Serafín* es un nombre singular que reproduce fonéticamente el plural hebreo *seraphim*, cuyo singular es *seraph*. Por lo que respecta a la etimología, algunos eruditos lo hacen derivar del verbo hebreo *saraph* («consumir en el fuego»), lo que parece estar de acuerdo con lo que dice el profeta Isaías, quien afirma que uno de los serafines se le apareció llevando en la mano una piedra (según el texto hebreo, un ascua o carbón encendido) procedente del altar, para purificarle los labios. Otros estudiosos lo derivan del nombre hebreo *saraph* («serpiente encendida y voladora»), pero esta forma serpentina no aparece –como veremos– en la descripción que de los serafines hace Isaías en el libro bíblico correspondiente. Algunos relacionan dicha palabra con el *sharrapo* babilónico (nombre de Nergal, *véase* este término), y los menos, con el *seref* egipcio, o grifo, pero no existe el menor dato fehaciente sobre este punto. Los serafines se mencionan en el *Libro de Enoch*, juntamente con los *querubines (véase* este término), aunque distintos a éstos; pero donde se hallan descritos con toda propiedad es en la Biblia, en el libro de Isaías, en el que este profeta, después de levantar su voz indignada por los pecados del pueblo de Israel, dice: «Vi al Señor sentado sobre un solio alto y levantado... Serafines estaban sobre él: seis alas tenía el uno, y seis alas el otro; con dos cubrían el rostro de él, y con dos cubrían los pies de él, y con dos volaban. Y daban voces el uno al otro y decían: "Santo, Santo, Santo, Señor Dios de los ejércitos; llena está toda la Tierra de tu gloria". Y estremeciéronse los dinteles y quicios a la voz del que gritaba, y llenose la casa de humo... Y voló hacia mí uno de los serafines, y en su mano llevaba una piedrecita que con una tenaza había tomado del altar. Y tocó mi boca y dijo: "Mira que esto ha tocado tus labios, y será quitada tu iniquidad, y lavado será tu pecado"». Tal es la simbólica visión de Isaías, en la cual se contiene todo lo que las Sagradas Escrituras dicen tocante a los serafines. Los que cita Isaías se mantienen de pie, tienen manos, hablan un lenguaje humano y piensan de forma semejante a los hombres. La jerarquía angélica formada a partir del seudo-Dionisio representa a los serafines, como portadores del más alto amor divino, a la cabeza de los nueve coros de ángeles. Se considera que el número de serafines es extraordinario; se distinguen de los querubines (que ostentan la presencia de la gloria de Dios en el santuario terrenal), en que ellos se hallan delante de Dios como servidores de la corte celestial. En la teología católica, los serafines ocupan, con los querubines, el más elevado puesto en la jerarquía celeste; en la liturgia (tedeum y prefacio de la misa) se representan repitiendo la invocación del Trisagio, como en el lugar citado de Isaías.

SERAPHIEL (Serafiel)

Jefe de los ángeles serafines. Pertenece al quinto cielo. Es uno de los ángeles del Norte que rigen el martes (*El mago,* Barrett).

SERAQUIEL

Ángel «fuerte y poderoso» que se invoca en el conjuro del sábado, según Barrett.

SERATIEL

Espíritu que gobierna el signo de Leo, junto con Sagham.

SEREAS

Nombre que dan a las *sirenas (véase* este término) en Galicia (España).

SERGULAT

Demonio que está a las órdenes directas de *Nebirots (véase* este término). Facilita los medios para hacer cualquier tipo de especulación y para romper la estrategia de los opositores y competidores.

SERGUTHY (Sergutthy)

Demonio que tiene muchos servidores e influye en la obtención de los favores de las mujeres, según el *Grimorium Verum*.

SERIMNER

Jabalí monstruoso que servía de alimento, según la mitología escandinava, a los héroes admitidos en el Walhalla. Cada noche era devorado completamente por aquellos voraces guerreros, y cada mañana el cocinero, Audhrimuer, lo encontraba entero en su marmita.

SEROK (Serosch)

Ized (*véase* este término) o genio persa de la Tierra y de la lluvia. Gobernaba el séptimo día del mes y protegía a los humanos de los genios malvados.

SERPENTÍPEDOS (*Véase* GIGANTES)

SERPIENTE DE MAR

Desde hace siglos corren leyendas marinas que hablan de la existencia en los mares y océanos de un reptil gigantesco que se ha dado en llamar *gran serpiente de mar*. Muchos son los que pretenden haber visto este monstruo marino, y hasta lo describen minuciosamente, hasta el punto de darle una longitud de cien metros o más. En 1522, el historiador y prelado sueco Olaus Magnus u Olavo Magni (1490-1557) dio cuenta de la aparición de una gran serpiente de mar en la vecindad de la costa escandinava. A mediados del siglo siguiente, Aldrovan Pus y Adam Obaris también escribieron sobre la presencia de ese gran monstruo marino en aguas escandinavas. Todos dieron una gran cantidad de detalles sobre la supuesta serpiente de mar, y hasta hicieron dibujos de tan singular monstruo, que a veces aparece representado enlazando entre sus anillos una embarcación para arrastrarla al fondo del abismo, y en otras es una enorme serpiente que devora a los marinos que tripulan un barco. Según Olaus Magnus, la gran serpiente de mar medía sesenta metros de longitud y seis de circunferencia. Su piel estaba cubierta de escamas y lucía una melena de unos sesenta centímetros. Otro autor, el obispo danés Hans Egede (1686-1758), el 6 de julio de 1734 declaró haber visto una enorme serpiente de mar cerca de Groenlandia: «...un monstruo tan largo como un barco, cubierto de escamas, de cuello serpentino y cuatro aletas; nada con la cabeza erguida fuera del agua, sopla como una ballena...». En 1747, el capitán Lawrence de Ferry, de la Armada Noruega, afirmó, en una declaración jurada, que en el mes de agosto de 1746 se encontró con una gran serpiente de mar cuando iba en un bote acompañado de ocho hombres. En su informe dio la siguiente descripción del monstruo: «...cabeza de serpiente, que sobresale unos metros del agua; cuerpo que parece tener ocho jorobas, distantes un par de metros entre sí; melena blancuzca...». En los años posteriores se produjeron nuevos encuentros con el misterioso animal y se multiplicaron los relatos sobre él. Erik Pontoppidan (1698-1764), historiador danés, describió esa serpiente de mar de manera parecida a los citados autores. Las apariciones siguieron menudeando, hasta el punto de que en 1806 se anunció su presencia en las costas americanas y en 1808 en la costa occidental de Escocia, para reaparecer más tarde en la costa norteamericana. Las exageraciones y fantasías que suelen acompañar a esas descripciones habían hecho pensar a los naturalistas que todo se trataba de una invención, de un animal imaginario, pero las repetidas supuestas apariciones y respectivas descripciones despertaron el interés de algunos estudiosos, que trataron de averiguar qué parte correspondía a la inventiva y qué parte a la realidad. Ya en 1848, el naturalista inglés Owen concedió que la existencia de tal monstruo era posible; estuvo influenciado por el informe del capitán McQuhae que mandaba la fragata Doedalus de la Escuadra Británica, que tuvo un encuentro con la serpiente de mar en el Atlántico, el 9 de julio de 1848. El informe que el capitán McQuhae envió al Almirantazgo Británico decía; «… El día era gris. Había algo de marejada. De pronto apareció un animal enorme que nadaba rápidamente, con la cabeza erguida y alzada cosa de un metro y cuarto por encima de la superficie del agua. Pasó tan cerca del barco, que los que se hallaban a bordo pudieron tomar cuidadosamente nota de su aspecto. Era de un color castaño oscuro; pero de un blanco amarillento por la garganta. Por detrás de la cabeza tendría un diámetro de treinta y cinco o cuarenta centímetros. Carecía de aletas. Pero lucía una melena muy parecida a la de un caballo…». El misterioso animal fue avistado en diversas ocasiones, hasta el punto de que en 1892, Oudemans publicó la obra *The Great Sea-Serpent,* fruto de pacientes y laboriosas indagaciones. En ella cita 162 observaciones que concuerdan en muchos pormenores, y de ellas deduce que realmente existe un animal marino que ha dado origen a la creencia en la serpiente de mar, pero que el tal animal no es un reptil, sino un mamífero del mismo orden que las focas, de unos treinta metros de largo. A este supuesto mamífero lo llama *Megophias megophias.* Después de la publicación de dicha obra, el megophias fue visto varias veces: en 1898, en los mares del Tonquín, por oficiales de la Marina Francesa; en 1905, frente a las costas de Brasil, por pasajeros y marinería del yate Valhalla; en 1913, por la tripulación del Doven Castle, en el golfo de Guinea, y, posteriormente, por un oficial sueco, M. O. Smith, en Lilla Vartan, no lejos de Estocolmo. Más modernamente, el 30-12-48, el Departamento Hidrográfico de Estados Unidos recibió el siguiente mensaje, radiado por el vapor Santa Clara, de la Grace Line: «Latitud 34,34 Norte. Longitud 74,07 Oeste. 1700 GCT. Chocado con monstruo marino, matándolo o hiriéndolo. Largo calculado: trece metros y medio. Cabeza semejante anguila. Cuerpo de unos noventa centímetros diámetro. Visto por última vez revolviéndose a popa en extensa superficie ensangrentada. Descubierto por piloto William Humphrey y tercer oficial John Axelson». Los detalles contenidos en el cuaderno de bitácora sobre ese encuentro del Santa Clara no difieren de los dados anteriormente por otros marinos. Pero pese a éste y otros testimonios, la existencia del megophias se considera una fantasía. Hay quien opina que todo se reduce a ilusiones ópticas, debidas al modo de reflejarse la luz en la superficie del agua, pues no deja de ser extraño que nunca haya podido capturarse uno de esos monstruos, ni se haya encontrado su cadáver flotando en las aguas o encallado en algún banco de arena o en una cala de poca profundidad. Sin embargo, es cierto que existen serpientes acuáticas, y aun algunas que viven en el mar, pero son pequeños ofidios que no se alejan de la costa ni constituyen un peligro para los navegantes. Según los zoólogos, entre esos ofidios y la famosa gran serpiente de mar media la misma distancia que existe entre los inofensivos dragones o lagartos voladores de Malasia y el monstruoso dragón de las leyendas y tradiciones.

SERRAEL
Ángel del quinto cielo que se invoca para conseguir buen tiempo o la lluvia si hace el caso, a fin de proteger cosechas y tierras.

SERUPH (Seruf)
Ángel que gobierna el elemento fuego.

SERVANT
Duende doméstico típico de Suiza. Equivale al sotray francés.

SET (*Véase* TIFEO)

SETCHIEL
Uno de los ángeles del tercer cielo y del viernes. Debe ser invocado desde el Este (Oriente), según Barrett. Y de acuerdo con Marius Malchus *(El grimorio secreto de Turiel)* se le invoca en determinados conjuros y encantamientos.

SFARAGITIDAS
Ninfas que moraban en la gruta Sfaragidio, en el Citerón *(véase* el término *ninfas).*

SHACHMIEL
Nombre de un ángel que se encontró escrito en un amuleto o talismán (kamea) antiguo destinado a protegerse del diablo.

SHADFIEL
Uno de los muchos ángeles guardianes de las puertas del viento del norte.

SHADRACH
Ángel que se invoca en una oración destinada a obtener favores y amor, contenida en The Key of Solomon the King de Mathers (libro i, cap. xv).

SHAHARIEL
Uno de los ángeles guardianes del segundo cielo.

SHAHIEL
Otro de los ángeles cuyo nombre se encontró inscrito en un encanta-

miento oriental o talismán (kamea) destinado a ahuyentar al demonio o protegerse de él.

SHALGIEL
Uno de los ángeles de la naturaleza, el cual rige la nieve.

SHAITAN (Schaitán)
Nombre árabe de Satán o Satanás. Está citado en varias azoras de el Corán.

SHAKZIEL
Ángel que tiene dominio sobre el agua y los insectos.

SHAMRIEL
Ángel protector que los judíos invocaban contra el mal de ojo y otros maleficios.

SHAMSHIEL (Shamsiel)
Ángel que gobierna la luz del día. Su nombre se encontró escrito en la lista de protectores contra los calumniadores, murmuradores, envidiosos y jueces, emires, autoridades y gobernantes malvados. *(Amulets and Superstitions* de Wallis Budge).

SHAX (Shaz, Shass, Chax...)
Es un gran marqués del imperio infernal que se aparece en forma de cigüeña y caballo; habla con voz ronca, pero sutil. Es especialista en perjudicar la vista, el oído y el entendimiento de cualquier hombre o mujer a voluntad del mago u oficiante. Puede robar dinero de las arcas reales, si bien lo restituye pasados mil doscientos años. Bajo órdenes transporta cualquier cosa al interior de un triángulo previamente trazado en el suelo; puede traer hasta caballos. Descubre todas las cosas ocultas, que no estén protegidas por espíritus malvados. A veces, otorga bienes familiares. Le obedecen treinta legiones de diablos, según Aleister Crowley *(Goecia)*. (*Véase* el término *Monarquía infernal*).

83. Shax

SHEBNIEL
Uno de los setenta ángeles amuleto que se invocan como protección del recién nacido, según *El libro del ángel Raziel*.

SHEDIM (Shadin)
Diablos entre los antiguos hebreos. Se creía que poseían patas de gallo. Se determinaba su presencia espolvoreando el suelo con ceniza, lo que revelaba las pisadas. Se creía que los shedim descendían de las serpientes que tentaron a Eva. El salmo 106, versículo 37, de la Biblia parece hacer referencia a esos diablos cuando dice: «Sacrificaron sus hijos y sus hijas a los demonios».

SHEDU

Nombre que los asiro-babilonios daban a los genios bienhechores *(véase* el término *genios).* Eran los protectores de los seres humanos, a quienes defendían contra el poder del mal, personificado en los genios maléficos. Los shedu o lamassu eran los que llevaban a los dioses los homenajes y sacrificios de los fieles, y quienes solicitaban a aquéllos dones y favores para los necesitados. Se les representaba en las puertas de los templos en forma de toros alados con rostro humano.

SHEMESHIEL

Ángel que se inscribe en el segundo pantáculo del Sol, según *The Key of Solomon the King* de MacGregor Mathers.

SIBARIS (Sybaris)

Monstruo espantoso que habitaba en los alrededores del Olimpo. También es conocido por *Alcioneo.* Era hijo de Dionis y de Megamira. Su guarida era una caverna tenebrosa, en Crissa, de la que salía para devorar hombres y rebaños. Consultado el oráculo de Apolo, el dios dijo que el único medio de aplacar a la fiera era ofrecerle en sacrificio un joven de Delfos, que la suerte designó a Alcioneo. Euribato, hijo de Eufemo, acompaña al joven que había de ser entregado al monstruo, y cuando éste se disponía a arrojarse sobre su víctima, despeñó una roca enorme que dio de lleno en el terrible animal y lo aplastó. Entonces surgió en aquel lugar una fuente, la cual fue llamada Sibaris. En recuerdo de esta fuente y de la hazaña de Euribato, los locrios, sus paisanos, fundaron una ciudad en Italia a la que pusieron el nombre de Siberia, que alcanza gran renombre en la época clásica a causa del lujo, pereza, molicie y afeminamiento de sus habitantes, lo que ha dado origen al vocablo moderno «sibarita».

SIDHE (Daoine Sidhe)

Los sidhe (se pronuncia «shee», «shi») son duendes domésticos típicos de Irlanda. Son delgados, de poca altura y bien parecidos. De piel suave, cabello largo y voces dulces y seductoras. Suelen vestir de blanco. Viven bajo los montes y las montañas y no les gustan que corten los árboles que hay en ellos. Acostumbran a dejarse ver en las fiestas del 30 de abril-1 de mayo (festival de Beltane o de Walpurgis) y del 31 de octubre-1 de noviembre (festival de Samhain o Halloween), generalmente a la medianoche o al despuntar el día. Para tenerlos contentos y que sean serviciales, se les ha de ofrecer agua, comida, leche, patatas, tabaco, whisky… Si se les falta al respeto y se rompen sus tabúes, perjudicando a la vegetación y árboles de los montes, se vuelven violentos, cometen desmanes y hasta raptan doncellas a las que llevan a sus moradas subterráneas y las convierten en sus concubinas y esclavas. En el pasado, muchas desapariciones de jóvenes en Irlanda, de las que nunca más se supo, fueron atribuidas a los sidhe.

SIGEAMI (Sigeani)

En la mitología índica, sobre todo en Birmania, es el espíritu que preside el orden de los elementos y lanza el rayo, produce el trueno y provoca el granizo.

SIKIEL

Uno de los ángeles guardianes de las puertas del viento del oeste. Es el ángel que controla el siroco.

SILCHARDE (Sirchade)

Es el demonio del dominio. Concede al que le evoca o invoca un poder dominador intenso sobre el prójimo. En particular influye en el alma de los hombres poderosos, de manera que se puede conseguir de ellos toda suerte de beneficios, empleos y prebendas. Se le debe invocar en jueves, según el *Gran grimorio del papa Honorio,* el cual contiene todo el procedimiento a seguir para hacer la evocación a Silcharde.

SILAT

Demonio hembra cuyo oficio consiste, a manera de súcubo, en generar tentaciones eróticas en los hombres y provocarles pasiones sexuales desenfrenadas.

SILENOS

Seres agrestes de forma algo monstruosa muy parecidos a los *sátiros* (*véase* este término), pero no tenían los rasgos principales de la cabra como éstos. Los silenos más bien representaban a demonios o espíritus equinos, muy allegados a los centauros; tenían las orejas muy velludas, la cola gruesa y el casco propio de los solípedos. Los autores griegos distinguían, por regla general, a los silenos llamándolos *ippoi* («caba-llos») de los sátiros, a quienes daban el nombre de *trágoi* («machos cabríos»). Su nombre latín, *silenus,* significa, al parecer, «agua que corre borboteando», y el caballo era el símbolo de las aguas. Aunque a menudo se confunden silenos y sátiros, lo cierto es que son seres distintos. Los primeros no son oriundos de Grecia, sino de Frigia, en donde personificaban a los genios de las fuentes y de los ríos. Entre estos seres descuella, por antonomasia, Sileno, en singular, el genio musical de las aguas, que debía a su naturaleza fluvial un carácter de sabiduría sobrehumana y de inspiración profética.

Cierta tradición mitológica de origen frigio dice que el rey Midas, también de Frigia, capturó a Sileno mezclando vino con el agua en la que éste se refrescaba. Cuando Sileno despertó de la embriaguez, se halla y prisionero del rey Midas, quien le obligó a que hiciera oráculos con su misteriosa sabiduría, con los que reveló secretos profundos de la vida humana. Al pasar a Grecia, silenos y sátiros fueron hermanados, falseándose la naturaleza de los primeros, ya que fue alterada su dignidad y filosofía para hacerlos ebrios y mundanos como los sátiros. El arte helénico reprodujo muchas veces el tipo de sileno grotesco, viejo, obeso, con los miembros cubiertos de vello, algunas veces con cola de caballo y llevando, generalmente, por atributo un odre lleno de vino. Esta corrupción caracterológica llega al máximo cuando el propio Pausanias escribió que se daba el nombre de silenos a los sátiros entrados en años. Según el poeta Nonnos, los sátiros descienden de los tres hijos de Sileno, pero lo cierto es que entre uno y otro grupo de genios-monstruos –pese a sus afinidades y a formar parte ambos del séquito de Baco– han de hacerse profundas distinciones, en beneficio de los silenos. Del carácter y pensamiento profundo de éstos es suficiente recordar las palabras que –según escribe Aristóteles– pronunció Sileno cuando el rey Midas le instó a que le dijera la mayor ventura que puede existir para el hombre: «Hijos de un linaje condenado a aflicciones y a duros trabajos, ¿por qué obligarme a decir lo que os fuera mejor ignorar, ya que aquellos que no saben sus propios males son los que menos padecen en el mundo? Entre las cosas todas no creáis que lo mejor para el hombre sea el vivir, el ser partícipe en las excelencias de la naturaleza; no, lo mejor para todos y para todas es no haber nacido; y dado que esto no sea posible una vez venidos al mundo, lo mejor es entonces morir pronto y cuanto antes».

SILFOS (Sílfides)

Genios o *espíritus (véase* este término) que vagan por los aires. Según los cabalistas son espíritus elementales compuestos de los más puros átomos de aire, en cuyo elemento habitan. Su nombre viene del latín *sulfi, sylfi, sylfiorum,* «genio», entre los galos. Los silfos, según los libros cabalísticos del siglo XVI, formaban tres legiones mandadas por tres capitanes: Damalech, Taynor y Sayanon, los cuales, a su vez, obedecían a un príncipe llamado *Ariel (véase* este término), que era el espíritu de la tierra, el vasallo del rey de las hadas. La leyenda de los silfos tiene, si no su cuna, cuando menos su foco principal de desarrollo en Irlanda y en la Inglaterra central. Enamorados de la naturaleza, esos espíritus huyen del hombre malvado y de las ciudades por los crímenes y maldades que en ellas se cometen. Al llegar la primavera se visten de verde. Es creencia popular en la isla de Man, en donde llaman a esos seres invisibles *good people* («buena gente»), que éstos viven en los desiertos, en los bosques y en las montañas, rehuyendo el contacto con los seres humanos. Según los antiguos germanos, los silfos poblaban la naturaleza entera y vivían en las casas y pueblos de los humanos. La fantasía popular los revestía de muy variadas formas; unas veces eran hermosos y gráciles; otras, pequeños y feos; otras, grandes y disformes; ora, varones, otrora, hembras. En general ayudaban al hombre honrado en muchos de sus quehaceres, pero se enojaban fácilmente y entonces se vengaban haciendo trastadas y rompiendo cacharros de la casa. A esta clase de seres –que a veces se hacían visibles– pertenecían los *gnomos* y los *duendes,* palabras que primitivamente tuvieron una significación más amplia que la que posteriormente se les dio *(véanse* dichos términos). Las tradiciones anglosajonas hablan de los *landylfe* (silfos de la tierra), de los *waterylfe* (silfos del agua) y de los *seeylfe* (silfos del mar). En la poesía inglesa los silfos fueron apareciendo gradualmente como entes benéficos, pero en los tiempos antiguos se los consideró unas veces benéficos, y otras, maléficos, hasta el punto que se les instituyó un culto especial, pues en determinadas fechas se les ofrecían banquetes *(alfablot)* para aplacarlos. Se suponía que podían provocar enfermedades y tormentas. En *La tempestad,* Shakespeare afirma que las principales ocupaciones del silfo son: seguir con sus pasos las ondulaciones del mar, trazar sobre el césped aquellos círculos amargos donde el rebaño no acude a pacer, y abrir a medianoche las setas del bosque, utilizándolas como sombrillas contra la luz de la luna. Los *silfos* ofrecen ciertas semejanzas con los *duendes* de Castilla y Andalucía, con los *follets* de Francia, Cataluña y Baleares, y los *kobolds* de Alemania, así como con los *gnomos* y *enanos* *(véanse* todos estos términos).

SILLÓN DEL DIABLO

En Caligny, en el cantón de Flers (Francia), existe un extraño bloque de granito tallado en forma de asiento, que se conoce con el nombre de «el Sillon del diablo», «el Púlpito del diablo». Esa sorprendente piedra fue llevada allí desde otro lugar muy apartado del pueblo y de alguna forma sorprendente y poco habitual. Dice la leyenda que Satán perfiló esa piedra, se acomodó en ella y desde ese pétreo púlpito hacía sus encendidos parlamentos a sus acólitos de la región, bien cerrada la noche.

SILVANO

Divinidad latina de los campos y bosques o selvas *(sylvae),* de donde procede su nombre. Como los sátiros, tenía la parte inferior del cuerpo de cabrón, por lo que ha sido muy confundido con Pan y Fauno. La leyenda dice que era hijo de un pastor de Sibaris y de una cabra, o de una joven llamada Valeria Tusculanaria. Silvano tenía a su cuidado los trabajos de roturación de los campos, así como la creación de pastos. Se le adoraba como protector de los ganados, cuya fecundidad favorecía; alejaba a los lobos y demás animales dañinos de los corrales y pastos. Los niños, y especialmente las mujeres embarazadas, sentían por él un religioso temor. El culto que se tributaba a Silvano era de carácter privado: se le ofrecían víctimas de entre el ganado o los animales domésticos, como cerdos, machos cabríos, etc. Se le encuentra muchas veces asociado con los espíritus o divinidades que tenían por misión guardar las casas, las fuentes, los campos y los bosques, como los *penates,* los *lares,* las *ninfas...* *(véanse* estos términos).

SIMORG (Simurgh)

Ave fabulosa al que los árabes llaman Anka y los rabinos Jukhneh. Según las tradiciones persas habitaba en las montañas del Caf, en una supuesta cordillera circular que rodeaba la Tierra y a la que se llegaba después de atravesar siete valles o mares. Se le tenía por el rey de todos los animales voladores, grandes y pequeños. Era tan enorme que necesitaba para su sustento todo lo que crecía en muchas montañas; tenía cabeza humana, cuatro alas, garras de buitre y cola de pavo real. Su plumaje era anaranjado.

Hablaba como los seres humanos y su mente podía razonar perfectamente. Un día que se le preguntó su edad respondió: «Siete veces he visto ya lleno y vacío de animales este mundo. El siglo de Adán en el cual estamos debe durar siete mil años; yo ya he vivido doce de estos siglos y aún no sé cuántos me quedan por vivir».

SINGDONGMO
Demonio hembra del Tíbet. El nombre significa «faz de león». Los singdongmos se cree que pican «soplos de vida» o «soplos vitales» de los fallecidos, según Alexandra David-Neel (*Místicos y magos del Tíbet*).

SINTRIPS
Genio o espíritu que producía trastadas a los alfareros, cuyos cacharros rompía a veces con gran estrépito. Aristófanes lo menciona en sus obras.

SIOPODOS
Habitantes fabulosos de la India, de los que habla Plinio el Joven en su *Historia natural,* diciendo que sólo tenían una pierna y que eran muy ligeros al saltar, por lo que se les llamaba *monoscelos.* También eran conocidos por *sciopodes* (siopodos) a causa de su costumbre de utilizar su pie como sombrilla; cuando hacía mucho sol se echaban de espaldas al suelo y lo levantaban al aire. Por supuesto, su pie era de enorme tamaño. El nombre deriva de *scia,* que en griego significa «sombra», y de *poda,* «pie».

SIRATH
Nombre que dan los musulmanes al puente que las almas pasan después de la muerte del cuerpo; debajo de él hay un abismo de fuego eterno. El Sirath es tan delgado como el filo de una espada y las almas de los justos deben cruzarlo con la velocidad del rayo para poder entrar en el paraíso y disfrutar de la compañía de las *huríes (véase* este término).

SIRCHADE
Demonio al que la tradición brujeril y mágica atribuye un poder inmenso sobre toda clase de animales. *(Véase* el término *Silcharde).*

SIRENAS
Seres fabulosos representados con cabeza y pecho de mujer, alas y cuerpo de ave, que tenían de aquélla todas las gracias y de ésta todas las melodías. Para el oído de los humanos, nada era comparable al embeleso de su canto. Habitaban en las costas meridionales de Italia, en la boca del estrecho de Tesina, en islotes erizados de escollos, desde donde acechaban a los marineros, que atraían con sus cantos de inefable dulzura; para gozar mejor de tal embeleso, los marineros, fascinados, se inclinaban más y más hacia la superficie de las aguas, sumergíanse en ellas poco a poco, y desaparecían en ellas para siempre. Pese a la forma citada, de la que hay testimonios en los vasos pintados que reproducen sirenas de tal naturaleza desde el estilo de las figuras negras, en monumentos posteriores vense como mujeres hasta la cintura y como aves en el resto del cuerpo. Sin embargo, los artistas y autores modernos, confundiéndolas con las tritónidas, las han pintado en forma de mujeres con la parte de

pez en vez de ave. Como excepción, las sirenas que se ven en algunos bajorrelieves junto a la nave de Ulises, son mujeres de pies a cabeza. Las sirenas estaban en relación con las divinidades infernales, y, en cierta manera, estaban consideradas como las Musas de la muerte. En ellas se unían dos ideas: la seducción irresistible y la muerte despiadada. Su paternidad se atribuía al río Aqueloo (Acheloo), del cual se llamaron Acheloides, o de Forco (Forcis), el Viejo del mar, padre común de todos los monstruos de esta naturaleza. Su madre fue Estérope, según algunos mitólogos, o Gea (la Tierra), según otros. También se atribuye su maternidad a Terpsícore (Apolonio) y a Melpómene (Apolodoro). Estaba vaticinado por el oráculo que las sirenas vivirían todo el tiempo que lograsen detener a cuantos navegantes pasaran cerca de ellas y que perecerían en el momento en que un mortal se librara de ser cautivado por el hechizo de su canto. Años y años, a juzgar por el osario en que se había convertido el lugar en que moraban, cumplieron su terrible destino. Su primer fracaso lo constituyó el paso de los argonautas, ya que Orfeo las venció con su lira y voz divina. Y su destino quedó al fin sellado por Ulises, como relata la *Odisea*, de Homero. El héroe, prevenido por la maga Circé, no cae en el engaño de su canto al pasar cerca de los parajes en que viven; tapa los oídos de los marineros con cera y se hace atar él mismo al mástil de la embarcación. De esta escena hay numerosas representaciones en vasos antiguos pintados. Entre dos y ocho varía el número de sirenas conocidas; pero lo más común es creer que fueron tres y que se llamaron Leucosia, Ligea y Parténope, nombres que designan la suavidad de su voz y el hechizo de sus palabras. El nombre más antiguo que se conoce de una sirena lo tenemos por un vaso del Museo Británico que nombra a una de ellas, Himeropa. El destino de las sirenas quedó consumado con la victoria de Ulises: impulsadas por la desesperación se precipitaron al mar, quedando convertidas en peñas, por lo que aquél paraje recibió el nombre de Sirénides o Sirenusas. De Parténope se contaba que las olas llevaron su cuerpo a la playa inmediata, en cuya arena fue enterrada; el sepulcro allí erigido convirtióse tiempo después en altar, y más tarde en templo y ciudad. El origen del mito de las sirenas ha sido muy discutido. Furtwängler cree que es asiático, pero lo que parece más lógico es reunirlas al grupo

84. Sirena

de las *Harpías,* de las *Keres,* de las *Erinias* o *Furias* y de otras divinidades infernales relacionadas con el reino de *Hades (véanse* estos términos). Algunos mitólogos explican la fábula de las sirenas diciendo que era una alusión a las cortesanas o comediantas que en las playas sicilianas atraían a los navegantes con sus hechizos y placeres, que les hacían olvidar el objeto de su viaje. La creencia en las sirenas persistió aún mucho tiempo después de la caída del Imperio romano. En la Edad Media se las llamó *mermaids* (hijas del mar) y los marinos creyeron ciegamente en ellas, especialmente los de Bretaña, que aseguraban haberlas visto. Entre los bretones el nombre de *sirena* indica una facultad de la naturaleza por la cual el aire repite el eco de una palabra, y creen que estos seres fabulosos existen en la tierra, en el cielo y en los mares, que producen la armonía de las esferas, los zumbidos de los vientos y el ruido de las olas. Un periódico inglés del siglo XVIII menciona, con toda seriedad, según Timerley (*Encyclopedia of Literary and Typographic Anecdote*), la maravillosa aparición de una *mermaid* en las costas de Inglaterra.

SIRENOMELO

Nombre que se aplica en teratología al monstruo humano que nace sin pies y con las piernas fusionadas.

SITAEL

Otro de los setenta y dos ángeles que llevan el nombre místico o sagrado de Dios: Shemhamphora, según la tabla contenida en *El mago* de Barrett. Pertenece al orden de los serafines e influye en el planeta Júpiter y en el signo zodiacal de Aries. Se le invoca como protección contra la adversidad y dificultades de cualquier género. Ayuda al progreso material y moral.

SITRI (Sytry)

Gran príncipe infernal que se aparece con cabeza de leopardo y alas de grifo, si bien asume forma humana, y muy bella, a las órdenes del mago u oficiante. Su misión consiste en promover el amor entre los dos sexos y hacer que las mujeres se presenten por sí mismas desnudas ante el oficiante. Le obedecen sesenta legiones de diablos, según Crowley (*Goecia*). (*Véase* el término *Monarquía infernal*).

SITTACIBOR

Ángel que se invoca en el conjuro para purificar la cera y la tierra virgen que se emplea en determinadas operaciones mágicas, según la fórmula contenida en *The Key of Solomon the King* de Mathers.

SITTIM

Demonio indio que habita los bosques y que en muchas ocasiones adopta la figura de hombre para acercarse a los mortales.

SKOFFIN

Monstruo islandés semejante al Basilisco. Su mirada era mortal. Se le describe como un híbrido mitad gato y mitad zorra.

SKOL (Skold)

Enorme lobo que, según la mitología escandinava, persigue sin cesar al sol y un día se lo tiene que tragar. Otro lobo, Flate, persigue a la luna (*véase* el término *Eskol*). Skol está también, agunas veces, acompañado por el fiero lobo *Fenris (véase* este término).

SLEIPNER (Sleipnir)

Caballo mítico del dios nórdico Odín. Poseía cuatro pares de patas, por lo que cabalgaba más raudo que el viento. Este octópodo fue engendrado por el malvado *Loki (véase* este término) en cierta ocasión que adoptó la forma de yegua.

SMARAGOS

Genio funesto de los alfareros en la Europa occidental. Era al que, a veces, le encantaba romper los cacharros y gastar jugarretas a tales artesanos.

SNIEL

Según *El Libro del ángel Raziel*, otro de los setenta ángeles amuleto que se invocan como protección del recién nacido.

SOCODIAH (Socohiah)

Ángel que se inscribe en el primer pantáculo de Venus, según *La ciencia secreta de la magia* (Idries Shah) y *The Key of Solomon the King* (Mathers). Los otros tres son: Nogahiel, Acheliah y Nangariel.

SODECK

Ángel que se invoca para obtener honores y favores, además de influjos para actuar con rectitud y santidad, según el *Sexto y séptimo libros de Moisés*.

SOHAM

Monstruo persa, especie de dragón hipocéfalo, de ocho pies y cuatro ojos.

SOLAS (*Véase* STOLAS)

SONEAS

Uno de los ángeles regentes del quinto cielo y del martes. Se le invoca desde el Oeste, según *El mago* (Barrett). Se le invoca para obtener ayuda en luchas, combates y guerras.

SOMAS

Uno de los ángeles del quinto cielo.

SOPHIEL (Sofiel)

Uno de los ángeles que se inscriben en el cuarto pantáculo de la Luna, según *The Key of Solomon the King*.

SORABHI (Surabhi)

Vaca maravillosa hindú que salió de un mar de leche. Es la madre y nodriza de cuanto existe sobre la Tierra.

SORATH

En magia talismánica, es el espíritu del Sol. Según Barrett, numéricamente corresponde al 666, el número del anticristo, que se identifica con el emperador Nerón, cuyo nombre escrito en letras hebreas da ese valor, según el cómputo siguiente: N = 50; R = 200; V = 6; N = 50; Q = 100; S = 60; R = 200; Suma total = 666

SOTRAY (Sottray)

Se da este nombre, en Sologne (Francia), a un duende doméstico que se introduce en las cuadras y los establos para cometer toda suerte de diabluras, como revolver las crines de los caballos y derramar la paja en el pesebre. Sin embargo, a veces se encariña con los moradores de la casa y entonces los ayuda en sus quehaceres domésticos. En Lorraine le dan el nombre de *sotrai, sotré* y hasta *soutrai*, en donde es un duende de carácter afable y servicial, muy poco dado a las travesuras. En general, sotray equivale al escocés *brownie*, al *servant* suizo y al *genbelin* y al *gobino* de Normandía y de la baja Bretaña.

SPHENER (Esfener)

Potencia celeste o angélica que se invoca para combatir a Mardero, un demonio que provoca enfermedades y fiebres, según *La ciencia secreta de la magia* (Idries Shah), cap. XI. Se suele escribir el nombre de *Sphener* en una tira de papel y se enrolla alrededor del cuello, haciéndose una invocación solicitando ayuda, protección y curación. Este sistema es bastante eficaz para las dolencias de la garganta acompañadas de fiebre. Para dolores de cabeza, se puede arrollar en torno a ésta la larga tira de papel. El nombre de *Sphener* se puede escribir o dibujar varias veces.

SPRIGGIANS (Espriggians)

Nombre que se da a un tipo de hadas en Cornouaille, Bretaña. Habitan las rocas, los árboles, las fuentes… Su placer principal consiste en indicar caminos equivocados a los caminantes y viajeros. Tienen poder para encontrar tesoros ocultos y provocar cambios repentinos en el tiempo atmosférico. Son análogas a las daoine-shi de Escocia y a los elfos de Alemania.

SPUGLIGUEL

Según Barrett, es el ángel de cabeza del signo de primavera.

SQUONK (Squonx)

Animal fabuloso originario de Pensilvania, Estados Unidos. Se contaba que era un monstruo huraño que vivía en las plantaciones de cicuta, cuya piel estaba cubierta de verrugas y lunares y que lloraba continuamente, por lo que era fácil seguirle la pista. Era creencia que cuando lo acorralaban y no podía huir, se disolvía en lágrimas, llanto que se oía perfectamente. Se cuenta que un granjero consiguió atrapar un squonk y meterlo dentro de una bolsa, pero al poco rato ésta sólo contenía un poco de líquido que formaba burbujas; el animal se había deshecho en llanto.

SRINMO

Tipo de los demonios «caníbales» del Tíbet. La partícula *srin* significa «caníbal». Siempre provoca enfermedades.

SRINPO

Otro tipo de los llamados demonios «caníbales» del Tíbet. Genera enfermedades y accidentes.

SSAKMAKIEL

Uno de los dos genios que gobiernan el signo zodiacal de Acuario. El otro es Archer.

STOLAS (Stolos, Solas)

Es un grande y poderoso príncipe del imperio infernal. Se presenta con la forma de un búho con corona y largas patas, pero a las órdenes del oficiante, toma la imagen de un hombre. Enseña el arte de la astronomía y las virtudes de las hierbas y de las piedras preciosas. Le obedecen veintiséis legiones de demonios, según Crowley y Mathers *(Goecia),* y Collin de Plancy *(Diccionario infernal).* (*Véase* el término *Monarquía infernal*).

85. Stolas

STRIGOI

Nombre genérico que se da a los vampiros en Rumanía. Las mujeres vampiro reciben el de *strigoaïca.*

STRITEK

Nombre que aplicaban en Checoslovaquia al gnomo.

STURBIEL

Uno de los espíritus angélicos que a las órdenes de Vachmiel rigen la cuarta hora del día, según Waite *(El libro de la magia negra).*

STURIEL

Otro de los setenta ángeles amuleto que se invocan como protectores del recién nacido.

STYRACOSAURUS

Dinosaurio herbívoro que medía unos seis metros de largo por dos de alto. Pesaba unas diez toneladas y tenía un gran cuerno sobre la nariz, para defenderse. Detrás de la cabeza llevaba una especie de amplio collarín del que sobresalían seis fuertes espinas a manera de cuernos, que le protegían del ataque de otros animales.

SUBRAHMANYA

Hermano mítico de *Ganesa (véase* este término), que tenía seis cabezas y tuvo que matar a un gigantesco *asura (véase* este término) que era el terror de los *richi* (ermitaños hindúes). Cuenta la tradición que Siva dio vida a Subrahmanya abriendo su tercer ojo, el frontal, y hundiendo su poderosa mirada en el lago Saravana. Del fondo de las aguas surgieron al instante seis niños, y al tratar Parvati de abrazar a los seis a la vez, apretó tanto que los conglomeró; quedaron formando un sólo cuerpo con seis cabezas.

SUCERATOS

Uno de los ángeles del cuarto cielo que rige el domingo. Se le invoca desde el Oeste (Occidente), según Francis Barrett *(El mago),* Petrus de Abano *(El heptamerón),* Idries Shah *(La ciencia secreta de la magia)* y Papus *(Tratado elemental de magia práctica).*

SÚCUBOS

Demonios que tomaban la figura femenina para tener contactos carnales con los hombres en las horas nocturnas, mientras dormían, *(véase* el término *íncubos).*

86. Súcubos

SUGAITOION

Genio maléfico del Asia Central, muy temido por los iakutas. Producía el trueno y era el ministro de las venganzas de Utantoion, jefe de todos los espíritus.

SUPELTINOS

Nombre que los habitantes de las islas Shetland dan a los *tritones (véase este término)* o seres marinos masculinos.

SUQUINOS

Uno de los ángeles del aire que rigen el miércoles, según Barrett y Papus, y que gobierna el viento del sudoeste.

SURABHI. (*Véase* SORABHI)

SURAS

Nombre que dan los hindúes a los genios bienhechores, los cuales ayudan a los seres humanos en su lucha contra los demonios o *asuras (véase este término)*.

SURGAT

Demonio que abre todas las cerraduras y candados. Es el principal demonio de las riquezas. Tiene el poder de hallar los tesoros escondidos y señala los lugares en donde se crían el oro, la plata, otros metales de valor y las piedras preciosas. Se le invoca en domingo, según el *Gran grimorio del papa Honorio*.

SURIEL

1. Uno de los siete ángeles que rigen la Tierra. || 2. Uno de los cuatro grandes arcángeles según el *Libro de Enoch*.

SURMA

Monstruo de las tradiciones finesas que monta guardia en el umbral de la morada de *Kalma (véase* este término).

SUROTH

Según la doctrina hermética, la Tierra está en el centro de diez círculos de luz, los cuales son las coronas de la divina esencia. El séptimo círculo contiene el orden angélico de los principados, a la cabeza de los cuales se halla el ángel Suroth, quien tiene poder sobre el planeta Venus y rige la armonía del mundo vegetal terrestre, según Paul Christian *(The History and Practice of Magic,* libro I, cap. XII).

SURTUR

En el principio de los tiempos; antes de la Creación del mundo –dice el poema mítico escandinavo *Voluspa*– además de la región de luz donde imperaba Alfadir, había otra envuelta en constantes tinieblas, surcada por hirvientes y emponzoñados ríos, donde reinaba Surtur el Negro, el genio del mal, la divinidad infernal. Según las tradiciones célticas, Surtur se presentará en la tierra, al fin del mundo, al frente de los genios del fuego, precedido y seguido de torbellinos de llamas. Penetrará por una abertura del cielo, romperá el puente Bifrots, y armado de una espada flamígera más brillante que el sol, combatirá al dios Prey, al que matará. Reducirá el mundo a cenizas con su fuego *(véase* el término *Muspelheim)*.

SUSTRUGIEL

Demonio que enseña el arte mágico y la manera de hacer pactos con los espíritus familiares.

SUT

Uno de los demonios hijos de *Iblis (véase* este término). Sut es el demonio de las mentiras y de los embustes.

SUTH

Es el rey de los ángeles del aire del jueves. Sus ministros son Maguth y Gutrix. Controlan el viento del sur.

SYBARIS (*Véase* SIBARIS)

SYMIEL (Srmin)

Ángel que gobierna el viento de aquilón o tramontana. Tiene a sus órdenes diez espíritus superiores y éstos a un gran número de servidores.

SYMNAY

Ángel del orden de las potestades que se invoca en el sexto sello contenido en el *Sexto y séptimo libros de Moisés*.

SYRACH

Uno de los duques de los infiernos. Tiene dieciocho demonios principales a sus órdenes directas, y los principales son Clauneck, Musisin, Bechaud, Frimost, Surgat y Sirchade, según el *Grimorium Verum* (trascripción de Idries Shah en *La ciencia secreta de la magia)*.

SYTRY (*Véase* SITRI)

SYWARO

Arcángel que figura en el primer misterio del sello, contenido en el sexto y séptimo libros de Moisés.

TACOUINS (Tacuinas)

Clase de hadas orientales muy populares en los países árabes. Se las representa con figuras de bellas mujeres con alas, como los ángeles. Se dice que protegen a los hombres contra los demonios y espíritus malignos; si se las evoca convenientemente, por medio de ritos y conjuros, acostumbran a revelar acontecimientos del porvenir.

TAGRIEL (Tagried)

Según Barrett, Tagriel es el ángel gobernante de la vigesimosexta morada de la Luna. Se le invoca para aumentar la inspiración en trabajos creativos. También es el jefe de los guardianes angélicos del segundo y séptimo cielos.

TAHARIEL

Otro de los setenta ángeles amuleto que se invoca como protector del recién nacido. Según el Zohar, es el ángel que gobierna la primera región celeste.

TAKIEL

Ángel que está a las órdenes de *Bethor (véase* este término) o Betor.

TALBOT

Antiguo vocablo anglosajón con el que se denominaba al lobo depredador. De ahí que el hombre lobo de las películas se le pusiera el nombre de Lawrence Talbot, al que se mataba con una bala de plata *(véase* el término *hombre lobo).*

TALIAHAD

Ángel que se inscribe en el séptimo pantáculo del Sol, según *The Key of Solomon the King* de Mathers. *(Véase* el término *Phorlakh).*

TALMAI

Uno de los ángeles que se invocan en el conjuro de la caña o el bastón, según la fórmula contenida en *The Key of Solomon the King* de Mathers.

TALOS

Gigante de bronce de la mitología griega; célebre guardián de la isla de

Creta. Según la tradición fue fabricado por Hefestos, quien lo regaló al rey Minos, para que protegiera su isla. Talos no tenía más que una gruesa vena, que iba de la cabeza al talón y se cerraba por una especie de tornillo. Tres veces al día recorría el gigante la isla a gran velocidad, vigilando que ningún extranjero desembarcara. Las medallas de Festos representan a Talos con la figura de un joven desnudo y alado que corre veloz, presto a arrojar la piedra que tiene en la mano, atributo que le era común con el *Minotauro (véase* este término). Cuando los argonautas se acercaron a las costas de Creta, hizo Talos que se alejaran de ellas lanzando contra su nave peñascos enormes. Cuenta la leyenda que Talos consumía víctimas humanas. Se colocaba entre el fuego, y cuando las llamas enrojecían su pecho de bronce, cogía entre sus brazos, estrechándolos hasta consumirlos, a cuantos extranjeros llegaban a las playas de Creta. Este terrible gigante era invulnerable, salvo en la parte del talón, donde tenía la clavija o tornillo que cerraba su vena. Se dice que Medea, que era una maga consumada, con sus artes mágicas consiguió sacar la clavija que cerraba la citada vena y la sangre del gigante se desparramó, lo que le causó la muerte. Pero otras tradiciones afirman que Talos murió al tropezar con una peña y saltársele el tapón que encerraba su sangre. Otra versión dice que dicha herida mortal la produjo Peas, uno de los argonautas, de un certero flechazo. Quizá la más creíble sea la que dice que Medea, mediante sus artes mágicas, consiguió, por medio de visiones engañosas o espejismos, que el gigante enloqueciera y él mismo se destrozara el tapón que guardaba el líquido de su vida contra las rocas.

TAMACHAZ

Genios o espíritus angélicos que; según los indígenas de América Central, volaban por las regiones etéreas y protegían las almas de los difuntos en su camino a la morada de los dioses.

TAMAII

Uno de los ángeles que se invocan en la purificación de la pluma; de la tinta y de los colores, según la fórmula contenida en *The Key of Solomon the King* de Mathers (libro II, cap. XIV).

TAMA-PUA

Monstruo gigantesco, mitad hombre y mitad cerdo, que quiso violentar a la diosa hawaiana *Pelé (véase* este término), la cual se refugió en un cráter volcánico, pero Tama-pua llamó a las aguas e inundó el lugar. Pelé, ayudada por los dioses de los volcanes, mató al horrendo ser a pedradas.

TAMARIT

Ángel que gobierna la segunda hora de la noche y que está a las órdenes de Farris.

TAMIEL

Según el *Libro de Enoch* (caps. 6 y 8); Tamiel fue uno de los jefes angélicos que se rebelaron contra el Señor. Fue el que enseñó a los hombres el significado de las estrellas.

TAMUEL (Tamael, Tamaoel)

Uno de los ángeles del tercer cielo que rigen el viernes. Debe ser invocado desde el Este, según Barrett y Papus.

TAMUL

Nombre que los kalmucos dan al infierno; en el cual demonios con cabeza de cabríos atormentan continuamente a los condenados; que son cortados en pedacitos y molidos; para luego ser devueltos a la vida y comenzar el mismo suplicio.

TAMÚS (Tamuz, Thammuz)

Demonio de segundo orden al que se le atribuye la invención de la artillería y de la Inquisición, para que los seres humanos se destruyan entre ellos. Sus dominios son las llamas, las rejas y las hogueras; también dependen de él los ardores amorosos. Algunos demonólogos le atribuyen la invención de los brazaletes que los enamorados componían de cabellos de su amada o de su novio. Pero Tamuz no fue siempre un demonio, pues los antiguos poetas babilónicos lo presentan como un pastor muerto en la flor de la edad o devorado por un jabalí. De él se prenda la diosa Istar, la cual baja en su busca a los infiernos y le resucita con las aguas de la fuente de la vida, pero moría cada primavera, con el consiguiente trabajo de la diosa para devolverle la vida en cada ocasión. Para recuperar a Thammuz o Tammuz, la diosa tuvo que franquear las siete puertas de la mansión de los muertos o del mundo inferior, llamado Kutah y enfrentarse a su malvada reina Ereskigal. Este pasaje es el más importante del poema *Descenso de Istar al mundo inferior,* que con escritura cuneiforme existe en formas sumeria y acádica. El poema de Istar se recitaba el segundo día del cuarto mes del año babilónico (correspondiente al fin de junio y principios de julio) para celebrar la memoria de la infausta muerte de Thamuz, nombre que se dio a dicho mes. El culto de Thamuz pasó de Babilonia a Fenicia, donde fue honrado con el nombre de *Adon* o *Adonai,* que los griegos convirtieron en Adonis (como de Istar Astoreth hicieron Afrodita). Thamuz también fue adorado por los judíos idólatras, que celebraban anualmente una lamentación en su honor. Y san Jerónimo dice (Epístola, 53 Ad Paulinum) que había en Belén un bosque consagrado a Adonis, y que se hacían lamentaciones por su muerte en la gruta misma en que luego nació Jesús.

TANATOS (Tanato)

Era la personificación de la muerte entre los griegos; el proveedor natural de *Hades (véase* este término). Se le considera hijo de la Noche (Nix), y Eurípides nos lo muestra cubierto con un vestido negro y paseándose entre los hombres, con el cuchillo fatal en la mano, es decir, con el arma que corta el hilo de la vida. Pero, de ordinario, Tanatos no tiene este aire siniestro y se le representa con la figura de un genio alado, masculino. Por supuesto, Tanatos reside en el mundo infernal.

TANGEDEM

Uno de los espíritus angélicos que se invocan en el experimento de la invisibilidad, según la fórmula contenida en *The Key of Solomon the King* de Mathers (libro I, cap. x).

TAÓN

Gigante que según los mitos grecorromanos hizo la guerra a Júpiter. Fue muerto por las *Parcas (véase* este término).

TAP

Sobrenombre del demonio *Gaab (véase* este término); gran presidente de los infiernos.

TAPHTHARTHARATH
(Taphtharthareth) (*Véase* TOPHTHARTHARETH)

TARAKA

Especie de genio maligno de la mitología hindú, al cual se le reconoce la propiedad de adoptar diversas formas; la más conocida es la de una mujer casada con Daitia Sounda. Rama los mató como castigo por haber arrasado las provincias y turbado los sacrificios.

TARANNE

Los normandos dan este nombre a un animal fabuloso que representan bajo la forma de un gran perro delgado. Dicen que se dedica a devorar a los otros perros o simplemente a mordisquearlos, de acuerdo con el hambre que pasa. Se deja ver sobre todo en las noches de invierno. Sin embargo, según Dubois, la taranne no se muestra siempre bajo la forma de un can, sino que en ocasiones toma la figura de una bella mujer, pues su poder de metamorfosis es muy amplio, lo que indica un origen infernal o diabólico. Parece que la taranne está inspirada en la representación del *Taranis* o *Tarau* de los celtas, que significa «tonante», y cuya divinidad corresponde al Júpiter de los romanos.

TARASCA

El nombre deriva del francés *Tarasque,* de Tarascón, ciudad francesa. Según las tradiciones provenzales, era la tarasca un animal fabuloso, un dragón o especie de serpiente monstruosa, que desolaba el país y que fue muerto por santa Marta, la hermana de María de Betania y de Lázaro, el resucitado por Jesús. En memoria de la victoria de santa Marta *(véase* este término *dragón)* se celebraban en Provenza, en la ciudad de Tarascón y en algunas otras, dos procesiones o fiestas anuales que llevaban el nombre de tan legendario monstruo. El animal se representaba como un dragón que llevaba adosado un enorme escudo parecido al caparazón de una gran tortuga; presentaba las fauces desmesuradamente abiertas, mostrando varias hileras de dientes; su larga cola estaba recubierta de escamas y las patas mostraban temibles garras. Eran portadores de este figurón doce hombres, y contribuían a aumentar su aspecto terrorífico fuegos de artificio que, introducidos en sus grandes narices, eran quemados durante el trayecto que la comitiva recorría. El día de Santa Marta (29 de julio) este monstruo de madera y tela pintada era paseado por toda la población precedido de un personaje que representaba a la santa libertadora, que de cuando en cuando fingía apaciguar a la fiera echándole agua bendita en las fauces. La fiesta que se celebraba en Tarascón por Pentecostés era más ruidosa y encerraba cierto peligro para portadores y espectadores. La tarasca era conducida por sus portadores en una carrera desenfrenada por calles y callejones de la población con tal velocidad, que a veces se producían accidentes entre los espectadores. Terminada la carrera, la tarasca era llevada a la iglesia, donde efectuaba tres saltos como saludos a santa Marta. Con más o menos variantes, la tarasca pasó a España; en Madrid adoptó la forma de una extraña serpiente o dragón con muchas cabezas que se movían. Figuró en la procesión del Corpus de la capital de España durante muchos años. El día anterior al de la fiesta, la tarasca seguía el itinerario que al día siguiente había de recorrer la procesión y la acompañaban, en grotesca comparsa, el *mojigón,* hombre vestido de manera estrafalaria, que llevaban en la mano un bastón del que pendían dos vejigas de carnero infladas, algunos hombres disfrazados de árabes y varias mujeres que representaban ángeles; estos últimos iban acaudillados por un joven de rubia cabellera que representaba a san Miguel, el vencedor del *dragón (véase* este término). Esta tarasca madrileña llevaba a cuestas, sentadas en un sillón, dos figuras de madera, la *tarasquilla* y el *tarascón,* que acostumbraban a vestirlos con arreglo a los figurines de la moda en el vestir que había de regir en aquel año y peinarlos con las pelucas y prendidos que regulasen el gusto del nuevo peinado. En tiempos de Felipe III se ordenó que la tarasca madrileña no fuese en la procesión, sino que se quedase en la puerta de la iglesia, y durante el reinado de Felipe IV se prohibieron los misterios, autos sacramentales, danzas, etc., que hasta entonces tenían lugar como complemento de la procesión del Corpus, y que se autorizaron de nuevo en 1623 en obsequio al príncipe de Gales (que llegaría a reinar como Carlos II de Inglaterra), que aquel año asistió a la ceremonia religiosa. Dicha tradición volvió a quedar restablecida en su mayor parte, y en el Archivo Municipal de Madrid se encuentra un curioso expediente en el que figuran los proyectos y pliegos de condiciones presentados en 1747 para *la compostura de gigantes y hechura de la tarasca* de

87. Tarasca

aquel año. En este expediente figura un dibujo presentado por Francisco Meléndez como proyecto de tarasca, la cual se representa «sentada en un carro, debajo de un pabellón, de donde han de tirar unos perros y, los ha de gobernar un mono, que ha de llevar un látigo en la mano». La italiana *Serpiente de Butera* también es una representación de la tarasca.

TARDOS

Duendes de la familia de los trasgos, típicos de Galicia (España). Suelen ser de corta estatura, visten estrafalariamente y llevan un bonete que suele ser de color rojo, a veces como un tricornio o con tres partes puntiagudas. Son trasformistas (pueden adoptar formas de animales), traviesos y burlones. A veces se les tiene como *diaños burleiros* («diablillos burlones»). Son peludos, de un color verdoso (para confundirse con la espesura del bosque). Sus ojos son redondos y negros y sus dientes son feos y prominentes. Algunos tardos son muy afeados, agresivos y peligrosos, sobre todo si se les molesta o se habla mal de ellos. En ocasiones actúan como *íncubos* y *súcubos* (*véanse* estos términos), ya que se colocan encima del pecho de los durmientes, no les dejan respirar, les dan sensación de ahogo y les provocan pesadillas. En este aspecto, se parecen a la *Pesanta* (*véase* este término). Los gatos y los perros que hay en la morada o casa de campo son los únicos que pueden ver a los tardos, por eso se debe estar alerta cuando ladran o maúllan sin causa aparente o se mueven en una dirección determinada, como si hubiera allí un ente invisible. Los tardos suelen ir armados de un largo puñal o pequeña espada a fin de mantener a raya a tales animales. Para evitar que el tardo (y sus parientes de raza, como los trasgos) molesten por la noche, es tradición dejar en la mesita de noche un puñado de centeno, de maíz o de mijo…, ya que los duendes se entretienen a contar los granos, a lo que son muy aficionados, y se olvidan del durmiente. De día descansan en su refugio.

TARFANIEL

Otro de los ángeles guardianes de las puertas del viento del oeste.

TARFIEL

Uno de los ángeles guardianes de las puertas del viento del este.

TARIEL

Uno de los tres ángeles que rigen el verano. Su nombre se halló escrito –junto con un grupo de otros ángeles– en un documento asirio destinado a obtener protección contra «las malas lenguas de los hombres malvados»; autoridades; jueces y gobernantes corruptos; que al parecer utilizaban hebreos; samaritanos; etíopes… (*Amulets and Superstitions* de Wallis Budge, cap. XII).

TARMIEL

Uno de los genios de Oriente; que según los cabalistas y esotéricos gobierna el miércoles y está a las órdenes del arcángel Rafael. Según Barrett, es uno de los ángeles del segundo cielo que rigen el miércoles.

TÁRTARO

Nombre con el que los antiguos griegos y romanos designaban en general las mansiones infernales o de ultratumba, pero que, además, se aplicó a una especial de ellas, completamente opuesta al *Hades (véase* este término). Las cuatro mansiones del infierno eran: el *Erebo (véase* este término), residencia de la Noche y de los Ensueños y lugar donde erraban durante un siglo las sombras de los insepultos; el Infierno del Castigo, lugar de expiación y de tortura (que algunos autores tienen por el propio Hades); el *Tártaro,* propiamente dicho, que seguía después, era la prisión de los dioses; y, finalmente, el Elíseo o los Campos Elíseos, que era la mansión feliz a la que iban las almas de los virtuosos. Según Homero, el Tártaro está situado bajo la Tierra, a una distancia igual que la distancia que separa la Tierra del cielo. Hesíodo, en la *Teogonía,* viene a representarlo de la misma manera, pues nos dice: «Un yunque que, lanzado del cielo, tardara nueve días con sus nueve noches en caer a la Tierra, lanzado desde la Tierra, tardaría otros nueve días con sus nueve noches, sin llegar hasta el décimo al Tártaro». Y sobre las condiciones de este lugar infernal, añade: «Hay en torno a este angosto lugar un muro de bronce. Difúndese en su entrada la oscuridad de una noche triple, y en lo alto están los cimientos de la Tierra y del mar infecundo. Pues en tales tinieblas sombrías, pútrido paraje, junto a los confines de la anchurosa tierra, están encerrados los dioses titanes por designio de Zeus, el amontonador

de nubes. No hay salida para ellos, por haberla cerrado Poseidón con puertas de bronce, y porque además da la vuelta el muro por todas partes. Allí moran Gías, Kotto, y el valeroso Briareus, guardianes fieles del nombre de Zeus, que lleva la égida. Allí están, pegadas unas a otras, las fuentes, las extremidades de todo, de la tierra negra y del brumoso Tártaro, del infecundo mar y del cielo estrellado. Allí tienen éstos sus lindes pútridas, que causan horror hasta a los mismos dioses; abismo enorme a cuyo fondo no llegaría en un año quien traspusiera su entrada». En *El escudo de Heracles,* el mismo autor unifica el Tártaro con el Hades, pero con el tiempo, aquel nombre designó exclusivamente la parte del infierno en donde los malvados sufrían el castigo de sus crímenes. Este Tártaro estaba circundado por un río de fuego llamado *Flegetón (véase* este término). Tres Furias, Alecto, Meguera y Tisífone, eran las gondoleras de esta ígnea corriente; con una mano empuñaban una antorcha y con la otra un látigo sangriento, con el que flagelaban sin descanso los cuerpos de los malhechores y criminales encerrados en aquel siniestro recinto. Algunos héroes alcanzaron el singular privilegio de penetrar en esta mansión infernal, en la que se levantaba el palacio de Plutón (Hades) y Proserpina (Perséfone); entonces las Parcas eran las encargadas de guiarles y devolverles a la Tierra, como hicieron con Dionisos, Heracles, Teseo, Ulises y Orfeo. El Tártaro era el lugar donde se hallaban Titio, cuyo pecho era roído por un buitre; Tántalo, corriendo sin cesar tras la onda fugitiva, y las Danaides, esforzándose por llenar un tonel sin fondo. Entre los que pagaban allí sus culpas se encontraban los que habían odiado a sus hermanos, maltratado a sus padres, engañado a sus pupilos… También estaban los avaros, los príncipes que habían suscitado guerras injustas, los traidores a la patria, los servidores infieles, los asesinos… Virgilio, en la *Eneida*, hace una clara descripción de las moradas del infierno y del Tártaro: «Se entra a los infiernos por el averno. Por de pronto, se recorre un desfiladero solitario y tenebroso, que conduce a la entrada del Orco, donde presiden el Desprecio, los Sucesos, las Furias, la Discordia y otros personajes odiosos. De allí al Aquerón, río de aguas corrompidas y pantanosas, en donde Carón separa los seres que no han recibido sepultura o que perecieron en las oleadas, que deben permanecer cien años antes de ser admitidos en los infiernos. A la parte de acá del río, el can Cerbero guarda el camino. Allí están las almas de los nulos, de los inocentes sacrificados, de los suicidas y de los guerreros. El camino que se bifurca conduce: a la derecha, al palacio de Plutón, y a la izquierda, al Tártaro, residencia de los criminales, rodeado de un triple muro, y cuyo recinto está cerrado por una puerta de diamantes. En la parte de atrás del palacio de Plutón están los Campos Elíseos, lugar de las sombras virtuosas y de las almas que no han tenido cuerpo y que deben renacer». Cerca del Tártaro moraban los oscuros Remordimientos; las tristes Enfermedades; la Miseria vestida de andrajos, la Guerra chorreando sangre, la temible Muerte, las espantosas Gorgonas, que tenían serpientes en vez de cabellos, la terrible Quimera de tres cabezas, las despiadadas Harpías y otros monstruos.

TASE

En Burma se da este nombre a una serie de espíritus malignos e infernales, cada legión se diferencia por sus propios medios de torturar a los seres humanos. Las *thabet tase* son los espíritus de mujeres que fallecieron durante el parto y que regresan periódicamente del mundo de las tinieblas como una especie de súcubos asaltando principalmente a los hombres. Los *thaye tase* son demonios grotescos parecidos a gigantes deformes que se presentan durante las epidemias de viruela y cólera. Son los espíritus de quienes han muerto violentamente. Una tercera clase, la de los *hminza tase,* está compuesta de demonios que tienen la facultad de entrar en los cuerpos de animales como los cocodrilos, tigres y perros para atacar a quienes en vida les habían maltratado. Muchos accidentes provocados por animales son, en realidad, venganzas de los *hminza tase.*

TATONON

Ángel que se invoca en la bendición de la sal, según la fórmula contenida en *The Key of Solomon the King* de Mathers (libro ii, cap. v).

TATRUSIA

Uno de los setenta ángeles amuleto que se invocan como protección de los recién nacidos.

TATZELWURM

Extraño reptil que nunca ha podido ser capturado y del que la ciencia oficial niega su existencia. Es legendario en los Alpes y su nombre quiere decir «gusano con patas». Su nombre varía según la región, por lo que también es conocido por *daazlwurm, praatzelwurm, stollwurm…* Este último nombre, que significa «gusano de las cavernas», es citado por un antiguo manual bávaro de caza titulado *Neues Taschenbuch für Natur-Forst und Jagdfreunde auf das Jahr 1836,* del que dice: «Se trata de un gusano que habita frecuentemente en las más oscuras cavernas, y con la forma de un cigarro puro con escamas, armado de una formidable dentadura, y que por patas sólo cuenta con una especie de miserables muñones». Era creencia de que podía dar saltos de dos a tres metros y que podía matar sólo con su aliento. El doctor. J. L. Barceló ha tratado extensamente de él en su obra *Animales desconocidos sobre la Tierra* (Barcelona, 1968).

TEE

Genio protector que adoraban las familias otaitianas, atribuyéndole el poder de dar y curar las enfermedades.

TELANTES

Otro ángel que se invoca en la consagración o bendición de la cera; según la fórmula contenida en *The Key of Solomon the King* de Mathers (libro II; cap. XVIII).

TENACIEL

Según Barrett, uno de los ángeles del tercer cielo que rigen el viernes y que deben ser invocados desde el Este.

TÉNARO

Promontorio de Laconia (el actual Matapán) sobre el que se elevaba un templo a Neptuno en forma de gruta. Ovidio lo representa como la entrada a los infiernos.

TENDAL

Ángel que se invoca en el exorcismo del murciélago; según la fórmula contenida en *The Key of Solomon the King* de Mathers (libro II; cap. XVI).

TENGU

Demonio japonés citado en numerosas crónicas antiguas. Tiene forma humana, pero con plumaje de ave y largas uñas. Siente predilección por los lugares montañosos y no siempre causa daños irreparables. En ocasiones es tan juguetón como un duende europeo.

TENTIRRUJO (Tentirujo)

Duende-trasgo típico de Cantabria (España). Es muy parecido al *tardo* gallego y también, por degeneración, actúa como un *íncubo* o un *súcubo* (*véanse* esos tres términos).

TERIAPEL

Una de las inteligencias de Venus.

TERRAGON

Clase de espíritu o duende familiar poco conocido. Sin embargo se sabe que es malvado y que se aparece en ocasiones para aterrorizar a las personas, como le sucedió al rey de Francia Enrique III.

TERVILIANOS (Tervilles)

Especie de duendes de Noruega. Tienen cierta semejanza con los *tro-*

llos (véase este término), pero son más malvados, infames y malignos que aquéllos. Son charlatanes, indiscretos, murmuradores y predicen el porvenir, pero con falsedades, por lo que se les considera más demonios que duendes familiares.

TETAHATIA

Según *El grimorio de Armadel,* es el espíritu de la ciencia y de la virtud. Puede hacer desaparecer a los enemigos. Se le invoca cuando se desea que un lugar determinado quede bendecido. Se debe hacer teniendo su sello secreto delante.

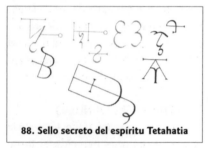

88. Sello secreto del espíritu Tetahatia

TETRAQUIRÓN ALADO

Monstruo humano dotado de cuatro brazos, dos alas y parte inferior de centauro (o de macho cabrío) y cuernos en la testa, según un grabado publicado en la *Physica Curiosa* de P. Gasparis Schotti (1667).

TEUS (Teuz)

Enanos fabulosos de la raza de los *korigans (véase* este término) o *korrigans* bretones, que habitaban en las granjas y caseríos, especialmente en los prados, a manera de duendes familiares. Eran unos hombrecillos de piel negra y con muy buenos sentimientos. Como los demás *korigans* les acusaran de ser muy amigos de los cristianos, tuvieron que esconderse bajo tierra. En algunas grutas o cavernas muy profundas aún puede encontrarse a un teus o teuz.

TEUSARPULIER (Teusarpulat)

Genio o espíritu maligno muy temido por los bretones de los alrededores de Morlaix. El teusarpulier suele presentarse bajo la forma de un perro, una vaca u otro animal doméstico, pero siempre de color oscuro y ojos brillantes.

TEUSS (Teut)

Nombre que los galos daban al dios del comercio, de la elocuencia y de las batallas, cual Mercurio. Con el tiempo se convirtió en un genio benéfico muy apreciado en Finisterre. Es de estatura gigantesca y viste de blanco, con la particularidad de que aumenta de tamaño cuando uno se acerca a él. Sólo se aparece en contadas ocasiones, siempre en las encrucijadas solitarias desde medianoche a las dos de la madrugada. Los viajeros pueden invocarle para que les proteja contra los malos espíritus. Puede explicar el origen de los enanos *teus (véase* este término).

TEZCATLIPOCA

Espíritu maligno de los aztecas, príncipe del mundo de las tinieblas, que disponía de la vida y de la muerte. Fue asimismo la divinidad solar, pues su nombre significa «espejo humeante». Fue adorado bajo diversas formas y aspectos, pues su poder era inmenso, tanto para favorecer como para perjudicar. Era invisible e impalpable y solía mostrarse a los humanos como una sombra huidiza, como un fiero ocelote o un monstruo horrible, con largas garras. Era creencia que vagaba por la noche bajo la figura de un gigante, que se envolvía con un velo ceniciento y llevaba su cabeza en la mano.

THAMY

Ángel que se invoca en el conjuro del quinto sello (sello de los ángeles del poder); contenido en el *Sexto y séptimo libros de Moisés*.

THARSIS (Tharshis, Tharsus)

Uno de los ángeles gobernantes de los cuatro elementos que se inscribe en el sexto pantáculo de Júpiter, destinado a proteger de todos los peligros terrestres, repitiendo cada día, devotamente, el salmo 22. Tharsis o Tharshis es el gobernante del elemento agua. Los otros tres ángeles que se graban en el pantáculo son Seraph, Kerub (Cherub) y Ariel, según *The Key of Solomon the King* de Mathers. También se graba en el séptimo pantáculo del Sol, destinado a facilitar la libertad. *(Véase* el término *Phorlakh).*

THAVAEL

Espíritu que inspiró y guió a María, a José y a Jesús su huida a Egipto, para escapar de la persecución del rey Herodes. Es el espíritu de la sencillez y de la virtud.

89. Sello secreto del ángel Thavael

THEUTUS (TEUTO)

El demonio Theutus o Teuto es uno de los «vasos de iniquidad» (vasos de ira) de los que habla la Biblia. Este diablo es un generador de malos pensamientos y acciones maléficas. Según Barrett *(El mago)*, este ente malévolo es el que enseñó a Platón el juego de las cartas y de los dados.

90. Theutus

THIEL

Uno de los espíritus benéficos de Septentrión, que se halla en estrecho contacto con el arcángel Rafael. Parece pertenecer al tercer cielo. Su nombre se encuentra grabado en muchos talismanes de la Edad Media y rige el miércoles, día de la semana en que se acostumbraba a invocársele desde el Norte.

THUMBELINA

Hada de las tradiciones danesas, de la que Hans Christian Andersen habla en sus cuentos.

THUS
Uno de los ministros angélicos que está a las órdenes de Varcan, rey del domingo, según Barrett, Papus…

TIBALANGOS
Fantasmas o espíritus de los difuntos que, según los filipinos, moraban en las copas de los árboles viejos. Eran una especie de gigantes de largos cabellos, pies pequeños, alas muy extendidas y el cuerpo pintado con extraños dibujos.

TIBELINO
Genio maligno o malévolo muy popular entre los sajones.

TIFEO (Tifón)
Monstruo que Gea (la Tierra) tuvo de su unión con el Tártaro. Hesíodo, en la *Teogonía,* dice que tenía fuertes brazos, siempre en actividad, y pies incansables. «De sus hombros emergían cien cabezas de serpiente, de espantoso dragón, con lenguas negruzcas a manera de dardos; y en los ojos de las monstruosas cabezas brillaba, bajo los párpados, un resplandor de incendio. Broncas voces se elevaban de todas estas terribles cabezas, dejando oír mil acentos de indecible horror. Ora eran gritos inteligibles para los dioses, ya semejaban aullidos de indómito toro, orgulloso de su voz, o bien rugidos de cruel león; ya parecían sencillamente ladridos de perritos, o bien silbidos prolongados que resonaban en las altas montañas». De los muslos de este monstruo surgían incontables víboras y su cuerpo estaba cubierto por un sucio plumaje. Densas y revueltas crines flotaban en sus cabezas y era de estatura gigantesca. Sostuvo una épica lucha con Zeus, quien le venció en un combate que tuvo por escenario la isla de Sicilia, aplastándolo con el Etna. Este ser malvado vivió también en el antiguo Egipto con el nombre de Set, el asesino de Osiris, donde se le consideraba la encarnación del mal, el portador de las sequías, de la infecundidad y de otros muchos males. Era venerado por ladrones, bandidos y gentes de bajos instintos, que le tenían por el príncipe de todos los espíritus malignos.

TIPERET (Tiphereth)
Genio cabalístico relacionado con el Sol y con los ángeles de la jerarquía de las virtudes, Se le encuentra citado en la *Virga Aurea* del hermano J. B. Hepburn de Escocia, obra de la que existe una edición en facsímil editada en 1922 en París, por F. de Mély.

TIFERET (Tiphereth) (*Véase* SEFIROT)

TILEION
Uno de los ángeles que se invoca en la bendición de la sal; según la fórmula contenida en *The Key of Solomon the King* de Mathers (libro ii, cap. v).

TILONAS
Espíritu angélico que se invoca en la preparación de la pluma; de la tinta y de los colores mágicos; según la fórmula contenida en *The Key of Solomon the King* de Mathers (libro ii; cap. xiv).

TIMAYAL
Uno de los espíritus angélicos que se invoca en la preparación del ex-

perimento de la invisibilidad; según *The Key of Solomon the King* (libro I, cap. X).

TIR

Entre las tradiciones árabes, Tir es uno de los cinco hijos de *Iblis (véase* este término). Es el demonio que provoca los accidentes fatales.

TIRANOSAURIO
(Tyrannosaurus)

El mayor dinosaurio del subgrupo de terópodos que en el Jurásico y en el Cretácico (hace de 60 a 168 millones de años). El Tiranosaurio, que vivió en el Cretácico (período que se supone empezó hace unos 140 millones de años), medía alrededor de 15 m de largo y en posición de marcha tenía una altura de 6 m. Poseía largos y afilados dientes y era básicamente carnívoro.

TIRIEL

Hombre de un arcángel que se halló grabado en un anillo (junto con los de Rafael y Sadayel) destinado a proteger contra las enfermedades, según Wallis Budge *(Amulets and Superstitions).* Tiriel también es la inteligencia del planeta Mercurio y su nombre místico o cabalístico es el 260; número con el que se construye el cuadrado talismánico o kamea del planeta Mercurio; cuyos números suman siempre 260. (Véase *El mago,* de Barrett, y *Tratado elemental de magia práctica,* de Papus).

TIRNAOG

País fantástico en que habitan las hadas célticas.

TITANIA

Hija o nieta de los titanes mitológicos; supuesta reina de las hadas, esposa de *Oberón (véase* este término). Shakespeare habla de ella en *El sueño de una noche de verano.* Al igual que su esposo, Titania, está sujeta a las pasiones humanas. Para demostrar la veleidad de su naturaleza, en la citada obra se enamora de un asno llamado Bottom. También Christian Martin Wieland (1733-1813) la convirtió en personaje literario, al hacerla aparecer en su poema *Oberón* con un carácter apasionado y caprichoso, siempre en busca de la felicidad, en pos de la liberación femenina.

TIXMION

Otro de los ángeles que se invocan en la bendición de la sal según la fórmula contenida en *The Key of Solomon the King* de Mathers.

TOMTEBISSE

Uno de los nombres que dan al gnomo en Suecia.

TOMTEGOBBE

Duende doméstico típico de Suecia.

TONTTU

Nombre que dan en Finlandia al gnomo.

TOPHTHARTHARETH
(Taphthartharat)

Nombre místico que corresponde a otro de los números del planeta Mercurio; el 280. Es el espíritu del planeta, según Papus, Barrett, Christian y otros.

TORACODELFO

En teratología se aplica este nombre al monstruo doble monocéfalo con dos brazos y dos troncos unidos por encima del ombligo.

TORACODÍDIMO

Se dice del monstruo doble unido por el tórax.

TORACOGASTRODÍDIMO

Monstruo fetal doble con los cuerpos unidos por el tórax y abdomen.

TORACOMELO

Monstruo fetal, con un miembro de un feto gemelo inserto en el pecho.

TORACOXILÓPAGO

Monstruo fetal con los tórax fusionados por el esternón y cartílagos costales.

TORIHOMBRE

Monstruo mitológico, mitad hombre, mitad toro.

TORQUARET (Torcuaret)

Ángel que es la cabeza del signo de otoño, según Barrett.

TOUPAN

Espíritu del trueno entre los indígenas de Brasil. Cuando oían tronar, tenían tal espanto que ofrecían sacrificios a Toupan para aplacar su cólera.

TOUQUOA

Divinidad de la maldad entre los hotentotes, a la que consideran como el principio de todos los males y desgracias que les ocurren. Para aplacarla le ofrecen sacrificios de animales, como el buey y el cordero.

TOYAS

Espíritus malignos que causaban pavor a los antiguos indígenas de Florida.

TRAGÉLAFO

Animal imaginario que los griegos conocían únicamente por verlo representado en tapices y otras manufacturas artísticas de Oriente (Persia y Babilonia) y que imitaron grabándolo en vasos de la más remota antigüedad. Posteriormente se dio el nombre, en zoología, a un género de mamíferos rumiantes del grupo de los antílopes.

TRANSIDIM

Otro de los espíritus angélicos que se invocan en el experimento de la invisibilidad, según la fórmula contenida en *The Key of Solomon the King* de Mathers (libro I, cap. X).

TRASGO

Duende (*véase* este término) típico de Castilla, equivalente al *follet* catalán y francés. Es un ser invisible de corta estatura que en ocasiones se deja ver para asustar a los caminantes o a los moradores de una casa. Es de naturaleza traviesa y bulliciosa. Por lo general, en estado de invisibilidad se divierte apagando las luces, rompiendo objetos, cambiando cosas de sitio, etc. En Bretaña y Asturias los trasgos llevan unas caperuzas o gorros rojos, por lo que son conocidos como «gorros coloraus». Equivale al *trasgo* portugués y al italiano *strega,* derivando éste del vocablo latino *striga,* «bruja». El nombre de *trasgo* es de origen incierto, pero podría proceder del antiguo *trasgreer,* que a su vez vendría del latín *transgredi,* «cometer infracciones». Se ha hecho popular la sentencia *dar trasgo a uno,* en el sentido de fingir acciones propias de un trasgo para asustar a alguno. Le Loyer cuenta que en su tiempo había trasgos bastante malvados, los cuales se reunían en los cementerios, a fin de adquirir una maligna reputación para hacerse temer. Luego entraban en las casas a beberse el buen vino y acariciar las mujeres, lo que dio lugar al viejo proverbio de «O doncellas o buen vino, son la querencia del trasgo». Ciertos trasgos se parecen más, pues, a los lutines franceses, a los gobelines normandos y a los goblins británicos. Esto parece indicar que dentro de la familia de los trasgos hay varias ramas.

TRASGU

Nombre que dan al trasgo en Cantabria. El «trasgu es –siguiendo a Julio Caro Baroja *(Algunos mitos españoles,* 1974)– un hombrecillo negro, vestido de encarnado. Cojo de la pierna derecha y con ojos verdes. Constantemente está riendo. Entra silencioso por las chimeneas de las casas. Mientras está dentro, no hace más que picardías y travesuras: se bebe la leche, desperdicia la harina, revuelve los enseres y los esconde, y con sus risas y quejidos asusta a la gente que se halla en el lecho. Sabe imitar a los animales domésticos en sus gritos característicos.

»De día permanece en la copa de los árboles más altos, y desde allí tira a los que pasan junto a ellos piedrecitas que recoge en los bolsillos de su traje, del que se dice que está hecho con cortezas de aliso puestas del revés y cosidas con yedra. Lleva un gorro blanco y un palo delgado, de madera desconocida». El trasgu de Asturias es más parecido al clásico duende doméstico o familiar. Ayuda en los menesteres del hogar. Pero si alguien le falta al respeto, entonces actúa como el trasgu anterior.

TRASGUEAR

Fingir o imitar el ruido, juegos, zumbas y travesuras que se atribuyen a los trasgos.

TRENTI

Otro de los nombres que dan al duende-trasgo en algunos lugares de Cantabria (España).

TRICÉFALO

Persona o monstruo dotado de tres cabezas. En este caso, una de zorra, otra de dragón y la tercera de águila, según un grabado del siglo XVII. El brazo derecho era de dragón y el izquierdo, de hombre. *(Véase* el dibujo reproducido en el término *Tetraquirón alado).* Además, en la *Cosmographia universalis* de Sebastian Munster (Basilea, 1544) se publicó un grabado de otro monstruo tricéfalo que una bruja había hecho aparecer ante Marcomir, rey de los francos.

TRICERÁTOPS

Fue un dinosaurio cuadrúpedo del Cretácico, de unos seis metros de largo. Tenía la mandíbula superior en forma de pico de papagayo y encima de los ojos llevaba dos cuernos de casi un metro de longitud. Encima de la nariz le nacía un tercer cuerno, más corto.

TRIMASAEL

Es el demonio que enseña los secretos de la química y todo lo relativo a los trucos de los juegos de manos o ilusionismo. También revela el arcano de la trasmutación de los metales básicos en oro y plata.

TRITONES

Seres marinos citados en la mitología griega que tenían la forma de hombre desde la cabeza a la cintura y de pez a partir de ésta. En vez de pies arrastraban una doble cola de monstruo marino. Poseían afilados dientes, garras en los dedos de las manos y aletas en su vientre y pecho. Su cuerpo aparecía cubierto de escamas. Formaban parte del cortejo de Poseidón (Neptuno). Aunque vivían en el mar, en ocasiones pasaban a tierra firme para sus correrías. En Tanagra existía la leyenda sobre un tritón raptor de mujeres que asoló la región.

TROLLOS

Duendes familiares que eran muy populares en diversas regiones de Alemania, Dinamarca, Noruega e Islandia. Eran algo traviesos y como los follets, se ocupaban de algunos quehaceres de la casa. Sin embargo, las leyendas mitológicas y las tradiciones orales hablan de unos trollos más malignos, de aspecto similar al fauno, que incluso llegaban a seducir y violar a las mujeres. E incluso se encuentran referencias de trollos femeninos, que las creencias populares consideraban causantes del mal tiempo y de las tempestades. Se decía que cabalgaban por los aires en las nubes negras y que se las podía derribar por medio de disparos. A veces se las veía volar con figura de cornejas o de cuervos. Esta creencia dio origen a la costumbre, existente aún en el siglo xx en muchos lugares, de disparar contra las nubes en días de tempestad y granizo. Estos duendes también se conocen como *drollos* (*véase* este término), *trolls, trolds* y *trows*.

TROODONTE

Dinosaurio de unos 6 m de longitud que vivió durante la época final del Cretácico (hace unos 70 millones de años). Su cráneo tenía una gran cúpula ósea, muy dura, y su cuerpo estaba recubierto de duras placas óseas, parecidas a las del armadillo. Esta coraza le servía de protección contra los ataques de los dinosaurios carnívoros.

TROVIOS

Según los antiguos habitantes de las islas Shetland (Escocia), espíritus que habitaban en cavernas interiores de las colinas. Trabajaban el hierro y la plata.

TROWS

Especie de duendes ingleses parecidos a los *trolls (trollos)* o *drollos* escandinavos (*véanse* estos términos). Hay trows de ambos sexos y tienen rasgos semejantes a todos los seres diminutos del mundo de las hadas. Cuando los trows se encariñan con una granja, lugar o aldea, la protegen y ayudan a prosperar. Son taciturnos y solitarios. En determinadas festividades, como las de Navidad y San Silvestre, hacen travesuras a los vecinos. Siempre actúan de noche y se divierten en las grandes arboledas, danzando y cantando. Si se distraen y les sorprende el amanecer no pueden volver a su morada subterránea hasta que vuelva a ser de noche. Hay leyendas de que algún trow ha tenido relación con una mujer humana.

TSADKIEL (Tsadikiel, Tzadiquel, Tzadkiel, Azza)

Es el ángel del jueves y la inteligencia del planeta Júpiter. Representa la justicia, la grandeza espiritual y los premios y reconocimientos obtenidos con honor. En el plano biológico rige el hígado. Es uno de los guardianes angélicos del viento del este.

TSIRYA

Uno de los setenta ángeles amuleto que se invoca para proteger al recién nacido, según *El libro del ángel Raziel*.

TSURIA

Otro de los setenta ángeles amuleto que se invocan para protección de los bebés.

TUBIEL (Tobiel)

Ángel que es la cabeza del verano, según Barrett y Papus. Como Tobiel fue venerado como santo hasta el año 745, en que el papa Zacarías lo expulsó del calendario cristiano por considerarlo un demonio pagano.

TUMAEL (*Véase* TAMIEL)

TUNATABAH (*Véase* BUNYIPS)

TUNES DE BANYOLES

En tierras catalanas, cerca del lago de Bañolas (Estany de Banyoles), en el corazón del Gironés y al pie de la sierra Sant Patllari, junto a la casa de campo Corralot, se levanta una formación geológica de caliza sedimentaria al parecer perteneciente a la primera época de la formación del lago de Bañolas. Este lugar se conoce por los nombres populares y tradicionales de *les balmes de les Tunes* («las cuevas de las Tunes») o *les escletxes de les Tunes* («las grietas de la Tunes»). Es una masa de tierra levantada unas docenas de metros de su nivel primitivo y con grietas verticales, como originadas por temblores de tierra. Las imponentes grietas o hendiduras, que siguen todas las direcciones, dando vueltas, permiten el paso de las personas, hasta que se estrechan y ya no se puede ir más allá. Las más grandes de tales grietas tienen una anchura entre 1,5 y 2 m y una profundidad de 8 a 10 m. Algunas alcanzan longitudes de unos 30 me y más. En este lugar crecen robles y encinas centenarios. Esas grietas y galerías subterráneas cercanas al lago de Bañolas se consideraban un lugar mágico y encantado. Dicen las tradiciones que allí habitan las alojes (aloges), las encantadas, las goges, que son invisibles de día, pero que a partir de medianoche salen de sus escondites de las entrañas de la Tierra para adorar a la Luna y hablarse en las aguas sagradas del lago. Se cuenta que en las entrañas de les Tunes se hallan metales y piedras preciosas, como el oro, la plata, las perlas, los diamantes y muchas otras joyas, pero que sólo pueden ser vistas y localizadas por personas de corazón limpio. De lo contrario, por mucho que se busquen, las alojes o aloges las hacen invisibles a los ojos de los codiciosos y malvados. Afirma la tradición que quien puede hacerse con un pedazo de la ropa de una aloja o encantada, o halla un pedazo de metal precioso en les Tunes, nunca más vuelve a ser pobre.

TUÑA

Espíritu maligno o demoníaco entre los esquimales del extremo más septentrional de Alaska. La expulsión de la tuña de los hogares suele hacerse hacia finales del invierno ártico, cuando el sol reaparece sobre el horizonte tras su larga ausencia de varias semanas. Frazer, en *La rama dorada* (1922), relata la ceremonia que tuvo lugar ante la expedición polar estadounidense que invernó en Punta Barrow, con estas palabras: «Encendieron una hoguera frente a la casa del consejo y apostaron una vieja a la entrada de cada cabaña. Los hombres se reunieron alrededor de la casa del consejo, mientras las mujeres jóvenes y muchachas echaban al espíritu de cada domicilio con cuchillos, apuñalando con encono por bajo de la tarima de dormir y de las pieles de ciervo y llamando a la tuña para que saliera. Cuando creyeron que había sido expulsada de todos los rincones y agujeros, la obligaron a salir por el suelo al aire libre entre gritos y gestos frenéticos, y al mismo tiempo la vieja apostada en la entrada tiraba cuchilladas al aire con su gran cuchillo para impe-

dir que volviera. Cada grupo echaba al espíritu hacia la hoguera y le invitaban a meterse en ella. Todos los grupos fueron acercándose convergentemente a la hoguera donde varios de los dirigentes hacían cargos concretos contra el espíritu y cada uno, después de acusar, cepillaba violentamente sus ropas llamando al espíritu para que los dejara y se fuera a la hoguera. Acto seguido se acercaron dos hombres adelantando unos pasos y llevando fusiles cargados con cartuchos de salvas, mientras un tercero trajo una vasija de orines que derramó en las llamas. Al mismo tiempo uno de los hombres disparó al fuego y cuando se levantó una nube de vapor, recibió ésta el otro disparo, con lo que se supuso terminada la tuña por entonces».

TUONELA

Tuonela o el «país de Tuoni» es uno de los nombres que los fineses dan a su infierno o país de los muertos. En el Tuonela reinan Tuoni y su esposa, Tuonetar. Sus principales hijas son: Kippu-Tytto, diosa de las enfermedades, y Loviatar, fuente de todo mal; su rostro es negro y su piel horrible y repelente. De la unión de Loviatar con el Viento nacieron nueve monstruos; Pleuresía, Cólico, Gota, Tisis, Úlcera, Sarna, Cáncer, Peste y un genio fatal, sin nombre, que era corroído por la envidia cual lepra.

TUPÁN (*Véase* TOUPAN)

TUPARÁN

Espíritu del mal entre los indios de California. Adversario de Niparaïa;

creador del cielo y de la tierra, perdió la batalla y fue confinado en una espantosa caverna, desde la que incitaba a los seres humanos a promover guerras y toda clase de delitos.

TUPIA

Especie de espectro nocturno o de vampiro sin rostro que secuestraba niños pequeños y habitaba en las montañas de Costa Rica. Despedía una pestilencia característica de la muerte y putrefacción.

TUPILEK

Monstruo legendario entre los esquimales. Se reunían grandes huesos, se envolvían con pieles de ballena, se añadían corazones y cerebros de animales del mar y de la tierra, y seguidamente se recitaban ciertas oraciones mágicas. El resultado era que la inmensa y amorfa masa se agitaba y cobraba vida, moviéndose sobre numerosos pies, viendo por innumerables ojos y devorando todo lo que encontraba con su ingente número de afilados dientes.

TURIEL (Touriel, Turel)

1. Uno de los ángeles caídos, que siguieron a Semyaza en su rebelión contra el Señor, según el *Libro de Enoch*. ‖ 2. Uno de los genios del Occidente entre los magos y cabalistas. Se le relaciona con el viernes y se le invoca en el momento de elaborar determinados talismanes. Turiel es uno de los ángeles del tercer cielo y del viernes, según Barrett y Papus.

TURIO

Gigante que fue vencido por Hércules.

TURLOS

Ángel que se invoca en la ceremonia de preparación del bastón o caña, según *The Key of Solomon the King*.

TURMIEL

Otro de los muchos ángeles guardianes de las puertas del viento del oeste.

TUSMAS

Ángel que rige la séptima hora del día. Está a las órdenes de Barginiel.

TURSAS

Genio de figura monstruosa de la mitología agrofinesa. En los cantos del *Kalevala*, Tursas surge del fondo del mar para quemar las hierbas que habían cortado las vírgenes de las ondas. Es el genio maligno de las aguas por antonomasia.

TXERREN

Uno de los varios nombres con que se designa al diablo en el País Vasco.

TYBELINO (*Véase* TIBELINO)

TYCHAGARA

Uno de los siete ángeles consagrados del orden de los tronos, que ejecutan las órdenes de las potestades, según el *Sexto y séptimo libros de Moisés*.

TZADIQEL

Arcángel que rige el jueves. (*Véase* el término *Tsadkiel).*

TZAPHNIEL

Ángel que se invoca en la ceremonia para obtener una alfombra mágica, según *The Key of Solomon the King* (libro I, cap. XIII).

TZARMIEL

Uno de los ángeles guardianes de las puertas del viento del norte.

TZARTAK

Ángel amuleto que se invoca para proteger al recién nacido.

TZEDEQIAH (Sedekiah)

Ángel cuyo nombre se inscribe dentro del primer pantáculo del planeta Júpiter; según las obras *The Key of Solomon the King* de Mathers y *La ciencia secreta de la magia* de Idries Shah.

U

UCIRMIEL (Ucirnuel)

Según los magos y cabalistas, uno de los genios de Septentrión, relacionado con el miércoles. Se le invoca en algunos rituales durante la elaboración de amuletos y talismanes. Según Barrett y Papus, es uno de los ángeles del segundo cielo que gobiernan el miércoles. Se le invoca desde el Norte.

UDRGAZYIA

Otro de los setenta ángeles amuleto que se invocan como protección del recién nacido.

UFIR

Demonio alquimista, versado en el conocimiento de los cuerpos simples. En el infierno es responsable de la salud de *Belzebú (véase* este término) y de los principales demonios de su corte.

UGALES

Uno de los demonios que están al servicio directo de Astarot y Asmodeo, según *El libro de la magia sagrada de Abramelín el Mago.*

UGOLA

Uno de los demonios que están a las órdenes directas de Paymon, según *El libro de la magia sagrada de Abramelín el Mago.* El nombre parece significar locuacidad.

UIKA (Uikka)

Epíritu del mal entre los esquimales.

UKOBACH

Demonio de orden inferior que se muestra siempre con una especie de aureola o aura flamígera en torno a su

91. Ukobach

cuerpo. Se le atribuye la invención de los fuegos artificiales. Es el diablo al que Belzebú tiene encargado el custodiar el aceite de las calderas del infierno. Suele llevar una larga sartén.

ULDRAS

Seres diminutos parecidos a los gnomos que viven bajo tierra, en Laponia. Controlan a los animales salvajes. La luz del día los deja ciegos, no distinguen nada con sus ojillos, por lo que salen de noche de sus escondrijos subterráneos a buscar lo que necesitan. Rehuyen el trato con los humanos y son vengativos si se les hace alguna trastada o se perjudica sus supuestos refugios o se les tapona con tierra.

ULUTOYOM (Ulutuya)

Entre los yakutos, jefe de las veintisiete tribus de espíritus malignos que pueblan el aire, dispuestos siempre a causar mal a los seres humanos. Se le atribuyen gran número de hijos.

UMABEL

Según la cábala es uno de los genios que tiene dominio sobre la física y la astronomía. Y de acuerdo con las tablas angélicas es uno de los setenta y dos ángeles que llevan el nombre místico de Dios, Shemhamphoras. Su atributo es el de «Dios está sobre todas las cosas». Le corresponde el versículo 22 del salmo 112. Se invoca su influjo para fabricar talismanes destinados a «obtener la amistad de alguien». (Véase *El mago*, de Barrett; *Amuletos, talismanes y pantáculos*, de Jean Rivière; y *Filosofía oculta*, de Agrippa). Domina el Sol y Acuario.

UMIEL

Otro de los ángeles cuyo nombre se halla escrito en un antiguo encantamiento asirio de protección contra las malas lenguas y hombres y mandatarios malvados; según Wallis Budge *(Amulets and Superstitions)*.

UNAEL (Unhael)

Ángel del primer cielo. Su nombre se halló inscrito en amuletos (Kamea) destinados a protegerse del mal de ojo y otros maleficios.

UNDALFENNE (*Véase* ELFO)

UNICORNIO

Animal fabuloso, símbolo de la virginidad y de la religión, que los antiguos griegos y romanos creían originario de la India. Las leyendas y tradiciones afirman que tenía forma de caballo y un solo cuerno, largo y puntiagudo, en la frente. Su cuerpo era blanco, la cabeza roja y los ojos azules. Se distinguía por su fuerza, agilidad y fiereza. Ctesias, médico de Artajerjes Mnemón (siglo IV a. C.), dice que es un asno salvaje blanco, de extraordinaria ligereza, que ostentaba en su frente un cuerno de 1,5 codos de longitud, con el que los hindúes fabricaban vasos que tenían la virtud de preservar de todo envenenamiento al que en ellos bebía. Plinio describe al unicornio, *monoceronte*, como una «fiera con cuerpo de caballo, cabeza de ciervo, patas de elefante y cola de jabalí, con un cuerno de 2 codos de longitud y que mugía espantablemente». Y Johnston, en pleno siglo XVII, en su *Historia natural*, pinta y describe seis animales de esa clase, dos de ellos con melena y uno, al que llama *monoceronte marino,* con las patas posteriores en forma de pies de pato. Los autores cristianos contribuyeron enormemente al desarrollo y difusión de la legendaria existencia de este animal, hasta el punto de que san Gregorio y san Isidoro llegaron a decir que el animal moría de tristeza si se le mantenía cautivo y que sentía gran predilección por las palomas, hasta el extremo de que gustaba reposar al pie de los árboles en que aquéllas anidaban. Según Plinio, el unicornio era un mortal enemigo para el elefante, contra el que sentía gran animadversión. Cuando se aprestaba a luchar contra el proboscidio, afilaba el cuerno en una piedra, bajaba después la cabeza y acometía al paquidermo con furia, le clavaba el cuerno en el vientre y le

infería una herida mortal. Pero este fiero animal también podía ser cazado; para ello se necesitaba una virgen, una doncella. La leyenda cuenta que el unicornio se rendía fácilmente a una mujer virgen, pero el castigo que infligía a la que se hacía pasar por tal era terrible, pues la atravesaba con su afilado cuerno. A causa de esta creencia, el signo zodiacal de la Virgen se representaba en muchos monumentos y representaciones artísticas en figura de una doncella apoderándose de este animal. En la Edad Media, época en la que tanto pulularon los venenos y hechizos, los reyes, príncipes y señores feudales, siempre temerosos de ser víctimas de sus enemigos, se procuraban a precio de oro vasos fabricados con cuerno de unicornio que se traía de lejanas tierras por marinos y arriesgados

Unicornis ein Einhorn.

92. Unicornio

aventureros. Asimismo, los mangos de los cuchillos que se fabricaban con cuerno de unicornio trasudaban un licor sutil si los manjares que cortaban estaban emponzoñados. Hacia fines del siglo XIV es cuando se generalizó su uso en el servicio de mesa. José María Roca, en sus obras *La medicina catalana en temps de Joan I*, y *Supersticions de la Cort del Rey D. Martí*, cuenta el aprecio que los reyes de Aragón tenían de a cuernos de unicornio. Y se afirma que el inquisidor Torquemada tenía siempre uno de esos cuernos encima de su mesa, que le preservaba de toda clase de sortilegios. En Francia, hasta 1789, figuraba en el ceremonial de la corte la prueba de los manjares, bebidas y utensilios de mesa con ayuda del cuerno de unicornio.

UNICORNIO DE MAR

Durante siglos se creyó en la existencia del unicornio de mar, especie de cetáceo al que se suponía dotado de un largo y espinoso cuerno en la cabeza, el cual se pulverizaba y usaba para curar determinadas enfermedades. Hubo hasta un mercado negro de esos polvos y pedazos de cuerno que traían marinos de lejanos mares, que no hacían nada más que alimentar la leyenda y la fantasía de las gentes de los siglos XVI y XVII. Todo parece indicar que, en realidad, se trataba del narval, ese cetáceo de los mares árticos.

UPIERZYCA

Demonio súcubo de las tierras de Rutenia, región próxima a los montes Cárpatos, que hoy pertenece a Ucrania. En las noches de luna llena iba a frecuentar sexualmente a los hombres jóvenes, con los que realizaba desenfrenadas orgías.

UPIR (Upiro)

Nombre que dan al vampiro chupador de sangre en Ucrania. Según cuenta W. R. S. Ralston en su obra *Russian Folk Tales* (1873), «los naturales de Rutenia sostienen que si las manos del vampiro están entumecidas por una larga permanencia en el sepulcro, hace uso de sus dientes, duros como el acero, para liberarse, royendo los obstáculos que le obligan a permanecer en su encierro. Lo primero que hace al salir de la tumba es acabar con los pequeños que encuentra en la casa elegida, matando después a los moradores de más edad». (*Véase* el término *oupir*).

URATAPEL (Huratapel)

Uno de los tres ángeles principales que rigen el domingo, el día del Señor. Los otros dos son Miguel y Dardiel, según Barrett (*El mago*).

URGELA

Hada que parece ser una especie de refundición de la Urganda de *Amadís de Gaula*. Urgela tenía la misión –como Urganda– de proteger a los caballeros. Igual se aparecía en forma de una vieja que daba espanto como de una seductora joven. Urgela la citan Voltaire (*Lo que gusta a las damas*) y Victor Hugo (*Odas y baladas*).

URIAN

Una de las encarnaciones de Satán o Satanás que en algunas regiones alemanas presidía el sabbat o aquelarre. Goethe lo emplea en su memorable *Fausto*.

URIEL

Ángel de la luz según los judíos, y uno de los ministros de la divina justicia. Rige el Sol y su nombre parece indicar «fuego de Dios». Se le daba culto en la iglesia griega, así como en la abisinia o etíope. Y es mencionado en el calendario germánico; junto con otros ocho ángeles, a saber: Miguel, Gabriel, Rafael, Uriel, Malthiel, Zadkiel, Peliel y Raziel. Según el *Libro de Enoch,* Uriel es uno de los cuatro ángeles buenos principales. Afirma que Uriel es uno de los santos ángeles, el del mundo

93. Sello secreto del ángel Uriel

y el del infierno (cap. 20). Y en el capítulo 82 dice: «Pues verdadera es su palabra y exacto su cómputo que está inscrito; porque Uriel me ha mostrado las luces, y los meses, y las fiestas, y los años, y los días, y él ha insuflado sobre mí lo que le ha encargado para mí el Señor de toda criatura del mundo tocando el ejército del cielo». El arcángel Uriel aparece en muchos poemas y obras; como en *El paraíso perdido,* de John Milton. Su nombre también se encuentra grabado en muchos amuletos gnósticos junto con el de otros *arcángeles (véase* este término). Para los cabalistas y magos, es uno de los genios angélicos que gobierna el sábado (Barrett; Papus...). En el islam se le da el nombre de *Israfil (véase* este término) y es el arcángel de la música que hará sonar su trompeta el día del Juicio universal para anunciar la resurrección.Los ocultistas también cuentan que el ángel Uriel se apareció al astrólogo y mago inglés John Dee el año 1582, para entregarle una piedra negra de forma convexa y muy pulida, diciéndole que era la piedra sagrada que le permitiría conversar con seres del mundo invisible y hacer que le confiaran acontecimientos del futuro. En el ámbito de la masonería, el ángel Uriel interviene en varios grados bíblicos; templarios y cabalísticos. Para los masones, Uriel rige el martes y el planeta Marte. En el grado templario de Jefe del Tabernáculo, que es el 23.º de este rito, Uriel figura como el ángel del cielo que preside el incensario. Entre los judíos, Uriel era el arcángel unido a la tribu de Dan, situada al norte.

URIRON

Ángel que los judíos invocaban para protegerse contra la muerte repentina.

URISKS (Uruisg)

Especie escocesa de duendes malignos que parecen ser la contrapartida de los *brownies (véase* este término), es decir, que son turbulentos, violentos y groseros. Cuando los urisks salen de sus refugios en las montañas, se encaminan a las granjas, donde permanecen temporalmente. Entonces los granjeros, que no tardan en captar su invisible presencia, procuran no irritarles y dejan recipientes con leche para que se alimenten, ya que así atraen la buena suerte o no cometen salvajadas. Si se enfadan, los urisks mueven las ruedas de los molinos, se comen los huevos, matan algunas gallinas, producen ruidos atemorizantes, roban las flores… Se cuenta que tienen cuerpo de hombre y de macho cabrío, cual sátiros o faunos; en este aspecto son parecidos a los *kornböcke* del norte de Europa. Hay quien ha descrito al urisk varón como de un aspecto salvaje y velludo; y a la hembra como una bruja de grotesca fealdad. Los urisks son protagonistas de muchos cuentos y leyendas escoceses.

URIZEN

Ángel de Inglaterra, del que William Blake escribió amplia y criptográficamente en sus obras.

USIEL (Uziel)

Ángel que rige el viento del noroeste, el «subcircius». Tiene a su servicio cuarenta espíritus principales para las horas diurnas y otros tantos para las nocturnas. Se los invoca para que revelen tesoros ocultos. Según Milton *(El paraíso perdido),* es un ángel del orden de las virtudes. Su nombre parece significar «fuerza de Dios». Según *El libro del ángel Raziel,* es uno de los siete ángeles que están permanentemente delante del trono de Dios.

USTAEL

Uno de los genios angélicos de Occidente, relacionado con el domingo. Se le invoca en operaciones mágicas destinadas a elaborar amuletos y talismanes.

UTUKU (Utukku, Utug)

Genios del panteón asirio-babilónico. Se dividen en buenos y malos y se mezclan en los asuntos humanos a manera de ángeles y demonios; respectivamente. Esta dualidad queda reflejada en un conjuro sacado de una tablilla cuneiforme que dice así: «Que el utukku maligno se vaya; y que venga el utukku bueno». En Caldea, por ejemplo, se consideraba a Utug (Utuk) el rey de los demonios y se le atribuían todo tipo de enfermedades. Para alejarlo del enfermo se empleaban exorcismos o conjuros; el mago-sacerdote se cubría la cabeza con un velo azul oscuro y tocaba al enfermo con un trozo de madera (que debía extraerse de la médula de un árbol), recitando una fórmula de encantamiento semejante a la que más tarde usaron los egipcios. Los utukkus principales eran siete, y destacaban *Namtar* (la Peste) e *Idpa* (la Fiebre), que además provocaba las enfermedades de la cabeza. También se denominaron *maskimes (véase* el término *maskim).*

UVAEL

Uno de los ángeles que rigen el lunes. Reside en el primer cielo y se le invoca desde el Norte, en especial para fabricar talismanes (Barrett).

UVALL (*Véase* VUAL)

UZZIEL (*Véase* USIEL)

V

VACABIEL

Genio que rige el signo zodiacal de Piscis, junto con Rasamasa, según Éliphas Lévi.

VALAC (Valak, Volak, Valu, Ualac...)

Uno de los grandes presidentes del infierno. Se aparece en forma de un niño pequeño con alas de ángel y montado sobre un dragón alado de dos cabezas. Revela dónde se hallan tesoros escondidos y serpientes que se puedan necesitar. Le obedecen

94. Valac

treinta y ocho legiones de espíritus, según Aleister Crowley *(Goecia)*.

VALEFOR (Valefar, Malafar)

Uno de los poderosos duques del infierno, que unas veces se presenta bajo la forma de un ángel y otras bajo la de un león con la cabeza y patas de ganso y la cola de liebre. Concede talento y audacia y tiene a sus órdenes treinta y seis legiones de demonios. (*Véase* el término *Monarquía infernal*).

VALKIRIAS (Valquirias)

Son las guardianas o servidoras que, según las leyendas germánicas, presentan a los huéspedes del dios Odín la cerveza o el hidromiel. Asimismo tienen la misión de acudir a los campos de batalla para elegir a los que han de morir en ella. Marchan raudas por el aire montando briosos corceles. Visten coraza y casco, embrazan el escudo y blanden en sus manos lanzas que despiden fuego. Son invisibles excepto para los combatientes cuya muerte decretan. Las valkirias o walkirias (*Walküren*) besan a los *val*, es decir, a los que han de sucumbir, sin ninguna clase de remordimiento. En la Alemania meridional son tenidas como *idisi*, seres invisibles que echan cadenas a los que luchan y les hacen caer para que el enemigo termine con ellos. La aparición de las valkirias en un campo de batalla siempre significa muerte y derramamiento de sangre. Eligen a los héroes y combatientes más gallardos para, a través de la muerte, llevarlos a residir al Walhalla, como huéspedes de Odín. Algunos de los nombres que se conocen de las valkirias (las elegidoras de los matados) son muy significativos: *Rist* (ruido de los escudos), *Mist* (el desorden), *Skeggoelt* (el hacha), *Skoegul* (la huida), *Hilda* (el valor), *Thruda* (la persistencia), *Hloek* (el triunfo), *Herfiacter* (las cadenas), *Geell* (el clamor), *Raangryd* (el deseo del botín), *Ragryd* (el ansia de justicia) y *Regirbeit* (la esclavitud). En el poema escáldico *Darradarlyod*, del siglo XI, se representa a estas mensajeras de Odín tejiendo el terrible vestido de la muerte, con un telar de hierro, cuyos hilos son entrañas humanas que se mantienen atadas a sendos cráneos. Las lanzaderas que atraviesan el tejido son flechas. Es célebre la ópera y poema *Las valkirias* del eximio músico alemán Ricardo Wagner. Asimismo, las valkirias han sido llevadas al lienzo por afamados pintores: Dielitz, Hans Thoma, Eliseo Meifrén...

VALNUM

Uno de los ángeles del lunes. Pertenece al primer cielo y se le invoca desde el Norte, según Barrett y Papus.

VAMPIRO

Las tradiciones y leyendas populares consideran que el vampiro humano es un cadáver, un difunto, un muerto-viviente, un reviniente, un «no-muerto», etc., que sale de la tumba por la noche para alimentarse de la sangre de los durmientes, a los que chupa el líquido vital por medio de unas incisiones en el cuello. Luego vuelve a su féretro, a su tumba, cripta o mausoleo a descansar, puesto que no resiste la luz solar. A su vez, la víctima mordida por el vampiro comienza a enfermar, adelgazando, perdiendo el apetito, palideciendo..., hasta que fallece a los pocos días, mientras el cuerpo del vampiro engorda y goza de un aspecto saludable. A su vez, el que muere succionado, se convierte, la mayoría de las veces, en vampiro. Esta creencia en vampiros humanos es común a muchas civilizaciones y pueblos, desde las antiguas Babilonia, Caldea y Asiria hasta llegar modernamente a los países balcánicos, como Rumanía, Hungría, Bulgaria, Serbia y Croacia, sin olvidar otros como Armenia, Grecia, Turquía, Siria, Persia, Polonia, Birmania, China, la India, México, etc. Así, en algunas publicaciones francesas del siglo XVII puede leerse que en Polonia y Rusia estaba muy extendida la creencia de que los vampiros aparecían de noche para chupar o succionar la sangre de los humanos y animales y que a veces los encontraban en sus ataúdes nadando en sangre. Asimismo, estaba muy arraigada la creencia de que salían por la noche de sus tumbas para regresar a sus antiguos hogares, domicilios o pueblos para «abrazar violentamente a sus parientes y amigos, a quienes chupaban la sangre, al tiempo que les apretaban el cuello para impedir que gritaran». Hasta ha llegado a pensarse que se trasformaba en murciélago, a voluntad, cuando lo deseaba ese vampiro o reviniente, probablemente a causa de la existencia de murciélagos hematófagos que con los incisivos superiores, largos y agudos, abren una herida en la piel de la víctima y luego lamen la sangre con la lengua. Al respecto, hay que destacar que la especie de murciélago-vampiro *Desmodon rotundus*, existente en Brasil, México y Trinidad ha llegado a transmitir la *rabia paralítica* y a provocar la muerte del ganado y de las personas de cuya sangre se alimenta. Según tales creencias, el vampiro es un sujeto que murió prematuramente o cuya existencia en el otro mundo es muy desgraciada o del que ha sido rechazado por su maldad. En otras ocasiones es un difunto que en vida ejerció de hechicero o brujo maligno o fue persona malvada o funesta para la sociedad. Y como la sangre se considera como un vehículo del alma y de la vida, se suponía que esos seres malignos o vampiros necesitaban de la sangre de los vivos para subsistir en la oscuridad de las criptas. A tal propósito, sir Edward Burnett Tylor, famoso antropólogo inglés, nos dice en su obra maestra (*Cultura primitiva*, 1871): «Al ver que ciertos individuos se iban debilitando sin causa aparente y encanijándose de día en día, como si perdiesen la sangre, el animismo salvaje hubo de encontrar una causa de este fenómeno e imaginó ciertos demonios o espíritus maléficos que devoran el alma o el corazón o chupan la sangre de sus víctimas. En Polinesia se cree que las almas de los muertos *(tii)* salen de sus tumbas y abandonan los ídolos o estatuillas colocadas en los cementerios, se filtran de noche en las casas para devorar el corazón y las entrañas a los que duermen, y les causan así la muerte. Tal es el origen de la creencia en el vampiro». Según el teólogo inglés J. A. Mac Culloch (en su artículo «Vampire» de la *Enciclopedia de religión y ética* de Hastings, 1921), supersticiones análogas referentes a los espíritus de las tumbas se registran en Melanesia, Indonesia, la India y entre las tribus africanas y sudamericanas. Era tal el miedo al vampiro, que en los países eslavos, al abrirse una tumba, si el cadáver se veía fresco, con sangre en las venas, con todas las apariencias de estar dormido, se le pinchaba en la región cardíaca, procurando hacerlo de un solo gol-

95. Vampiro

pe, puesto que se decía que con dos pinchazos volvía a la vida. La gran epidemia de vampirismo tuvo por escenario la Hungría del siglo XVIII, y armó tal revuelo que el rey nombró una comisión oficial para investigar el caso. Al respecto, son muy interesantes las historias y trabajos que narra el reverendo padre dom Augustín Calmet, abad de Sénones, en su *Tratado de las apariciones de los espíritus y de los vampiros o revinientes de Hungría, Moravia...* (1746). De sus muchas historias entresacamos la que sigue: «Hace alrededor de quince años que un soldado que estaba de guarnición, hospedado por un campesino *haidamaque,* en la frontera de Hungría, vio entrar en la casa, cuando estaba sentado a la mesa con su anfitrión, a un desconocido que se sentó también a la mesa con ellos. El dueño de la casa fue extrañamente asustado de ello, lo mismo que el resto de la reunión. El soldado no sabía qué pensar, ignorante como estaba de la cuestión. Pero, habiendo muerto el amo de la casa al día siguiente, el soldado se informó de lo que era. Le dijeron que era el padre de su hospedero, muerto y enterrado hacía más de diez años, quien así había venido a sentarse a su lado, y le había anunciado y causado la muerte. El soldado informó primeramente al regimiento, y éste lo hizo saber al cuartel general, que comisionó al conde de Cabreras, capitán del regimiento de infantería Alandetti, para que informase del hecho. Habiéndose trasladado al lugar con otros oficiales, un cirujano y un auditor, tomaron declaración a todas las personas de la casa, que atestiguaron de manera uniforme que el reviniente era el padre del dueño de la casa, y que todo lo que el soldado había dicho y referido era la verdad exacta, lo que fue también atestiguado por todos los habitantes del lugar. En consecuencia, se hizo desenterrar el cuerpo del "espectro", y se le halló como el de un hombre que acabase de expirar, y su sangre como la de un hombre vivo. El conde de Cabreras hizo que le cortasen la cabeza, antes de volverlo a depositar en la tumba. Se informó, además, de otros revinientes semejantes, entre otros de un hombre muerto hacía más de treinta años, que había vuelto en tres ocasiones a su casa y siempre a la hora de la comida: la primera vez había chupado la sangre del cuello a su propio hermano, la segunda a uno de sus hijos, y la tercera a un criado de la casa; los tres habían muerto al instante. Basándose en esta declaración, el comisario hizo desenterrar al hombre y, encontrándolo como al primero, con la sangre fluida como la tendría un hombre vivo, ordenó que con un clavo de gran tamaño le atravesasen las sienes, y que después lo colocasen de nuevo en la tumba. »Hizo quemar a un tercero, enterrado hacía más de dieciséis años, y que había chupado la sangre y causado la muerte a dos de sus hijos. El comisario habiendo hecho su informe al cuartel general, fue enviado luego a la corte del Emperador, que ordenó que enviasen oficiales de guerra, de justicia, médicos y cirujanos, y algunos sabios para examinar las causas de tan extraordinarios acontecimientos. Quien nos ha referido estas particularidades las había conocido del señor conde de Cabreras en Freiburg im Breisgau en 1730». Como hecho extraordinario e increíble, hay que recordar que la tradición explica que en 1672, en Laibach, un vampiro se sacó por sí mismo el objeto punzante con el que se le quiso pinchar el corazón. Y en algunas regiones se enterraba al suicida en las encrucijadas con el cadáver atravesado con una lanza, para que no se convirtiera en un vampiro, espectro u otra especie de espíritu malvado o vengador. Esa terrible costumbre fue prohibida en Inglaterra por una ley promulgada en 1824. En su obra *Magia posthuma,* impresa en Olmutz en 1786, Fernando de Shertz cuenta que en cierto pueblo falleció una mujer, y que debidamente sacramentada fue enterrada como de costumbre. No era, por consiguiente, una excomulgada sino, quizás, una sacrílega. Cuatro días después del óbito, los habitantes del pueblo oyeron un ruido espantoso y vieron la aparición de un espectro, ora en figura de perro, ora en la de hombre. El fenómeno fue contemplado por varias personas. Tal espectro o vampiro apretaba la garganta de todos aquéllos a los que se dirigía; les comprimía el vientre hasta ahogarles, magullándoles todo el cuerpo y reduciéndoles a extrema debilidad, de tal suerte que se les veía pálidos, magros y extenuados. Ni los mismos animales se libraban de su maldad; ataba a las vacas, una con otra, por la cola; fatigaba a los caballos hasta límites insospechados y atormentaba y aterrorizaba de tal modo a toda clase de ganado que sólo se oían mugidos y gritos de dolor y miedo. Tal situación se prolongó durante varios meses, hasta que se tomó la determinación de exhumar el cadáver de la supuesta vampira y quemarlo. Lo cierto es que la calma y la paz volvieron a la comarca y nunca más volvió a presentarse la supucsta vampira. En *Magia Posthuma* hay otra historia increíble de un «no-muerto», de la que fue protagonista un pastor del pueblo de Blow, en Bohemia, quien empezó a aparecerse algún tiempo después de su óbito, presentando los clásicos síntomas que denunciaban un estado vampírico. El aparecido llamaba por su nombre a determinadas personas que, indefectiblemente, morían ocho días más tarde. Atormentaba a sus antiguos vecinos causando tal espanto en la zona, que los aldeanos de Blow desenterraron su cuerpo y lo clavaron en tierra por medio de una estaca que le atravesaba el corazón. Este reviniente, que hablaba aun estando muerto, burlábase de quienes le hacían objeto de tal tratamiento. Les dejó hacer a sus atacantes, al tiempo que les decía, con voz de ultratumba, abriendo su enorme boca de vampiro: —Sois muy amables… al darme un bastón… para defenderme de los perros… A duras penas resistieron los lugareños el permanecer allí, dejándolo sólo clavado en el suelo. A la noche siguiente, el vampiro rompió la estaca, se levantó, y volvió al pueblo, asustando a varias personas, ahogando a muchas más que hasta entonces. Se le volvió a prender y fue entregado al verdugo para que lo ejecutara debidamente; éste lo metió en una carreta para trasladarlo fuera de la población y quemarlo. El «no-muerto» agitaba pies y manos frenéticamente, mientras sus ojos parecían flamear y gritaba como un poseso, soltando espumarajos. Llegados al lugar de la ejecución, se le clavaron nuevas estacas con furia y el vampiro lanzó agudos y terribles gritos de rabia, dolor e impotencia; la sangre brotó abundantemente de sus heridas y era muy roja. Una vez el cuerpo de este reviniente fue debidamente quemado por el verdugo, dejó de aparecerse y la tranquilidad retornó a la región de Blow. Historias semejantes son relatadas en las obras de Philippus Rohr (*De Masticatione Mortuorum,* Leipzig, 1679) y de Michael Raufft (*De Mastication Mortuorum in Tumulis Liber,* Leipzig, 1728), en las que se habla de cómo algunos muertos comían en sus tumbas y devoraban cuanto tenían a mano, incluidos sus sudarios y propios cuerpos. Dichos historiadores remarcan que en algunos lugares de Alemania, para impedir que los muertos puedan masticar, se les introducía en el ataúd con una cierta cantidad de tierra bajo su mentón. En otras comarcas se tenía la costumbre de colocar una moneda de plata o una piedra en la boca o el atarles fuertemente las mandíbulas con un recio pañuelo. También citan diversos casos de «no-muertos» que se habían mordido y devorado entre ellos. De todo ello se desprende que en Europa se establecieron una serie de puntos o normas para determinar si un difunto era vampiro o no, las cuales fueron seguidas por los expertos a la hora de exhumar tumbas. Anthony Masters (*Historia natural de los vampiros,* Barcelona, 1974) las resume así: 1. ¿Hay cierto número de orificios (de diámetro aproximado al grueso del dedo de un hombre) en el suelo, por encima de la fosa? Lógicamente para respirar y oxigenar la tumba; 2. ¿Presenta el cadáver exhumado las siguientes características?: a) los ojos abiertos de par en par; b) color en el rostro; c) ausencia de signos de corrupción; 3. ¿Presentan las uñas y el cabello el mismo aspecto que tendrían en un individuo vivo?; 4. ¿Se observan dos pequeñas y lívidas señales en el cuello?; 5. ¿Está el sudario parcialmente devorado?; 6. ¿Hay sangre en las venas del cadáver?; 7. ¿Está el ataúd lleno de sangre?; 8. ¿Tiene el aspecto de estar bien nutrido?; 9. ¿Son flexibles las extremidades? Si las respuestas a tales preguntas eran o son afirmativas, se impone de inmediato el avisar a un cazador de vampiros, a un exorcista, a una bruja experta, a un hechicero o mago especialista y, por supuesto, a las autoridades del lugar, para que se proceda a neutralizar al supuesto vampiro. Y las causas por las que un difunto podía volverse vampiro eran diversas, de acuerdo con las creencias religiosas de los distintos países y regiones, pero las principales de tipo común son las que damos a continuación (siguiendo la obra de Anthony Masters): 1. Aquellos que no han recibido cumplidamente los ritos del entierro; 2.

Los que sufren muerte violenta (incluidos los suicidas); o los que han sido asesinados sin ser vengados; 3. Los nietos concebidos o nacidos durante una de las grandes festividades de la Iglesia y los nacidos sin vida; 4. Los que mueren sin ser bautizados y los apóstatas: 5. Aquéllos por encima de cuyo cadáver haya pasado un gato o cualquier otro animal; 6. Aquellos que han comido la carne de una oveja muerta por un lobo; 7. Aquellos que vivieron inmoralmente; 8. Los que en vida practicaron la magia negra y maligna; 9. Los excomulgados; 10. Los que fueron víctimas de una maldición. Era tal el miedo que se tenía en los países europeos a los «no-muertos», que se extendieron una serie de prácticas para evitar que un difunto sospechoso deviniera en vampiro. Las principales fueron: 1. Traspasar el corazón o el ombligo con una estaca al primer intento. 2. Colocar guijarros o granos de incienso en las extremidades, de manera que si el vampiro se despertara tuviera algo para roer, apartando así de su mente alimentos más suculentos fuera de la tumba. 3. Llenar su boca de ajos. 4. Con el fin de retrasar su salida de la tumba se desparramaban granos de mijo sobre su cuerpo, para que, antes de salir, se entretuviera contando los granos uno por uno. 5. Enterrar el cuerpo boca abajo. 6. Esparcir rosas silvestres alrededor del ataúd, cuyas espinas impedirían al vampiro salir de la tumba. En Rumanía, tierra especial de vampiros y dráculas, para detectar a uno de éstos se hacía pasar un caballo blanco por encima de las tumbas; si el corcel se negaba a pasar por encima de una de ellas, no cabía duda de que esa era morada de un vampiro. Entonces se le desenterraba y se procedía a eliminarlo de acuerdo con alguna de las prácticas que hemos dado a conocer. Además, en la región rumana de Romanati, en caso de que muriera un hombre sospechoso de que deviniera en vampiro (fuera en un *stigoi, moraii* o *varcolaci*, variantes de vampiros rumanos), se le colocaba desnudo dentro de un saco. Al mismo tiempo, sus ropas y pertenencias eran rociadas con agua bendita y se hacían los correspondientes exorcismos. Luego eran devueltas al ataúd y enterradas en el campo sagrado. En cambio, el cadáver era conducido a un lugar apartado, se le descuartizaba y se quemaban las distintas partes en una hoguera, hasta que quedarán completamente reducidas a cenizas por el verdugo, pues existía la creencia de que el vampiro podía resurgir de cualquier fragmento que quedara a medio consumir, por pequeño que éste fuera. Otras medidas que se tomaron en contra de difuntos sospechosos de devenir en vampiros fueron: a) Atravesar el corazón con una afilada estaca y después decapitarlo, colocando la cabeza entre las piernas. b) Atravesarle las sienes con un largo y grueso clavo de hierro, antes de enterrarlo. e) Cuando un cadáver sospechoso era quemado, convertido en cenizas, se echaban al fuego todos los gusanos, reptiles, insectos, pájaros, etc. que se hallaban alrededor de la hoguera, por miedo a que el espíritu del supuesto vampiro pudiera trasmigrar a alguno de tales animalejos y continuar su existencia de chupador de sangre. Existían otras muchas prácticas parecidas entre los antiguos búlgaros, además de otras genuinas de los pueblos eslavos. En Bulgaria se practicaba una especie de ritual mágico de la sangre –por parte de un brujo–, el cual consistía en llenar de sangre humana una botella, realizar un encantamiento con ayuda de la imagen de un santo y obligar al espíritu del vampiro a entrar en la botella para saciar su maligno apetito. Seguidamente se taponaba el recipiente y se echaba a la hoguera. Y como defensas generales contra el ataque de los vampiros podemos recordar toda una retahíla de ellas, si bien una de las más curiosas consistía en mezclar harina con la sangre que manaba de los cuerpos pinchados o atravesados con estacas, con la que se extendida que comiendo de dicho pan quedaban las personas inmunizadas contra el ataque de otros vampiros. Era como una especie de «vacuna antivampírica». Entre las defensas populares contra los vampiros descuellan las siguientes: 1. Colocar ramas o coronas de espino albar o espino blanco en puertas, ventanas, chimeneas, cunas y cabezales de la cama. Se hacía en recuerdo de la corona de espinas de Jesucristo, pues hay tradiciones que dicen que ésta fue hecha de ese espino. 2. Pintar cruces o clavar crucifijos en puertas y ventanas. Se consideraban particularmente efectivas las hechas de madera de álamo, pues hay tradiciones que dicen que la cruz de Cristo fue hecha de esta madera. También se clavaban o colgaban en los cabezales de la cama. 3. Colgar ristras de ajos en la entrada, en torno a las ventanas, en los huecos de la vivienda, en la cuna del bebé y en la cabecera de la cama de los adultos. 4. En los pueblos árabes se pintaba o clavaba la popular mano de Fatma (Fátima, la hija del profeta) en dinteles de puertas y ventanas. 5. Grabar el talismán mágico de Saturno en una lámina de plomo y se clavarlo en la puerta y ventanas o llevarlo encima si uno salía de noche. Este talismán contiene el número mágico 15. 6. Rociar con agua bendita o aceite consagrado todas las bisagras de puertas y ventanas, a fin de que el vampiro no pudiera hacerlas girar. 7. Colocar ramas y cruces de cardos silvestres en puertas y ventanas. 8. Pintar o clavar sellos mágicos y talismanes en puertas y ventanas, tanto contra las brujas malas como contra los vampiros, los cuales eran preparados y ritualizados por otras brujas y hechiceros blancos. 9. Práctica de conjuros y exorcismos contra vampiros antes de acostarse. Capítulo aparte habría de constituir la existencia de brujas vampiro que se suponía que por la noche entraban en las casas para chupar la sangre de los niños hasta agotarlos por completo. Esa creencia se popularizó en épocas en que los médicos desconocían la existencia de bacterias y virus y la mortandad infantil era muy elevada a causa de la falta de higiene en el propio hogar. Cualquier muerte súbita de un bebe o epidemia de meningitis, por ejemplo, eran atribuidas a las brujas chupadoras de sangre. Para tranquilizar a los campesinos, la Iglesia católica estableció una serie de medidas profilácticas o exorcismos para proteger a los niños de los vampiros y brujas malignas, como los que siguen, practicados en la isla de Cerdeña (trascribimos de la citada obra de A. Masters): 1. Leer el Santo Evangelio a la cabecera de la cama en que yace el niño, haciendo descansar su cabeza sobre la estola del sacerdote. 2. Colocar una cruz de cera bendecida el día de la Ascensión sobre la puerta de la casa. 3. Atar o colgar del cuello del niño una bolsita de lino que contenga un poquito de sal. 4. Cortar el cabello del niño y echar un mechón al fuego, con la esperanza de que el humo aleje a la bruja vampiro del lugar. 5. Rociar con agua bendita todas las bisagras de las puertas de la casa. 6. Rezar el credo en voz alta tres veces seguidas antes de acostarse. 7. Durante siete noches seguidas, el padre de la criatura vigilará la casa con el fin de atrapar a la bruja vampiro por los cabellos. Del miedo general que había a las cosas que «pululaban» por la noche, nos sirve de ejemplo la impetración que sigue, contenida en un antiguo *Libro escocés de oraciones comunes*: «De espíritus malignos y fantasmas, de bestias de largas piernas y de las cosas que braman en la noche, ¡oh, Señor, líbranos!» Y si buscamos una explicación racionalista a la «existencia» del vampirismo o su creencia el él, hemos de admitir que, con toda probabilidad, han sido diversas las causas que se han coaligado para crear la figura del legendario vampiro humano. A saber: 1. La ignorancia médica de la época, la falta de suficientes conocimientos científicos sobre la vida y la muerte, que daba por fallecidas a personas que sólo se hallaban en estado letárgico o cataléptico (fuera por causas naturales, intoxicación, envenenamiento, etc.) y que luego despertaban en la tumba, lograban salir de su encierro y regresaban a su hogar, aterrando involuntariamente a todo el mundo, pues los consideraban *revinientes*. (Hay casos registrados al respecto en que los propios familiares y aldeanos se apresuraron a matar al «resucitado», siguiendo algunas de las normas que hemos dado anteriormente, a fin de que no volvieran a salir de su tumba para hacer daño). Además, hay en la historia muchos casos de entierros prematuros, de muerte aparente, como explica el doctor Huber en su obra ¡*Despertar en la tumba!* (Barcelona, 1915). 2. La existencia de sádicos asesinos, destripadores, degolladores humanos y chupadores de sangre humana, dominados por deseos atávicos de canibalismo, enfermedad desconocida en la antigüedad y, hoy, muy poco investigada. Los necrófilos pueden incluirse en este apartado, junto con los que beben sangre humana para purificarse o para protegerse del espíritu del enemigo muerto. 3. Los deseos innatos en el ser humano de no querer morir, de creer en otra vida, de reencarnarse, de volver o renacer en otro plano…, creencia existente en casi todos los pueblos y religiones de nuestro mundo, que de una forma u otra abogan por la resurrección del cuerpo o por la vuelta del espíritu con otro cuerpo. 4. La mente fértil de escritores y narradores de la época (no por ello menos ignorantes y supersticiosos que sus conciudadanos), que crearon historias al respecto, conjugando las diversas teorías y casos reales con fantasías e ilusiones que nada tenían que ver con la realidad de los hechos. 5. La existencia de murciélagos (animal nocturno) que chupaban la sangre de animales y de personas dormidas. No debe descartarse que los grandes mosquitos también hayan contribuido a la creencia de animales nocturnos chupadores de la sangre humana. 6. La existencia de desequilibrados mentales que habitaban en los cementerios y que se dejaban ver de noche, cuando salían a buscar comida, aprovechándose de la credulidad de los asustados aldeanos. 7. El hecho real de que algunas personas hubieran muerto de *rabia paralítica* después de ser mordidas por grandes murciélagos que padecían la enfermedad. 8. El hecho de que existieran personas que padecían –y padecen– de *porfiria*, dolencia genética que hace a la persona muy sensible a la luz –hasta el punto de que sufre dolencias en la piel si se expone al sol o a la fuerte luz– por lo que sólo salen de noche y necesitan sangre, ya que producen de manera defectuosa el pigmento rojo de ésta. 9. La represión sexual de la época y la creencia supersticiosa de que el demonio atacaba al ser humano por la noche para tentarlo y debilitarlo. Así, algunos casos de *íncubos* y *súcu-*

bos (véanse estos términos) pueden confundirse con el vampirismo. Es significativa la mordedura en el cuello y pechos, las zonas más erógenas de la mujer. Recordemos que se admitía que el vampiro tenía trato carnal con su viuda o con otra mujer. En este apartado también hay que incluir aquellos casos en que algunas mujeres se dejaban llevar por el deseo sexual de admitir a un hombre en su alcoba y que luego, arrepentidas de lo sucedido o por miedo a las consecuencias, denunciaban el hecho como un «ataque de vampiro». 10. El hecho comprobado de la brujería vampírica, en que algunas brujas chupaban la sangre de bebés y niños, si bien este hecho podría incluirse en alguno de los apartados anteriores. 11. La incitación a tal creencia por sacerdotes que así obtenían ganancias con sus exorcismos y misas, además de hacerse indispensables al pueblo para luchar contra los «no-muertos». Y el racionalismo y sentido común también creó sus incrédulos sobre el vampirismo. Una muestra de ello es la curiosa carta que el papa Lambertini (Benedicto XIV) envió al arzobispo de Leopolis en el siglo XVIII, en la que dice que los culpables del vampirismo son los sacerdotes al alimentar la ignorancia y superstición de las gentes. Veamos la transcripción de dicho documento: «Ciertamente debe ser la grande libertad de la cual gozáis en Polonia lo que os consiente pasear aun después de la muerte. Aquí entre nosotros, os lo aseguro, los muertos son tranquilos y silenciosos, y si sólo hubiéramos de temer a ellos, no tendríamos necesidad ni de esbirros ni de prebostes.

»Por otra parte, la emperatriz y reina de Hungría debe estar ya desengañada acerca de la cuestión de los vampiros, que vos llamáis por lo ordinario *upiros*. El médico personal de la reina, el señor Van Swieten –y de cierto es atendible, dada su erudición– nos hace saber que el vivo encarnado de algunos cadáveres no tiene otra causa fuera de la particular naturaleza del terreno donde son inhumados, susceptible de hincharlos y colorearlos. Pero en vuestros lugares mismos, en Kiev, tenéis una multitud de cadáveres perfectamente conservados, los cuales además de elasticidad de miembros poseen hermosos rostros llenos de luminosidad y vida. A este propósito, yo he escrito en mi *De Canonizatione Sanctorum*, que la conservación de los cuerpos más allá de la muerte no es un milagro. Es por eso asunto vuestro, arzobispo, el desarraigar estas supersticiones. Descubriréis, si vais a la fuente de tales patrañas, que los acreditan también sacerdotes que quieren ganar con ello, incitando al vulgo, crédulo por naturaleza, a pagar sus exorcismos y misas. Os recomiendo expresamente interceder, sin pérdida de tiempo, a aquellos que resultaren culpables de una tal prevaricación. Convenceos, os lo ruego, de que en todo este negocio son los vivos los culpables». Y etimológicamente podemos decir que el término castellano *vampiro* parece provenir del croata-serbio *vampir*, aunque el origen del vocablo sea más antiguo y se remonte al eslavo oriental *upior*, *uper* o *upyr*, que según

Franz Miklosich derivan, a su vez, del término turco *uber* («bruja»), cosa muy dudable. Otras variantes son *upyor* (ruteno), *unir* o *upuir* (ruso meridional) y *upior* (eslavo occidental), lo que explica que se llame también *upar* o *upiro* (plural *upiros*) al vampiro. Hay que comprender, al respecto, que cada nación e idioma fueron dando diversos hombres a esos «no-muertos» o «revinientes», pero siempre con términos relacionados con el beber, chupar, morder, sangre, fosa, etc., como *brucolaco* o *brucolaca*, *vroncolac*, *vlkodlak*, *pijawica*, *wempti*, *vukkodlak*, *ogoljen*, *varcolac*, *dhampir*, *varcolaci*, *varcolac*, *moroii*, *stigoi*, etc. El tema del vampirismo ha dado lugar a una exuberante literatura de imaginación y de obras teatrales antes de llegar a la novela *Drácula* del irlandés Bram Stoker, obra maestra que encierra todo el universo angustioso, terrorífico y sobrenatural del vampiro. Como muestra de tal literatura recordamos las principales obras: *La novia de Corinto* (poema), J. W. Goethe (1797). Un pasaje en *El infiel*, Lord Byron (1813). *El vampiro*, John W. Polidori (1819). *Los hermanos de Serapio* (Vampirismo), E. T. A. Hoffmann (1821). *Lord Ruthwen y los vampiros*, Charles Nodier (1820). *Infernaliana*, Charles Nodier (1822). *El Viyi*, Nikolai Gogol (1832). *La muerta enamorada*, Théophile Gautier (1836). *El último vampiro*, Smyth Upton (1845). *Varney el vampiro*, Thomas Preskett Prest (1847). *La hermosa vampirizada* (El vampiro), Alexander Dumas (1851). *La familia del Vourdalak*, Alexei K. Tolstoi (1839). *Tu amigo vampiro*,

Isidore Ducasse, conde de Lautréamont (1912). *Lokis,* Prosper Mérimée (1868). *Carmilla,* Joseph Sheridan Le Fanu (1872). *Té verde* (en un episodio), Joseph Sheridan le Fanu (1872). *La ciudad vampiro,* Paul Feval (1875). *El Horla,* Guy de Maupassant (1887). *Drácula,* Bram Stoker (1897). Por su trama, estilo, antecedentes históricos y retrato casi costumbrista y barroco del tema y de la época, el *Drácula* de Bram Stoker ha traspasado todas las fronteras y se ha convertido en el prototipo del vampiro, el no-muerto por antonomasia, alcanzando la categoría de un mito. Tanto en literatura como en el cine, es un hito histórico. Para comprender su importancia *véase* el término *Drácula.*

VAOL

Ángel cuyo nombre se inscribe en el primer pantáculo de la Luna, junto con los de Schioel, Yashiel y Vehiel, según *The Key of Solomon the King.*

VAPHORON

Uno de los ángeles que se invoca en la bendición de la sal, según la fórmula contenida en *The Key of Solomon the King,* de Mathers (libro ii, cap. v).

VAPULA (Naphula)

Poderoso y grande duque del infierno que se aparece, cuando se le evoca convenientemente, bajo la forma de un león con alas de grifo. Concede al hombre la facultad de ser muy diestro en mecánica y filosofía. También confiere inteligencia a los estudiosos y sabios. Le obedecen treinta y seis legiones de demonios según Crowley *(Goecia).*

VARCAN

Ángel del aire que reina el domingo y tiene dominio sobre el Sol, según Barrett, Papus, Heywood, De Abano... Sus ministros son Phus, Andas y Cynabal. Estos ángeles del aire rigen el viento del norte (septentrión).

VARIEL

Otro de los setenta ángeles amuleto que se invocan como protección del recién nacido, según *El libro del ángel Raziel.*

VASARIAH

Uno de los setenta y dos ángeles que llevan el nombre místico de Dios, Shemhamphoras, según Barrett; Agrippa... Vasariah pertenece al orden de las dominaciones y se le invoca para superar dificultades, actuar con justicia y buscar arreglos en pleitos. Le corresponde el versículo 4 del salmo 33, según Jean Rivière *(Amuletos, talismanes y pantáculos).* Influye en la Luna y en el signo de Virgo.

VASSAGO

1. Príncipe poderoso de los infiernos; de la naturaleza de Agares o *Agarés (véase* este término), en el primer estado de los ángeles caídos. Revela el pasado, el presente y el futuro y descubre objetos perdidos y robados. Le obedecen veintiséis legiones de espíritus, según Crowley *(Goecia).* || 2. En varios grimorios y tratados de ocultismo, Vassago es un «buen espíritu» que se invoca para hacer adivinaciones; según Christian *(The History and Practice of Magic).*

VAU-AEL

Espíritu que produjo toda clase de visiones y revelaciones a profetas y mandatarios. Tiene muchos espíritus a su servicio, según *El grimorio de Armadel*.

96. Sello secreto del espíritu Vau-ael

VAULIAH (*Véase* VEVALIAH)

VEHIEL

Uno de los cuatro ángeles cuyo nombre se inscribe en el primer pantáculo de la Luna, según *The Key of Solomon the King*. Los otros tres son Schioel, Vaol y Yashiel.

VEHUEL

Otro de los setenta y dos ángeles que llevan el nombre místico de Dios, Shemhamphoras, según Barrett, Agrippa, Rivière… Pertenece al orden de los principados y se le invoca para alejar pesares y dificultades y conseguir la paz y la armonía. Está en relación con el versículo 32 del salmo 144. Tiene influjo en el planeta Urano y en el signo de Sagitario. Es el ángel custodio de los nacidos entre el 23 y el 27 de noviembre.

VEHUIAH

Uno de los setenta y dos ángeles que llevan el nombre místico de Dios, Shemhamphoras, según Barrett, Agrippa, Rivière… Para los cabalistas es el serafín que gobierna los primeros rayos del sol. Se le invoca para tener iluminación espiritual. Le corresponde el versículo 32 del salmo 3. Influye sobre el planeta Urano y el signo de Aries.

VEL LAQUEL

Uno de los ángeles que rigen el miércoles. Reside en el segundo cielo y se le invoca desde el Sur.

VELEL

Uno de los ángeles que rige el miércoles. Reside en el segundo cielo y se le invoca desde el Norte.

VENAHEL (Venoel)

Uno de los ángeles que rigen el miércoles. Reside en el segundo cielo y se le invoca desde el Norte, según Barrett y Papus.

VENIBBETH

Ángel que se invoca en el experimento de la invisibilidad, según la fórmula contenida en *The Key of Solomon the King* (libro I, cap. X).

VENTANA DEL DIABLO

Hueco o agujero montañoso que existe en la cumbre de Siete Picos en la sierra del Guadarrama, España.

VEPAR (Vephar)

Otro duque poderoso de los infiernos. Cuando se le evoca se presenta bajo la forma de una sirena o mermaid. A requerimiento del oficiante, dirige las aguas en las batallas navales y ocasiona tempestades a voluntad del mago. Puede hacer que el mar parezca lleno de barcos. Mata en tres días a una persona por putrefacción de heridas y llagas, en que los gusanos se comen la piel. Sólo puede curarse con fuertes exorcismos. Tiene bajo su mando a veintinueve legiones de demonios, según Crowley *(Goecia)* y Waite *(El libro de la magia negra)*. También llamado *Vefar*.

VERCHIEL
Ángel que rige el mes de julio y el signo de Leo.

VERDELETO
Demonio de segundo orden que ostenta el cargo de maestro de ceremonias en la corte infernal. Es el encargado de ayudar al trasporte de los brujos y brujas al aquelarre.

VERSIPELLES (Versipellis)
Entre los antiguos romanos, se creía que había hombres que tenían el poder de trasformarse en lobos *(versipelles)*. En las noches de mucha luna asaltaban los rebaños para chupar la sangre de los corderos. Luego recuperaban la forma humana (véanse *Urbs,* de Ugo Enrico; y el *Satirian,* de Tito Petronio).

VETUEL
Uno de los ángeles que rigen el lunes. Reside en el primer cielo y se invoca desde el Sur, según Barrett.

VEVALIAH (Vauliah, Veuliah)
Uno de los setenta y dos ángeles que llevan el nombre místico de Dios, Shemhamphoras, según Barrett, Agrippa, Rivière… Se le invoca para destruir a los enemigos y para liberarse de pasiones y obsesiones. Le corresponde el versículo 14 del salmo 87. Pertenece al orden de las virtudes y tiene dominio sobre el planeta Júpiter y el signo de Escorpión. Ayuda a la realización de proyectos personales y colectivos.

VEVAPHEL
Nombre de un ángel que se inscribe en el tercer pantáculo de la Luna, junto con el de Aub. Este pantáculo se elaboraba para proteger a los viajeros de los ataques nocturnos y contra todo tipo de peligros por agua, según *The Key of Solomon the King,* de Mathers.

VHNORI
Genio que rige el signo de Sagitario, junto con Saritaiel, según Éliphas Lévi *(Dogma y ritual de la alta magia).*

VIANUEL
Uno de los ángeles que rigen el martes y se invoca desde el Sur. Reside en el quinto cielo.

VIBRIA
Animal fabuloso que aparece en documentos antiguos con el nom-

97. Vibria

bre de *vibre, vouivres, guivre, givre, briuia...,* que más tarde tomó las formas de *brivia* y *vibria.* Se consideró que era una especie de hembra del dragón. Tenía pechos y alas. Así, la vibria es citada a menudo en descripciones de procesiones cristianas del siglo xv en Cataluña, acompañando al dragón. Según cuenta el folclorista catalán Joan Amades, era una figura muy popular en las procesiones de las tierras de Lleida.

VILA

Nombre que se da en algunos lugares bañados por el Danubio a la *rusalka (véase* este término). Para los serbios es una especie de joven ninfa de exótica hermosura, peinada con dos largas trenzas y vestida con una tenue y blanca túnica. La tradición dice que la vila vive en los montes muy boscosos y en los riscos y peñas cercanas a las corrientes de agua cristalina y que adora el canto y la danza. Tiene la facultad de elevarse por el aire y cuando cabalga lo hace a lomos de un ciervo. Si se la provoca lanza flecha mortíferas a los hombres. A la vila se la relaciona con las almas de muchachas fallecidas sin bautizar (creencia búlgara) o con las de mujeres libertinas cuyas almas flotan en el plano astral, entre el cielo y la Tierra, pero más cerca de ésta, ya que no pueden elevarse espiritualmente (creencia polaca).

VINIO (Viné, Vinea)

La tradición satánica lo tiene como uno de los reyes y conde del infierno. Cuando se le evoca se presenta de manera furiosa, con cabeza de león y montado en un caballo negro. Lleva una víbora en la mano. Descubre cosas ocultas, brujos, brujas y revela acontecimientos del pasado, presente y futuro. A requerimiento del oficiante o mago, ayuda a edificar torres, derribar murallas y hacer que las aguas de los ríos bajen tormentosamente. Le obedecen treinta y seis legiones de demonios, según Crowley *(Goecia). (Véase* el término *Monarquía infernal*).

VIONOTRABA

Uno de los ángeles que rigen el domingo. Reside en el cuarto cielo y se le invoca desde el Este, según Barrett, Papus...

VIVIANA (Niniana)

Viviana, Vivlian, Niniana era un hada armoricana que, según las tradiciones, salvó en su infancia a Lanzarote, al que llevó al fondo de un lago, donde le instruyó sobre los secretos del mundo y de la naturaleza. Lanzarote del Lago sería más tarde uno de los más valientes caballeros de la Tabla Redonda, en la corte del rey Artus o Arturo. Lanzarote se enamoró perdidamente de Ginebra, esposa del rey Arturo. Se convirtió en su amante después de libertarla de un rey que la habla secuestrado. La leyenda de Viviana y Lanzarote la narró Gauthier Map, trovador anglonormando del siglo xii, arcediano de Oxford. Según una tradición, Viviana había sido instruida en los secretos de la magia por el mago Merlín, quien se había enamorado de ella. Viviana terminó por encerrar al mago en un círculo que el mismo Merlín le había enseñado a trazar. Pero otra leyenda afirma que Viviana encerró con sus artes mágicas a Merlín, su amante, en un espino. La leyenda de Viviana cobró especial renombre y difusión a partir del poema del mismo nombre que escribió Tennyson en 1868.

VIYI (Viy)

Nombre que dan en Ucrania a un rey malvado de una especie maligna de gnomos, que hasta puede considerarse un vampiro, un devorador de seres humanos. Nikolai Gogol (*El Viyi*) lo describe como un ser grosero, macilento, barbudo y patizambo. Se presenta completamente sucio de tierra negra. Los brazos y las piernas le cuelgan como nudosas y nervudas raíces. Camina torpemente, tropezando a cada paso. Sus largos párpados le llegan al suelo. Su rostro es como de hierro y sus dedos son garfios acerados. Le obedecen multitud de duendes, vampiros, diablos y monstruos infernales.

VOCASIEL (Vocabiel, Vocatiel)

Uno de los dos espíritus que gobierna el signo zodiacal de Piscis. El otro espíritu es *Rasamasa (véase* este término).

VODIANOI

En las tradiciones eslavas, vodianoi es un espíritu de las aguas, puesto que el término *voda* significa «agua». Es un ser o espíritu malévolo que habita en lagos, estanques, ríos, arroyos, esclusas, molinos de agua, etc.

En especial los vodianoi habitan en las aguas cercanas a los molinos y suelen hacer sus reuniones o conciliábulos bajo las grandes ruedas de molino. G. Alexinski nos dice en su *Mythologie slave* que en su aspecto físico «los vodianoi varían de un modo ostensible. Unos poseen un rostro humano corriente; pero, en cambio, los dedos de sus pies son exageradamente largos, tienen patas en vez de manos, y están provistos de cuernos, una cola y un par de ojos como brasas ardientes. Otros tienen asimismo apariencia humana, pero son de estatura descomunal y están cubiertos de hierbas y musgo. Pueden ser completamente negros y tener dos ojos enormes, de color rojo, y una nariz larga como la bota de un pescador. Frecuentemente, el vodianoi adopta la forma de un viejo de barba y cabellos verdes, aunque el color de aquélla puede tornarse en blanco durante el cuarto menguante de la luna. Como siente aversión por los hombres,

98. Vodianoi

el vodianoi está siempre al acecho de los imprudentes para atraerlos a sus dominios y ahogarlos. En su profundo reino, sus víctimas se convierten en sus esclavos. Vive en un palacio de cristal adornado con oro y plata, procedente de los navíos hundidos. Recibe la luz de una piedra mágica que despide un resplandor más potente que el sol».

VODNIK (Hastrman)

En las tradiciones checas es el rey de las regiones subacuáticas; allí van a parar las almas de los ahogados, víctimas de sus tentaciones.

VOEL (Voil)

Uno de los espíritus que gobierna el signo de Virgo.

VOLAC (Valu) (*Véase* VALAC)

VOSO (*Véase* OSÉ)

VRYKOLAKAS

Nombre que en muchos lugares de Grecia se daba –y se da– al *vampiro*. El nombre castellanizado se conoce como *brucolacos* (*véanse* ambos términos). Leo Allatius, un historiador y folclorista griego del siglo XVII, en su obra *De Graecorum hodie Quorundam Opinionatibus* (Colonia, 1645), nos dice lo siguiente sobre esos revinientes griegos: El vrykolakas es el cuerpo de un hombre que llevó una vida inmoral –a menudo alguien que había sido excomulgado por su obispo–. Dichos cuerpos no gustan de la compañía de aquellos otros hombres cuyos cadáveres se descomponen después del entierro.

En apariencia, su piel es extremadamente rígida, hinchándose y distendiéndose en todo el cuerpo, de modo que las articulaciones apenas si pueden doblarse; se pone tan tensa como el pergamino de un tambor y si se la golpea produce el mismo sonido. El diablo toma posesión de estos cuerpos dándoles vida y haciendo que abandonen las sepulturas, hecho que tiene lugar, por lo general, durante la noche, golpean puertas y llaman a los habitantes de las casas. Si uno de ellos responde a tal llamada, muere al día siguiente. Pero un vrykolakas nunca llama por segunda vez, siendo éste un medio de identificación para los habitantes de Chías. Los vecinos de Chías esperan una segunda llamada antes de contestar...». Y por otro lado, Anthony Masters (*Historia natural de los vampiros*), nos cuenta como la isla griega de Santorini se convirtió en la cuna de las supersticiones sobre los vrykolakas o vampiros-demonio. Al respecto nos dice que «el suelo de la mencionada isla reúne unas condiciones especiales que lo hacen ideal para la conservación de los cadáveres. Por esta razón se han encontrado muchos cuerpos incorruptos. Era costumbre de la Iglesia griega exhumar los cadáveres una vez trascurridos tres años desde el entierro; al hallarse tantos cuerpos prácticamente incorruptos empezó a extenderse, en el siglo XVII, la vampiromanía por toda la isla. Se suponía que Santorini era el hogar de los *vrykolatios*... Los habitantes de Santorini se convirtieron en grandes expertos en el arte de exterminar vampiros. Tanto era así, que muchos cadáveres de supuestos vampiros eran enviados a la isla desde otros lugares para que se hicieran cargo de ellos». Y como ya sabemos, tales vampiros eran echados a una hoguera mientras los sacerdotes pronunciaban sus exorcismos. Antes de que éstos finalizaran, las extremidades del cadáver eran separadas del tronco y se quemaban todos los restos hasta convertirlos en finas cenizas.

99. Vual

VUAL (Voval, Uvall, Wal, Walt, Wall)

Es un gran duque del infierno, poderoso y fuerte. Cuando se le evoca, se presenta en forma de un dromedario de pie, con capa, si bien a requerimiento del mago o exorcista adopta la apariencia humana. Habla egipcio o copto. Procura el amor de las mujeres y explica cosas del pasado, del presente y del porvenir. También contribuye a que los enemigos hagan las paces. Pertenecía –antes de la caída de los ángeles– al orden de las potestades. Le obedecen treinta y siete legiones de espíritus, según Crowley *(Goecia)*. *(Véase* el término *Monarquía infernal)*.

VULAMAHI

Uno de los espíritus angélicos que se invocan en el exorcismo del murciélago, paloma y otros animales, según la fórmula contenida en *The Key of Solomon the King* (libro II, cap. XVI).

VURCAITO (Vurkaito)

Especie de lar o duende entre los antiguos germánicos que se consideraba que protegía a los caballos y bueyes.

VURDALAK (Vourdalak)

Nombre que se da a los vampiros en muchas regiones de los Balcanes y que castellanizado es *vordalak* o *vordalac*. Entre los serbios y croatas es *vukodlak*. *(Véase* el término *vampiro)*.

WAKANDA (Wakan)
Gran espíritu impersonal creador del mundo físico y castigador de los malvados, entre los indios omaha y siux de Norteamérica.

WAL (Walt) (*Véase* **VUAL**)

WALIMAN
Monstruo mítico entre los malayos, al que se supone cuerpo de pájaro y rostro humano.

WALKIRIAS (*Véase* **VALKIRIAS**)

WANDJINAS
Entre los primitivos australianos se daba este nombre a los espíritus atmosféricos que controlaban el clima, las estaciones, las lluvias, las tormentas, los meteoros, etc. Tenían forma casi humana, pero dos o tres veces más altos que los hombres. Tenían ojos, pero no bocas. Sus piernas eran de color oscuro o negro y la parte de la cabeza era más bien amarillenta, mientras que el pecho y vientre tenían tonalidad anaranjada o roja. Vivían en el interior de las montañas y salían cuando era el momento de que cambiara la estación climática o el de hacer llover, si había una persistente sequía.

WARGUS
Otro nombre germánico con el que se designa al hombre lobo en los antiguos textos.

WASSERMANN
Es el equivalente alemán de Hastrman o *Vodnik (véase* este término). Este nombre también se aplica al *nix (véase* este término).

WATERNOME (*Véase* **MEERWEIBER**)

WEREWOLF (Were-Wolf)
Nombre anglosajón con el que se designa al *hombre lobo (véase* este término).

WERGELMER
Fuente de los infiernos escandinavos, de la cual manan doce ríos infernales.

WERRE

Otro nombre con el que se designaba al hada *holda* (*véase* este término).

WHOSIS

El rey de los *trolls* o *trollos* (*véase* este término).

WILA (*Véase* VILA)

WINDIGO

Nombre que empleaban los indígenas de América del Norte para designar a un espíritu maligno que podía poseer a una persona y trasformarla en una especie de hombre lobo. El poseído y el espíritu maligno que lo dominaba podían ser exterminados con una bala de plata debidamente exorcizada.

WOLOTI

Monstruos horrorosos de la mitología eslava.

WOWEE WOWEE (*Véase* BUNYIPS)

WRAITH

Aparecido o sombra viviente según las tradiciones escocesas e irlandesas. (*Véase el término fetch*).

WRYNECK

Espíritu maligno británico de Lancashire y Yorkshire, que tiene el cuello torcido, que es lo que significa su nombre. Se le cree más malvado que el propio diablo.

WULVER

Según las tradiciones de las islas Shetland, el wulver es una especie de hombre lobo, una criatura extraña con cuerpo de hombre y cabeza de lobo. Está cubierto de cabello corto castaño.

WYVERN (Wivern)

Serpiente alada parecida al dragón, con dos patas parecidas al águila y una cola barbada; era emblema de pestilencia. Se la encuentra en heráldica como variante del dragón.

X

XACIAS (Xacios)

Entes acuáticos parecidos a las *ondinas (véase* este término) cuyo hábitat son los ríos, pozos y fuentes de aguas cristalinas. Son populares en Galicia (España) las xacias del río Miño y sus riberas. Las xacias son parecidas a las sirenas, pero con piernas. Pueden tener relaciones con los seres humanos si se las trata bien.

XAFAN (Xaphan)

Conocido también como Zefon o Zephon. Fue uno de los ángeles que se rebelaron contra el Creador. Su mente

100. Xaphan

inventiva ideó un método para incendiar el cielo, pero su idea fue desestimada por Satán. Xafan, junto con Ithuriel, se enfrentó a Satán a causa de Eva, según cuenta Milton en *El paraíso perdido*. Se considera que Xafan es el encargado de mantener el fuego del infierno. El emblema de Xafan son un par de fuelles. Se le representa con un fuelle en las manos y soplando.

XANA (Xania, Jama, Xiana...)

Parece derivar del latín Diana. La xana de las tradiciones populares de Asturias también es conocida –según el lugar y degeneración del vocablo– como injana, xiana, xania, anjana, inxana, jana... Es una ninfa de las fuentes y de los bosques. Se cuenta que las xanas son esbeltas y hermosas y que van vestidas con ropajes blancos o floreados y que están dotadas de largas y abundantes cabelleras, por lo común rubias. Salen de sus escondrijos para tejer a las orillas de los ríos las madejas de oro que han hilado. Danzan en círculo a su alrededor y cantas alegres canciones. Allí donde sus pies tocan la tierra brotan las flores. Así que se dejan ver los primeros rayos solares, las xanas se apresuran a recoger sus madejas doradas y se ocultan entre las rocas y peñascos de los ríos. Asegura la tradición asturiana que si alguien logra apoderarse de un solo hilo de las madejas de oro de las xanas o de una flor de las que hacen brotar, obtiene la dicha y felicidad para siempre. Según las leyendas, en el fondo de las fuentes que habitan las xanas hay un hilillo de oro que no se rompe nunca. Y quien lo devane todo él sin soltarlo, al final saca a una xana, la cual queda desencantada y puede vivir feliz entre los mortales. En Llanes (Asturias) las llaman *injanas* y cuentan que fueron ellas las que cubrieron las paredes de la cueva del Pindal con pinturas rupestres y las que construyeron varios dólmenes. En las cuevas y fuentes cristalinas de las xanas, a veces se escuchan cantos y melodías extrañas que sorprenden al paseante. Aurelio de Llano Roza (*Del folclore asturiano*, Oviedo, 1977) ha recogido lugares que la tradición cita como morada de las xanas, que son: Cueva de la Cogolla en el monte Naranco (Oviedo). || Cueva del Moru (Colunga). || Cueva del Castiellu de Aguilar (Muros de Pravia). || Cueva del Lago (Pola de Lena). || Cueva de la Xerra de la Pisón (Monte Alea). || Cueva de la Injana, en la sierra del Trave (Ribadedeva). Fonte la Xana en Aguino (Somiedo). La Fonanona de Llamosu (Belmonte). En Asturias está el llamado «desfiladero de las Xanas», el cual canaliza el río Las Xanas, lugar que se creía antiguamente estar poblado por tales seres. Como vemos, las xanas vienen a ser como las *dones d'aigua* de las tradiciones de Cataluña.

XANÍN (Xanina)

Son los hijos de las xanas. Tienen el cuerpo cubierto de una fina pelusa y son enclenques y enfermizos, al parecer porque la leche de los pechos de las xanas no es tan buena como la de las madres humanas. Por ello, a veces los cambian con hijos de éstas, para que los suyos crezcan más fuertes y sanos.

XAS

Duende típico de Galicia que hace sus travesuras en los campos que rodean la casa de campo. En las cuadras derraman la leche recogida, roban frutas del almacén, lanzan piedras contra los cobertizos, hacen nudos en las colas de las caballerizas, pinchan a los animales domésticos, arrancan plumas a pollos y patos, etc.

XATHANAEL (Nathanael)

Las tradiciones hebreas lo consideran el sexto ángel creado por Dios, doctrina que no sustenta la Iglesia católica, que considera que todos los ángeles fueron creados al mismo tiempo.

XELHUA

Gigante de las tradiciones aztecas que intentó construir una montaña artificial que llegara al cielo. Los dioses, irritados por su vanidad, hicieron llover fuego y destruyeron su obra. (*Véanse los detalles en el término Quisrames*).

XEZBET

Demonio que inspira las mentiras, los fraudes y los milagros imaginarios.

Y

YAASRIEL

Según las tradiciones judías es el ángel encargado de los «setenta lápices santos o sagrados». Con estos lápices Yaasriel graba constantemente sobre tejoletas el Inefable Nombre.

YABBASHAEL

Uno de los siete ángeles que ejercen dominio sobre la Tierra. Su nombre deriva de Yabbashah, que significa «tierra firme». Los otros seis ángeles con dominio sobre la Tierra son: Azriel, Admael, Arkiel (Archas), Arciciah, Ariel y Harabael (Aragael). A veces, también se añade a Saragnel.

YADIEL (Yadael)

Ángel que se invoca en determinados ritos ceremoniales para solicitar ayuda y protección. Es uno de los guardianes de las puertas del viento del norte.

YAEL (Yale, Yehel)

Uno de los ángeles de los tronos, se le invoca en ritos mágicos al final del

Sabbath. Su nombre significa «cabra de montaña».

YAGA-BABA

Según las tradiciones rusas, monstruo que tiene el rostro de una mujer horrible. Es de enorme estatura, con forma de esqueleto, con pies descarnados. Lleva una maza de hierro con la que hace rodar una extraña máquina que trasporta consigo.

YAHADRIEL

Según cuenta el Zoar, es uno de los tres portavoces creados en la víspera del primer Sabbath. Yahadriel es el «portavoz del bien». Los otros dos son «el portavoz de la necedad» (Kadriel) y «el portavoz del Señor».

YAHALA

Uno de los guardianes angélicos de las puertas del viento del oeste.

YAHEL (Yael)

Ángel cuyo nombre está inscrito en el cuarto pantáculo de la Luna. Es uno de los ángeles del orden de los tronos citados en el sexto y séptimo libros de Moisés.

YAHOEL (Yaho, Jaoel)

Otro de los nombres de Metatrón, que enseñó a Abraham la Torah y fue el guía del patriarca tanto en la Tierra como en el paraíso.

YAHRAMEEL

Ángel que se invoca y cita en ocultismo y es mencionado en textos antiguos, como en la *Cosmología del microcosmos* del alquimista inglés Robert Fludd (siglo XVII).

YAHSIYAH

Otro de los muchos nombres con que se designa al ángel *Metatrón (véase* este término).

YAKKUS

En la India, los yakkus son unos demonios que causan las enfermedades en el ser humano. Al igual que los seres demoníacos de Occidente, pueden adoptar cualquier forma animal o humana. Cada yakku tiene asignada una hora del día o de la noche para propagar una dolencia o epidemia. Reside en lugares inhóspitos, como cuevas, grietas profundas en la tierra, edificios en ruina, etc. Cuando llega el momento de hacerse visible se trasforma en lo que más le conviene: gallina, perro, buitre, chacal, gato, etc., y difunde la enfermedad a las personas que pasan cerca de él.

YAKRIEL

Ángel guardián del séptimo cielo.

YAKSAS (Yakshas)

En las creencias hindúes, clase sobrenatural de entes parecidos a los elementales del esoterismo, pero de tendencias demoníacas o malignas, por lo que algunos tratadistas los colocan en el orden de los demonios. En el momento de su nacimiento exclamaron: «Dadnos de comer»; de ahí deriva su nombre de *yakhsas* o *yaksas.* Están siempre dispuestos a devorar lo que sea y se comían a los que mataban en combate, por lo que se entroncan con el canibalismo primitivo. Sin embargo, es muy significativo que el término *yaksan* quiera decir «fuerza mágica», por lo que *yaksa,* etimológicamente, indica a un ser poseído de fuerza mágica. Y probablemente designe a un ente «poseedor de hechizos o sortilegios» y, en consecuencia, que pueda «apoderarse» o «adueñarse» de cuerpos y almas. A los yaksas se los considera como primitivos habitantes de Ceilán y de morfología mitad hombre-mitad animal. El rey de los yaksas es Kuvera, el dios de las riquezas. Por ello, en ocasiones, se cita a los yaksas como guardianes o protectores de los tesoros. Los yaksas están citados en el *Bhagavad-Gîtâ,* y en el Rig-Veda. Los yaksas femeninos eran muy perversos y solían devorar a los niños pequeños.

YAMA

Es el dios de los muertos y de los infiernos según las tradiciones hindúes. Equivale al Hades-Plutón de los grecorromanos. Su morada se halla en el Yamalaya, cumbre inaccesible que llega al cielo; dos fieros perros de cuatro ojos cada uno son los encargados de custodiar su entrada. Las almas de los difuntos se presentan ante el tribunal de Yama, donde el archivero infernal Shitragupta (Tchitragupta) lee los actos buenos y malos que cada uno tiene registrados en el libro. Si se considera que el difunto ha sido justo, puede entrar en la residencia de los pitris o manes. Pero si es condenado, su alma ha de pasar por uno de los veintiún infiernos purificadores, antes de reencarnarse de nuevo en la Tierra y tener una nueva oportunidad de vivir con honor y bondad y poder acceder, posteriormente, a la residencia de los pitris. Como Yama o Yanluo, es el rey del infierno chino.

YAMENTON

En la cábala, un ángel que se invoca en la bendición de la sal. También se le invoca para la bendición de la sal, según el procedimiento contenido en *The Key of Solomon the King* de MacGregor Mathers.

YAN-GANT-Y-TAN

Especie de demonio que se deja ver en noches especiales por la zona de Finis-

101. Yan-gant-y-tan

terre, y que se alumbra con los dedos de su mano derecha, que utiliza a guisa de candelas. Como todo demonio que se precie, lleva cuernos y rabo.

YARASHIEL

Uno de los muchos guardianes angélicos de las puertas del viento del este.

YARON

Ángel que suele invocarse en ritos de bendición de la sal.

YASHIEL (Yasriel, Gashiel)

Uno de los cuatro ángeles cuyo nombre se inscribe en el primer pantáculo de la Luna, según *The Key of Solomon the King* de Mathers. Los otros tres son: Schioel, Vaol y Vehiel. Este pantáculo lunar es una especie de jeroglífico que representa una puerta o portal con unas barras redondas, horizontales, a los lados. Hay varios anagramas que recuerdan el nombre de Dios o Yahvé (como el clásico de IHVH, en la entrada). A la izquierda, en hebreo, están los nombres de los cuatro ángeles. En el mismo idioma se halla parte del salmo 107, versículo 16, que dice «por haber roto puertas de bronce y haber desmenuzado barras de hierro». Como se comprende, este pantáculo está destinado a invocar a los espíritus de la Luna para que ayuden a abrir todo tipo de puertas o, en sentido figurado, allanar todas las dificultades para poner en marcha cualquier empresa o «abrir camino» en la marcha del invocante.

YAZATAS (Yezids)

Nombre que se da en el zoroastrismo a unos entes celestiales, a unos genios de los elementos, que vienen a corresponder a los ángeles semíticos y cristianos.

YEBEMEL

Uno de los setenta y dos ángeles que controlan los signos del Zodíaco.

YECUM

Ángel citado en el *Libro de Enoch*, según el cual sedujo a los hijos de los ángeles que habían descendido para unirse a las mujeres de los hombres.

YEHOEL

Otro de los nombres del ángel Metatrón.

YEKAHEL

En la cábala, uno de los espíritus del planeta Mercurio. Su nombre se inscribe en el primer pantáculo del planeta Mercurio.

YELIEL

Uno de los guardianes angélicos de las puertas del viento del sur.

YERACHMIEL

En la cábala, uno de los siete ángeles que gobiernan la Tierra y que son: Uriel, Raphael, Raguel, Michael, Suriel, Gabriel y Yerachmiel.

YERGACHINERS

Mensajeros infernales que los lamaítas consideran como encargados de conducir las almas de los mortales a los infiernos.

YESHAMIEL

Ángel que tiene dominio sobre el signo zodiacal de Libra.

YESHAYAH

Otro de los muchos nombres con que se designa al ángel Metatrón.

YETI

Se da el nombre de *Yeti, Metohkangmi* o *Abominable hombre de las nieves* a un extraño ser semihumano que se supone habita en algunos lugares inaccesibles de los glaciares de las montañas del Himalaya. Las tradiciones del Nepal lo revisten de cierto carácter sagrado o misterioso y algunos esotéricos opinan que se trata de un elemental materializado, guardián de determinados lugares sagrados. Aunque nunca se ha podido encontrar o ver de una manera clara y taxativa a ningún ser extraño que se pueda identificar con ese gigante de las nieves, lo cierto es que en 1951 se hallaron unas enormes y extrañas pisadas en la nieve, cuyo origen no ha sido posible determinar. Las primeras noticias o rumores sobre la existencia de «gigantes del hielo» que habitaban los altos glaciares del Himalaya llegaron a Occidente en los primeros años del siglo XX. Los lugareños hablaban de una especie de ser gigantesco, mitad hombre, mitad animal, con rostro casi humano y con el cuerpo cubierto de pelo. En su libro *Among the Himalayas* (1899), el mayor inglés I. A. Waddell contaba que había hallado unas extrañas huellas de pies en la nieve, al nordeste del Sikkim, las cuales eran desmesuradamente grandes para corresponder a un ser humano o a uno de los animales conocidos. Años más tarde, en 1921, en su tentativa de ascensión al pico

Everest por el lado norte, el coronel inglés Howard-Bury y acompañantes pudieron ver, desde lejos, unas extrañas sombras o siluetas que se desplazaban por lo más alto de las cumbres nevadas... Más tarde, el 22 de septiembre de 1921, cuando los exploradores lograron ascender a tales parajes, a unos siete mil metros de altitud, encontraron huellas de pasos dejadas por algún ser de talla descomunal: eran unas marcas tres veces mayores que las que dejaría el pie de un hombre normal. Como explicación racionalista, algunos de los expedicionarios las atribuyeron a un gran oso gris extraviado, pero los porteadores tibetanos no compartieron tal opinión. Para ellos eran rastros dejados por el Metoh-kangmi, el Yeti. Y lo describieron con todo detalle a los escaladores británicos: «El Yeti tiene la cara blanca, de aspecto humano y su cuerpo está recubierto de un espeso pelaje oscuro. Los brazos le llegan hasta las rodillas, como ocurre en el caso de los monos antropoides. Sus gruesas piernas están arqueadas: los dedos de sus pies, vueltos hacia dentro. Dotado de una potente musculatura, es capaz de arrancar los árboles de raíz y arrojar grandes rocas a mucha distancia...». El doctor en ciencias zoológicas Bernard Heuvelmans, en su obra *Tras la pista de los animales desconocidos*, señala que el nombre que aplican los nepalíes a esa extraña bestia es el de

102. Yeti

Yeti, mientras que para los tibetanos es el de *Metoh-kangmi;* pero los pastores hindúes de las altiplanicies le llaman *Bhanjakris,* mientras que para los habitantes de la región de Green Lake, al pie de la cadena del Kangchenjunga, es el *Migu.* Otros nombres con los que se designan a tan extraña criatura son los de *Mirka* y *Ui-go.* Fue años más tarde, en diciembre de 1951, cuando la prensa mundial se hizo eco de una noticia tan increíble como extraordinaria: *¡Se habían fotografiado las huellas del Yeti!* En efecto, en el curso de una exploración de las zonas circundantes al Everest, en concreto la cordillera del Gaurisankar, el célebre alpinista inglés Eric Shipton, su compañero Miguel Ward y el sherpa nepalés San Tensing habían descubierto –y seguidamente fotografiado– unas clarísimas huellas de enormes pies desnudos, de apariencia humana. Era la tarde del 8 de noviembre de 1951. Los tres expedicionarios fueron siguiendo la extraída pista durante unos 1600 m hasta el punto en el que, llegados ante una muralla de hielo, desaparecían tan extrañas huellas de pisadas. Las fotografiaron y midieron, y quedaron sorprendidos de que los pies que las habían marcado medían casi 33 cm de largo, por lo que si pertenecían a un hombre, éste debía de tener una estatura mínima de 2,40 m. Además, se llegó a la conclusión de que los pies sólo tenían cuatro dedos, aunque sin descartar que fueran cinco ya que en la nieve, dos de ellos muy juntos hubiesen dejado una sola marca. En consecuencia, se ha especulado que el enigmático *Hombre de las nieves* sea un espécimen conectado con los antiguos gigantes y ogros, pero ninguna de las expediciones organizadas para descubrir a ese ser tuvo éxito. Eso no ha sido obstáculo para que a través de las restantes décadas del siglo xx, de cuando en cuando, saltara la noticia de que el *Abominable hombre de las nieves* había sido visto de nuevo por algunos lugareños. Pero nada se pudo confirmar, por lo que el misterio sobre tan extraordinario antropoide bípedo, plantígrado, aún sigue vivo.

YOFIEL (Youfiel)

Según el Zohar, es uno de los ángeles superiores, al que obedecen cincuenta y tres legiones de ángeles menores. Y de acuerdo con la cábala, es el espíritu del planeta Júpiter cuando éste se halla en los signos de Sagitario y Piscis. Y. en el *Libro del ángel Raziel* se le cita como uno de los setenta ángeles protectores que se invocan al nacer una criatura.

YOMAEL (Yomiel)

Según el *Libro de Enoch* es un príncipe angélico del séptimo cielo. Se le invoca en ritos siríacos de conjuración.

YOMYAEL (Jomjael)

Según el *Libro de Enoch* es uno de los ángeles caídos.

YONEL

Uno de los guardianes angélicos de las puertas del viento del norte.

YUKSHEE

Especie de demonio súcubo de las tradiciones hindúes. Se dice que tenía el aspecto de la más bella y voluptuosa de las mujeres. Era insaciable y a los hombres que seducía los dejaba agotados, sin vitalidad e impotentes.

YU-LUNG

Monstruo de las tradiciones chinas, mitad pez, mitad dragón.

YURBA (Yourba)

Según las tradiciones de la secta de los mandeos, es el jefe de los genios diabólicos, el jefe de las potencias de la oscuridad.

YURKEMI (Yorkami)

Es el ángel del granizo.

Z

ZABATHIEL

Uno de los príncipes angélicos que están continuamente ante la presencia de Dios, según el *Sexto y séptimo libros de Moisés. (Véase* el término *Sabathiel).*

ZABBAN-GEOLIER

De acuerdo con las tradiciones musulmanas, es uno de los dos ángeles que están encargados de atormentar a los condenados por sus maldades.

ZABRIEL

Espíritu que se invoca en determinados ritos contenidos en al grimorio *Lemegeton.*

ZABULIEL

Ángel gobernante del Oeste. Está apostado custodiando las nueve puertas de este punto cardinal, que sólo deben abrirse al despuntar el día, a la hora de las plegarias. Entonces se abren para dar paso a otros gobernantes, estando Zabuliel al frente de todos ellos, según el Zohar.

ZABULÓN

Demonio que poseía a una de las religiosas del convento de las ursulinas de Loudun, a la hermana Claire de Sazilly; estaba ubicado en la frente de ésta. *(Véase* el término *demonios de Loudun).*

ZACHARAEL (Zachariel, Yahriel)

Según algunos tratadistas, es uno de los siete arcángeles, sabio y generoso. Representa el altruismo, la generosidad, la benevolencia y la misericordia de Dios. Pero otros lo colocan en el orden de las dominaciones como gobernante del segundo cielo. En cambio, para Éliphas Lévi es un ángel del orden de las potencias. Y en la doctrina talismánica paracélsica, Zacharael es el ángel del jueves, el representante de Júpiter en la tierra. Para Paul Christian y Agrippa, también es el ángel del jueves y del planeta Júpiter.

ZACHIEL

Príncipe angélico que rige el sexto cielo, junto con Zebul y Sabath, que están a sus órdenes.

ZACHRIEL

El ángel que gobierna la memoria y los recuerdos, según las tradiciones judías.

ZADIEL PARMAR

Uno de los líderes de los ángeles caídos, según el *Libro de Enoch* y los escritos de Voltaire.

ZACONÍN (Zacum)

En las tradiciones hindúes, árbol de los infiernos cuyos frutos son cabezas de demonio.

ZACRATH

Ángel que se invoca en el exorcismo del murciélago, del que se saca sangre, según *The Key of Solomon the King* de Mathers.

ZADAY

Uno de los ángeles que se invocan en el conjuro del segundo misterio del sello, según el *Sexto y séptimo libros de Moisés*.

ZADES

En la tradición ocultista, un ángel invocado al ritualizar la cera para cirios, velas y velones mágicos.

ZADKIEL (Zadakiel, Zedekiel)

En algunos escritos rabínicos, Zadkiel es el ángel de la benevolencia, de la misericordia, de la memoria y jefe del orden de las dominaciones. Para otros tratadistas, es uno de los nueve gobernantes del cielo y uno de los siete arcángeles que permanecen ante la presencia de Dios. Asimismo, recibe los nombres de Sachiel, Zadakiel, Zedekiel, Zachariel, Zobiachel, Abadiel y otros. Para algunos estudiosos y practicantes de la angeología, Zadkiel fue el ángel enviado por Dios que detuvo el brazo armado de Abraham cuando éste iba a sacrificar a su hijo Isaac. Se le invoca en ritos para obtener pergamino virgen.

ZAEBOS

De acuerdo con Collin de Plancy, es un gran conde del infierno. Cuando se le evoca y se presenta lo hace bajo la forma de un guerrero montado en un cocodrilo. Lleva ceñida la frente por una corona ducal. Acude solícito a la primera evocación que se le hace y concede absolutamente todo lo que se le pide.

ZAGAN (Zagam)

Gran rey y presidente de las regiones infernales. Se aparece en forma de ser humano pero con cabeza de toro y alas de grifo. Es capaz de trasformar el cobre en oro, el plomo en plata, la sangre en aceite, el agua en vino, el metal en moneda y el loco en sabio. Le obedecen treinta legiones de demonios. Se le considera el demonio de los monederos falsos, de los estafadores y de los que practican cualquier tipo de adulteración y fraude.

ZAGVERON

Otro de los diversos ángeles que se invocan para bendecir la sal, según las prácticas contenidas en *The Key of Solomon the King* de Mathers.

ZAHIPHIL (Zahifil)

Otro de los ángeles que se invocan en la bendición de la sal.

ZAIM

Nombre que Victor Hugo aplica a Satanás en su obra *El fin de Satán*, en que el diablo dice: «Yo soy el mal, yo soy el luto, yo soy la noche».

ZAIMEL

Espíritu angélico que se invoca al ritualizar la vara, el bastón y la daga del mago, según las *Claviculas de Salomón* de Iroe el Mago.

ZAINAEL

Según *El grimorio de Armadel* (versión de MacGregor Mathers), es el espíritu superior que enseñó a Moisés los secretos mágicos que utilizó con su famoso bastón, con el que hizo milagros entre los caldeos y los egipcios. Zainael puede ser invocado a cualquier hora de cualquier día, para que enseñe lo que uno necesita aprender urgentemente. Se debe tener delante su sello secreto.

103. Sello secreto del espíritu Zainael

ZAINON

Ángel que se invoca en magia para ritualizar o conjurar la vara, bastón y caña que se emplea en trabajos de ese arte, según *The Key of Solomon the King* de Mathers.

ZAKIEL

Ángel que se invoca en encantamientos siríacos junto con Miguel, Gabriel, Sarphiel y otros.

ZAKKIEL

Uno de los ángeles que gobiernan las tempestades del mundo.

ZALAMBUR

Es uno de los cinco demonios hijos de *Iblis (véase* este término). Zalambur es el demonio de la deshonestidad mercantil.

ZALBESAEL (Zalebsel)

Ángel que tiene dominio sobre la estación de las lluvias.

ZALIEL

Ángel del martes, residente en el quinto cielo. Se le invoca desde el Sur, según Papus y Barrett.

ZANDJABIL

Según las tradiciones religiosas del islam, uno de los ríos del paraíso, de cuyas aguas beben los elegidos en una taza de plata. Los visionarios cuentan que el agua de este río discurre por un cauce de piedras preciosas. El paradisíaco líquido es más dulce que la miel, más blanco que la leche, más fresco que la nieve y más suave que la crema. A lo largo de sus orillas hay pasamanos de cordón de seda, a fin de que los bienaventurados puedan apoyarse para contemplar tan maravillosas aguas.

ZALIEL

Ángel con poder sobre el signo zodiacal de Libra. Es el ángel del lunes y sirve en el primer cielo; se le invoca desde el Oeste.

ZAPHIEL (Zafiel, Zophiel)

Se le considera un gobernante del orden de los querubines y príncipe del planeta Saturno. Milton, en *El paraíso perdido,* le llama «el querubín de ala más veloz». Para Ambelain, *La Kabbale Pratique,* es también un jefe del orden de los tronos. En *The Key of Solomon the King* de Mathers, Zophiel es uno de los varios ángeles que se invocan en oraciones mágicas para que el oficiante obtenga fortaleza de espíritu y seguridad en sí mismo.

ZAPHKIEL (Zafkiel)
Jefe angélico del orden de los tronos y uno de los nueve ángeles que gobiernan el cielo. En su variante como Zophiel, es el gobernante del orden de los querubines, según escritos de Fludd.

ZARMESITON
Uno de los muchos ángeles que se invocan en la bendición de la sal, según las normas contenidas en *The Key of Solomon the King.*

ZAROBI
Según tradiciones ocultistas, es el espíritu o genio de los precipicios.

ZARON
Ángel o espíritu angélico que se invoca en magia para ritualizar varas y cañas que se emplean en trabajos mágicos, según *The Key of Solomon the King.*

ZART
Nombre que dan al diablo los vendos o wendos, antiguos eslavos-germánicos.

ZATHAEL (ZATAEL, ZAZAEL)
Uno de los doce ángeles de la venganza, de los primeros ángeles formados por Dios durante la Creación. *(Véase* el término *ángeles de la venganza).*

ZATRIEL
Ángel que se invoca en algunos rituales mágicos de protección de origen siríaco. Se le agrupa con Michael (Miguel), Gabriel, Shamshiel, Umiel, Yomiel y otros ángeles en determinados hechizos y encantamientos. La compilación se halla en el llamado *Pequeño libro de protección* que se conserva en el Museo Británico, según explica el erudito sir E. A. Wallis Budge, que fue conservador de las antigüedades asirias y egipcias del citado museo, en su obra *Amulets and Superstitions.*

ZAURÓN
Espíritu maligno persa; es el que tentaba a los reyes. *(Véase* el término *Arimano).*

ZAVAEL
Ángel que controla y tiene poder sobre los remolinos de viento, torbellinos de viento, tolvaneras, mangas de viento, etc., según el *Libro de Enoch* III. Se le puede invocar para que proteja cultivos y hogares de la acción destructora de tales vientos.

ZAVEBE
Según las tradiciones hebreas, uno de los doscientos ángeles caídos principales que, bajo el mando de Semyaza, descendieron a la Tierra para cohabitar con las hijas de los hombres, hecho que explica muy someramente el capítulo vi del Génesis, sin dar nombres, que fueron expurgados de los antiguos textos al preparar la *Vul-*

gata, versión latina de la Biblia, san Jerónimo (siglo iv d.C.).

ZAZAY (Zazaii)

Según el *Grimorium Verum,* es un ángel sagrado superior de Dios al que se le puede invocar en rituales para exorcizar espíritus malignos utilizando incienso, fumigaciones o sahumerios.

ZAZEL

Ángel superior que se invoca en rituales de magia salomónica, particularmente en conjuros de amor. Es el espíritu del planeta Saturno, con el número cabalístico 45, según *El mago* de Francis Barrett y el *Tratado elemental de magia práctica* de Papus.

ZEBUL

Ángel que rige el sexto cielo (durante el día), mientras que Sabath lo hace durante la noche. Ambos están a las órdenes del príncipe Zachiel.

ZEBULEON

Según las tradiciones bíblicas hebreas, es uno de los nueve ángeles que juzgarán a los mortales en el fin del mundo.

ZECHIEL

Uno de los ángeles que se invocan en un potente conjuro contenido en *The Key of Solomon the King* de Mathers (libro i, cap. vii).

ZEFON (Zephon)

Uno de los ángeles guardianes del paraíso terrenal de Adán y Eva. En *El paraíso perdido* de Milton, el arcángel Gabriel le encarga (junto con el ángel Ithuriel) el buscar a Satanás por el paraíso, y lo localiza trasformado en sapo, cerca de la oreja de Eva, para inducirla a tentar contra el Señor. Ithuriel toca el sapo con su lanza y Satanás recobra su natural forma, descubriéndose sus malignas intenciones. Equivocadamente, Milton coloca a Zephon entre los querubines.

ZEPAR (Segar)

Es un gran duque infernal, que se aparece vestido de rojo y armado como un guerrero cuando se le evoca. Su misión es fomentar el amor y pasión de las mujeres por los hombres y estimular el acto sexual. Pero también es el que puede hacerlos estériles e infecundos. Tiene a sus órdenes veintiséis o veintiocho legiones de espíritus inferiores o demonios, según la *Goetia* de Crowley.

ZERACHIEL (Verohiri, Suriel)

Uno de los ángeles que tradicionalmente se considera que gobierna el signo de Leo y el mes de julio.

ZEVARON

Otro de los ángeles que se invocan para ritualizar o conjurar la vara, el bastón y caña que se emplean en trabajos mágicos, según *The Key of Solomon the King* de Mathers.

ZIANOR

Ángel que se invoca en rituales para consagrar o bendecir tintas y colores (pinturas), según *The Key of Solomon the King.*

ZIAT

Genio de las tradiciones eslavas, al que se invocaba para que protegiera los nidos.

ZIKIEL (Ziquiel)

Según las tradiciones rabínicas es el ángel príncipe que controla los meteoros, en particular los cometas y relámpagos.

ZOMBI (Zombie)

Dentro de la doctrina y tradiciones mágicas del vudú que se practica en Haití, un zombi o zombie es un *corps cadavre,* un cadáver sin alma, un cadáver viviente, un «muerto andante», «un muerto-vivo». Se considera que es un individuo al que el hechicero ha quitado la vida, robado el alma y hecho resucitar de la tumba para reducirlo a la servidumbre.Es creencia generalizada que los hechiceros o sacerdotes del vudú conocen los secretos de pócimas y filtros que producen en la persona un estado cataléptico o letárgico tan profundo que no se le distingue de la muerte. En consecuencia, la persona que ha tomado el brebaje es dada por fallecida y se la entierra. Al cabo de uno o dos días, el hechicero o *hungan* acude al cementerio, desentierra el supuesto cadáver y por procedimientos pseudomágicos hace que reviva; administra al difunto otra pócima para despertarle, además de hacerle masajes y entonar sus cánticos y ensalmos. Al parecer, muchas veces lo consigue (o lo conseguía), pero no sin que el sujeto sufra lesiones cerebrales irreversibles y quede muy incapacitado para pensar y actuar por su cuenta. En tales condiciones queda como servidor o esclavo del hechicero del *hungan,* quien lo alquila a otros para trabajos de toda índole. Indudablemente hay mucha fantasía y novela en todo lo referente a los zombis, pero algo debe de haber de cierto cuando el artículo 246 del antiguo Código Penal de Haití hace referencia a los zombis en los siguientes términos (lo trascribimos de la obra *Vodú* de Alfred Métraux, Buenos Aires, 1963): «Se calificará de atentado contra la vida de una persona por envenenamiento, el empleo que se hiciere contra ella de sustancias que, sin provocar la muerte, le produjeran un estado de letargo más o menos prolongado, cualquiera que hubiese sido la forma de empleo de esas sustancias y cualesquiera que hubiesen sido las consecuencias. Si, debido a ese estado letárgico, la persona hubiere sido inhumada, el atentado será calificado de asesinato». Daniel Cohen, en su obra *El vudú, los demonios y el nuevo mundo encantado* (México, 1972), nos cuenta que «tradicionalmente se emplea al zombi para trabajar o vigilar los campos o para cultivar y también vigilar jardines, en la noche. Dado que la creación y el uso de zombis son ilegales, se piensa que sólo se usan durante la noche. A menudo se escuchan rumores de que los panaderos usan mano de obra zombi, ya que la mayor parte de su trabajo se realiza en la noche y que los fuegos de los hornos pueden verse brillar ominosamente en la oscuridad». No podemos dejar de recordar a la investigadora norteamericana Zora Neale Hurston, que en su curiosa obra *Tell my Horse,* Filadelfia, 1938, relata intrigantes historias de supuestos zombis, como es el caso de una mujer llamada Felicia Feliz-Mentor, fallecida y enterrada en 1907. Años más tarde, en 1936, apareció en una granja perteneciente a la familia de la difunta, una mujer desnuda y un poco ida mentalmente, que parecía una extraña loca, y que iba diciendo que aquélla era la granja de su padre y que ella había vivido allí de joven. Avisado el dueño de la granja, éste la reconoció como a su hermana Felicia, a quien habían enterrado veintinueve años antes. Se llamó a un médico, quien después de examinarla por encima la hizo conducir al hospital. Obligado por los demás, a regañadientes, el supuesto esposo de la difunta confirmó que aquélla era su mujer fallecida o que se le parecía mucho. Enterada del hecho, la citada autora acudió al hospital y halló a la supuesta zombi en un rincón del patio del hospital, arrimada al muro. Ante ella habían colocado diversos alimentos que la enferma no hacía ademán de catar… La escritora explica como el doctor separó los brazos con que la enferma se cubría la cabeza, como para defenderse de un peligro, a fin de que la señora Hurston pudiera sacarle una foto… «Y el cuadro fue horrible –nos dice–. Aquel rostro vacío con los ojos muertos. Sus párpados eran blancos; todo alrededor de sus ojos era como si se lo hubieran quemado con ácido…». Casos parecidos, más o menos fiables, pueden hallarse en las tradiciones habladas de los negros haitianos. Muchos de ellos deben de ser fantasías terroríficas, pero otros son hechos reales que nos hablan del inframundo tenebroso del vudú, muy poco estudiado científicamente, por cierto. Y se comprende. El mundo de los zombis seguirá aún por mucho tiempo como un gran enigma.

ZOMEN

Uno de los espíritus angélicos que se invocan en el conjuro de la cera, según *The Key of Solomon the King* de Mathers. Modernamente también se le invoca para bendecir velas y velones de todo tipo.

ZOPHIEL (*Véase* ZAPHIEL)

ZOTZ

Según antiguas inscripciones mayas, es un enorme ente alado con cabeza de perro, el cual habitaba en las partes más hondas y oscuras de determinadas cavernas. Algunos grabados le presentan con aspecto algo satánico y gotas de sangre cayendo de sus grisáceos labios, a manera de un extraño vampiro. En ocasiones, este monstruo se le pinta con el rostro mitad negro y mitad blanco, símbolo de las dos facetas de la perfidia.

ZOZO

Demonio que acompañado de Mimí y de Crapuleto, poseyó en 1816 a una doncella de la aldea de Teilly en Picarda. Cuando andaba a rastras, Zozo era el diablo que la tiraba por detrás.

ZU

Ave fabulosa de la antigua Mesopotamia; era el ave-tormenta o ave-tempestad, con el cuerpo mitad pájaro y mitad humano. Aparece en tablillas asirias. La tradición cuenta que Zu robó las *Tablillas del destino*, signo de la visible omnipotencia del dios supremo, por medio de las cuales se establecía la suerte de los mortales. Para recobrarlas, el dios Anu decretó que concedería la dignidad real a quien las recobrase. Sólo Marduk osó enfrentarse al temible pájaro, a quien machacó el cráneo, y recuperó tan preciado tesoro. Recordemos que Marduk se convirtió en el *Maestro de la vida,* en el gran sanador, mago y encantador.

ZUMECH

Un espíritu angélico que se invoca en el exorcismo de la aguja, el buril y otros instrumentos de hierro o acero, según *The Key of Solomon the King* de Mathers.

ZUMIEL

Uno de los setenta ángeles que se invocan como protección para los recién nacidos.

ZURIEL

Otro de los setenta ángeles protectores de los recién nacidos, según el *Libro del ángel Raziel.* También es regente del signo de Libra y del mes de septiembre, cuando se le identifica con Uriel.

ZUTIEL (Zotiel, Zutel)

Ángel citado en el capítulo 32 del *Libro de Enoch,* durante el vuelo que hace el profeta hacia el paraíso de justicia, en donde verá el árbol de la ciencia del bien y del mal.

ZWERG (Zwerge)

Término germánico con la que se designa al enano. Los zwerge son de pequeña estatura, feos, pero de expresión bondadosa o bonachona. Moran en las montañas y se considera que el eco es «su lenguaje». A veces se los confunde con los gnomos, cuando sería más propio considerarlos de la familia de los *elfos.* El erudito E. Tonnelat *(Mitología germánica)* describe a los zwerge o enanos como de «pequeña estatura y que habitan, lo mismo que los elfos, en parajes secretos, frecuentemente subterráneos, y hacen gala de una inteligencia y presencia fuera de lo común. Pero distan mucho de ser hermosos, y casi siempre presentan alguna que otra deformidad. Son gibosos o contrahechos, tienen enormes cabezas, y su faz es lívida y está enmarcada por una luenga barba». El mismo autor nos cuenta como las tradiciones germánicas indican que los mineros se encontraban con frecuencia con tales seres en las galerías abiertas en las entrañas de las montañas. Se afirmaba que «estos misteriosos seres llevaban en muchos casos su misma indumentaria y herramientas: un delantal de cuero, una linterna, una maza y un martillo. Más avisados y asustados que los hombres, frecuentaban sólo los lugares donde había abundancia de metales útiles o preciosos, por lo que el hecho de topar con ellos era presagio de un excelente botín. Eran considerados como poseedores natos de los tesoros que, de vez en cuando, se descubrían en el seno de la Tierra. Uno de estos tesoros goza de especial celebridad en la poesía épica de Alemania: el del rey Nibelungo, que tuvo por custodio al enano Alberico». (Como complemento del texto, *véanse* los términos *enanos, gnomos* y *elfos).*

Referencias bibliográficas de las ilustraciones

1. Un acéfalo, según la *Chronique de Nuremberg* o *Liber Chronicarum* (1493).
2. Sello secreto del espíritu Alepta.
3. El demonio Alloces o Alocas, según el *Diccionaire Infernal*, de Colin Du Plancy (1863).
4. Amazonas según los vasos a<ntiguos.
5. El demonio Amduscias, según el *Diccionaire Infernal*, de Colin Du Plancy (1863).
6. Portada del libro *La jerarquía de los ángeles sagrados* de Thomas Heywood. (Grabado de T. Cecil, impreso en Londres en 1635).
7. Sellos o caracteres de los siete ángeles de la semana: 1. Aratron; 2. Bethor; 3. Phaleg; 4. Och; 5. Hagith; 6. Ophiel; 7. Phul; según *La magia de Arbatel*, de Cornelio Agrippa y reproducido por Wallis Budge.
8. Reproducción de un «Arrhine», «hombre sin nariz», de la *Weltchronik* de Schedel (1493).
9. El demonio Astaroth, según el *Diccionaire Infernal*, de Colin Du Plancy (1863).
10. El demonio Bael, según el *Diccionaire Infernal*, de Colin Du Plancy (1863).
11. El demonio Balam, según el *Diccionaire Infernal*, de Colin Du Plancy (1863).
12. El demonio Barbatos, según el *Diccionaire Infernal*, de Colin Du Plancy (1863).
13. «El basilisco», según un grabado hecho en Nuremberg en 1510.
14. El demonio Beirebra o Bhairava, según el *Diccionaire Infernal*, de Colin Du Plancy (1863).
15. El demonio Berith, Berito o Berich, según el *Diccionaire Infernal*, de Colin Du Plancy (1863).
16. Sello secreto del espíritu Betel.
17. Un bogie granjero, tal como lo concibió Wilma Hickson a principios del siglo xx.
18. Un brownie grotesco asomando por la puerta del hogar en que se ha refugiado. (Grabado inglés del siglo xix).
19. El demonio Buer, según el *Diccionaire Infernal*, de Colin Du Plancy (1863).
20. Representación de una cabraboc catalana. (Dibujo de Enric M. Gelpí).
21. El demonio Caim o Camio, según el *Diccionaire Infernal*, de Colin Du Plancy (1863).
22. Un canefalle, según el *Libro de las Maravillas del mundo* (libro II, capítulo viii) de Juan de Mandavila, Valencia, 1540.
23. Un «Capricornus», según el *Weltchronik* de Schedel (1493).
24. El ángel Casiel, que rige el planeta Sautrno y el Sábado, según *El Mago*, de Francis Barret. (Grabado de 1801, Londres).

25. Grabado de un «Collogruis» sacado de la *Weltchronik* de Schedel (1493).
26. Representación de la Cucafera catalana. (Dibujo de Enric M. Gelpí).
27. Sello secreto del espíritu Daleté.
28. Un domovoi, según un dibujo de I. Bilibine, hecho en 1934.
29. Una «dona d'aigua» mostrando el tesoro que guarda. (Dibujo de J. Altimira, 1937).
30. El castillo de Bran, de Drácula, en Rumanía.
31. Estampa del siglo XIX que muestra a San Jorge matando al dragón.
32. Enanos trabajando bajo tierra, según los concibió H. J. Ford para ilustrar un cuento alemán.
33. Tipo de esfinge romana.
34. El demonio Eurynome, según el *Diccionaire Infernal*, de Colin Du Plancy (1863).
35. Grabado antiguo sobre un fauno.
36. El hada Flaga, según el *Diccionaire Infernal*, de Colin Du Plancy (1863).
37. El demonio Furcas, según el *Diccionaire Infernal*, de Colin Du Plancy (1863).
38. Los ángeles Gabriel y Uriel, según un dibujo de Gustavo Doré para *El Paraíso Perdido*, de Milton.
39. Grabado antiguo francés sobre un Galipote.
40. El demonio Ganga, según el *Diccionaire Infernal*, de Colin Du Plancy (1863).
41. Sello secreto del espíritu Gimela.
42. Representación clásica de un gnomo (Dibujo de G. Niebla, 1944).
43. Representación de un Goblin o Gobelin para un cuento de Hans Christian Andersen (Dibujo de V. Pedersen, Museo de Andersen en Odense).
44. Dibujo de un Habetrot ante su hogar arbóreo, en *More English Fairy Tales*, de J. Jacobs (1890).
45. Grabado inglés del siglo XIX sobre una harpía.
46. Sello secreto del espíritu Hetael.
47. Sello secreto del espíritu Hethatia.
48. El arcángel Miguel luchando contra la hidra o dragón de siete cabezas, del que habla el Apocalipsis. (Grabado popular del siglo XVII).
49. Grabado sobre la hidra de siete cabezas, del siglo XVI.
50. El hipogrifo, según un grabado del siglo XVI.
51. Estampa de una concentración de Hobgoblins de ambos sexos, en torno a un dolmen. Obsérvese el tamaño de esas criaturas en comparación con el joven humano que los contempla sorprendido. Es curioso el enjambre que acude como una nube a la fiesta, nube que se asemeja a una larga serpiente. (Grabado inglés de 1879).
52. Grabado del siglo XVIII sobre el hombre-lobo. La cruz que sostiene la muchacha no consigue protegerla de un voraz hombre-lobo.
53. Huellas de las pezuñas del diablo.
54. Demonio Ipes o Ipos, según el *Diccionaire Infernal*, de Colin Du Plancy (1863).

55. Los ángeles Ithuriel y Zefon sobrevolando el Paraíso terrenal, según un dibujo de Gustavo Doré, para el *Paraíso perdido*, de Milton.
56. El demonio Kali, según el *Diccionaire Infernal*, de Colin Du Plancy (1863).
57. La kikimora, según un dibujo de I. Bilibine hecho en 1934.
58. La lamia.
59. El demonio Lechi o Leshy, según el *Diccionaire Infernal*, de Colin Du Plancy (1863).
60. El demonio Leonard, según el *Diccionaire Infernal*, de Colin Du Plancy (1863).
61. Estampa que muestra la sorpresa de un caballero al toparse con un Leprecaun o Leprechaun irlandés. (Grabado inglés de 1830).
62. Dibujo que muestra a Dios, flanqueado por dos ángeles, señalando a dos monstruos creados por él: Behemot y Leviatán (William Blake, 1825).
63. Representación del demonio Leviatán.
64. Lutines, según un grabado francés del siglo XIX.
65. El demonio Malphas, según el *Diccionaire Infernal*, de Colin Du Plancy (1863).
66. El demonio Mammón, según el *Diccionaire Infernal*, de Colin Du Plancy (1863).
67. La manticora.
68. Grabado antiguo sobre Melusina.
69. Dibujo de Michael, el ángel del Sol, según un manuscrito del siglo XV que se conserva en el Museo Británico.
70. Sello del demonio Naberius.
71. Foto del supuesto monstruo del lago Ness, tomada por R. K. Wilson el 1 de abril de 1934.
72. El demonio Nybbas, según el *Diccionaire Infernal*, de Colin Du Plancy (1863).
73. Oberón, el rey de las hadas, según el panel realizado por Frederick Marriot en 1901.
74. Sello secreto del espíritu Och.
75. Un orejudo, según un grabado de la Weltchronik (1943).
76. Un Ovinnik, según un dibujo de I. Bilibine, hecho en 1934.
77. Sello secreto del espíritu Phalet.
78. El poéfago humano, mitad hombre-mitad cerdo, según un dibujo del siglo XIX.
79. El Polevic o Polevoi, divinidad o genio de los campos entre los antiguos eslavos (Dibujo de I. Bilibine, 1934).
80. El demonio Raim (Raum), según el *Diccionaire Infernal*, de Colin Du Plancy (1863).
81. Espectro o espíritu de la montaña, Ribenzal o Ribesal.
82. Una Rusalka descansando en un árbol. (Dibujo de I. Bilibine, 1934).
83. Demonio Shax, según el *Diccionaire Infernal*, de Colin Du Plancy (1863).
84. Una sirena, según un grabado del siglo XVII.

85. El demonio Stolas, según el *Diccionaire Infernal*, de Colin Du Plancy (1863).
86. Representación de un íncubo y un súcubo provocando sueños lascivos en una virgen joven. (Grabado del siglo XIX).
87. Grabado italiano del siglo XV que muestra a Santa Marta ayudando a matar a la Tarasca del Ródano (Tarascón).
88. Sello secreto del espíritu Tetahatia.
89. Sello del ángel Thavael, según *El grimorio de Armadel*.
90. El demonio Theutus, según Barret en *El Mago*.
91. El demonio Ukobach, según el *Diccionaire Infernal*, de Colin Du Plancy (1863).
92. Dibujo del Unicornio, según la *Summa de creaturis* de Albertus Magnus. (Edición alemana de 1545).
93. El sello del ángel Uriel, según *El grimorio de Armadel*.
94. El demonio Volac, Valak o Valu, según el *Diccionaire Infernal*, de Colin Du Plancy (1863).
95. Christopher Lee, como conde Drácula, en el filme *El poder de la sangre de Drácula* (1970).
96. Sello secreto del espíritu Vau-ael.
97. Tres representaciones parecidas de la Víbria catalana.
98. Un vodianoi, según composición de I. Bilibine, hecha en 1934.
99. El demonio Voval o Uvall.
100. El demonio Xaphan, según el *Diccionaire Infernal*, de Colin Du Plancy (1863).
101. El demonio Yan-gant-y-tan, según el *Diccionaire Infernal*, de Colin Du Plancy (1863).
102. Dibujo del supuesto «Yeti», en comparación con la talla de un hombre, realizado por Monique Watteau.
103. Sello secreto del espíritu Zainael.